KUNSTFÜHRER SÜDTIROL

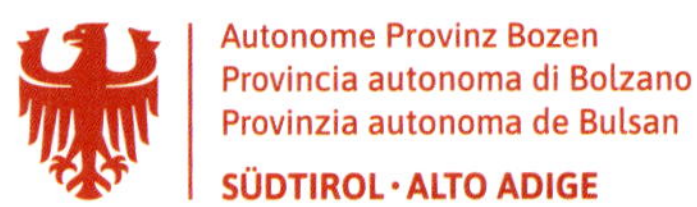

Die Drucklegung dieses Buches wurde ermöglicht durch
die Südtiroler Landesregierung / Abteilung Deutsche Kultur.

Sebastian Marseiler

KUNSTFÜHRER SÜDTIROL

Kunsterlebnis
im Schnittpunkt der Kulturen

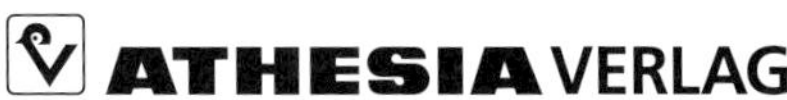

Bibliografische Information der Deutschen Nationalbibliothek
Die Deutsche Nationalbibliothek verzeichnet diese Publikation in der Deutschen Nationalbibliografie; detaillierte bibliografische Daten sind im Internet abrufbar: http://dnb.d-nb.de

2. Auflage 2026

Weinbergweg 7
I-39100 Bozen
buchverlag@athesia.it

Umschlagfoto: Athesia-Tappeiner Verlag (links und rechts oben, hinten); Sebastian Rothe – stock.adobe.com (rechts unten)
Design: Athesia-Tappeiner Verlag
Satz: Cilli Staffler, Ulten
Bildbearbeitung: Typoplus, Frangart
Druck: Athesia Druck, Bozen
Papier: Innenteil Gardamatt Ultra

Gesamtkatalog unter
www.athesia-tappeiner.com

ISBN 978-88-6839-496-7

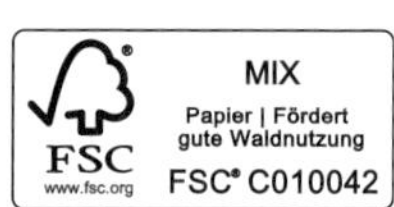

Bildbeschreibung Umschlag
Vorne o. r. Kreuzgang Brixner Dom
u. r.: Turm von St. Johann in Mals
l.: Türgriff am Mausoleum in Schenna
Hinten Rankenwerk am Hans-Klocker-Altar im Franziskanerkloster Bozen

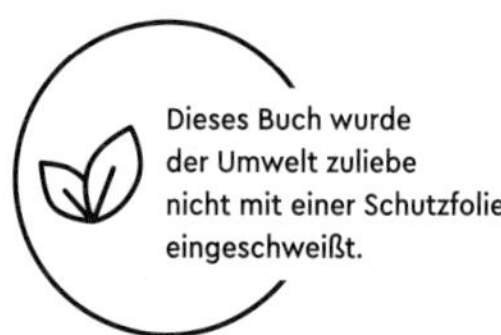

Bitte beachten Sie, dass sich die Öffnungszeiten und Kontaktdaten ändern können; bitte prüfen Sie diese bei Bedarf.

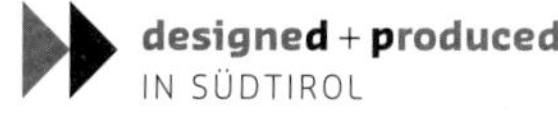

INHALT

Meran und Umgebung

Der Vinschgau

Das Eisacktal

Das Pustertal

STILEPOCHEN IN DER ÜBERSICHT

Vorromanik (500–1150)

Die Zeit zwischen dem Untergang des Weströmischen Reiches und den ersten romanischen Großbauten um ca. 1150 ist im Gebiet des heutigen Südtirol eine sehr unruhige Zeit. Um die Kontrolle der Tiroler Alpentäler mit ihren Pässen stritten sich Ostrom, Langobarden, Franken und Baiern. Die Bevölkerung ist schon seit 400 n. Chr. mehrheitlich christlich, und das Gebiet wird kirchlich von den drei Bistümern Trient, Chur und Säben, ab 990 vom Bistum Brixen, verwaltet. Schriftliche Zeugnisse sind rar, umso mehr sprechen die Mauern. Bei einem großen Teil von Sakralbauten sind in den letzten Jahrzehnten frühmittelalterliche Vorgängerbauten festgestellt worden. Hier sei dem Archäologen Hans Nothdurfter ein großes Lob für sein Wirken und seine Forschung ausgesprochen.

Wir wollen hier nur auf die spektakulärsten Beispiele hinweisen, die großteils auch zu besichtigen und in diesem Band besprochen sind: die frühchristliche Basilika unterhalb von Schloss Tirol, St. Prokulus in Naturns, St. Benedikt in Mals, St. Peter in Altenburg, St. Peter in Gratsch und, hart der Grenze zum Vinschgau St. Johann in Müstair. Auf einer großen Ausgrabungsstätte wächst wieder Wein: über der „Kirche im Weinberg“ am Säbener Hang. Vom Grundriss her handelt es sich um Saalkirchen mit einer halbrunden, mitunter auch rechteckigen Apsis, aber auch um Saalbauten mit drei Apsiden oder Mauernischen. Hier tut sich für die Forschung noch ein weites Feld auf und es dürfte noch spannende Neuentdeckungen geben. Herausragende Bedeutung haben die Fresken von St. Prokulus, St. Benedikt und St. Johann in Müstair. Wer das Thema vertiefen möchte, sei am Ende der Besprechungen auf die Angabe „Weiterführende Literatur“ verwiesen.

Romanik (1150–1250)

Von den romanischen Großbauten ist nur die Stiftskirche von Innichen auf uns gekommen, ansonsten dominieren kleine Landkirchen, besonders im Vinschgau, die wesentlich seltener umgebaut wurden als große Kirchen- und Klosterbauten. Die Stiftskirche von Innichen steht im Einfluss lombardischer Baukunst, ebenso die Plastiken an den Portalen von Schloss Tirol. Lombardische Steinmetze („commacini“ von *cum machina*, d. h. mit dem Werkzeug) waren auch an der Apsis der Pfarrkirche von Laas tätig.

In die Zeit der Romanik fällt der Bau von vielen Burgen, von überregionaler Bedeutung ist Schloss Tirol, das im Baukonzept architektonische Anleihen an den Kaiserpfalzen nimmt. In der Folgezeit entstand eine große Zahl von Wehranlagen und Ministerialenburgen, deren Erbauer als Verwalter im Dienste des höheren Adels in den Adelsstand aufgestiegen waren.

Den außergewöhnlichen Schatz der Südtiroler Romanik bilden die Fresken, die in manchen Kirchen als ganze Zyklen auf uns gekommen sind. Die künstlerischen Einflüsse sind vielfältig und verraten Verbindungen zu Oberitalien und der byzantinisch geprägten Kunst Venetiens. Eine große Ausstrahlung hatte die Ausmalung der Basilika in Marienberg, von der minimale Fragmente erhalten sind, an der sich die restaurierten Fresken in St. Jakob in Söles (Glurns) orientieren. Sie sind das genuinste Zeugnis byzantinischen Einflusses in Südtirol. Dazu gesellen sich Maria Trost in Untermais, die Ausmalung der Burgkapelle von Hocheppan, St. Margareth in Lana, St. Jakob in Grissian, St. Jakob in Tramin. Genannt seien zudem die romanischen Fresken in St. Johann in Müstair. Ein kunsthistorischer Glücksfall sind die Fresken in der Krypta von Marienberg. Die romanischen Freskenzyklen in der Johanneskapelle und in der Frauenkirche der alten Brixner Münsteranlage stehen für sich. Der einmaligeYwainzyklus auf Schloss Rodenegg hält das Primat der ältesten profanen Wandmalerei im deutschen Sprachraum. Ein Wesenszug der Romanik in Südtirol ist es, dass in den Bildern manchmal ein ungewohnter Realismus des Alltags einzieht wie etwa mit der Knödelesserin oder dem Wurstesser in der Kapelle von Hocheppan.

Gotik (1300–1550)

Die Gotik setzt in Südtirol etwas verspätet ein, doch hält sich der Stil über zwei Jahrhunderte bis hinein in die Mitte des 16. Jahrhunderts. Um 1276 errichteten die Dominikaner in Bozen ihre große Ordenskirche, die Franziskaner folgten ihnen nach. Bald setzt sich die neue Architektur auch in der Peripherie fest, oftmals bekommen die ehemals romanischen Langhäuser hohe gotische Lichtchore. Oder die Kirchen wurden an Stelle von Vorgängerbauten neu errichtet wie etwa in Terlan gegen Ende des 14. Jahrhunderts. Sie ist außen vollständig mit Sandsteinquadern verkleidet und innen voll ausgemalt. Gotische Bauhütten entstehen, besonders in der Spätgotik, die Pfarrkirche von Sterzing und die Stadtpfarrkirche von Brixen sind beredte Beispiele dafür. Unter den Baudenkmälern treten besonders die Stadtpfarrkirche von Bozen, die Pfarrkirche und die Heilig-Geist-Kirche von Meran hervor, an denen Baumeister aus dem süddeutschen Raum tätig waren oder hiesige Baumeister sich an auswärtigen Vorbildern orientierten. Peter und Martin Schiche aus Augsburg vollendeten um 1420 den Chorbau der Bozner Pfarrkirche, die mit dem Leitacher Törl das schönste Portal der Südtiroler Gotik besitzt. Baulich schlicht bleiben die vielen Dorfkirchen der Gotik, doch sind selbst sie in Joche gegliedert und tragen Kreuzgratgewölbe, oft mit florealer Dekoration. Aufwändige Freskenzyklen bestimmen nun die Kirchenausstattung und die Ausschmückung der Kreuzgänge. Anfangs kamen die Maler und die Einflüsse von Oberitalien, erst die Freskenzyklen im 15. Jahrhundert stammen aus der Hand weitgehend heimischer Künstler. Die Fresken der Johanneskapelle in der Bozner Dominikanerkirche entstanden in direktem Einfluss ober- und mittelitalienischer Kunstzentren wie Padua und Bologna. Mit dem Begriff „giotteske Malerei“ beginnt eine neue Ära in der europäischen Kunstgeschichte, welche die italienische Frührenaissance einleitet. Die Figuren werden plastischer, agieren in einem realen Raum und zeigen starke Gefühle; neue Farbmischungen bringen ungeahnte Leuchtkraft. In der Folge entsteht die „Bozner Schule“, ein Behelfsbegriff für die neue Strömung, die ausstrahlt auf St. Johann im Dorf, St. Magdalena in Prazöll, St. Vigil am Virgl. Bald verinnerlichen hiesige Künstler die neue Strömung und arbeiten in St. Martin in Kampill, St. Valentin am Friedhof in Tramin, Sarnthein, Durnholz und in St. Helena in Deutschnofen. Um 1400 hält die Internationale Gotik Einzug, die sich aus Impulsen aus Padua und Verona speist, aber auch böhmische und französische Vorbilder kennt. Die Bozner Malerei der Zeit um 1400 ist keine homogene Strömung. Die Künstler mit unterschiedlicher Prägung stammen wohl aus verschiedenen Regionen. In Terlan ist der aus Süddeutschland zugewanderte Hans Stotzinger tätig, böhmischen Einfluss verraten die Fresken der Friedhofskirche in Riffian von Meister Wenzeslaus. Brixen steht unter dem Einfluss des „Weichen Stils". Nun werden auch Künstler greifbar wie der vielbeschäftigte Meister Leonhard, Christoph und Erasmus von Bruneck, Hans von Bruneck, Simon von Taisten. Der Kreuzgang von Brixen und der von Kloster Neustift sind wie aufgeschlagene und reich bebilderte, große Bücher der Kunstgeschichte dieser Zeit.

Sittengeschichte des adeligen Alltags sind die Freskenzyklen auf Schloss Runkelstein, sie sind ein Abbild der adeligen „Spaßgesellschaft", einzigartig in Europa und mit mehr oder weniger versteckten erotischen Andeutungen.

Schnitzaltäre

Südtirol besitzt circa 80 erhaltene gotische Schnitzaltäre. Sie stammen vorwiegend aus der spätgotischen Zeit ab der zweiten Hälfte des 15. Jahrhunderts. Den ersten Flügelaltar spendete das Tiroler Herrscherhaus in St. Sigmund im Pustertal, in dessen Schrein drei Figuren stehen und dessen Flügel bemalt sind. Der Flügelaltar auf Schloss Tirol wurde von den österreichischen Herzögen Leopold und Albrecht um 1370 gestiftet. Die Reste des Hochaltars in der Bozner Pfarrkirche von Hans von Judenburg sind bis auf Weniges verschollen, doch steigt ab jetzt das Interesse an dieser neuen Form religiöser Heilsschau. Der Sterzinger Altar von Hans Multscher, 1459 vollendet, bringt den Durchbruch. Zentral vermittelt der Schrein nun den Blick auf die jenseitige Herrlichkeit. Ehrentuch tragende Engel im Hintergrund bringen szenische Tiefe, Schreinwächter und Heilige flankieren das Geschehen, verschwenderisch manchmal ist die Verwendung gotischer Zierelemente mit Kielbögen, Baldachinen, Fialen, Krabben und einem nach oben strebendem Gesprenge. Michael Pacher lässt seine Figuren wie auf einer Theaterbühne mit großer Tiefenwirkung und Dramatik lebensnah auftreten und gibt ihnen einen lebendig beseelten Ausdruck. Einzig der Schrein des Grieser Marienaltars von ihm ist vollständig erhalten und ist von einer menschlich bewegenden Schönheit. Von Pachers Altar in St. Lorenzen blickt nur noch die Traubenmadonna, Inbild idealistisch überhöhter bürgerlicher Mütterlichkeit, auf die Besucher. Hans Klocker setzt zeichnerische Vorbilder wie Holzschnitte von Schongauer plastisch um und bündelt den Blick, auf Gesprenge verzichtend, auf den Schrein. Er ist ein erfolgreicher Unternehmer mit einer beträchtlichen Werkstatt in Brixen, Hans Schnatterpeck nicht minder in Meran; allerdings leistet der Meister wohl nur die

Vorzeichnung und überlässt die Ausführung seinen Gehilfen. Jörg Lederer bestückt von Kaufbeuren aus die nach der für die Tiroler verheerenden Calvenschlacht (1499) ausgebrannten und ihrer Einrichtung beraubten Kirchen des Vinschgaus. Im Ledereraltar in Latsch leuchtet die große Schnitzkunst des spätgotischen Altars in seiner ganzen goldglänzenden Pracht als später Höhepunkt nochmals auf. Die Bilder auf den Flügelinnenseiten sind bemalt und auf deren Bildern bricht sich allmählich bereits die neue Strömung der Renaissance Bahn.

Aber Südtirol wäre nicht Südtirol, wäre da nicht die Kunst auf dem Lande. Da windet sich unerwartet eine einsame Kirche aus dem Waldesdunkel, steht eine Kapelle allein mitten im Wiesengrün, gruppieren sich schützend ein paar Bauernhöfe um ihr kleines, behütetes und behütendes Heiligtum. Oder bewahrt eine Pfarrkirche in einem abgelegenen Hochweiler diskret ihren gotischen Kunstschatz. Besonders im Pustertal ist das der Fall. Man muss sich durchfragen für eine Besichtigung, aber man geht reich von hinnen: Man spürt die religiöse Verbundenheit der Menschen, das Geschehen über dem Altar ist nicht Kunstgeschichte, sondern das sind ihre Heiligen und Fürsprecher und manchmal sagt ein Satz des Mesners oder Bauern, der die Kirche aufsperrt, mehr als tausend Worte.

Renaissance (1500–1650)

Die Südtiroler Renaissance trägt das „von“ im Titel. Sie ist vom Adel getragen. Bis zu den großen Umwälzungen mit den Bauernkriegen und der in Südtirol (ziemlich) versteckten Reformation hatten Pfarrgemeinden, gut betuchte Bürger, Klöster, Adelige und Kommunen Aufträge an Künstler vergeben. In der Übergangszeit nach 1550 ist es der weltliche und geistliche Adel, der sich der neuen Kunstströmung zuwendet. Das überzeugendste Beispiel Südtiroler Renaissance stellt Schloss Velthurns, die Sommerresidenz der Brixner Bischöfe, dar. Brescianer Künstler wie Horazio, Michele und Pietro Maria Bagnadore schmückten Räume nach niederländischen Vorlagen aus, der Meraner Tischler Hans Spineider fertigte mit seiner Werkstatt die kunstvollen Täfelungen. Burgherren lassen lichtdurchflutete Loggiengänge errichten wie die Trapp auf der Churburg, die Grafen Hendl beauftragen italienische Baumeister mit dem Bau ihrer ansitzartigen Schlandersburg mit der doppelgeschossigen Loggia, die geschickt mit dem Licht des Tales spielt. Loggien bekommen u. a. die Haselburg (Bozen), Schloss Tarantsberg bei Naturns, Schloss Goldrain, der Ansitz Freienfeld in Kurtatsch. In der Folge wird die Loggia zur Visitenkarte gehobener Lebenskultur, die, wie könnte es anders sein, im Überetsch ihre architektonischen Triumphe feiert. Wohlhabende Weinbauerngeschlechter wollen nicht hintanstehen, sie fühlen aber immer noch etwas der Vergangenheit verpflichtet, eine Haltung, aus der der Überetscher Baustil hervorgeht, der den gotischen Erker genauso mit einschließt wie luftige Freitreppen, Loggien, Arkaden und steingefasste Renaissanceportale und -tore.

Die Innengestaltung herrschaftlicher Wohnkultur erfährt eine große Wende, beispielgebend ist der Ahnensaal auf der Trostburg. Dill Riemenschneider schuf

Kachelöfen in der Technik der Fayencemalerei. Zwei dieser Öfen, die er mit Szenen aus dem antiken Mythos von Jason und Medea schmückte, stehen in der Hofburg in Brixen, einer auf Schloss Juval. Für den Brixner Dom schuf er das bedeutendste Tafelbild der Renaissance in Südtirol mit der Anbetung der Könige, heute im Diözesanmuseum. Der Geist des Humanismus und der Renaissance weht auf den Bilderfriesen des Malers Paul Moritsch im Jakobszimmer auf der Churburg. Renaissanceplastik ist ganz selten. Das überzeugendste Werk schuf Hans Reichle im Innenhof der Brixner Hofburg mit den 44 Terrakottafiguren, die den Habsburger Stammbaum personifizieren sollen. Die Pläne für die Arkaden selbst stammen vom Innsbrucker Hofbaumeister Alberto Lucchese.

Barock und Rokoko (1650–1800)

Südtirols Barock gehört der *ecclesia triumphans*, der triumphierenden Kirche der Gegenreformation. Rein barocke Adelsbauten finden wir wenige: Schloss Wolfsthurn bei Mareit (Sterzing) und der Ansitz Mühlrain in Latsch.

Hauptaufträger im Barock sind kirchliche Herren. Im 17. und 18. Jahrhundert wurden viele mittelalterliche Kirchen umgebaut, die Basilika in Marienberg wurde unter der Leitung der Benediktiner aus dem Kloster Weingarten derart umgeformt, dass bis auf den Grundriss nichts mehr an den ursprünglichen Bau erinnert. Dasselbe gilt für die Stiftskirche in Neustift, deren Umbau der Innsbrucker Baumeister Georg Philipp Apeller 1734 bis 1737 leitete. Die Wallfahrtskirche von Maria Weißenstein steht noch im Einfluss des ernsten italienischen Barocks, von dem sich Baumeister Johann Martin Gumpp leiten ließ. Ernste und vornehme Würde strahlt das Innere des Brixner Doms aus, an dessen Ausführung der Bozner Architekt Giuseppe (Josef) Delai maßgeblich beteiligt war. Der Neubau des Priesterseminars in Brixen sollte sich nach dem Willen der geistlichen Bauherren Georg Tangl und Franz Singer an keinem geringeren Baukomplex als dem Escorial bei Madrid orientieren. Die Verwirklichung geriet dann verständlicherweise viele Nummern kleiner, die trotz der theatralischen Fresken im Gewölbe eine gewisse Schlichtheit zeigt.

Ein großbürgerlicher barocker Repräsentationsbau ist der Merkantilpalast in Bozen. Er wurde zwischen 1708 und 1727 von den Gebrüdern Giovanni und Giuseppe Delai nach den Plänen des Veroneser Architekten Francesco Perotti errichtet. Barock ist die hohe Zeit des Stucks und des *stucco lustro*. Das leicht formbare Material wurde in allen Farben und Formen an Wänden, Decken und Altären appliziert und gab geraden Flächen Bewegung und Schwung. Manchmal ragt so ein Stuckelement als Fuß oder anderes Körperteil sogar aus dem Gemälde heraus oder herab. Die barocken Kirchen sind in der Peripherie einfacher ausgeführt, und es lässt sich ein Grundschema erkennen: Der Chor ist immer schmaler als das Langhaus, am Übergang dazu finden sich seitlich am Triumphbogen immer zwei Seitenaltäre. Die Namen der Architekten wiederholen sich: die Brüder Delai, die Baumeisterfamilie Gumpp, Franz de Paola Penz. Im Südtiroler Barock feiert die monumentale Deckenmalerei ihre Triumphe.

Theaterdonner rauscht mitunter durch die Gewölbe, Unendlichkeitsperspektiven sollen die Mittlerrolle der Kirche vom Diesseits in die jenseitige Herrlichkeit veranschaulichen. Maler von europäischem Rang ist Paul Troger, der mit seiner Anbetung des Lammes im Dom zu Brixen das größte Deckengemälde mit über 250 Quadratmeter schuf. Süddeutschland und vor allem Augsburg üben einen starken Einfluss auf heimische Barockkünstler aus. Der Augsburger Matthäus Günther war sehr gefragt in Südtirol. Doch können sich die Werke von Franz Anton Zeiller, Anton Zoller und Johann Mitterwurzer durchaus neben der süddeutschen Kunstproduktion sehen lassen. Ein Phänomen ist der Schnellmaler Josef Adam Mölck, der es schaffte, an mehreren Orten gleichzeitig tätig zu sein. Von ihm stammen die Deckenfresken von Maria Weißenstein, der Pfarrkirche Sterzing, Schlanders und Ehrenburg. Am Übergang zum Rokoko stehen die Fresken und die Genreszenen des gebürtigen Burgeisers Johann Evangelist Holzer, der die Licht-Schatten-Technik virtuos beherrschte, der aber in Südtirol keine Aufträge gefunden hatte. Er verstarb 30-jährig an einer Fieberkrankheit. Martin Knoller, der in Rom Winkelmann kennengelernt hatte, nähert sich bereits ansatzweise dem Klassizismus.

In Gröden betreiben die Gebrüder Vinatzer eine erfolgreiche Altarwerkstätte, die Trentiner Cristoforo und Teodoro Benedetti taten sich als Schöpfer zahlreicher Marmoraltäre hervor.

Der Barock hat in Südtirol zeitlich einen längeren Ausklang, als nach den napoleonischen Kriegen und der bayerischen Besatzung bei der gläubigen Bevölkerung der starke Wunsch da war, verlorene Zeit nachzuholen. Ein Beispiel dafür ist die Pfarrkirche von Kiens, wo Johann und Josef Renzler zwischen 1835 und 1838 die nachbarocken Fresken malten.

Historismus (1860–1914)

Gegen Ende des 19. Jahrhunderts dominiert in Südtirol das vorgestellte „Neu“: Neugotik, Neuromanik, Neubarock, Neoklassizismus. Es ist vor allem die Zeit des Historismus. Einen Höhepunkt bildet das Mausoleum für Erzherzog Johann in Schenna von Fritz Wappler. Als Kirchen zu nennen sind die Pfarrkirche von Bruneck und die Kirche von Sulden. Die Städte wachsen über den mittelalterlichen Kern hinaus, in Kurorten wie Meran und Gries offenbart sich in Villen und Gebäuden Wiener Ringstraßenarchitektur, vorherrschend jedoch ist der sogenannte Heimatstil, aber auch der Jugendstil findet, wenn auch zaghaft, Einzug; überzeugende Beispiele bilden das Stadttheater und das Kurhaus in Meran. Nicht wenige große Hotelbauten aus der Zeit fielen dem Baggerzahn zum Opfer, und herauf bis heute ist Ensembleschutz ziemlich zahnlos, wenn es ums große Geld geht.

Moderne

Ab dem Ersten Weltkrieg dominiert in der Architektur die *Italianità*. Ganze Stadtviertel wurden in Bozen aus dem Boden gestampft. Für Repräsentationsbauten engagierten die Faschisten renommierte Künstler des „Ventennio“, wie die Schwarze Periode zwischen 1922 und 1945 beschönigend genannt wird. Stararchitekt Marcello Piacentini entwirft das mastodontische

Siegesdenkmal, andere Architekten haben ein glückliches Händchen wie etwa beim Bau des ehemaligen GIL-Gebäudes, heute EURAC.

Nach 1970 setzt erst zaghaft, dann aber recht kraftvoll, die verspätete Moderne in der Architektur ein. Heute sind die Bauten eines Werner Tscholl, eines Walter Angonese, eines Arnold Gapp, eines Markus Scherer oder eines Oswald Zöggeler durchaus überzeugend und in ihrer modernen Formensprache weit über die Landesgrenzen hinaus bekannt.

Es wird auffallen, dass in diesem Buch die moderne bildende Kunst in Südtirol nur am Rande gestreift wird. Das ist ein schmerzendes Manko; die modernen Südtiroler „Klassiker" sind zwar erwähnt: Karl Plattner, Hans Ebensperger, Peter Fellin, Robert Scherer, Karl Grasser, Friedrich Gurschler, Karl Rainer, Joseph Brunner, Luis Stefan Stecher, Robert du Parc, Markus Vallazza, Paul Flora als Karikaturist, Gotthard Bonell; aber das ist ein weites Feld, das einer weiteren Buchpräsentation bedürfte.

BOZEN UND UMGEBUNG

VON BAUTEN UND POETEN – EINE ESSAYISTISCHE ANNÄHERUNG

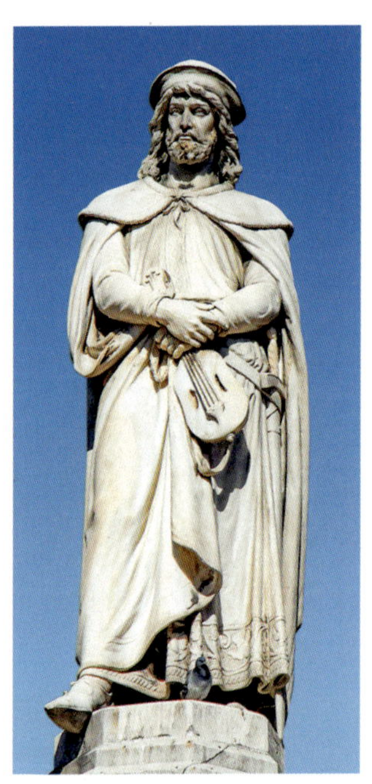

Natürlich lässt sich trefflich darüber räsonieren, wie in Bozen Nord und Süd zusammenfallen, zusammenfinden und deren mehr. Also gut, setzen wir uns hin am Waltherplatz, bestellen, wenn Vormittag, einen Südtiroler Weißen, nachmittags einen Lagrein – sind wir dem *genius loci* schuldig – und genießen das Panorama. Bozen besitzt die schönste Piazza zwischen München und Verona. Weit, sonnenüberflutet, der Dom in wohltuender Distanz zum Wirkungsbereich altväterlich christlicher Bevormundung. Aber nah genug für die Bewunderung. Im Blickfeld steht der marmorne **Walther von der Vogelweide** auf dem Podest, und wir könnten ihn ja kurz einmal fragen, was er uns erzählt von der Stadt. Er, der seinerzeit weit Gereiste, wird uns raten, beim Bahnhofsplatz anzufangen. Sind ja nur fünf Schritte dahin.

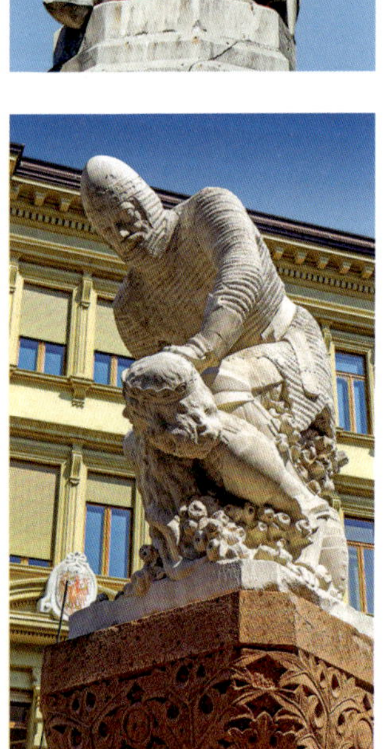

Da baut sich die Eingangsfassade des Bahnhofs von 1929 auf, genuine Architektur des faschistischen Ventennio, entworfen vom Stararchitekten Angiolo Mazzoni; die schweren Halbsäulen unterstreichen den architektonischen Pomp der Epoche. Die flankierenden Figuren stellen die Allegorien der (männlichen) Dampfkraft und der (weiblichen) Elektrizität dar und sind ein Werk des österreichischen Künstlers Franz Ehrendörfer. Alles in allem hat der Komplex mit dem Uhrenturm neben seiner Chuzpe doch auch eine gewisse städtebauliche ästhetische Qualität.
Ihm gegenüber steht das „Landhaus 2" aus der Jahrtausendwende von Architekt Oswald Zöggeler und bemüht sich mit aufgebrochener Fassadengliederung, Rundturm und mit Marmor- und Porphyrverkleidung ebenfalls um städtebauliche Struktur. An der Ostseite tragen in den obersten Etagen zwei Bronzefiguren ein nach oben gebogenes Kupferdach: die „Karyatiden" mit Symbolen von Blitz und Feuer. Unter der Balustrade wuselt eine Eidechse nach oben. Die hintersinnige Inszenierung schuf der Grödner Künstler Guido Muss.

Durch einen Durchlass gelangen wir auf den kalt-kahlen Silvius-Magnago-Platz. Der Namensgeber, begnadeter Redner und gewitzter Vater der Südtiroler Autonomie, hätte mehr Gestaltungskunst für seinen Platz verdient. Da steht in trockener Einsamkeit der **Laurinbrunnen**, auf dem Dietrich von

Bern den Zwergenkönig Laurin niederzwingt. Es ist eine traurige Geschichte um den Hüter des Rosengartens. Sie merken: Das Herz des Schreibers hängt am Kleinen. Es ist eine unglückliche *love story*. Der Zwergenkönig Laurin verschaut sich in die schöne Similde, entführt sie in seinen Kristallpalast im Innern der „Bleichen Berge“. Behandelt sie als seine Königin und vergöttert sie. Laurin ist ungeheuer reich, besitzt einen Zaubergürtel, ist Herr über einen wunderbaren und duftenden **Rosengarten**, den ein seidener Faden umschließt. Doch dann kommt der Bruder von Similde mit Dietrich von Bern und anderen Kraftprotzen daher und fordert seine Schwester zurück. Im Kampf wird der kleine Laurin besiegt, Similde „befreit“. Wäre nicht ungern geblieben, weiß die Sage. Der Rosengarten wird zertrampelt und zerstört, Laurin in Fesseln als zukünftiger Hofnarr abgeführt. Er verflucht seine Rosen, nie und nimmer sollen sie blühen und duften, nicht bei Tag und nicht bei Nacht. Die Dämmerung aber hat der Unglückliche vergessen. Und so kommt es, dass die Bleichen Berge des Rosengartens in der Dämmerung rot erglühen und aufleuchten in alter Schönheit.

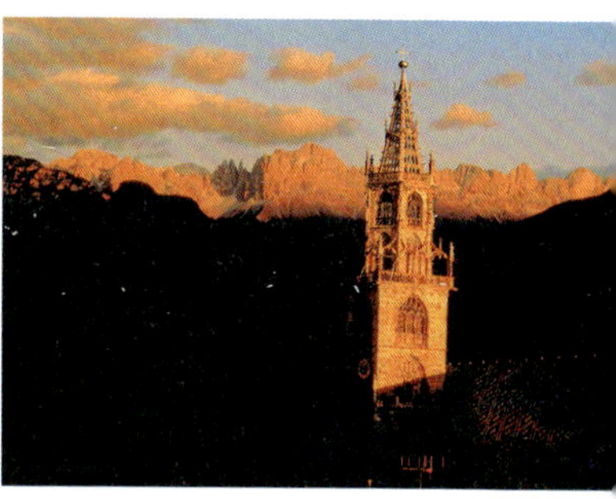

Der Alltag ist prosaischer: Der Brunnen steht bezugslos auf dem Magnago-Platz, er sollte wieder zurück auf die Wassermauer, der Promenade längs der Talferwiesen, von wo aus ihn die Faschisten in den Dreißigerjahren ins Kriegsmuseum nach Rovereto abtransportiert hatten. Nach wie vor sieht die italienische Rechte in der Figurengruppe den „Germanen“ Dietrich, der den, nun ja kleinen „Romanen“ Laurin niedermacht.

Ein Katzensprung ist es hinüber ins Hotel Laurin, in ein signoriles Zeugnis Bozner Noblesse vor dem Ersten Weltkrieg. Die vornehme Bar im Laurin ist Bozens feinstes Wohnzimmer und Treffpunkt der Erfolgreichen in Politik und Wirtschaft. Mit nur einem Bruchteil eines Prozents aller Projekte und Geschäfte, die hier in noblen Ledergarnituren angedacht und abgemacht wurden, hätte man im Leben ausgesorgt. Wir aber sind der Fresken wegen hier, die den gesamten Raum umspannen. Der Münchner Maler Bruno Goldschmitt schuf 1911 den **Laurinzyklus** mit beträchtlicher Lust an grotesker Ironie. Die Recken sind grobschlächtige Lackel, Laurin ist auch kein Schönheitskönig, allein Similde rettet sich einigermaßen ästhetisch. Bruno Goldschmitt ist ein Vertreter

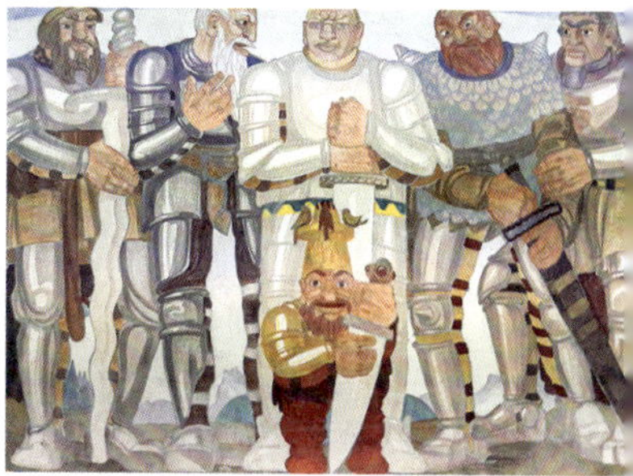

des seltenen ironischen Jugendstils, und man ist versucht, irgendwo hinter der Bar den feixenden Künstler zu suchen.

Der Gang durch die Lauben über den Kornplatz mit dem renovierten Waaghaus, durch die Silber- und die Mustergasse führt alten Wohlstand vor Augen; einen Besuch wert ist das Merkantilgebäude. Wir freuen uns auf dem Obstmarkt über das angebotene Obst und Gemüse – wie weiland Goethe und staunen, dass es den Markt so noch gibt. Wie lange? Die Piazza delle Erbe in Verona beispielsweise, einst der große Gemüsemarkt der Stadt ,ist zu einem unappetitlichen Basar mit Souvenirramsch verkommen.

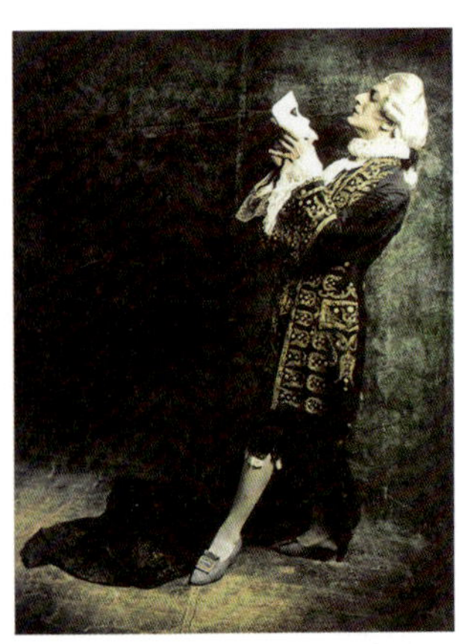

In der Mustergasse setzt sich das barocke Palais Menz in Positur. Klatsch passt immer: Giacomo Casanova gelang am 31. Oktober 1756 die Flucht aus den berüchtigten Piombi, den Gefängniszellen unter den Bleidächern des Dogenpalastes in Venedig. Am 7. November erreichte er Bozen – völlig mittellos in „Sommerkleidung" mit drei Hemden übereinander. Dort suchte er die Kaufmannsfamilie Menz auf, die er über Handelskontakte kannte. **Casanova** bat um Winterkleidung und 100 Golddukaten. Menz versicherte sich der Bonität durch einen Eilboten nach Venedig und zahlte nach Erhalt des Wechsels die Summe an Casanova aus. Dieser suchte danach über den Brenner schleunigst das Weite.

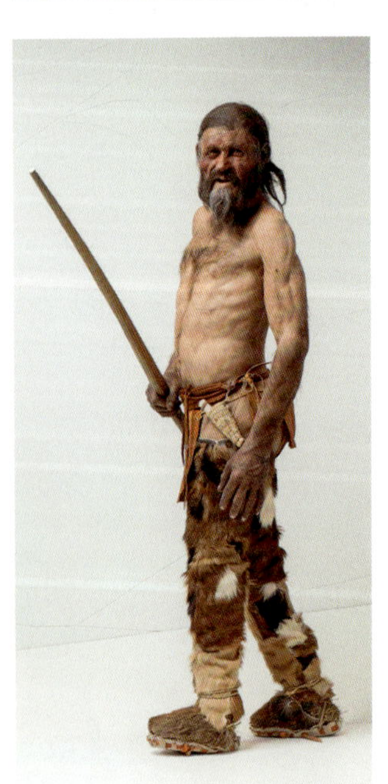

Wenn er könnte, würde wohl noch einer das Weite suchen: der **Mann vom Hauslabjoch**. Am Ende der Museumstraße Richtung Talferbrücke befindet sich das Archäologiemuseum. Hunderttausende stehen dort jährlich Schlange, um einen Blick auf den Mann aus dem Eis zu werfen. Machtlos ist er durch ein kleines Sichtfenster auf seinem eisgekühlten Totenlager den Gaffern ausgesetzt. Würde er, der weltweit unter dem kindischen *nickname* bekannte Ötzi, wieder erwachen, er würde seine jungsteinzeitliche Ausrüstung zusammenraffen und erneut die Flucht antreten über alle Berge und Pässe. Unbedingt sehenswert, das Museum.

Wir schlendern über die filigrane, gusseiserne Talferbrücke, und ein präpotenter weißer Marmorklotz springt uns an. Bozen ist mehrgesichtig, und es gibt in weitem Umkreis kaum eine Stadt, die in der Architektur die ideologischen und ästhetischen Verwerfungen des ausgehenden 19. und des gesamten 20. Jahrhunderts derart sinnfällig widerspiegelt. Da finden sich Wiener Sezession, Ringstraßenarchitektur, Historismus und Jugendstil, als Tirol noch zum Kaiserreich Österreich-Ungarn gehörte. Die Annexion durch Italien und der „ventennio fascista" haben unübersehbare Zeugen hinterlassen. Das faschistische Italien wollte der Stadt unbedingt ein „italienisches" Gesicht verpassen. Warum sich die Faschisten an „ihrem" Bolzano und den *sacri confini*, den „heiligen Grenzen" derart festbissen, ist letztlich schleierhaft. Bleibt einem nur, diese Architektur durch den historischen Blickwinkel zu betrachten.

Das **Siegesdenkmal**, seit der Nachkriegszeit unter staatlichem Denkmalschutz, Bühne für Sieges- und Gedenkfeiern und Ziel zweier Attentate, wurde unter strenge Bewachung gestellt. Als der „Siegesplatz" hinter dem Denkmal 1992 zum Friedensplatz umbenannt wurde, gab es ein Referendum. Es blieb beim Siegesplatz. Mussolinis Stararchitekt Marcello Piacentini lehnte sich am römischen Triumphbogen an, verpasste ihm statt Säulen Rutenbündel mit Beilen, Arturo Dazzi setzte auf der Stirnseite eine nackte Nike (Siegesgöttin) hin, die den Bogen gegen Norden spannt. Denen im Norden wird verkündet – in leicht umgeformtem Vergilzitat –, dass man von hier aus die Übrigen durch Sprache, Gesetze und Künste zivilisiert habe. Bolzano, der Nabel der zivilisierten Welt? Was die Auseinandersetzung mit dem Bau so schwierig macht, ist seine Polyvalenz, es ist ein „Tempel des Faschismus und der Italianität des Grenzgebiets", ein Denkmal für die italienischen Gefallenen des Ersten Weltkrieges und ein Kunstdenkmal, an dem sich bedeutende Künstler seiner Zeit beteiligten. Der Altar im Bogeninnern trägt einen bronzenen Christus, den der Künstler Libero Andreotti in starker Anlehnung an Piero della Francescas Auferstandenen gestaltete.

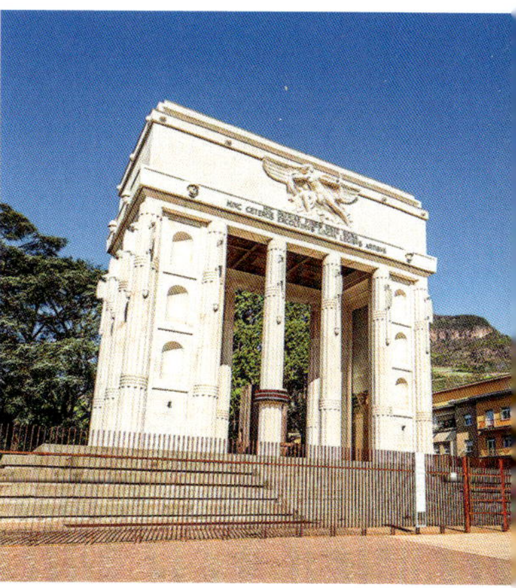

Endlos waren die Diskussionen um eine Entschärfung. 2014 war sie abgeschlossen: Die Krypta wurde zu einer Dauerausstellung umfunktioniert, und eine der drei Säulen trägt einen LED-Leuchtring mit dem Hinweis in drei Sprachen: „Ein Denkmal, eine Stadt zwei Diktaturen". Der exzentrische Kunstkritiker Vittorio Sgarbi und ein paar Unverbesserliche schäumten zwar, aber dem Denkmal ward der faschistisch-nationalistische Zahn gezogen. Auf eine bezeichnende Marginale sei hingewiesen: Ein Teil der Baukosten wurde mit privaten Spenden finanziert und das sollte über dem Eingang zur Krypta gut sichtbar erwähnt sein. Da steht in Latein vom AER Civium, hätte heißen sollen AES, Bronze, Metall, Geld der Bürger. In schönstem Freud'schem Lapsus ist aber von AER, Luft, die Rede. Halbbildung ist halt ein Wesensmerkmal der Populisten. Und ja: War gewaltig viel heiße Luft, die Ideologie.

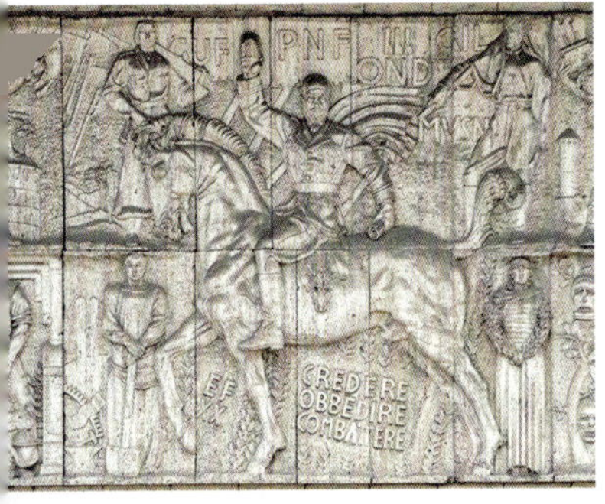

Der **Duce durfte hoch zu Ross** mit der Aufforderung „credere, obbedire, combattere" (glauben, gehorchen, kämpfen) am Marmorrelief der ehemaligen „Casa Littoria" in Bozen, den heutigen Finanzämtern, unbehelligt bis in unsere Zeit einherreiten. Erst 2017 wurde das Relief entschärft. Darüber wurde in den drei Landessprachen das Hannah-Arendt-Zitat „Kein Mensch hat das Recht zu gehorchen" gezogen. Der Reliefkünstler war tragischerweise der Südtiroler Hans Piffrader, der nach dem Krieg zwar für ein Jahr noch Präsident des Südtiroler Künstlerbundes war, dann aber vollends verstummte.

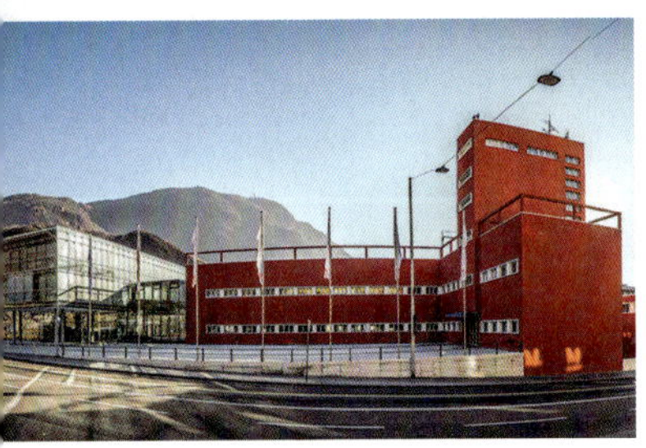

Ein gelungenes Beispiel für Neugestaltung ist die heutige **EURAC**, das private Europäische Forschungszentrum an der Drususallee, gleich nach der gleichnamigen Brücke. Entstanden in den Dreißigerjahren des vorigen Jahrhunderts als Haus für die faschistische Jugendorganisation „Gioventù Italiana del Littorio", sollte es die Mädchensektion dieser Organisation beherbergen. Das Paduaner Architekturstudio Francesco Mansutti und Giuseppe Miozzo ignorierte weitgehend die bombastische und rhetorisch überfrachtete Formensprache des Regimes und suchte nach klaren, modernen Formen und eleganten Lösungen. Nach dem Krieg wusste man nicht so recht, was anfangen mit dem Bau; er beherbergte einen Supermarkt, dann war er Kino, später Tierheim und am Ende heruntergekommener Unterschlupf für Obdachlose. Bis man sich wieder seiner architektonischen Qualitäten besann und einen internationalen Wettbewerb ausschrieb, den der österreichische Architekt Klaus Kada gewann. Er ergänzte den denkmalgeschützten Bau mit einer modernen Struktur aus Glas und Beton. Das ursprüngliche Bauwerk bekam auch wieder seine ursprüngliche Farbe in leuchtendem Pompejaner Rot. Alt und Neu dieses Komplexes könn(t)en gleichnishaft stehen für gelungene Vergangenheitsbewältigung und Aufbruch in die Zukunft.

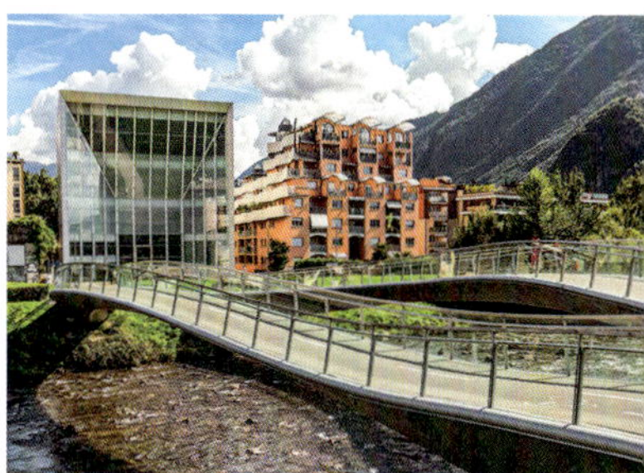

Noch auf der Altstadtseite am Talferufer: 2008 wurde das **Museion für moderne Kunst** eröffnet nach dem Projekt des Berliner Architekturbüros KSV. Die Stirnseiten aus Glas halten Zwiesprache mit der Stadt und der Landschaft, das Innere gleicht einer Treppenkaskade mit offenen Räumen. Offen gesagt besticht das Museion mehr mit Architektur denn mit Ausstellungen und Inhalten. Nur 2009 schaffte es der Frosch am Kreuz, ein ironisches Selbstporträt von Martin Kippenberger in die internationale Presse, selbst Papst Benedikt fühlte sich in seinen religiösen Gefühlen verletzt. Ein patriotischer Schreihals der lokalen Mehrheitspartei trat vor dem Gebäude in einen Hungerstreik. Mehr Gelassenheit und offene Auseinandersetzung mit provozierender Kunst täten gut in unserer Zeit – und das nicht nur in Südtirol. Dabei führt vom Museion die Raumskulptur einer Brücke mit zwei miteinander korrespondierenden schwingenden Kurven wunderbar beschwingt über die Talfer.

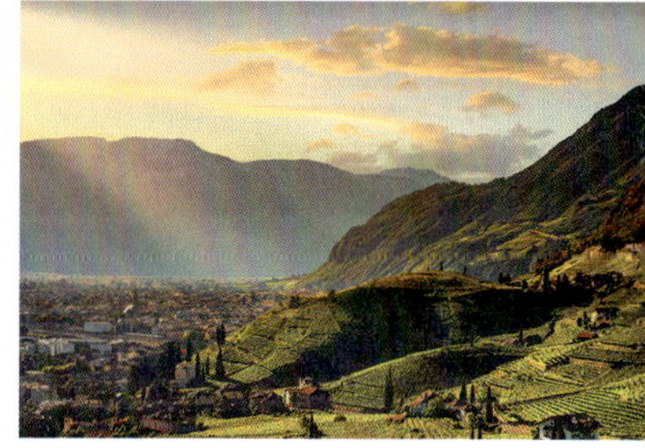

Eine Aufforderung in Glas und Stahl zu Fröhlichkeit und Lebensfreude. Lebensfreude bietet Bozens Arkadien draußen in **St. Magdalena**, die Landschaft lächelt wie die schönen jungen Nymphen des Dionysos: unbedingt mit einem Besuch zu beehren.

Ernst und gedankenverloren schaut Walther über das Gewusel zu seinen Füßen Richtung Süden. Er schaue nach dem Reichsitalien des Mittelalters, interpretierte man 1881 bei seiner Einweihung. Echt? Fünfzehn Jahre später wurde in Trient Dante Alighieri auf den Sockel gehoben. Er blickt nach Norden und hält den rechten Arm in dieselbe Richtung ausgestreckt. Das sei abwehrend, hieß es. Alles falsch. Dante winkt seinem Dichterkollegen in Bozen zu. Manchmal, in stiller Nacht, steigen sie von ihrem Sockel, treffen sich auf Halbweg auf ein Glas und schütteln den Kopf über nationale Unvernunft. Und wenn Dante seine Beatrice mitbringt, schwelgen die zwei Poeten in Frauenlob.

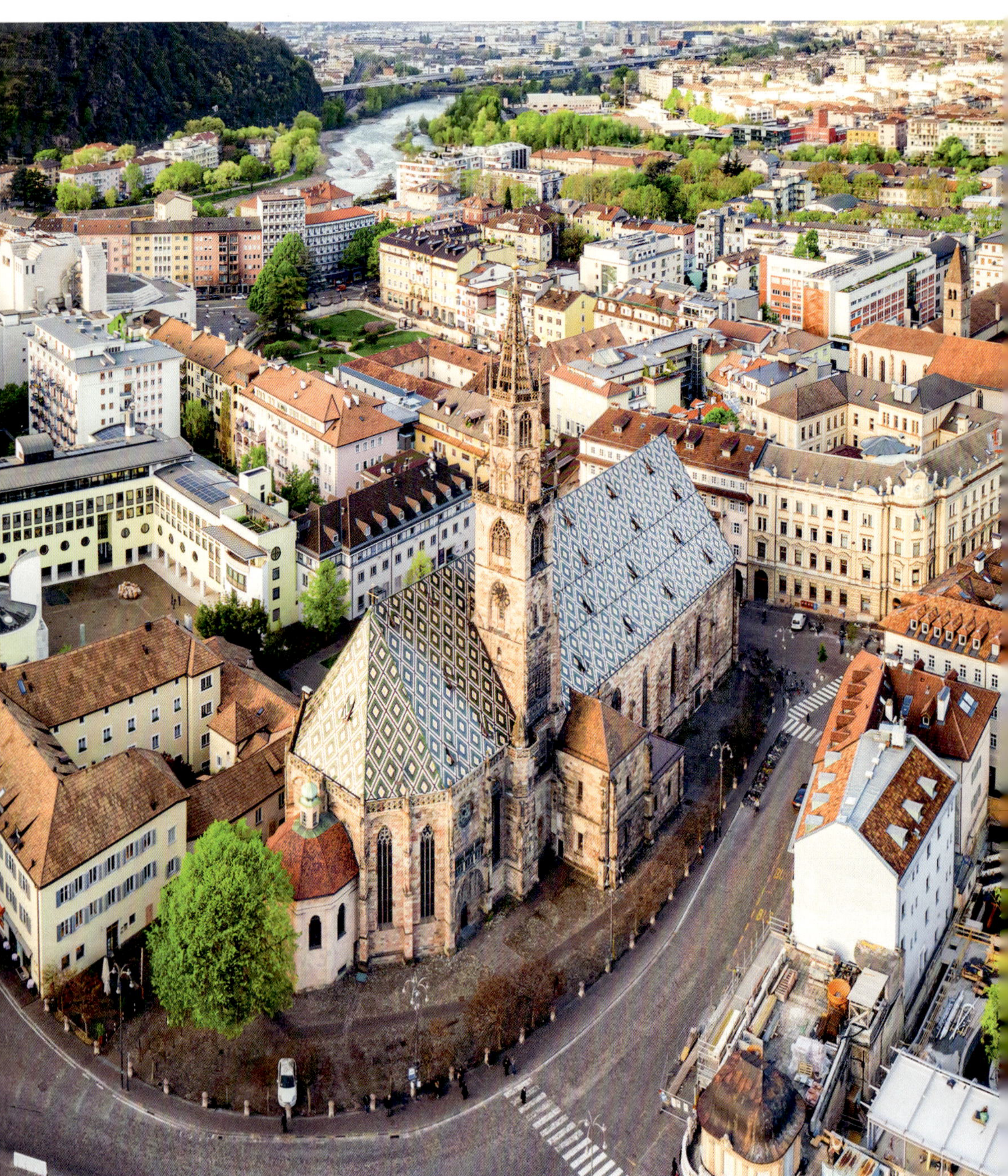

BOZNER DOM

Einst „Unsere Liebe Frau im Moos"

Bozens Stadtpfarrkirche steht im Abseits. Gewiss mag der räumlich abgesetzte Pfarrbezirk früher einmal den Eindruck einer ausgedehnten Kirchensiedlung geboten haben mit angebauten Kapellen und Nebenkirchen, mit Friedhof und Spital – heute steht davon nur noch der Dom mit dem markanten filigranen Turm, dem Wahrzeichen der Stadt. Dieses isolierte „Inseldasein" der Kirche geht auf römische Zeit zurück, wo im heutigen Dombezirk eine kleine Siedlung als Brückenkopf über den Eisack bestanden hat. Beim Einbau der Bodenheizung 1978 wurden im Chorbereich spätrömische Siedlungsspuren und eine Münze Konstantins des Großen gefunden.

Die Stadtpfarrkirche hat ihren Ursprung in einer frühchristlichen Basilika

Die Stadtpfarrkirche Maria Himmelfahrt trägt erst seit 1964 den Ehrentitel Dom und besitzt eine komplexe Baugeschichte. Sie hat ihren Ursprung in einer frühchristlichen Basilika um 500 n. Chr., von der nach der Bombardierung 1944 die Reste einer Priesterbank zum Vorschein kamen. Ein karolingischer Bau lässt sich durch Freskenfunde datieren, das spätromanisch-frühgotische Langhaus entstand im späten 13. Jahrhundert und wurde gegen Mitte des 14. Jahrhunderts als Hallenkirche eingewölbt. Der spätromanische Bau hatte den Dom von Trient als Vorbild; wenig ist davon erhalten. Das Löwenportal an der Westfassade musste nach einem Brand 1499 erneuert und der nördliche Löwe, 1944 durch amerikanische Bomben massakriert, nachgebildet werden.

Den Chorneubau, 1380 begonnen, entwarfen die Parler-Schüler Peter und Martin Schicke aus Augsburg, die das Motiv der außen umlaufenden Balustrade nach dem Vorbild der Heilig-Kreuz-Kirche in Schwäbisch Gmünd aufgriffen und umsetzten. Sehr gelungen ist das heute zugemauerte „Laitacher Törl" mit seinen zierlichen Steinplastiken, unter denen eine Winzerin und ein Winzer in der zeitgenössischen Kleidertracht besonderes Augenmerk verdienen. Möglicherweise stehen sie im Zusammenhang mit dem Weinausschankprivileg, das Herzog Albrecht von Österreich 1387 der Kirche verlieh.

Prunkstück ist der zwischen 1501 und 1515 erbaute Turmhelm, ein filigranes Kunstwerk des Hans Lutz von Schussenried, nach Plänen des Augsburger Dombaumeisters Burkhard Engelberg, das, wie aus Reisedokumenten zu erfahren ist, selbst durchreisenden Barockliebhabern Respekt abverlangte. Dem Bombenhagel des Zweiten Weltkrieges glimpflich entgangen, setzten dem Turm später die Abgase derart zu, dass er gründlich restauriert werden musste. Das Votivbild einer Kreuzigung im Erdgeschoss des Turms aus dem Jahr 1380 ist eine vorzügliche Veroneser Arbeit. Das Bild neben der Kreuzigung mit der Glocke ist geradezu kafkaesk, wo ein gewisser Ulrich „peregrinus" auf seiner Rompilgerschaft durch eine herabstürzende Glocke erschlagen worden war.

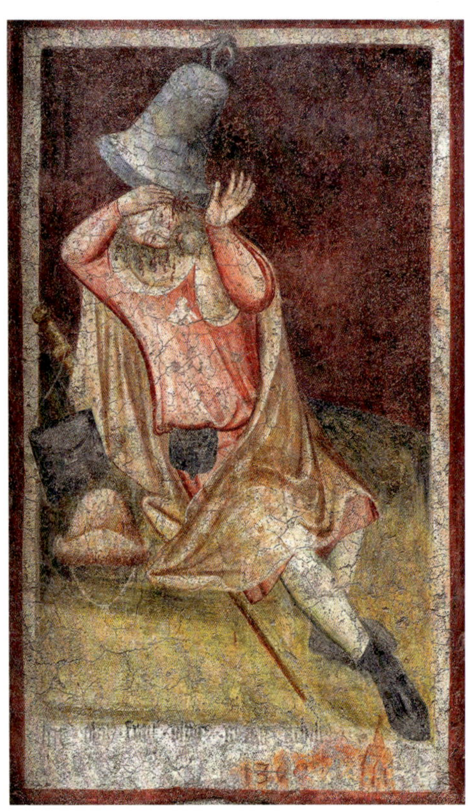

Nördliche Außenwand. Der von einer Glocke erschlagene Pilger namens Ulrich (Meister von St. Valentin in Seis).

Gotik und Barock

Den besten Eindruck im Kircheninneren gewährt der Blick vom erhöhten Chorumgang; und der Blick geht in eine sehr frühe gotische Hallenkirche. Ein sehr schönes Einzelstück ist die Sandsteinkanzel aus dem künstlerischen Umfeld des Lutz von Schussenried, die wie aus einem Guss erscheint. Die Reliefs tragen noch Reste ursprünglicher Bemalung und stellen Kirchenväter in Schreibposen dar. Sie sind durch erzählerische Attribute erkennbar, bei Augustinus erscheint zum Beispiel ein Bub mit Schaufel in Anlehnung an das Dreifaltigkeitsgeheimnis („So wie ich nie das Meer in diese Grube schaufeln kann, kannst du nie die Dreifaltigkeit ergründen“). Auf der tragenden Säule erscheinen Figuren im Pilgerkostüm und im Sockelpolster tummeln sich Eidechsen.

Am Barockaltar arbeiteten italienische Künstler

Der mächtige barocke Hochaltar stammt vom Veroneser Architekten G. B. Ranghieri, der mit Säulen, triumphbogenartigem Rundbogen, Giebelaufsatz und Statuen einen recht wuchtigen Effekt erreicht. Um den optischen Effekt noch zu verstärken, hatte man zusätzlich den in Wien und Rom tätigen Perspektive-Experten Andrea (del) Pozzo herangezogen, der den säulenreichen Aufbau konzipierte; die Statuen aus Carrara-Marmor hatte man bei Domenico Allio in Auftrag gegeben. Die Bozner hatten für den neuen Hauptaltar recht bekannte und moderne italienische Künstler engagiert, andererseits doch nicht zu tief in die Tasche gegriffen, indem sie (nur) Künstler aus dem oberitalienischen Raum engagierten.

Im feinen architektonischen Konzert der schlichten Gotiktöne der Kirche stören diese barocken Fanfarenstöße und beim Anblick dieses Hochaltars kann man sich einer gewissen Irritation nicht erwehren, wenn man daran denkt, welches Kunstwerk ihm hatte weichen müssen. An seiner Stelle hatte der berühmte gotische Flügelaltar des Hans von Judenburg gestanden, von dem nur wenige Skulpturen überlebt haben und die heute weit verstreut in Museen anzutreffen sind.

Mit Hans von Judenburg wird das emotional sensibel gehaltene Vesperbild (Pietà) aus Gussstein auf der Nordseite des Chorumganges in Verbindung gebracht.

Giuseppe Delai vollendete 1745 im Scheitelpunkt des Umganges die barocke Gnadenkapelle „Unsere Frau im Moos“, deren Marienszenen im Gewölbe der aus Schlesien gebürtige Maler Carl Henrici ausführte. Das Bild der „Maria lactans“ stammt aus romanischer Zeit.

Als Pendant zum Vesperbild findet sich auf der Südseite des Chorumganges das unscheinbare, aber geschichtsträchtige

Das Kircheninnere lässt etwas die architektonische Harmonie vermissen. Wuchtig setzt sich der barocke Hochaltar in Szene und spielt geschickt mit der Perspektive.

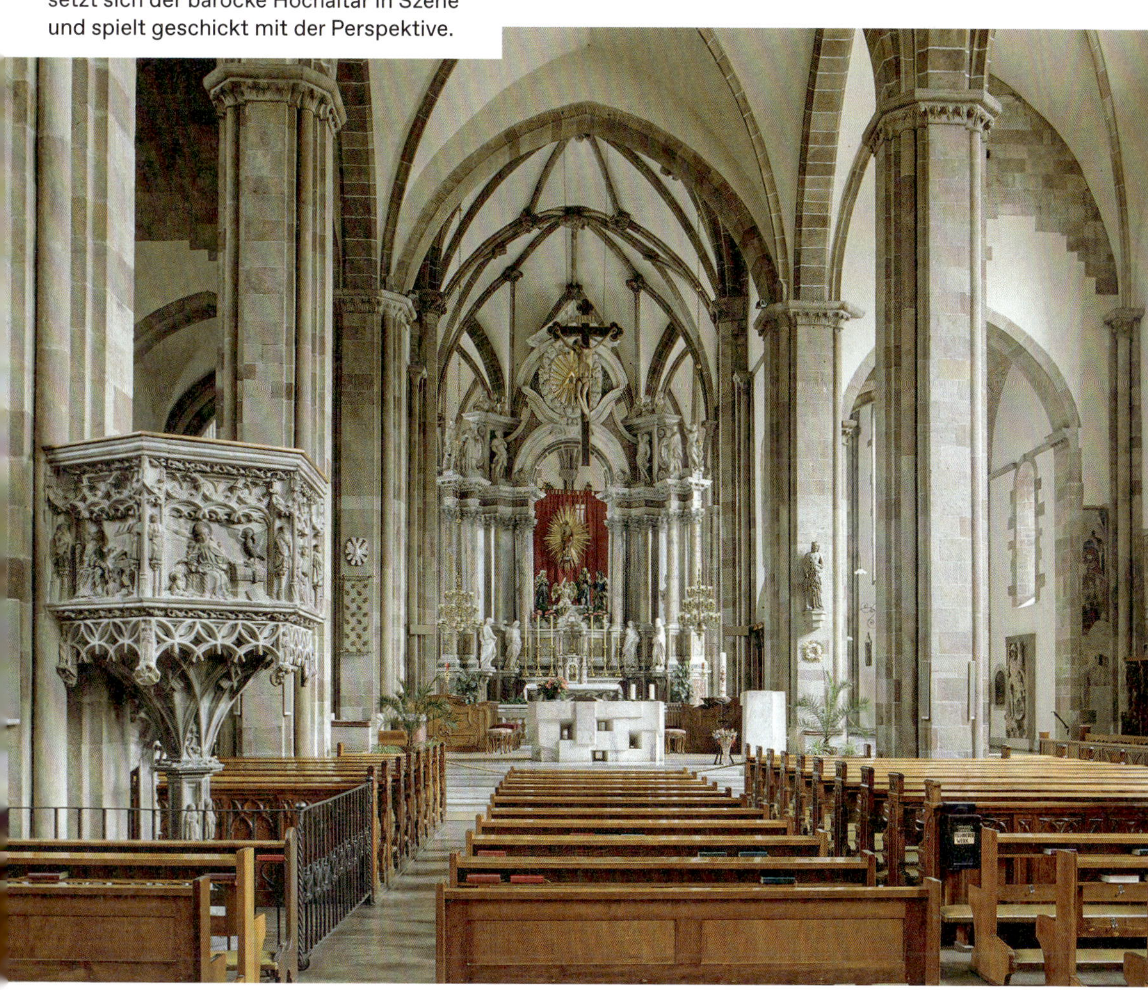

Herz-Jesu-Bild, ebenfalls aus der Hand des Carl Henrici. Vor diesem Bild hatten die Tiroler Landstände 1796 in großer Angst vor den vorrückenden Truppen Napoleons das Land Tirol dem Herzen Jesu geweiht. Eine Weihe mit Folgen, auch begrifflich: Die Mär vom „Heiligen Land Tirol“ nahm ihren Anfang.
Von den ehemals sehr begehrten Grablegen des Bozner Stadtpatriziats hat sich nichts erhalten, erwähnt sei der Grabstein des Wilhelm von Henneberg unweit des Altars, der 1479 auf seiner Rückreise von Rom in Salurn (an Malaria?) verstorben war.

Bilder aus dem Bombenhagel

Die Bombardierungen 1944 hatten – *horribile dictu* – auch etwas Gutes, denn sie zerstörten die barocken Seitenaltäre, hinter denen gehaltvolle Freskenpartien hervorkamen, ein letzter Rest eines wohl einmal sehr reichen Freskenschmucks, der weitgehend verloren ging, als man 1833/34 die Innenwände des Domes reinigte. Die ältesten Fresken befinden sich rechts am Zugang zum Chorumgang und zeigen im frühgotischen Linearstil die Stifterfiguren „Chunrat Chrille und sein hausfrow Iremgart“, darunter Fragmente der Agathen- und Silvesterlegende. Dieser Konrad, genannt „Chrille“, stammte aus Schlanders im Vinschgau und war durch den Weinhandel sehr wohlhabend, Weinherr in Leitach und Bozner Bürger geworden.

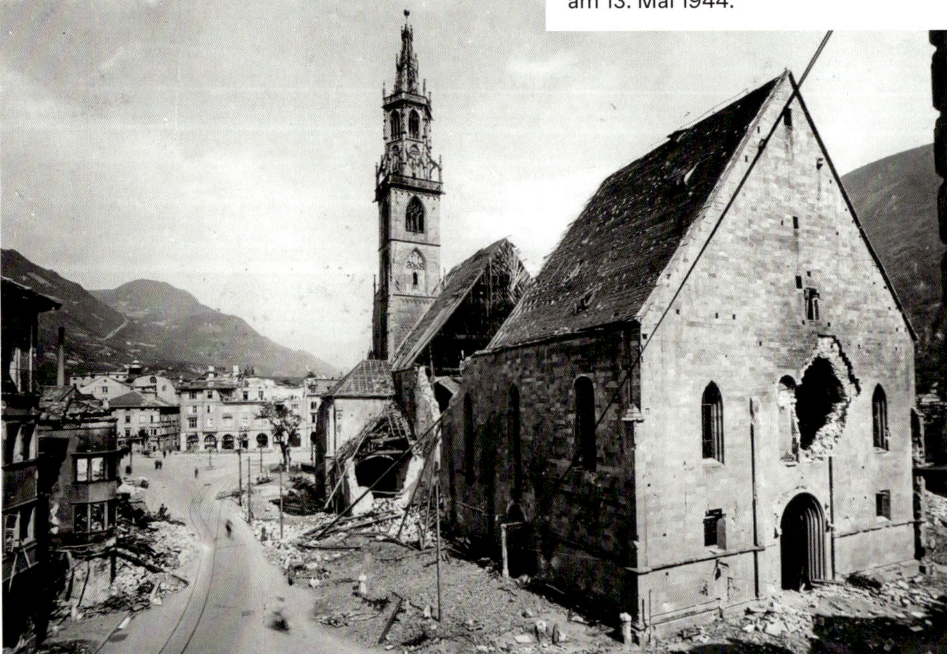

Die Pfarrkirche nach der Bombardierung am 13. Mai 1944.

Immer an der Südwand des rechten Seitenschiffes links von der Tür ist die Enthauptung der heiligen Dorothea dargestellt, daneben zähmt die heilige Martha den Drachen von Tarascon, aus dessen Maul ein Arm ragt. Sie sind ein Beispiel der giottesken Schule in Bozen um 1330. Darüber finden sich drei Szenen aus dem Leben des Papstes Urban V.: wie er ein Privileg erteilt, wie er in Rom einreitet – er hatte kurzzeitig den Papstsitz von Avignon wieder nach Rom verlegt – und wie er im Sterben liegt. Während der Kirchenmann seine Seele aushaucht, protokolliert ein Notar am Fuße des Sterbebettes die Heilung von sechs Kranken, die – in Miniaturproportionen – gleich zweimal auftreten, rechts mit ihren Gebrechen, links auf ihre geheilten Augen und Glieder verweisend. Der unbekannte Maler wird nach den gestalteten Themen als „Meister der Urbanslegende" bezeichnet und dürfte um 1350 in Bozen die giotteske Mal- und Gestaltungskunst gelernt und verinnerlicht haben. Die Datierung schwankt zwischen 1370 und 1390; es ist dies die Zeit, in der in weiten Teilen des christlichen Europas der Wunsch nach einer Rückkehr der Päpste aus der „Avignonischen Gefangenschaft" sehr stark verbreitet war.

Die ältesten Fresken befinden sich rechts am Zugang zum Chorumgang

Rechts von der Tür finden sich, fragmentarisch, ein Michael mit der Seelenwage, ein heiliger Martin mit dem Bettler und eine Anbetung der Könige. Letztere entstand um 1390 und steht im künstlerischen Umkreis des Meisters von St. Valentin in Seis. Rechts vom Portal findet sich ein Rest der „Siebenschläferlegende" – Jünglinge flüchten vor Verfolgung in eine Höhle und werden nach 200 Jahren unversehrt und lebendig aufgefunden –, 1424 ausgeführt vom süddeutschen Meister Conrad Erlin, erwähnenswert allenfalls wegen der skurrilen Legende und der relativen Seltenheit der Darstellung. Die Gesichtszüge des Kaisers im Bild sollen denen von Kaiser Sigismund gleichen.

Die Plappermutter

Die Kirche verlassend finden Sie an der Westfassade links vom Portal eine thronende Madonna aus der Hand des Friedrich Pacher oder aus dessen Werkstatt. Um diese als „Plappermutter" bezeichnete Madonna rankt sich eine aufschlussreiche Bozner Überlieferung. Hier warfen Großmütter eine Spende in den Opferstock, damit die „Plappermutter" ihren Enkeln und Enkelinnen das Sprechenlernen erleichtere. Ob da die gute Madonna mitunter nicht zu viel der Hilfe gewährt hat? Jedenfalls hat das städtische Bozner Deutsch in seiner Zwischenlage von Hochdeutsch und Umgangssprache/Dialekt einen – nun ja – besonderen Klang.

DOMINIKANER-KLOSTER

Bozens Trecento

Die Fresken im Dominikanerkloster sind von europäischer Tragweite. Das Kloster wurde 1272 von Trient aus unter der Regierungszeit Meinhards II. gegründet, der sich harte Auseinandersetzungen mit dem Bischof von Trient lieferte. Als Vermittler trat dabei der erste Prior Heinrich von Burgeis auf, der als Autor des plastisch geschilderten Beichtspiegels „Der Seele Rat“ bekannt ist. Das Kloster war bald als Begräbnisstätte der Bozner Patrizierfamilien sehr geschätzt und erlebte in der Folge durch umfangreiche Stiftungen eine große Blüte. Als erste Gönner tat sich die aus Florenz stammende Bankiersfamilie der de Rossi hervor. Sie nahm später nach einem ihrer Familienmitglieder, der Bocci oder Boccione genannt wurde, den eingedeutschten Namen „Botsch“ an und schaffte 1342 den Sprung in den Adelsstand.

Das Langhaus wurde gegen Ende des 15. Jahrhunderts eingewölbt, 1740 erhielt der Chor durch Jakob Delai seine barocke Ausgestaltung. Obwohl das Kloster über Jahrhunderte ein wichtiges Bildungszentrum gewesen war, wurde es im Zuge der Josefinischen Reformen für entbehrlich befunden und 1785 aufgehoben. Bibliothek und Archiv wurden in alle Winde verstreut, der Baukomplex musste in der Folgezeit als Krankenhaus, Militärdepot, Kaserne und gewerbliche Fachschule herhalten. Nach 1924 erfolgten umfangreiche Restaurierungen, wobei sensationelle Fresken zum Vorschein kamen, von denen viele 1944 durch Bombardierungen leider zerstört wurden. Der Wiederaufbau konnte nur noch den verbliebenen Bestand retten. Ins einstige Klostergebäude zog das Konservatorium Claudio Monteverdi ein, eine Musikhochschule, die inzwischen internationalen Ruf genießt und in die Freie Universität Bozen integriert ist.

Irdisch. Das Geheimnis göttlicher Mutterschaft wird zu einem innigen Mutter-Kind-Verhältnis.

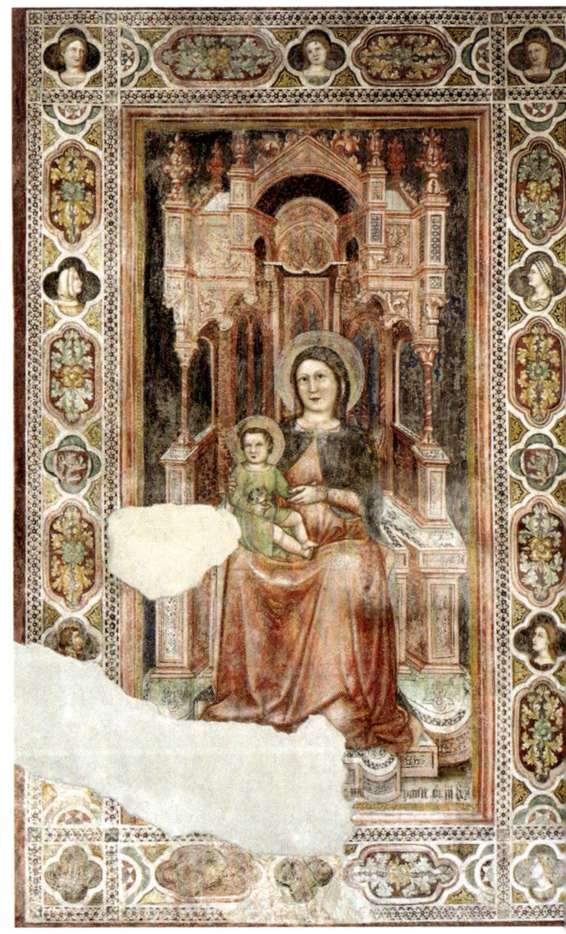

Die Fresken in der Dominikanerkirche bilden den Höhepunkt und wichtigsten Ausstrahlungspunkt des lokalen „Trecento". Trecento nennen die Kunsthistoriker die Zeit des 14. Jahrhunderts, die in Italien grundlegende Veränderungen in den Künsten, insbesondere in der Malerei, herbeiführte und die Protorenaissance einleitete. Als die de Rossi die dem heiligen Johannes geweihte Kapelle bei den Dominikanern zu ihrer Grabkapelle bestimmten, betrauten sie, das hohe Niveau der Malkunst in Florenz und Oberitalien vor Augen, die besten italienischen Künstler der Zeit. Und das waren die Schüler des genialen Giotto di Bondone. Giotto hatte mit seinem neuen Malkonzept die Malerei revolutioniert und von den hieratischen Fesseln des romanisch-byzantinischen Stils befreit. Seine Bilder folgen nicht mehr streng vorgegebenen ikonografischen Mustern und seine Figuren sind keine flachen, zweidimensionalen Heiligengestalten mehr, sondern lebensnahe Individuen, plastisch herausmodelliert durch raffiniert abgetönte Farben in Licht- und Schattenpartien. Giottos Figuren bewegen sich in perspektivisch gestalteten Räumen und lebensnahen Landschaften und stehen in einem inneren Bezug zueinander. Durch neue Ingredienzien in der Farbmixtur erreichte Giotto eine bis dahin unbekannte Farbintensität. Einen Höhepunkt im Schaffen Giottos bilden die Fresken in der Cappella degli Scrovegni in Padua, die den Malern der Johanneskapelle bestens bekannt waren und teilweise als direktes Vorbild dienten. Wie leuchteten nun die Farben! Wie natürlich erschienen die Menschen, wie offen zeigten sie ihre Gefühle! Welche Offenbarung für die lokalen Künstler!

Die Fresken in der Dominikanerkirche bilden den Höhepunkt

Die „Bozner Schule"

Die lokalen Künstler hatten sich gerade den aus Norden kommenden gotischen Linearstil angeeignet und mussten nun, nachdem sie die überwältigenden neuen Bilder sahen, sehr schnell umlernen, wollten sie überhaupt noch einen Auftrag bekommen. Sie lernten schnell und gründlich und behielten doch noch ein wenig von diesem nördlichen Einfluss bei. Dort, wo ihre italienischen Kollegen nur mit Abtönungen der Farben arbeiteten, setzten sie etwas mehr Linie und Kontur hin und stellten Figurengruppen in gedrängterer Komposition auf. Aus dieser Verschmelzung von Nord und Süd entstand die „Bozner Schule", ein Behelfsbegriff letztlich für einen absoluten Sonderfall und Glücksfall in der europäischen Kunstgeschichte, der sich eben nur in einer Stadt wie Bozen entwickeln konnte, die sich – in guten Zeiten – immer offen hielt für neue Kunstrichtungen und die, je nach Zeitgeschmack, einmal mehr nach Süden, ein andermal mehr nach Norden blickte. Für fünfzig Jahre jedenfalls dominierte diese Stilrichtung in Bozen und strahlte weit hinaus ins Land.

In der Halle der einstigen Predigerkirche sind an der rechten Langhauswand nur wenige Fresken mehr oder weniger unbeschädigt erhalten geblieben. Das 1379 datierte Bild der thronenden Madonna („Madonna Castelbarco") besitzt eine überreich kostbare Bordüre und überrascht durch die suggestive Perspektive des üppig ausgestalteten Thrones, der den Blick des Betrachters zentral auf die Mutter mit dem Kind lenkt. Eine starke Intimität schwingt zwischen Mutter und Kind auf diesem Bild, das mehr das Muttersein als die Majestät betont, wo Marias Gesichtszüge realistisch an eine etwas pausbäckige Schönheit aus dem städtischen Bürgertum erinnern.

Aus der Hand derselben Künstlerschule dürften die vier Heiligen stammen. Die Georgsszene, Maria mit Kind und Stifter und die „Volto Santo"-Darstellung mit dem Spielmann Genesius, der nichts bieten kann außer sein Spiel und dafür einen goldenen Schuh erhält, werden Hans Stotzinger zugeschrieben. Interessant mag die Spielmannsgeschichte insofern sein, weil sie in Südtirol und vor allem nördlich der Alpen zur Verehrung einer Heiligen führte, die es nie gegeben hat. Aus der Unkenntnis über das ursprüngliche Volto Santo von Lucca, ein majestätischer Christus mit gegürteter Tunika vor dem Kreuz stehend, entstand eine bärtige St. Kümmernis, um die sich gleich mehrere Legenden rankten.

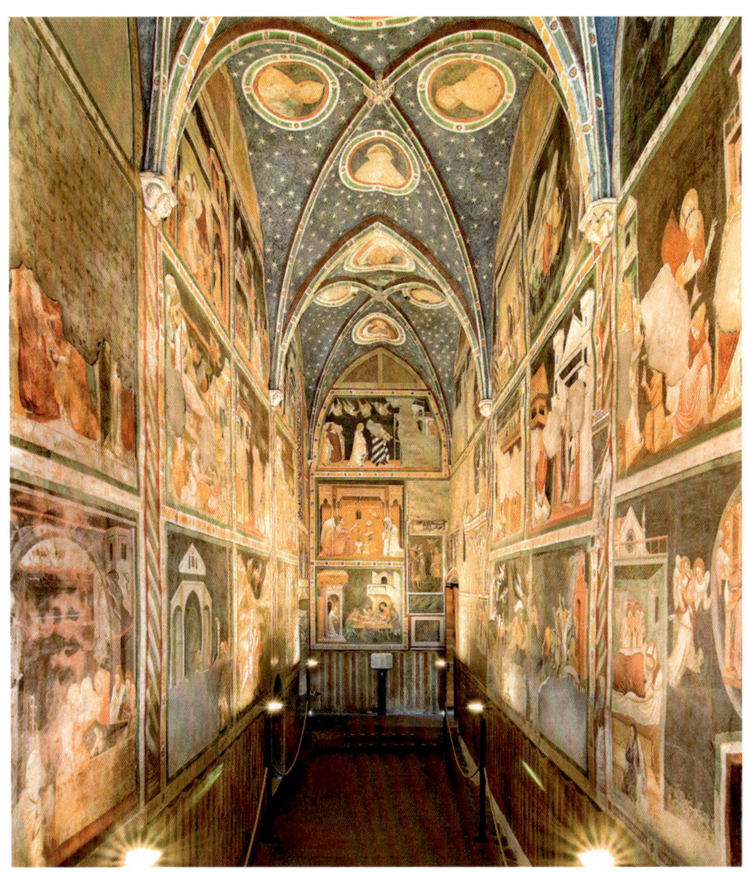

Die Johanneskapelle ist Bozens schönstes Denkmal des „Trecento".

Berührende Bilder fürs Jenseits

Absoluter Höhepunkt des Besuches ist die Johanneskapelle, die wir vom Chorraum aus rechts erreichen. Sie hat als einziger Bau des Klosterkomplexes die brutale Bombardierung einigermaßen heil überstanden und besitzt ein langes, schmales, relativ hohes Schiff, über das sich drei Joche mit Kreuzrippengewölbe spannen. Die Kreuzrippen ruhen auf behauenen Steinkonsolen und schließen zu verzierten und farbigen Schlusssteinen auf (vor dem Betreten berappe man sich mit ausreichend Kleingeld für die Beleuchtung, deren Zeitintervall nämlich knapp bemessen ist).

Der schmale und hohe Raum diente ab 1320 als Begräbnisstätte und ist in ober- und mittelitalienischer Stiltradition voll ausgemalt. In blauem Sternengewölbe erscheinen in Rundmedaillons die Evangelisten, die Kirchenväter und die Propheten (einige wollen darin eine Analogie zur Basilika in Assisi sehen). Die Wände sind von einem dreizonigen Bildaufbau bestimmt, der sich über einem bemalten Sockelbehang erhebt. Das Hauptbild an der Südwand, gleichzeitig Altarwand, zeigt fragmentarisch den Schmerzensmann mit den zwei Johannes und dem Stifterpaar, bei dem es sich um Boccio mit seiner Frau Gerwiga von Niederthor oder dessen Eltern Vannino de Bamborociis und Katherina von Reichenberg handelt.

An der Westwand erzählen unter dem ersten Joch, vom Altarraum ausgehend, sechs teils stark beschädigte Register aus dem Leben des Johannes des Täufers, der Zyklus beginnt mit der Heimsuchung und der Geburt, wobei der Maler hier die Spinnerin aus Giottos Bild in der Arenakapelle von

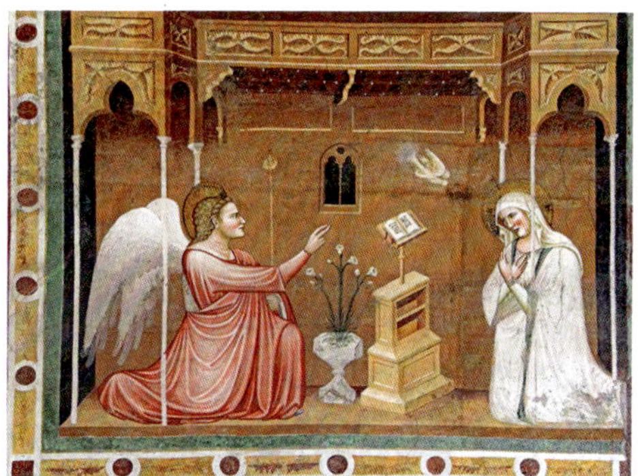

Der Meister der Dominikaner orientiert sich selbst im Segensgestus des Engels bei der Verkündigung an Giotto.

Padua übernimmt. Darunter sind die Beschneidung und die Predigt in der Wüste dargestellt, während die untersten Register das Gastmahl des Herodes, die Enthauptung und die Grablegung zeigen. Die Bilder des zweiten und dritten Joches erzählen das Marienleben, das mit der Geburt beginnt und weiterführt mit dem Tempelgang und der Vermählung mit Josef. Der Hochzeitszug mit Musikern und die Verkündigung befinden sich auf der Nordwand, man achte dabei auf die aufgesetzten schwarzen Streifen auf den Kleidern der Musiker, ein Hinweis auf das Wappen der Bocci.

Im Mittelfeld der Westwand sind die Geburt Christi, die Beschneidung und die Anbetung der Könige dargestellt; die untersten Register schildern die Darbringung im Tempel, die Flucht nach Ägypten und den Marientod.

Das erste Joch der Ostwand rechts trägt sechs Episoden aus der Legende des heiligen Nikolaus: die Stillung des Seesturms, die Goldkugeln für die Jungfrauen, die Rettung der drei unschuldig verurteilten

Feldherren, das Gifttrunkwunder und im untersten Feld den Tod des Heiligen, dessen Beisetzung und Aufnahme in den Himmel. Im zweiten und dritten Joch der Ostwand sind acht Szenen aus dem Leben des Evangelisten Johannes geschildert, unter diesen die Hochzeit zu Kana, die Berufung, die Ölmarter, die Erweckung zweier vergifteter Verurteilter; zuletzt erscheint er als Schreiber der Apokalypse. Daran knüpft „der Triumph des Todes", das vielleicht berühmteste Bild der Kapelle, an. Ein riesiger nackter schwarzer Tod, kein Gerippe noch, jagt schöne junge Reiter vor sich her, die in hilfloser Geste die Arme abwehrend erheben und in einer zusammenstürzenden Burg vergebens Zuflucht suchen. In vollem Galopp sprengt er über ein mit Leichen gefülltes Tal und verschmäht das alte, gebrechliche Paar: Die Alten können nicht und die Jungen müssen sterben! Was wir moderne Menschen als Hinterfotzigkeit des Schicksals empfinden, war für den eben erst gegründeten Predigerorden in dieser drastischen und das Herz berührenden Darstellung ein wirksames Mittel religiöser Propaganda. Im linken Bildfeld empfängt ein kleiner Petrus an der Himmelspforte die Seelen der Guten, während unten ein gehörnter Teufel ein paar Böse huckepack in die Hölle trägt. Man kann die Augen schließen und mit dem inneren Ohr auf das schaurige Memento Mori des eifernden Mönchs von 1330 warten, dem die Zeitläufte knapp zwei Jahrzehnte später auf grausigste Art recht geben werden: Wild wütete 1348 der Schwarze Tod auch in Bozen. Bevor wir diese großartige und bahnbrechende Bilderwelt verlassen, werfen wir noch einen Blick auf das krude Martyrium des heiligen Bartholomäus im untersten Bildregister der Nordwand und auf das Marienbild mit den heiligen Dominikus und Petrus, Märtyrer auf der Westseite. Ein seltsam verbitterter Zug hat sich ins Antlitz der Maria eingegraben.

In der Katharinenkapelle des Kreuzgangs beschwört über dem Eingang ein Menschen verschlingender Teufel nochmals das Ende der Zeiten, die Anlehnung an das giotteske Vorbild in der Scrovegni-Kapelle von Padua ist unverkennbar. Der/dem literarisch Gebildeten mag Dantes Inferno mit den *gironi* der Verdammten in den Sinn kommen.

Die Forschung nimmt, wie erstmals von Nicolò Rasmo vorgeschlagen, für den Zyklus vier verschiedene Maler an und bescheinigt dem Maler des Marienlebens größte künstlerische Fertigkeit und größte Nähe zur paduanisch-giottesken Maltradition; ob der Künstler sich dabei auf Nachzeichnungen stützte oder ob er die Bilder aus der Arenakapelle mit eigenen Augen gesehen hatte, sei dahingestellt.

„Der Triumph des Todes" ist das vielleicht berühmteste Bild der Kapelle

Jedenfalls übernimmt er detailgetreu nicht nur Figuren, sondern ganze Kompositionen, Bildräume und Landschaften, aber er übernimmt sie frei und unbefangen in seinen persönlichen Stil und gibt ihnen auch etwas mehr Kontur. Eigenständiger arbeitet der Meister des Triumphs des Todes, des Johanneszyklus und der Stifterfiguren, gleichwohl integriert er Elemente der Bologneser Malerei und steht Vitale da Bologna nahe. Die Datierung des Bilder-

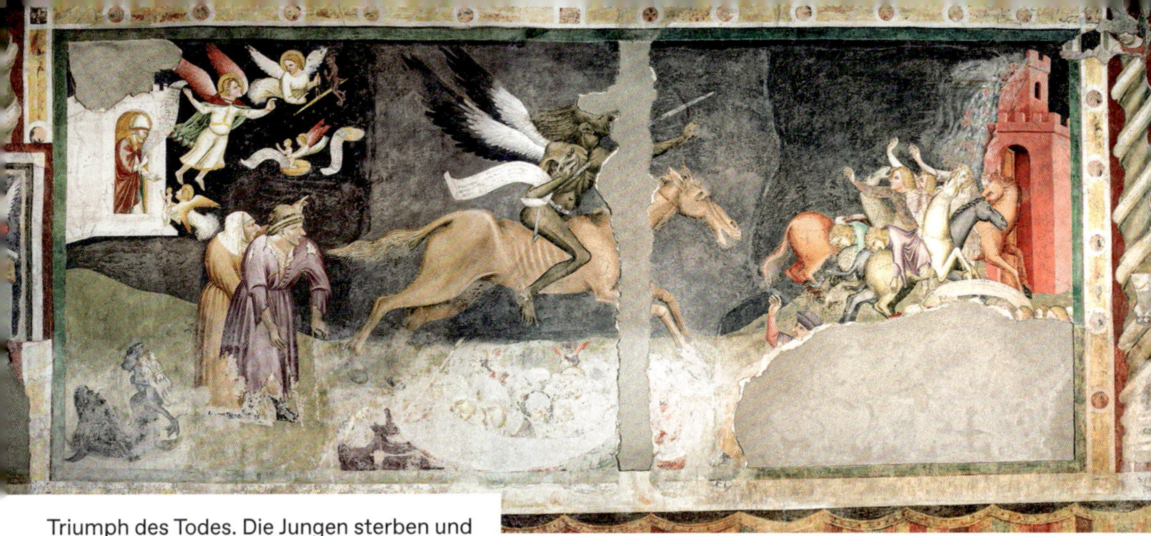

Triumph des Todes. Die Jungen sterben und die Alten müssen weiterleben.

zyklus der Johanneskapelle wird mitunter noch kontrovers diskutiert, setzt aber die Entstehung um das Jahr 1330 an und lässt das künstlerische Schaffen im letzten Jahrzehnt des 14. Jahrhunderts ausklingen.

Im Kreuzgang sehenswert sind an der Ostseite die Madonna mit den heiligen Jakobus und Antonius im Stil der Veroneser Schule und das Bild des heiligen Dominikus über der Pforte zum Kapitelsaal. Von der Katharinenkapelle war schon die Rede, in der, falls geöffnet, Fresken italienischer Meister um 1340 zu bewundern sind. Die Fresken zeigen die Passion Christi und die Katharinenlegende.

Im Vergleich zu den Trecentobildern muten die spätgotischen Fresken des „naturalistischen" Friedrich Pacher, der nach der Einwölbung des Kreuzganges mit dessen Ausmalung betraut wurde, fast schon „barock" an. Im Bereich von Fantasy – mit Verlaub – sind wir in der ersten Arkade, wo der Künstler das Thema der Einhornjagd gestaltet. Der Erzengel Gabriel als Jäger bläst das Jagdhorn und treibt mit Hunden, die Tugenden sein sollen, das Einhorn in Marias Schoß. Einhörner lassen sich nach mittelalterlicher Vorstellung nur von Jungfrauen fangen. Rechts oben schickt Gottvater seinen Sohn (Baby) mit Kreuz herunter zu Maria. Es ist die originellste Verkündigung im Land und voller Allegorien der Jungferngeburt. Einigen von ihnen werden wir im Kreuzgang von Brixen wieder begegnen. Friedrich Pacher führte auch Aufträge von wohlhabenden Stiftern wie der Botsch, der Liechtenstein und der Niederthor aus, denn auch der Kreuzgang war als Begräbnisstätte des lokalen Adels sehr gefragt. Da fällt es kaum auf, dass der Nordtrakt bildlos blieb; er war bildlos von allem Anfang an, denn dort wurden, wettergeschützt unter den Arkaden, Märkte abgehalten. Das Klingen der Münzen hat die noblen Bozner Patrizier in ihrer Grabesruhe bestimmt nicht gestört.

LITERATUR

Silvia Spada Pintarelli, Helmut Stampfer: Dominikaner in Bozen; Hefte zur Bozner Stadtgeschichte, 2010

FRANZISKANERKLOSTER

Insel der Stille im Gewusel der Altstadt

In Unkenntnis des Deutschen beantworteten sie alle Fragen mit „Ja", als im Jahr des Herrn 1219 Bruder Johann von Penna mit sechzig Franziskus-Brüdern nach Deutschland geschickt wurde. Als Antwort, ob sie Speis und Trank wünschten, ging das „Ja" noch gut, als sie aber gefragt wurden, ob sie Ketzer seien und die deutschen Lande mit ihrer Irrlehre besudeln wollten, brachte ihnen das ahnungslose „Ja" Kerkerhaft und öffentlichen Spott ein. Enttäuscht kehrten die Franziskanerbrüder wieder nach Italien zurück. Nach Deutschland zogen nur noch „Menschen, die sich nach dem Martyrium sehnten", so der Chronist Frater Jordanus a Jano im Jahr 1262.

In der Folge gingen es die Franziskaner durchdachter an. Zwei Jahre nach der missglückten Predigermission wurde in Bozen auf dem Meierhof des Brixner Bischofs eine Franziskanerniederlassung gegründet, die anfangs nicht so recht florieren wollte, weil die ersten Brüder aus Assisi nur Italienisch sprachen. Die Klosterkirche scheint erstmals 1242 urkundlich auf. Nach einem verheerenden Stadtbrand wurde sie 1291 als breiter, flach gedeckter Predigerraum neu errichtet, dem 1348 ein schmaler Chor mit zierlichen Kreuzrippengewölben vorgesetzt wurde.

Um 1450 wurde das Langhaus in eine dreischiffige Hallenkirche mit Rautennetzgewölbe umgebaut. Wie mehrere andere Kirchen in Bozen erlitt auch das Franziskanerkloster 1944 durch Bombardierungen große Schäden.

Eine brisante Marginalie: Nach dem Zweiten Weltkrieg zogen Hunderttausende über den Brenner und durch Südtirol, Opfer und Täter gleichermaßen, auf der Suche nach einer neuen Existenz (Gerald Steinacher, Nazis auf der Flucht). Die Täter bekamen Unterschlupf und eine neue Identität: Adolf Eichmann etwa wurde im Bozener Franziskanerkloster versteckt.

Der Eingang zum Kreuzgang liegt etwas versteckt zwischen Kirchen- und Klosterpforte. Der quadratische Kreuzgang im rhythmischen Licht- und Schattenspiel der Kleeblattarkaden und der Garten in der Mitte strahlen – nach dem durchschrittenen Gewusel des Obstmarktes – eine wohltuende Ruhe aus.

Es geht die Sage, der heilige Franziskus habe als Bub seinen Vater Pietro Bernardone, einen Tuchhändler, auf eine Geschäftsreise nach Bozen begleitet und in der Erhardskapelle, heute Teil des Klosterkomplexes, bei der Messe ministriert. Diese Kapelle birgt kunsthistorisch bedeutsame Fresken im frühgotischen Linearstil um 1310, welche an der Südwand zwei Mal Christus in der Mandorla zeigen, oben als Auferstandenen und unten als Weltenrichter mit geöffneter Brust; an der Nordwand finden sich die zwei Patrone der Kirche, die Bischöfe Ingenuin und Erhard. Die Kapelle im Klausurbereich wird auf Anfrage an der Klosterpforte für die Besichtigung auf-

> Das Franziskanerkloster erlitt 1944 durch Bombardierungen große Schäden

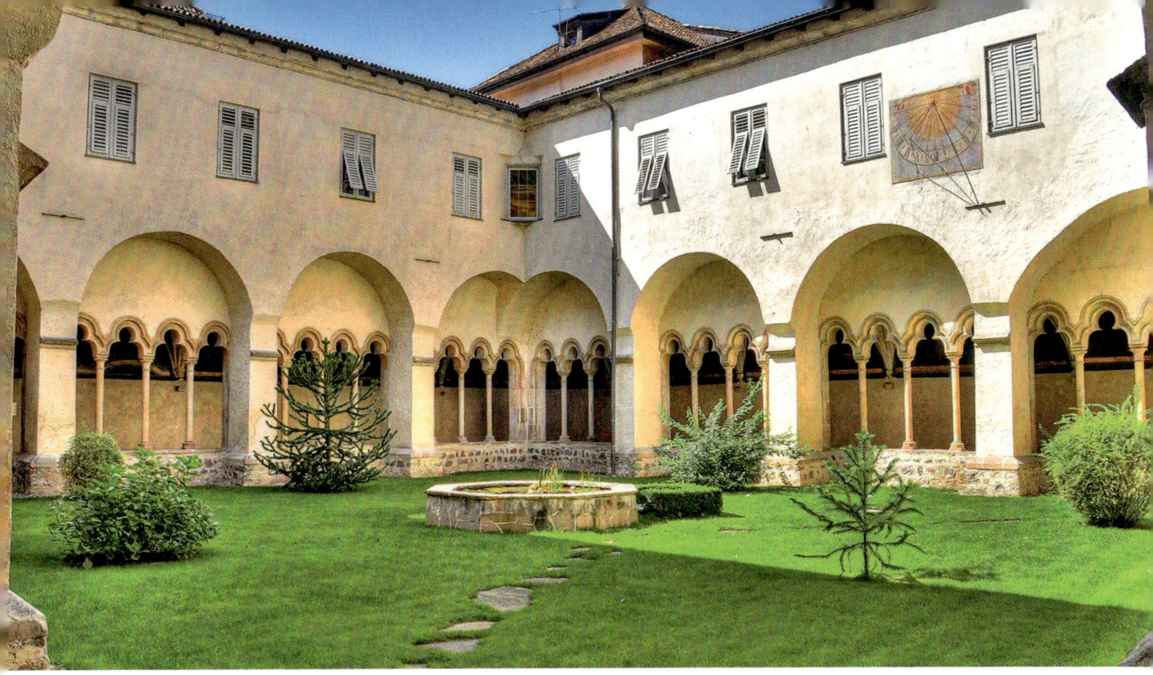

geschlossen. Von besonderem künstlerischem Wert sind die Fresken aus der Schule Giottos im Südflügel.

Der Kreuzgang selbst war ein gefragter Beisetzungsort für Begüterte, welche die Wand über der Grablege mit Fresken ausschmücken ließen, was Kosten sparte: Bilder waren billiger als Kenotaphe. Nur fragmentarisch haben sich diese Fresken erhalten, am Südflügel ist eine frühgotische „Arma-Christi"-Darstellung mit den Leidenswerkzeugen erwähnenswert. Es ist dies ein Andachtsbild, das den Klosterbruder/Betrachter zur Nachfolge Christi auffordern will, indem es neben dem Kreuz die Leiter mit den Fußabdrücken zeigt. Das fragmentarische Kreuzigungsfresko sowie die Kreuzabnahme lassen den giottesken Malstil um 1330/50 erkennen, der weiter wirkt, wie es die Anbetung der Könige und die heiligen Sigmund, Barbara und andere in der Johanneskapelle zeigen.

Der Weihnachtsaltar

Wir befinden uns aber nicht fragmentarischer Bilder wegen bei den Franziskanern, sondern wegen des Weihnachtsaltars von Hans Klocker, der im Chor der Klosterkirche aufgestellt ist. Der Altar ist mit dem Jahr 1500 datiert und trägt keine Signatur, doch gehört er ohne Zweifel zu den herausragenden Werken des Hans Klocker, der zuvor dasselbe Thema für Tramin, St. Leonhard in Passeier und für die Klarissinnen in Brixen geschaffen hatte. Der Schrein erzählt die Geburt Jesu. Das nackte Christkind liegt auf einen Mantel gebettet, vor dem mit betend erhobenen Händen Maria kniet, während Josef mit einer Kerze in der einen und einem Stab in der anderen Hand sinnend über das Geschehen hinwegschaut. Dieser Stab dürfte ursprünglich versilbert gewesen sein und kann als Josephstab gedeutet werden, der den Träger als den von Gott ausgewählten Marienbräutigam auszeichnet.

Der Raum ist trapezförmig wie eine Bühne gestaltet, die von einer Brüstung in Armhöhe abgeschlossen wird. Seitlich blicken die Hirten durch Fensternischen, während sich im Hintergrund, deutlich abgesetzt, der Zug der Könige mit über dreißig Figuren herandrängt. Der rankenverzierte Baldachin mit frei schwingenden Fialen und Kielbögen wird von drei gedrehten Fenstersäulchen getragen, was der gesamten Szenerie Tiefe verleiht und das Weihnachtsgeschehen im Vordergrund effektvoll unterstreicht. In der Kehlung des rahmenden Bogens klettern kleine Figuren im Rankenwerk, eine erzählerische Randbemerkung, wenn man so will, die originell

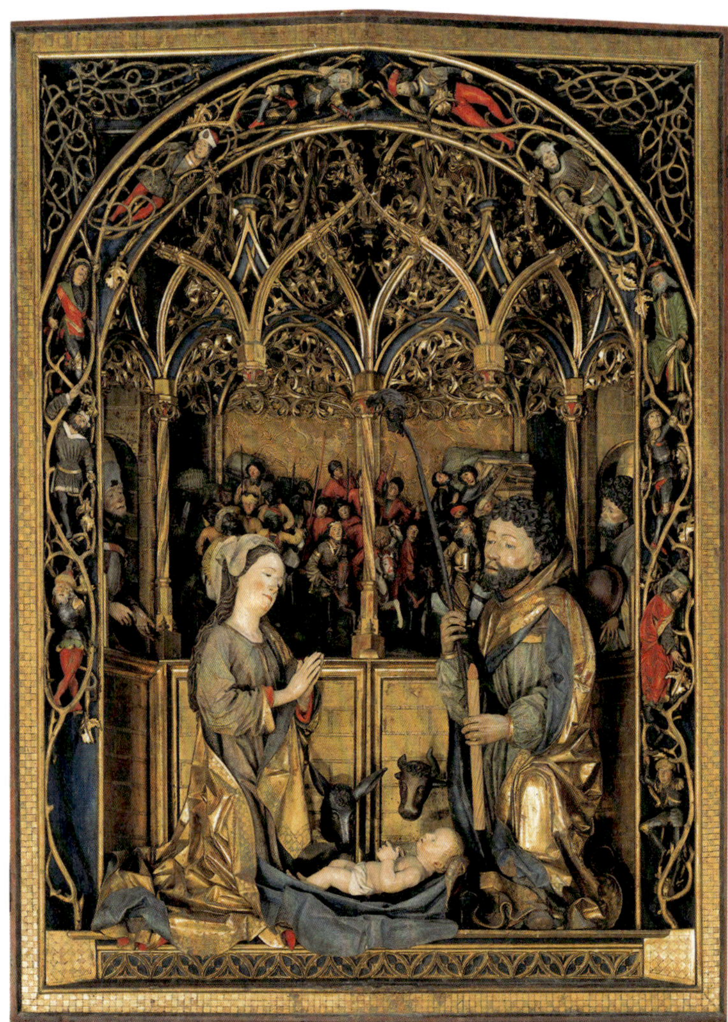

Hans Klocker vereint das Weihnachtsgeschehen mit der Ankunft der Könige. Das rahmende Rankenwerk mit den Figürchen greift mit der Wurzel Jesse den Stammbaum Jesu auf.

und skurril verspielt das Thema der Wurzel Jesse aufgreift und den Stammbaum Jesu darstellt. Die (kleinen) Stammväter sind aus der Zeit des Künstlers gegriffen und tragen mitunter sogar Rüstungen.
Die Flügelinnenseiten behandeln Szenen aus dem Marienleben, links die Verkündigung und darunter die Beschneidung. In der Darbringung im Tempel rechts trägt Anna mit Hörnerhaube zwei Turteltauben als Dankesopfer armer Leute im Arm. Wenn im unteren Relief Maria stehend den Tod erleidet, wird damit gleichzeitig ihre Aufnahme in den Himmel angedeutet. Die Figuren wirken im Vergleich zu den Hauptfiguren etwas gedrungen, der Faltenwurf akzentuierter, was den Schluss zulässt, dass nur der Entwurf der Hauptfiguren vom Meister selbst stammt und an den Flügeln Mitarbeiter am Werk waren. Hans Klocker verwendete Kupferstiche als Vorlagen für die Komposition, vor allem von Martin Schongauer, denen er in seiner Gesellenzeit in Schwaben zum ersten Mal begegnet war.

Die Flügelinnenseiten behandeln Szenen aus dem Marienleben

Die Flügelaußenseiten zeigen in vier Bildern den Apostelabschied, der im Zusammenhang mit der franziskanischen Geistigkeit zu sehen ist, als die Brüder in alle Welt zogen, das Evangelium im Geiste des heiligen Franziskus zu verkünden.
Die Predella ist so konstruiert, dass sie mit zwei Flügelpaaren vorn und hinten geöffnet werden kann, dem Kirchenvolk zugewandt ist die Verkündigung, gerahmt von der heiligen Anna Selbdritt und der heiligen Klara mit Monstranz. Die Innenseiten als Schnitzrelief tragen Jakobus rechts und Johannes den Täufer links, auf den inneren Predellaflügeln sind Joachim und Anna, die Eltern der Maria, dargestellt.
Hans Klockers Figuren wirken ruhig und kompakt, der langbahnige Faltenwurf bricht sich in eckigen Bodenfalten, die ihrerseits die Illusion der Raumtiefe verstärken. Gesetzt wie die Figuren wirken die Handgesten. Die Köpfe sind aus dem vollen Leben gegriffen, es sind bürgerliche und bäuerliche Typen, wie sie in der Werkstatt des Meisters in Brixen zur Tür hereinschauten.

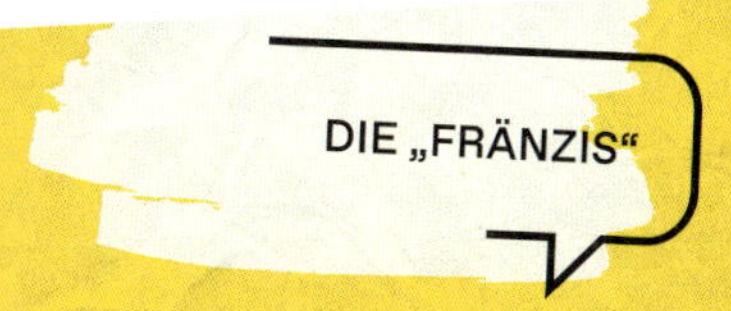

Der Hof, den wir – diesen Ort der Stille verlassend – überqueren, riecht nach Latein- und Griechisch-Schularbeit, nach Gymnasiastenschweiß und Pennälerübermut. Generationen von Laubensprösslingen haben bei den „Fränzis“ die Schulbank gedrückt. Nicht immer war das Verhältnis zwischen Patriziat und Patres so einvernehmlich. Es gab Zeiten, da waren die Franziskaner nicht nur exzellente Prediger und Seelsorger, sondern auch tüchtige Geschäftsleute, die in Bozen den einträglichen Pferdehandel beherrschten und den Neid der eingesessenen Händler provozierten.

LITERATUR

Sven Mieth: Das Franziskanerkloster in Bozen. Geschichte – Baugeschichte – Kunst 1221–1514; Bozen 1998

ST. JOHANN IM DORF

Große Kunst in kleinem Raum

Inmitten eines Villenviertels fragt man sich schon, wo hier eigentlich das „Dorf" zu finden ist: St. Johann gehörte bis zur Eingemeindung durch Bozen 1910 zur Landgemeinde „Zwölfmalgrein" und bildete das ländlich idyllische Entree für die Kaufherrenstadt.

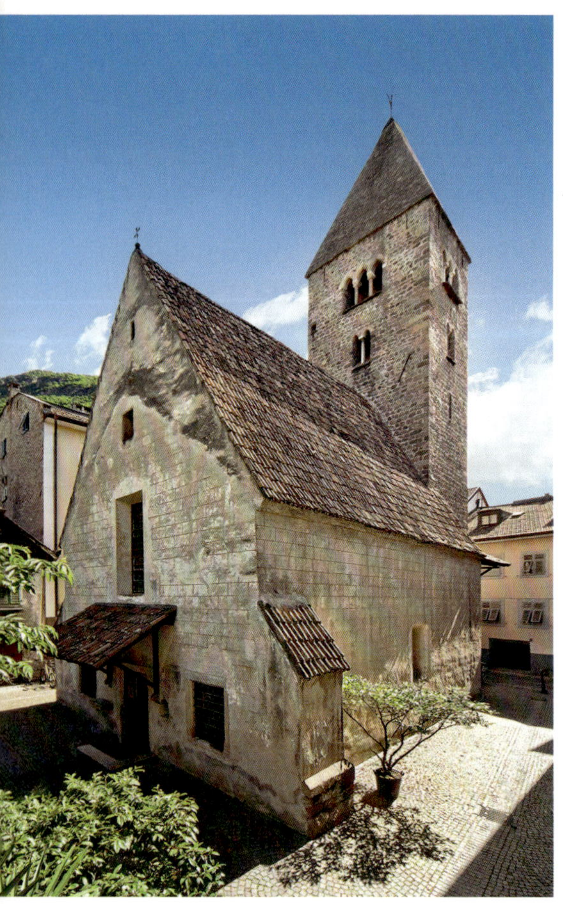

St. Johann „in villa" wird 1180 erstmals genannt, nachdem es Bischof Salomon von Trient geweiht hatte. Gegen Ende des 13. Jahrhunderts bekam die Kirche in der Apsis ein Tonnengewölbe, über dem ein Kirchturm mit gemauerter Pyramide errichtet wurde. Anstelle der ursprünglichen Holzdecke zog man im 14. Jahrhundert ein Tonnengewölbe ein. Die Sakristei an der Chornordseite wurde im 17. Jahrhundert angebaut und neue Fenster wurden ausgebrochen. Möglicherweise übertünchte man in der Zeit auch den reichen Freskenschmuck, der 1926 wieder freigelegt und in den Achtzigern des 20. Jahrhunderts unter dem Landeskonservator Helmut Stampfer restauriert wurde. Wer in Bozen auf den Spuren des Trecento unterwegs ist, begegnet in diesen Wandmalereien, die teilweise in der direkten Nachfolge Guarientos in der – zerstörten – Nikolauskirche bei den Dominikanern stehen, einem überzeugenden Beispiel der „Bozner Schule". Guariento di Arpo (geb. um 1310, gest. 1370) hatte sein Handwerk in Padua gelernt, war im Dogenpalast von Venedig tätig; von ihm bekannt ist der Engelszyklus in der Residenz der Carrara in der Toskana. In der Gewölbetonne der Apsis thront Christus mit der Weltkugel, umgeben von recht diesseitsfreudig gezeichneten Evangelistensymbolen. Der Maler verwendet

Möglicherweise waren drei verschiedene Maler am Werk

St. Johann im Dorf erinnert noch stark an die frühere Landgemeinde Zwölfmalgreien vor den Toren der Stadt.

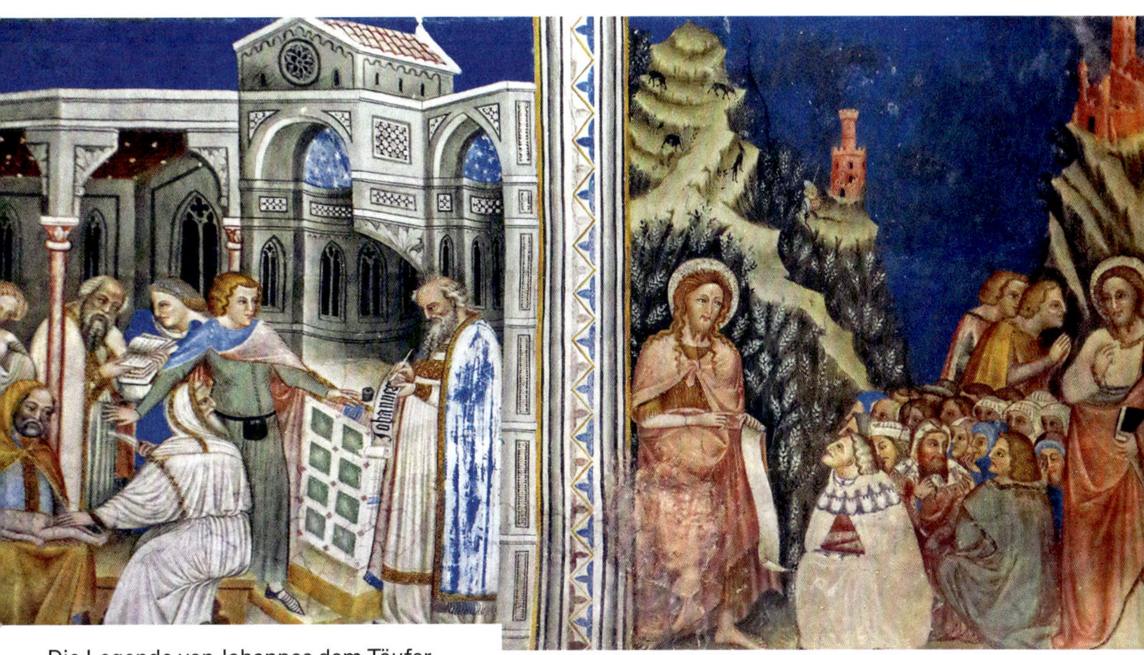

Die Legende von Johannes dem Täufer. Beschneidung im Tempel und die Predigt in einer bizarren Landschaft (rechts).

einen originellen Mischstil aus dem Erbe der Romanik mit einem leichten Anklang von gotischem Linearstil und giottesken Elementen. An der Altarwand ist in der Apsiswölbung eine – leider beschädigte – Marienkrönung dargestellt.

Ein Maßwerkfries trennt das untere Register ab, in dem Bücher haltende Apostel in einen angeregten Disput vertieft sind.

Die Bilder der Triumphbogenwand sind stark beschädigt, die Scheitelzone trug eine Verkündigung, darunter ist an der rechten Wand Johannes der Täufer zu erkennen, über dem zwei Fragmente jüngeren Datums mit dem heiligen Bartholomäus und dem heiligen Ulrich hervorstechen. Auf der linken Seite ist Mutter Anna mit einer siebzehnköpfigen „Großfamilie“ dargestellt, wobei die Ehemänner vor dem „heiligen Matriarchat“ der Frauen geduckt und unbedeutend mit dem unteren Rand vorliebnehmen müssen.

Der unbekannte Künstler trägt den Behelfstitel Meister des Chores von St. Johann im Dorf und schuf die Bilder um 1330. An der Ausmalung des Langhauses um 1365 sind zwei Meister beschäftigt, die viel von Guariento, der in Padua, Venedig, aber eben 1360 auch in Bozen tätig war, abgeschaut und/oder gelernt hatten. Als Stifter können jene Bocci oder Botsch angenommen werden, deren Wappen in der Zierbordüre wiederkehrt und die sich als kunstbewusste Auftraggeber schon bei den Dominikanern einen Platz im Gedenken der Nachwelt gesichert hatten.

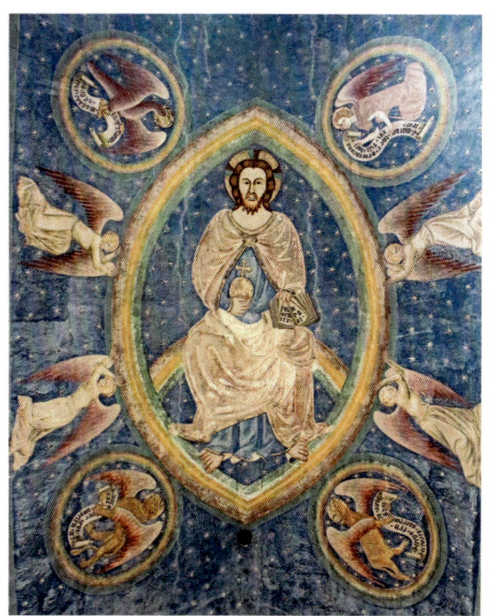

Der Maler der Majestas Domini vermischt gotische Einflüsse mit giottesken Elementen. Auffallend ist die reiche Farbgebung der Mandorla.

Das Gewölbe trägt, wie schon in der Apsis, die Majestas Christi in einem Sternenhimmel, gehalten von Engeln und umgeben von den Evangelistensymbolen.
Die Bilderfolge der Südwand erzählt die Vita Johannes des Täufers mit der Weissagung des Zacharias, der Geburt und der Namengebung; die unteren Register sind durch Feuchtigkeitseinfluss fast unlesbar geworden.
Die Nordwand erzählt Szenen aus der Legende des heiligen Johannes Evangelisten, wie er den Giftbecher trinkt, zwei Tote auferweckt, dem Bischof einen Jüngling übergibt, und vom Bischof den Jüngling zurückfordert, der zum „morder", wie es in der Inschrift heißt, geworden war.

Die Künstler des Langhauses tragen die Behelfsbezeichnung erster und zweiter Meister von St. Johann im Dorf und waren hier um 1365 tätig. Sie lassen ihre plastisch ausgeformten Figuren in einem komplexen, um Tiefe bemühten Architekturraum agieren und entwerfen überraschende Bühnenbilder. Das Geschehen ist lebendig und effektvoll inszeniert, Gesichtsausdruck und Mienenspiel sind stark herausgearbeitet und aus allem spricht die Freude am Erzählen. Im sympathischen Duktus dieses Parlando haben Dinge des Alltags ihren Platz, wie die schönen Frisuren der Frauen, die noblen Kleider, ausgefallene Schnabelschuhe, gutbürgerliches Mobiliar, die gekochten Eier einer Dienerin oder die Ziegen auf dem Felde bei der Predigt des heiligen Johannes.
Die Szenen tragen Erläuterungen auf Deutsch. Mochten sich die Bocci vielleicht noch italienisch fühlen und dies sicher im Kunstgeschmack – wofür man ihnen in Bozen ewig zu Dank verpflichtet ist –, aber sie hatten in Deutsch sprechende Adelsfamilien hineingeheiratet. Als gewiefte Geschäftsleute wussten sie zudem, dass man die Geschäfte besser in der Sprache der Mehrheit macht. Da tun sich frappierende Parallelen zu heute auf.

LITERATUR

Helmut Stampfer: St. Johann im Dorf, Bozen; Laurin Kunstführer 107, 1988

Silvia Spada Pintarelli u. a. (Hrsg.): Tr3cento. Gotische Maler in Bozen; Trient 2000 (vergriffen)

ST. MARTIN IN KAMPILL

Verkanntes Kunstkleinod

St. Martin steckt heillos im Würgegriff des Transits. Ursprünglich war St. Leonhard Schutzheiliger dieser Kirche; wäre er es geblieben, hätte er heute, eingeklemmt zwischen Autobahn und Staatsstraße, als Patron der Fuhrleute alle Hände voll zu tun. Allein die Anfahrt ist ein kleineres Abenteuer. Doch ist das Kunsterlebnis mehr als Lohn genug für das Bemühen: St. Martin ist, vollständig ausgemalt, ein verkanntes Juwel der Bozner Schule.

Der erste Bau wurde 1180 geweiht, die heutige Form mit dem Turm entstand 1305; Giovan-Battista Delai baute 1610 an den Chor die Sakristei an. Ein wiederhergestelltes Kopfsteinpflaster erinnert daran, dass hier einmal der alte Fahrweg unter dem Dach der seitlichen Vorhalle vorbeizog. Die Wand beherrscht ein imposanter Christophorus mit furiosem Rauschebart, auf dessen Stab der Künstler in reinster Renaissance Früchte und Trauben sprießen lässt.

Der gesamte Innenraum ist mit Fresken geschmückt. Das Tonnengewölbe des Chores trägt das blutende Gotteslamm mit der Fahne und die vier Evangelistensymbole;

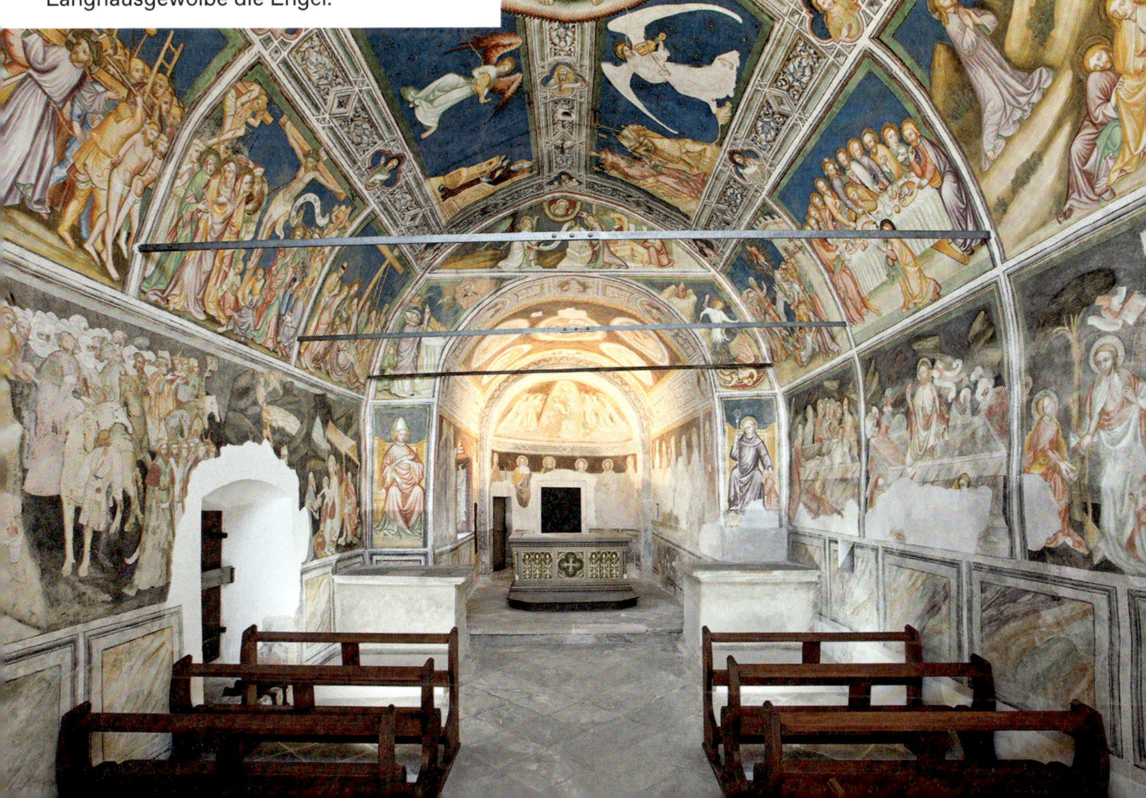

Das vollständig ausgemalte Innere von St. Martin bezaubert mit seiner Bilderfülle. In der Sinfonie der Farben musizieren im Langhausgewölbe die Engel.

in der Bogenwölbung sind die klugen und törichten Jungfrauen dargestellt.

In der Apsiskalotte sitzt eine Madonna *dell'umiltà* am Boden, umgeben von musizierenden Engeln. Sowohl das Motiv der „Demutsmadonna" als auch die Farbwahl, die Linienführung und der Faltenwurf verweisen nach Süden zu den Vorbildern der Veroneser Malerei eines Altichiero da Zevio und lassen eine enge Verwandtschaft zum Meister von St. Valentin in Seis erkennen. Die Demutsmadonna ist die Madonna der Bettelorden, die Madonna, die auf dem Boden sitzt, die den kleinen Leuten in der Mühsal des Alltags Lebenssinn und Würde gibt und ihnen – wie hier auch – mit den musizierenden Engeln einen Abglanz vom Paradies verheißt. Unter dem Madonnenthema zieht eine Reihe von Aposteln entlang, deren beseelte Gesichtszüge sehr plastisch ausmodelliert sind. In der Sockelzone rechts vom Altar kam im Zuge einer Restaurierung die Datierung 1403 zum Vorschein.

Die Nordwand des Presbyteriums ist mit den heiligen Leonhard und Ulrich rechts und mit Thomas links vom Fenster geschmückt; in der Fensterlaibung finden sich der heilige Martin und eine Madonna mit unbekanntem Stifterbild, über denen das Schweißtuch der Veronika schwebt.

Die Spitztonne des Langhausgewölbes zeigt einen bärtigen Gottvater, umgeben von Kirchenvätern und musizierenden Engeln, deren schönster, ganz in Weiß vor tiefstem Azurblau, die Fidel streicht.

Passionsszenen, die über das Ostergeschehen bis zur Himmelfahrt reichen, bedecken die südliche und im oberen Register die nördliche Langhauswand. Recht unkonventionell ist die Darstellung der Himmelfahrt gelöst, wo im oberen Bildfeld nur noch die Füße des entschwindenden Christus und dessen Fußabdruck im Fels zu sehen sind.

Das untere Register an der Nordwand wird von einer figurenreichen Ankunft der Heiligen Drei Könige eingenommen, die in der intim gehaltenen Anbetung des alternden Königs vor Maria mit dem Kind ihren Höhepunkt erlebt. Warum der Maler dieser Szene nochmals einen heiligen Martin vorstellt, ist nicht leicht deutbar.

Auf der Triumphbogenwand sind eine Verkündigung, darunter rechts die Messe des heiligen Gregor (oder Ulrichsmesse?) und der heilige Ulrich von Augsburg mit dem Fisch dargestellt; die rechte Wand trägt die Bilder des heiligen Georg und des heiligen Leonhard. Beachtung an der Eingangswand verdient die Darstellung des heiligen Michael mit dem ursprünglich altägyptischen Motiv der Herzen auf der Seelenwaage.

Die Langhausfresken sind vielleicht im Umkreis von Hans Stotzinger, der besonders in der Pfarrkirche von Terlan tätig war, um 1405 entstanden; vielleicht waren hier ein bis dato unbekannter alternder Meister und ein junger gelehriger Schüler am Werk. Jedenfalls besitzt St. Martin in Kampill einen Innenraum, der zu den bezauberndsten von ganz Südtirol gehört – allem achtlosen Transittrubel draußen zum Trotz.

LITERATUR

Andrea De Marchi u. a. (Hrsg.): Atlas Tr3cento. Gotische Maler in Bozen; Trient, Temi 2001

ALTE PFARRKIRCHE GRIES

Schnitzaltar von Michael Pacher

Selbstbewusst diktierten die Bauern von Gries ihre Bedingungen dem Schreiber in die Feder: Die Krönung Mariens im Schrein solle „in alle der massen" gleich gestaltet werden wie die des Hochaltars in der Bozner Pfarrkirche. Im Vertrag vom 27. Mai 1471 mit Michael Pacher wurden zudem detaillierte Angaben über Ausstattung, Preis und Produktionszeit festgelegt. Das Meisterwerk spätgotischer Plastik ist leider nicht mehr vollständig erhalten. In der Zeit des Barocks war es nicht mehr für zeitgemäß erachtet worden und hatte einem barocken Hochaltar aus Stuckmarmor weichen müssen. Gott sei Dank wurde der Altar aber nicht vollkommen zerstückelt, verhackt oder verscherbelt wie anderswo, sondern in die Erasmuskapelle versetzt. Als man 100 Jahre später den hohen künstlerischen Wert des abgestellten Altars wiederentdeckte, fehlten Predella, Gesprenge, Flügel und Schreinwächter. Von mehreren Restaurierungen, die er über sich ergehen lassen musste, ist die letzte von 1979 die glücklichste. Die „freie" Aufstellung des Schreins zwingt den Blick aufs Wesentliche und der dramaturgische Effekt der Figurenkomposition kommt voll zum Tragen. Das Gesamtkonzept entwickelt sich als malerischer Gesamtentwurf, der sich aus verschiedenen Bildebenen aufbaut. Dadurch erhält die flache Schreinbühne eine überraschende Bühnenwirksamkeit mit perspektivisch gelungener Tiefe. Die illusionistische Tiefenwirkung wird durch einen von Engeln getragenen Brokathintergrund und seitlich abgeschrägte Vorhänge verstärkt.

In der Mittelnische krönen Gottvater und Christus die kniende Maria, über der frei die Heilig-Geist-Taube schwebt. Gestik und Faltenwurf sind klar durchkomponiert. Die Faltenlinien wirken bei genauerem Hinsehen wie Kraftlinien, welche der Dreiergruppe Zusammenhalt und Dynamik verleihen. Im Geschehen selbst schwingt das Mysterium des Augenblicks,

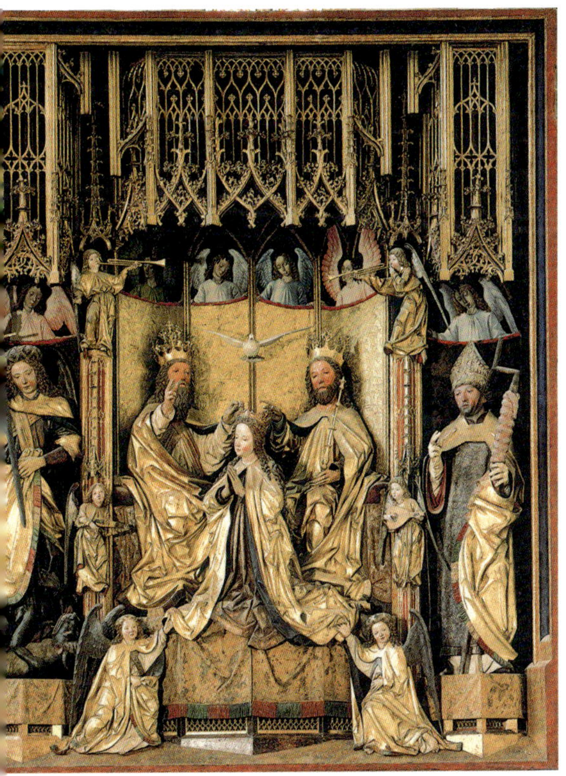

Bühnenwirksam inszeniert ist das Mysterium des Augenblicks bei der Krönung Marias.

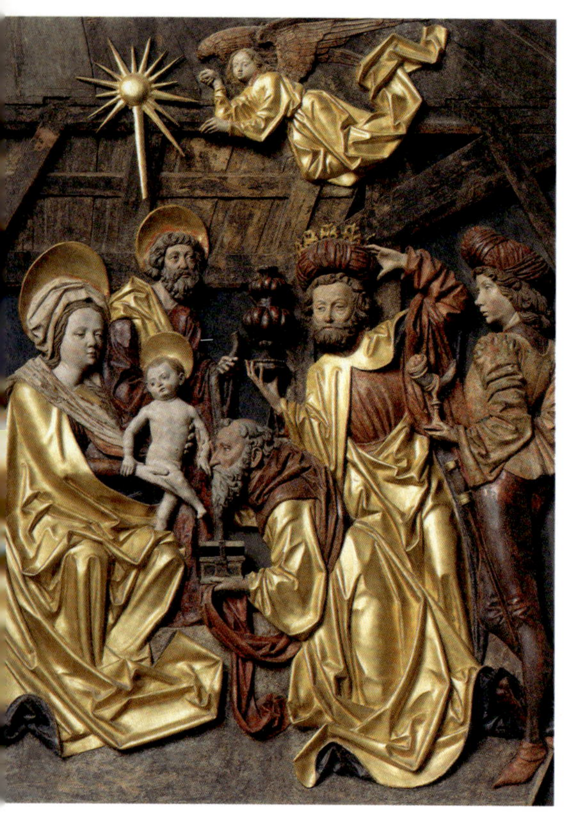

Selbst im Relief erreicht Pacher eine überraschende Raumtiefe.

das trotz aller Feierlichkeit etwas intim Familiäres hat, dessen innerstes Wesen dem Betrachter letztendlich verborgen bleibt. Aber es lohnt es sich sehr, dem Gesichtsausdruck der Figuren besondere Beachtung zu schenken. Er wirkt, bei aller Idealisierung, wie aus dem Leben gegriffen, man betrachte nur den verträumten Gesichtsausdruck der jugendlichen Maria oder den des linken Schleppenträgers, der fast übermütig den Kopf zum Betrachter herumwirft.

Die zwei Engel, die das Kleid Mariens halten, verbinden die Schreinfiguren mit dem Podest und den niedereren und übereck gestellten Sockeln der Seitenfiguren.
Links erhebt ein jugendhafter St. Michael das Schwert zum Todesstoß für den Drachen zu Füßen, während rechts St. Erasmus mit dem realistisch makabren Leidenswerkzeug, der Winde mit dem aufgehaspelten Gedärm, segnend die Hand erhebt. Sechs farbig gemalte Engel, die zwei äußeren aus Perspektivgründen tiefer gesetzt, halten hinter den Figuren einen goldenen Brokatteppich. Sie verraten eine künstlerische Anlehnung an die Engel von Hans Multschers Sterzinger Altar, aber auch die Kenntnis der Werke Hugo van der Goes und Rogier van der Weyden; ob Michael Pacher für seine Neuerungen eine Reise an den Oberrhein oder in die Niederlande gemacht hat, bleibt ungeklärt.
Die trennenden Maßwerkpfeiler, die mit Fialen ins Baldachinmaßwerk münden, tragen vier kleine musizierende Engel, die oberen blasen die Posaune, die unteren streichen die Fidel und schlagen die Laute. Die zwei noch erhaltenen Flügelreliefs, eine Verkündigung und eine Anbetung der Könige, sind an der rechten Kapellenwand angebracht. Wiederum gibt das Gewölbe bzw. die Dachform einen realistischen Raum an, in dem sich das Geschehen abspielt. Geschickt verstärkt der Meister bei der Anbetung wieder die Dreidimensionalität durch die Figurendrehung des jüngsten Königs. Diesem jungen König sollten Sie besondere Aufmerksamkeit widmen, allein schon wegen seiner modischen Bekleidung und Kopfbedeckung.

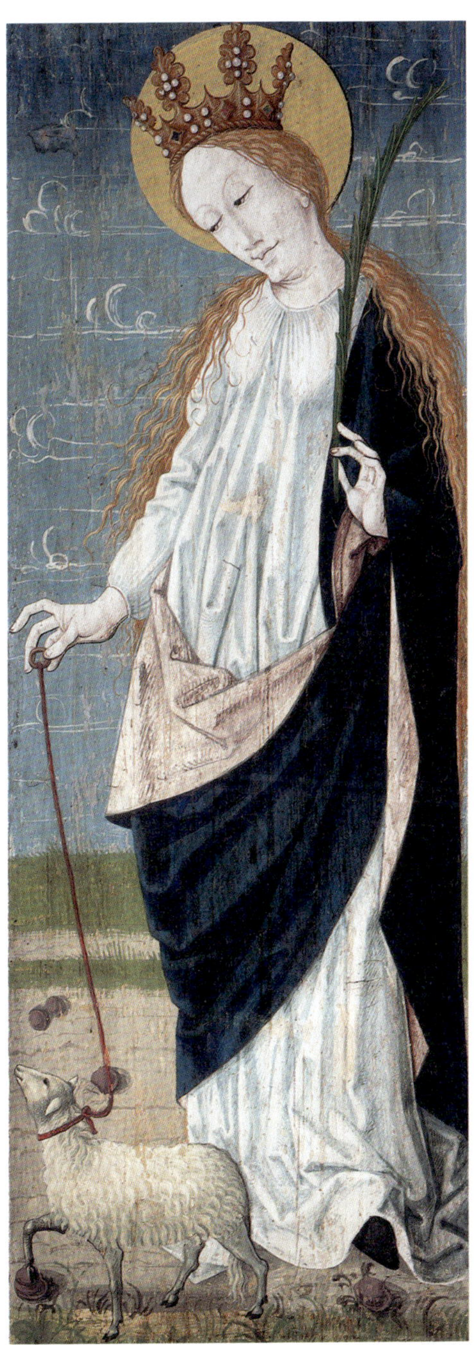

Altarrückseite. Die heilige Agnes führt ihr Lamm spazieren. Der Legende nach hatte sie in einem Haus der Schande ihre Reinheit erfolgreich verteidigt.

Die Szenen auf der Schreinrückseite – Marienleben und Passion – stammen nicht von Michael Pacher, sondern werden Maler Konrad Waider aus Straubing zugeschrieben.
Michael Pacher, von dem sonderbarerweise nicht allzu viele Lebensdaten erhalten sind, ist zweifelsohne ein Künstler von europäischem Format. Er beherrschte die Geheimnisse der Perspektive, der Lichtführung und der Komposition für den menschlichen Körper, die er sich wohl in Padua, einem Zentrum der Frührenaissance, aneignete. Andererseits hatte er in Süddeutschland die Errungenschaften der niederländischen Malerei kennengelernt. Beides verbindet er zu einem eigenen Stil, der ihn weit über den regionalen Rahmen hinaushebt. Michael Pacher ist und bleibt ein Genie der Perspektive und der raffinierten Raumtiefen.

LITERATUR

Lukas Madersbacher: Michael Pacher; Athesia, Bozen 2015

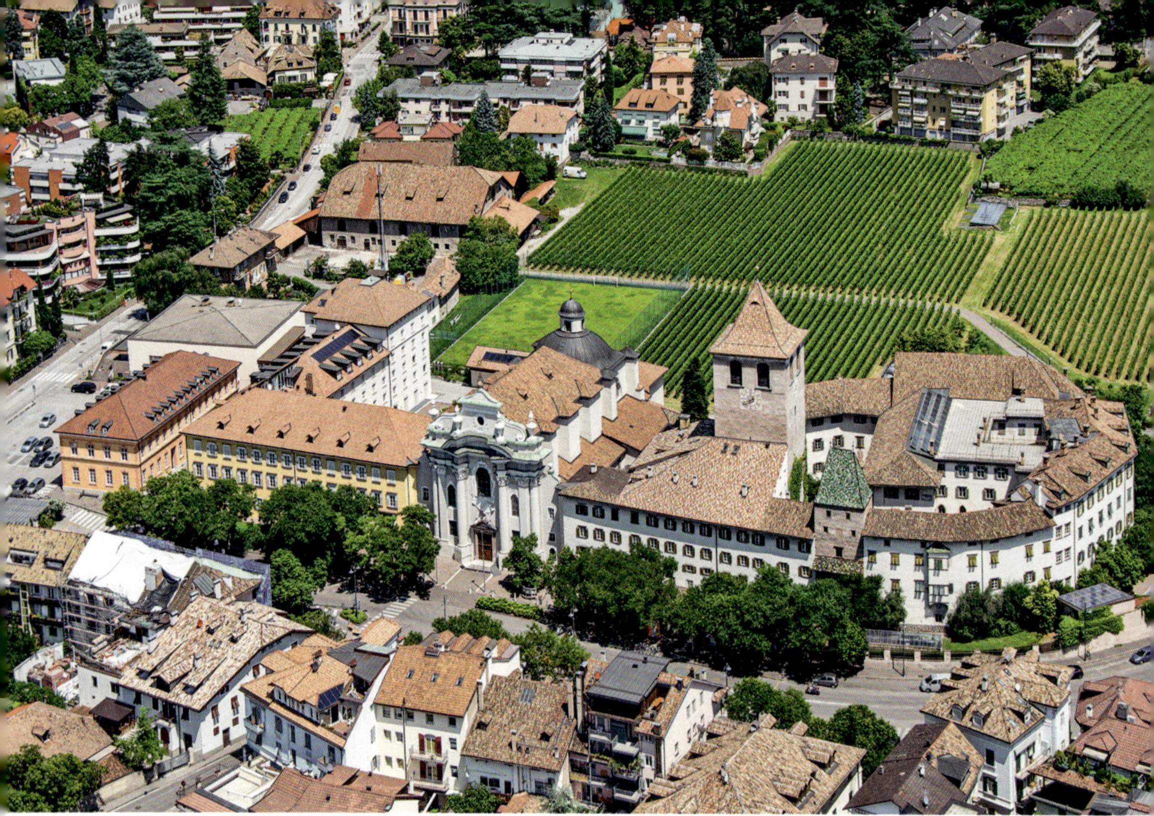

STIFTSKIRCHE MURI GRIES

Laudes und Lagrein

Manchmal fällt es richtig schwer, Kunst und Genuss auseinanderzuhalten. Das ist besonders bei einem Besuch im Kloster Muri Gries der Fall. Der Baukomplex ignoriert erfolgreich den Schwitzkasten, in den ihn der unablässige städtische Verkehr nehmen möchte und wirft sich mächtig mit barocker Fassade und massivem mittelalterlichem Wehrturm am alten Grieser Platz in die Brust. Die Fassade mit dem gekrümmten und gesprengten Architrav ist ein Werk des Welschtirolers Giuseppe Sartori. Die Ausmalung der Stiftskirche (Deckenfresko und sieben Altargemälde) ist eine der wichtigsten Leistungen des Tiroler Malers Martin Knoller (1725–1804). Knoller schulte sein malerisches Talent zuerst bei Paul Troger, in Rom lernte er Mengs und Winkelmann kennen. Knoller beherrschte virtuos die Formelemente des Spätbarocks, doch lassen Kolorit und Dramaturgie bereits die aufkommende Neoklassik ahnen. Im Deckenfresko blickt der heilige Augustinus verklärt hinauf zur Mutter Kirche, während aus seiner Schreibfeder Blitze zucken, die ein wildes

Rechts: Die heilige Feder des Augustinus speit Feuer und schmettert die Häretiker in den Abgrund.

Gewusel von stürzenden Häretikern in den Abgrund stoßen.

Der Orgelchor und das Orgelgehäuse tragen schon klassizistischere Züge. Warum wir die Orgel erwähnen: Pater Urban Stillhart aus der Klostergemeinschaft ist ein absoluter Musikexperte und begnadeter Musiker. Wenn der „seine" Orgel schlägt, dann erklingt wirklich die Königin der Instrumente.

Zu Muri Gries gehört unbedingt ein Besuch der Kellerei (und im Suchergebnis im *www.* erscheint sie vor dem Kloster). Sie produziert einen vorzüglichen Lagrein, und auch darüber weiß unser Musikus meisterhaft zu referieren. Muri Gries hat die meisten der wenigen noch verbliebenen Lagreinlagen im Talboden gerettet; der autochthone Lagrein mag das lettig-lehmig-sandige postglaziale Geschiebe des Bozner Beckens. Doch leider spielen in Bozen die Betonmischlaster Fangen und „Derschwischalus".

Man müsste einmal nachfragen bei Knoller oder gar bei Augustinus, wo es denn diese magische Schreibfeder zu erwerben gibt. Die bräuchte es mehr denn je in unserem Zeitalter der Fake News und des Hatespeech.

LITERATUR

Walter Landi: Stiftspfarrkirche Gries, Bozen; Schnell & Steiner, Regensburg 2009

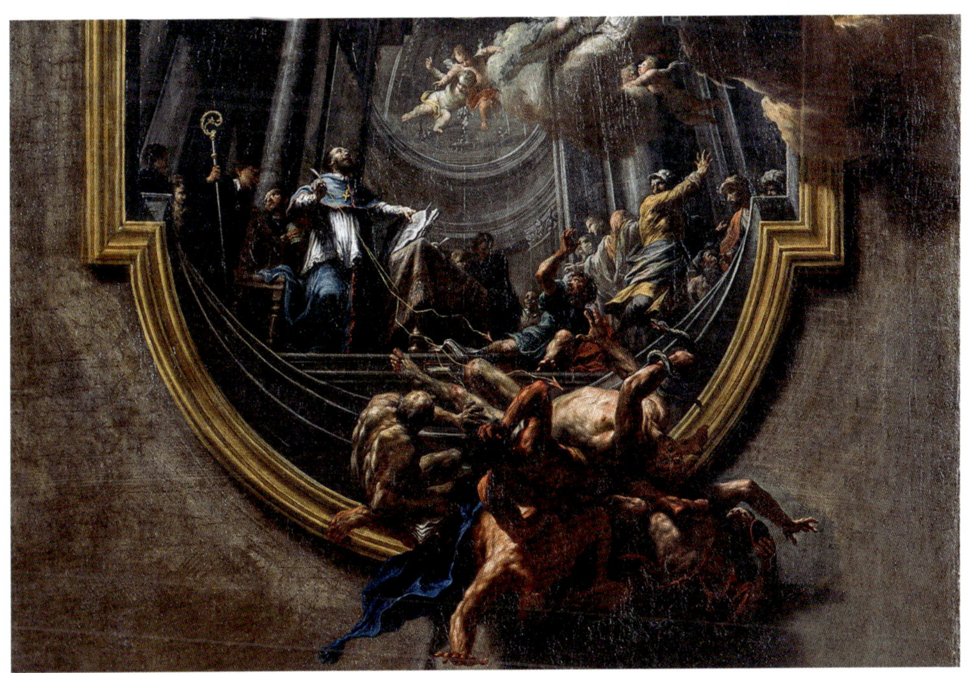

KIRCHEN UND KAPELLEN

Bozner Dom
Montag bis Samstag 10–17 Uhr,
Sonntag 11–17 Uhr

Dominikanerkirche
Montag bis Samstag 8–18 Uhr,
Sonntag 12–18 Uhr

Franziskanerkirche
Montag bis Freitag 10–17.30 Uhr,
Sonntag 14.30–17.30 Uhr

St. Vigil am Virgl
jeden Mittwoch 15–16 Uhr

St. Johann im Dorf
jeden Samstag 10–12.30 Uhr

St. Martin in Kampill
Anfang April bis Ende Oktober
jeden Samstag 14–16 Uhr

Alte Pfarrkirche Gries
April bis Oktober
Montag bis Freitag 10–12 und 14.30–16 Uhr,
Mitte Juni bis Ende August nur am Vormittag geöffnet

Stiftskirche Muri Gries
Montag bis Sonntag 9–19 Uhr,
Zugang nur bis zum Gitter gewährleistet

MUSEEN

Südtiroler Archäologiemuseum
Natürlich „Ötzi", der Mann aus dem Eis, seine Ausrüstung und seine Zeit

Interessante Wechselausstellungen.
Eines der meistbesuchten Museen Italiens

Museumstraße 43
Tel. +39 0471 320100
www.iceman.it

Dokumentationsausstellung im Siegesdenkmal

„BZ '18–'45. Ein Denkmal, eine Stadt, zwei Diktaturen". Dem faschistischen Protzbau den Zahn gezogen: Die Dokumentationsausstellung zur Geschichte des Bozner Siegesdenkmals. Eintritt gebührenfrei

Siegesplatz 1
Tel. +39 0471 997581 / 997588
www.siegesdenkmal.com

Stadtmuseum Bozen
Es werden rund 200 Werke (8. bis 20. Jahrhundert) gezeigt: Stuckarbeiten, Freskofragmente, Holzaltäre und -statuen, Ölbilder, Goldschmiedearbeiten, Öfen und Ofenkacheln, Trachten, Graphik

Sparkassenstraße 14
Tel. +39 0471 997960
www.gemeinde.bozen.it/stadtmuseum

Naturmuseum Südtirol
Eine Dauerausstellung über die biologische und geologische Entwicklung und den Lebensraum des Landes durch Rekonstruktionen, multimediale und interaktive Stationen. Besonders sehenswert: Die Entstehung der Dolomiten – Welterbe – aus dem Ozean

Bindergasse 1
Tel. +39 0471 412964
www.natura.museum

Merkantilmuseum
Ehemals Sitz des im Jahre 1635 von Claudia de' Medici eingerichteten Merkantilmagistrates. Erzählt früheres Handelsleben der Stadt in Räumlichkeiten mit all ihren Originaleinrichtungen. Dokumentensammlung, Stoffmusterkollektionen, Münzen, Bilder und Teppiche

Merkantilpalast
Laubengasse 39
Tel. +39 0471 945702

Museion
Museum für moderne und zeitgenössische Kunst, aber auch ein internationales Forschungsatelier. Gelungene moderne Architektur und ein „Offenes Haus"

Piero-Siena-Platz
Tel. +39 0471 223411
www.museion.it

MMM Messner Mountain Museum Firmian
„Messner Mountain Museum" MMM Firmian auf Schloss Sigmundskron thematisiert auf seinem Parcours die Auseinandersetzung Mensch-Berg.
Wechselnde Sonderausstellungen

Tel. +39 0471 631264
www.messner-mountain-museum.it

BEWIRTUNG

Der Mensch lebt nicht nur von Kunst allein // gern möcht' er auch beWirtet sein.

Kein Restaurantführer – um Gottes Willen! Aber ein paar Empfehlungen für den „alten Adam" in uns:

Parkhotel Laurin, Laurinstraße 4
Vornehmes Haus aus der frühen Glanzzeit Bozens, Lounge siehe Eingangsessay, Restaurant im Parkgarten. Im Frühjahr schwelgt die prächtige Kletterrose, gelb und innig, in stürmischer Umarmung mit der gewaltigen Zeder.

Wirtshaus Vögele, Goethestraße 3
Traditionswirtshaus mitten in Bozen. Hier werden die Lieblingsspeisen der Südtiroler aufgetischt. Und nicht nur.

Mondschein, Piavestraße 15
Eines der ältesten Wirthäuser Südtirols. Luxus in historischem Gemäuer. Muss man sich geben: Relaxen im Park des Innenhofs mitten im Gewusel der Altstadt.

INFO

Öffnungszeiten und Zugänge zu den Kunstorten können sich ändern. Um sicher zu gehen, wenden Sie sich an das Verkehrsamt der Stadt Bozen:

Südtiroler Str. 60
Tel. +39 0471 307000
www.bolzano-bozen.it

SCHLOSS RUNKELSTEIN

Bilderbuch der höfischen Spaßgesellschaft

Zu Recht gerieten die deutschen Romantiker Görres und Scheffel beim Anblick der Ruine Runkelstein ins Schwärmen, denn sie vereinte alles, was zum gängigen Bild einer Ritterburg gehörte: rauschender Bach, steiler Fels, Ruine, Bilderschmuck höfischen Lebens und weinselige Umgebung. Der Name Runkelstein setzt sich aus dem Spätlateinischen „roncare", roden, und dem Mittelhochdeutschen „stayn" als Synonym für Burg zusammen. Erbaut wird das Schloss ab 1237 von den Herren Burgus Wanga, die als Parteigänger des Trientner Bischofs in die Auseinandersetzungen mit Graf Meinhard von Tirol verwickelt werden. 1277 wird es von den Truppen Meinhards erobert, geplündert und gebrochen. Seelisch gebrochen, materiell verarmt und ohne die Mittel für einen Wiederaufbau bleibt auch der Besitzer Albero von Wangen.

Erst ab 1386 erlebt die Burg durch die reichen Brüder Vintler eine neue Blüte; die wohlhabenden Aufsteiger geben einen weiteren Trakt und den reichen Freskenschmuck in Auftrag. Kaiser Maximilian I. ist ein Jahrhundert später davon so angetan, dass er ein paar Privatgemächer für sich einrichten und die Bilder teilweise „vernewen", d. h. erneuern lässt.

Danach geht es mit der Anlage unaufhaltsam abwärts, eine Pulverexplosion zerstört Teile des Bergfrieds, Dachstühle und Böden brechen ein. Als ein Teil des Burgfelsens 1868 die Außenmauern des Sommerhauses mit in die Tiefe riss, war der Höhepunkt des Niedergangs erreicht. Gleichzeitig aber hatten die schwärmerischen Verse der Romantiker ihre Breitenwirkung voll entfaltet, und kein Geringerer als Kaiser Franz Josef höchst selbst veranlasste 1884 die Rettung. Nach umfangreichen Instandsetzungsarbeiten schenkte er das Schloss der Stadt Bozen, die es wohl mit pompösen Feierlichkeiten entgegennahm, aber in der Folgezeit wenig damit anzufangen wusste. Selbst die ersten ernsthaften Renovierungsarbeiten von 1959 verliefen sich dann wieder irgendwie. Irgendwann zog ein Törggele- und Schankbetrieb ein, und der Niedergang schien unausweichlich, bis sich Helmut Rizzolli, Historiker, Mitglied des Bozner Gemeinderates und des eingesessenen Bozner Patriziats beherzt der Burg annahm und sie über die Stadt Bozen und das Land Südtirol hinaus zu einem Kleinod hiesiger Burgen herausputzen ließ.

1277 wird das Schloss von den Truppen Meinhards erobert, geplündert und gebrochen

Idealisierter Adelsalltag

Runkelstein wirbt mit dem Titel „Die Bilderburg". Und das zu Recht: Wo die Maler endlich einmal nicht Heilige zur religiösen Erbauung malen mussten, entwarfen sie mit begeisternder Fantasie farbige Schilderungen höfischen Lebens. Daher besitzt Runkelstein den ausführlichsten Bilderzyklus des idealisierten Adelsalltags des tirolischen Spätmittelalters.

Der Besuch beginnt im Westtrakt mit dem „Saal der Ritter“ mit fragmentarischer Ausmalung, wobei eine Fensternische mit Rankenwerk und Liebespaaren besonders ins Auge fällt.
Eine neu angelegte Treppe führt ins zweite Geschoss und ins „Wappenzimmer“, wo unter der Decke ein doppelt gerahmter Wappenfries mit den Wappen diverser Südtiroler Adelsfamilien wie jene der Botsch, der Thurn und der Fuchs umläuft, unter denen das Wappen der Vintler mit den aufgerichteten Bärentatzen natürlich nicht fehlt. Der vortäuschende Wandbehang in Terra-verde-Malerei soll repräsentatives Wohnen suggerieren. In der angrenzenden „Kammer der Ritterspiele“ erscheint, leider verblichen, ein Zug von feinen Damen und Herren, die sich bei Lautenmusik und höfischem Spiel vergnügen. An der Ostwand ist im Hintergrund eine Burganlage mit schwalbenschwanzbewehrter Mauer zu erkennen, die als Runkelstein vor oder am Beginn des Umbaus auszumachen ist. Auffallend dabei sind die Holzkonstruktionen im Burghof und der Holzkran an der Nordseite, der allgemein als Vorrichtung für die Wasserversorgung gedeutet wird. Die Figurengruppe darunter verlangt ein geübtes Auge, um das erotische Spiel des

Beherrschend hockt Runkelstein am Eingang zur Sarner Schlucht.

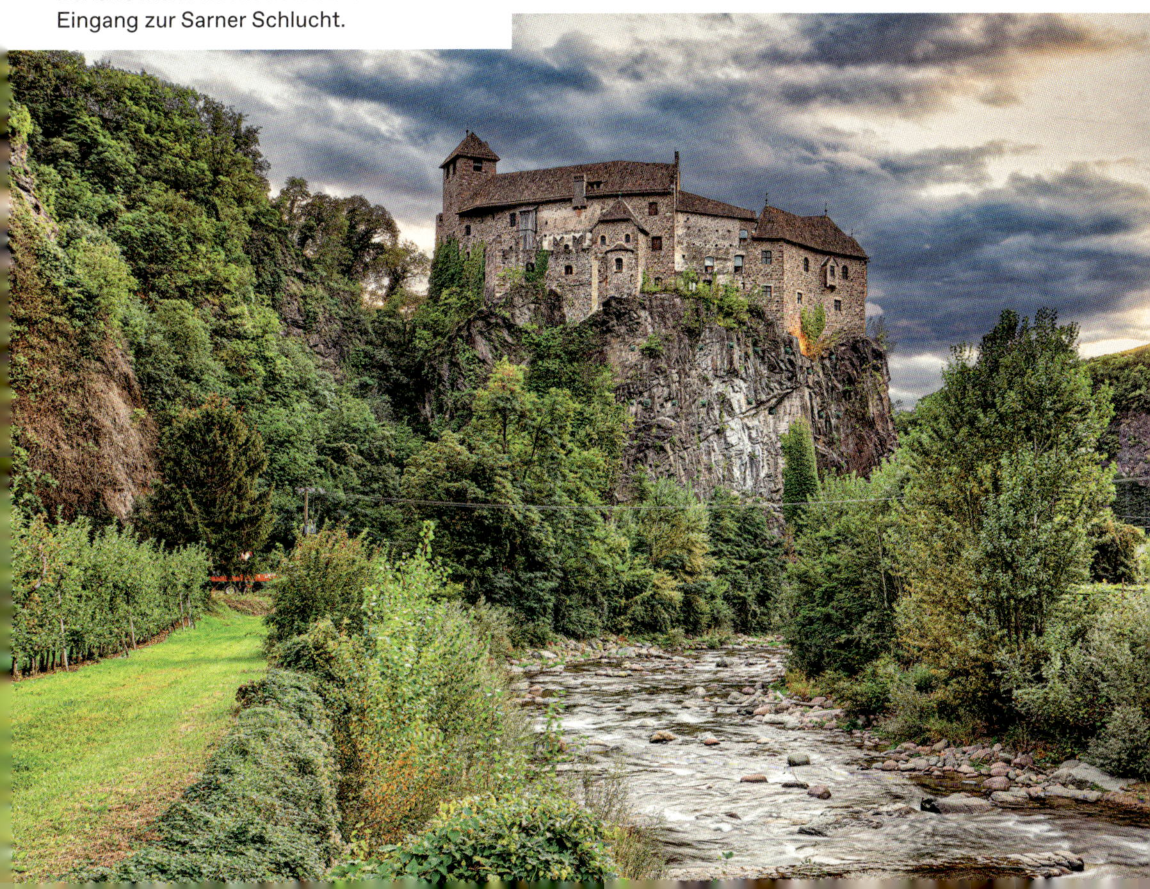

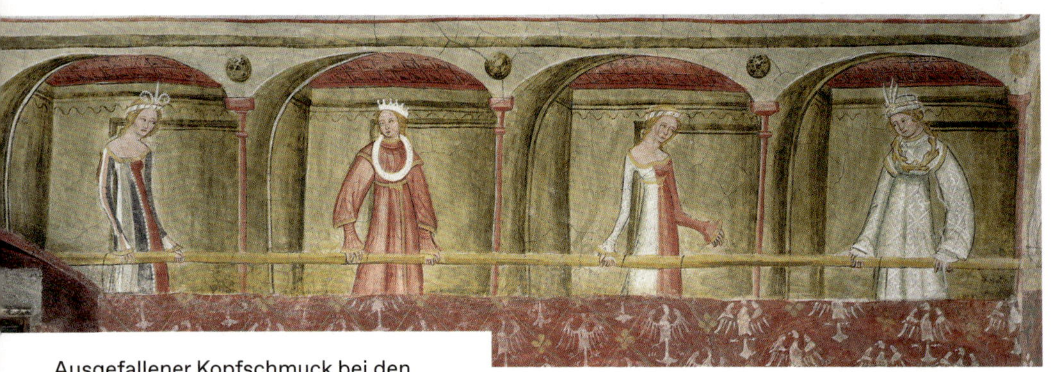

Ausgefallener Kopfschmuck bei den Damen in der Badestube.

„Füßelns" (franz. Quintaine) auszumachen. Dabei geht es darum, den Spieler oder die Spielerin zu Fall zu bringen, damit Letztere im Fallen möglicherweise unfreiwillig einen tiefen Blick auf ihre Beine gewährt. Für den Entreebereich der Burg ein recht eindeutig erotisches Motiv, mit dem die Hausherren ihre Besucher/-innen auf ihr Haus einstimmten.

Die „Badestube" verdankt ihre Benennung den vermeintlich Nackten in den Arkaden, wobei nicht ganz klar ist, ob es sich dabei um nicht weiter ausgeführte Vorzeichnungen handelt oder ob die Figuren durchsichtige, schleierartige Überwürfe tragen. Wie dem auch sei, der Raum mit der originalen, sternengeschmückten Holzdecke trägt über vorgetäuschtem Wandteppich – gut betucht, wie die Vintler waren, mögen hier einmal echte gehangen haben – eine Arkadengalerie, in deren Bögen Damen und Herren Tieren und Akrobaten zuschauen. Hier ist ein kurzer Exkurs auf die kaprizierte Mode des späten 14. Jahrhunderts unumgänglich. Das typische Damenkleid spielt mit weiblichen Reizen, umschließt eng den Oberkörper und lässt Schultern und ein weites Dekolleté frei; es schmeichelt, zuerst eng, dann immer weiter werdend, der weiblichen Figur, die Ärmel schließen sich knapp um das Handgelenk und fallen glockig auseinander und bedecken fast die ganze Hand. Selbst die hochgeschlossenen Kleider betonen Figur und Busen und fallen weit herab. Die Herren stehen an Eleganz in nichts nach, tragen hautenge Strumpfhosen, Schuhe mit langen Schnabelspitzen und kurze, figurbetonte Wämser mit Wespentaille und Glockenärmeln wie die Damen. Ein persönliches Motto sichtbar zu tragen war der letzte Schrei der Zeit: „Ich v(w)art" – auf was wohl? – trägt ein Herr mit blümchengemustertem Rock als Wahlspruch quer über der gepolsterten Brust. Die Gürtel sind weit mehr als Kleidungsstück: Schwer und reich verziert legen sie sich tief über die Hüfte und lassen ein Glöckchen baumeln oder einen Dolch. Wie bei dem jungen Geck, der gerade über die Brüstung steigt, dem das Accessoire wie ein Gemächte zwischen den Beinen hängt.

„Ich v(w)art" – auf was wohl?

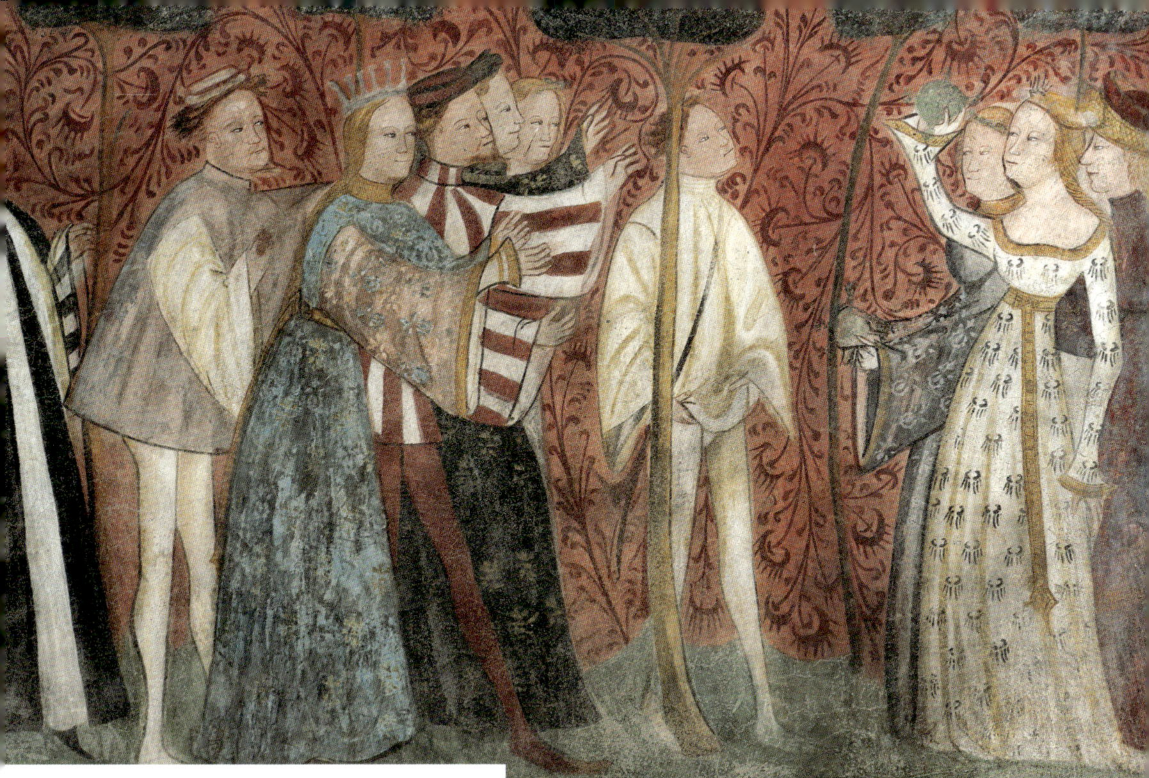

Große Mode auf adeligem *catwalk*. Die weiten Ärmel konnten abgenommen und ausgewechselt werden. Vollkommen unpraktisch ließen sie bestenfalls Freizeitvergnügen zu.

In den Vierpässen der Bordüre wechseln sich weibliche und männliche Figuren ab und tragen Spruchbänder. Die Dame mit Krone und der Herr mit Falke in der Fensternische sind offenbar jüngeren Datums und stammen von Max Reichlich aus maximilianischer Zeit.

Tanz, Turnier und Jagd

Der „Turniersaal" im dritten Stock ist großes Breitwandkino der spätmittelalterlichen, adeligen Spaßgesellschaft. Auf der Südwand schreiten sie daher in langen gemessenen Schritten in Strumpfhosen und langen Schnabelschuhen beim Reigentanz, die Herren mit fein onduliertem Haar und gepflegtem Spitzbart, mit Wespentaille und mit gepolsterter Brust, die der umgeworfene Gürtel abenteuerlich betont. Die Damen tänzeln, Händchen haltend mit dem Galan, in hochgeschlossener Robe oder mit tiefem Ausschnitt und kapriziöser Kopfbedeckung nicht minder kapriziös einher. Genauso modisch geht es beim Ballspiel zu. Die Dame, welche gerade den Ball fängt, trägt einen aufgenestelten, zum Kleid andersfarbigen Ärmel, Beispiel einer praktischen Mode, die für ein Kleid mehrere abnehmbare Ärmelpaare vorsah. Wenn nun ein Ritter ins Turnier zog, konnte er sich den Ärmel seiner Herzensdame auf den Schild heften, ohne dass diese nachher mit entblößtem Arm hätte dastehen müssen. In der Dreipasslünette entfaltet

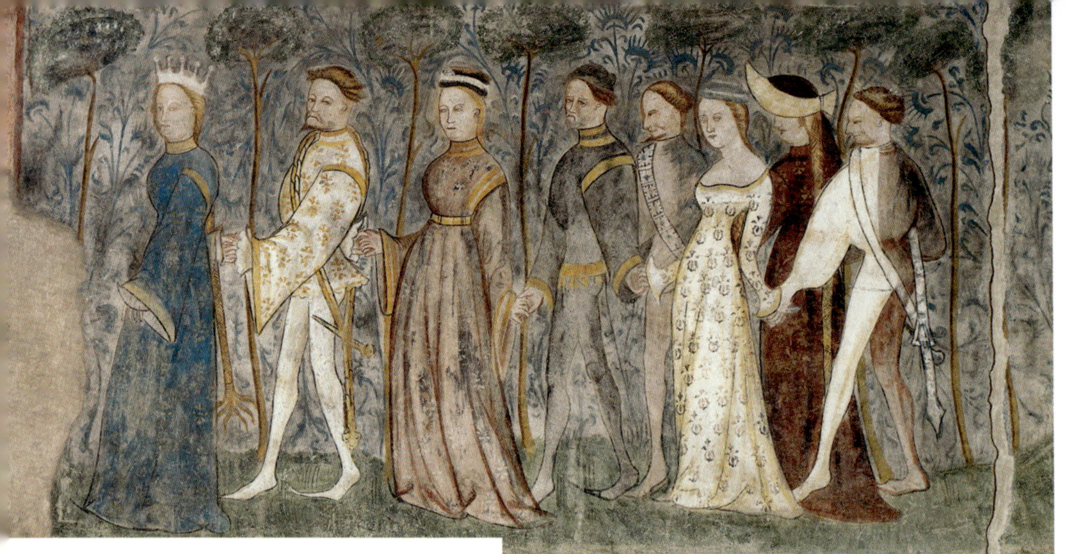

Jahrmarkt der Eitelkeiten. Ballspiel und Reigentanz waren ein beliebter Zeitvertreib junger Edelleute. Wie viele gut betuchte Parvenüs – wie die Vintler – sind wohl mit im Bild?

sich eine groß angelegte Turnierszene, in der die Ritter mit geschlossenem Visier und angelegter Lanze aufeinander losstürmen. Knappen haben die Hände voll zu tun, die Pferde anzutreiben oder Kämpfern wieder auf Beine und Ross zu helfen. Ein Knappe verausgabt sich dabei derart, dass ihm die Beinlinge über den Allerwertesten rutschen. Einer der Vintler lässt sich beim Lanzenstechen neben dem Landesherrn in die Rüstung helfen: Eitelkeit und Selbstdarstellung gehören zum Geschäft. Das Spektakel wird von einem weitgehend weiblichen Publikum rechts auf Emporen mitverfolgt; hinter dem Gebäude ganz im Abseits versuchen drei Gestalten mit Judenhüten einen Blick auf das Turnier zu erhaschen. Schwer, die Absicht des Malers oder der Auftraggeber zu diesem Detail zu interpretieren. Aber sie belegen die Präsenz der Juden in der Talferstadt. 2012 gab es auf Runkelstein die Ausstellung „Simon und Sarah in Bozen"; dazu erschien die entsprechende Publikation in der „Reihe der Runkelsteiner Schriften zur Kulturgeschichte".

Arg gelitten haben die Jagdszenen an der Westwand, doch das Erhaltene ist eine beredte Schilderung der Jagd im späten Mittelalter. Der Bläser stößt zum Aufbruch der Hirschjagd ins Horn, der Ritter spannt den Bogen, während die Dame mit dem abenteuerlichen Hut hinter ihm ihr weißes Schoßhündchen auf der Pferdekruppe mitführt; die Hundemeute hechelt, einem Hauer werden die Spieße in den Rachen gestoßen, ein Bär wird „zerwirkt" und ein Jagdhelfer entfernt sich mit einer Bärenkeule; Gämsen werden mit Lanzen aus den Felsen gestochen. Das Ganze hat viel mit Prestige zu tun, Bären zu jagen galt ebenso nobel wie einem Keiler den Fangstoß zu geben. Der Fischfang hingegen ist wenig kaschierte sexuelle Anspielung, und wenn der Herr der

Strumpfhosen, Schnabelschuhe, onduliertes Haar, Spitzbart …

Dame (s)einen Fisch zeigt, so brauchen wir für diese Deutung weder Freud noch Jung zu bemühen.
Im angrenzenden Südraum spielt sich über der Tür eine wüste Kolbenschlacht vor weiblichem Publikum auf fahrbarer Tribüne ab; ein rüdes Spiel, wo sich die Gegner Holzkolben auf die Helme hauen. Kolbenschlachten konnten in Mord und Totschlag ausarten: Muss gewaltig gedröhnt haben unter dem Helm, so ein Schlag.
Der Bilderreigen im anschließenden „Saal der Liebespaare" ist ähnlich aufgebaut wie der in der „Badestube". In bewegter Gestik stehen sich Paare gegenüber, die in ihrem modischen Aufputz all das unterstreichen, was bisher über Mode gesagt worden ist.
Die Malereien stammen von Künstlern aus einer Werkstatt der lokalen Bozner Maltradition, welche die ältere Trecentomalerei und die neueren Veroneser und Paduaner Maltendenzen beherrschten und mit nordischen Einflüssen vermischten. Die Künstler lehnten sich in der Gestaltung der Jagd- und Reigenszenen an oberitalienische und österreichisch-böhmische Vorlagen aus Buchmalereien an und kannten sicher die Malereien im Adlerturm von Trient. Über die Mode lässt sich eine Datierung zwischen 1390 und 1395 festlegen.

Literatur im Bild

Wir wechseln hinüber zum Sommerhaus. An der Wand hinter dem Holzsöller befinden sich monumentale Dreiergruppen mythologischer, biblischer und historischer Gestalten, wobei eine Triade interessanterweise aus Riesenfrauen gebildet wird. In den Wohnräumen sind siebzehn Wandbilder zum Versroman „Garel

Adeliger Zeitvertreib zwischen Eros und Adrenalin. Fischfang und Keilerjagd.

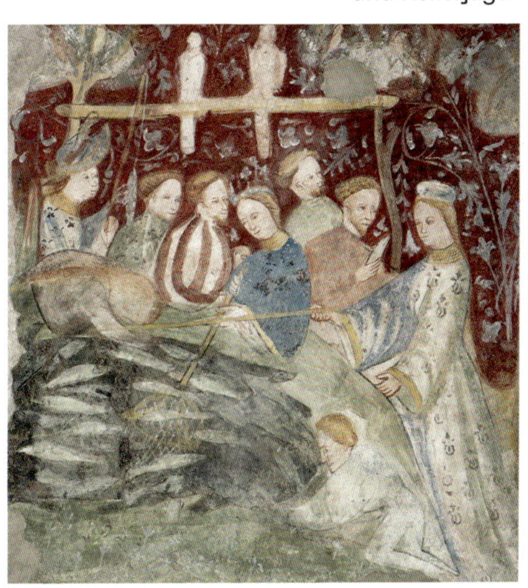

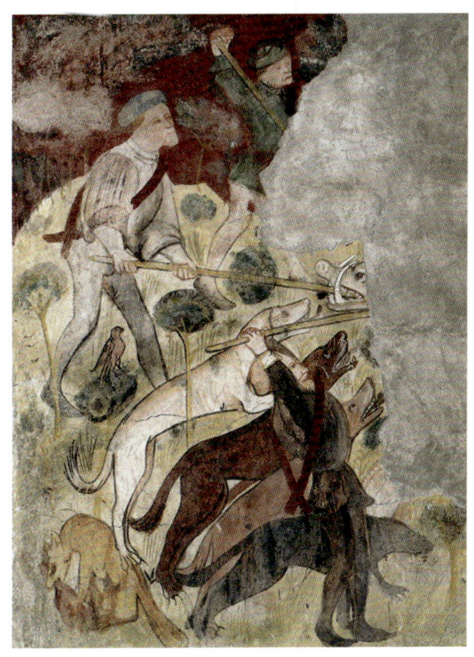

PIER PAOLO PASOLINI

1971 drehte Pier Paolo Pasolini mehrere Szenen für seinen legendären „Decamerone“ auf Schloss Runkelstein. Schade nur, dass er die derb erotischen Ritzzeichnungen im Küchentrakt nicht kannte. Für sie hätte er sicher einen Platz im Film gefunden. So bleibt uns – nach all dem höfischen Schick – als Abschied zum Weiterspinnen die schöne essayistische „Dreiergruppe“ von Pasolini, Decamerone und deftiger Erotik.

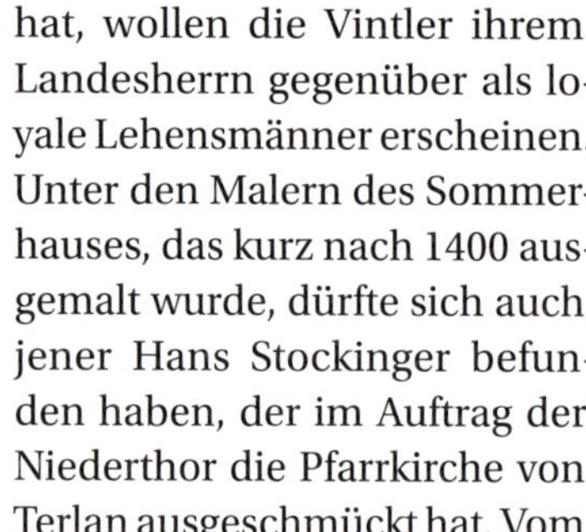

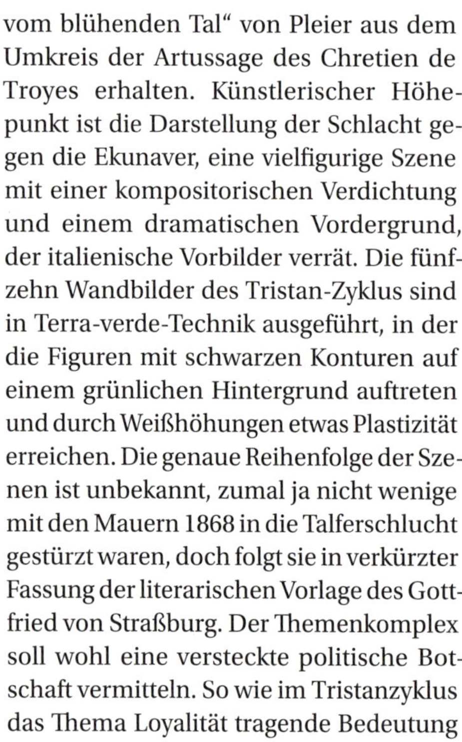

vom blühenden Tal“ von Pleier aus dem Umkreis der Artussage des Chretien de Troyes erhalten. Künstlerischer Höhepunkt ist die Darstellung der Schlacht gegen die Ekunaver, eine vielfigurige Szene mit einer kompositorischen Verdichtung und einem dramatischen Vordergrund, der italienische Vorbilder verrät. Die fünfzehn Wandbilder des Tristan-Zyklus sind in Terra-verde-Technik ausgeführt, in der die Figuren mit schwarzen Konturen auf einem grünlichen Hintergrund auftreten und durch Weißhöhungen etwas Plastizität erreichen. Die genaue Reihenfolge der Szenen ist unbekannt, zumal ja nicht wenige mit den Mauern 1868 in die Talferschlucht gestürzt waren, doch folgt sie in verkürzter Fassung der literarischen Vorlage des Gottfried von Straßburg. Der Themenkomplex soll wohl eine versteckte politische Botschaft vermitteln. So wie im Tristanzyklus das Thema Loyalität tragende Bedeutung hat, wollen die Vintler ihrem Landesherrn gegenüber als loyale Lehensmänner erscheinen. Unter den Malern des Sommerhauses, das kurz nach 1400 ausgemalt wurde, dürfte sich auch jener Hans Stockinger befunden haben, der im Auftrag der Niederthor die Pfarrkirche von Terlan ausgeschmückt hat. Vom ursprünglichen Freskenschmuck der Kapelle hat sich wenig erhalten, am besten sind noch die Katharinenszenen lesbar.

LITERATUR

André Bechtold (Hrsg.): Schloss Runkelstein, die Bilderburg; Athesia, Bozen 2000

INFO

16. März bis 1. November von 10 bis 18 Uhr durchgehend geöffnet, letzter Einlass um 17.30 Uhr

2. November bis 15. März von 10 bis 17 Uhr, letzter Einlass um 16.30 Uhr. Im Winter ist meistens für 4 bis 6 Wochen geschlossen.

Tägliche Führungen ohne Voranmeldung: um 15 Uhr in deutscher, um 16 Uhr in italienischer Sprache

Kostenloser Shuttle-Bus vom Zentrum. Man erreicht Schloss Runkelstein mit dem Stadtbus Nr. 12, ansonsten mit Privatauto oder zu Fuß oder per Fahrrad der Talfer entlang. Parkplatz am Fuße der Burg, das letzte Stück ist nur zu Fuß zu bewältigen, halbwegs gutes Schuhwerk ist ratsam.

Burgschänke
Tel. +39 0471 329808
www.runkelstein.info

ST. MAGDALENA IN PRAZÖLL

Bei der Winzerheiligen

Es ist eine andere Welt, wenn man, Bozen verlassend, bei Rentsch von der Staatsstraße abbiegt und den steilen und kurvigen Weg nach St. Magdalena hinauffährt. Auf der Anhöhe hocken ein paar Weinhöfe inmitten von Reben und daneben steht, wie sich's einmal gehörte, die Kirche. Es sind zwei Welten, die da in unmittelbarer Nachbarschaft in einem Gegensatz, der krasser nicht sein könnte, nebeneinander bestehen: die Häuserlawine Bozens im Talgrund und die rebenbestückte Weinidylle an Hang und Hügel.

Zwei Welten begegnen uns auch im Inneren der St.-Magdalena-Kirche, nur harmonieren diese besser: Frühgotischer, „nordischer“ Linearstil steht neben plastischer Körperlichkeit und realistischem Raumempfinden südlicher Herkunft.

Der einfache Kirchenbau trägt ein Tonnengewölbe und besitzt eine kleine Rechteckapsis. Er wird 1295 erstmals urkundlich erwähnt und ist 1318 über eine Ölschenkung (für ein „Ewiges Licht“) nachgewiesen. Aus dieser Zeit stammt der erste Bilderschmuck der Kirche in der Apsis. In der zweiten Hälfte des 14. Jahrhunderts zog man das

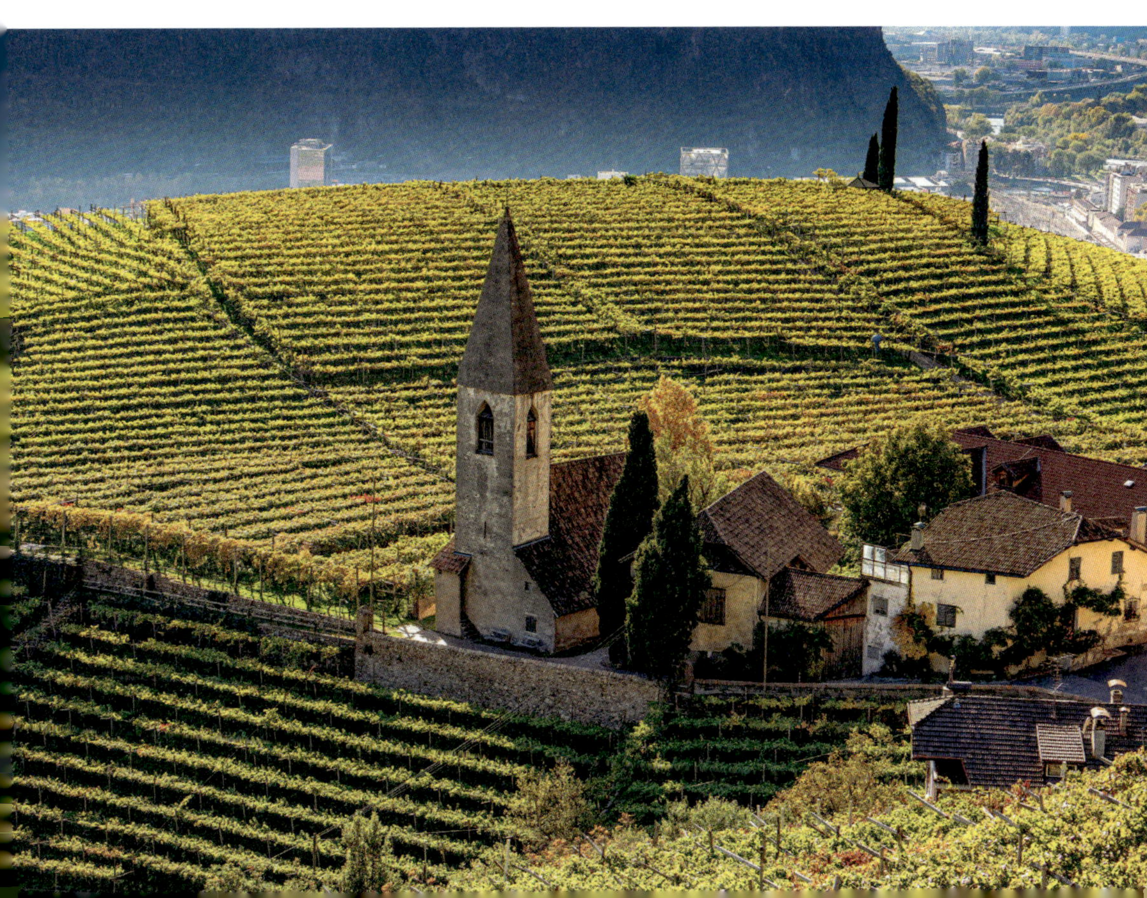

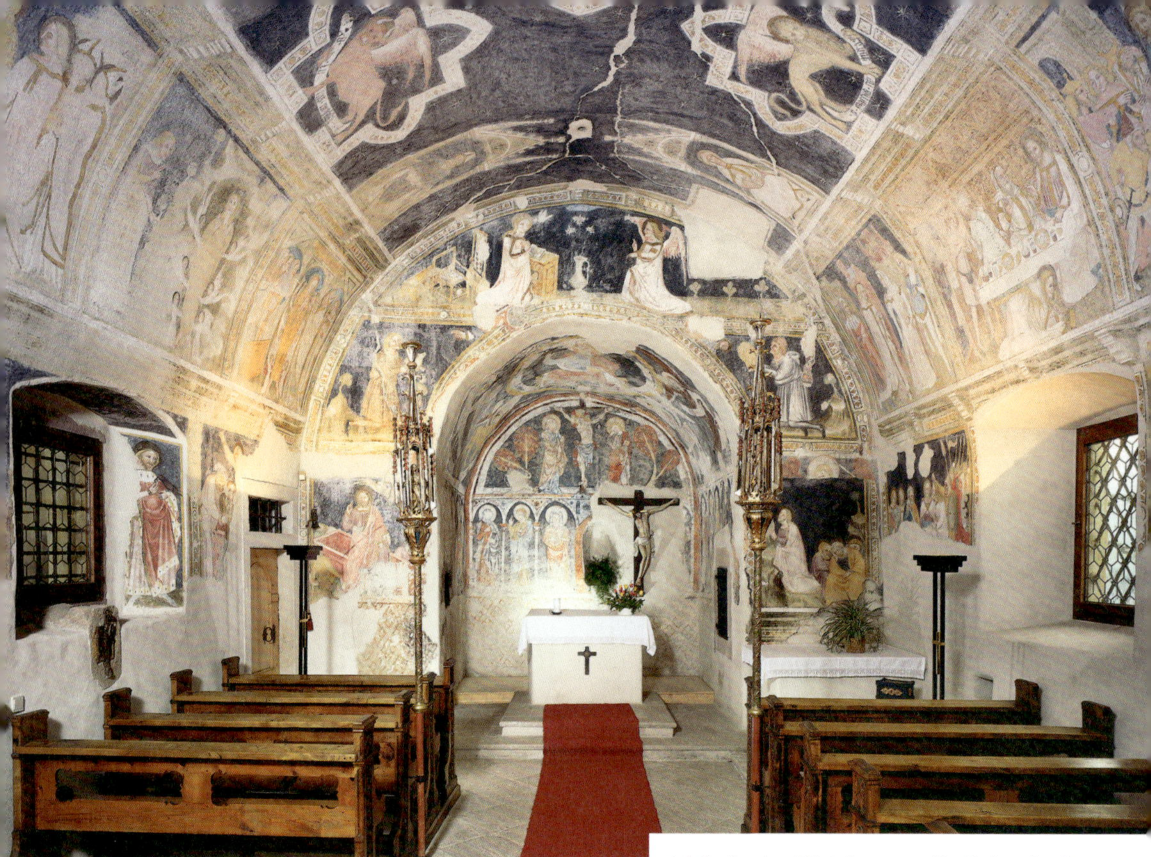

Idylle in den Weinbergen: Als Patronin der Winzer hat Magdalena eine sehr ausführliche Schilderung ihrer Vita bekommen. Die Bilder stehen in der Nachfolge des Bozner Guariento-Kreises.

Tonnengewölbe ein und schmückte es zusammen mit den Langhauswänden und der Westwand malerisch neu aus. Im 17. Jahrhundert brach man eine Tür und mehrere Fenster aus und baute die Sakristei dazu, was Teile des Bilderschmucks zerstörte.

Die 1960 begonnenen Restaurierungsmaßnahmen zogen sich fast dreißig Jahre hin. Als man in der Apsis die jüngeren Fresken abnahm, kamen hochwertige frühgotische Malereien zum Vorschein. Bei der Abnahme der jüngeren Malschichten blieben die oberen Schichten der älteren Malereien auf der Rückseite der neueren Putzschicht haften und wurden im aufwändigen Verfahren der „Strappo"-Technik abgelöst und auf Leinwand übertragen. Diese Kreuzigungsszene der Ostwand hat seitdem ein Duplikat, das im Städtischen Museum von Bozen aufbewahrt ist.

Die Apsisausmalung besteht aus drei Bildzonen: Gewölbe, Bogenfeld und Mittelstreifen. Das blau gemalte Gewölbe trägt Christus in der Mandorla umgeben von den Evangelistensymbolen. Im Bogenfeld der Ostwand mit einfacher Bandumrahmung ist der Gekreuzigte mit Johannes und Maria dargestellt, wo – fast schon verspielt – Kugelbäumchen den Raum in den Zwickeln füllen. Eine elegant bewegte Linienführung stellt Schmerz und Leid in den Mittelpunkt und entspricht damit dem neuen Zeitgeist religiöser Gefühlskultur.

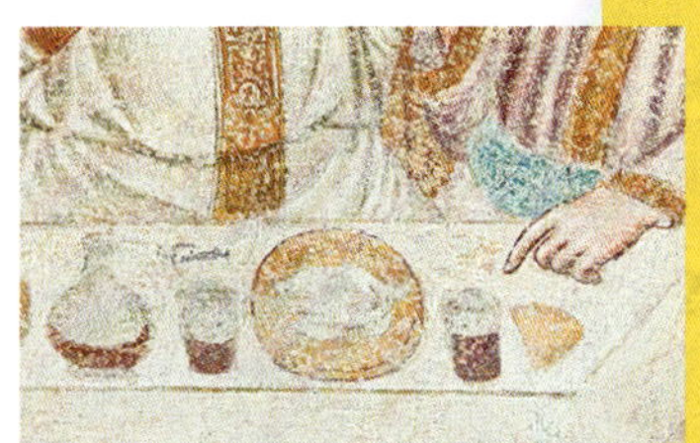

Im Mittelstreifen erscheinen zwischen zart gemalten Arkaden mit dünnen Säulchen und Blattkapitellen Apostel in lebendigen und ausdrucksstarken Posen und halten paarweise Blickkontakt zueinander. Dass auch die heilige Magdalena in dieser illustren Apostelriege einher kommt, bedeutet zwar einen Bruch mit der strengen ikonografischen Tradition, belegt aber wieder einmal, dass die Maler in Südtirol gut und gern eigenwillige Wege gingen. Hier darf und soll Magdalena die Hauptrolle spielen, hat sie doch als Patronin der Winzer der Weingegend und dem hiesigen „Magdalener" selbst den Namen geliehen. Der künstlerische Einfluss der Malereien verweist an den Oberrhein und an den Bodensee und trägt verwandte Züge zu der Kreuzigungsszene am Südportal der Bozner Pfarrkirche. Sie sind ins erste Jahrzehnt des 14. Jahrhunderts einzuordnen. Hervorzuheben ist das große Talent des Meisters, mit sicherem Strich den Figuren Seele und individuellen Charakter zu verleihen.

Das Tonnengewölbe wiederholt das Thema der Apsis und erneut sehen wir Christus in der Mandorla, umgeben von Evangelistensymbolen, Zierstreifen und thronenden Kirchenvätern. Das Bogenfeld der Triumphbogenwand ist der Verkündigung gewidmet, an die das oft zitierte Thema des Opfers von Kain und Abel anschließt, darunter sind die Auferstehung und Christus am Ölberg dargestellt.

SCHUTZPATRONIN

Drinnen, auf dem Tisch beim Gastmahl im Hause Simons, hatten Weingläser gestanden. Auch wir werden uns, der Heiligen zu Ehren, einen Magdalener kredenzen lassen. Und wenn wir dann hinausschauen in die Rebenlandschaft und hinunterblicken auf das Gewirr von Straßen, Eisenbahngeleisen und heranbrandender Häuserflut, geht uns vielleicht durch den Kopf, dass jedes Paradies (s)eine Schlange hat. Die Schlange hier für St. Magdalena heißt „Betonitis", sie schleicht sich tückisch an den Hügelfuß heran und entblößt gierig die Giftzähne der Spekulation. Schützend halte die Heilige ihre Hand über dieses ihr kleines Paradies. Zum Wohl, Magdalena!

Bewegende Bilder für ein bewegtes Leben

Die Langhauswände tragen in episch angelegter Breite die fortlaufende Darstellung der Passion, wobei der Bilderzyklus im unteren Bereich stark beschädigt ist. Die obere Bilderfolge erzählt in zehn Bildern die Magdalenenlegende. Weil es sich hier um eine der ausführlichsten Schilderungen dieser Legende im Lande handelt

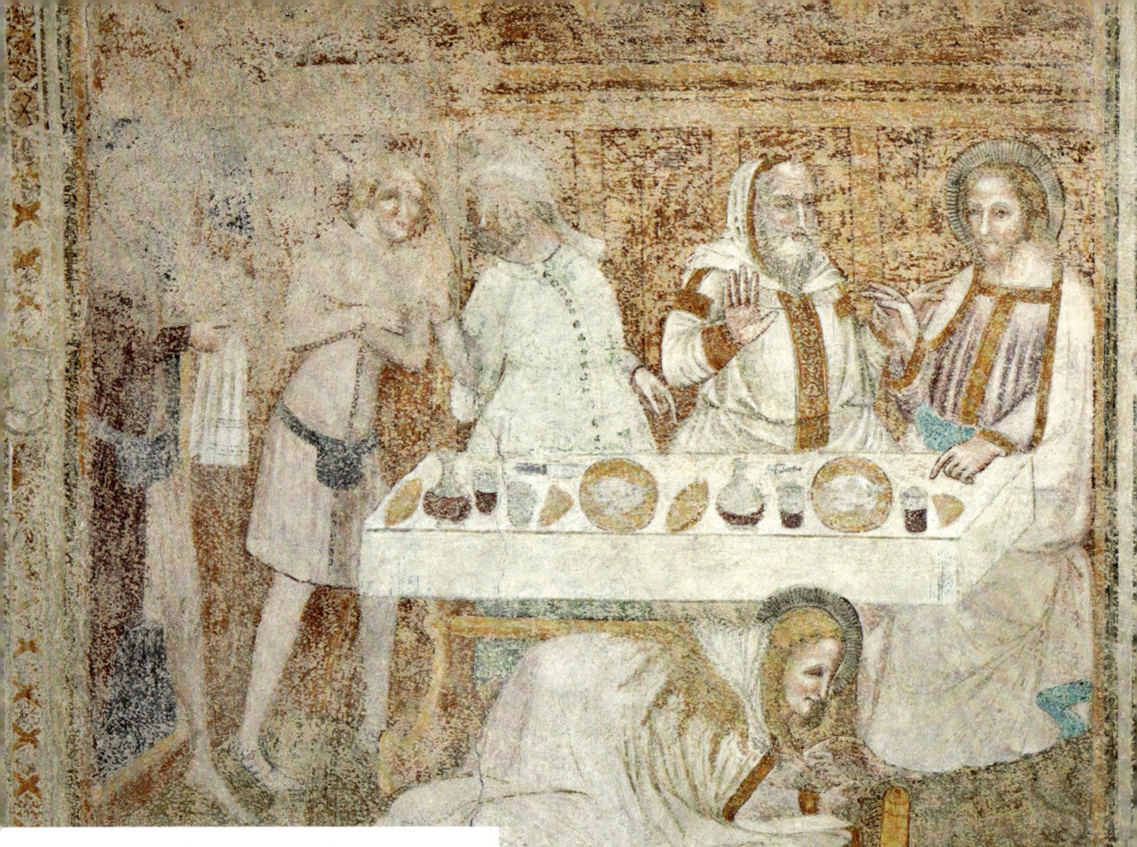

Jesus beim Gastmahl des Pharisäers. „Siehst du diese Frau? […] Ihr sind ihre Sünden vergeben, weil sie viel geliebt hat. Wem aber nur wenig vergeben wird, hat wenig geliebt." Lk 7, 36-8,3.

und wir es diesem kunsthistorischen Juwel auf „dem Lande" schuldig sind, darf auch die Szenenbeschreibung ausführlicher ausfallen.

Im ersten Bild des oberen Registers an der Südmauer gleich nach dem Torbogen begegnen wir einer noch sehr weltlichen Magdalena. Ganz den diesseitigen Freuden zugetan, erscheint sie mit einem aufgemaschelten Galan, der ihr besitzergreifend die Hand auf die Hüfte legt. Doch gleich wird sie von ihrer Schwester Martha bekehrt werden.

In der zweiten Szene wäscht Magdalena beim Gastmahl im Hause Simons Christus die Füße, während der indignierte Hausherr abwehrend die Hand erhebt. Wenn nun der Künstler auf den Tisch volle Rotweingläser hinstellt, weiß er, wovon er erzählt – wird sich wohl zwischendurch auch einen „Magdalener" haben bringen lassen.

Im dritten Bild flieht Magdalena mit anderen Christen per Schiff aus Palästina vor ihren aufgebrachten Häschern mit Juden- und Ketzerhüten. In Marseille an Land gegangen, predigt die Heilige dem dortigen Fürstenpaar, während ihr Gefolge sich Schutz suchend in einem heidnischen Tempel hinkauert.

In der letzten Darstellung der Südwand erscheint Magdalena dem schlafenden Fürstenpaar im Schlafgemach und droht ihm, so weiß es die Legende, Böses an, sollten ihre Gefährten nicht verköstigt werden.

Die Westwand unterbricht die Erzählung mit einem Jüngsten Gericht, unter dem der barocke Hochaltar von Oswald Krad aus dem Jahr 1667 mit der Heiligen als Büßerin eine neue Aufstellung gefunden hat.

Die Westwand unterbricht die Erzählung mit einem Jüngsten Gericht

Der Legendenzyklus wird an der Nordwand wiederaufgenommen. Inzwischen hat sich das Fürstenpaar bekehrt und reist nach Rom, doch während der Reise sterben Frau und Kind, und deren Leichname werden auf einer Insel ausgesetzt. Auf der Rückreise findet der Fürst Frau und Kind auf wundersame Weise lebend vor. Im dritten Bild übergibt der Fürst der Heiligen eine Schriftrolle (Schutzdekret?).

Voll und ganz „legenda aurea" ist das vierte Bild, in der die Heilige, die nun lange als Einsiedlerin in der Wüste gelebt hat, von kleinen Engeln in die Lüfte getragen wird. Im letzten Bild erhält die Heilige, von Engeln gehalten, aus der Hand des Bischofs Maximus die Kommunion. Breite Zierbänder, die von gemalten und nach Osten ausgerichteten Konsolen getragen werden, rahmen die Bilder.

Die Fresken sind um 1370 entstanden und sind ein beredtes Zeugnis der Bozner Schule, soweit man diesen Begriff verwenden will, etwas brav und ein wenig förmlich manchmal, aber unübersehbar in der künstlerischen Nachfolge des Guariento-Kreises. Der Künstler ist unbekannt und wird behelfsmäßig als zweiter Meister von St. Johann im Dorf bezeichnet, der um dieselbe Zeit im genannten Kirchlein tätig war, doch dort, falls es derselbe war, den Pinsel wesentlich virtuoser führte. Im Unterdach der Sakristei hat sich eine Madonna mit Kind erhalten, ein außergewöhnliches Fresko, dessen Farben sich in den feinsten Nuancierungen erhalten haben. So leuchtend dürften die Farben vor der Übertünchung einmal im gesamten Kirchenraum erstrahlt haben.

Vor dem Verlassen der Kirche werfen wir noch einen Blick auf die schöne Darstellung des heiligen Oswald mit dem Raben in der Fensterlaibung der Nordwand.

LITERATUR

Andrea De Marchi u.a. (Hrsg.): Atlas Tr3cento. Gotische Maler in Bozen; Trient, Temi 2001

INFO

St. Magdalena in Prazöll: Von Anfang April bis Ende Oktober jeden Freitag und Samstag 16–18 Uhr geöffnet

Südtiroler Klassiker

Wir sind in der Heimat des klassischen „Magdaleners". Er ist der Wein aus den Trauben der autochthonen Vernàtschrebe mit der Zugabe von zehn Prozent Lagrèin, auch autochthon. Das „Schutzkonsortium St. Magdalena", zu dem sich die Weinbauern zusammengeschlossen haben, wacht streng über die Qualität. Die paradiesisch gelegenen Weinhöfe kann man besuchen. Und Sie werden staunen. Näheres unter www.magdalener.com

ST. VIGIL UNTER WEINECK

Städtisches Selbstbewusstsein im Abseits

Alles rast unter ihm durch. Dabei ist/wäre der Virgl ein geschichtsträchtiger Ort in Bozen. Hinaufkommen bedarf einiger Ortskenntnisse, ganz zu schweigen von der Schwierigkeit, die Kapelle überhaupt besichtigen zu können. Sie wird 1275 erwähnt und diente wahrscheinlich für das Schloss Weineck als Burgkapelle, jüngere Ausgrabungen brachten Gräber hochrangiger Persönlichkeiten ans Licht, die zwischen dem 6. und 8. Jahrhundert hier bestattet worden waren.

Die Kirche erhielt ihre heutige Form im Hochmittelalter und wurde um 1400 großzügig mit Fresken ausgeschmückt. Nach dem Bau der Grabeskirche im Barock jedoch wurde sie entweiht und musste vorübergehend als Stadel und Mesnerhaus herhalten. 1997 wurde sie nach umfangreichen Restaurierungsarbeiten neu geweiht.

Die Fassade trägt die verblichene Darstellung eines „individuellen Gerichtes", wo ein Sterbender mit individuellen Zügen auf dem Totenbett von einem Teufel angeklagt wird. Über dem Sterbenden erscheint Gottvater, rechts stehen Anna Selbdritt und eine männliche Figur, links der heilige Vigilius und Maria. Die Wappen gehören den Herren von Weineck und denen von Warth, möglicherweise war es Parzival von Weineck, der den Auftrag gab. Im unteren Register übergibt der heilige Oswald einem Bettler (Christus) seine Gemahlin und rechts teilt der heilige Martin seinen Mantel mit dem Armen.

Die Bilder im Apsisraum sind stark beschädigt, auch die an den Langhauswänden haben große Schäden erlitten. Das Erhaltene aber ist von vorzüglicher Qualität. Wie schön muss diese kleine Kirche mit ihren Bildern einmal gewesen sein! Hier feierte sich ein aufstrebendes Stadtpatriziat, dem es, neben der gebotenen Frömmigkeit, auch um Selbstdarstellung und Prestige ging.

Die linke Seite erzählt die Vigiliuslegende und gehört zu den ausführlichsten Legendendarstellungen des Trientner Diözesanheiligen, wobei die Forschung Parallelen zu den gestickten Vigiliusbildern im Tridentinischen Diözesanmuseum sieht (Leo Andergassen). In die Schilderung einbezogen wurde auch das Martyrium der Nonsberger Heiligen Sisinius, Martyrius und Alexander. Eine erklärende Marginalie: Beim Martyrium sowohl von Vigilius als auch der drei Nonsberger Heiligen aus dem fernen Kappadokien ging es sehr „berglerisch" zu: Vigilius wurde mit einem Holzschuh erschlagen, und die drei Nonsberger wurden unter schrecklichem Geschrei (Jodeln?) gefoltert. So weiß es die Legende.

> Die Fassade trägt die verblichene Darstellung eines „individuellen Gerichtes"

Die heilige Sippe. Mutterschaft steht gleichwertig neben Jungfräulichkeit. Bildung wird betont: Die Kinder tragen Schreibtafeln.

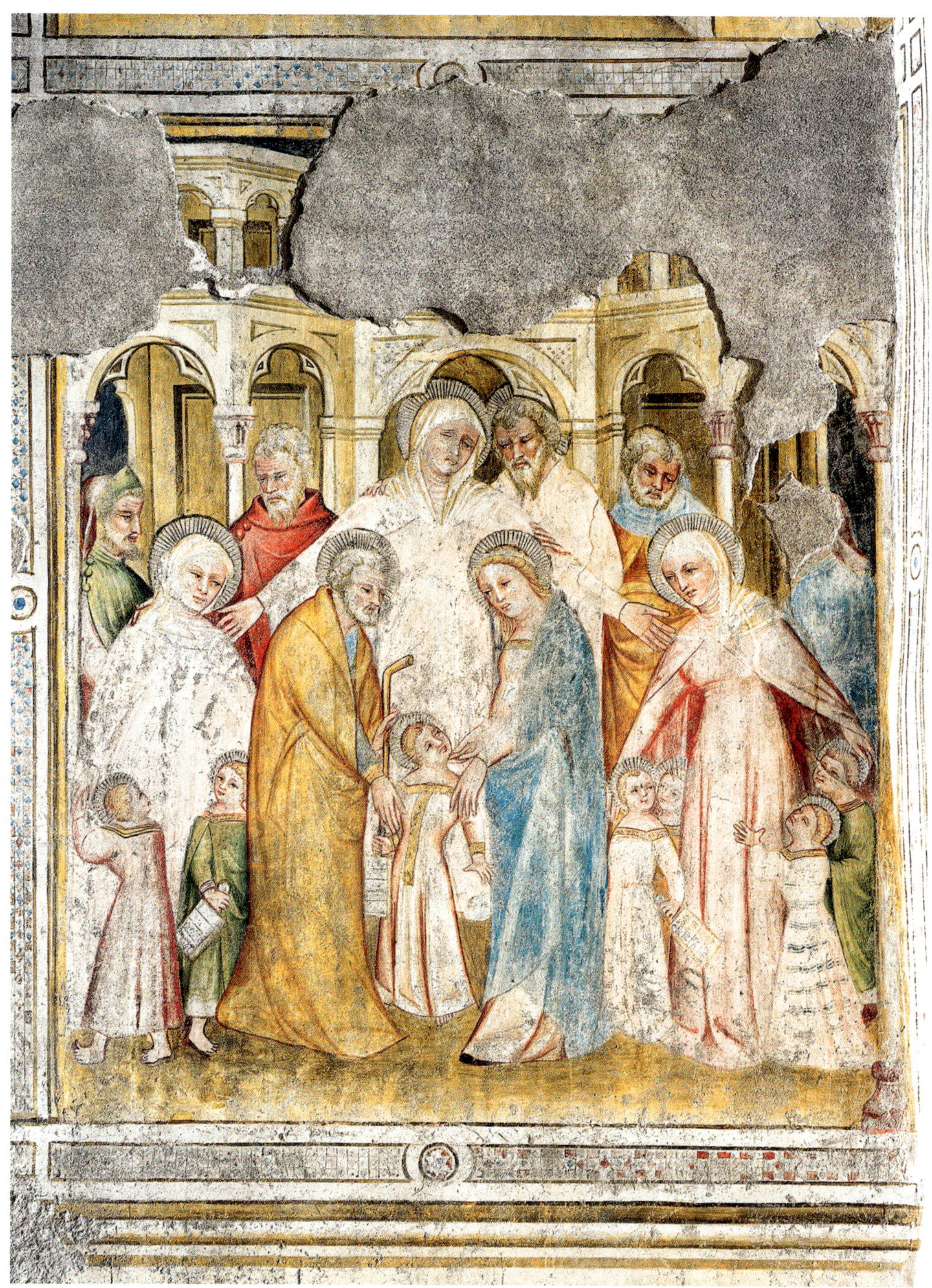

Im oberen Register sind von links nach rechts die Bischofsweihe und die Predigt des heiligen Vigilius, die Heilung einer Besessenen und das Martyrium der Nonsberger Heiligen dargestellt; im unteren Register birgt der Heilige die Gebeine der Märtyrer und spendet die heilige Kommunion, die letzten drei stark beschädigten Register zeigen das Martyrium, die Überführung nach Trient und die Beisetzung des heiligen Vigilius. Auffallend im Landschaftshintergrund ist das wiederkehrende Burgenmotiv, ob der Maler dabei konkrete Vorbilder aus der Gegend als Vorlage verwendete, sei dahingestellt.

Die Figuren aus der Annenlegende und aus dem Marienleben an der rechten Langhauswand füllen städtisch urbane Räume. Aus den Themen Geburt und Nachwuchs spricht bürgerliches Selbstbewusstsein, denn nicht nur das Ideal der Jungfräulichkeit (Maria), sondern auch die Mutterschaft (Anna, Maria) führen zu einem erfüllten Leben und ins Himmelreich. Und was ist schon ein Patrizierclan ohne Kinderschar? Bildung wird stark betont, denn auf gleich zwei Bildern tragen Kinder Schreibtafeln.

Die Szenen in der Reihenfolge zeigen im oberen Register die Vertreibung Joachims aus dem Tempel, der sich beschämt ob seiner Kinderlosigkeit zu seinen Schafen zurückzieht, die Verkündigung durch den Engel an Anna und an Joachim, die Begegnung von Anna und Joachim und eine detailfreudige Geburt Mariens.

Im unteren Register folgen die Erziehung Marias im Tempel, das Stabwunder, die figurenreiche Vermählung Mariens mit meisterhafter Gesichterzeichnung; die Marienvision des Augustus und der Sybille und eine delikate heilige Sippe mit „gehörigem“ Nachwuchs bilden den Abschluss. Die Malereien stehen in stilistischer Verwandtschaft zum zweiten Meister von St. Johann im Dorf und zu den Fresken in St. Cyprian in Sarnthein.

Hinter allem aber strahlt der starke Einfluss der großen Paduaner Künstler Guariento und Giusto de Menabuoi. Die Szenen spielen sich vor und in einer Architektur von ruhigem Raumgefühl ab, in der mit realistischer Perspektive bereits die Frührenaissance anklingt; das Geschehen ist lebendig geschildert, doch tragen die lebensnahen Figuren eine gewisse Vornehmheit und Zurückhaltung in Gestik und Ausdruck zur Schau.

Aus den Themen Geburt und Nachwuchs spricht bürgerliches Selbstbewusstsein

Vielleicht bleibt noch Zeit für die nahe Heilig-Grab-Kirche, die 1684 nach Plänen von Andrea und Pietro Delai errichtet wurde. Das Kuppelgewölbe trägt die Erscheinungen Christi, ausgeführt von den Barockmalern Johann Baptist Hueber und Gabriel Kessler.

LITERATUR

Andrea De Marchi u. a. (Hrsg.): Atlas Tr3cento. Gotische Maler in Bozen; Trient, Temi 2001

INFO

Die Kirche kann nur im Rahmen der wöchentlichen Führungen besichtigt werden. Informationen dazu im Verkehrsamt Bozen, Tel. +39 0471 307000

Sarntal

JANGGAR UND TOPPAR

Gleich hinter Schloss Runkelstein in Bozen beginnt die klammartige Schlucht des Sarntals. Eine Reihe von Tunnelbauten hat dem einstmals berüchtigten, kurvenreichen Weg den Schrecken genommen, der auf der Hälfte seiner Strecke bis heute einem Gasthof den Namen Halbweg gegeben hat. Es kursieren in Bozen haufenweise Sarner Witze, in denen sich die vermeintlich schlauen Stadtler über die Sarner lustig machen. Zum Schluss aber stehen letztere immer gut da: Bedächtig wie sie sind, siegen Hausverstand und Mutterwitz über den schnellen Lacher.

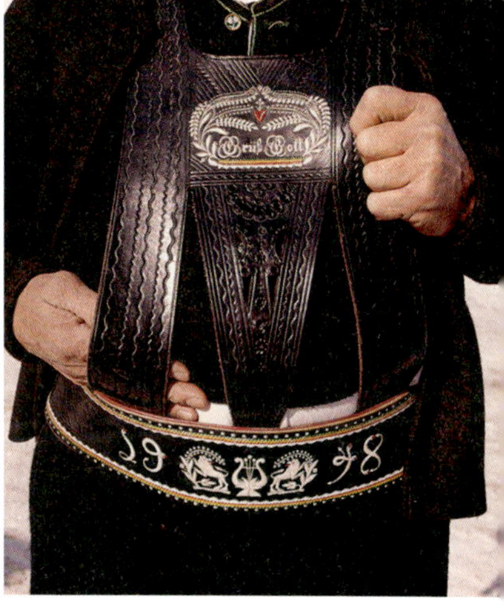

Keine geografisch historische Hinführung diesmal, sondern ein Hineinschlüpfen der besonderen Art: Sprechen wir über den Sarnar Jangger und die Sarnar Toppar. Denn der Sarner Jangger, einfach gestrickt aus Schafwolle hat alle neuzeitlichen Fasern überlebt und ist traditionsreiches Tiroler Kleidungsstück. Seinen Auszug in die weite Welt – erst einmal nach Bozen – machte er mit der aufmüpfigen 68er Jugend und mauserte sich neben dem Parka zur „Uniform" der Alternativen: Jeans, Hemd und ein Sarner drüber. Entspannendes Hineinschlüpfen bieten die „Sarnar Toppar", warme Filzpantoffeln aus Schafwolle, die modeschuhgeplagte Füße geradezu süchtig werden lassen. Beides Mal ein Stück „Huamet" (Heimat), das wärmt. Ein drittes Element muss erwähnt werden: der Gurt/die Faatsch und die Krax, symbolträchtige Teile der **Sarner Männertracht**. Der Gurt ist der breite, reich bestickte Gürtel, bei dem die Fülle und der Umfang der Federkielstickerei die Bedeutung und den Rang des Trägers betonen. An den Gurt sind die steifen, ledernen Kraxen (Hosenträger) mit Haken angenestelt. Sie sind aus hartem Leder, tragen dezente Pressmuster und am Quersteg eine sorgfältig und kunstvoll gestickte Dekoration. Gurte sind Symbol für Kraft und Männlichkeit, bereits bei unseren Vor-Vorfahren, den Rätern anzutreffen. Bei der stutzerhaften Männermode auf den Fresken von Runkelstein sind sie uns ja auch begegnet. Doch unter uns: Was ist schon so ein chevalereskes männliches Mode-Accessoire im Vergleich zu einer veritablen Sarnar Faatsch? Sie wundern sich über die Endsilbe -är? Das ist ein phonetisches Wesensmerkmal des Sarnär Dialektes und nur im Sarntal zu hören.

ST. CYPRIAN – SARNTHEIN

Justina und die Schandfeige

St. Cyprian in Sarnthein liegt etwas versteckt, man erreicht es vom Dorfzentrum aus über die Brücke auf der orografisch linken Talferseite. Gleich hinter dem Eingang der Kirche befindet sich rechts an der Südwand das Stifterfresko mit einer verblichenen Gregoriusmesse und der Stifterfamilie, wo Söhne und Töchter wie die Orgelpfeifen hinter Vater und Mutter aufgereiht sind. Das Wappen trägt ein Hammelbein und weist den Stifter als Leonhard Hammler (alias Hans Abensberger) aus, der in Sarnthein das Richteramt bekleidete. Über dem Eingang an der Westwand ist ein Jüngstes Gericht dargestellt, das die ortsansässigen Gerber 1492 stifteten.
Unser Interesse gilt den zwei Bildstreifen an der nördlichen Langhauswand, die durch schöne Zierstreifen mit illusionistischen Architekturelementen voneinander getrennt sind. Die obere Reihe zeigt sieben Passionsszenen, die untere die Legende der heiligen Justina und des heiligen Cyprian.
Auf ein paar Details der Passionsszenen sei hingewiesen: Ein Flechtzaun verbindet das Ölberggeschehen mit der Gefangennahme; während Christus vor Pilatus steht, streitet eine Magd mit Besen mit einem erregten Petrus; Christus trägt das Kreuz nicht über

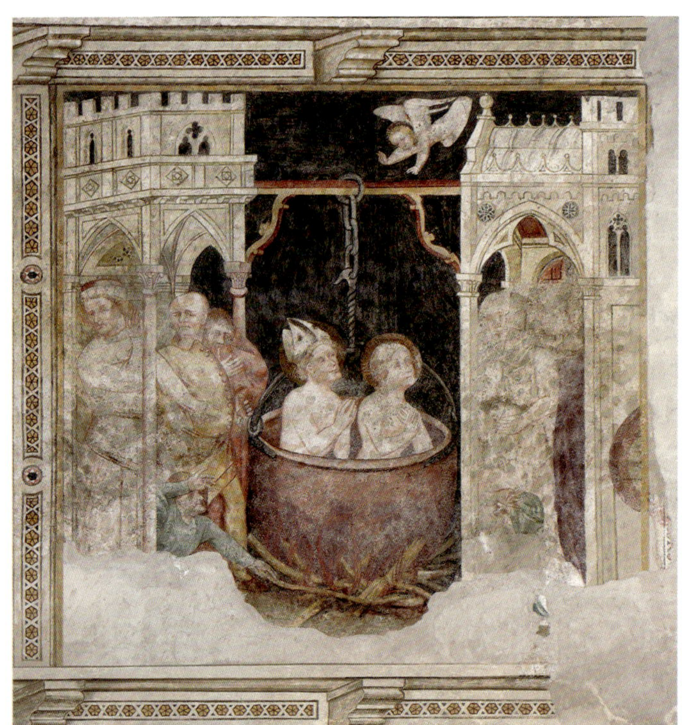

Heiliges Happy End. Justina und Cyprian im Siedekessel.

der Schulter, sondern auf dem Rücken; Lanzenstich, Essigschwammreichung und Tod sind simultan geschildert.
Zum unteren Register: Der heidnische Zauberer Cyprian möchte die schöne und brave Justina für sich gewinnen, seine unverhohlene sexuelle Absicht drückt der Teufel aus, der über ihm schwebt und die linke Hand zur obszönen Geste der Schandfeige formt. Selbst eine Flugdemonstration des Zauberers bleibt ohne die beabsichtigte Wirkung. Doch aus der sexuellen Gier wird Liebe, so groß, dass Cyprian sich von Justina bekehren und taufen lässt. Während Justina ins Kloster eintritt, wird Cyprian zum Bischof geweiht. Zum Schluss finden die beiden dann doch zusammen, unter makabren Umständen allerdings. In keuscher und frommer Eintracht erleiden sie nackt im siedenden Ölkessel das Martyrium.
Der Bilderzyklus ist ins späte 14. Jahrhundert zu datieren, der Meister ist unbekannt, doch lassen sich stilistische Ähnlichkeiten zur Vigiliuslegende am Virgl in Bozen und zu St. Jakob in Unterau erkennen. Der Meister verarbeitet mit Bravour norditalienische Elemente wie vertieftes Raumempfinden mit Architektur, plastisch modulierte Figuren und warme Farbtönung, die er mit Elementen des beginnenden „höfischen Stils" vermischt.
Von geringerer Qualität sind die Gemälde in den Gewölbezwickeln des Langhauses, die ausführlich von Leben und Martyrium des heiligen Sebastian erzählen, eine Inschrift mit Datierung 1492 weist sie als Stiftung der Schneiderbruderschaft aus. Die Arbeiten stammen, ebenso wie die Bilder am Chorbogen mit Kain und Abel, Heiligen und der Geburt, dem Tod Christi und der Himmelfahrt Mariens im Chor vom süddeutschen Maler Conrad Waider. Waider war auch in Bozen am alten Rathaus, bei den Dominikanern, in Burgeis und in der Valsugana tätig. Die Tatsache, dass er 1517 im Bozner Heilig-Geist-Spital stirbt, lässt den Schluss zu, dass seine Auftragslage irgendwann nicht mehr besonders üppig gewesen sein muss. Ein fleißiger und penibler Arbeiter war er bestimmt, aber trotz sorgfältigster Ausführung wirkt sein Stil etwas dürr.

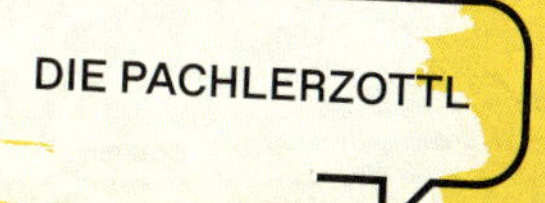

DIE PACHLERZOTTL

Zum Zaubererthema des Cyprian passt die traurige Geschichte der Pachlerzottl, einer Frau aus Windlahn, die nach „peinlichen Verhören" der Hexerei bezichtigt und am 28. August 1540 in Sarnthein als Hexe auf dem Scheiterhaufen verbrannt wurde. Ihre Asche wurde in die Talfer gestreut. So viel nur, damit es einem in diesem Tal der Landschaftsidyllen nicht zu romantisch ums Herze wird.

LITERATUR

Leo Andergassen: Sarntaler Kirchenkunst; Tappeiner, Lana 1996

Jul Bruno Laner: Die Pachlerzottl, Volkstück für die Rittner Sommerspiele 1981; Eigenverlag, Stückebibliothek des Südtiroler Theaterverbandes

INFO

Das Kirchlein ist normalerweise immer geöffnet. Ansonsten besitzen Frau Anna Herbst und Inge Herbst im Kranzelsteinweg im Haus unterhalb der Kirche den Schlüssel, Tel. +39 389 1066911 oder +39 348 4721695

ST. NIKOLAUS – DURNHOLZ

„Städtische“ Kunst im Bergdorf

St. Nikolaus wurde und wird als Schutzheiliger gegen Vermurungen und als Schutzpatron der Reisenden verehrt, allein in Südtirol sind über 40 Kirchen dem Heiligen geweiht. Durnholz im hintersten Sarntal konnte ihn als Schutzpatron für die Saumwege nach Brixen und nach Klausen sowie gegen „die Wasser“ gut gebrauchen.

Der Freskenschmuck kam erst in jüngerer Zeit unter einer zehnschichtigen Tünche wieder zum Vorschein und überrascht durch seine Fülle. Die Triumphbogenwand erzählt Abschnitte aus dem Leben des heiligen Nikolaus, die an der Nordseite beginnen und über den Apsisbogen führen. Zwei dieser Legenden waren sehr beliebt und fand immer wieder malerische Gestaltung; es sind dies die Jungfrauen- und die Seenotlegende. In der Jungfrauenlegende bewahrt der Heilige drei Jungfrauen vor der Unzucht, indem er nachts drei Goldkugeln als Heiratsausstattung in ihre Kammer wirft. Wie viele heiratswillige Bauernmägde, die überhaupt nicht heiraten durften und für wie viele dritt- oder viertgeborene Bauerntöchter, für welche die Aussteuer nicht mehr reichte, haben wohl beim Anblick dieses Bildes von einem ähnlichen Wunder geträumt? Fremd und exotisch mag das Bild mit der Errettung aus

Die Triumphbogenwand erzählt Abschnitte aus dem Leben des heiligen Nikolaus

Einprägsame Idylle. Durnholz mit dem gleichnamigen See.

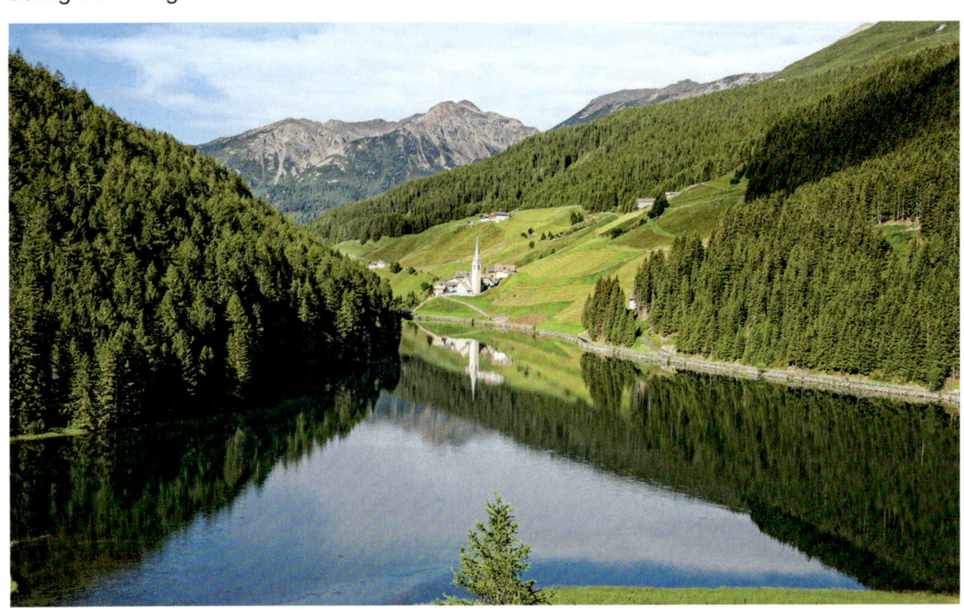

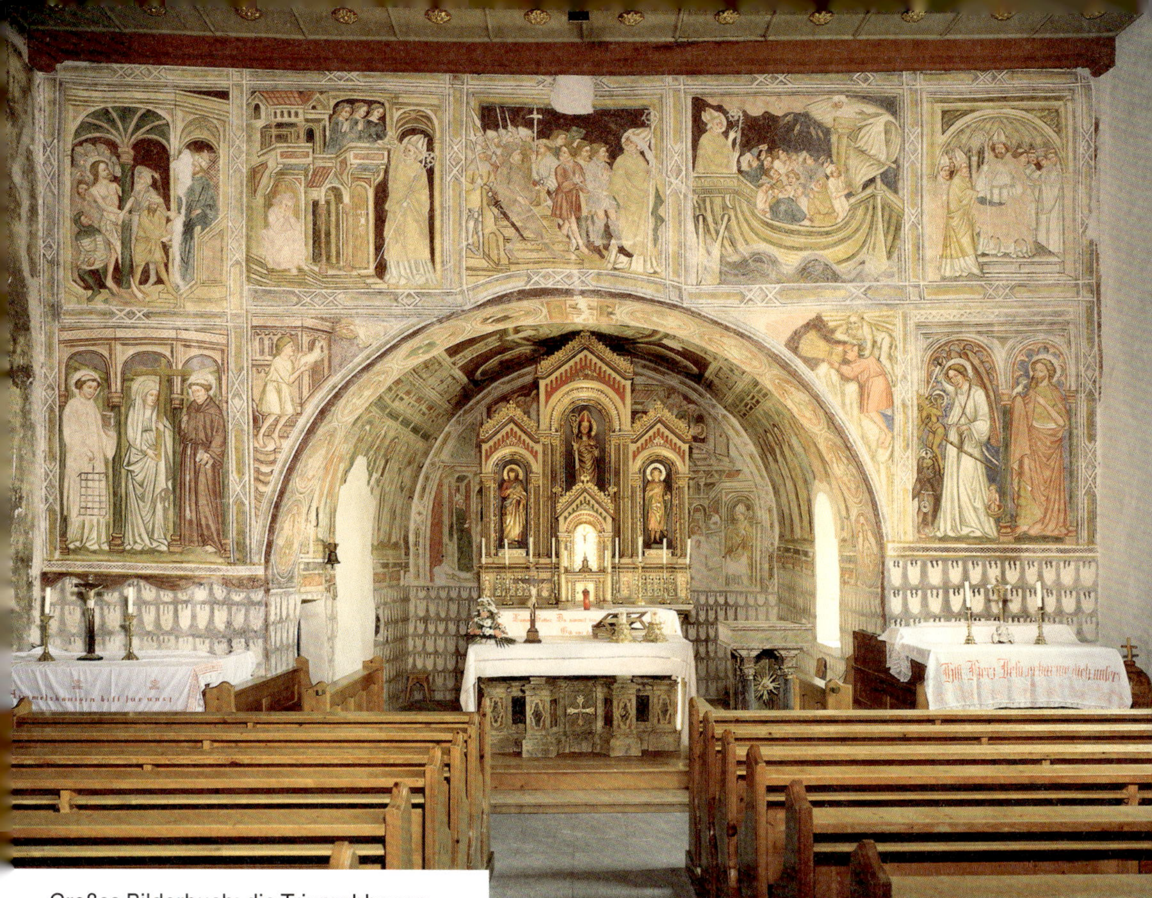

Großes Bilderbuch: die Triumphbogenwand.

der Seenot auf die Durnholzer gewirkt haben; sie, die sich, wenn überhaupt, nur in einer Zille, einem kleinen Boot auf den See wagten, sahen hier eine verzweifelte Mannschaft auf einem großen Schiff, dem der Sturm das Segel zerfetzt.

In den Bogenzwickeln des Triumphbogens ist das Opfer von Kain und Abel dargestellt. Das untere rechte Bild der Chorwand zeigt Johannes den Täufer und einen Engel, der mit dem Teufel um die Seele streitet. An gleicher Stelle links finden wir die Darstellung des heiligen Franz von Assisi – nach Karl Gruber eine der frühesten in der Diözese –, der heiligen Helena und des heiligen Laurentius. Es sind dies die ausgewählten Patrone der Bozner Patrizierfamilie Vintler, die zwischen 1370 und 1402 im hinteren Sarntal das landesfürstliche Amt des Pflegers ausübten. Sie könnten für die kleine Bergkirche in Durnholz den aufwändigen und für die Zeit modernen Freskenschmuck gestiftet und damit Künstler aus Bozen betraut haben.

Ein Engel badet die Seele

Die Rückwand der Apsis ist mit der Legende des heiligen Vitus geschmückt und zeigt die Kerkerszene, mehrere Marterszenen und endet mit dem Seelenbad (doch, doch, die Seele wird vom Engel gebadet!). Der beliebte Bauernheilige Sankt Veit galt als Schutzpatron bei Unwetter und verantwortlich für gute Aussaat und Ernte. Mit dem hinzugekommenen heiligen Ulrich im letzten Bildfeld haben wir den dritten Wasserheiligen in dieser Kirche: Er trägt einen Fisch in der Hand, der natürlich nichts anderes sein kann als eine prächtige Forelle aus dem Durnholzer See.

In der gedrückten Wölbung ist Christus mit den Evangelistensymbolen dargestellt. An den Seitenwänden reihen sich, gekonnt in eine Architektur mit Muschelkonchen hineingestellt, die zwölf Apostel. Die Laibung der Triumphbogenwand gehört den klugen und törichten Jungfrauen, von denen einige wieder einmal einen recht „offenherzigen" Auftritt haben.

St. Nikolaus besänftigt den Sturm auf hoher See.

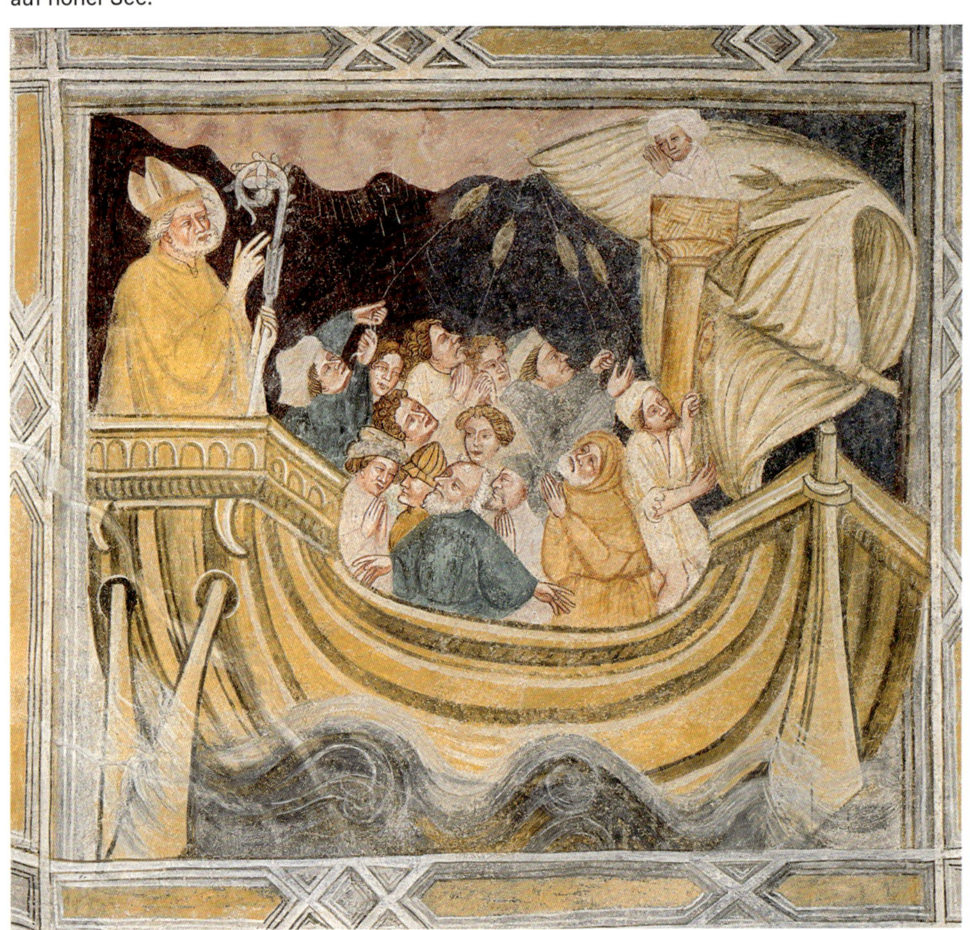

Die Nordwand erzählt in epischer Breite in 14 Bildern die Leidensgeschichte Christi, die der unbekannte Meister mit seiner Werkstatt thematisch ungewohnt mit der Auferweckung des Lazarus beginnt und mit der Auferstehung enden lässt. Kompositorisch geschickt ist die Kreuzigung im unteren Register zentral positioniert. Auffallend an mehreren Bildern ist die Tatsache, dass Christus im Vergleich zu den Nebenfiguren oft größer dargestellt ist.
Stilistisch haben wir es mit einer Mischung aus oberitalienischen und süddeutschen Elementen zu tun. Die Figuren stehen dicht gedrängt und das Geschehen läuft zwar mit und in italianisierender Architektur ab, aber die Trennung von Architektur und Figur ist augenscheinlich. Die Modellierung der Figuren schöpft zwar aus dem Formenrepertoire der früheren Bozner Schule, während die dicht gedrängten Gestalten puppenhaft aufgestellt erscheinen. Der Meister ist bis dato unbekannt und dürfte auch die etwas konservative Brixner Malszene gekannt haben. Die zeitliche Zuordnung fällt ins erste Drittel des 15. Jahrhunderts.

Die Nordwand erzählt in epischer Breite in 14 Bildern die Leidensgeschichte Christi

Über das Jüngste Gericht an der Südwand wollen wir keine Worte verlieren, nur so viel, dass es vor der Renovierung zentral an der Chorwand hing und den Leuten vor Augen führen sollte, was ihnen einmal blühen könnte. Vielleicht kam den Kirchgängern deshalb nach der Messe der Gang ins nahe Gasthaus umso paradiesischer vor.

Die Durnholzer mochten den Wein: Im bischöflichen Visitationsbericht von 1649 wird vermerkt, dass zu Ostern bei der Kommunion auch Wein ausgeteilt wurde. Wir werden es ihnen gleichtun und nach der Kirche ins Gasthaus gehen, das verlangt schon die Tiroler Tradition. Und sollte gerade die Kirchturmuhr schlagen, so werden wir ihrem Klang mit Hochachtung lauschen, schließlich kam die Glocke 1562 von Brixen über die Berge auf gefährlichen Saumpfaden nach Durnholz. Heil natürlich, bei all diesen Schutzpatronen.

LITERATUR

Leo Andergassen: Sarntaler Kirchenkunst; Lana 1996

INFO

Die Kirche ist ganzjährig täglich zugänglich.

ST. HELENA – DEUTSCHNOFEN

Die Bozner Schule auf dem Lande

In der Umgebung von Deutschnofen wurde in früheren Jahrhunderten etwas Bergbau betrieben. Vielleicht kommt von daher die Sage, St. Helena stünde auf Silberstufen. Ein Schatz von Kunst in der Landschaft vor dem großartigen Hintergrund des Rosengartens und des Latemars ist die Kirche auf jeden Fall. Den Schlüssel zur Besichtigung erhalten Sie im nebenstehenden Bauerngasthof.

Das Kirchlein besitzt eine von Säulen getragene hölzerne Vorhalle, die zu besonderen Feiertagen und zu Wallfahrten die Gläubigen aufnehmen konnte. Über dem Eingang ist eine Kreuzigung in einer Felsenlandschaft dargestellt. Links davon trägt ein großer Christophorus das Jesuskind durch einen auffallend fischreichen Fluss, daneben zeigt die Kirchenpatronin Helena das blutige Kreuz Christi. Ihr Gewand mit grünem Innenfutter trägt das Violett der Buße, die sie wohl zu verrichten hatte, nachdem sie der Legende nach erst Gastwirtin und dann Konkubine eines Kaisers gewesen war.

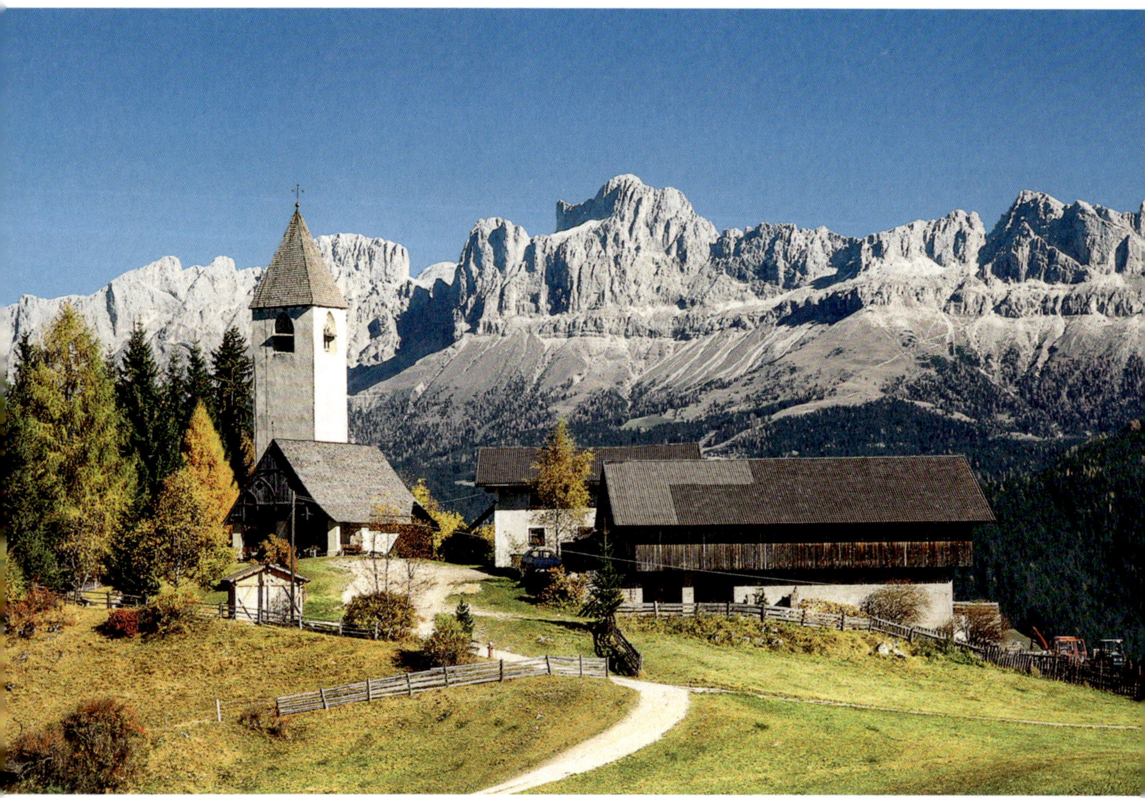

Das Innere des ursprünglich romanischen Baus wurde später mit einer frühgotischen Spitztonne eingewölbt und ist vollständig mit Fresken der Bozner Schule um 1400 ausgeschmückt. Die Ausmalung in der Apsis hat durch den Ausbruch zweier Fenster etwas gelitten; über der marmorierten Sockelzone reihen sich die Apostel, von denen mehrere die um 1400 nicht nur bei Klerikern beliebten Beutelbücher, kleinformatigen „Taschenbüchern" mit beutelförmigem Einband, tragen.

Vor dem verbissenen Gesicht Kains grinst hinterfotzig ein kleiner Teufel

In der Kalotte sitzt Christus auf einem Regenbogen in einer farbigen Mandorla mit Wolkenband. Er ist nicht mehr der majestätische Pantokrator der Romanik, sondern der mit Wundmalen und geöffneter Seitenwunde ans Leiden Erinnernde.

Von der Frontseite des Triumphbogens blickt ein strenger Gottvater, die Segenshand dem Lammopfer Abels zugewandt, während die geschlossene Fluchhand dem rothaarigen Kain gilt. Vor dem verbissenen Gesicht Kains mit der vorspringenden Nase und den eingekerbten Falten grinst hinterfotzig ein kleiner Teufel.

Adelige Stifter

In den Zwickeln ist das Wappen der Niederthor abgebildet, jener gut betuchten Bozner Handelsherren, die den Sprung in den Adelsstand geschafft hatten und zur Entstehungszeit der Fresken die Deutschnofner Gerichtsbarkeit besaßen. Sie sind als Stifter und Auftraggeber anzusehen, so wie sie sich auch in der Pfarrkirche von Terlan besonders hervorgetan hatten.

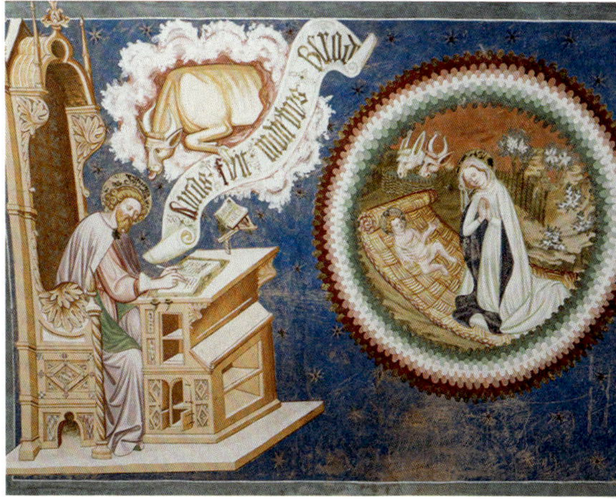

Der Evangelist im Baldachinstuhl am Schreibpult mit seinen Utensilien.

In der Triumphbogenlaibung entfaltet sich die Schöpfungsgeschichte, in der die überlangen Finger der segnenden Gotteshand fast manieristisch anmuten. Im vorletzten Bild haben Adam und Eva in schönster Nacktheit ihren Auftritt, dies allerdings erst nach der Restaurierung, nachdem sie vorher beide eine verschämte, spätere Übermalung an indizierter Stelle hatten tragen müssen.

Virtuos hingesetzt und reich verziert umrahmen die Bordüren in der Spitztonne vier Rechtecke, in denen auf kunstvoll verzierten Baldachinstühlen die vier Evangelisten sinnend oder schreibend dargestellt sind. Das Thema der geistigen Betrachtung erscheint jeweils in einem bunten Wolkenband. Der Evangelist Lukas ist in die Geburt Christi vertieft, in der eine Maria in feinster Damenrobe vor einem Christkind auf ärmlicher Strohmatte kniet. Die Schreibpulte sind derart vertrackt und in verquerer Perspektive gezeichnet, als habe in ihnen die Schwierigkeit in der Ergründung eschatologischer Geheimnisse Form und Gestalt angenommen. Doch strotzt die Darstellung vor Detailfreude – mit Ablagen, Nischen, Buchhaltern, Schriftrollen, Tintenhörnern und Gefäßen. St. Johannes hat im untersten Fach ein feines Krüglein Wein mit einem Noppenbecher abgestellt: Der Maler hat nur zu gut gewusst, dass Inspiration Verstärkung braucht.

In der Verkündigungsszene an der Westwand schickt Gottvater der Taube das mit Erlösungssymbolen beladene Christkind hinterher und eine Figur (Kryptoporträt des Malers?) beobachtet auf einem Altan

Die Flucht nach Ägypten mit einem bürgerlich gekleideten Josef, mit Häschern im Hintergrund und einem schleichenden Fuchs in der Landschaft.

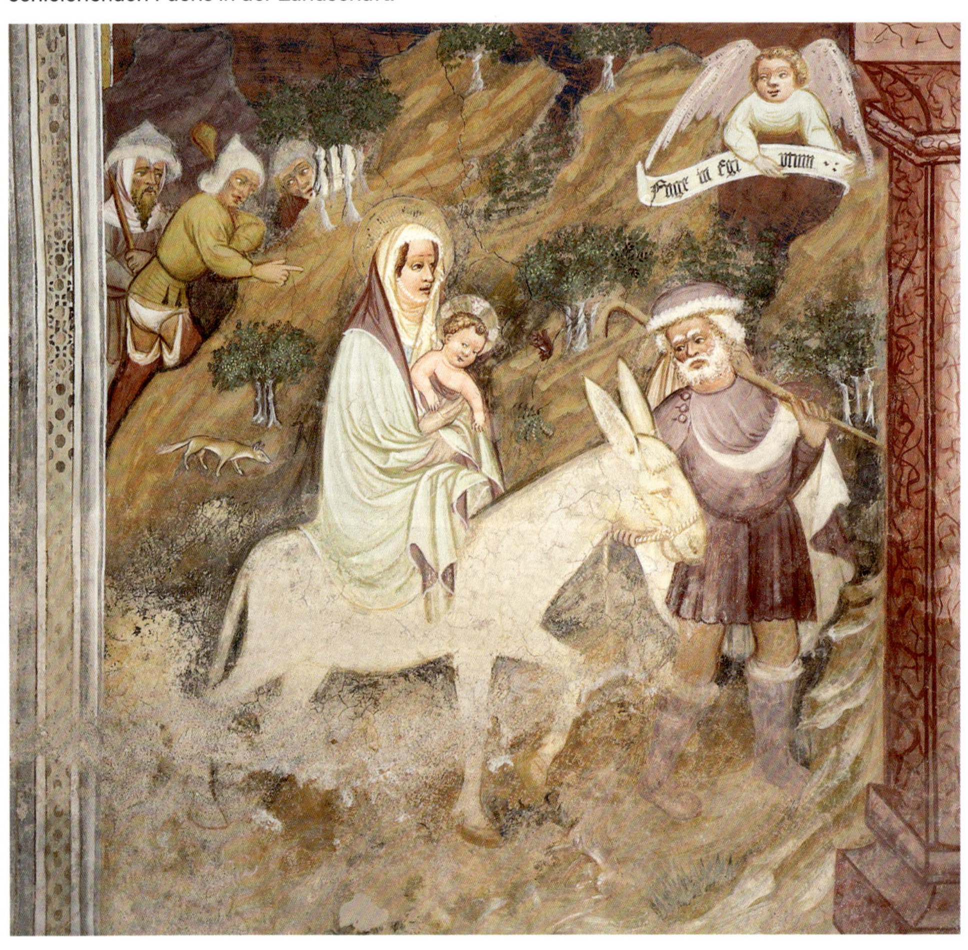

das Geschehen. Das Geschehen ist in eine perspektivisch verwickelte Architektur eingebunden, die zumindest das Bemühen des Malers manifestiert, dem Ganzen eine Raumtiefe zu geben.

Schleichender Fuchs in der Landschaft

Die Fresken an den Langhauswänden mit der Kindheitsgeschichte Jesu haben viel an originaler Farbsubstanz verloren. Die Bilder sind gut durchkomponiert, die Personen sind plastisch ausmodelliert und in die Lebenswelt um 1400 hineingestellt. Der Zyklus beginnt mit Mariens Begegnung mit Elisabeth, gefolgt vom ikonografisch seltenen „Josefszweifel" – Josef im abgetrennten Raum überlegt, Maria zu verlassen –, erzählt anschließend die Geburt Christi (mit Josef in sinnierender Pose) und schließt das Register mit der erstaunlich realistischen Beschneidungsszene im Tempel ab. Die Anbetung der Könige setzt die Kindheitsgeschichte an der Südwand fort. Das Jesuskind greift in die Goldschatulle Kaspars, während sich Melchior mit einem goldgefassten Straußenei und Balthasar mit einem „Greifenklau" nähern, Geschenke, die zu den gefragtesten Sammelobjekten der Zeit gehörten. Die geschickt durchkomponierte Darstellung im Tempel erinnert stark an frühere Trecentovorbilder.

Farblich gut erhalten ist die Flucht nach Ägypten mit einem bürgerlich gekleideten Josef, mit Häschern im Hintergrund und einem schleichenden Fuchs in der Landschaft. Das war eine Kulisse, die auch der Vorstellungswelt des einfachen Volkes entgegenkam. Neben der Tür an der Westwand sind ein heiliger Sebastian und die heilige Helena mit Kreuz dargestellt.

Als Künstler werden drei Maler aus dem Umkreis der Bozner Schule vermutet und eine gewisse Verwandtschaft mit den Malereien des Hans Stotzinger in Terlan ist erkennbar. In der Architekturzeichnung und in der Landschaftsschilderung tritt der oberitalienische Einfluss klar hervor, inwieweit sich aber ein Bogen schlagen lässt von den Schreibbaldachinen der Evangelisten in St. Helena zur freskierten Kanzelumrahmung eines Martino da Verona in San Fermo in Verona mit demselben Thema, wie Edmund Theil vermutete, bleibt dahingestellt. Jedenfalls zeigt sich hier eine Bozner Schule, welche die Peripherie erreicht hat und allmählich im Ausklingen ist.

An der Südostecke außen sind einmal Maria mit der heiligen Katharina und ums Eck Barbara und Margarethe dargestellt.

Ein Blick sei noch nach oben ins Bogenfeld des maßwerkgeschmückten Schallfensters geworfen, wo die Kirchenpatronin – nochmals – das Kreuz in die Landschaft hält. Dahinter baut sich mit aller Wucht und allem suggestiven Zauber der Rosengarten auf, so, als sei er immer schon gewesen und als seien Helena und Heilige nur Gäste auf Zeit im sagenhaften Leuchten der Bleichen Berge.

INFO

Das Kirchlein liegt etwas außerhalb; in Deutschnofen vor dem Hotel Pfösl rechts abbiegen und dem Straßenverlauf folgen. Normalerweise immer geöffnet, ansonsten hat man in der nebenstehenden Jausenstation einen Schlüssel.

PFARRKIRCHE TERLAN

Der größte Freskenschatz auf dem Land

Einst lag die Terlaner Pfarrkirche im Talboden des sumpfigen Etschtales. Die Lage erklärt sich aus der Nähe zum nördlichsten Flusshafen der Etsch, außerdem brachten archäologische Grabungen in Kirchennähe 2011 Reste eines römerzeitlichen Gebäudes mit Fußbodenheizung und Gräber aus dem 4. Jahrhundert und dem Frühmittelalter zum Vorschein. Sensationell ist das aufgefundene Relikt eines frühchristlichen Baptisteriums mit Taufbecken.

Die Baugeschichte der heutigen Pfarrkirche ist nicht eindeutig geklärt, der Chorneubau dürfte um 1360/70 begonnen worden sein, das Langhaus etwas später. Auffallend sind die regelmäßig gefügten Sandsteinquader und mehrstufig gegliederten Strebepfeiler mit Maßwerkschmuck; die West- und die Südwand sind als Fassaden gestaltet, auf dem mittleren Sockel des Hauptportals unter den Baldachinen befand sich die Marienkrönung, die ins Kircheninnere versetzt wurde.

Das Kirchendach besteht aus glasierten Ziegeln in den Farben Grün, Weiß und Gelb, die im Rautenmuster verlegt sind. Die Bozner Hafner hatten versprochen, es ständig instand zu halten und auszubessern, sofern ihnen bei Siebeneich ein „Freier Lehmstich" überlassen bleibe.

Der tiefere Kirchenboden im Inneren zeugt vom schwierigen Grund, auf dem die Kirche steht, der durch Überschwemmungen außen immer wieder angehoben wurde. Bei der letzten Restaurierung setzte man den Kirchenboden wieder auf sein ursprüngliches Niveau zurück, wodurch sich die Fehlstellen der Fresken im Sockelbereich erklären.

In der Terlaner Pfarrkirche feiert die Bozner Malerei um 1400 ihren großen Triumph. Mit nicht weniger als 1000 Quadratmetern bebilderter Fläche hütet sie den größten Freskenschatz einer Südtiroler Kirche auf dem Land.

Nothelferinnen für die Bergknappen

Die ältere Freskenschicht im 1367 fertiggestellten Chor ist um 1380 entstanden und zeigt das Brustbild des Weltenrichters und die Evangelistensymbole im Chorgewölbe. Ein Jahrzehnt jünger sind die darunter liegenden Bilderfolgen, die zu den überzeugendsten Beispielen der „Bozner Schule" zählen und stark den Einfluss der künstlerischen Giotto-Nachfolge veranschaulichen. Da sind die typischen Bordüren, da pulsiert warme Farbtönung, da agieren die Personen innerhalb klar gezeichneter Räumlichkeiten. Über dem Scheitelfenster steht Christus als Schmerzensmann in der Grabkufe mit den Passionswerkzeugen. In mittlerer Höhe umlaufen Apostelbilder den Chor, während die unterste Reihe von den heiligen Nothelfern getragen wird. Zwei der Nothelferinnen wurden von den Bergknappen – in Terlan wurde vom 14. bis zum 18. Jahrhundert Silber abgebaut – hoch verehrt: die heilige Barbara und die heilige Katharina.

Die Bozner Malerei feiert um 1400 ihren großen Triumph

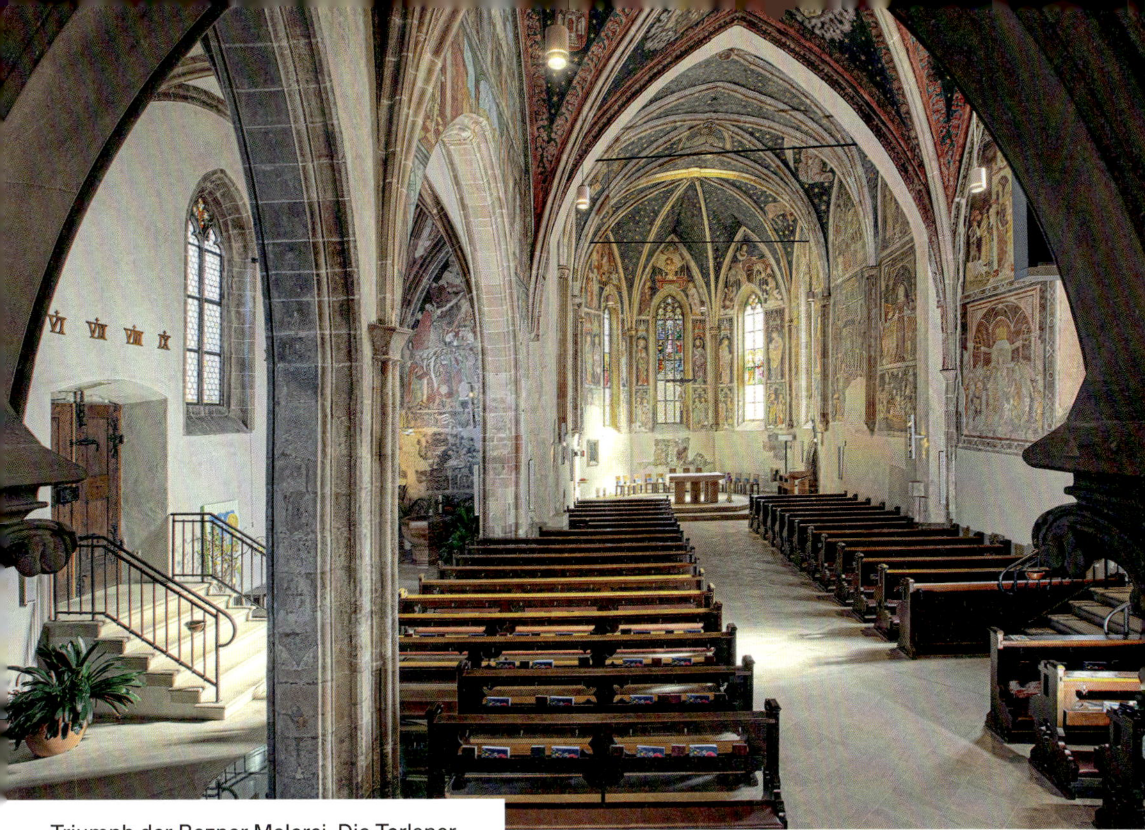

Triumph der Bozner Malerei. Die Terlaner Pfarrkirche hütet den größten Freskenschatz in einer Kirche auf dem Lande.

Das Hauptthema bilden Szenen aus dem Marienleben mit der Kindheitsgeschichte Christi; sie beginnen mit der Verkündigung (rechts vom Chorscheitel), auf die der Besuch Mariens bei der Base Elisabeth folgt. Ein genaueres Hinsehen ist die Darstellung der Geburt Christi auf der südlichen Schildbogenwand wert, denn das Bad, das dem Neugeborenen bereitet wird, ist weit entfernt von der bethlehemitischen Stall- und Hirtengeschichte. So ein feines Bad konnten, wenn überhaupt, nur die Herren und Frauen von Niederthor, oder später die von Egen – alles edle Spender und Auftraggeber in Terlan – ihrem frisch geborenen Nachwuchs bereiten und angedeihen lassen. Weitere erzählfreudig geschilderte Szenen sind die Anbetung der Könige, die Flucht nach und die Rückkehr aus Ägypten und die Auffindung im Tempel, wo der Zwölfjährige in Erwachsenengröße über knabenhaften Schriftgelehrten sitzt. Im Marientod und Marienbegräbnis auf der nördlichen Chorwand folgte der Maler den entsprechenden Bildern der Bozner Johanneskapelle.

Das Bild der Schutzmantelmadonna an der südlichen Chorwand und das Seenotbild mit dem heiligen Nikolaus gehören nicht zum Marienleben. Es sind wohl Votivbilder, wo beispielsweise das bewegte Nikolauswunder mit der durcheinander geworfenen Mannschaft an die Unberechenbarkeit der Etsch und die Tücken der Etschschifffahrt denken lässt. Die Darstellung Marias als das apokalyptische Weib „von der Sonne umkleidet, den Mond zu ihren Füßen" (Apokalypse 12) ist eine sehr frühe Abbildung einer Mondsichelmadonna. Stilistisch stehen diese Bilderfolgen im Einzugsbereich des sogenannten Urbanmeisters, der im Bozner Dom um 1375 die Urbanslegende malte und in der Maltradition Giottos stand.

Der Maler legt großen Wert darauf, seine Figuren in einen perspektivisch gestalteten Raum zu stellen: hier die Beschneidung Jesu.

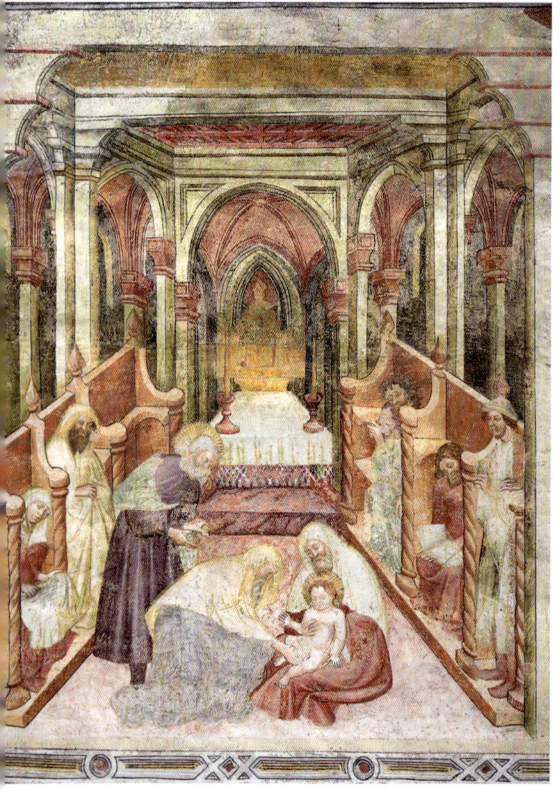

Szenen mit Alltagsattributen

Den Bilderzyklus des südlichen Langhauses malte Hans Stotzinger 1407. Er ist ein Vertreter der „Bozner Schule", der die Trecentoeinflüsse aus dem oberitalienischen Raum mit lokalen Maltraditionen vermengt und auch Impulse der internationalen Gotik aufgreift.

Der vierteilige Marienzyklus führt das Thema des Chores mit Episoden aus dem Leben der Eltern Marias weiter. Dargestellt sind Joachims Gebet um Nachkommenschaft, die Begegnung mit Anna unter der Goldenen Pforte, die Geburt Marias und Marias Verlobung im Tempel. Stotzinger ist ein begnadeter Erzähler, der seine Szenen gern mit Alltagsattributen ausstaffiert und die Figuren in architektonische Räume mit Zentralperspektive stellt. Ein beredtes Beispiel dafür ist die Geburt Mariens, wo die Dienerschaft das Essen und das warme Wasser für das Bad bereitet, während Anna in einem zeitgenössischen italienischen Cassonebett im Stil der italienischen Renaissance liegt, das eine angebaute Sitztruhe besitzt. Das letzte Bild der Verkündigung ist durch den Ausbruch einer Tür beschädigt, es war dem Stifterpaar gewidmet, erhalten hat sich das kniende Stifterbild des Sigismund von Niederthor rechts.

Der bethlehemitische Kindermord schildert das uralte Thema der brutalen Gewalt

Virtuoser gestaltet sind die Szenen im westlichen Langhausjoch mit den Themen aus der Kindheitsgeschichte Jesu: Geburt, Beschneidung, Darbringung im Tempel; die zwei letzten Bilder, Beschneidung und

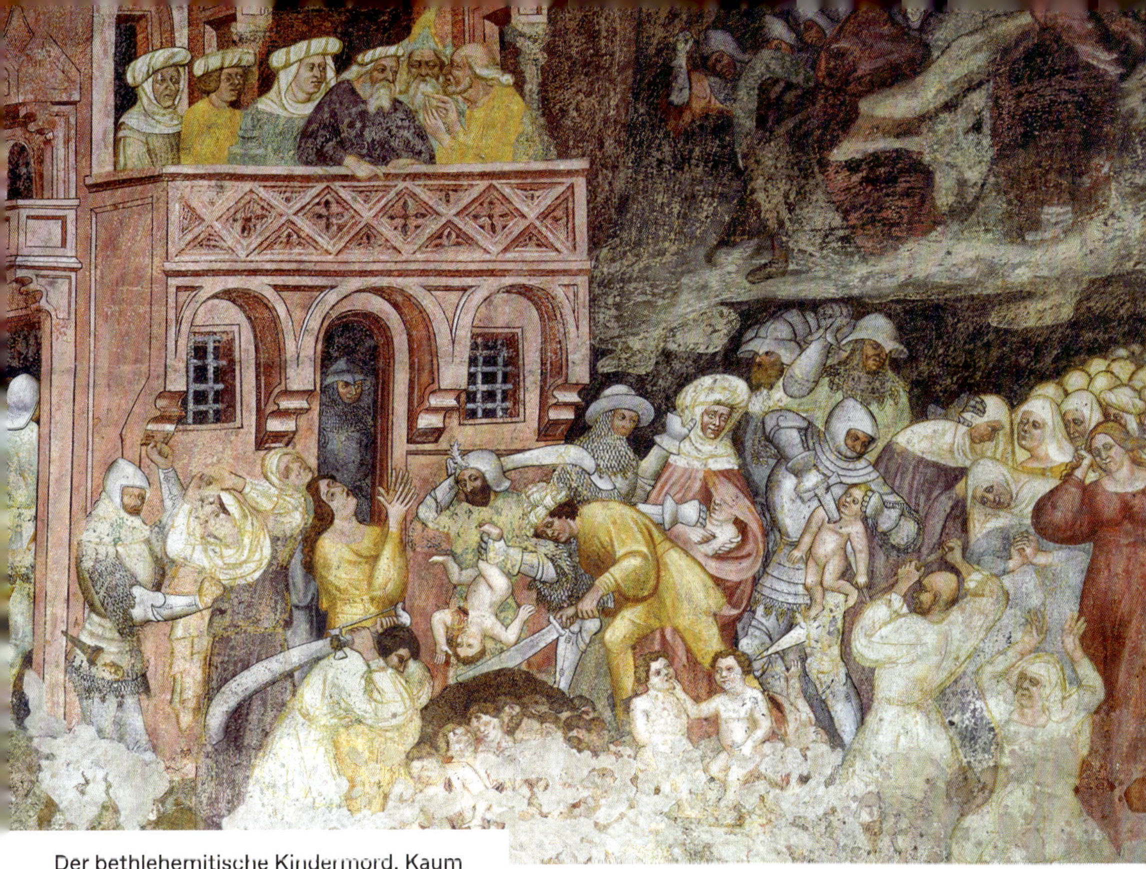

Der bethlehemitische Kindermord. Kaum mehr sichtbar die aufgehäuften Kinderleichen in der unteren Bildmitte.

Kindermord, stammen von einem anderen Meister. Der bethlehemitische Kindermord schildert das uralte Thema der brutalen Gewalt, die ein Mächtiger mit lässigem Fingerzeig durch seine Schergen entfesselt. Herodes steht mit seinem Gefolge auf der Altanenbrüstung seines Palastes und folgt mit grimmigem Blick dem blutrünstigen Gemetzel, das die verzweifelten Mütter mit ansehen müssen. Von allem unberührt und rätselhaft sitzen in der unteren Bildmitte zwei Kleinkinder, von denen eins dem anderen in einem Schweigegestus an den Mund fährt.

Vielleicht hat Stotzinger diese Bilder noch entworfen, ausgeführt wurden sie von einem begabten Schüler/Gesellen. Die Stifter waren Sigismund von Niederthor und dessen Gemahlin Margaretha von Villanders. Die Wappen der Niederthor wiederholen sich am Kreuzrippengewölbe, das in Trecentomanier mit Evangelisten und Kirchenvätern ausgeschmückt ist. Wer die großen Kirchen Veronas kennt, wird hier in Terlan überrascht dasselbe Raumgefühl in einfacherer Form wiedererleben.
Die Bemalung der Bogenwand zum Seitenschiff gab der Richter Alexander von Egen um 1530 in Auftrag. Das große Wappenschild zeugt von renaissancehaftem Selbstbewusstsein, genauso, wie der weit-

läufige Landschaftshintergrund auf die neue Kunstströmung verweist.

Die Seitenkapelle trägt zwei Malschichten; am besten erkennbar ist die Übergabe der Gesetzestafeln an Moses auf der Schildbogenwand. Dabei verdient ein Detail Beachtung: Weil der Pharao den Auszug der Israeliten aus Ägypten verbot, schickte Gott die Pest. Und da liegen sie nun, die Pesttoten, umkrochen von Leichenwürmern, mit Pestbeulen und aufgeplatztem Unterleib und hervorquellenden Gedärmen. Wer das gemalt hat, hat das entsetzliche Grausen des Schwarzen Todes von 1348 noch mit eigenen Augen gesehen.

Etwas vom Schönsten der an Schönheit reichen Kirche in Terlan steht auf dem Seitenaltar: die Marienkrönung aus Sandstein, die einmal das Westportal schmückte und nun sicherheitshalber in den sicheren Innenraum „heimgeholt" wurde. Es ist eine sensible Darstellung mit Maria auf gleicher Augenhöhe mit Christus, die der Veroneser Giovanni di Rigino um 1370 schuf.

Der spätgotische Turm wurde 1530 begonnen, wobei sich die Niederthor wieder als großzügige Spender erwiesen. Im Laufe der Zeit neigte er sich derart, dass er 1884 abgetragen und vier Jahre später teilweise mit den alten Werkstücken wiederaufgebaut wurde. Der moosige Grund war dem Bauwerk zum Verhängnis geworden. Die Volkserzählung kennt eine andere Geschichte. Einst habe der Turm sich vor einer reinen Jungfrau geneigt und er hätte sich erst wieder erhoben, wenn die nächste vorbeigekommen wäre. Wie wir wissen, musste der Turm abgetragen werden.

LITERATUR

Leo Andergassen: Kunst in Terlan; 1996

INFO

Die Kirche ist ganzjährig täglich zugänglich von 8 bis 19 Uhr.

Was Sie nicht versäumen sollten: den Besuch in der Kellerei Terlan im Silberleitenweg. Sie gehört mit ihren Weinen zu den renommiertesten Kellereien Südtirols. Lassen Sie sich während des Verkostens vom legendären Kellermeister Sebastian Stocker erzählen. Stocker legte in seinem 38-jährigen Kellermeisterwirken von jedem Jahrgang ein paar Flaschen gut versteckt beiseite. Als man sie fand und verkostete, stellte man mit Staunen fest, das Terlans Weißweine über jahrelange Reife stark an Komplexität gewonnen hatten. Heute erzielen sie auf Auktionen Höchstpreise.

Darauf sollten Sie einen trinken. Ach, und ja: Ein Wein trägt „Lunaria" auf dem Etikett, benannt nach der Madonna in der Pfarrkirche.

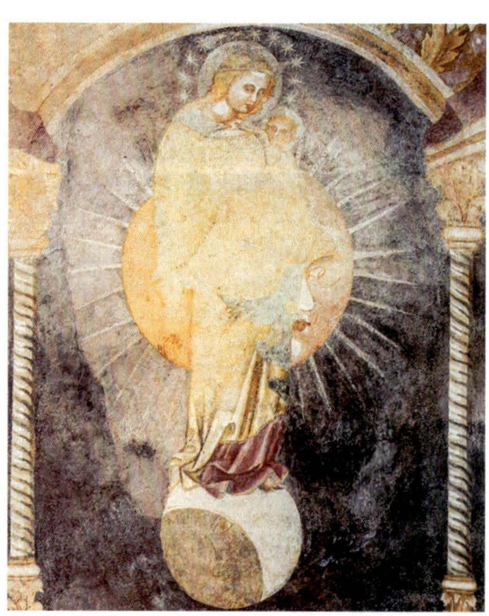

ÜBERETSCH UND UNTERLAND

Überetsch

HERRGOTTSKINDER UND MEZZ PER SORT

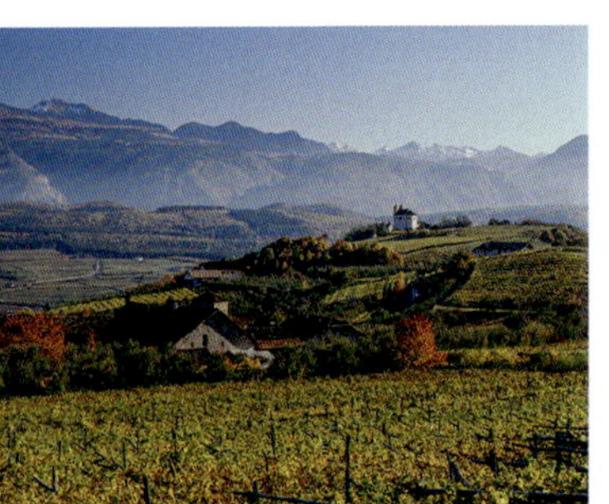

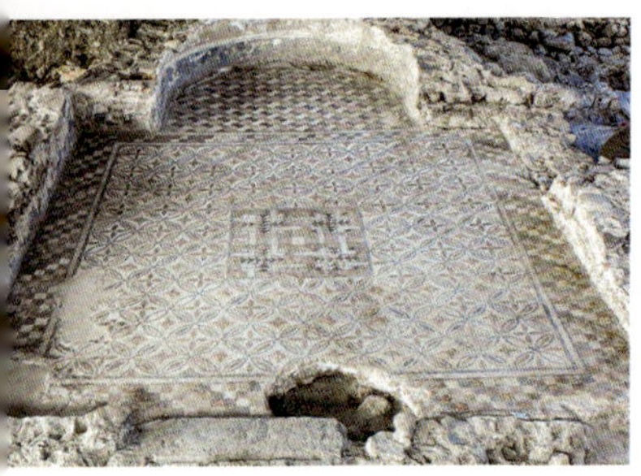

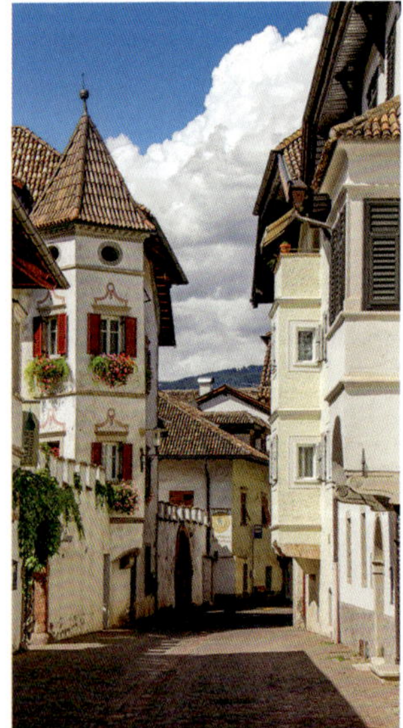

Im Überetsch herrscht das Matriarchat der Rebe. Eine Landschaft der sanften Linien, gelassener Hügelzüge, wohliger Rundungen, zephirischer Buchten und Falten. Und es ist, als habe sich der Gott des Weines lässig darauf hingefläzt und schlafe sein Räuschchen aus.
Das Überetsch ist Südtirols friedlichste Landschaft, Weinberge, soweit das Auge reicht. Die Reben treiben ihre Wurzeln in das Geschiebe und den Moränenschutt der letzten Eiszeit. Als die riesigen Gletscher sich sterbend zurückzogen, hatten sie das Gelände glattgeschliffen und ließen flache Ablagerungen und drei Seen zurück, den großen und kleinen Montiggler See und den Kalterer See. Wann hier zum ersten Mal Wein angebaut wurde, ist wissenschaftlich noch nicht klar erforscht, aber es ist anzunehmen, dass das vor gut 2500 Jahren erfolgte. Die Räter waren große Freunde des Weines und aus Ausgrabungen und Darstellungen wissen wir, dass sie ihn besonders bei rituellen Anlässen aus speziellen Schöpfkellen und Gefäßen (Situlen) genossen. Der Rausch hatte für sie nicht weniger als eine religiöse Signifikanz, in dem sie sich in der Nähe der Götter wähnten. Es sei ihnen gewährt – im Anblick dieser Landschaft. Natürlich waren auch die Römer da.
Die Ortsnamen Girlan und Eppan gehen auf ein römisches Prädium zurück, das den Namen des pensionierten römischen Offiziers erhielt, der seine Abfertigung in Form eines Landgutes bekommen hatte. Zeugen für römische Präsenz sind vor allem die Reste einer **Villa in St. Pauls-Aichweg**. Bis 2010 wurden 27 Räume freigelegt, am besten erhalten sind die kunstvollen Mosaikfußböden. Die Badeanlage und mehrere Räume besitzen ein Hypokaustum, eine Fußbodenheizung. Wann die Anlage öffentlich zugängig wird, wissen die Götter.

Das Überetsch gehörte bis in die jüngere Zeit zum Bistum Trient, und im Schatten des bischöflichen Krummstabes waren die Weinbauern weitgehend dem durstigen Zugriff süddeutscher Klöster entzogen. Es lebte sich gemächlich unter dem Trientner Krummstab, und etwas von dieser gemütlichen Lebensart ist bis heute geblieben, das selbst hineinwirkt in den Dialekt mit den auffallend gedehnten Vokalen und dem singenden Tonfall.

Dieses Gesetzt-Gemütliche, nicht ohne eine bauliche Vornehmheit, begegnet uns in den **historischen Dorfbildern und in dem Überetscher Baustil**. Die engen Dorfgassen säumen ansitzartige Gehöfte mit steingefassten Torbögen, verspielten Innenhöfen mit Freitreppen, Doppelbogenfenstern, bauchigen Erkern mit schmiedeeisernen Gitterfenstern, Türmchen und flachen Dachlandschaften. Wer durch die Gassen der Weindörfer schlendert, wird feststellen, dass die Gebäude sich gern unregelmäßig an die Straße drängen, oft in der Flucht verschoben, eigenwillig und erdverbunden selbstbewusst wie seit Generationen ihre Besitzer. Sie zeugen vom Wohlstand durch den Weinbau und sind gleichzeig wieder einmal der Beweis, dass Südtirol sich in guten Zeiten immer eklektisch das herausgepickt hat, was Norden und Süden zu bieten hatten. Im Überetsch waren vom 16. bis 18. Jahrhundert Baumeister aus dem oberitalienischen Raum tätig, die Stilelemente der Renaissance und des Barock wie die Loggia einführten, oft aber gern noch spätgotische Formen wie den Erker „leben" ließen. Das zeigt sich augenscheinlich an der **St. Paulsner Pfarrkirche**, deren Baugeschichte die Zeit von der Spätgotik bis zum Barock überspannt. Am Anfang waren Meister schwäbischer Bauhütten tätig, später Baumeister aus dem lombardischen Raum, die das Kirchenschiff einwölbten. Erst 1747 bekam der wuchtige spätgotische Turm die unverwechselbare barocke Zwiebelhaube aufgesetzt. Die spätgotische Hallenkirche, regotisiert im 19. Jahrhundert, strahlt eine Würde aus, die man in einem Dorf auf dem Lande nicht erwarten würde. Die **süße junge Madonna mit Kind** aus dem künstlerischen Umfeld von Hans Multscher am Südpfeiler hat es uns angetan: In einem Anflug von pausbäckigem Lächeln hält uns der kleine Jesus einladend eine Traube hin.

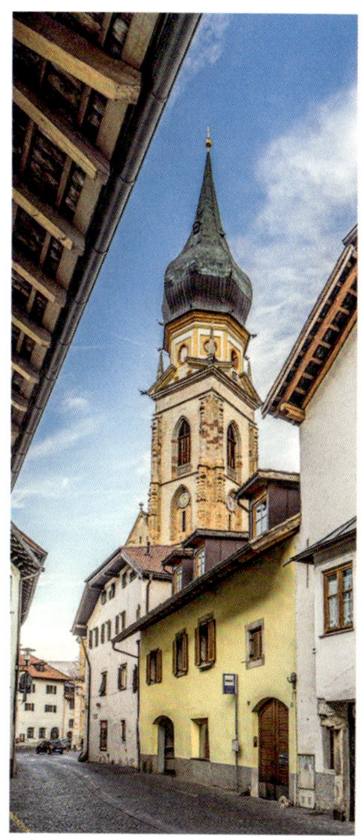

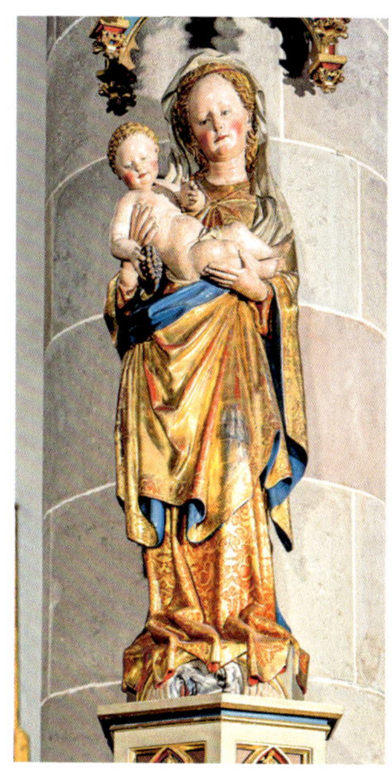

Das Überetsch ist Südtirols Adelsparadies und am dichtesten bestückt mit Burgen, Schlössern und Ansitzen. Neben dem alteingesessenen Adel waren es die sozialen Aufsteiger aus der höheren Beamtenschicht und die Bozner Kaufleute, die sich hier ihr Domizil errichteten. Immerhin gehörte ein Weingut im Überetsch zu einer der acht „Bozner Seligkeiten". Nicht wenige der Adelssitze sind aus mittelalterlichen Wohntürmen hervorgegangen, wie es Schloss Englar augenfällig vorführt. Die meisten dieser vornehmen Bauten sind in Privatbesitz und können nur von außen bewundert werden. Aber ein ausgedehnter Spaziergang in dieser unverschämt schönen Gegend an den Ansitzen vorbei ist allemal lohnend,

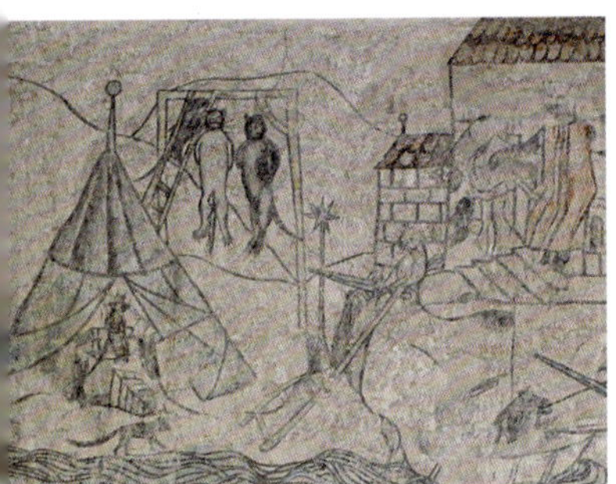

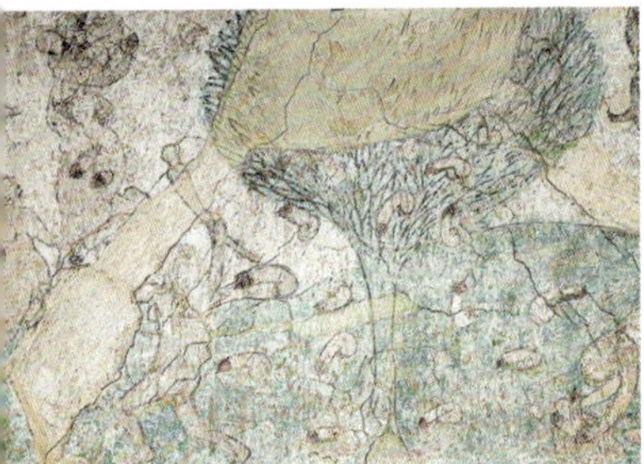

zumal der eine oder andere Ansitz auch als Weingut geführt wird und man dabei den inneren Schweinehund des Sozialneids mit einem guten Glas besänftigen kann.

Schloss Moos/Schulthaus ist unbedingt zu besuchen. Der Bozner Unternehmer und Kunstmäzen Walter Amonn hatte es 1958 vor dem Verfall gerettet und mit alten Gebrauchsgegenständen und Kunstmöbeln ausgestattet. Gleich an die spätgotische Stube ist die alte Küche angebaut, was erkennen lässt, dass die früheren Bewohner durchwegs herdwarme Gerichte auf dem Tisch haben wollten. Die Küche mit dem gemauerten offenen Herd ist ausgiebig mit altem Küchengerät bestückt und sieht aus wie eine furiose Ansammlung coquinarischer Foltergegenstände. Falls die alle zur Anwendung kamen, dann war die Küche früherer Zeit weit einfallsreicher als die unsere und die Arbeit am Herd ein Knochenjob, mit Verlaub.

Ein kunsthistorisches Schmankerl ist die Ausschmückung des Jagdzimmers. Da ziehen Mäuse aus arabischen Zelten heraus gegen Katzen in den Krieg – drei Katzen haben sie bereits aufgeknöpft. Es ist ein orientalisches/ägyptisches, byzantinisches Motiv (die Κατομγομαχια), das mit den Kreuzfahrern nach Europa gelangte.

Noch hintersinniger ist die Darstellung des Wunderbaums. Wir wissen: Im Überetsch regiert das Matriarchat (der Rebe) – und überhaupt. Da steht nun dieser Baum in der Fülle seiner Früchte, behangen mit lebensecht geschwellten Phalli. Eine nackte Frau oben auf einem Ast schüttelt die strotzend reifen Früchte; drei Frauen zu Füßen sammeln sie aufgeregt auf. Europaweit existieren nur drei Darstellungen mit diesem Motiv, bezeichnenderweise zwei in Südtirol, das zweite, heute im Ferdinandeum in Innsbruck, stammt aus der Burgruine Lichtenberg im Vinschgau.

In einer anderen Darstellung verführt ein Burgfräulein einen Mönch und im Bild „Einen Esel reitet Manche" führt eine Dame auf einem Esel reitend eine Reihe Männer als Narren hinter sich her. In der Kemenate herrscht zwar Rankenmalerei vor, doch am Fenster dreht uns eine männliche Figur den Rücken zu, der nächtliche Liebhaber vielleicht, der im Morgengrauen sich davonschleichen muss und zuvor noch einen Blick auf die Schöne im Bettgemach wirft. Dem Ganzen ist zwar mit der Darstellung des Einhorns ein keuscher Kontrapunkt gesetzt, doch besetzen Motive wie Granatapfel und Eicheln die erotische Grundmelodie. Es ist einiges herumgedeutelt wurden über den wahren Sinn dieser Darstellun-

gen, wie wär's denn einfach mit weiblicher Lebensfreude? Zur Lebensfreude gehört die Mutmaßung, das Jagdzimmer habe als Trinkstube gedient.
Womit wir wieder beim Wein wären. Früher, als die Bauern ihren Wein noch selbst einkellerten, wehte durch die Dorfgassen ein ganz eigentümlicher Duft. Er roch leicht beschwipst nach Trester, kernig nach Hefe, modrig nach Keller. Die Weingeister rumorten in den Gärfässern unter der Erde und ließen Dampf durch die Lüftungsöffnungen ab. Die Dorfgassen bildeten den geruchlichen „Resonanzraum", in dem olfaktorisch der Weingott umging. Die Weindörfer hatten ihre Unterwelt, jeder Hof seine Keller, meistens dreistöckig, leicht eingetieft die „Ansetz", wo die Maische in den „Standern" (Stehfässern) gor, den tieferen Reifekeller und den untersten Keller mit der konstanten Jahrestemperatur für die Lagerung. Am ausgeprägtesten ist diese Kellerlandschaft in Girlan, doch haben dort wie anderenorts auch diese jahrhundertealten Räume ihre Bestimmung verloren, sie sind zwar ensemblegeschützt, aber funktionslos. Es gab eine Initiative, diese Keller zusammenzuschließen, begehbar zu machen und zu bespielen. Die beauftragte Machbarkeitsstudie hätte nahezu eins zu eins umgesetzt werden können und es gab bereits eine informelle Zusage zur Finanzierung seitens der Landesregierung. Doch in einem Anflug von falscher Bauernschläue verzockten sich Auftraggeber und Gemeinde, und aus dem schönen Projekt wurde nichts. Geblieben sind der Name Vineum und ein Keller, der diese Bezeichnung trägt. Aber vielleicht ist das letzte Wort noch nicht gesprochen oder besser: das letzte Glasl noch nicht ausgetrunken.
Von Eppan Richtung Kaltern schwimmt linkerhand der Ansitz Kreit in einem Meer von Reben; eine Postkartenidylle, welche die zunehmende Verbauung der Gegend wohltuend vergessen lässt. In Unterplanitzing sei ein Blick auf das St.-Leonhards-Kirchlein geworfen. St. Leonhard war der Patron der Fuhrleute, aber auch der Gefangenen und Schutzheiliger für Vieh und Wetter. Sein Attribut ist die Kette: Das Kirchlein in Unterplanitzing wird von einer Eisenkette umspannt. Zu Zeiten der schlechten Weinpreise in der ersten Hälfte des vorigen Jahrhunderts zog sich hier im Herbst oft bis in die Nacht hinein eine Kette von Ochsengespannen mit Maischefuhrwerken sogar aus Tramin und Kaltern gen Eppan hin, wenn die Eppaner oder Girlaner Weinherren ein paar Centesimi mehr zahlten. Kann gut sein, dass da das eine

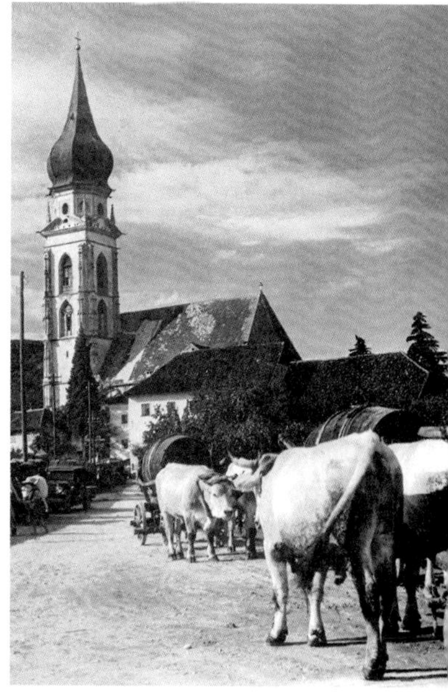

oder andere Weinbäuerlein, Gefangener und Ausgelieferter einer ungerechten Wirtschaft, ein Stoßgebet an den Heiligen richtete – oder einen saftigen Unterländer Fluch losließ, *Oschtia Madoona!*

Eine Legende weiß zu erzählen, der Herrgott selbst habe sich das Bürgerrecht in Kaltern erkauft und eine Zeitlang dort gelebt. Womit die Kalterer den Beinamen Herrgottskinder erhielten und bis heute tragen. Bleibt die Frage: Warum nur eine Zeitlang? Mephisto würde einem flüstern: zu viele Kirchen und Kapellen. Der Ort ist nun wirklich mit Kirchen und Kapellen gesegnet, aber das darf nicht verwundern, denn wo guter Wein wächst, ist auch der Klerus nicht weit. Die Pfarrkirche besitzt einen schönen spätgotischen Kirchturm, der klassizistische Einheitsraum stammt vom Bozner Stadtbaumeister Matthäus Wachter, die Deckengemälde schuf Josef Schöpf, welche das Martyrium, wenn es nicht einfach nur Totschlag war, des heiligen Vigilius durch Erschlagen mit Holzschuhen zum Inhalt haben.

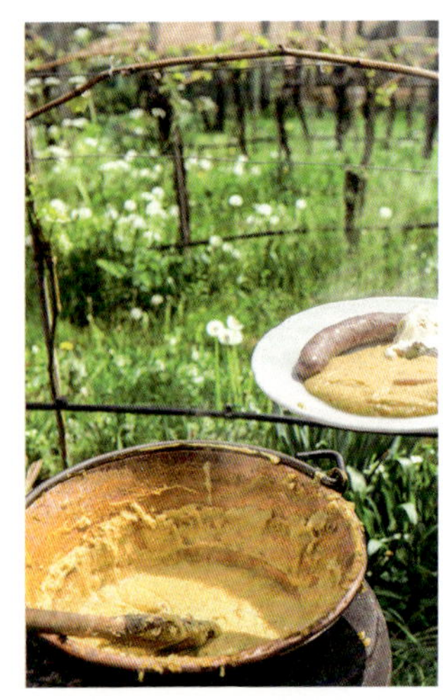

Die Gemeinde Kaltern trägt den „Plentkessel" im Wappen, das „caldarum" (lat.), den Kupferkessel, der heute noch im Gebrauch ist. Der ***Hålbmittoog***, die Zwischenmahlzeit am Vormittag draußen im Weinacker, ist ein nahezu sakrosanktes Essensritual mit frischem „Pleïnt" (Maisbrei) aus ebendiesem Behältnis.

In den historischen Räumlichkeiten der ehemaligen Kellerei Di Paoli im Dorfzentrum ist das Südtiroler Weinbaumuseum untergebracht. Es zeigt Objekte des traditionellen Weinbaus und der überlieferten Weinkultur in Südtirol. Die Sammlung, insbesondere die der Gefäße, beinhaltet eine Vielzahl an Objekten von teils recht ausgefallener Form und Gestalt. Doch liegt auf allem leider ein starker Hauch von Verstaubtheit, so als hätte sich die alte Weinkultur Südtirols zum Sterben hingelegt. Dabei gäbe es genug zum Staunen und zum Schmunzeln: Können Sie sich vorstellen, Schnaps aus einem gläsernen Schweinchen (18. Jh.) zu trinken?

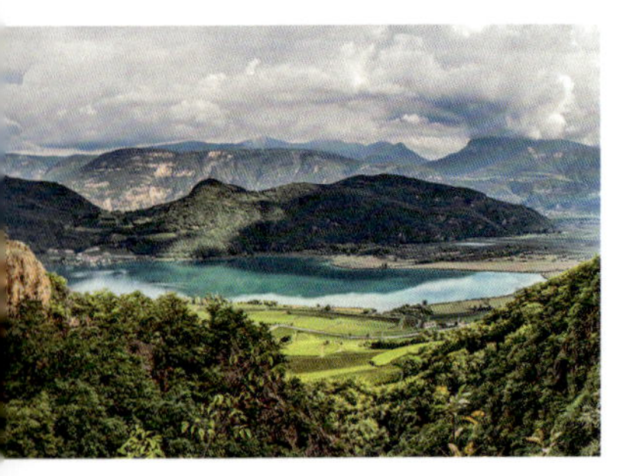

Der **Kalterer See** ist, mit gutem Grund, argwöhnisch behütetes Naturschutzgebiet. Im Schilfgürtel nistet eine beträchtliche Anzahl von verschiedenen Wasservögeln, und es ist erstaunlich, mit welcher Contenance zum Beispiel die Haubentaucher den touristischen Ansturm hinnehmen. Sie schwimmen häufig mitten auf dem See. Sie können bis zu 20 Meter tief eine Minute lang tauchen. Die Eltern tragen die Küken wochenlang auf dem Rücken unter den Flügeln versteckt und nehmen sie sogar beim Tauchen mit unter Wasser. Währenddessen hockt der Ungeist der Verbauungsgier lüstern an den Ufern, und es bleibt nur zu hoffen, dass die ihm angelegten straffen Zügel des Naturschutzes nicht gelockert werden. Zurück zur Frage, warum der Herrgott nicht länger bei den Herrgottskindern geblieben ist. Vielleicht haben sie vergessen, ihn nach St. Peter in Altenburg zu führen und ihn hinaus- und hinunterschauen zu lassen: Herr, wir schenken dir all diese Herrlichkeit, den See, die Reben, den Wein, den Rosengarten entrückt am Horizont. Vielleicht hätte er es sich doch anders überlegt.

Unterland

DIE ETSCH FLIESST NUN SANFTER ...

und macht an vielen Orten breite Kiese. Auf dem Lande, nah am Fluß, die Hügel hinauf ist alles so enge an- und ineinander gepflanzt, daß man denkt, es müsse eins das andere ersticken – Weingeländer, Mais, Maulbeerbäume, Apfel, Birnen, Quitten und Nüsse. Über Mauern wirft sich der Attich lebhaft herüber. Efeu wächst in starken Stämmen die Felsen hinauf und verbreitet sich weit über sie; die Eidechse schlüpft durch die Zwischenräume, auch alles, was hin und her wandelt, erinnert einen an die liebsten Kunstbilder.

Goethe ist auf seiner Italienreise durch das Unterland ein sehr guter Beobachter. Allerdings müsste er heute vieles anders schildern. Im fruchtbaren Unterland wächst zwar alles, in der Talsohle heute jedoch ausschließlich „Sumpfgurken", wie der streitbare Schriftleiter der Tageszeitung „Dolomiten" Josef Rampold die Äpfel zu betiteln beliebte.
Dass die Etsch nun sanfter fließe, ist genau beobachtet, überhaupt fließen Leben und Streben im Unterland wesentlich gemächlicher als etwa im Burggrafenamt, wo sich die Tourismusdörfer mit Hotelbauten überbieten. Die Etsch war der Schicksalsfluss dieser Gegend – im Guten wie im Schlechten. Sie bildete eine Hauptverkehrsader für sperrigen Warenverkehr zu den oberitalienischen Städten. Dieser bestand hauptsächlich in Holz und Kohle, aber auch Waren der Bozner Messen, die in Fässern verpackt wurden. Leifers und Branzoll waren die nördlichsten Flusshäfen der Etsch – kleinere Flöße

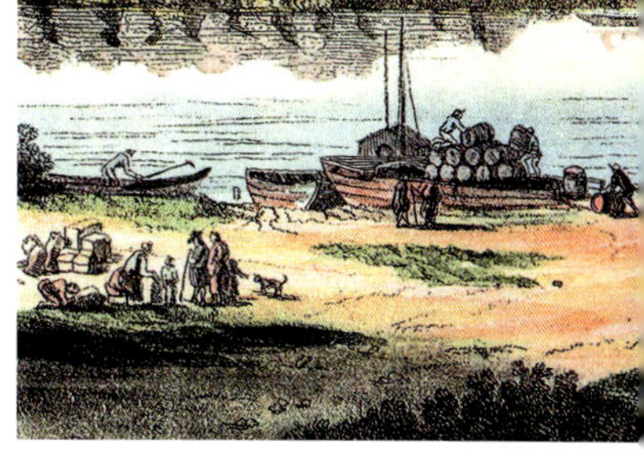

schafften es bis Terlan. Die Neumarkter Lände (Anlegestelle) war wohl die größte, bis sie von Branzoll überflügelt wurde. Die Flöße waren mit starken gewundenen Weidenruten zusammengebunden, die Flößer und Floßknechte kamen vorwiegend aus Sacco im Trentino. Es muss an diesen Länden ein buntes Sprachgemisch geherrscht haben: Man radebrechte in der Sprache des Anderen und einiges davon ist bis heute geblieben, es ist dieses sympathische *mèzz per sórt* im Alltag, halb Südtiroler/unterländerisch, halb dialektales Italienisch des *Laivesòt*, des Leiferer Dialekts. Der eine oder die andere Sprachpurist/-in könnte sich *incazzieren* über das Mischmasch, doch sei betont: Wer Sprache sagt, sagt auch Zwischenmenschlichkeit, *des isch poco ma sicuro!*

Die Flöße wurden in Verona und südlicheren Orten an der Etsch auseinandergenommen; Boote *(Burchi)* wurden flussaufwärts mit Pferden getreidelt oder auch von Menschen gezogen. Waren harte Burschen, die *Menadès*, *Zattieri* und *Barcari*, die Trifter, Flößer und „Schifflait", ihre Fäuste und auch die Messer saßen locker. An den verlandeten Länden der heutigen Etsch und in den alten Gasthäusern ist die Luft noch voll von Flüchen und Streitgeschrei. Die Etschflößerei ist hinunter den Fluss der Zeit, Tag und Nacht rauscht der Schwerverkehr auf der Autobahn, rasen die Fernzüge durch. Die Etsch ist reguliert und fließt zwischen Dämmen eingeklemmt, deren Dammkronen mehrere Meter über dem Talboden liegen. Nur nach starken Regenfällen erinnert sie sich an ihre alte anarchische Freiheit und steigt bedenklich an; wenn die Dämme sich vollsaugen, sind die Feuerwehren der umliegenden Ortschaften im Dauereinsatz. Bei Salurn ist ein Dammabschnitt mit Sensoren ausgestattet, die Alarm schlagen vor dem Entstehen von sogenannten **Qualmtrichtern,** wo Flusswasser strudelartig am Fuß der Böschung austritt. Von Sensoren hätte man in früheren Jahrhunderten bis herauf in unsere Zeit nur träumen können. Die Etsch mäanderte durch die Ebene, schickte ihre Wasser in neue Arme, überschwemmte in unregelmäßigen Abständen die undurchdringlichen Auwälder und die mannshohen Schilfriede, ließ manchmal über Monate ihre Wasser stehen, hinterließ tote Arme, Altwasser, Tümpel, ölige Sumpfgewässer und seerosenüberwucherte Teiche. Ein Paradies für Wasservögel und Wassergetier. „Groggl" nennen die Neumarkter die Kröte, und Kröten bzw. Frösche waren eine willkommene Nahrungsaufbesserung der Kleinhäusler. Die Flusskrebse waren einst

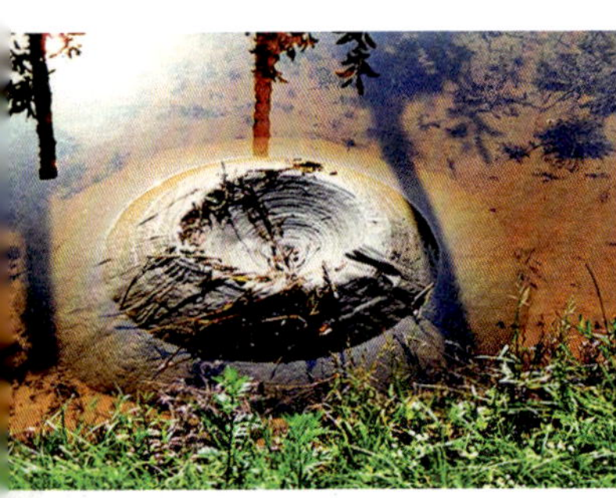

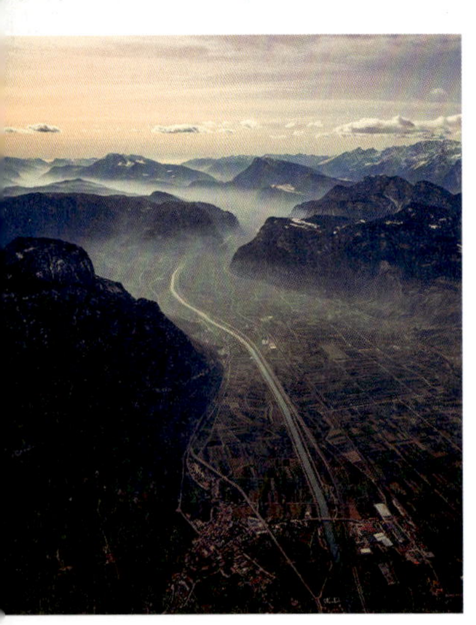

aus der Alttiroler Küche nicht wegzudenken; sie sind hinüber in die ewigen Fischgründe, zuerst wegen einer eingeschleppten tödlichen Pilzkrankheit, dann aufgrund von Belastungen durch Insektizide und Herbizide der Intensivkulturen. Myriaden von Mücken schwärmten über den Sümpfen und übertrugen das „Sumpffieber", die endemische Malaria, die erst mit der Etschverbauung im 19. Jahrhundert verschwand. Marx Sittich von Wolkenstein schwärmt in seiner Landesbeschreibung vom reichen Fischbestand mit bis zu 15 Meter langen Hechten, berichtet von Bären, Wölfen, Luchsen und von Wildschweinen, die sich in den Auen suhlten. Reisenden fielen schilfbedeckte Hütten auf drei Pfählen auf, von denen aus Männer angeblich auf Bären und Wölfe schossen. Man hat den guten Leuten da aber einen ordentlichen Bären aufgebunden, es waren wohl weniger die Bären, welche sich in den Weingärten an den Trauben gütlich taten, als vielmehr die Traubendiebe.

Dass die Gegend nicht ganz sicher war, beweist auch das **„Klösterle" in Laag**, ein ehemaliges Pilgerhospiz, welches in seiner eigenwilligen Architektur mit hoch angesetzten Fenstern und dem ummauerten Innenhof stark an eine orientalische Karawanserei erinnert. Hier waren Durchreisende, Pilger und Waren in der Nacht sicher. Der Schlafsaal dieser Pilgerherberge ist mit der Kirche verbunden, und eingebaute Schallgefäße verstärken die Akustik. Wie die Zeitläufte halt so sind: Mit dem Niedergang des Pilgerwesens ging es auch mit dem Hospiz bergab und es wurde eine Zeit lang ein Vipernnest lichtscheuen Gesindels. In diesem Klösterle gehen inzwischen die Unterlander Freilichtspiele über die Bühne. Einfache, aber eindringliche Romanik zeigt die Apsis der nahe gelegenen St.-Florians-Kirche. Tiermotive schmücken die bescheidene Bauplastik mit dem Rundbogenfries.

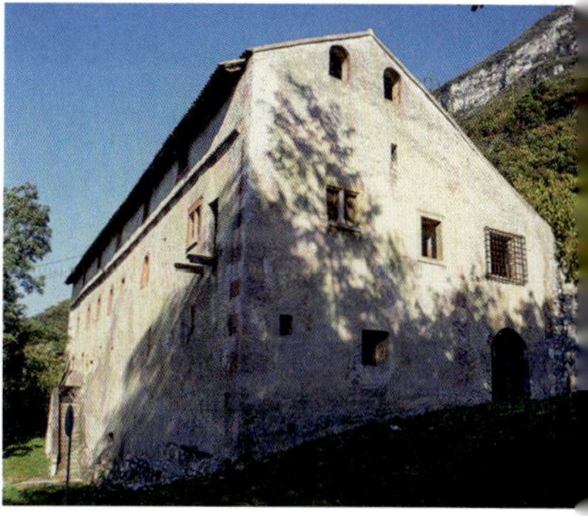

Neumarkt ist eine Gründung des Trientner Bischofs, erhielt Marktrecht und war wichtiger Warenumschlagplatz, auch ins Fleimstal hinein. Sonderbarerweise hat es aber nie Stadtrecht erlangt, trotz Marktgasse mit Lauben, Handelshäusern und palazzoartigen Wohnbauten. Neumarkt hat etwas von einem Aschenbrödeldasein und einer verkannten Wertschätzung, ist aber gerade deswegen eine gute Gelegenheit, Unterländer Bau- und Wohnkultur ohne allzu viel touristischen Schnickschnack zu erleben. Außerdem wächst in der Umgebung ein außergewöhnlicher Blauburgunder in besten Lagen.

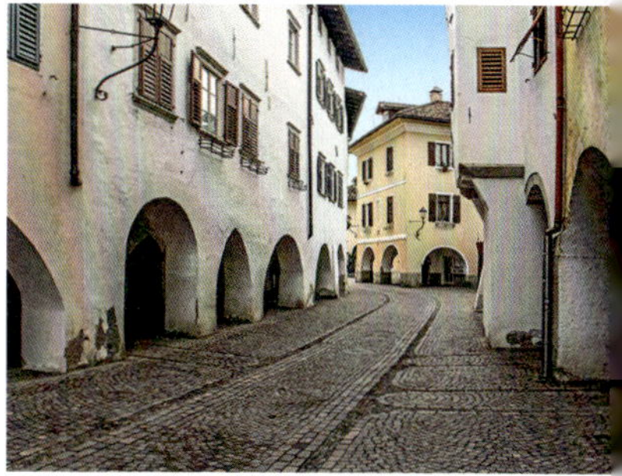

Dazu gibt es in den Lauben noch ein paar Gasthäuser, die den Namen verdienen. Verschwunden aus Neumarkts Gassen sind die Fladen der Zugochsen, verschwunden deren Markt, der gleichzeitig auch Dienstmädchenmarkt war, wo sich die wohlhabenden Weinbauern mit verschüchterten Mädchen aus dem Fleimstal und den Berghöfen des Hinterlandes für die Arbeit in Haus, Stall und Feld eindeckten.

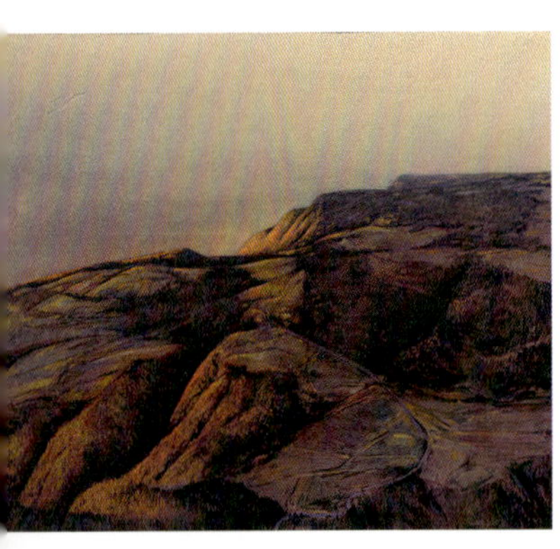

Die Ortschaft Truden liegt in diesem Hinterland; eigentlich schon fast im trentinischen Fleimstal: Es bietet dem „spektakulären“ Maler **Gotthard Bonell** unspektakuläre Heimstatt, hier entwirft er seine verstörenden, hyperrealistischen Bilderzyklen, Ausschnitte aus Gegenständen, Nahest-Aufnahmen von Materialien, Natura morta-Assemblagen, Porträts, die Seelenlandschaften gleichen, großformatige Naturpanoramen, die ihrerseits Porträts nahekommen. Bonell ist sicherlich eine der markantesten Figuren der Südtiroler Künstlerszene. Zurück ins Tal: Unsere Liebe Frau in der Vill im gleichnamigen Weiler nördlich von Neumarkt ist der bedeutendste spätgotische Kirchenbau des Unterlandes. An ihm waren Meister wie Konrad von Neumarkt, Hans Feur aus Sterzing, Peter von Ursel und Meister Andre tätig.

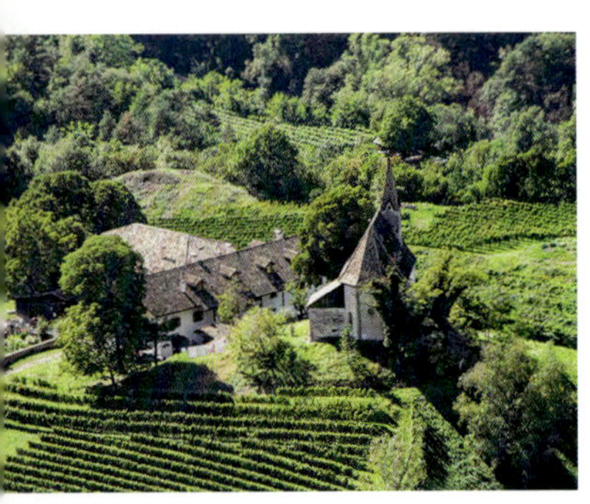

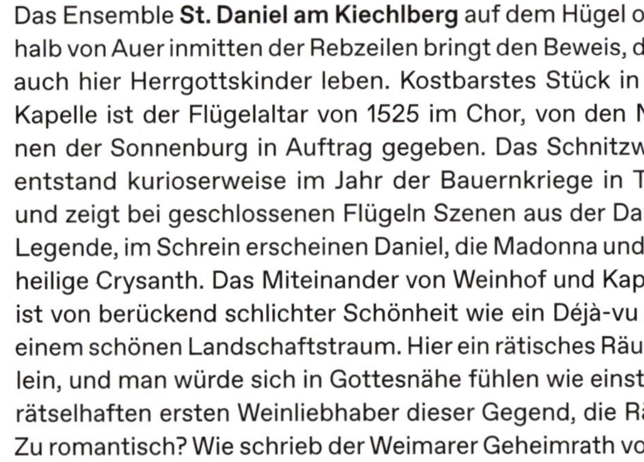

Das Ensemble **St. Daniel am Kiechlberg** auf dem Hügel oberhalb von Auer inmitten der Rebzeilen bringt den Beweis, dass auch hier Herrgottskinder leben. Kostbarstes Stück in der Kapelle ist der Flügelaltar von 1525 im Chor, von den Nonnen der Sonnenburg in Auftrag gegeben. Das Schnitzwerk entstand kurioserweise im Jahr der Bauernkriege in Tirol und zeigt bei geschlossenen Flügeln Szenen aus der Daniel-Legende, im Schrein erscheinen Daniel, die Madonna und der heilige Crysanth. Das Miteinander von Weinhof und Kapelle ist von berückend schlichter Schönheit wie ein Déjà-vu aus einem schönen Landschaftstraum. Hier ein rätisches Räuschlein, und man würde sich in Gottesnähe fühlen wie einst die rätselhaften ersten Weinliebhaber dieser Gegend, die Räter. Zu romantisch? Wie schrieb der Weimarer Geheimrath von G. in sein Reisetagebuch zum Unterland? Richtig: ... *und man glaubt wieder an einen Gott.*
Lust an einer Hetz und an der *Maschgera* gehört zum Wesen der Unterlandler. Gerade deshalb hat der Fasnachtsumzug des Perkeo am *Foosnochtspfinztig* (Faschingsdonnerstag) in Salurn eine Wiederauferstehung erfahren. Der kleinwüchsige Perkeo, geboren in Salurn um 1702 und Knopfmacher

von Beruf, kam als Hofnarr über Innsbruck an den Heidelberger Hof des Kurfürsten Karl Philipp III. und stieg dort zum fürstlichen Mundschenk auf. Dem äußerst trinkfesten Witzbold wurde die Aufsicht über das Große Fass im Heidelberger Schloss übertragen, das an die 200 Tonnen Wein fasst. Wurde dem Zwerg ein Glas Wein gereicht, soll er immer geantwortet haben: *Perché no* – warum nicht? Einmal im Jahr packt ihn das Heimweh nach einem guten Vernatsch, dann klaubt er seine Siebensachen zusammen und säbelt kurzbeinig zurück nach Salurn, um es beim Fasnachtsumzug so richtig *aufgean* zu lassen. Beim Umzug ist halb Salurn dabei in weinseliger Eintracht des *mèzz per sort*, wo *Maschgra gean* und *carnevàl* jenseits aller Sprachbarrieren regieren.

Perkeo führt uns nach Tramin. Dort zieht alle ungeraden Jahre am Fastnachtsdienstag der Egetmann mit seiner Braut und seinem Gefolge durch die Gassen. Eget kommt etymologisch von Egge und verweist damit auf ein Fruchtbarkeitsritual im Frühling. Der Egetmann ist eine Strohpuppe mit schwarzem Rock, Zylinder und weißen Handschuhen, ihm zur Seite sitzt die Braut auf der offenen Kutsche, immer von einem jungen Mann dargestellt und Relikt aus dem Mittelalter, als Frauen nicht mittun durften. Bei jedem Dorfbrunnen wird das Hochzeitsaufgebot des Egetmanns verlesen: *Und weil dr Egetmonn heiratn tuat, grootn Obst und Wein so guat!* Gern wird der Brauch auf vorchristliche Zeit zurückgeführt, die eine oder andere Figur im bunt-verrückten Gefolge dürfte vielleicht darin schon ihre frühen Wurzeln haben wie der Wilde Mann ganz in Efeu eingehüllt, verwandt mit dem *Grand Silván* aus Ladinien als Symbolgestalt der ungezähmten Natur. Rätselhaft sind zwei Frauengestalten, die eine trägt in ihrem Ruckkorb ihren Mann und ihre Kinder (als Puppen) mit sich herum, Jahrtausende altes Frauenschicksal; die andere hat eine „Zumm", einen hölzernen Weinlesebottich auf dem Buckel, aus der die gestiefelten Beine ihres Mannes ragen: ein uralter Anklang an das Frauenrecht? Die sympathischsten Gestalten sind die ***Wudelen*** oder ***Schnåppviecher***, bis zu drei Meter hohe Figuren mit drachenähnlichem, fellüberzogenem Kopf mit Hörnern aber ohne Ohren. Der Unterkiefer ist beweglich und schnappt mit Holzzähnen laut klappernd auf und zu. Wochen vorher sind die Väter mit ihren halbwüchsigen Buben damit beschäftigt, diese Schnappviecher herzustellen, und es sind die Buben, die als *Wudelen* ihren klappernden Schabernack treiben. Beim Umzug geht es ruppig zu, und er ist ein schlagendes Beispiel

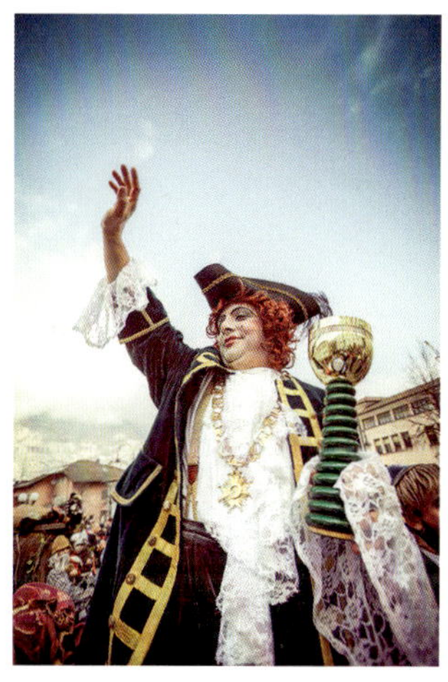

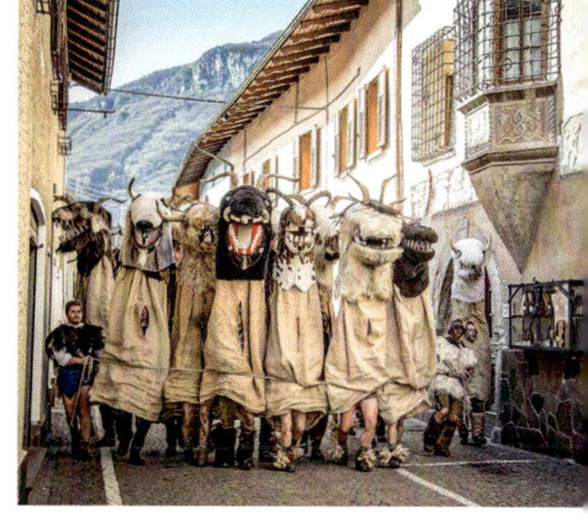

für überschäumende, manchmal hinterfotzige Lust an Transgression, bei der ein solennes Besäufnis nicht fehlen darf.
Man mag sich vielleicht fragen, was ein Fasnachtsumzug in einem Kunstführer zu suchen hat? Wir haben es mit einer ausgefallenen Form von Lebenskunst zu tun, und ein späterer Besuch in St. Jakob in Kastelaz führt klar vor Augen, dass Tramin wohl einen ganz besonderen Boden hat, auf dessen Humus das Skurrile sonderbare Blüten treibt.
In architektonischer Wucht erhebt sich der spätgotische gemauerte Pfarrturm von Tramin mit aufwendiger Bauplastik. Das Glockenturmgeschoss schuf der Sterzinger Baumeister Hans Feur, die reiche Bauornamentik und die Skulpturen erstellte der Steinmetz Peter Ursel. Der hochgotische Chor entging dem Umbau von 1911 und ist voll ausfreskiert, die Register an der Südwand erzählen das Martyrium der Kirchenpatrone, des kleinen Buben Quirikus und dessen Mutter Julitta. Der Künstler ist nicht bekannt, verglichen mit den Fresken in St. Valentin am Friedhof wirken sie ein wenig hölzern und erinnern an die Brixner Malschule. Sie sind zu Beginn des 15. Jahrhunderts entstanden.
Gleich vom Dorfplatz ab geht es ins Heimatmuseum „Huemet", das vom alten Dorfleben mit dem Wein erzählt.
Tramin ist die Heimat des Gewürztraminers, heißt es. Das historisch zu belegen, wird den Ampelographen noch einiges Kopfzerbrechen bereiten. Viel Gebäude zeigen barocke Opulenz und palazzoartige Architektur mit steingefassten Rundbögen und Portalen und südlich anmutende Fassaden. Bewohnt werden sie von selbstbewussten Weinherren und Weinmacherinnen. Manchmal schlägt unterländische Querköpfigkeit durch wie etwa in der Kellerei des Alois Lageder in Margeid, der seine reifenden Bioweine mit Weinbergakustik und Musik von Johann Sebastian Bach beschallt.

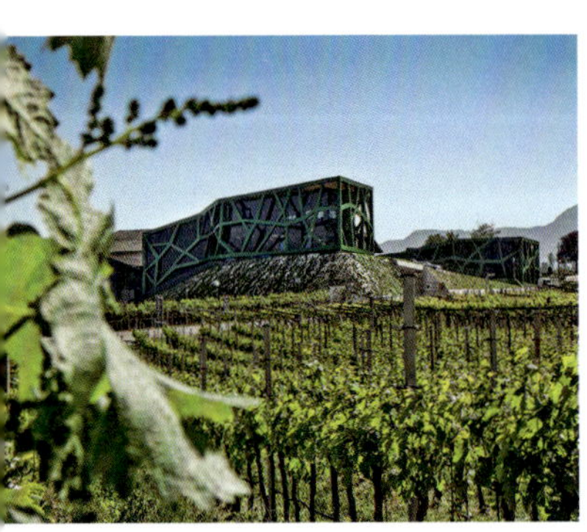

Architekten durften sich austoben beim Bau von Kellereien in Überetsch und Unterland, am gelungensten ist die **Kellerei Tramin** mit dem Reben- und Blattmotiv, das der Stararchitekt Werner Tscholl entwarf. Die inspiratorische Muse hat ihn wahrscheinlich bei einem Glas Gewürztraminer geküsst. Muss ein feuriger Zungenkuss gewesen sein.
Ein Letztes zum Gewürztraminer: Im Vergleich zu ihm sind andere Weißweine magersüchtige Laufstegmodels; der Wein kommt daher als füllige, venezianisch barocke Edelkurtisane, rothaarig diese wie die Traube rötlich, mit dem sündigen Duft von exotischer Woll- und Fleischeslust.

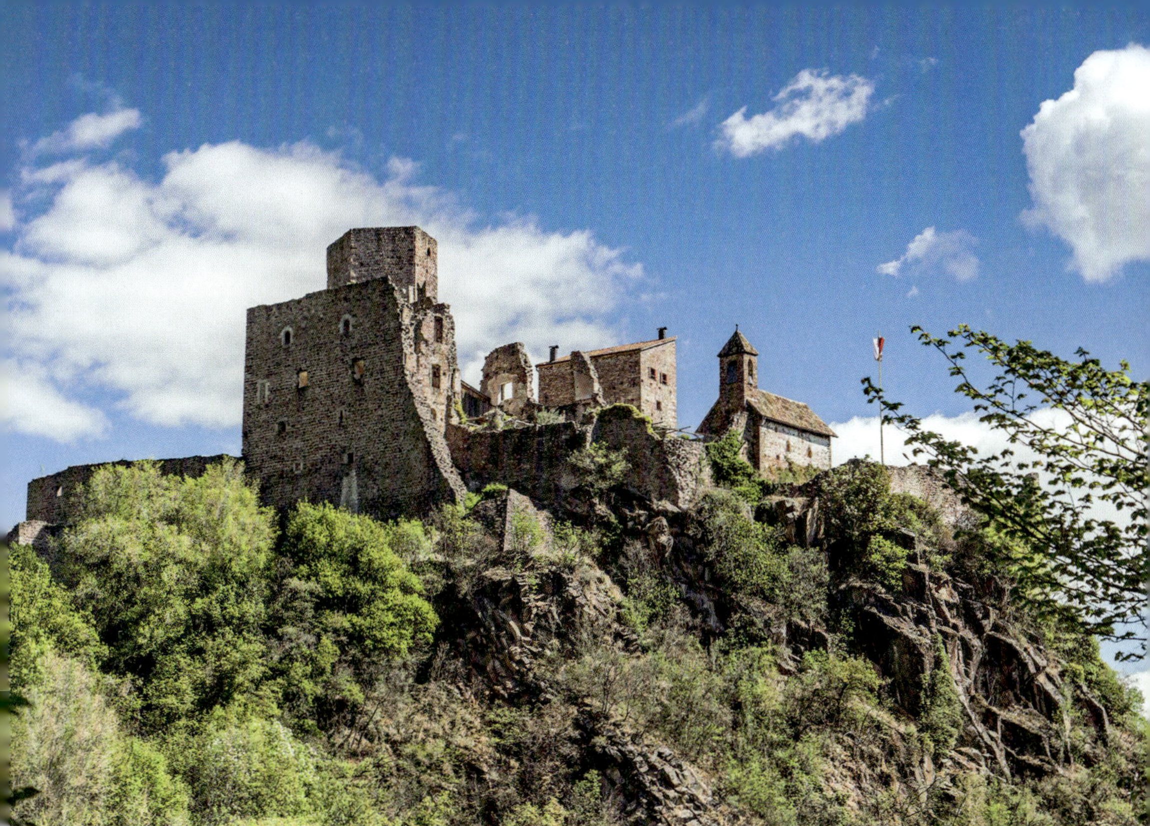

SCHLOSSKAPELLE HOCHEPPAN

Eitelkeit am Altar

Die Schlosskapelle von Hocheppan ist ein Glücksfall: Beda Weber schreibt 1838, dass die Wandgemälde in der Kapelle fast ganz zu Grunde gegangen sind, auch, weil die Pächter der Halbruine das Gebäude als Stadel nutzten. Mehrere Restaurierungen jedoch brachten in der Folgezeit ein kunsthistorisches Kleinod ans Tageslicht, das als ganzheitliches Denkmal romanischer Wandmalereien in Tirol einmalig ist und als Zeugnis byzantinisch beeinflusster Kunst in Mitteleuropa wenig Vergleichbares hat. Die Einmaligkeit wird unterstrichen von einer fast nur in Südtirol vorkommenden Mischung aus hieratischer Strenge ikonenhafter Kultbilder mit geradezu naturalistischen Beimengungen aus dem lokalen Alltagsleben. Und das alles aus dem frühen 13. Jahrhundert.

Die kleine Saalkirche stammt aus der Mitte des 12. Jahrhunderts noch vor der Errichtung der Burg. Der Apsidenbereich und die Seitenwände tragen zwei verschiedene Bildprogramme. Die Altarwand wird von drei Nischen eingenommen, wobei die mittlere als Altarnische etwas nach außen vorkragt. Aus der Apsiskalotte blickt Maria majestätisch streng in den Raum; in ihrem Schoß hält sie den halb liegenden, segnenden Christus, der mit erwachsenen Zügen einerseits auf seine tragische

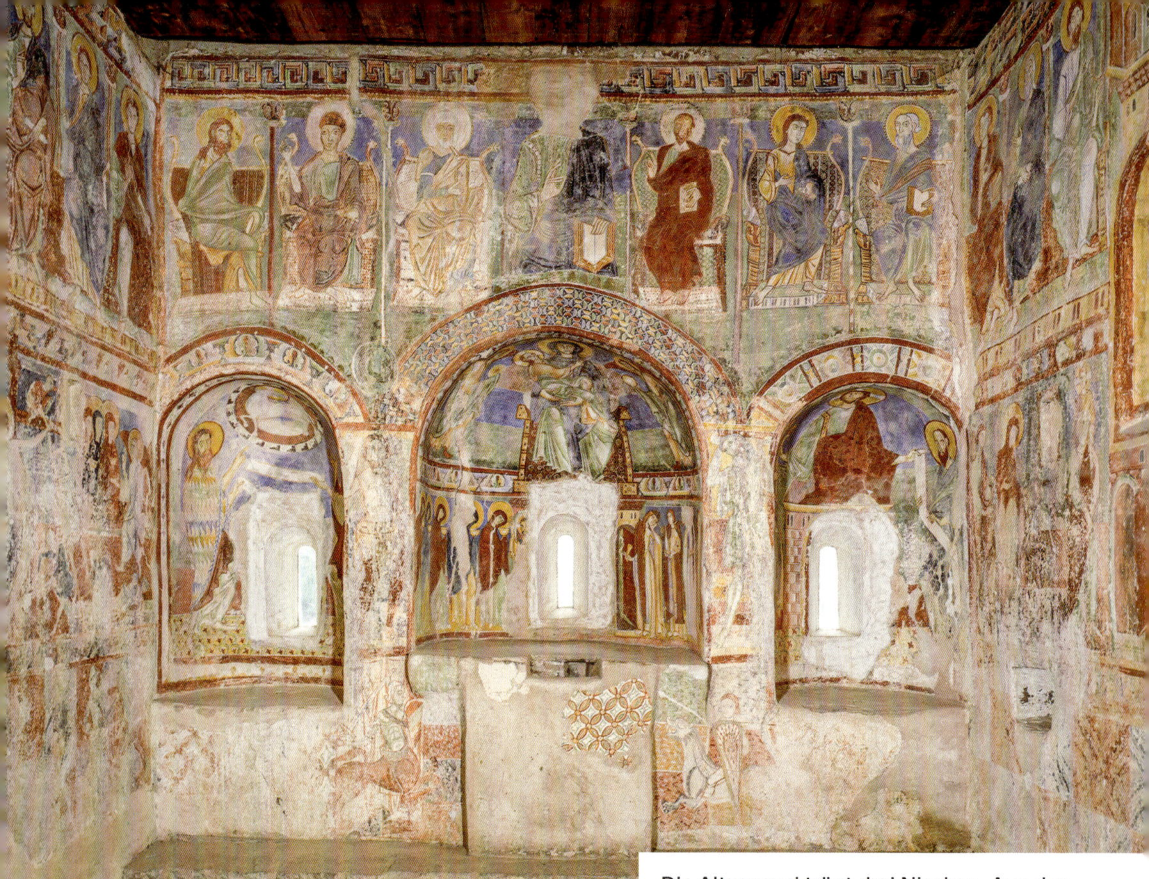

Die Altarwand trägt drei Nischen. Aus der mittleren blickt die Gottesmutter erhaben als „Hodegetria" byzantinischer Bildtradition.

Lebensgeschichte hinweist, andererseits mit seinen, dem Betrachter zugewandten nackten Füßchen das Kindsein betont. Die ungewohnte und stark ikonenhafte Darstellungsweise in Liegepose verweist auf zeitgenössische, byzantinische Vorbilder. Normalerweise findet sich an dieser Stelle ein thronender Christus, dass es hier die Gottesmutter ist, lässt den Schluss zu, dass die Kapelle ursprünglich ihr geweiht war. Flankiert wird Maria von zwei sphärentragenden Engeln, die an den Flügeln ähnliche Kreuzbänder tragen wie die Engel in der Krypta von Marienberg.

Unterhalb der thronenden Madonna erscheinen die Klugen und die Törichten Jungfrauen; still und beschieden gehen die Klugen Jungfrauen im gleichen Schritt auf den segnenden Jesus zu; ihre Kleidung und der Schleierumhang erinnern an das Mariengewand. Ganz anders kommen die Törichten Jungfrauen daher, kokett im *dernier cru* der fließenden, figurbetonten Frauenmode um 1200 mit überlangen Trompetenärmeln, die bis an den Boden reichen. Tragen die Klugen ihr Haar züchtig verhüllt, so scheint das zu langen Zöpfen geflochtene Haar der Törichten deren ganzer Stolz zu sein. Unter dem Vorwand, verwerfliche Eitelkeit zu zeigen, hat der Maler hier wohl auch der Selbstgefälligkeit und dem Standesbewusstsein seines Auftraggebers geschmeichelt, und dieser „Einbruch der Moderne“ in den Sakralraum entbehrt nicht einer gewissen Pikanterie, wenn man bedenkt, dass das Gleichnis eigentlich Endzeitcharakter hat und auf das Jüngste Gericht hinweisen soll.

Drei Maler unterschiedlichen Talentes waren bei der Aposteldarstellung tätig

Der Hinweis auf das Jüngste Gericht wird in der linken Apsis weitergeführt mit den zwei Johannes, die auf das Lamm Gottes weisen: der Täufer als Asket aus der Wüste mit roten Haaren, langem Bart und regenbogenfarbigem Fellkleid; weißhaarig und alt Johannes der Evangelist als Verfasser der Geheimen Offenbarung. Die linke Apsis thematisiert die *traditio legis*, die Gesetzesübergabe an Petrus und Paulus; selbst der (kunstinteressierte) Laie wird hier eine große Ähnlichkeit zu den Aposteldarstellungen in Marienberg und in St. Johann in Taufers feststellen können.

Die Darstellung Christi mit den Aposteln an der Triumphwand über den Apsiden ist selten; aus Platzgründen greift sie auf die Nord- und Südseite über. Das Christusbild fehlt; ob an dieser Stelle ein byzantinisches Medaillonbild hing, bleibt vorerst Hypothese.

Die unterschiedliche Qualität der Malereien belegt augenfällig die Tatsache, dass drei Maler unterschiedlichen Talentes bei der Aposteldarstellung tätig waren. Apsis-Maler A ist der große Künstler, der byzantinische Vorbilder kennt und verinnerlicht hat, Maler B kopiert ihn, gleichwohl mit einer gewissen Naivität, wenn er etwa für den Apostel Andreas das Motiv des eingewinkelten Beins mit der nackten Fußsohle von der Darstellung des Jesuskindes übernimmt. Der Maler der Apostel Petrus, Paulus und Thomas jedoch hat als Letzter der Dreien große Probleme und setzt unbeholfen linkische Gestalten auf wackelige Throne. Hatte er, als Gehilfe überfordert, das Bildprogramm zu Ende zu führen, weil Meister A und B anderswo einen neuen Auftrag angenommen hatten?

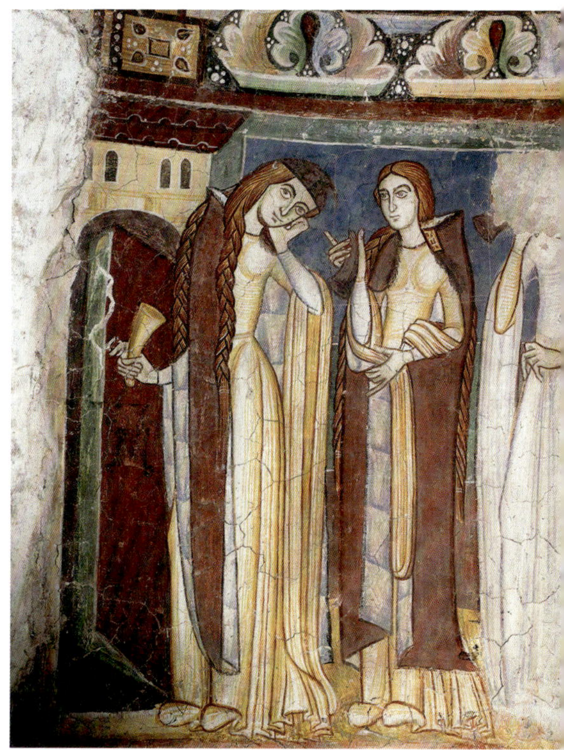

Akzentuiert geschildert ist die Frauenmode um 1200.

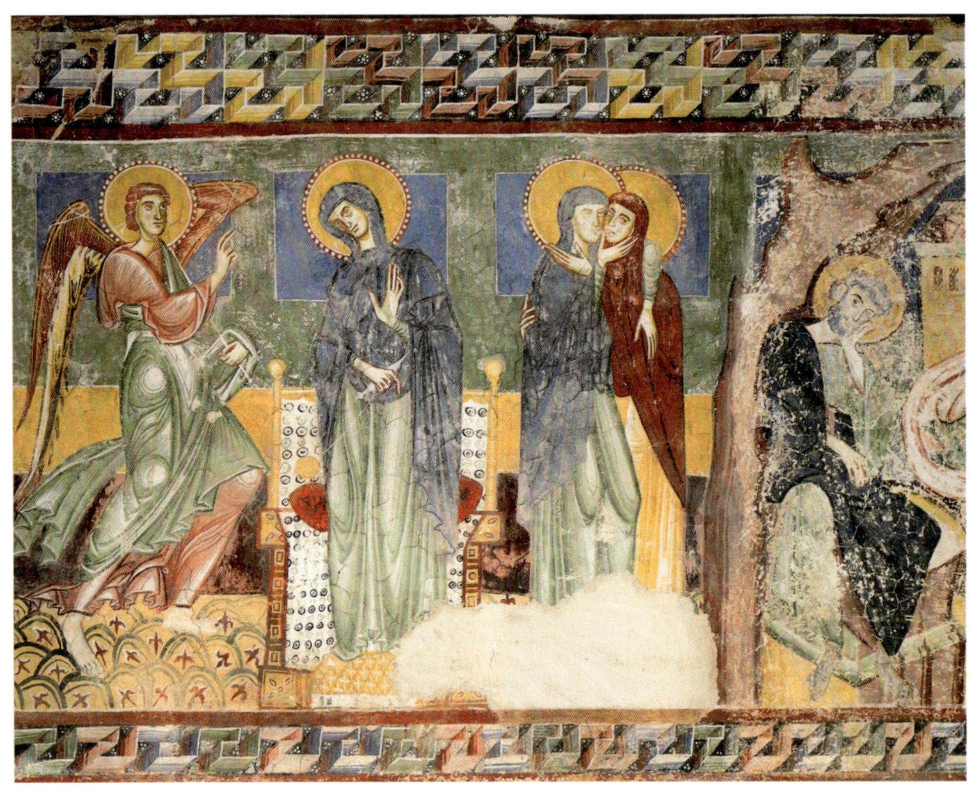

Eleganz und Lokalkolorit. Qualitätvollen Musterbüchern abgeschaut ist die Verkündigung.

Hohe Kunst und kruder Alltag

Die Bilder auf der Südwand entfalten sich in der folgenden Reihung: Verkündigung, Heimsuchung, Geburt Christi, Verkündigung an die Hirten, Flucht nach Ägypten, Darstellung im Tempel, Taufe Christi, Hochzeit zu Kana. Die Themen gehen fließend ineinander über, auch variiert die Bildbreite, allein der Bildhintergrund markiert den Wechsel. In diesen Malereien steht neben der qualitätvollen Eleganz, die sich an einer byzantinischen Vorlage oder einem Musterbuch orientiert, die hausbackene Alltagsrealität.

Sehr elegant wirkt die Verkündigung, allerdings bleibt dem Engel Gabriel zu wenig Platz in seinem raumfüllenden Impetus; Maria nimmt mit der linken Hand die frohe Botschaft auf und hält in der rechten den Spinnrocken – ein Nachhall der Purpurspindel aus der östlichen Kunst? Von inniger Beseeltheit durchdrungen ist die Heimsuchungsszene, die in ihren Überlängen (Gesicht, Körper, Hände) stilistisch an die Jungfrauenszene der Apsis erinnert und daher wohl von Meister A stammt.

Die Darstellung der Geburt verdient eingehendere Betrachtung: Die liegende Maria, der nachdenkliche Josef und das Jesuskind in der gemauerten Krippe folgen stilgetreu byzantinischen Vorlagen; wie aber am unteren Bildrand eine Magd dazukommen konnte, die in einer Pfanne über dem Feuer eine Portion, doch ja, Knödel zubereitet, von denen sie einen verkostet, bleibt ein Rätsel. Hat der Gehilfe (Maler C) ein ikonografisches Element byzantinischer Geburtsdarstellung missverstanden, oder ist mit ihm die Freude am tirolisch-realistischen Detail durchgegangen? Diese Detailfreude zeigt sich weiters in der Darstellung der Tiere in der Hirtenszene genauso wie in der Flucht nach Ägypten, wo Josef den kleinen Jesus huckepack (tirolerisch „bugganagga") trägt, und vor allem bei der Hochzeit zu Kana. Da ist wenig geblieben von der ikonenhaften Eleganz: Figuren unterschiedlicher Größe bevölkern das Bild, minutiös schildert der Maler den gedeckten Tisch mit Geschirr und Speisen, in krudem Realismus verschlingt ein Mann eine Wurst, und vor dem Tisch steht eine Frau in einem ausgefransten, seltsamen Modekostüm mit ausgestrecktem rechten Arm. Eine enge Verwandtschaft dieser Figur mit dem Gastmahl des Herodes in Müstair ist offensichtlich.

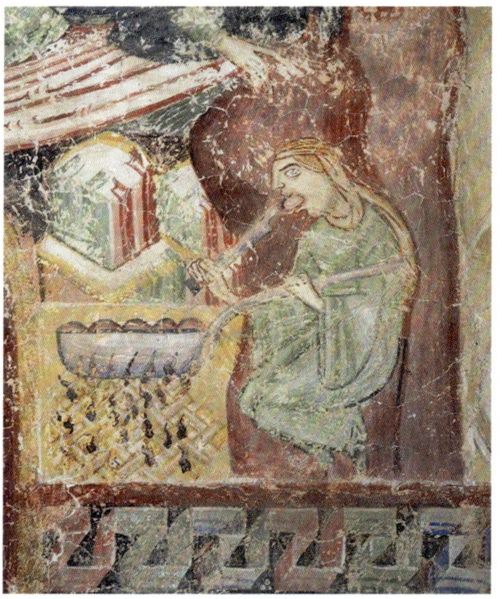

Die Malereien an der Westwand sind nur noch fragmentarisch erhalten, in der oberen Bildreihe geht es um die Heiligen Drei Könige vor Herodes, in der unteren um den Einzug Christi in Jerusalem und das Abendmahl (?). Das obere Register der Nordwand führt die Dreikönigsthematik weiter, in fließendem Übergang sehen wir sie vor Herodes und im Traum, wo ihnen der Engel erscheint, während ein König zu Pferd bereits die Stadt verlässt.

In diesem Zusammenhang sei auf das „reiche Repertoire an architektonischen Formen" hingewiesen: „Die Architekturen von Hocheppan sprengen das strenge romanische Rahmensystem und suggerieren das Streben nach räumlicher Tiefe" (Th. Steppan).

Rohe Gewalt in Breitbildformat zeigt sich beim bethlehemitischen Kindermord; die Darstellung der Ermordung des Zacharias – er wird erwürgt – im Tempel ist sehr selten; darunter nur mehr fragmentarisch erhalten sind Dornenkrönung, Kreuzigung, Kreuzabnahme und die Frauen am Grabe.

Südtirol, wie es leibt und lebt,
zwischen Kunst und Knödel.

Hirsch und Reiter

Von hoher Qualität ist die Kreuzigung an der Nordwand außen über dem Eingang, wo die Darstellung menschlichen Leidens im Mittelpunkt steht.

Zur Jagdszene mit Hirsch und Reiter: Die Deutungen füllen Bücher. Ein gekrönter Reiter stößt in sein Horn und folgt einer Hundemeute, die einen Hirsch verfolgt. Geht es um die Eustathiosbekehrung? Ist der Hirsch Sinnbild für die von Feinden verfolgte Seele? Handelt es sich um den Höllenritt des Gotenkönigs Theoderich wie in San Zeno in Verona? Ist der Reiter Dietrich von Bern aus dem Nibelungenlied? Verfolgt der Heidenkönig Aron den goldenen Hirsch wie in der Spielmannsdichtung vom heiligen Oswald? Der Deutungen sind viele und die Lesbarkeit der Darstellung ist beileibe kein Problem unserer Tage: Knapp 100 Jahre nach ihrer Entstehung wurde die Szene nicht mehr verstanden und zu einem Kampf des heiligen Georg mit dem Drachen umgestaltet. Fakt ist, dass an der Außenwand der Kapelle von Tötschling bei Brixen dasselbe Motiv in nahezu identischer Form abgebildet ist.

Schön und rätselhaft. Die Szene mit dem Hirsch hat viele Deutungen.

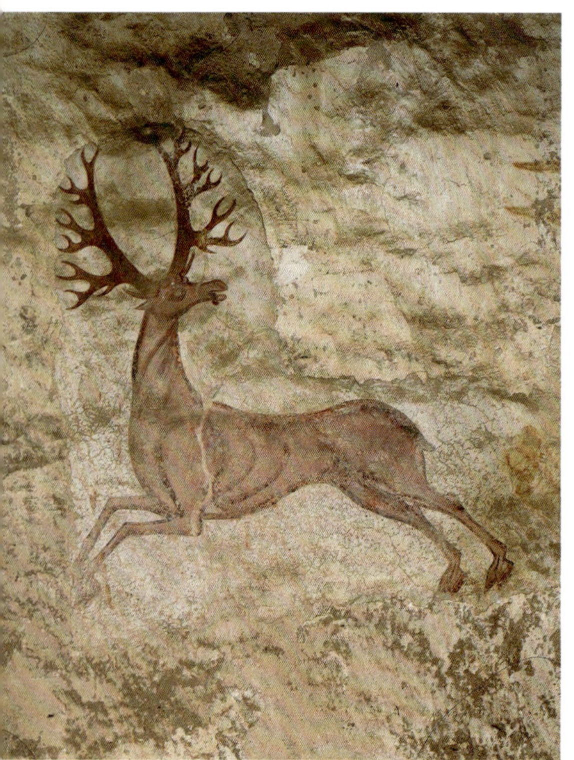

Das Christophorusbild, lange Zeit für das älteste Tirols gehalten, ist um 1330 entstanden.

Werkzusammenhänge der Hocheppaner Malereien bestehen zu Marienberg und zu Müstair; sie strahlen aber auch auf St. Margareth in Lana, auf St. Jakob in Grissian und auf St. Jakob in Kastelaz aus. Maler A kennt die byzantinischen Zyklen Siziliens und Zyperns, die der Auftraggeber möglicherweise selbst gesehen hat. Insgesamt lassen sich die Malereien ins frühe 13. Jahrhundert datieren.

Mächtige Rivalen

Die wuchtige Burganlage auf exponiertem Felsen wird fast zur selben Zeit erbaut wie Schloss Tirol und dokumentiert auch als Halbruine unübersehbar den Willen zur Macht. Um 1100 taucht das Welfengeschlecht der Eppaner als Grafen von Bozen und Eppan urkundlich auf; sie sind neben den Grafen von Tirol, ihren Erzrivalen, die bedeutendsten Lehensträger der Bischöfe von Brixen und Trient. Aus der Rivalität zu den Tirolern wurde bald blutiger

Kampf, da die Eppaner darangingen, wie die Tiroler eine eigene Feudalherrschaft aufzubauen. Dieser Kampf erreichte seinen Höhepunkt, als die Eppaner den ihnen verhassten Bischof Adelpret von Trient, der die Tiroler bevorzugte, in der Salurner Klause überfielen und gefangen nahmen. Dabei unterschätzten sie das Risiko und überspannten den Bogen, denn der Trientner Bischof führte eine päpstliche Delegation an, die zu Kaiser Barbarossa unterwegs war. Dieser reagierte umgehend und beauftragte Heinrich den Löwen mit der Strafaktion, von der sich die Eppaner letztlich nicht mehr erholten. Gegen Mitte des 13. Jahrhunderts verloren sie die Grafschaftsrechte, den Besitz und sogar das Schloss. Der letzte Eppaner starb, kinderlos, als Bischof von Trient.

> Werkzusammenhänge der Hocheppaner Malereien bestehen zu Marienberg und zu Müstair

Die Anlage ging durch verschiedene Hände und verfiel mit der Zeit; allein die Schlosskapelle wurde von Kirchgängern und Nachbarn lange Zeit recht und schlecht erhalten, bis sie im 19. Jahrhundert als Stadel für die bäuerlichen Pächter herhalten musste. 1912 kaufte Sighard Graf Enzensberg die Ruine, um sie vor dem Verfall zu retten. Heute gehört der Komplex der Gemeinde Eppan.
Mit dem Rücken an die Mauer gelehnt, blicken wir hinaus und hinunter ins Land. Wir schließen die Augen und reiten mit Graf Ulrich nach Süden mit dem Kreuz auf der Brust: Ins Heilige Land soll es gehen, über Sizilien, an der Seite Herzog Friedrichs I. von Österreich. Wir staunen mit Graf Ulrich über die golden schimmernden Mosaike in den Kirchen Palermos, sind gefangen vom Prunk und der Pracht Byzanz auf Zypern, kehren zurück mit dem Goldglanz der Ikonen in den Augen. Ihr ferner Abglanz spiegelt sich noch in der *Hodegetria*, der Gottesgebärerin in der Apsis, die wir vorhin bewundert haben.

INFO

Die Burganlage Hocheppan sowie die Burgkapelle können im Rahmen geführter Besichtigungen von Donnerstag bis Dienstag zwischen 11 Uhr und 16 Uhr erkundet werden (Gruppensonderführungen auf Anfrage immer möglich, im Oktober kein Ruhetag). Bei Regenwetter können die Führungen entfallen!

Nähere Informationen zu den Führungen erhalten Sie beim Tourismusverein Eppan.

Tel. +39 0471 662206
www.eppan.com

Gutes Schuhwerk ist angesagt, Ausgangspunkt ist Missian bzw. der letzte Autoparkplatz, wo der Weg N. 12 den engen Talgrund quert. Aufstieg ca. 30 Minuten. Shuttleservice möglich über Anfrage im Tourismusverein.

Burgschänke mit unterschiedlichen Öffnungszeiten

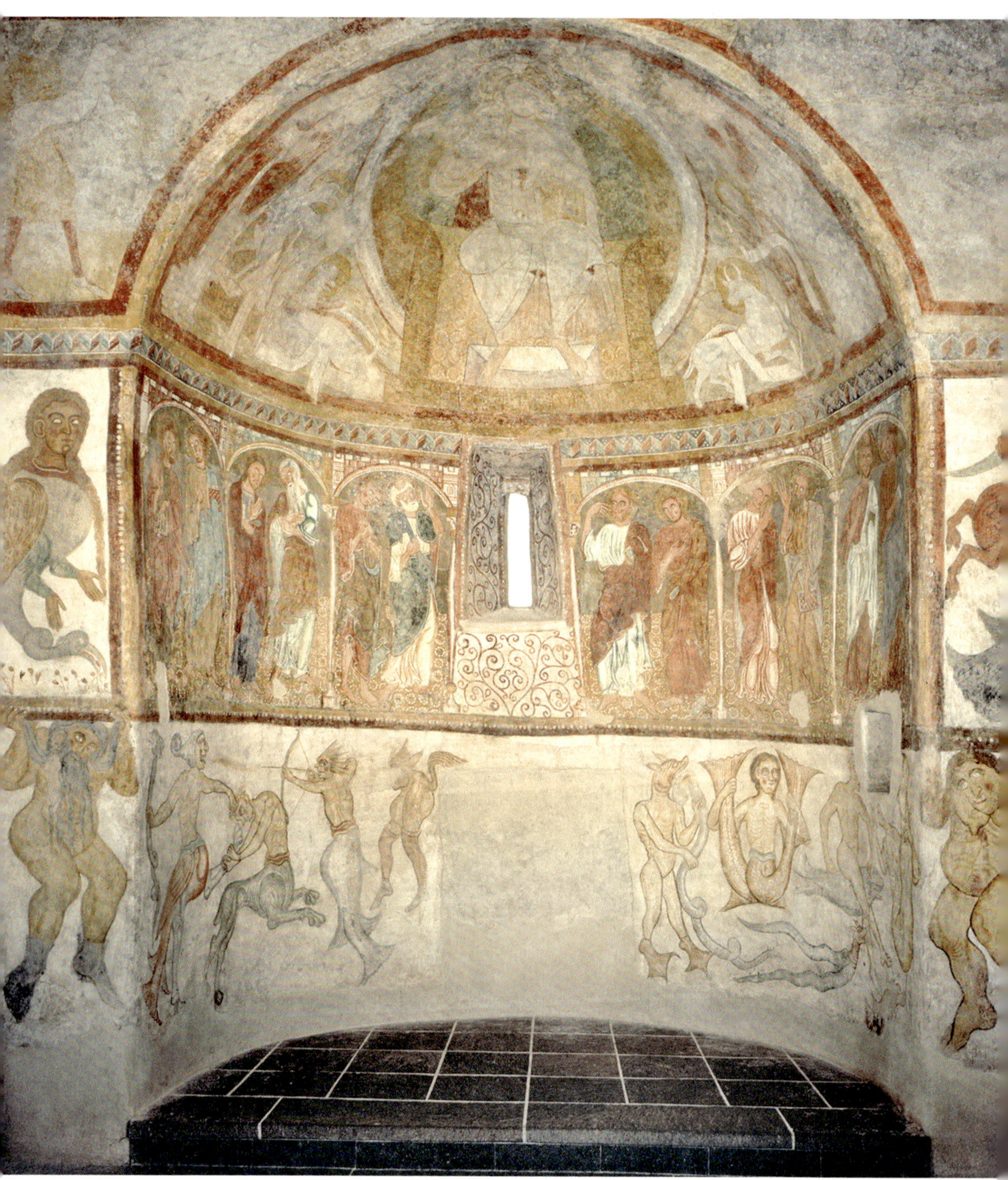

ST. JAKOB IN KASTELAZ

Chiffren des Bösen und ein Jakobswunder

Manchmal tut es gut, selbst zur Pilgerschaft bestimmt zu sein: Da es auf dem Hügel von Kastelaz so gut wie keinen Abstellplatz gibt, bleibt nur der Aufstieg vom Dorfplatz zu Fuß durch die malerische Weingegend hinauf zu dieser ehemaligen Pilgerstation auf dem Jakobsweg.
Der schlichte Bau besteht aus dem nördlichen Hauptschiff aus dem 11. Jahrhundert mit angesetztem Turm und einem spätgotischen Erweiterungsbau an der Südseite. Daher trägt der Innenraum ein Bildprogramm aus zwei Kulturepochen, der romanischen und der spätgotischen.
Unser Interesse gilt zuerst den romanischen Fresken im Apsisbereich, dic 1870 freigelegt wurden. Auffallend ist die Dreiteilung sowohl in der Apsisrundung wie auch im Triumphbogen. In der Wölbung erscheint Christus in der Mandorla mit den apokalyptischen Wesen (Evangelistensymbolen), flankiert von Maria und Johannes dem Täufer, die Fürbitte leisten (*Deesis*). In der Mittelzone stehen die Apostel paarweise in den Arkaden, die das himmlische Jerusalem symbolisieren. Auffallend an den Figuren ist die rhythmische Bewegtheit, die in geschwungenen Posen und starken Farbtönen eine unerwartete Ausdrucksstärke erreicht. Im reichen Fußboden mit den Kreismustern blitzt ein ferner Glanz byzantinisch orientalischer Textilien auf und soll paradiesische Pracht suggerieren – die kontrapunktisch zur Sockelzone gesetzt ist.
Es ist gerade diese Sockelzone mit den surrealen Misch- und Fabelwesen, die ins Auge fällt und in ihren Bann zieht. Der Kampf der Fabelwesen wird auf der Stirnseite links von einem Mann und rechts von einer Frau eingerahmt, die in ihrer nackten Grobschlächtigkeit den Eindruck erwecken, als trügen sie an einer gewaltigen physischen und psychischen Last; gemeinhin werden sie als Adam und Eva interpretiert, wobei diese Deutung nicht unbedingt schlüssig und erschöpfend ist. Noch schwieriger erweist sich die Deutung der Wesen darüber: links ein Vogelmensch (harpyenartig?) mit Schlangenschwanz (Symbol für Versuchung und Ketzerei?) und rechts ein bocksfüßiges Einhorn mit Fischunterleib, Sinnbild, wie W. Metzger meint, der „Triebhaftigkeit und Zeugungskraft der Natur". Es sind Hypothesen, Versuche von Interpretationen einer für uns heute geheimnisvollen Vorstellungswelt. Die Bilder sind Chiffren, wo der Mensch sich dem Bösen ausgesetzt sieht und auf Heil und Erlösung durch Christus hofft. Dass das ganze Bildprogramm zwischen Droh- und Frohbotschaft oszilliert, ist augenscheinlich.

Der Vergleich zum Freud'schen Persönlichkeitsmodell drängt sich auf: Es, Ich und Über-Ich. Gesehen mit den Augen des Mittelalters: der Mensch zwischen Droh- und Frohbotschaft.

Rätselhafter Lasterkatalog

In der Darstellung des Bösen und Dämonischen haben die Menschen immer schon viel Phantasie entwickelt; so ist es auch hier in Kastelaz, dazu kommt noch,

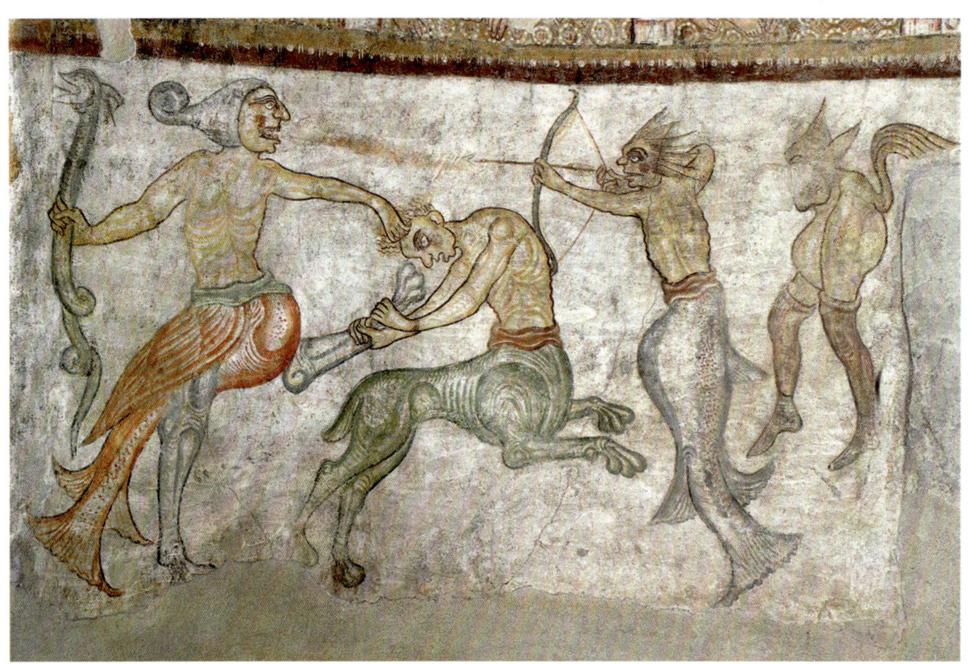

Grotesker Kampf der dämonischen Wesen. Symbole für Laster?

dass die Altarmensa fehlt und dementsprechend sich das dämonisch surrealistische Treiben der Sockelzone sozusagen in voller Breite vor uns abspielt. Auffallend ist, dass die Dämonen sich vom Altar fortbewegen, erst die jeweils äußerste Figur wendet ihm ihre Fratze zu.

In der grotesken Figurengruppe links würgt ein Vogelmensch mit phrygischer Mütze eine Schlange und zerrt einen hundsfüßigen Kentauren an den Haaren, während dieser ihm ein Bein auszureißen versucht. Hilfe (?) bekommt der Kentaur von einem Fischmenschen, der mit Pfeil und Bogen auf das Vogelwesen zielt. Grotesk schleicht sich eine bestrumpfte Missgeburt heran, die nur aus Kopf, Buckel, Bauch und Beinen besteht. Sieht man das Ganze als Beichtspiegel und Lasterkatalog, so dürfte bei der letzten Figur wohl das Laster der Gefräßigkeit gemeint sein. Rechts kreist das Geschehen um eine Sirene, die, ihre Flossenbeine kreuzend, ihren Schoß verschließt, unter dem sich Schlangen winden. Was hätte Sigmund Freud, der in Klobenstein am Ritten den ersten Aufsatz zu Totem und Tabu schrieb, beim Anblick dieser Szene wohl zu sagen gewusst? Eine äußerst interessante Interpretation findet Ulrike Kindl in ihrer Abhandlung „Sirena bifida Bilderwelten als Denkräume“: *Es scheint*

Ein Hundskopfmensch mit Flossenfüßen frisst eine Schlange

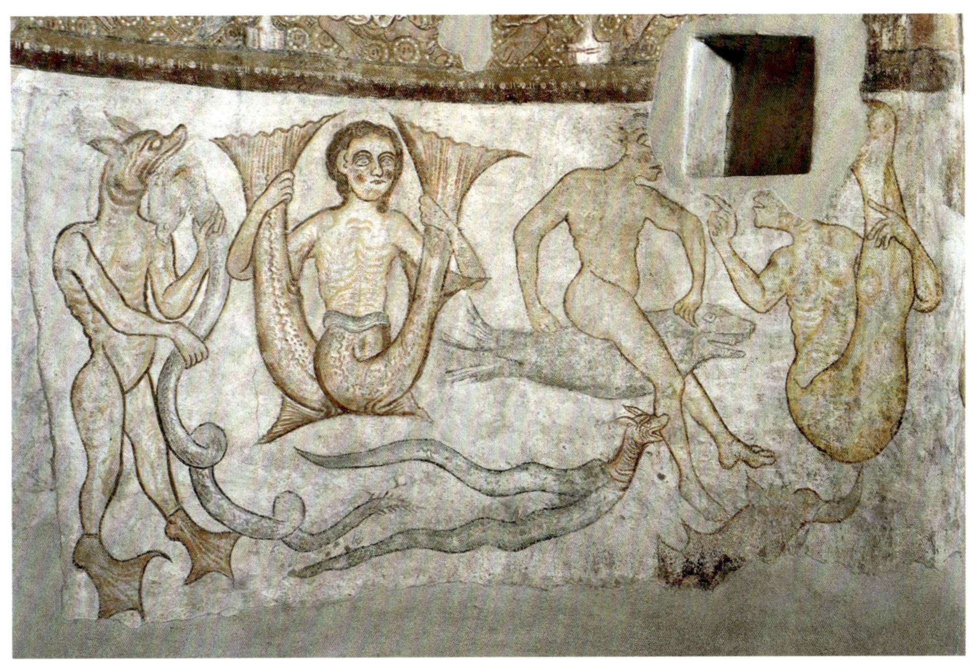

Der Schattenfüßler (ganz rechts) hat es mit Umberto Ecos Roman Baudolino bis in die Gegenwart geschafft.

paradox: Der eigentlich züchtigen Bildform der einschwänzigen Nixe hängt die Sinnbildlichkeit von sexueller Ausschweifung an, während die Evidenz der Sirena bifida keineswegs auf Wollust, sondern auf die uralte Verehrung weiblicher Fruchtbarkeit hindeutet. Der geschlossene Schoß des Fischweibchens von St. Jakob muss offenkundig als klare Mahnung verstanden worden sein, das heilige Geheimnis schöpferischer Erneuerung nicht im Pfuhl sündiger Lust aufs Spiel zu setzen.

Links von der Sirene frisst ein Hundskopfmensch mit Flossenfüßen eine Schlange, rechts wird ein Delfinreiter von einer zweischwänzigen Seeschlange gebissen, dem sich disputierend ein Schattenfüßler zuwendet; diesem wird seinerseits von einem spitzschnabeligen Tier (gemeint vielleicht von einer Schildkröte) von unten in die „Kehrseite“ gepickt. Die Deutung? Wir lassen sie offen.

Gerade weil die Bilder so rätselhaft sind, verführen sie zu (Über)-Interpretationen, und das hat der Künstler im fernen 1220 n. Chr. bestimmt nicht beabsichtigt. Ihm und seinem Auftraggeber, vielleicht Bischof Friedrich von Wangen in Trient, ging es um Heilsgeschichte und um die Darstellung einer Welt, wo das Sündige, das Laster- und Triebhafte seinen Platz hat, wo die Bestien, Symbole für Sünden, einen Vorgeschmack der Höllenqualen darstellen. Die Fratzen des Dämonischen konnte

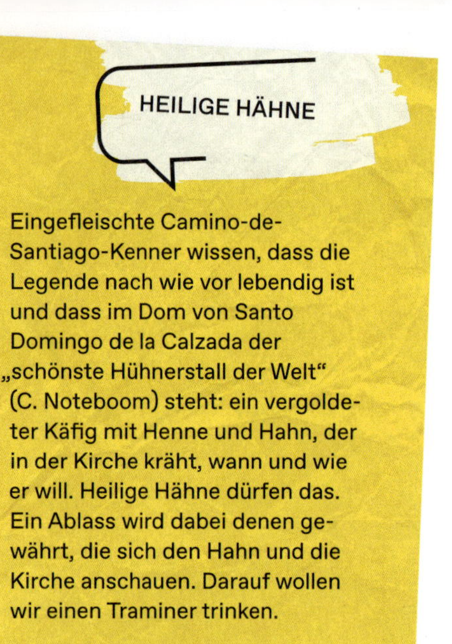

HEILIGE HÄHNE

Eingefleischte Camino-de-Santiago-Kenner wissen, dass die Legende nach wie vor lebendig ist und dass im Dom von Santo Domingo de la Calzada der „schönste Hühnerstall der Welt" (C. Noteboom) steht: ein vergoldeter Käfig mit Henne und Hahn, der in der Kirche kräht, wann und wie er will. Heilige Hähne dürfen das. Ein Ablass wird dabei denen gewährt, die sich den Hahn und die Kirche anschauen. Darauf wollen wir einen Traminer trinken.

das einfache Kirchenvolk intuitiv erfassen, ohne dazu mit gelehrten Deutungen traktiert zu werden.

Stampfer und Steppan heben in ihrer ausgezeichneten Monografie „Die romanische Wandmalerei in Tirol" die dominante Binnenzeichnung, die wirkungsvolle Modellierung und die kräftigen Konturen als stilistische Besonderheiten an den Figuren hervor. Auch sehen sie sowohl in den Fratzen der Dämonen als auch im heftigen Gestikulieren der Apostel einen Hang zum Ekstatischen. Parallelen ergeben sich in ihren Augen zu den Fresken von SS. Tommaso e Bartolomeo in Romeno im Nonstal.

Wundersame Pilgergeschichte

Wenden wir uns den gotischen Fresken zu. An der Nordwand breitet sich eine Bildfolge mit der Kreuztragung, Kreuzigung und Verteilung der Kleider aus, in der Sockelzone schlägt ein kleiner David dem Riesen Goliath mit einem überdimensionalen Schwert den Kopf ab; die Fresken dürften gegen 1400 entstanden sein. Auffallend farbenprächtig erscheint der gotische Anbau, in dem sich der Künstler Ambrosius Gander als Gehilfe („familiaris") des Hans Gilmig von Bruneck 1441 in lateinischer Inschrift verewigt hat. An der Decke erscheinen Engel und Brustbilder von Evangelisten und Kirchenvätern, an der Ostwand entfaltet sich eine figurenreich gedrängte Kreuzigung.

Rätselhaft das Rosenmotiv am besiegten Goliath

Erst die Südmauer greift das Thema des Kirchenpatrons auf und erzählt Vita und Wundertaten des Apostels Jakobs des Älteren, dessen Leichnam auf wundersame Weise nach Nordspanien gelangte und dessen Grab zum wichtigsten Pilgerziel der Christenheit nach Rom aufrückte. Man kann sich gut vorstellen, wie Santiago-Pilger hier mit Pilgermantel und Pilgermuschel vor den Bilderfolgen stehen blieben und sie kopfnickend und wissend interpretierten. Die Pilger kannten die Geschichten, ihnen erschloss sich der Sinn, im Gegensatz zu uns, die wir erst in einschlägigen Büchern nachschlagen müssen. Also: Ein deutsches Elternpaar ging mit seinem Sohn auf Pilgerschaft nach Santiago de Compostela, irgendwo in Kastilien steigen sie einmal in einer Herberge ab, wo eine Magd sich in den jungen Mann verliebt, der die Liebe jedoch nicht erwidert. Die Magd rächt sich und verleumdet ihn; der junge Mann wird zum Tode verurteilt. Die verzweifel-

ten Eltern gehen zum Richter und beteuern die Unschuld ihres Sohnes; der Richter, gerade dabei, ein Huhn zu verspeisen, erklärt lakonisch: *Erstens ist er schon gehängt und zweitens ist er genauso unschuldig, wie dieses Huhn auf meinem Tisch lebendig ist.* Woraufhin das Huhn wieder sein Federkleid bekommt und munter vom Teller fliegt. Alles eilt zur Galgenstätte und siehe da, der Gehenkte lebt noch. Jakobus hatte ihn gerettet.
Im Bild stützt der Heilige den am Galgen Hängenden an den Füßen. Ein kleines Detail: Hier in Kastelaz ist es nicht die Magd, sondern der Wirt selbst, der einen Goldbecher im Reisegepäck der schlafenden Wallfahrer versteckt, die Szene hat sich in die Bildfolgen aus dem Leben und dem Wunder am Grab des Kirchenpatrons an der Südwand „eingeschlichen".
Weitere Themen sind Kain und Abel, die Klugen und Törichten Jungfrauen in der Bogenlaibung und Maria im *hortus conclusus*, im Rosenhag. Meister Ambrosius' Schaffen steht im Zeichen der Kunst, wie sie im Brixner Raum in den drei Jahrzehnten nach 1400 florierte.

Das Hühnerwunder.

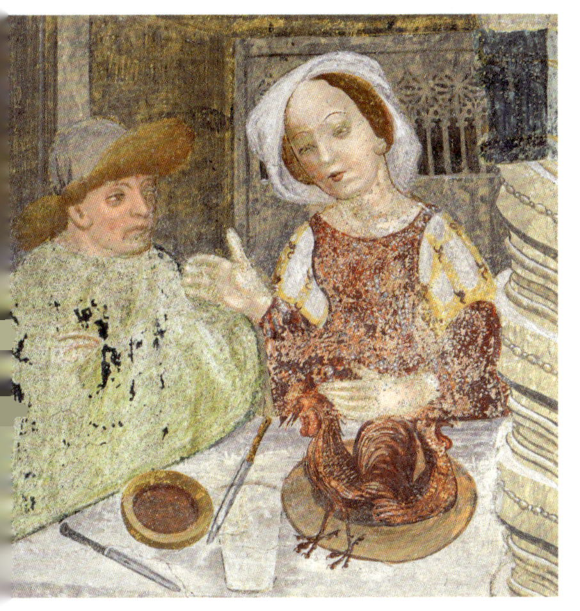

LITERATUR

Ursula Düriegl: Die Fabelwesen von St. Jakob in Kastelaz bei Tramin. Romanische Bilderwelt antiken und vorantiken Ursprungs; Wien 2003

Ulrike Kindl: Sirena bifida. Bilderwelten als Denkräume; Innsbruck 2008

INFO

Von Ostern bis Anfang November täglich von 10 bis 18 Uhr; in den Wintermonaten jeden Samstag und Sonntag von 10 bis 16 Uhr

Führungen für Gruppen auf Anfrage, Tel. +39 0471 860190

Keine Parkmöglichkeiten bei der Kirche; bitte parken Sie im Ortskern.

ST. VALENTIN AM FRIEDHOF – TRAMIN

Idyll für das Ende der Tage

Wenn man Tramin in Richtung Süden auf der Weinstraße verlässt, hat man nach kurzer Zeit den achteckigen, spätgotischen Spitzhelm des St.-Valentin-Kirchleins rechts im Blickfeld. Den Schlüssel erhalten Sie bei uns im Tourismusbüro, eine Kaution ist zu hinterlegen. Es verirren sich nämlich nicht allzu viele Besucher hierher, obwohl St. Valentin einen eindrucksvoll ausgeschmückten Innenraum besitzt. Der ursprüngliche Bau geht in die Romanik zurück, spätere bauliche Veränderungen, abgesehen vom eingezogenen Turmstützpfeiler, beeinträchtigten den ursprünglichen Charakter kaum. Es standen also große Wandflächen für Bemalung zur Verfügung. Die Fresken gehören zu den interessantesten der Bozner Schule und sind zwischen 1370 und 1420 entstanden.

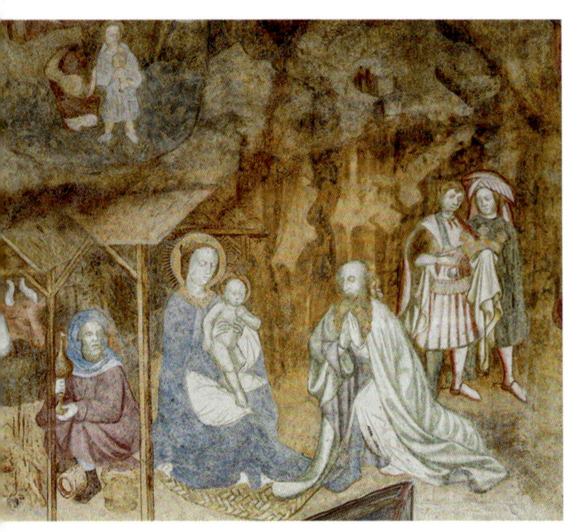

Das älteste Fresko befindet sich am Turmstützpfeiler im Westteil des Chores und zeigt die Verkündigungsszene. Der Maler muss seinen Stil in Oberitalien geschult haben. Er beherrscht alle Nuancen der Farbabstufung, was zum Beispiel am meisterhaft gemalten Schleier Mariens ersichtlich ist. Und die Taube im Flug hat er mit geradezu impressionistischer Bravour in der Magie des Augenblicks festgehalten.
Etwas jüngeren Datums ist der Hauptteil der Malereien an den Wänden. An der Altarwand stehen sich die Anbetung der Könige und die Kreuzigung gegenüber.
Auf der Südwand werden Heiligenlegenden erzählt. Wenn Valentin die blind geborene Lucilla heilt, zeigt das, dass in der Heiligenverehrung die zwei Valentine, der von Rätien und der von Terni, zu einer Heiligenfigur verschmolzen sind. Als skurrile Auflockerung erscheint ein kleiner gemalter Schrank mit einem zerfledderten Buch und einer Maus: Kirchenmäuse sind arm und selbst bei Heiligen ist offensichtlich wenig zu holen.

Massaker an elftausend Jungfrauen

Breiten Raum nimmt die Ursulalegende ein, wo König Attila in Köln die Heilige mit ihren elftausend Jungfrauen im Gefolge erwartet. Elftausend Jungfrauen? Wir schlagen nach im „Lexikon der christlichen Ikonografie“ und lesen, dass Ursula eine britische Königstochter war,

Die Anbetung der Könige entfaltet sich als bewegter Zug in einer Felslandschaft.

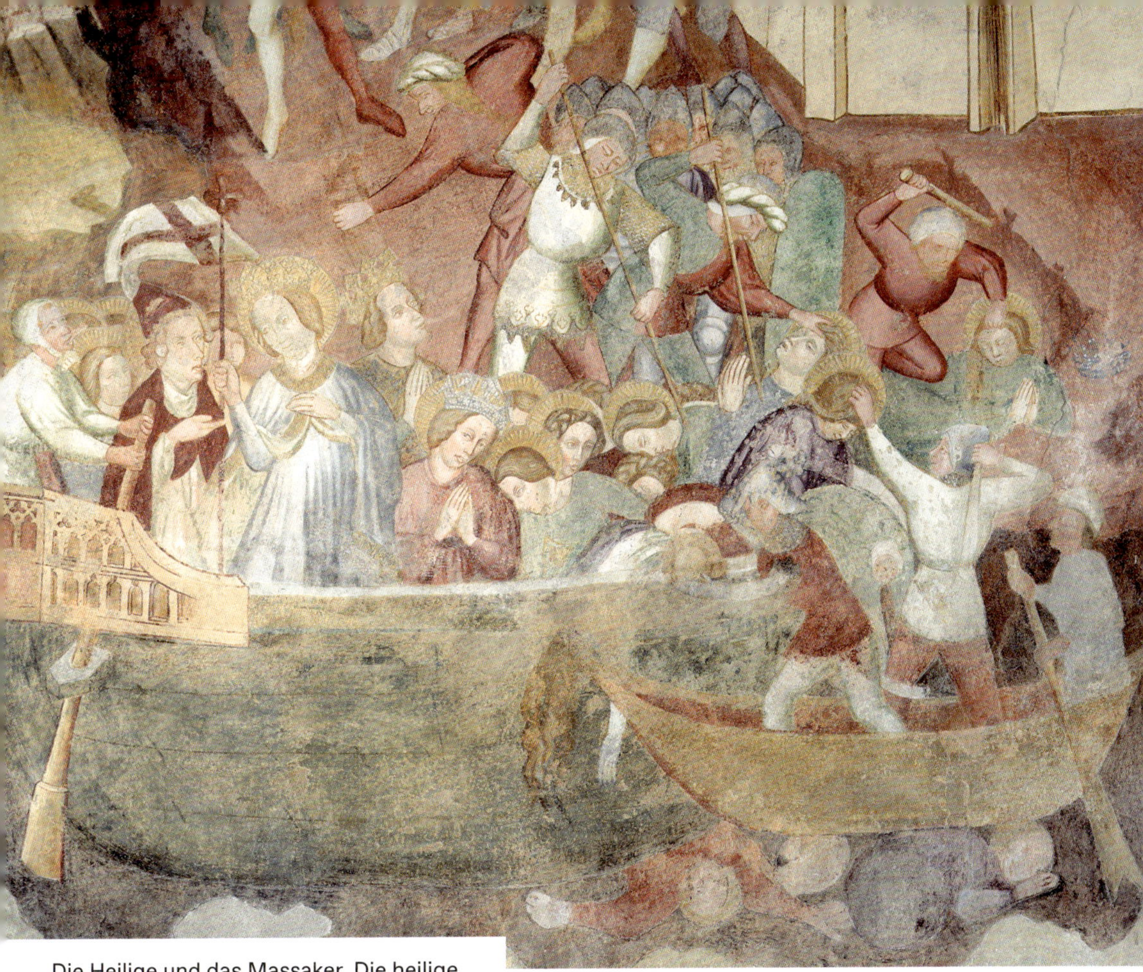

Die Heilige und das Massaker. Die heilige Ursula wird mit ihren Begleiterinnen überfallen. Der Privatkaplan spricht auf sie ein und scheint selbst mehr besorgt als sie.

die trotz ihres Gelöbnisses zur Jungfräulichkeit von einem heidnischen König als Braut für dessen Sohn gewünscht wurde. Sie entzieht sich dem Antrag mit einer großen Pilgerfahrt nach Rom und erleidet auf der Rückreise in Köln durch die Hunnen den Märtyrertod. Die Zahl der Jungfrauen ist ein Lesefehler, ursprünglich ist in der Legende von elf die Rede: Wie hätten die Hunnen auch elftausend junge Frauen massakrieren sollen?

Im Bildvordergrund wird die Heilige mit ihren Begleiterinnen auf dem Boot überfallen, einige treiben bereits als Leichen im Wasser. Dem Zeitgeschmack entsprechend mildern verschönernde Elemente das Geschehen, und die Heilige selbst scheint, während ihr Privatkaplan auf sie einspricht und sie nur mit halbem Ohr zuhört, mitten im Massaker nicht die Contenance zu verlieren. Der Maler stellt die bewegte Szene mit gotisch gedrängten Figuren in den Vordergrund, individuell gezeichnete Einzelfiguren fehlen und die Jungfrauen tragen, ganz dem

Ob Tramin die Heimat des Gewürztraminers ist, bleibt bis dato nicht vollständig geklärt. Es gibt einen Gewürztraminer Weinweg, der zwar durch die Weingärten führt, aber mit Informationen geizt. Sehr schade, denn der „Gewürzer" und seine Geschichte sind genauso facettenreich wie sein Aroma. Der Kellerei sollten Sie einen Besuch abstatten.

Weinmacher (Kellermeister) ist der eigenwillige Willi Stürz, der aus der (über)fülligen barocken Diva „Gewürztraminer" eine feingliedrige, raffinierte, talentreiche Primadonna gemacht hat.

Stilempfinden der Zeit entsprechend, hübsche Standardgesichtchen.
Im Landschaftsgrund schildert der Meister minutiös erzählte Szenen aus dem Alltag des späten Mittelalters – mit einer Stadt und deren Umfeld, mit Gehöften, Flüssen, Felsregionen und gefährlichen Saumpfaden. Der Veroneser Einfluss internationaler Gotik zusammen mit einer gewissen bodenständigen Freude am realistischen Detail ist unübersehbar.
Beherrschendes Thema ist aber die Herrenpassion in 23 monumentalen Bildern, die über dem Eingang beginnen und über die Nord- und Ostwand weiterführen. Es ist ein bewegter Bilderbogen mit figurenreichem Vordergrund und eine sehr ausführliche Passionsdarstellung, die um 1400 geschaffen wurde. Die Forschung vermutet für die breit angelegte Passionsschilderung Anregungen durch Armenbibeln, Passionsspiele und Fastentücher. Einige Szenen sind sehr ausgefallen, wie zum Beispiel die Begegnung Christi mit Dismas in der Vorhölle. Dismas war nach ostchristlicher Überlieferung der rechte Schächer, dem der sterbende Christus das Paradies verhieß. Er gilt als Patron der Fuhrleute und der zum Tode Verurteilten und wird um einen guten Tod angerufen.
Die Evangelisten an ihren Schreibpulten und der heilige Michael in der Apsis stammen von einem anderen Maler. Insgesamt haben in dieser äußerlich unscheinbaren Kirche drei Meister gearbeitet, die bis dato namenlos bleiben, uns aber eines der schönsten Beispiele der Bozner Schule hinterlassen haben.
Beim Verlassen der Kirche fällt Ihnen sicher die wunderschöne Lage des im 18. Jahrhundert angelegten Friedhofs auf. Hier, inmitten von Reben, ließe es sich schon aushalten bis zum Ende der Tage.

INFO

Den Schlüssel erhält man im Büro des Tourismusvereins Tramin, Mindelheim-Straße 10A, Tel. +39 0471 860131.

ST. STEPHAN IN PINZON

Die Madonna mit dem Apfel im Weinland

Was das gestohlene Christuskind ohne seine Mutter nun wohl macht? Bis 1971 war der Schnitzaltar von Hans Klocker in der Stephanskirche von Pinzon, abgesehen von der Predella, immer am selben Ort vollständig erhalten geblieben. Dann aber drangen Kunsträuber durch das Kirchenseitenfenster in den Chor und entwendeten das Kind und die Teppich tragenden Engel.

Seither ist St. Stephan schwer gesichert, und für die Besichtigung gibt es festgelegte Öffnungszeiten. Die Fassade dieser ursprünglich romanischen und in gefälliger Gotik umgebauten Kirche trägt die etwas ungewöhnliche Darstellung einer Schutzmantelmadonna gegen die Pest und gegen das Wüten des Wildbachs in überraschenden Details. Das Innere wirkt schlicht und besitzt einen schönen Chor mit Rippengewölbe, figuralen Konsolen, Schlusssteinen und fantasievollen Kämpfern am Triumphbogen, die Meister Konrad von Neumarkt um 1410 schuf.

Den Chorraum dominiert würdevoll und zurückhaltend der spätgotische Flügelaltar mit der thronenden Madonna, den Hans Klocker um 1490 fertig stellte. Maß und Rankenwerk umrahmen den Schrein, in dem Maria dem Jesuskind einen Apfel reicht, wobei der Apfel hier als Zeichen der Innigkeit zwischen Mutter und Kind gedeutet werden kann. Allerdings sei ein kleiner heilsgeschichtlicher Exkurs gestattet: Die Frucht aus dem Paradies, der Apfel, wurde durch den Sündenfall zur Frucht des Verderbens. In der Hand Marias, der neuen Eva, wird er zum Symbol der Erlösung. Der Gedanke sei erlaubt, dass hier in dieser gesegneten Weingegend der Künstler auch eine Traube hätte nehmen können. Das Jesuskind ist übrigens eine gelungene Kopie.

Der Madonna sind der heilige Stephanus links und der heilige Laurentius rechts beigestellt. Bürgerlicher Realismus spricht aus

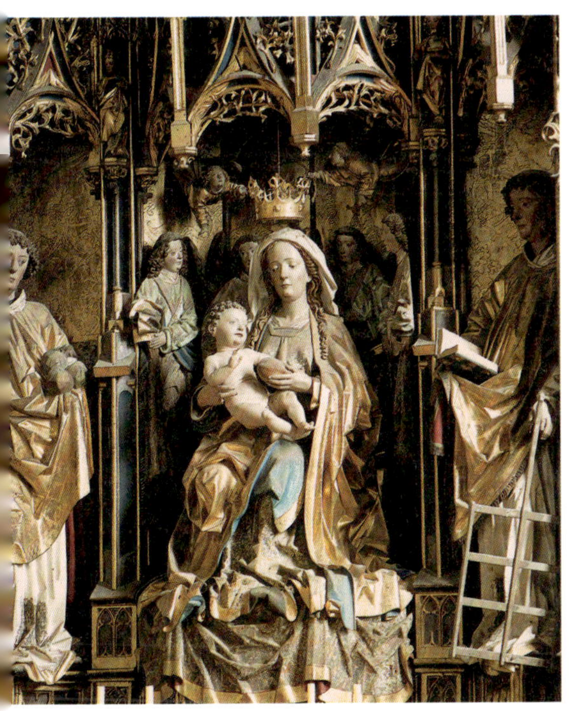

Würdevoller Realismus. Mag das Ensemble auch etwas statisch wirken, so strahlen die Figuren des Meisters Hans Klocker doch „bürgerliche" Würde aus.

den Gesichtszügen der Heiligen mit ihren Martyriums Symbolen und der Rost des heiligen Laurentius bildet in seiner profanen Dinglichkeit einen schönen Kontrast zur klerikalen Feierlichkeit seines Priesterkleides. Die Podeste sind quergestellt und verleihen der Dreiergruppe ein wenig räumliche Dynamik, die durch den Faltenwurf der Figuren, der über die Podeste quillt, verstärkt wird. Insgesamt ist hier aber wenig zu spüren von der raumgreifenden Figurenkomposition des Zeitgenossen Michael Pacher. Und so, zum Anschauen hingestellt, wirken auch die Heiligen auf den Flügelaußenseiten: links oben Valentin und Nikolaus, unten Leonhard und Martin; rechts oben Blasius und Wolfgang, unten Oswald und Vitus. Das Gesprenge, möglicherweise erst nach dem Tod Klockers aufgesetzt, trägt die Kreuzigungsgruppe mit Maria, Johannes, vier Passionsengeln und die heiligen Ulrich und Vigilius. Die Predellatürchen zeigen außen die gemalten Jakobus und Achatius, innen die geschnitzten Barbara und Margaretha.

Die Flügelaußenseiten erzählen vier Szenen aus der Stephanuslegende, die stilistisch unter dem Einfluss des Meisters von Uttenheim stehen.

Hans Klocker betrieb eine gut gehende Werkstatt in Brixen, fertigte aber auch Arbeiten für Bozen und das Bozner Unterland. Neben Michael Pacher war er zwar der bedeutendste Bildschnitzer der ausgehenden Gotik.

Wir besuchen noch kurz die angrenzende Loreto-Kapelle, in der die „Casa Santa", das Haus der Heiligen Familie verehrt wird. An der malerischen Ausschmückung waren Michelangelo Unterberger aus Cavalese und Stephan Kessler aus Brixen beteiligt. Auf den Platz hinaustretend, werfen wir einen Blick auf den mitunter skurrilen Fassadenschmuck der umstehenden Häuser: Ob's der Wein war, der den Pinsel der Malermeister führte? Dem Ganzen sei eine Marginalie beigefügt: Einmal im Jahr ist St. Stephan Wallfahrtsziel mit Messe für ausgefuchste Weinbeißer – obwohl, siehe oben, die Madonna (nur) einen Apfel reicht.

INFO

Für die Besichtigung die Telefonnummer +39 0471 820181 kontaktieren.

Um sicher zu gehen: Infos im Tourismusverein Auer-Montan-Neumarkt-Salurn (Castelfeder)

Auer (Weinstraße Süd) – Hauptplatz 5
Tel. +39 0471 810231
www.castelfeder.info
info@castelfeder.info

Unbedingt erwanderswert ist die Bletterbachschlucht, die einen faszinierenden und farbigen Blick in die Erdgeschichte freigibt. Der Bletterbach ist ein Bach auf dem Gebiet der Regglberger Gemeinde Aldein. Er bildet am Fuß des 2317 Meter hohen Weißhorns die Bletterbachschlucht, die auch als „Grand Canyon Südtirols" bezeichnet wird. Die Schlucht entstand vor ca. 15.000 Jahren in der Eiszeit, ist ungefähr 8 Kilometer lang und 400 Meter tief.

www.bletterbach.info
info@bletterbach.info

MERAN UND UMGEBUNG

Meran

VERBLICHENER FAMILIENSCHMUCK UND SUBTROPISCHES NORWEGEN

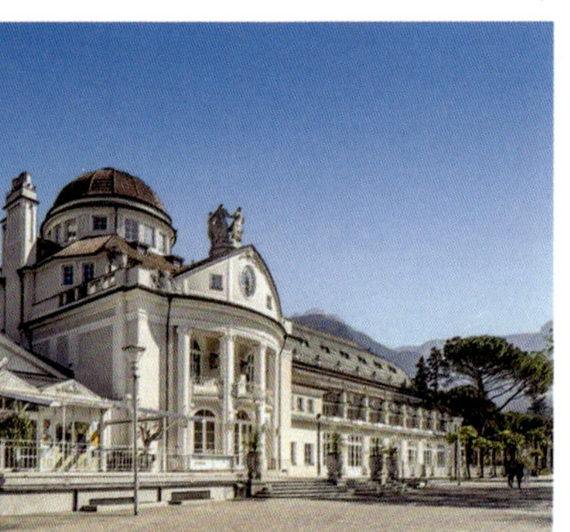

Madame Meran trägt den Schmuck der Belle Époque. Am schönsten glänzt das Kurhaus auf der Promenade. Der klassizistische Flügel entstand 1874 nach Plänen von Ludwig Förster und Paul Czerny, daran anschließend setzt sich das **Große Kurhaus** in Positur. Das Ensemble hat etwas Tänzerisches, fröhlich drehen sich die Mädchen über dem Dreieckgiebel im Ringelspiel, und es ist, als wollten sich der konvex gebogene Mittelrisalit mit Säulen und Balkonen und die Kuppel über der Rotunde in das heitere Treiben einreihen.

Die Pläne für den Jugendstilbau stammen von Friedrich Ohmann, die Fresken im Innern, das zu besichtigen man nicht versäumen sollte, fertigten drei Künstler. In der Rotunde tummeln sich die Putten von Orazio Gaigher, über dem Orchesterraum schweben die Blumen streuenden und Lyra spielenden Mädchen von Alexander Rothaug, Karl Jettmar lässt Apoll auf dem Sonnenwagen gegen die Mächte der Dunkelheit anstürmen. Doch Apolls Ansturm gegen die Dämonen wurde zur bitteren Farce. Zu Silvester 1914 fand die feierliche Einweihung statt, mitten im Großen Krieg, just als in den vorangegangenen fünf Kriegsmonaten allein aus dem Kronland Tirol an die zehntausend Soldaten in Galizien gefallen waren. Ab dem Jänner 1917 standen ausgemergelte Kinder und Frauen vor der Kriegsküche an, die im Parterre des Kurhauses eingerichtet worden war.

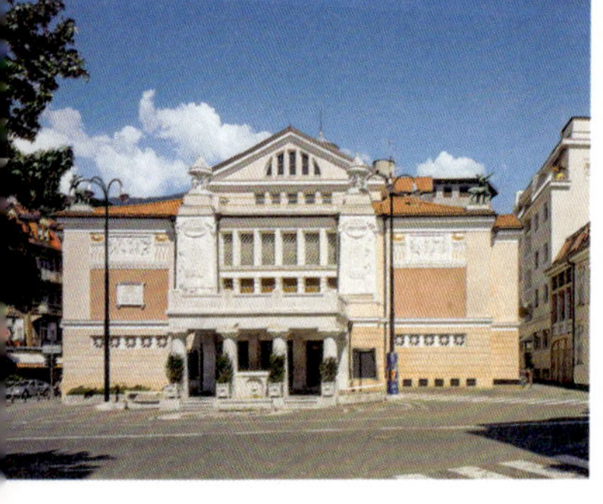

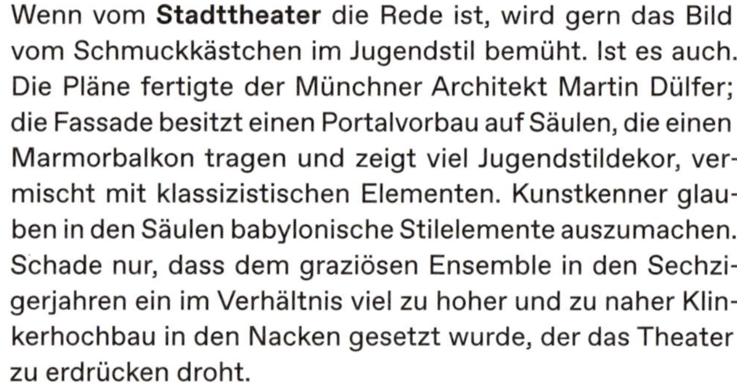

Wenn vom **Stadttheater** die Rede ist, wird gern das Bild vom Schmuckkästchen im Jugendstil bemüht. Ist es auch. Die Pläne fertigte der Münchner Architekt Martin Dülfer; die Fassade besitzt einen Portalvorbau auf Säulen, die einen Marmorbalkon tragen und zeigt viel Jugendstildekor, vermischt mit klassizistischen Elementen. Kunstkenner glauben in den Säulen babylonische Stilelemente auszumachen. Schade nur, dass dem graziösen Ensemble in den Sechzigerjahren ein im Verhältnis viel zu hoher und zu naher Klinkerhochbau in den Nacken gesetzt wurde, der das Theater zu erdrücken droht.

Madame Meran trägt edlen alten Villenschmuck, und in einer Art von zeitloser Nonchalance stehen diese Villen hinter

Vorgärten mit majestätischem Baumbestand, insbesondere in Ober- und Untermais, aber auch im Bereich zwischen Theater- und Mazziniplatz. Leider ist nicht wenig alte Bausubstanz der Abrissbirne zum Opfer gefallen, und bei den Neubauten herrschen Länge mal Breite mal Gewinnmaximierung bis zum allerletzten Quadratzentimeter. Das Ungute daran ist zudem das Grünschmarotzertum. Bauabstände werden zwar eingehalten, aber alles unterkellert, es braucht ja Garagen für jede Wohneinheit. Bleibt nur Platz für fantasielosen Grünrasen, aber kein Platz mehr für hochstämmige Pflanzen, schon gar nicht für die Zedern. Die stehen dann in den noch intakten Nachbarsgärten. Von den Zedern wird noch die Rede sein (müssen).

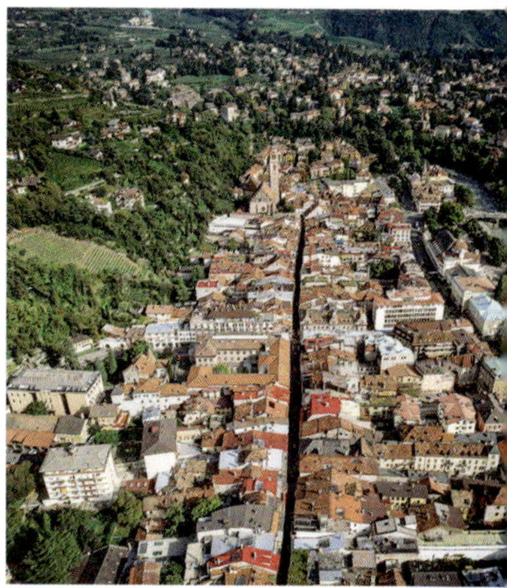

Ein Schmuckstück der besonderen Art ist die Postbrücke mit Blattgoldverzierung im Jugendstil; die Theaterbrücke wiese zwar ähnliche Zierelemente auf, doch hat es bei ihr zu mehr als einem prosaischen grünen Ölanstrich nicht gelangt. Über all dem Schönen schwebt das Narrativ des „Es war einmal". Man braucht da gar nicht N. C. Kasers – Südtirols Enfant terrible der 1968er – spöttische Titulierung „Meran, du bundesdeutsches Altersheim" aus seinem „Stadtstich" im Ohr zu haben. Inzwischen bevölkert jüngeres Publikum die Straßen. Merans Lauben haben sich in letzter Zeit halbwegs herausgeputzt. War aber auch höchste Zeit. Die **Stadtgasse**, denn mehr als eine Gasse ist sie eigentlich nicht, erinnert an die Entstehungszeit des Ortes im Mittelalter, als die Grafen von Tirol auf ihrem Stammschloss residierten. Die Ansammlung an Häusern zu ihren Füßen hatte notwendige Dienstleistungen zu erfüllen. Die nachhaltigste davon war, als Meinhard II. von Tirol 1274 eine Zeche (Münzprägungsanstalt) errichten ließ, in der der berühmte Tiroler Kreuzer geschlagen wurde. Die ersten Münzpächter kamen aus dem oberitalienischen und dem Florentiner Raum. Der Kreuzer hat im Sprachgebrauch bis heute überlebt. Er war derart beliebt wegen seines hohen Silbergehalts, dass es im oberitalienischen und süddeutschen Raum Nachprägungen gab. Den Italienern war er seinerzeit als „Tirolino" geläufig.
Die unterschiedliche Straßenbreite der Gasse erzählt heute noch etwas vom mittelalterlichen Durchgangsverkehr vorbei an der Zenoburg ins Passeier hinein und über den Jaufenpass. Die mittig in rotem Porphyr eingelassene flache Rinne ist ein Zitat an die ehemalige Ritsch, den offenen Abfluss, der al-

len Unrat mit sich forttrug (zu Beginn führte die neue Rinne auch Wasser, sehr zum Leid der Mütter, aber zur übergroßen Freude kleiner Kinder, die mit Genuss darin herumpatschten). Bis in die 1960er Jahre führte der gesamte Verkehr ins Passeier durch die Lauben, entsprechend gut bestückt waren sie mit Gasthäusern („ein fröhlicher Kreuzweg für Trinker" spöttelte der uns schon bekannte N. C. Kaser). Mit der Gasthausherrlichkeit ist es weitgehend vorbei, Bars erbrechen Bestuhlung auf die Straße, und die Geschäfte bieten Lederwaren und Klamotten an – als ob man davon abbeißen könnte. Ein traditionelles Drogeriegeschäft jedoch sei erwähnt, lobenswert sind das alte Mobiliar und noch mehr die Prinzipalin, die die Warenpreise noch auf Papier mit Bleistift addiert.

Auf dem oberen Pfarrplatz steht das Palais Mamming mit dem Stadtmuseum. Die Sammlung der Exponate ist derart polyedrisch, dass es den Gestaltern sichtlich schwerfiel, einen zügigen Duktus durch die Ausstellung zu kreieren. Das interessanteste und wohl auch am wenigsten erwartete Exponat ist die **Totenmaske Napoleons** und bietet ein skurriles Zusammentreffen zweier Rivalen: Kaum 20 Kilometer entfernt proklamiert Andreas Hofer im Museum Passeier sein *„Mannder es isch Zeit"* und ruft zum Aufstand gegen Napoleon. Letzteres Museum ist sehr sehenswert, auch und gerade wegen seiner augenzwinkernden und modernen Inszenierung.

Weil wir bei den Museen sind: Unbedingt einen Besuch wert ist das Frauenmuseum am Kornplatz im Dachgeschoss des ehemaligen Klarissenklosters (sic!), eine Rarität in weitem Umkreis. Das Ausstellungsprogramm dreht sich um Frauenthemen, und dabei kann es sehr wohl passieren, dass Man(n) nach einer derartigen Vorstellung mit leicht hängenden Ohren den Ort der Vorstellung verlässt.
Dann sind da die Gärten von Schloss Trauttmansdorff, schön bis zur Schmerzgrenze. Meran ist ein Stück Mittelmeer in den Bergen, und es ist bis jetzt noch nicht ganz geklärt, warum bestimmte Exoten, die eigentlich viel weiter im Süden zuhause sind, hier den Winter überleben.

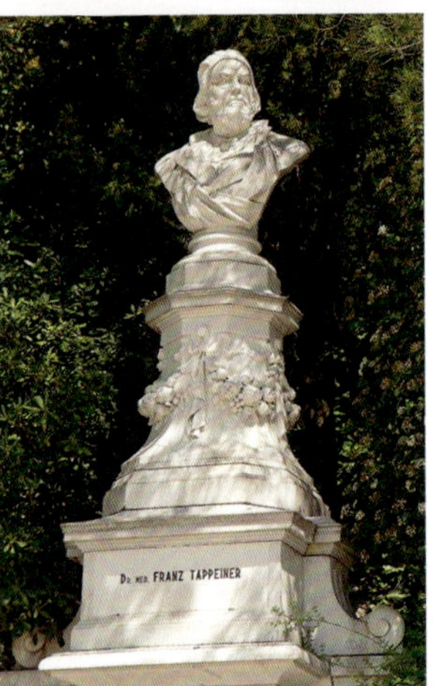

In Meran kann man etwas machen, was sonst nirgendwo auf der Welt möglich ist: Man kann tappeinern (ist zwar eine Wortschöpfung des Autors, aber deswegen nicht weniger schön!). Der **Tappeinerweg** über den Dächern der Stadt, benannt nach dem berühmten Kurarzt und großzügigen Spender, ist ohne Zweifel der schönste und angenehmste Spazierweg südlich der Alpen. Da lassen sich beim gemächlichen Dahinschlendern in der Januarsonne bereits Frühlingsgefühle pflegen. Und immer blüht und duftet etwas. Das wusste auch FHO: Auf Schloss Rametz lebte über Jahre Fritz von Herzmanovski-Orlando, einer der skurrilsten Käuze der Kulturszene Altösterreichs, als es diese schon nicht mehr gab. „Pack deine Sachen, komm nach Meran“, schrieb er an seinen Malerfreund Alfred Kubin, „ein bisschen subtropisches Norwegen wird dir gut tun!“

Von **Zedern** war kurz die Rede. Meran mit den Ortsteilen Unter- und Obermais besitzt anscheinend den weitläufigsten zusammenhängenden (na ja) Zedernwald Europas. Die herrschaftlichen Bäume sind zwar streng geschützt, doch von ihren Besitzern nicht sonderlich geliebt. Viele würden sie lieber heute als morgen fällen lassen. Zugegeben, der gelbe Blütenstaub macht eine beträchtliche „Sauerei“ auf den Balkonen, und die brüchigen Äste vertragen wenig Schneelast, außerdem lassen sie dauernd Nadeln und Harztropfen auf geparkte heilige Bleche fallen. Aber es sind majestätische 100-jährige Burschen, die einen klein werden lassen bei ihrem Anblick – und die der Luft in der verkehrsgeplagten Stadt weit mehr als nur eine Prise Waldesluft schenken. Manchen zugewanderten Pflanzen ist das Dolce-Vita-Klima doch zu anregend: Sie wachsen zu schnell. Die Libanonzeder wird in ihrer Heimat über tausend Jahre alt. Gleiches gilt für die Sequoia, den kalifornischen Mammutbaum; hier in Meran erreichen sie gerade mal etwas mehr als 100 Jahre Lebensdauer. Anders ist es bei den Menschen: Im 18. Jahrhundert heiratete ein gewisser Bernhard von Paravicini mit gut 90 Jahren auf dem Buckel eine 25-Jährige und zeugte in den 20 Jahren Ehe noch vier Töchter. Kann nur am Klima gelegen haben. Und nein, der Gärtner war es nicht.

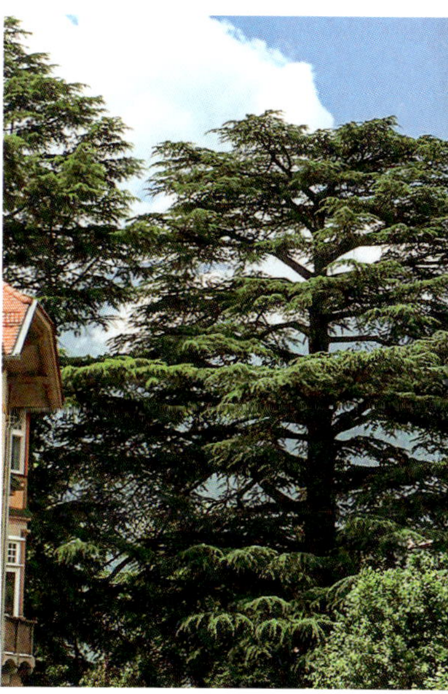

Moderne gefällig? Linkerhand der Passer, vis à vis vom Kurhaus, entstand der Thermenkomplex mit Hotel und Zedernlounge (sic!), einem weiten Platz und den Meraner Thermen, entworfen vom Stararchitekten Matteo Thun, Mitglied der New Yorker Hall of Fame für Design. Immerhin. Leider wird der Platz immer mehr zugekastelt, aber der weite Blick über die Pinienschirme des Thermenparks nach Süden gibt ein Gefühl befreiender Weite.

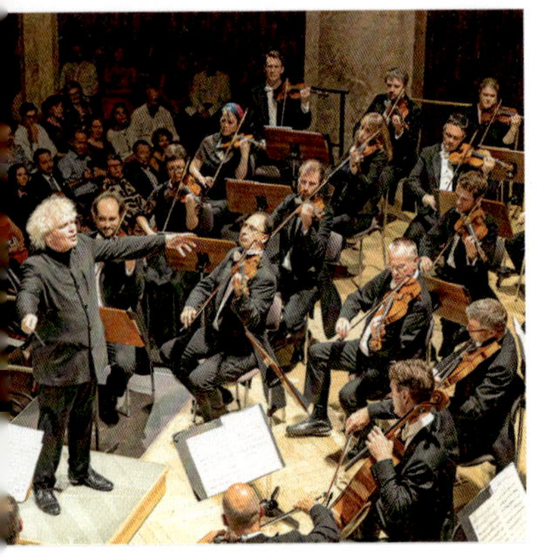

Ende August beginnt die große Zeit für Madame Meran. Da zieht sie ihr feinstes Schwarzes an und umgibt sich mit dem schönsten Schmuck, den man sich vorstellen kann, kein Gold und Geschmeide, sondern Musik. Das Südtirol Festival, besser bekannt als Meraner Musikwochen, lädt weltbekannte Orchester, Dirigenten und Interpreten ein. Dann strahlt der Kursaal wieder und es ist, als habe es keine Kriege und Nöte gegeben seit seiner Einweihung. Dann sonnt sich Madame Meran wieder in der allgemeinen Gunst der Kunstsinnigen und im Kosmopolitismus. Und lässt vieles vergessen und verzeihen. Auch, dass der verblichene Familienschmuck und das „subtropische Norwegen“ mehr zu schätzen und zu schützen wären.

„Küche der Erinnerung“

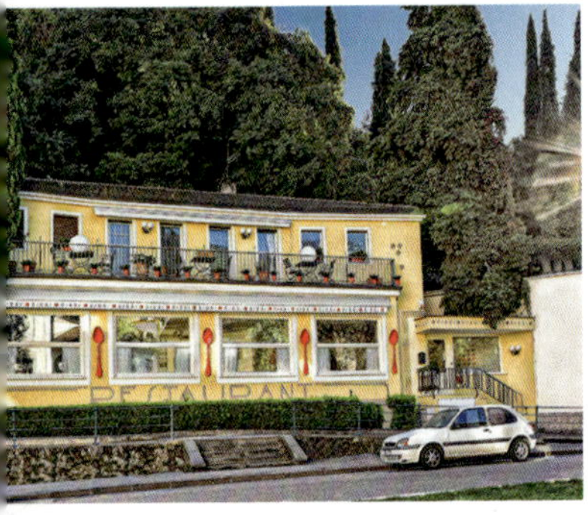

1905 wurde der Meraner Künstlerbund gegründet, der sich ein eigenes Ausstellungsgebäude errichtete: ein kleines reizendes Gebäude zwischen Neo-Klassizismus und Jugendstil in der damaligen Jahn-, heute Galileistraße. 1909 stellten dort unter anderen nicht nur die bekannten Tiroler Künstler Franz Defregger und Artur Nikodem aus, sondern auch ein Heinrich Vogeler und Alexander Koester. 1914 macht Wassily Kandinski Urlaub in Obermais und schreibt an seine Lebensgefährtin Gabriele Münter: „Ich habe mich an Meran gewöhnt: wunderschöne Luft, Essen vorzüglich ...“ Das mit dem Essen passt. Aber es hat fast 100 Jahre gebraucht, bis Kunst und Lebenskunst zusammengefunden haben – im **Künstlerpavillon**. 1998 zieht Andrea Fenoglio, Sohn eines Piemontesen und einer österreichischen Mutter, in den verwaisten Pavillon ein und macht daraus das Sterne-Restaurant „Sissi“. „Küche der Erinnerung“ nennt sie Fenoglio. Eine ungemein lebendige Erinnerung.

PFARRKIRCHE MERAN

Dom für die Landeshauptstadt a. D.

Und dann war den Meranern ihre romanische Pfarrkirche zu klein geworden.

Mit dem Aufstieg der Grafen von Tirol hatte auch Meran an Bedeutung gewonnen und an Bürgerschaft zugenommen. 1302 wandten sie sich an den Bischof von Chur mit der Bitte, ihr Gotteshaus vergrößern zu dürfen. Die Pfarre Meran gehörte nämlich bis 1816 zum Bistum Chur, dessen Grenzen aus der spätrömischen Verwaltungsprovinz *Raetia secunda* hervorgegangen waren.

Aus dem Umbau wurde, in mehreren Etappen, ein Neubau, der zu den schönsten Beispielen Tiroler Gotik zählt. 1305 dürfte der leicht geneigte Chor mit klarem Kreuzrippengewölbe und schlanken Fenstern fertiggestellt worden sein, gleichzeitig mit ihm die Durchgangshalle des Turms. Um 1350 ist die Rottweiler Bauhütte am Langhaus tätig, ihre Anwesenheit erklärt sich aus der engen Beziehung Tirols zu Bayern, da Margarethe Maultasch, Gräfin von Tirol, in zweiter Ehe Ludwig von Brandenburg, den Sohn Ludwig des Bayern, geheiratet hatte.

Aus der Zeit stammen die zwei reich profilierten Portale an der Südwand, die

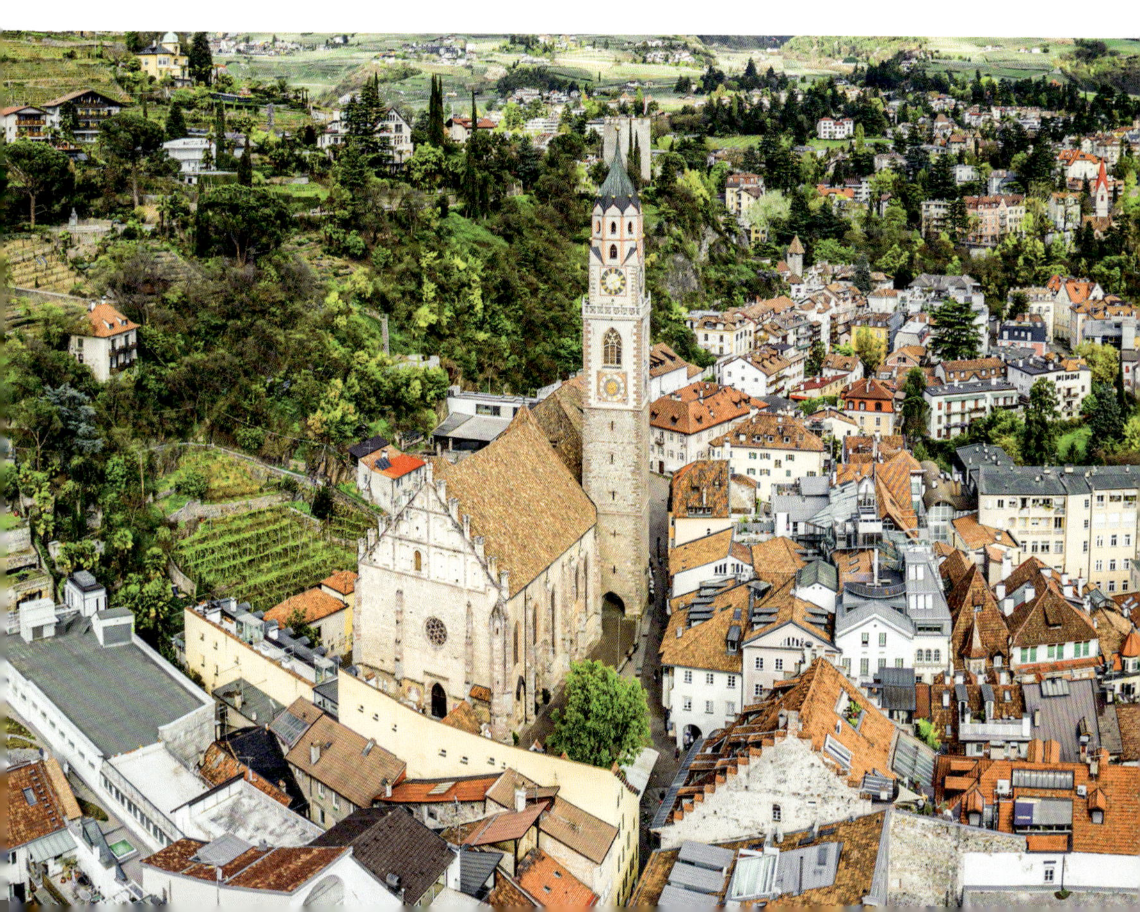

wesentlich kunstvoller gestaltet ist als die Westfassade. Denn diese schaut auf den Platz und die alte Hauptstraße, die über den Zenoberg ins Passeier und über den Jaufen Richtung Sterzing führt. In der Nische mit Wimpernkrönung steht segnend der Stadtpatron Nikolaus, eine hervorragende Arbeit aus dem Umkreis der Rottweiler Bauhütte. Blick und Segenshand gehen Richtung Passer, von der der Stadt mehrmals Unheil erwuchs und die den Segen sehr wohl nötig hat.

Das Langhaus wurde um die Mitte des 15. Jahrhunderts eingewölbt, doch als die Kirche am 10. November 1465 endlich geweiht wurde, hatte Meran seinen Rang als „Landeshauptstadt“ längst an Innsbruck abgetreten. Das tut aber dem feierlichen Innenraum keinen Abbruch, und nur dem geübten Betrachter fällt auf, dass die gebündelten Wanddienste nicht genau an das Netzrippengewölbe des Hauptschiffs anschließen, was auf die zeitverschobenen Bauphasen zurückzuführen ist.

Der gotische Flügelaltar von Hans Schnatterpeck fiel der barocken Neuerungswut zum Opfer, an dessen Stelle kam eine „Mariä Himmelfahrt“ von Matthias Pussjäger, die 1790 der Pfarrkirche von Niederlana verkauft wurde. Dafür durfte Martin Knoller 1788 ein neues Bild zum selben Thema malen, das seit der Regotisierung um 1887 über dem Nordportal hängt. Vom gleichen Maler sind die Tafeln der Seitenaltäre, wobei die linke Tafel mit der „Geburt Christi“ in warmen Farben als Weihnachtsmotiv durchaus gelungen ist.

Im Zuge der genannten Regotisierung gelangte der Flügelaltar an der Nordwand von St. Medardus in Latsch nach Meran, dessen Komposition und Figuren etwas statisch und „hölzern“ wirken, aber immer noch authentischer erscheinen als das neugotische Gegenüber an der Südwand. Diesen Josefsaltar, ein eher süßliches Werk, schufen 1892 die Brüder Alois und Josef Trenkwalder aus Landeck. Das Ursularelief an der Südwand stammt von Schloss Dornsberg bei Plaus.

Die Entwürfe der neugotischen Verglasung fertigte der Tiroler Maler Caspar Jele, der ab 1868 für die Tiroler Glasmalereianstalt arbeitete. Zwei Glasfenster an der Südseite sind Augsburger Arbeiten um 1480, das mit der Mondsichelmadonna stiftete 1483 Erzherzog Sigmund der Münzreiche. Das zweite mit der Verklärung Christi zeigt im untersten Feld die Stifterfamilie des Hanns Grünhofer, Sohn des letzten Münzmeisters von Meran.

In der Nische mit Wimpernkrönung steht segnend der Stadtpatron Nikolaus

Den modernen Volksaltar in weißem Laaser Marmor schuf der Vinschgauer Künstler Joseph Brunner.

Bevor wir die Fresken im Turmdurchgang besichtigen, werfen wir einen Blick auf den riesigen Christophorus mit den sirenenhaften Flusswesen an der Südwand, der um 1486 entstanden ist.

Das Bild im Tordurchgang an der Südseite zeigt, wie der Kunsthistoriker Leo Andergassen nachweist, die zwei Gründer des

Sehr schön gearbeitet ist das westliche Südportal an der eleganten Südseite.

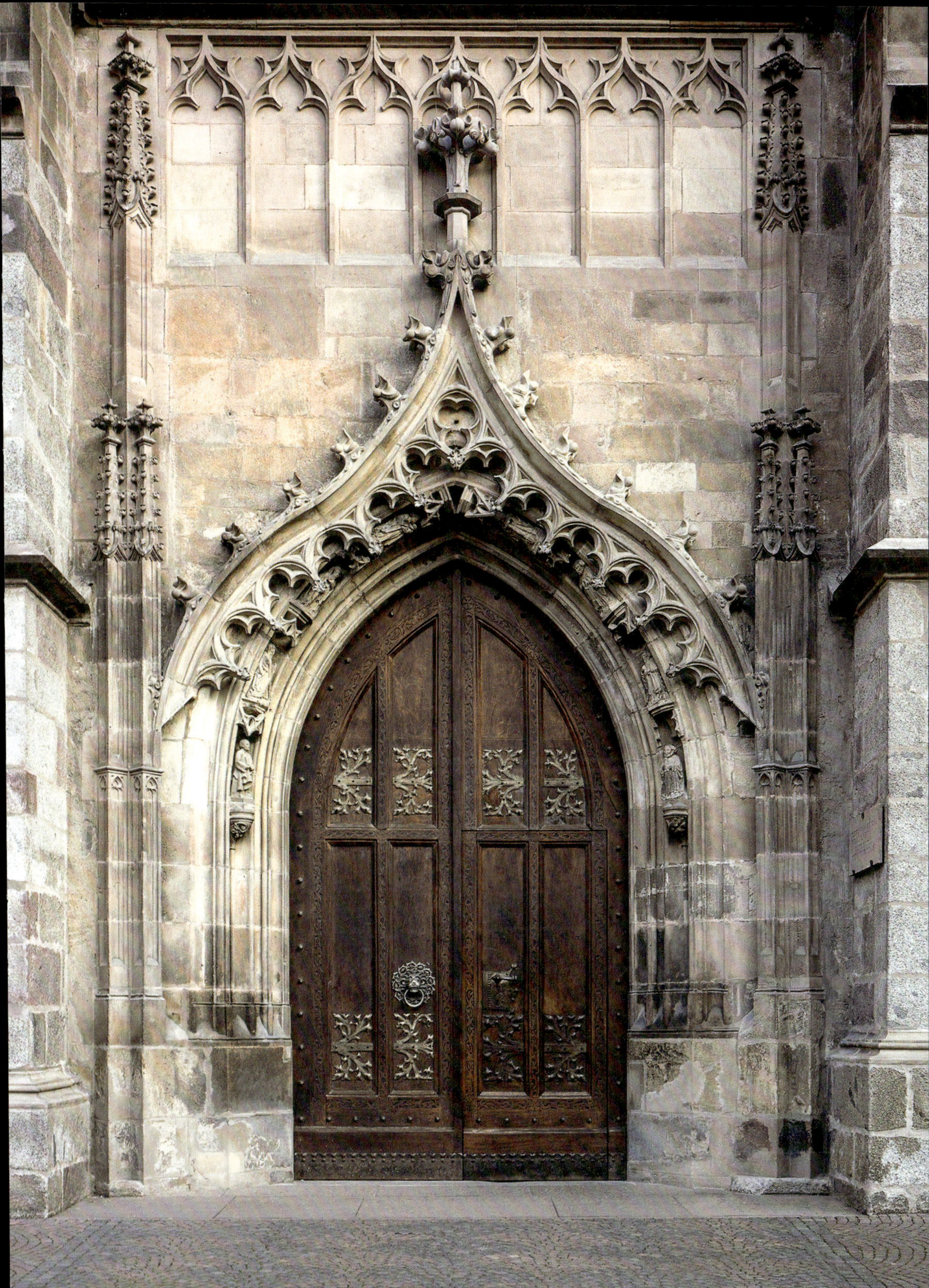

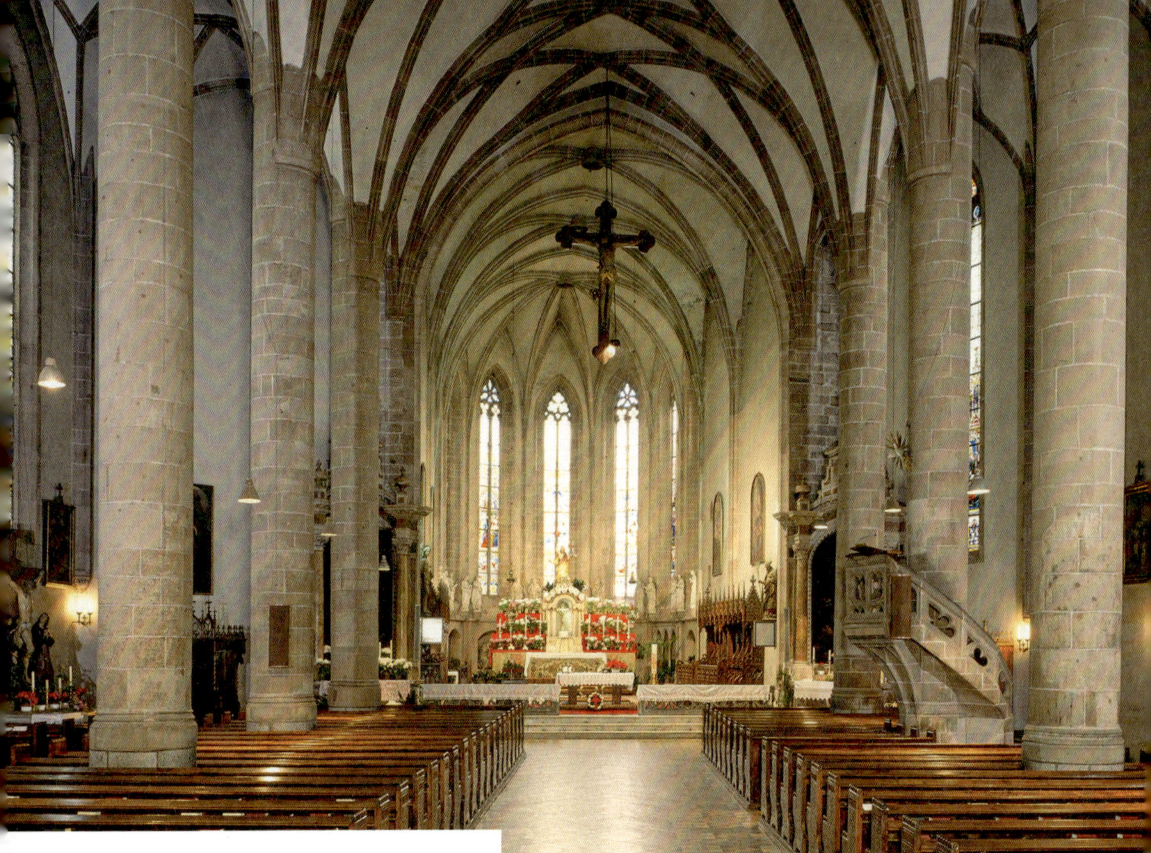
Das Innere ist ein gelungenes Werk süddeutscher Baumeister.

Trinitarierordens, ein Orden, der es sich zur Hauptaufgabe machte, Christen aus der moslemischen Gefangenschaft freizukaufen; allgemein gilt es als frühes Beispiel von Landschaftsmalerei um 1415.
Weil wir nun unter dem Turm stehen, der zu Recht als ein Wahrzeichen Merans gilt, seien ein paar Daten angeführt. Mit 83 Metern gehört er zu den höchsten des Landes, zwischen 1302 und 1330/40 entstanden die Durchgangshalle mit dem Rippengewölbe und die beiden Stockwerke, ab 1440 wurde mit dem spätgotischen oberen Teil begonnen, während das markante Oktogon erst 1617/18 aufgesetzt und vollendet wurde. Diese „welsche Haube“ plante und errichtete der Baumeister Giovanni Buosacchi (alias Hans Busägg) aus Como.

Die Barbarakapelle

Zwischen dem Chor der Pfarrkirche und dem schmalen Aufstieg zum Tappeinerweg steht die Barbarakapelle als eine der schönsten Friedhofskapellen Südtirols. Ihre Aufgabe war es, im oberen Raum Platz für die Totengottesdienste zu bieten, während in der Gruft die Gebeine verwahrt wurden, zumal der Friedhof rund um die Pfarrkirche erst 1848 aufgehoben und verlegt wurde. Die Errichtung fällt zeitlich zusammen mit dem Bau der Spitalkirche jenseits der Passer, der Bauplan

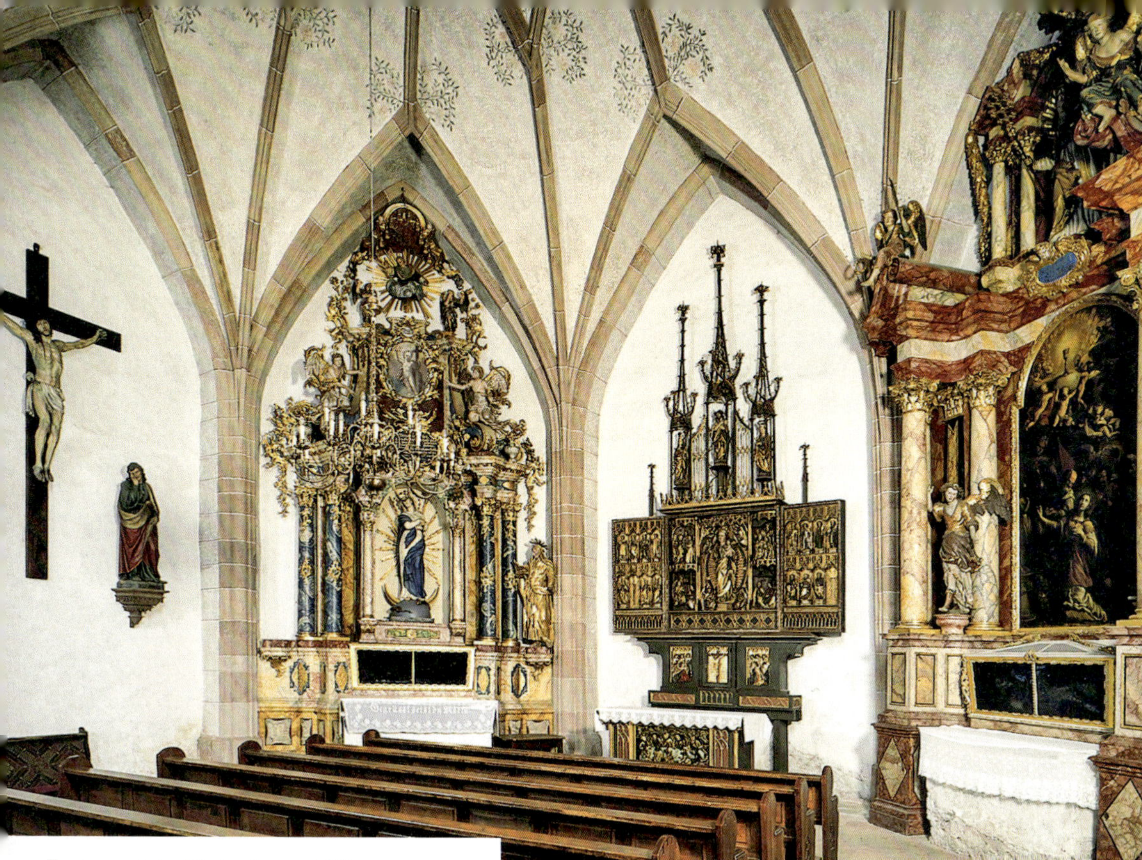

Zwar uneinheitlich, aber gefällig.
Die Oberkirche der Barbarakapelle.

wird Hans von Burghausen zugeschrieben, der in Landshut die Heilig-Geist-Kirche entworfen hatte. Das Christophorusbild stammt aus der Bauzeit um 1450, die Einwölbung der Kapelle wurde 1458 vollendet. Schön gearbeitet sind Portal, Netzgratgewölbe und die große Fensterrose, gelungen ist die Barbaradarstellung am Schlussstein. Doch das Innere der Oberkirche wirkt recht uneinheitlich mit den barocken Seitenaltären und dem gotischen Flügelaltar, der 1895 vom Stadtdekan Glatz antiquarisch erworben wurde und aus der Hildesheimer Gegend stammt.

Segen

Zum Schluss gehen wir noch einmal an der schönen Statue des Stadtpatrons vorbei. Schützend hebt St. Nikolaus die Segenshand für die Stadt und die heiratslustigen Mädchen, als deren Schutzheiliger er auch gilt. Durch die alte Postgasse und das Bozner Tor verlassen wir die Altstadt und begeben uns über die Postbrücke mit den Jugendstilelementen zur Spitalkirche zum Heiligen Geist.

LITERATUR

Stadtpfarre St. Nikolaus Meran; Meran 2003 (versch. Autoren)

SPITALKIRCHE ZUM HEILIGEN GEIST

Die Eleganz der Spätgotik

Es ist ein Kreuz mit der Spitalkirche: Der markante spätgotische Bau ist fest im Würgegriff des Verkehrs. Am besten ist es, man stellt sich auf die gegenüberliegende Straßenseite hin, damit die einfache, schön gegliederte Westfassade mit dem profilierten Doppelportal, dem Gnadenstuhl, der Rosette und dem aufgesetzten Dachreiter als Ganzes erfasst werden können. Der Boden, auf dem man steht, gehörte einmal zum Bistum Trient, hier vorbei führte von alters her die Straße vom Süden über eine Holzbrücke ins Passerstädtchen. Meinhard II. von Tirol stiftete 1271 hier außerhalb der Stadt am linken Passerufer eine Kirche mit Spital für die Armen und Kranken.

Die Nähe zur unberechenbaren Passer wurde dem Bau zum Verhängnis, als 1419 im Hinterpasseier der Kummersee ausbrach und eine gewaltige Wasserwoge Kirche und Spital, angeblich während einer Messe, fortriss. Sofort schritt man zum Wiederaufbau, an dem sich besonders der Bürgermeister Andre Hilprant als Stifter hervortat; weitere Geldmittel stellte der Tiroler Landesfürst Herzog Sigismund zur Verfügung. Als Baumeister wurde wahrscheinlich Stefan Burgmeister beauftragt, der sich die Landshuter Spitalskirche seines Meisters Hans Stethaimer zum Vorbild nahm. Der um 1450 vollendete Bau gehört zum Elegantesten, was Südtirol an spätgotischer Architektur nach süddeutschen Vorbildern zu bieten hat.

Das zweiteilige Westportal bildet ein originelles und elegantes Entree mit figurengeschmücktem Gewände und vor allem mit

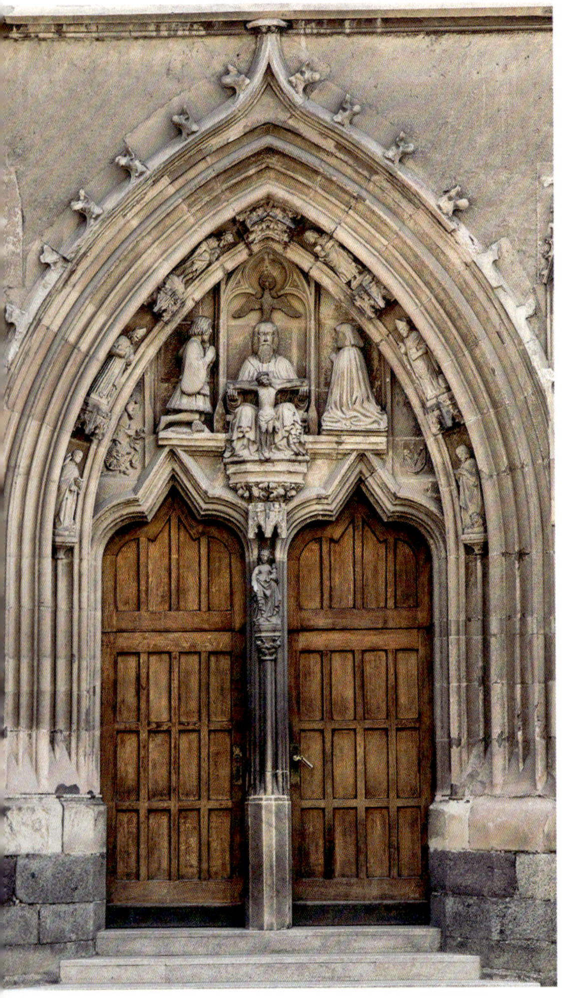

Stifter mit Gnadenstuhl. Nach der verheerenden Flut von 1419 tat sich beim Wiederaufbau der Bürgermeister Andre Hilprant hervor. Im Bogenfeld des Portals ließ er sich samt Gemahlin verewigen.

dem Gnadenstuhl und den Stifterfiguren. Im Gnadenstuhl schwebt der Heilige Geist über dem sitzenden Gottvater, der mit beiden Händen den gekreuzigten Christus hält. Rechts kniet der Stifter Andre Hilprant und links dessen Frau mit jeweiligem Wappen: Diese dem Mittelpfeiler vorgesetzte Trumeaufigur ist die einzige in Südtirol.

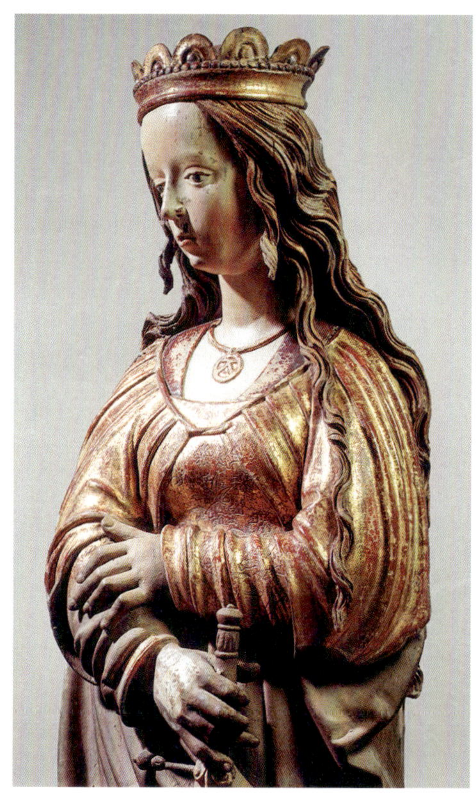

Schöne Nothelferin. Statue der heiligen Katharina im Presbyterium, eine elegante spätgotische Arbeit.

Überraschendes Raumgefühl

Das Innere erweckt den Eindruck eines weiten Raumes, obwohl die Ausmaße nur 30 mal 18 Meter betragen. Der Baumeister erreicht diese Weiträumigkeit dadurch, dass die Seitenschiffe ohne Triumphbogen in einen begehbaren Chorumgang übergehen. Die schlanken Rundpfeiler und das formschöne Sternrippengewölbe verstärken dieses überraschende Raumgefühl.

Unser Rundgang beginnt linkerhand mit dem neugotischen Flügelaltar des Meraner Künstlers Franz Xaver Pendl (1817–1896), der für die Seitenflügel die aus der Pfarrkirche von Partschins stammenden und von Jörg Lederer 1524 geschnitzten Reliefs verwendete. Die Rückseite der Altarflügel zeigen, mehrfach übermalt, das Leiden Christi. Über dem Nordportal hängt ein frühgotisches Kreuz mit Reliefs an den Kreuzesenden, das um 1270 geschaffen wurde. Möglicherweise stammt es noch aus der ursprünglichen Kirche vor der Überschwemmung. Die flankierenden Figuren von Maria und Johannes kommen aus St. Lorenzen im Pustertal und sind, wie einiges mehr in dieser Kirche, gegen Ende des 19. Jahrhunderts auf dem Kunstmarkt erworben worden. Das Gemälde auf Holztafel stellt den Tod Marias dar und verrät den Einfluss der schwäbischen Schule um 1500. Im Schrein des sogenannten „Mütteraltars“ aus dem frühen 16. Jahrhundert vertraut Maria ganz familiär das Jesuskind ihrer Mutter Anna an. Die Heiligen auf den Umgangspfeilern sind antiquarische Erwerbungen, die Statue des heiligen Stefan über dem Eingang zur Sakristei stammt aus

Die flankierenden Figuren von Maria und Johannes kommen aus St. Lorenzen im Pustertal

dem verloren gegangenen Schreinaltar von Villanders aus dem Umkreis des Meisters von Uttenheim.
Unbedingt sollten wir einen Blick in die Gewölbezwickel oberhalb des Altares werfen, wo eine Dreifaltigkeit dargestellt ist, bei der der Heilige Geist noch als Mann erscheint.
Die Medaillons an der Südwand erzählen in epischer Breite und in der Tirolerischen Kanzleisprache des 18. Jahrhunderts von der Kirchengründung, von Legenden und von mehrmaligen Überschwemmungskatastrophen durch den Kummersee.
Die Kreuzesdarstellung außen an der Südwand stammt von Ambros Gander, der zwischen 1455 und 1462 in Meran ansässig war. In den Assistenzfiguren Maria und Johannes hat er mehr Gewand als Körper gemalt. Hier war einmal das alte Spital direkt angebaut. Als 1905 das Meraner Krankenhaus errichtet wurde, diente das alte Spital bis zu seinem Abriss als städtisches Versorgungshaus. An seiner Stelle entstand 1938 das „Casa del Popolo", das in seiner architektonischen Gestaltung faschistischer Propaganda zu dienen hatte. Menschen, die von Süden kamen, sollten optisch und städtebaulich gleich etwas von der „Italianità" Merans mitbekommen. Es lohnt sich, ein Stück die Romstraße hinunterzugehen und dann zurückzublicken. Klobig versperrt der Bau den Blick auf die Kirche, allein der gotische Dachreiter lugt schüchtern durch die kantige Turmloggia.
Das Gotteshaus wird heute von der italienischen Bevölkerungsgruppe Merans als Pfarrkirche benutzt. Damit liegt es in der Tradition seiner Bestimmung, nachdem

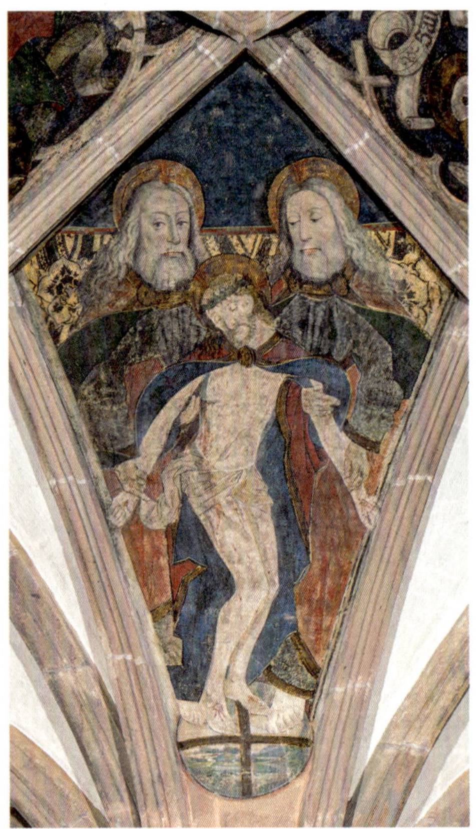

Dreifaltigkeit mit dem heiligen Geist in Menschengestalt.

es 1870 zum Seelsorgezentrum der Italienisch sprechenden Arbeiter und Handwerker in Meran geworden war, aus dem 1898 die Società Operaia Cattolica, der Katholische italienische Arbeiterverein hervorging, der sinnigerweise auch in Meran von den Faschisten aufgelöst wurde.

LANDESFÜRSTLICHE BURG – MERAN

Ein Himmelbett für den Herzog

Wenn's eine Burg ist, dann aber eine *en miniature*: Die noble Bezeichnung „landesfürstlich" steht im krassen Widerspruch zu den bescheidenen Ausmaßen. Auf zeitgenössischen Darstellungen des 17. und 18. Jahrhunderts sitzt sie, in gehörigem Abstand zum kleinbürgerlichen Laubenvolk, direkt an der alten Stadtmauer, die sich vom Fuß des Küchelberges zum Vinschger Tor hinunterzog. Reste dieser Stadtmauer wurden durch eine begehbare Cortenstahl-Installation begehbar gemacht.
Als dieses Laubenvolk in der zweiten Hälfte des 19. Jahrhunderts durch den Tourismus zu wirtschaftlichem Wohlstand gelangte, brauchte es Platz und Bauland: 1875 kaufte die Stadtgemeinde Meran das Gebäude und wollte es abreißen lassen. Halt wieder das leidige Kapitel: Meran und die historische Bausubstanz – damals wie heute. Es formierte sich, getragen von traditionsbewussten Bürgern und Künstlern, ein erfolgreicher Widerstand, sodass der Magistrat seinen Beschluss zurücknehmen musste und die Renovierung veranlasste. Mit dieser wurde kein Geringerer als der Wiener Ringstraßenarchitekt Friedrich von Schmidt betraut, der den Bau, insbesondere den zweiten Stock, stark nach seinen Vorstellungen gestaltete. Mag er dabei auch von einer neuromantischen Mittelaltervorstellung

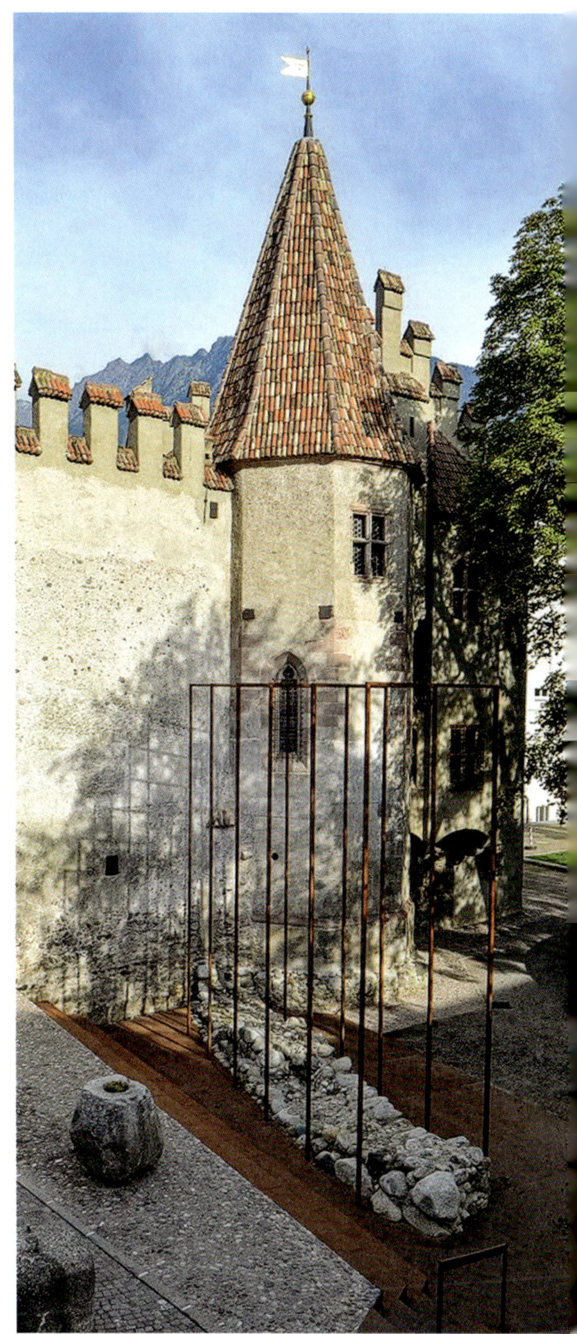

Das „Kelleramt" trieb die Steuern ein, unter anderem auch die „Küchensteuer" für die landesfürstliche Küche.

geleitet gewesen sein, so gelang ihm doch eine überzeugende Umgestaltung, die Altes und Neues zu einem architektonischen Kleinod verband.

Und da steht es nun, hart bedrängt vom Gemeindebau und in respektloser Belagerung parkender Blechkarossen, mit Schießscharten, Zinnen, Butzenscheiben und eisenbeschlagenen Toren und wundert sich selbst über seinen hochtrabenden Namen. Dabei waren die Ursprünge bescheiden: ursprünglich wohl ein „Kelleramt" der Tiroler Grafen, das Verwaltungsaufgaben wahrzunehmen hatte und den Herren Grafen möglicherweise auch als Stadtquartier diente. Dass Steuern lange auch in Naturalien, genauer, in Wein abzuzahlen waren, beweisen mehrere schwere Torgglsteine ehemaliger Weinpressen.

Die heutige Bauform geht im Wesentlichen auf Sigmund den Münzreichen zurück, der 1449 Eleonore von Schottland heiratete, die sich hier gern aufhielt. Auch Kaiser Maximilian stieg mehrmals hier ab: An ihn erinnert sowohl die „Kaiserstube" als auch das Doppelporträt von ihm und seiner zweiten Gattin Bianca Maria Sforza.

Adel verpflichtet. Jagdszene im Rankenwerk des Umgangs.

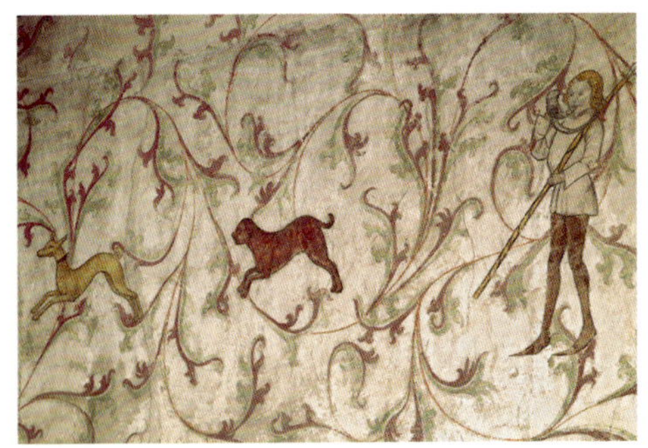

Der Reihe nach: Das ins Haupttor eingelassene Türchen verlangt bereits gehörige Reverenz und Kopfeinziehen. Unvermutet steht man dann in einem winzigen Burghof vor einem kleinen Lapidarium mit Gedenksteinen von Verwaltern mit Reliefs von Habsburgerkaisern (und deren unverwechselbare Nasen- und Unterlippenpartie); eine Spitzbogentür in der linken Hofecke führt in die sogenannte Wachstube, der die „stylgerechte" Ausstattung der 19. Jahrhunderts mehr als augenfällig anzusehen ist: zusammengetragene Hellebarden, Schwerter, Rüstungsteile, Reisetruhen, Glocken, eine davon aus Schloss Juval.

Gehobene Wohnkultur

Eine Steinstiege führt zum Wehrgang in den ersten Stock, wo vom Holzsöller aus der Blick auf die spätgotische Rankenmalerei der Südmauer fällt: Zwischen grün-rotem Rankenwerk tummeln sich Jagdhunde, Hirsche, Rehe, Hasen und Jäger, Jagdhornbläser; ein besonderes Detail ist die Darstellung einer Vogelhütte mit Bolzen für die Vogelbalz und einer Dame mit Falken. Der Blick in die rußgeschwärzte Küche erfasst einen harten Arbeitsplatz, um Lichtjahre entfernt von heutigen Einrichtungen. Das schwer getäfelte „Kaiserzimmer" vermittelt einen überzeugenden Eindruck gehobener Wohnkultur in den Alpen mit dem Prunkofen und seinen grün glasierten Reliefkacheln– angeblich der älteste seiner Art – und dem spätgotischen Erker, durch dessen Butzenscheiben gedämpftes Licht hereinfällt. Interessantestes Stück im Schlafzimmer ist ein gotisches Himmel-

Das Altarbild zeigt eine Kreuzigung

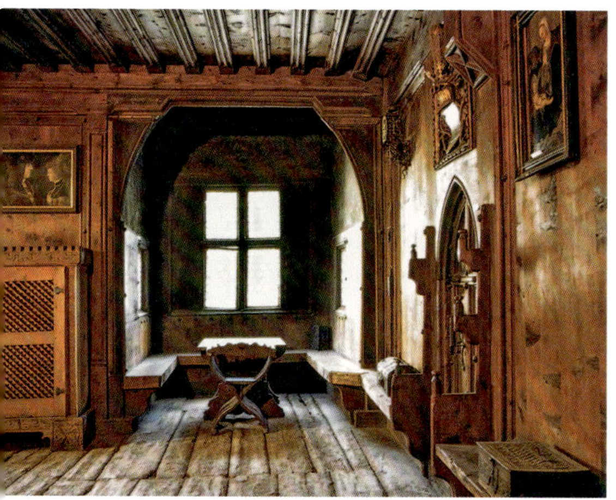

Wärmende Wohnkultur. Eine Stube für den Kaiser.

bett; zur weiteren Ausstattung gehören ein zierlicher Wandschrank mit Waschvorrichtung und eine Frauenbüste als Handtuchhalter; das Bild über dem Klappstuhl der heiligen Anna Selbdritt (Mutter Anna mit Maria und Jesuskind) stammt aus dem Schloss Annenberg im Vinschgau.
Ein Maßwerkgitter trennt die Hauskapelle vom Vorraum; das Altarbild zeigt eine Kreuzigung; erwähnenswert bleibt, dass die heiligen Oswald, Kunifried und Georg eindeutig ritterliches Standesbewusstsein unterstreichen. Wie der Raum rechts von der Kapelle zur Bezeichnung „Jungfernkammer" gekommen ist, bleibt unklar, möglicherweise handelt es sich um den Raum für die Kammerzofen; immerhin standen Eleonore, der ersten Frau Sigismunds, in Innsbruck an die 57 Personen zu Diensten.
Kostbarstes Stück stellt ein gotischer Tisch mit Geheimfächern im sogenannten „Spielzimmer" im zweiten Stock dar. Vergessen Sie dort nicht einen Blick auf die Truhe mit den Einlegearbeiten zu werfen, bei der es sich um eine Wiegenkommode handelt, deren unterste Truhe zu einem Kinderbettchen umgestaltet werden kann.
Sinnfälliger wird dann schon die Bezeichnung „Turmzimmer" für das überlieferte „Schreibstübl" mit kleinem Kachelofen; so sind/waren halt oft die Arbeitsbedingungen für den Schreiber: ein bisschen „Elfenbeinturm" und ein bisschen Tristesse, zu kalt im Winter und zu warm im Sommer.
Unter den ausgestellten alten Musikinstrumenten befinden sich einige ausgesprochene Raritäten; wäre schön, wenn Besucher in den Genuss einer Klangprobe kämen. So bleibt nur der süffisante Gedanke, dass Kaiser Maximilian oft nicht einmal in der Lage war, Kost und Logis seiner Musikanten zu bezahlen.
Beim Verlassen durchs Törl beugen wir noch einmal das Haupt und entbieten damit unsere Reverenz diesem kleinen, noblen Wunderwerk an Raumausnützung – und Merans prosaischer Alltag hat uns wieder.

LITERATUR

Caterina Longo: Die Landesfürstliche Burg in Meran; Gemeinde Meran (Hrsg.), Lana 2002

INFO

Die Landesfürstliche Burg befindet sich im Zentrum von Meran. Zugang von der Galileistraße oder von den Lauben, auf der Rückseite des Rathauses.

Jedes Jahr ab der Osterwoche bis zum 6. Januar von Dienstag bis Samstag 10.30–17 Uhr, an Sonn- und Feiertagen 10.30–13 Uhr geöffnet; Montag geschlossen

MARIA TROST IN UNTERMAIS

Byzantinisches Erbe und morganatischer Erbverzicht

Maria Trost in Meran-Untermais muss man suchen, aber die Suche lohnt sich eines einzigen Bildes wegen, denn der „Tod Mariens“ gehört zum Genuinsten und Beeindruckendsten, was Südtirol unter byzantinischem Einfluss zu bieten hat.

Eingeklemmt steht die Kirche mit dem klassizistischen Vorbau an der Ecke Romstraße–Schafferstraße. Die Ausmalung der Vorhalle mit der Darbringung im Tempel (1834) stammt von Anton Klapeer aus Nauders. Gleich hinter dem Portal verwehrt ein Eisengitter leider ein weiteres Eintreten. Der erste Raumeindruck dieser Wallfahrtskirche ist uneinheitlich, im Gewölbe spannen sich spätbarocke Deckenfresken mittlerer Qualität zur Himmelfahrt Mariens von Josef Anton Puellacher, und an den Langhauswänden erscheinen Freskofragmente aus hochgotischer Zeit. Das Gnadenbild der schmerzhaften Mutter Gottes am Altar ist um 1500 entstanden und wird seit 1624 als Wallfahrtsbild verehrt.

Maria Trost als Marienkirche wird 1273 erstmals urkundlich erwähnt, als Meinhard II. die Pfarre Mais an das Kloster Stams überführte; 1373 wird sie durch eine gewaltige Mure des Naifbaches verschüttet. 1967 wurden die Fresken an der Nord-

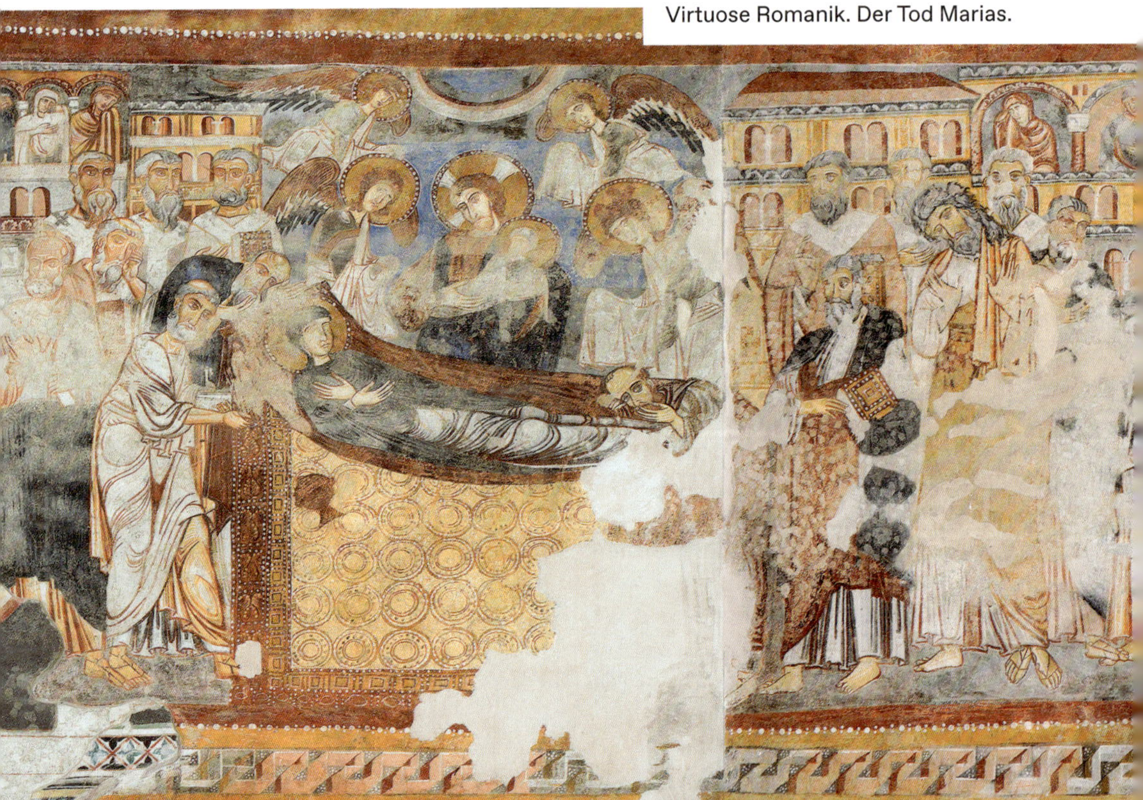

Virtuose Romanik. Der Tod Marias.

ost- und an der Südostwand aufgedeckt, welche die Kunsthistoriker trotz ihres fragmentarischen Erhaltungszustandes in helle Begeisterung versetzten. Datiert werden sie ins frühe 13. Jahrhundert.
Neueste Forschungen unter Thomas Steppan führen ein ursprüngliches Bildprogramm aus 12 oder 14 Episoden an, die den Marientod und die Aufnahme in den Himmel als Schauprogramm inszenierten. Am besten erhalten ist der „Tod Marias" an der Nordostecke. Ein perspektivischer Mäanderfries mit dem sich wiederholenden Motiv der jagenden Hunde schließt das Bild nach oben ab. Tief bewegt stehen die Apostel am Totenbett Marias, während Christus von Engeln begleitet vom Himmel herabkommt, um die Seele seiner Mutter aufzunehmen. Den Hintergrund bildet eine üppige Stadtarchitektur mit klagenden Frauen. Der Maler ist ein absoluter Meister seines Fachs, der nicht nur virtuos auf allen Registern spätromanischer Expressivität spielt, sondern darüber hinaus die byzantinischen Vorlagen so gut kennt, dass er sie wohl persönlich gesehen haben muss. Was er hier geschaffen hat – und denken wir daran, dass hier in epischer Breite ein vierzehnteiliger Marientod malerisch inszeniert war – geht weit über ein Nachzeichnen byzantinischer Musterbücher hinaus. Wo kann er sie gesehen haben? Das geografisch am nächsten liegende Vorbild wäre die *Martorana* in Palermo auf Sizilien, doch sind da die Ähnlichkeiten weniger gegeben als mit der *Panhagia Phorbiotissa* auf Zypern, wie Thomas Steppan in bildlicher Gegenüberstellung überzeugend nachweist. Geschickt hält der Maler die Balance zwischen erhabenem

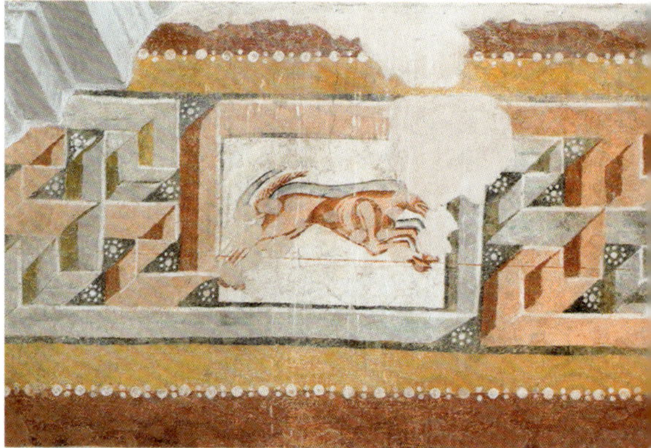

Jagender Hund im Mäanderband.

Pathos und würdevoller Beseeltheit, erzählt spannend in bewegten Gesten, lässt die Figuren mit ausdrucksstarken Blicken die Botschaft vom großen Geheimnis des Geschehens vermitteln, dem der Betrachter sich nicht entziehen soll.
Die Szene unter diesem Bild lässt sich mit den Aposteln am Grab der Maria deuten. Bei der Figur in der Triumphbogenlaibung kann es sich um einen Evangelisten oder um Johannes handeln. Die wenigen Reste an der Südostwand zeigen wohl die feierliche Prozession von Aposteln und Bischöfen als Fortführung des Marientodes. Obwohl nur fragmentarisch erhalten, lohnt es sich, das Bild genau anzusehen, allein schon wegen des äußerst bewegten Paulusgesichts.

Die letzten Dinge

Von den Freskofragmenten an der Nordwand hat sich die Darstellung des Jüngsten Gerichts im westlichen Drittel am besten erhalten. In der Mandorla erscheint Christus mit geöffneten Händen;

Nachklang. Die Fresken an der südlichen Außenwand sind ein gehaltvoller Nachklang der Bozner Schule. Einfühlsam gestalteter Christuskopf (oben) und eine Waagschale voller Teufel (unten).

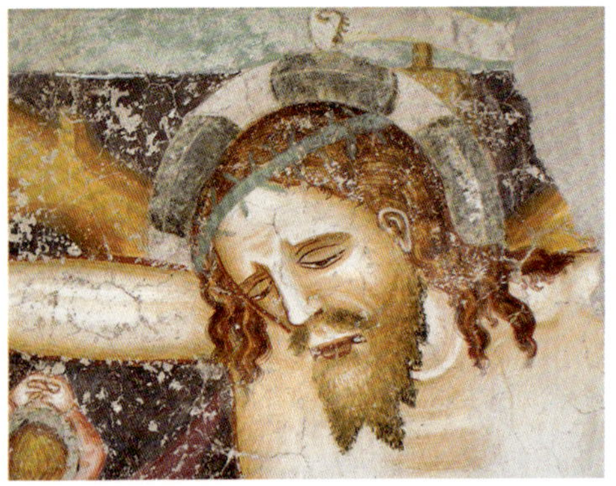

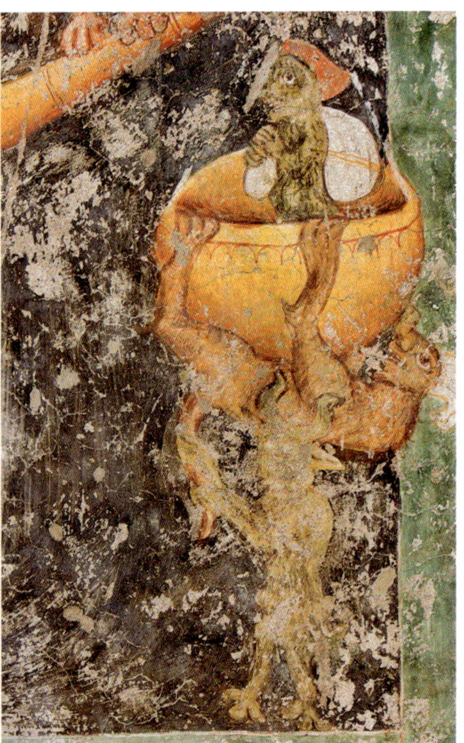

vor stilisierten Felsen und Bäumchen beten Maria, Johannes und Bücher haltende Apostel für die Menschheit. Darunter treibt ein Engel die Verdammten in das Höllenfeuer, während ein zweiter den Auferstandenen die Pforten des Paradieses öffnet. Ein Detail verdient Augenmerk: Einem Auferstehenden bringt ein Rabe den verlorenen Unterarm zurück. Helmut Stampfer schreibt die Bilder dem Meister von Gratsch zu, der in nachgiottesker Maltradition und im Werkstattumkreis der Terlaner Pfarrkirche steht und hier um 1390 tätig war.

Von wesentlicher höherer Qualität sind die Fresken an der südlichen Außenwand; schön modelliert sind die Heiligenfiguren im oberen Bildfeld mit Katharina, Dorothea, Sigismund, Anton Abt und Leonhard. Wir haben es hier mit einem überzeugenden giottesken Nachklang der Bozner Schule zu tun. Der ausgebogene Querbalken des Astkreuzes weist bereits auf nördlichen Einfluss. Links von der Kreuzigung wiegt Erzengel Michael die Seelen. Die rechte Waagschale ist voller rattengesichtiger Teufel, von denen einer im Harnisch mit dem Schwert auf dem Waagbalken gar auf den Engel losgehen will. An diesen Bildern flutet Tag für Tag achtlos der Berufsverkehr vorbei, was braucht es da schon einen Michael mit der Seelenwaage? Der schaurige Triumph des Todes darunter, schauten wir einmal genauer hin, doch, hätte auch heute eine Botschaft für uns im Moloch Straßenverkehr. Nicht nur in Maria Trost in der Romstraße.

Nachtrag: Maria Trost hat, trotz blitzblanker Restaurierung, etwas sehr Morbides, nicht nur weil Grabsteine an die Mauer lehnen, die polnische Inschriften tragen und still an die k. u. k. Zeit Altösterreichs erinnern, als lungenkranke Adelige Genesung im milden Winter von Meran suchten. In der Gruft unter dem Altar ist der unglückliche Habsburger Erzherzog Ferdinand Karl begraben, der, seiner morganatischen Ehe mit Berta Szuber wegen, von der Thronfolge ausgeschlossen wurde und sich in den letzten Lebensjahren bis zu seinem Tod 1915 einfach Ferdinand Karl Burg nannte. Seit 1979 liegt seine große Liebe, für die er Titel und Erbfolgerecht opferte, an seiner Seite.

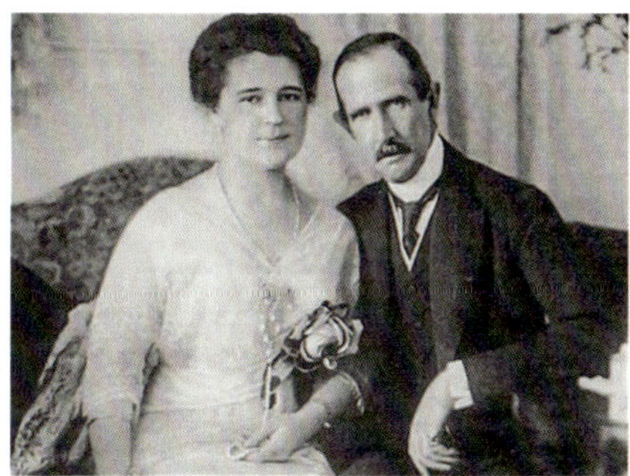

LITERATUR

Helmut Stampfer: Die Kirche Maria Trost; Lana 2006

INFO

Um die Maria-Trost-Kirche besichtigen zu können, muss hierfür beim Pfarramt San Vigilio angefragt werden.

Tel. +39 0473 237627

DAS MITTELALTERLICHE MERAN

Spitalkirche zum Heiligen Geist

Bozner Tor: Teil der alten Stadtbefestigung aus dem 14. Jahrhundert; trägt die steinernen Wappen von Österreich, Tirol und Meran

Pfarrkirche St. Nikolaus

St.-Barbara-Kapelle

Passeirer Tor: In Steinach, dem ältesten Stadtviertel

Steinerner Steg in der Gilf: Erbaut 1617, hat nichts am Hut mit Römern

Pulverturm: Burgfried von Ortenstein, einstiges Pulverdepot, zugänglich, mit großer Aussicht

Landesfürstliche Burg

Lauben: Einstige wirtschaftliche Hauptschlagader aus dem 14. Jahrhundert

Vinschger Tor: Diente auch schon als Karzer

MERANS BELLE ÉPOQUE

Stadttheater: Früher Jugendstil vom Münchner Architekten Martin Dülfer, besaß ein festes Ensemble; nur bei Veranstaltungen zugänglich

Evangelische Christuskirche: Neugotik mit Pfarrhaus und englischem Park

Synagoge: 1901 errichtet, beherbergt das jüdische Museum zur israelitischen Kultusgemeinde Merans

Kurhaus: Prachtbau im Jugendstil, 1914 eröffnet, bei Veranstaltungen zugänglich

Kaiserin Sisi im Park: Hat im Laufe der Geschichte schon mal Kopf und Nase verloren

Postbrücke: Im goldenen Jugendstildekor

Wandelhalle: Zum Promenieren und Lustwandeln unter Südtiroler Landschaftsdarstellungen; und ja, es darf *„tappeinert"* werden: die Gilf und den Tappeinerweg unbedingt begehen!

Russisch-orthodoxe Kirche: Kirche der (einstigen) russischen Gemeinde in Meran

MUSEEN

Frauenmuseum
Meinhardstraße 2
Tel. +39 0473 231216
www.museia.it
info@museia.it

Palais Mamming Stadtmuseum: Was in einem Städtchen halt so zusammenkommt im Laufe der Jahrhunderte

Pfarrplatz 6
Tel. +39 0473 270038
www.palaismamming.it
info@gemeinde.meran.bz.it

Schloss Trauttmansdorff mit „Touriseum": Zu Merans und Südtirols Tourismusgeschichte; drumherum die „schönsten Gärten Italiens"

St.-Valentin-Straße 51A
Tel. +39 0473 255600
www.trauttmansdorff.it
info@trauttmansdorff.it

Kunst Meran: Gegenwartskunst lokal und international

Tel. +39 0473 212643
www.kunstmeranoarte.org
info@kunstmeranoarte.org

SCHRÄG

Ost West Club: Alternativ und frischfrech, bei Drucklegung noch heimatlos

IN HÖCHSTEN TÖNEN

Südtirol Festival: Ehemals „Meraner Musikwochen", internationales Niveau (Ende August bis Mitte September)

www.meranofestival.com
office@meranofestival.com

SONOR & HUMOR

Carillon, 2020
Ein Glockenspiel der besonderen Art findet sich in der Pobitzer Galerie in den Unteren Berglauben. Die über zehn Meter hohe Installation aus 41 z. T. ausgefallenen und recycelten Klangobjekten/Fundstücken aus Metall (Eisen, Aluminium, Rost Nickel, Gold) wird über einen Glockenspielcomputer mit 42 Magnethämmern bespielt. Regelmäßig erwacht die schlafende Wand als verspielter Klangkörper. Installation: Manfred Alois Mayr; Komposition: Manuela Kehrer; Auftraggeber: Ernst Pobitzer.

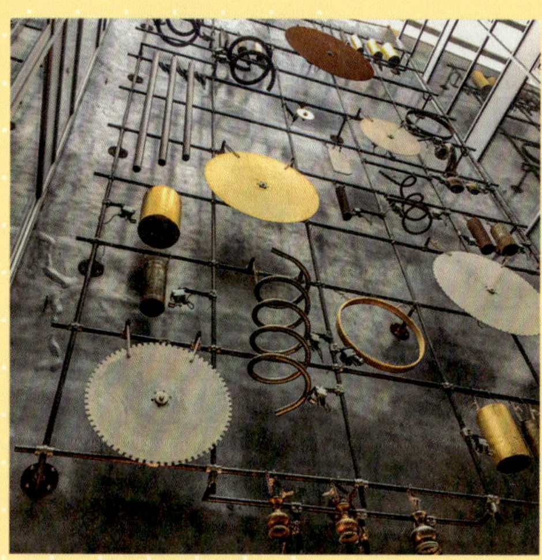

BACCHANTISCH

Merano WineFestival: Eine der bedeutendsten Weinmessen Europas, jährlich anfangs November in den Hallen des Kurhauses

ST. PETER IN GRATSCH

Zehn Stunden zum Schafstall des Herrn

Wenn Sie von St. Peter aus den Blick in weitem Rund schweifen lassen, werden Sie verstehen, dass die Stelle hier „Kronsbichl" heißt. Es ist einer dieser Orte, an dem man unwillkürlich den Hauch früherer Jahrhunderte zu spüren scheint. Hier in St. Peter sind es anderthalb Jahrtausende. Die zwischen 1975 und 1977 durchgeführten archäologischen Grabungen brachten Sensationelles zutage. Sie untermauern die wichtige Position, die das Meraner Becken in der Zeit zwischen dem 5. und 8. Jahrhundert n. Chr. einnahm, als es im Spannungsfeld zwischen den bairischen und langobardischen Herzögen lag.

Es kamen die Reste dreier Vorgängerbauten ans Tageslicht, von denen der erste ins 5. und der zweite ins 6. Jahrhundert zurückdatiert werden konnte. Die erste Kirche war winzig, besaß aber bereits ein Heiligengrab. Wenig später, noch vor 537, dem Beginn des Gotenkrieges (Hans Nothdurfter), wurde der zweite Kultraum errichtet, der für die christlich römische Bevölkerung als Friedhofskirche diente. Die Gräber sind gemauerte Grüfte und mit Tegulae abgedeckt. Wenn man im Boden des nördlichen Seitenschiffs die schweren Holztüren öffnet, erblickt man in der Tiefe ein gemauertes Grab mit *Tegulae*, einer Ziegelabdeckung aus der Spätantike. Über dem Heiligengrab erhob sich ein Viersäulchenaltar, der in den dritten Kirchenbau (8. Jahrhundert) übernommen wurde und alle späteren Umbauten, in romanischer Zeit ummantelt und etwas höher gestellt, überlebte. Es handelt sich dabei um eine einfache Art einer Confessio, einen Zugang zu den Altarreliquien unter der Marmorplatte. Der dritte Bau aus dem 8. Jahrhundert hat einen langobardischen, kreuzförmigen Grundriss mit tonnengewölbten Querarmen und einer Vierungskuppel über der Kreuzung. Ähnliche Bauten haben sich im Umkreis von Verona erhalten. Hans Nothdurfter, profunder Kenner dieser bewegten Zeit, schreibt: „Daher kann man St. Peter als einen der wichtigsten Plätze der langobardischen Präsenz mit der Eigenkirche des militärischen Befehlshabers im Meraner Becken betrachten."

Der heutige Bau entstand um 800 auf kreuzförmigem Grundriss mit Vierungskuppel, der ein Turm mit Blendnischen aufgesetzt ist.

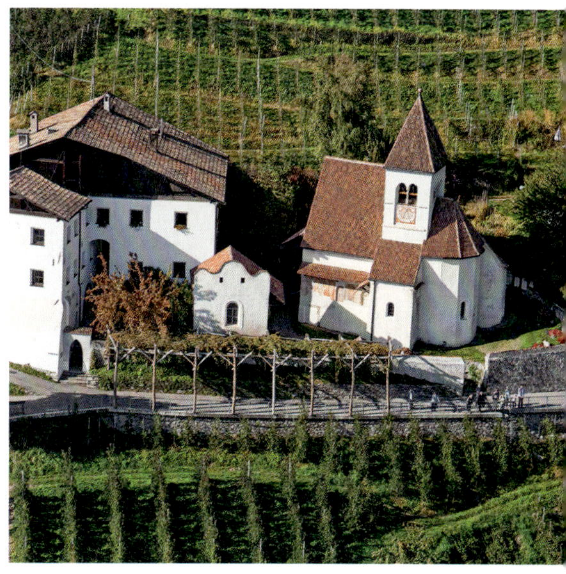

1178 tritt ein *Arnoldus plebanus apud Sanctum Petrum*, ein Pfarrer, aus dem Dunkel der Geschichte, was eine weitere Besonderheit erhellt: St. Peter, so bescheiden es sich auch ausnehmen mag, war eine veritable Pfarrei, zu der Höfe in Plars, Algund und Tirol und die abgelegene Hochgebirgssiedlung Pfelders im Hinterpasseier gehörten. Ursprünglich war die Pfarre eine Eigenkirche der Edlen von Burgus-Wanga, ein Geschlecht aus churrätischem Uradel, dessen Wurzeln im Engadin und im Oberen Vinschgau lagen, und das, wer wollte es ihm verdenken, Machtschwerpunkt und Wohnsitz im Laufe der Zeit immer weiter nach Süden bis nach Bozen verlegte.
1287 erwarb Meinhard II. die Pfarre und übertrug sie dem Kloster Stams im Oberinntal, das zur Begräbnisstätte der jüngeren Tiroler Grafen wurde.
St. Peter ist immer noch Pfarrei, ist dem Zisterzienserstift Stams inkorporiert und wird von der Pfarre Maria Trost in Untermais seelsorgerisch betreut.

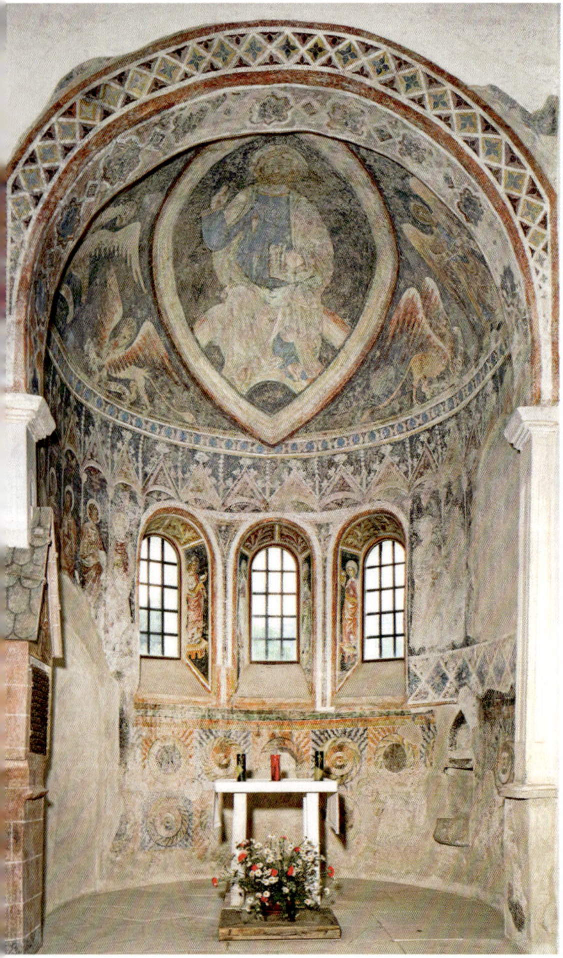

Fragmente aus romanischer Zeit

Der genannte frühmittelalterliche Bau in Form eines lateinischen Kreuzes mit Vierungskuppel und Vierungsturm, 1290 erhöht, geht auf das 8. Jahrhundert zurück. Im Apsisbereich finden sich zwischen der Fensterunterkante und dem Boden rotblaue Marmorinkrustationen. Dieses reich gestaltete Sockelmotiv zeigt imitierte Marmorplatten, die in der Mitte durch einen kreisförmigen „Stein“ bereichert sind.
In der Basiszone der südlichen Triumphbogenlaibung lässt sich mit Mühe das Fragment eines Kentauren erkennen, dessen Pferdeleib sich auf rötlichen Hinterbeinen aufbäumt. Stampfer sieht darin eine Verwandtschaft mit der Burgkapelle von Hocheppan und mit St. Veit am Tartscher Bichl und lässt die Fresken um 1220/30 entstanden sein.

Der gotische Maler übernahm wohl das ursprüngliche Bildprogramm aus der Romanik.

In einer Bogennische im südlichen Querarm befindet sich das ausdrucksstarke Brustbild des Apostels Paulus mit einem großen ockergelben Nimbus und der Inschrift VAS ELEC-TIONIS + PAULUS (Gefäß der Auserwählung + Paulus). Die zeitliche Einordnung schwankt zwischen karolingisch und ottonisch, es könnte aber, um Stampfer zu zitieren, in der ersten Hälfte des 12. Jahrhunderts gemalt worden sein. Aus romanischer Zeit stammt ein kleines Fragment auf der Ostwand des nördlichen Kreuzarms mit Ornamenten und einem gerade noch erkennbaren Christuskopf. In diesem zeitlichen Zusammenhang ist auch das Außenmauerfresko an der Südwand zu sehen, wo Christus hoheitsvoll zwischen den Aposteln Petrus und Paulus steht: Auch hier schwankt die zeitliche Zuordnung, Rasmo bezeichnete es ottonisch, neuere Forschungen unter Stampfer und Steppan nennen es zeitgleich zu den spätromanischen Fresken im Inneren. Bevor wir uns dort den gotischen Bildern in der Apsis zuwenden, werfen wir noch einen Blick auf die marmornen Halbpilaster des Triumphbogens mit schön gearbeiteter Kannelur und kleinen Würfelkapitellen. Die gotischen Fresken in der Apsis zeigen Christus in der Mandorla, gerahmt von den Evangelistensymbolen. Darunter erscheinen die zwölf Apostel unter Baldachinen, wobei anzunehmen ist, dass der Maler um 1400 dasselbe Bildprogramm übernahm, das schon seit der Romanik bestand und das wohl noch unter der gotischen Schicht liegt.

Die Fresken werden der „Meraner Schule“ zugeschrieben

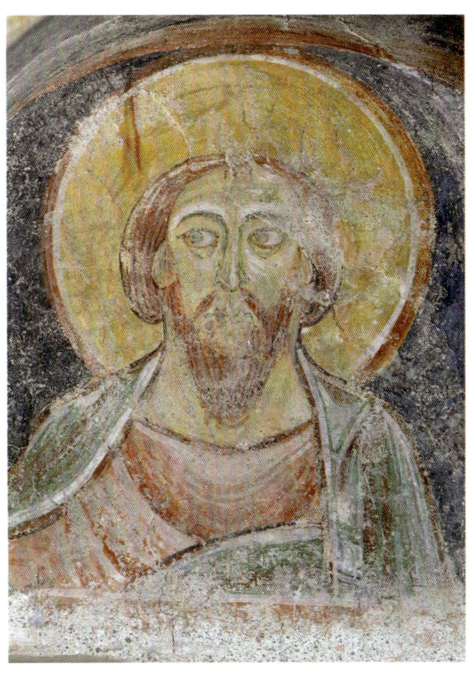

Der Apostel Paulus in einer Bogennische.

Schön modelliert in warmen Farbtönen und mit schwungvollen Kleiderfalten kommen die Heiligen in den Fensterlaibungen daher, von links nach rechts: Maria Magdalena mit Salbengefäß, Agnes mit dem Lamm, Katharina mit dem Rad, Barbara mit Hostie und Schwert, Dorothea mit dem Körbchen und als letzte Margarete, skurril mit dem Drachen, den sie, es lohnt hinzusehen, mit stoffgeschützten Händen umfängt. Reste von gotischen Fresken finden sich auch im nördlichen Nebenraum und in dessen östlichem Bogenfeld unter dem Tonnengewölbe, das eine Verkündigung zeigt. Die Fresken werden der „Meraner Schule“ zugeschrieben.

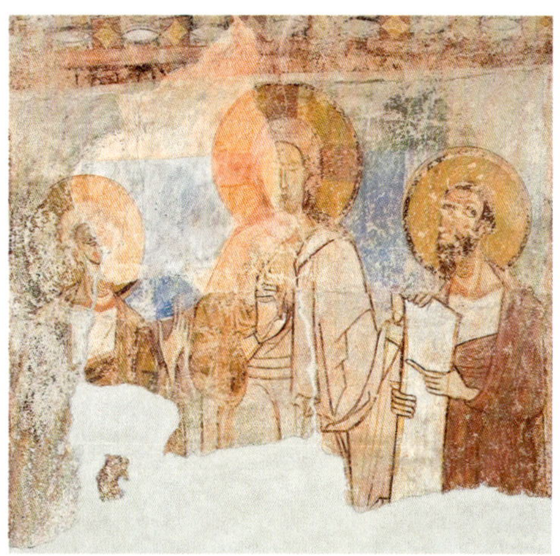

„Christus legem dat". Paulus erhält die Gesetzesrolle (südliche Außenwand).

Grabplatte mit Seelenloch

Vom nördlichen Querschiff gelangt man in einen kleinen apsisartigen Raum, den Sarkophage aus Vinschger Marmor als Grabraum definieren. In der Apsisnische steht ein kleiner Altar, zu dessen Füßen roh behandelte Holzbohlen liegen; hebt man eine von ihnen am Metallring auf, blickt man auf die steingewordene Sorge eines Toten: in die steinerne Grabplatte ist säuberlich ein Loch geschnitten, auf dem ein Steindeckel liegt. Dieses „Seelenloch" soll(te) dem Toten beim Jüngsten Gericht die Auferstehung des Fleisches erleichtern. Noch harren die Knochen jedenfalls der Auferstehung, wie der Blick in den Grabschacht bestätigt.

Der marmorne Taufstein trägt ein rätselhaftes Gesicht. Sollte es Dämonen abwehren? Dem Dämonischen waren die „Pfarrkinder" im abgelegenen Pfelders im Hinterpasseier, das einst zur Pfarre gehörte, immer ausgesetzt. In endlosen Wintern, wo die Zeit beim armseligen Schein eines Unschlittlichts oder Kienspans endlos zäh verklumpte. Wo man in der Stube wie verängstigte Schafe zusammenrückte, wenn grollend die Lawinen niedergingen. Und wo man mit einem steif gefrorenen Toten im Unterdach lebte, wenn eine/r im Winter gestorben war. Im Frühjahr, wenn der Schnee am Spronser Joch endlich schmolz, zogen sie dann los, mit dem Toten in der Truhe und dem „Poppele" im Korb, dem Kind, das im Winter auf die Welt gekommen war: acht bis zehn Stunden über die Jöcher zum Schafstall des Herrn in St. Peter. Der Tote wurde auf den Gottesacker begraben und das Poppele wurde getauft, am Taufstein mit dem rätselhaften Gesicht.

LITERATUR

Karl Gruber, Hans Nothdurfter: Vor-Romanik in Südtirol; Athesia 2017

INFO

Die Wanderung zu Fuß von Gratsch nach St. Peter bietet alles zwischen Kunst in der Landschaft und Naturerlebnis. Sie beginnt beim „Kircher", dem Alttiroler Ensemble vom ehemaligen Gasthof, Wirtschaftsgebäude und Kirche, dann nimmt Sie einer dieser alten Steinpflasterwege auf, führt Sie durch Weinpergeln zum Algunder Waal hinauf. Danach folgen Sie auf dem alten Kirchsteig den Kreuzwegstationen mit den Bildern des gebürtigen Nonsbergers Peter Fellin. Vom Expressionismus beeinflusst herrschen bei ihm Schwarz-Weiß-Töne vor.

Die Kirche ist von Anfang April bis 1. November 9–18 Uhr geöffnet.

SCHLOSS TIROL

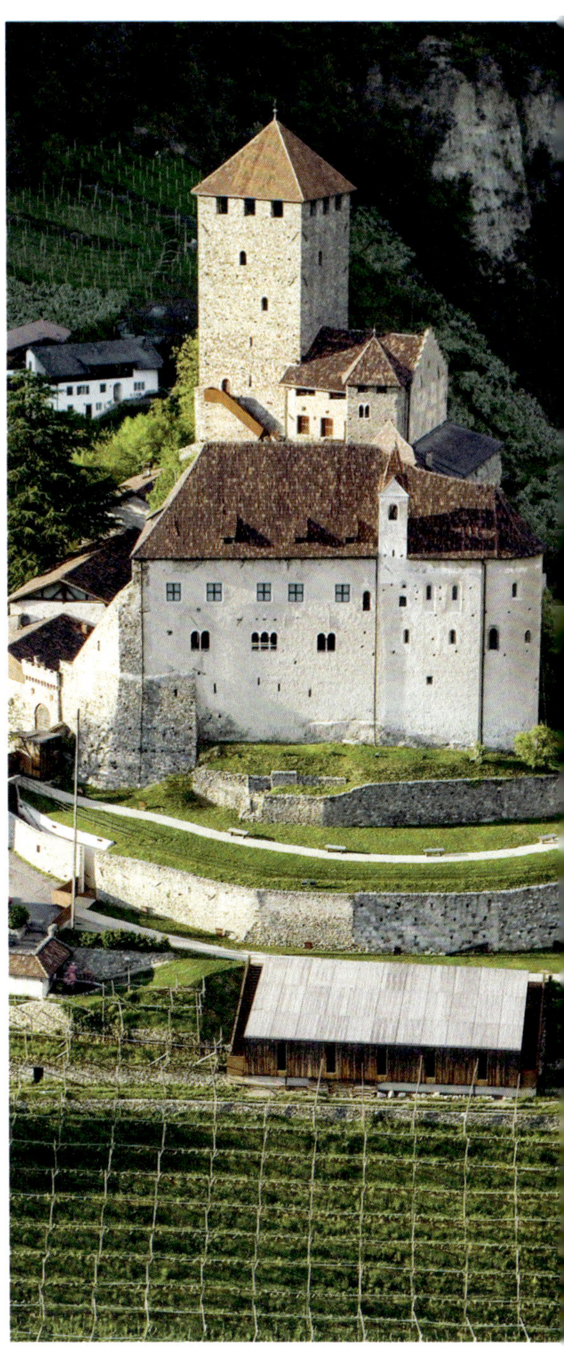

Stein gewordener Wille zur Macht

Keine Burg in Mitteleuropa ist in ihrer Bausubstanz so detailliert erforscht wie Schloss Tirol. Durch das Zusammenspiel verschiedener wissenschaftlicher Disziplinen entstand eine Zusammenschau, die das Wesen dieser mittelalterlichen Dynastenburg manchmal bis ins kleinste Detail durchleuchtet. Zu der gezielten Forschung kam der glückliche Zufall, als 1993 an der südlichen Seite der Burg ein altes Mauerwerk angeschnitten wurde. Umfangreiche archäologische Grabungen ließen aufhorchen. Auf ein spätrömisches Haus nach rätischem Vorbild war im 6. Jahrhundert eine kleine christliche Kirche gebaut worden, die wenig später eine kreisrunde Apsis erhielt. Hinter der Chorschranke fand sich die beschriftete Grabplatte der LOBECENA ALBADA, der „weiß gekleideten Lobecena". Wer war dieses Mädchen, das an so prominenter Stelle im weißen Taufkleid bestattet worden war? War es das Töchterchen eines langobardischen oder bayrischen Fürsten vor Ort?

Noch sensationeller war der Fund einer versiegelten Reliquienkammer unter dem Altar, der mit einer Steinplatte verschlossen war. Die Mörtelschicht trug den Abdruck eines Hufeisens, der, überraschend für eine christliche Kirche, wohl Böses fernhalten sollte.

Silber und feine Seide

In der Kammer befand sich ein kleiner marmorner Reliquienschrein, der eine silberne Reliquienbüchse mit feuervergoldeten

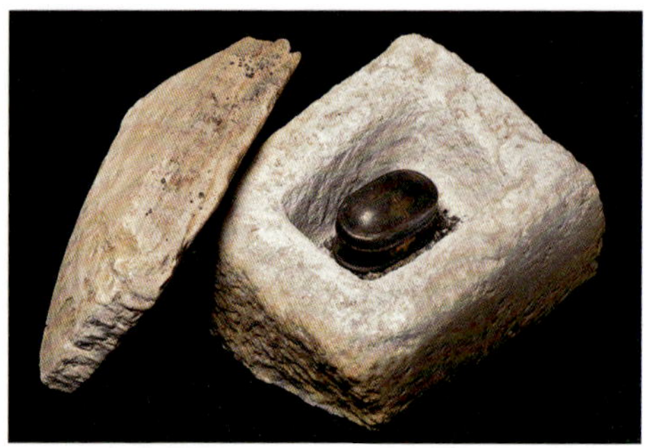

Silberne Reliquienbüchse im kleinen Marmorsarkophag aus der frühchristlichen Basilika, 5./6. Jh.

Kreuzen einschloss. Die Silberbüchse barg drei in hauchdünne leinenbindiger Seide gehüllte Reliquienbeutelchen, die ein Baumwollstoff umhüllte. Sie bargen Knochenpartikel, sehr feine Haare, schwarze pechartige Brösel (Weihrauch?) und Reste von beschriftetem Papyrus. Die hochwertige Qualität der feinen Seide verweist nach Konstantinopel.

Im Übergang vom 8. auf das 9. Jahrhundert erhielt die Kirche drei Apsiden und im Westen einen Nartex, eine Vorhalle. Als der Hang abrutschte und die Dreiapsidenkirche aufgegeben wurde, waren oben auf der Moränenkuppe bereits neue Bauarbeiten voll im Gange. Der erste Bau von Schloss Tirol wuchs auf brüchigem Grund empor. Die ursprüngliche Ortsbezeichnung Tirol besitzt wie das lateinische „terra" dieselbe Sprachwurzel „ter" oder „tir", was so viel wie Erde, trockenes Gelände bedeutet. Nomen est omen: Von dieser Ortsbezeichnung bekam das Schloss den Namen und von ihm wurde aus dem „land im gepirg" die Grafschaft Tirol – mit einer erdig erdverbundenen Geschichte bis heute.

Originale Ringmauern

Der Ursprung von Schloss Tirol – wollen wir einmal absehen von der Sage vom Nonnenkloster, wonach eine verliebte Äbtissin mit dem Kaplan durchgebrannt sei, was die zerstörerische Rache der Verwandtschaft mit sich gezogen habe – fällt in die erbitterten Auseinandersetzungen zwischen Kaiser und Papst im Investiturstreit. Der Gründungsbau an der Wende zwischen 11. und 12. Jahrhundert orientierte sich nachweislich an den Modellen salischer Hochadelsburgen. Die original erhaltene Ringmauer aus dieser Zeit reicht streckenweise acht bis elf Meter bis zur Zinnenhöhe und ist damit absolut einmalig im deutschen Sprachraum.

Die erste Bauphase kann über einen Lärchenbalken mit dem Schlägedatum von 1106/07 festgesetzt werden. Die zweite Bauphase erschließt sich aus den Forschungsergebnissen der dendrochronologischen Untersuchungen der Balken im Untergeschoss des Südpalas und in der Krypta. Das Schlägedatum der schweren Lärchenbalken ließ sich durch Vergleichen der Zahl und der Beschaffenheit der Jahresringe auf die Monate Dezember bis Februar des Jahres 1137/38 festsetzen.

1141 werden die Brüder Albrecht und Berthold als Grafen im Vinschgau auf Tirol erstmals urkundlich erwähnt. Sie gehören neben den Edelfreien von Matsch, den Grafen von Eppan-Ulten und den Bischöfen von Trient zu den mächtigsten Adelsfamilien an der Etsch. Der Bau der Burg mit einem Bergfried an der südlichen Grenze ihrer Grafschaft Vinschgau zeigt, wohin sich die Machtexpansion der Grafen aus dem Vinschgau wenden wird. Den Höhepunkt politischer und wirtschaftlicher Macht erreichten die Tiroler Grafen unter Meinhard II. (1238–1295), der durch seine Heirat mit Elisabeth, der Witwe des Stauferkönigs Konrad IV., Zugang zu den höchsten Adelskreisen des Reiches gewann. Das neu gewonnene Prestige sollte auch durch repräsentative Residenz untermauert werden: Der Südpalas wurde aufgestockt, die Kapelle bekam ein Obergeschoss für die herzogliche Familie und eine Verbindung zum heute nicht mehr vorhandenen Ostpalas wurde hergestellt.

Kinderschuh als Bauopfer

Im Zwischenboden dieses Verbindungsbaues kamen 1994 ein mittelalterlicher Daubenbecher, ein Kinderschuh und ein Leinenhemd zum Vorschein. Handelt es sich dabei um mittelalterliche Formen eines Bauopfers? Die Exponate sind in der Dauerausstellung im Mushauskeller zum Alltagsleben auf Schloss Tirol zu besichtigen. 1363 übergab Margarethe Maultasch, Meinhards Enkelin, die zuvor innerhalb von nur zwei Jahren Ehemann und Sohn verloren hatte, ihre Grafschaft Tirol an Herzog Rudolf von Habsburg. Damit begann der schleichende Niedergang der einstigen Dynastenburg, auf der eine Zeit lang noch der Landeshauptmann an der Etsch saß. Schadhafte Dächer wurden nicht mehr repariert, der Osttrakt stürzte in den Köstengraben, von der Tiroler Landesfürstin Claudia von Medici veranlasste Erhaltungsmaßnahmen zerstörten mehr als sie restaurierten. Den Tiefpunkt erreichte die Burg 1807, als die bayerische Besatzungsmacht das spärliche Inventar plündern und die Halbruine versteigern ließ. Ein bayrischer Baron erwarb sie und wollte sie schleifen lassen, was aber der Burghofbauer Alois Kofler verhinderte, indem er ihm die Burg abkaufte. Hier zeigt sich vielleicht am deutlichsten, dass im kollektiven Bewusstsein der Tiroler Bevölkerung Schloss Tirol immer einen stark empfundenen Symbolgehalt für die Landeseinheit darstellte. In der Folgezeit gelangte es in den Besitz der Stadt Meran und 1919 in den des italienischen Staates. Seit 1974 ist Schloss Tirol Eigentum der Autonomen Provinz Bozen-Südtirol.

> Die Kapelle bekam ein Obergeschoss für die herzogliche Familie

Archaische Bilderwelt

Kunstvolle Portale empfangen uns auf unserem kunsthistorischen Besuch. Sie wurden um 1138 für Schloss Tirol gefertigt, wobei wohl zwei verschiedene Werkstätten tätig waren. Im Tympanon des Palasportals erscheint der Erzengel Gabriel: Ärmel und Kleid schwingen noch mit in der vollen Bewegung. Die Segenshand kann auch als Hinweisgestus gelesen werden und das Lilienzepter ist ein königlich kaiserliches Herrschaftszeichen. Über dem Engel wölben sich zwei Archivolten mit Flechtband und Palmettenranken.

Im Bogenscheitel umklammert Daniel in der Löwengrube mit starker Hand die Pranken der Bestien, die zwar furchterregend die Zähne fletschen, doch schon gebändigt sind, weil ihre aufgestellten Schwänze bereits das Dreiblatt tragen. Der Held bekam göttliche Hilfe, symbolisiert durch den schwebenden Vogel über dem rechten Untier. Der unbekannte Meister kannte

vielleicht die Plastiken von San Michele in Pavia, wo Daniel allerdings die beiden Löwen an den Ohren packt. Im linken Bogensegment kommt ein flügelschlagender Vogel daher, darauf folgt die Darstellung zweier Vögel, die aus der Schale Traubenkerne picken. Ein Mischwesen aus Löwenkörper und Adlerkopf schreitet auf die Danielszene zu. Rechts davon bewegt sich ein Hirsch mit stilisiertem Geweih auf sie hin, während sich ein geflügelter Drache mit geringeltem Schwanz, Gift spuckend und Zähne fletschend, vom Heilsgeschehen abwendet und alles Böse von ihm abhält.
Die Seitenpfosten tragen einen Blattrankendekor, bärtige Gesichtsmasken bilden die Säulchenkapitelle; sie sitzen ungleich hoch zum Sturzbalken: Gab es Probleme? Man kann sich verlieren in Details und Deutungen und irgendwo im Hinterkopf taucht vielleicht die Szene aus dem Film „Der Name der Rose" auf, in der William dem eingeschüchterten Adso die Bilderfolge des Kirchenportals als Szenen der Endzeit deutet. Unsere Darstellung ist dem Diesseits verschworen: In der linksseitigen Portalumrahmung erscheint ein adeliges Paar ganz in der Mode der Zeit um 1100. Die Frau trägt ein eng anliegendes, glockenförmiges Kleid mit überlangen Trompetenärmeln. Der Mann, die Frau an der Hand führend, schreitet majestätisch aus der Quaderkante heraus auf die Besucher zu. Er trägt ein stirnfrei geschnittenes Haar, einen Vollbart und einen gezwirbelten Schnurrbart. Ein auffallend geknoteter Gürtel hält sein Kleid zusammen; Gürtel gelten im Mittelalter als Symbole der Macht. Das Pendant auf der rechten Seite ist stark zerstört, erkennbar ist die Hand des Mannes, die einen stilisierten Baum trägt. Deutungen werden kontrovers diskutiert, die einen wollen in den Paaren die Brüder Albert und Bertold von Tirol sehen, andere wiederum erkennen in ihnen die Idealfiguren christlichen Rittertums oder Kinder Adams und Noahs.
Das Portal durchschreitend finden wir uns in einer großen Halle wieder, setzen respektvoll Schritt für Schritt auf historischem (Holz) Boden gehend: Die den Fußboden tragenden Balken stammen aus dem fernen Februar des Jahres 1238, wie wir schon wissen. Doppel und Dreibogenfenster geben einen majestätischen (diesmal ist das Adjektiv keine Burgenfloskel!) Blick ins Etschtal frei. Am Krückenkapitell des linken Doppelbogenfensters schwebt ein Drachenschiff mit gebauschtem Segel auf der einen und zwei Fische mit ornamental verschlungenen Schwänzen auf der anderen Seite gegen den freien Himmel. Eine poetische Metapher und existenzielle Chiffre mitten in den Bergen auf einem bröckelnden Moränenhügel im Fluss der Zeiten.

Die Seitenpfosten tragen einen Blattrankendekor

Und dann schlägt uns die archaische Erzählflut des Kapellenportals in ihren Bann. Wir beginnen mit der Kreuzabnahme im Tympanon. Joseph von Arimathäa zieht mit einer übergroßen Zange den Nagel aus der Hand des Gekreuzigten,

Im Bogenfeld des Palasportals erscheint im Impetus des Flugs Erzengel Gabriel mit dem Lilienzepter.

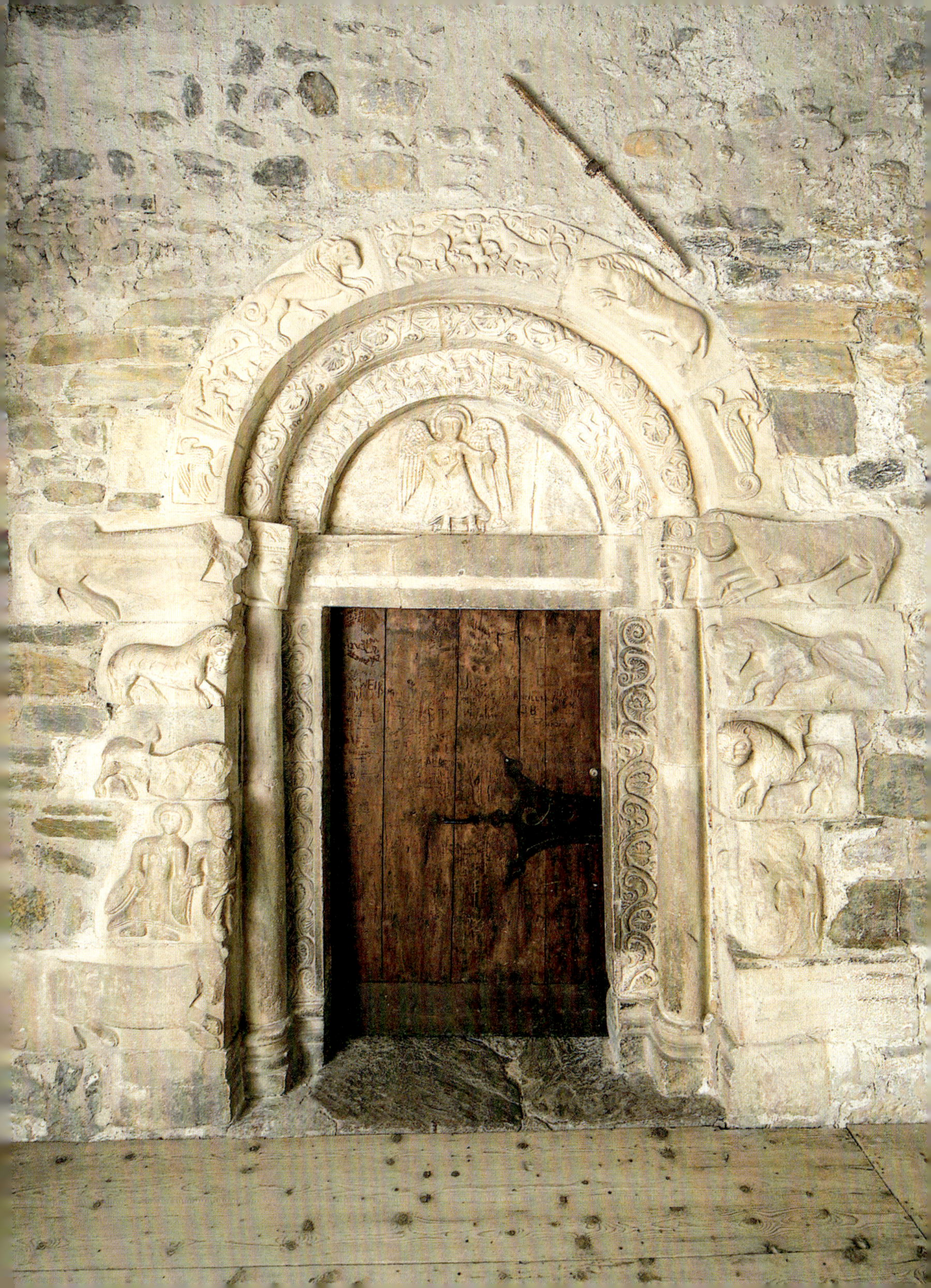

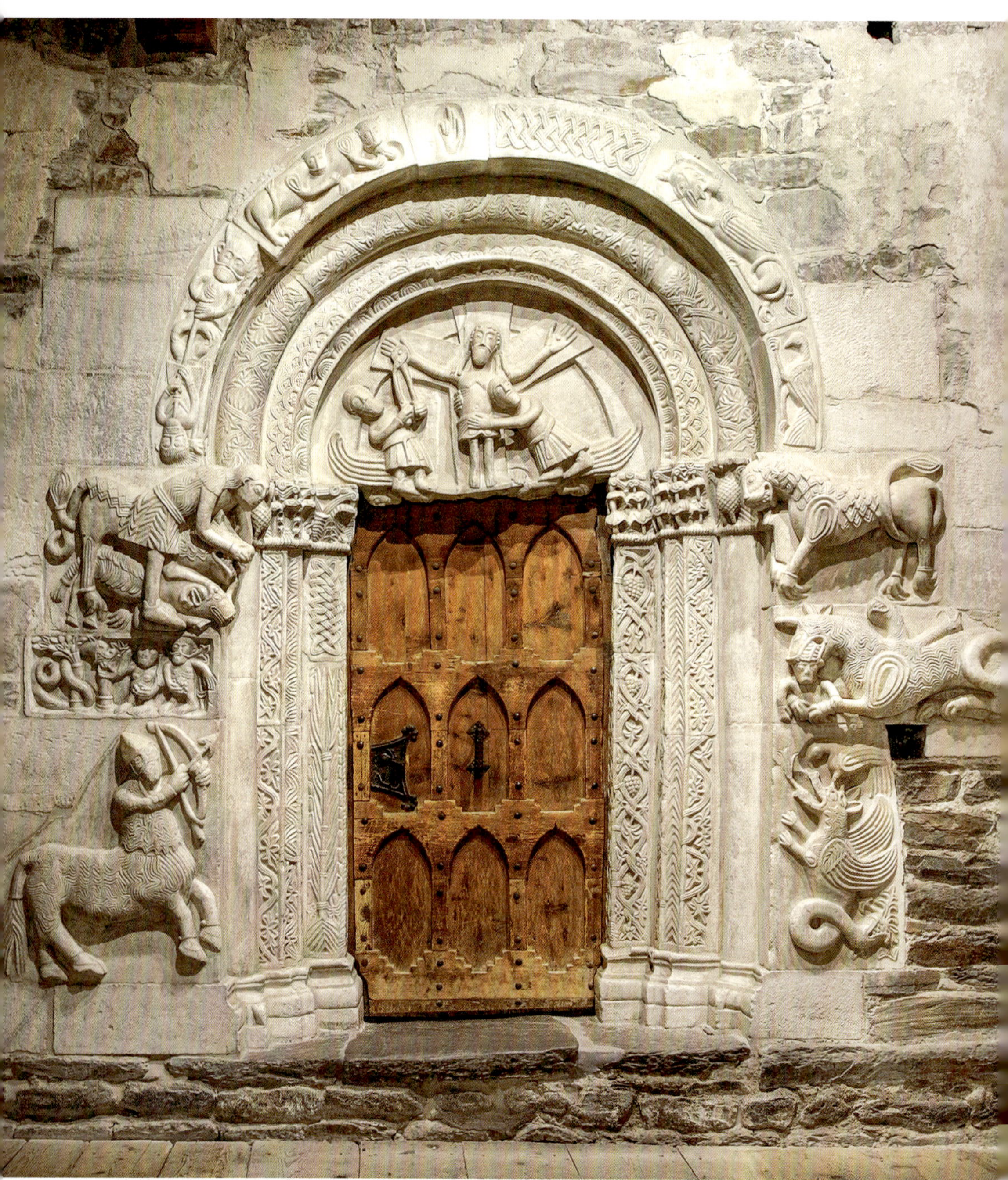

Nikodemus umfängt respektvoll dessen Leib. Die gesamte Darstellung schwingt zwischen expressiver Bewegung und abgeklärter Ruhe. Würdevoll steht Christus auf einem Sockel am Kreuz, seine Augen sind geöffnet und das gesträhnte Haar fällt ihm über die Schultern. Die breiten Querbalken des Kreuzes zeigen schräg nach oben und weisen zusammen mit den erhobenen Armen bereits auf die Auferstehung hin. Rätselhaft kommen an beiden Seiten des Kreuzes zwei Hände scheinbar aus dem Nichts, sie gehören zur Figur Adams, dessen Kopf auf der Unterseite der Sturzmitte zerstört ist. Die ins Bildfeld ragenden Flügel entrücken die Darstellung aus der Erdenschwere ins Geistige, sie gehören zu zwei gegenständigen Engeln an der Unterseite, die ein Buch tragen und die Funktion des Sturzes übernehmen. Die innere und die mittlere Archivolte über dem Tympanon besitzen einen aufgeweiteten Bogenverlauf und künden von den Schwierigkeiten der Steinmetze.

Der Schlussstein trägt die Segenshand Gottes

Im linken Feld des Portalbogens schiebt ein gehörnter Teufel einen entsetzten Verdammten mit dem Dreizack ins Höllenfeuer oder in den großen Höllenkessel mit zwei Schöpflöffeln, der gleich ewige Höllenpein bereiten wird. Das Affenpaar ist schwer zu deuten; es könnte sein, dass die Tiere hier den Sündenfall „nachäffen". Der Schlussstein trägt die Segenshand Gottes, rechts davon erscheint ein Werkstück mit Flechtbandornamentik, an das ein Greif, der einen Hasen schlägt, anschließt. Den figuralen Abschluss des Portalbogens bildet ein eilender Pfau.

Wenn Sie Deutungen wünschen, sei Ihnen die Lektüre der beigestellten Erklärungstafel empfohlen.

Das Meerweibchen und der simultane Sündenfall

Die Portalpfeiler tragen verschiedene Motive: Während am rechten das Rankenornament mit Weintrauben als biblisches Motiv leicht gedeutet werden kann, bleibt die große Pflanze im linken Pfeiler rätselhaft. Die Adler in den Kapitellen wirken teilweise verdeckt, einem wurde sogar für die Einpassung ein Flügel etwas gestutzt. Versteckt in der Innenseite des linken Pfeilerkapitells treffen wir auf eine „alte Bekannte" der romanischen Ikonografie, auf das zweischwänzige Meerweibchen, den Schrecken der Kirchenväter als Sinnbild weltlicher Verlockungen. Doch dieses unser Weibchen ist gezähmt, trägt es doch auf der linken Schwanzflosse das bannende Kreuz.

In der Portalrahmung links unten zielt ein behelmter Kentaur auf die Kreuzigungsszene im Tympanon, das stilisierte Haar fließt in parallelen Wellen über den Oberkörper. Das Mischwesen aus Mensch und Pferd ist im Physiologus Sinnbild für den Häretiker, es könnte aber durchaus auch Brutalität und Streitsucht wie in der Antike darstellen. Darüber ist wie ein naiver Comic der Sündenfall erzählt. Fast die Hälfte nimmt eine riesige Schlange ein, sie windet

Ort der Begegnungen. Die Portalplastik ist von der lombardischen Steinmetzkunst beeinflusst.

sich wulstig um den Baum der Erkenntnis und verdeckt mit dem Drachenkopf den Baum des Lebens. Eva entnimmt dem zähnebewehrten Maul den Apfel und, als wolle sie sich im letzten Augenblick noch wegwenden, fliegt ihr das lange Haar weg vom Kopf. Dafür ist es jetzt zu spät, sie und Adam sind ihrer Nacktheit schon gewahr geworden und verdecken ihre Blöße mit einem Feigenblatt. Und nichts ist da von stolzer Männlichkeit: Adam trägt zwar dieselbe Haartracht und denselben überdimensionalen Schnurrbart wie der Edelmann am Palasportal, doch trotz dieser Männlichkeitsattribute wirkt er sehr verunsichert und rudert mit dem linken Arm nach einem schützenden Halt. Die Darstellung ist ungelenk und erinnert stark an naive Volkskunst; überhaupt bleibt den ersten Menschen im Vergleich zu anderen Themen erstaunlich wenig Raum in diesem Kosmos.

David als Edelknabe

Die Szene über dem Sündenfall nimmt viel mehr Platz ein, wo David einen Widder aus den Fängen des Löwen befreit. David als Edelknabe mit schulterlangem Haar reißt dem Löwen, der die Zunge weit heraushängen lässt, den Kiefer auseinander. Als guter Hirte behält er den zähnefletschenden Löwen im Rahmen gegenüber fest im Blick. Dieser Löwe in der rechten Portalrahmung ist mit gieriger Lefze, gefletschten Zähnen und überdimensionalen Krallen stark dämonisiert, doch deutet die im Steingewände gefangene Tatze bereits darauf hin, dass seinem Wüten ein Ende gesetzt ist.

Tirol war und ist das Land der Übergänge

In der apokalyptischen Szene darunter verschlingt der mehrköpfige Endzeitdrache einen Menschen. Im unteren Bildfeld schlägt der himmlische Adler erbarmungslos Krallen in die Augen des Ungeheuers, und mit mächtigem Schnabel hackt er auf das Feuer speiende Wesen ein, das in machtloser Wut den Schwanz mit dem zweiten, Zähne fletschenden Kopf windet.

Kosmos der Doppelsinnigkeit. Kentaur (links), David befreit den Widder (rechts).

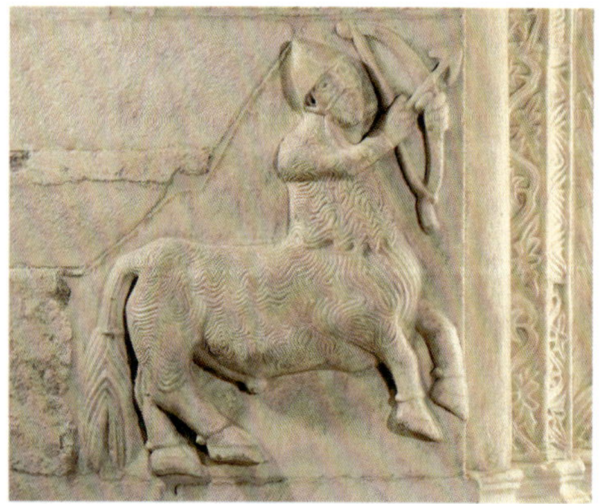

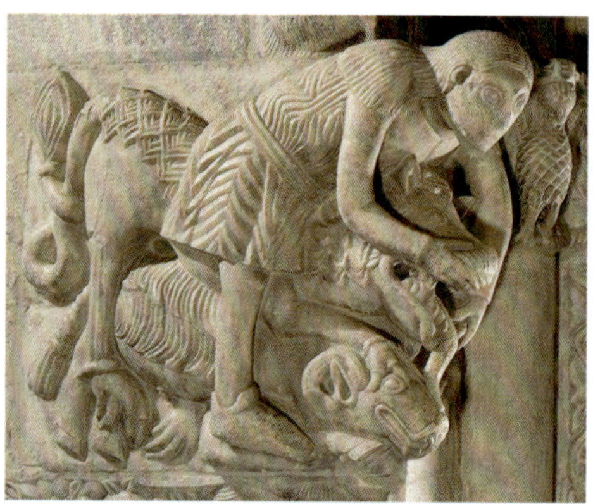

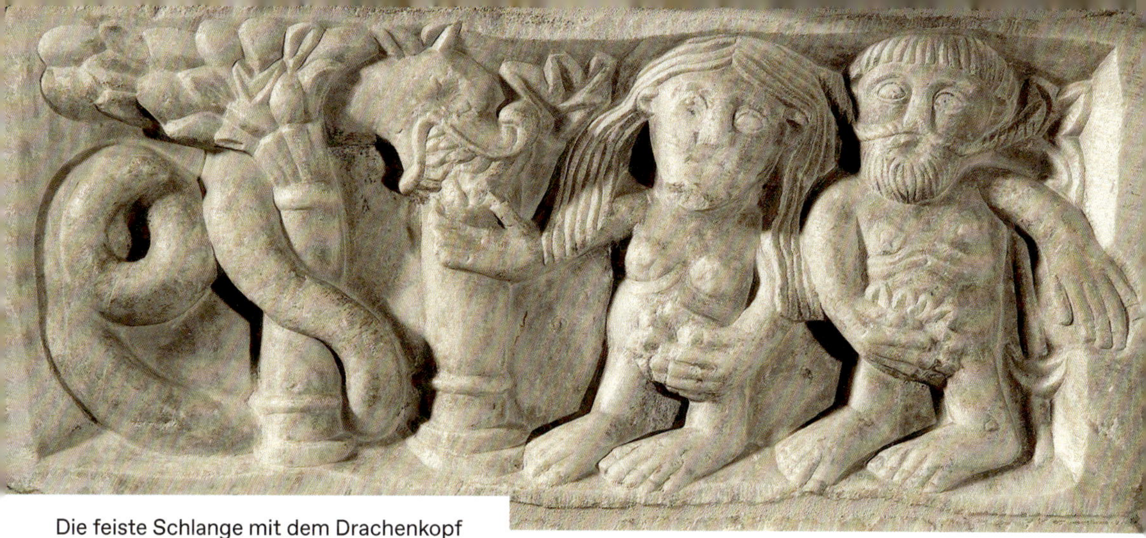

Die feiste Schlange mit dem Drachenkopf reicht die verbotene Frucht. Ein verstörter Adam rudert mit dem linken Arm verzweifelt nach Halt.

Die Deutungen bleiben Stückwerk genauso wie die Suche nach künstlerischen Vorlagen. Denkbar ist eine künstlerische Zuordnung an *magistri comacini*, an lombardische Steinmetze, zumal sich stilistische Vergleichsmomente in der Lombardei, in Pavia und Como ausmachen lassen.

St. Pankratius – Hüter der Schwüre

Das Portal durchschreitend gelangen wir in die zweigeschossige Burgkapelle, die dem heiligen Pankratius und der heiligen Elisabeth von Thüringen geweiht ist. Das Untergeschoss geht auf das 12. Jahrhundert zurück, das Obergeschoss wurde um 1270 errichtet. Die Malereien entstanden um 1330 in einer Mischung aus gotischem Linearstil mit Elementen italienischer Trecentomalerei. Im Chor sind Kirchenväter, in den Fensterlaibungen Szenen aus der Heilsgeschichte, im Schiff eine Kreuzigung und Heilige dargestellt. Die Oberkapelle schmücken eine Anbetung der Könige, eine Kreuzigung und die Kapellenheiligen Pankratius und Elisabeth. Pankratius als Hüter der Schwüre und Patron gegen Meineid und falsches Zeugnis war ein gefragter Schutzheiliger in Adelskreisen, und die heilige Elisabeth wird als Fürsprecherin der Armen verehrt. Am 19. November, dem Elisabethtag, wird seit 1328 in der Kapelle das Patrozinium gefeiert, und der Schlosskaplan liest im Beisein der Äbte von Marienberg, Stams, Muri Gries, Georgenberg-Fiecht und Wilten die Messe.

An der Westwand befinden sich die älteste kolorierte Darstellung des Tiroler Adlers und ein überlebensgroßer Christophorus. Christophorus ist der Schutzpatron derer, die auf dem Weg sind. Dass er gerade hier in der Schlosskapelle des Stammschlosses so groß abgebildet wurde, mag kein Zufall sein; Tirol war und ist das Land der Übergänge – und hat nach wie vor einen Beschützer bitter nötig!

Der hochgotische Altar ist bis hin zu den Graffitis eine exakte Kopie des Originals, das im 19. Jahrhundert über das Stift Wilten ans Ferdinandeum Innsbruck gelangte. Die Stifterfiguren an den Außenseiten Albrecht und Leopold erinnern an

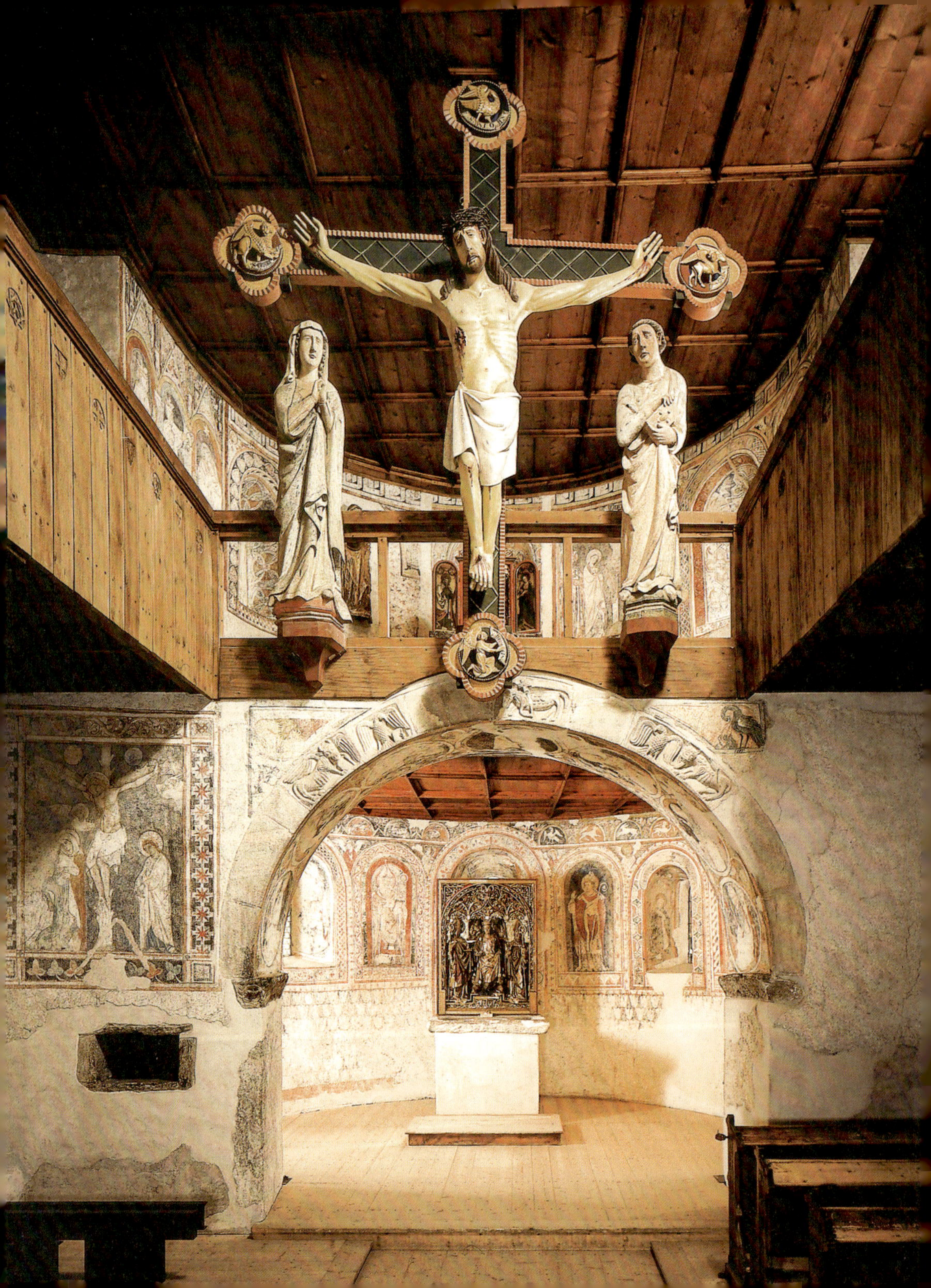

die Erbhuldigung von 1363; die Ikonografie mutet für unsere Breiten etwas exotisch an: Erzengel Gabriel überreicht Maria bei der Verkündigung einen Siegelbrief, Maria liegt nackt im Wochenbett, die Könige küssen dem Christkind die Füße und im Marientod ist eine Brille zu sehen. Das Werk dürfte aus einer Wiener Werkstätte stammen, in der böhmische Künstler tätig waren.

Der kleine Klockeraltar im Untergeschoss stammt von Castelfeder bei Auer

Der kleine Klockeraltar im Untergeschoss stammt von Castelfeder bei Auer. Das Missale aus dem 12. Jahrhundert ist der kleine Rest jener 26 liturgischen Bücher, welche 1320 im Besitz der Kapelle angeführt werden.

Beherrscht wird der Kapellenraum von der überlebensgroßen Kreuzigungsgruppe aus dem 14. Jahrhundert über dem Triumphbogen. Bei der Restaurierung der Assistenzfiguren Johannes und Maria fand sich in deren Kopf je eine Münze aus der Zeit um 1320.

Weste gegen Meuchelmord

Im Zuge der letzten Restaurierung des Schlosses kamen interessante Objekte zum Vorschein. In den Gerüstlöchern fand man das Siegel des venezianischen Dogen Mocenigo, einen Hornschichtbogen und eine Brigantine, eine frauliche Schutzweste gegen meuchelnde Messerstreiche. War wohl nicht alles eitel Liebesdienst auf einer Burg und in besseren Kreisen. Wäre Stoff

Die überlebensgroße Kreuzigungsgruppe in der Burgkapelle entstand um 1330.

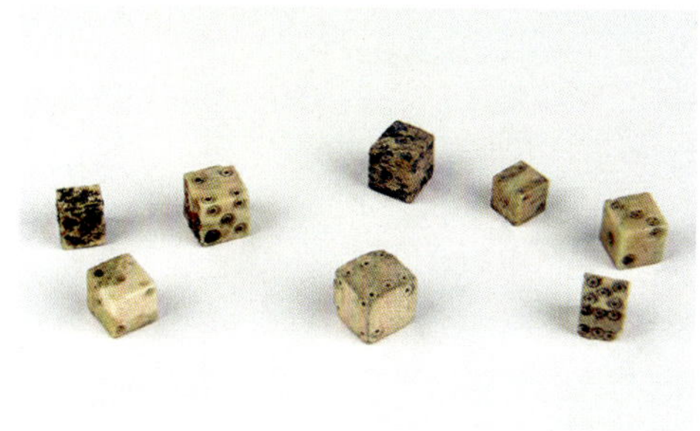

Über 100 Würfel fanden sich in der Abfallgrube. Meist nur fingernagelgroß sind sie aus Knochen gefertigt.

für den großen Novellendichter Giovanni Boccaccio, der persönlich auf Schloss Tirol war.

Schloss Tirol als Landesmuseum behandelt vier Schwerpunkte; einmal die Entstehung und die Glanzzeit Tirols bis in die beginnende Neuzeit, im Mushaus ist das Thema der weitgehend romantischen Rezeption aufgearbeitet; der Burgfried behandelt das 20. Jahrhundert bis zur unmittelbaren Gegenwart. Im Keller des Mushauses ist der Alltag auf der mittelalterlichen Burg inszeniert – eine kernige Kost sozusagen nach so viel „hochgelahrter“ Erbauung aus Kultur und Geschichte und Kunst. Viele Kleinobjekte fand man in den ehemaligen Abfallgruben und im Küchenschutt. Zu ihnen gehören ein paar ausgestellte kleine Würfelchen aus Knochen. Auf Schloss Tirol wurde nicht nur große Geschichte gemacht, es wurde auch gespielt und gezockt. Und das nicht zu wenig. Auf keiner Burg in Europa hat man bisher so viele Würfel gefunden wie hier. Es sind ihrer über 100. Je mehr die Kirche gegen das gotteslästerliche Würfelspiel

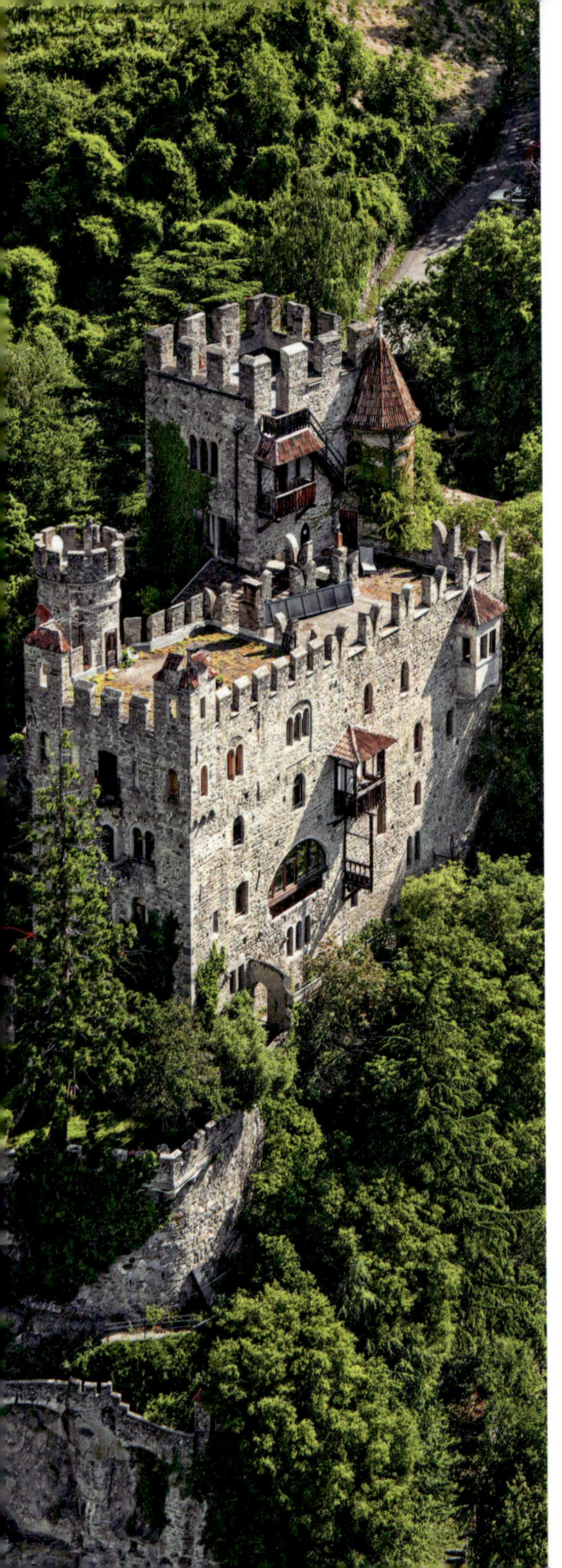

wetterte, umso kleiner wurden sie gefertigt. Und manchmal blieb wohl nichts anderes übrig, als sich ihrer schnell in der Abfallgrube zu entledigen.

Der Adler

Vielleicht hören Sie beim Verlassen der Burg den schrillen Schrei eines Greifvogels. Unterhalb der Burg befindet sich ein Pflegezentrum für verletzte Greifvögel. Falkenjagd auf Schloss Tirol ist nachgewiesen. Kam etwa der Abt von Marienberg zu Besuch, hatte er als Präsent einen „abgetragenen" (d. h. abgerichteten) Falken mitzubringen. Aber nicht nur Falken wurden „abgetragen", in besagter Abfallgrube fand sich auch der Schnabel eines Terzels, eines jungen Adlermännchens. Wobei anzumerken ist, dass das Abtragen von Adlern eigentlich nur am Hof des Kaisers gestattet war.

Brunnenburg

Unterhalb von Schloss Tirol auf der anderen Seite des Köstengrabens stemmt sich in historisierendem Stil die Brunnenburg in den Moränenschutt. Hier verfasste der amerikanische Dichter Ezra Pound, einer der überzeugendsten Vertreter der lyrisch-literarischen Moderne zwischen 1958 und 1962, die letzten seiner 120 „Cantos", seines lyrischen Hauptwerkes. Sein Enkel, Siegfried de Rachewiltz, leitet auf der Brunnenburg *The Ezra Pound Centre for Literature*, das von Studenten aus aller Welt besucht wird. Er betreut zudem das von ihm als Ethnologen mitbegründete landwirtschaftliche Museum Brunnenburg. Absolut sehenswert.

ST. GEORGEN – SCHENNA

Das Georgsmartyrium

Der Burghügel mit dem Turmstumpf und dem seltenen Rundbau der ehemaligen Burgkapelle in Schennas Oberdorf gehört zu den einprägsamsten Bildern dieses Touristendorfes.

Sowohl die Form der Rundkirche als auch die Verehrung des heiligen Georg haben mit den Kreuzzügen zu tun. Rundkirchen nehmen seit den Kreuzzügen ihr Vorbild in der Grabeskirche und auch der Georgskult gewann durch die Kreuzritter an Bedeutung. St. Georg wurde zum bevorzugtesten Schirmherrn der Burgkapellen.

Der erste Raumeindruck von St. Georg überrascht. Das Kuppelgewölbe wird von einer zentralen Säule getragen, die 1591 eingefügt wurde. An dominanter Stelle über dem Altar entfaltet sich zwischen den Gewölbegurten die Darstellung des Jüngsten Gerichts. Es ist eine etwas eigenwillige Behandlung des Themas mit weitläufiger Scheinarchitektur, die eine Vorstellung vom himmlischen Jerusalem geben soll und ikonografisch an die italienische Trecentomalerei und die Bozner Schule erinnert. Das untere Feld ist der Auferstehung des Fleisches gewidmet, wo gehörnte Teufel in vollem Eifer dabei sind, schwere Grabplatten wegzuwälzen, und einer eifrig den Inhalt eines Grabes inspiziert. Aus den Gräbern klettern nackte rundgesichtige Männlein, doch fehlt in der Folge die sonst übliche Darstellung des Höllenrachens. Auf der balkonartigen Tribüne darüber werden die Guten von Petrus an der Himmelspforte in Empfang genommen. Rätselhaft bleibt die Darstellung eines kuriosen Einzelgängers rechts, der mit ausholendem Schritt die Stufen zu einer Empore betritt, von der es jedoch keine sichtbare Verbindung zur Galerie der Auserwählten

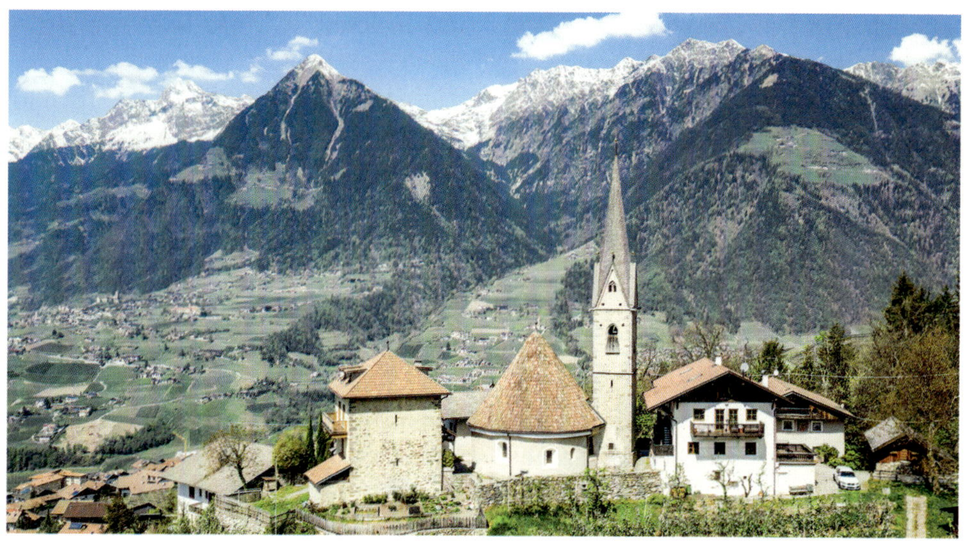

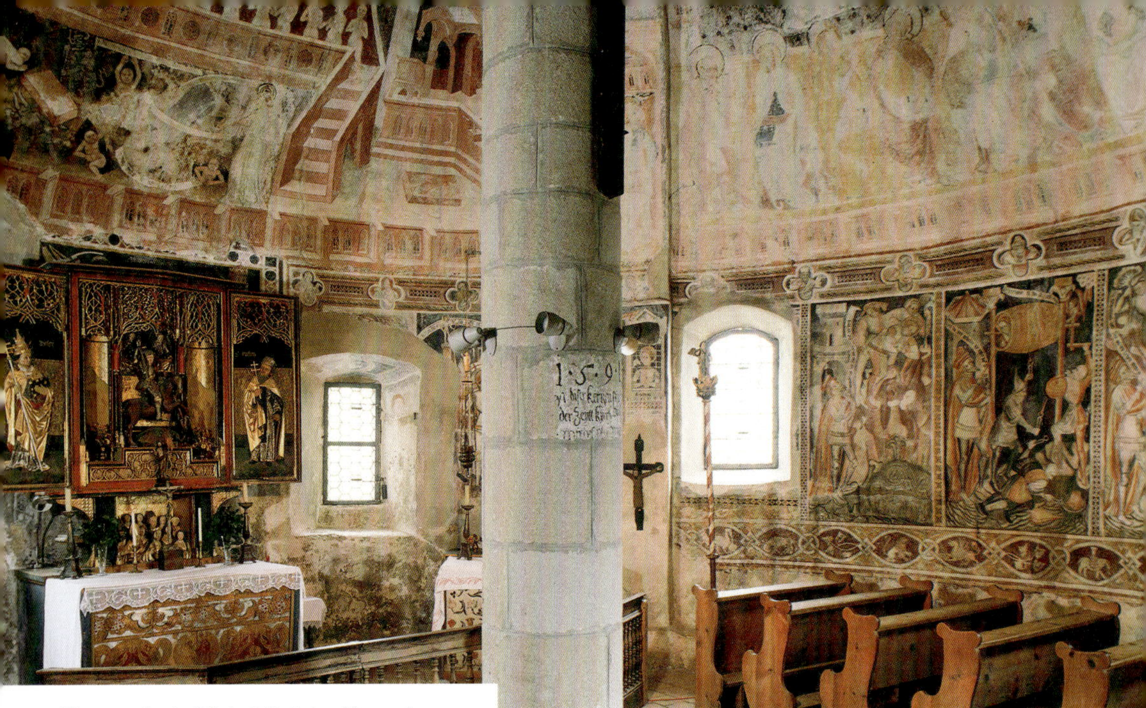

Eine zentrale Säule trägt das Kuppelgewölbe.

gibt. In den Medaillons der Bordüren sind bärtige Männer dargestellt, die Leo Andergassen als die Vierundzwanzig Ältesten der Apokalypse identifiziert; sie haben jeweils ein kleines Spruchband vor sich mit lateinischen Bezeichnungen, die Eigenschaften Gottes benennen. Der Kult der Vierundzwanzig Ältesten kam wahrscheinlich von Böhmen nach Tirol; er wurde aber bald von der Kirchenobrigkeit verboten.

Sieben Leben

Von anderer Hand stammt der in epischer Breite angelegte Freskenzyklus über das Martyrium des heiligen Georg. Dieser beginnt hinter dem Flügelaltar mit einem stark beschädigten Bild des Heiligen mit Lanze im frühgotischen Linearstil, wobei vom Drachen und der Jungfrau nur noch Reste vorhanden sind.

In der Legende hat der heilige Georg sieben Leben, in dieser Bilderfolge überlebt er vier Martyrien, bis er schlussendlich enthauptet wird. Auf die Verurteilung folgt die Einkerkerung, dann laufen mit detailfreudiger Schilderung mittelalterliche Marterszenen ab. Auf Befehl des elegant gekleideten Richters, der in jeder weiteren Szene präsent ist, wird St. Georg vom Berg gestürzt, in ein Fass gesteckt, das ein Henkersknecht mit einer Kurbel antreibt, während ein anderer glühende Nägel in das Fass steckt und ein dritter Nägel ins Feuer hält. Die grausame Schilderung der Räderung hat einen nahezu bukolischen Kontrapunkt in der unteren Bildhälfte, wo ein Hund eine Elster auf dem Baum anbellt. Die Gestaltung der Felslandschaft lässt an nachgiotteske Vorbil-

Der Maler der Georgslegende und des Votivbildes ist unbekannt

der denken. In der folgenden Szene in der Fensterlaibung soll der Heilige von Pferden gevierteilt werden. Schlussendlich folgt die Enthauptung, wo der Henker bereits Maß genommen hat und das Schwert Blutspuren trägt.

Einen Blick wert ist die schön ausgeführte Zierbordüre mit den Tierdarstellungen. Rechts vom Eingang sind ein Votivbild und eine Darstellung der Nikolauslegende erhalten. Ein Spruchband weist den Stifter mit Frau als *Servus Krebis,* als „Knecht" des nahen Krebishofes aus. Er ist für seinen Stand recht fein gekleidet – man beachte nur den Ärmel seines wamsartigen Überwurfes –, und er hat eine Breitaxt geschultert.

Der Maler der Georgslegende und dieses Votivbildes ist unbekannt, stilistische Vergleiche lassen Ähnlichkeiten mit den Fresken auf Schloss Lichtenberg und St. Nikolaus in Rojen erkennen. Er gehört zweifelsohne zu den Vertretern des hochgotischen Stils um 1400.

Der Flügelaltar stammt wahrscheinlich aus der Schnatterpeck'schen Werkstatt in Meran und gehört zu den schönsten Beispielen später Gotik im Burggrafenamt. Die Reliefs auf den Flügeln stellen den heiligen Silvester und Anton Abt dar. Unberührt von der holden Weiblichkeit der heiligen Ursula und ihrer weiblichen Entourage sucht in der Predella ein Bischof mit besorgtem Blick Festigung in der Heiligen Schrift, während ihm ein Pfäfflein unschuldig beflissen über die Schulter blickt.

INFO

Geöffnet: Montag bis Freitag 8–18.30 Uhr, Samstag 8–17 Uhr, Sonntag 9–11.30 Uhr

Georgslegende. Neben blutigen Märtyrerszenen fand der Maler Platz und Zeit für ein bukolisches Detail.

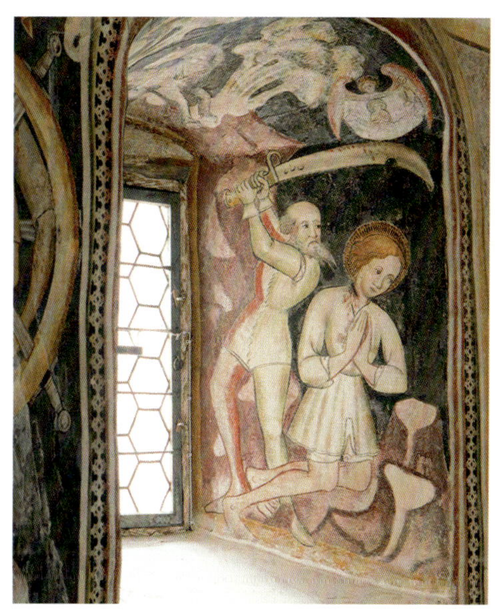

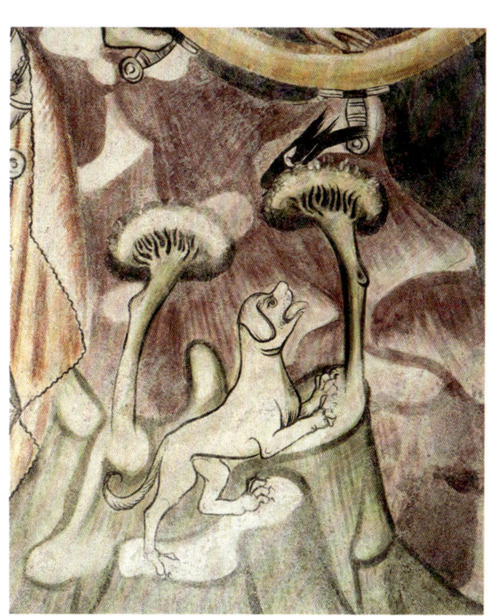

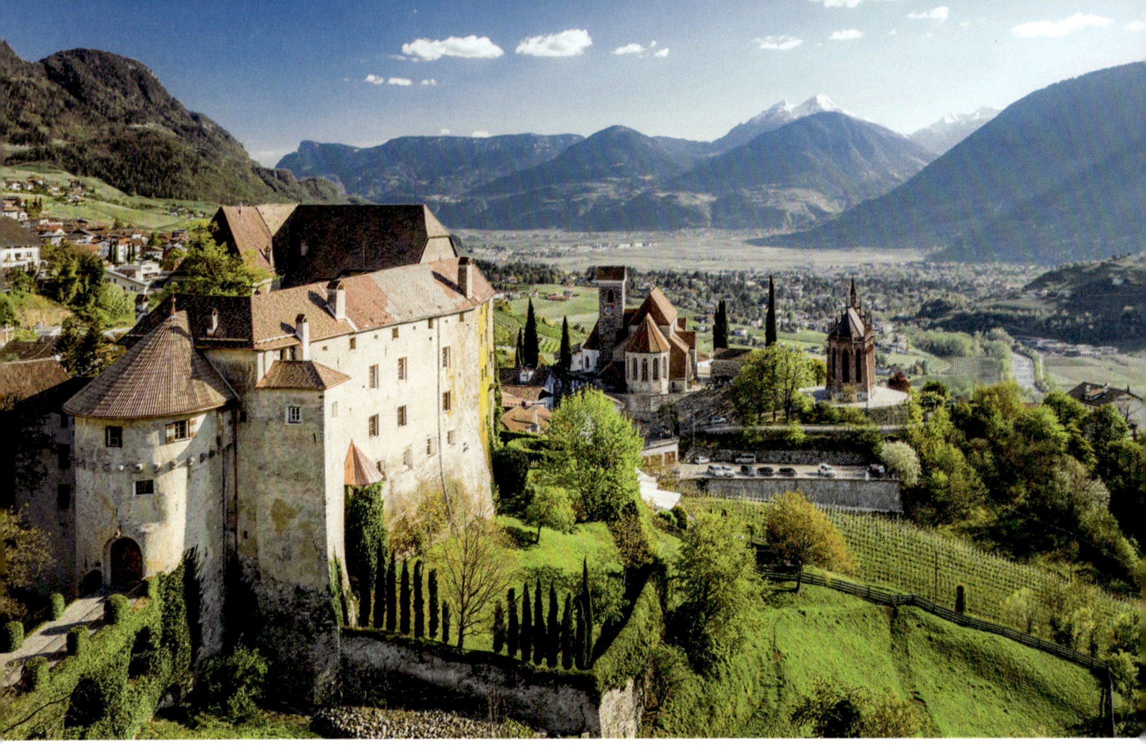

SCHLOSS SCHENNA UND KIRCHHÜGEL

Schennas Dreigestirn

Wie ein monolithischer Block hockt das Schloss auf der Hügelkuppe, wohltuend schnörkellos nach all der grassierenden „Balkonitis" rundum. Und wir haben vielleicht das Bild des Scharfrichters in der Georgslegende von St. Georgen vor Augen, wenn wir Schloss Schenna besuchen. Denn dort hängt im Waffensaal das Richtschwert des Meraner Henkers, das in der Blutrinne die Inschrift trägt: „Wan dem armen Sünder wirdt abgesprochen das Leben dan wird er in meine Hand gegeben." Petermann von Schenna, ein enger Vertrauter von Margarethe Maultasch, begann mit dem Bau des Schlosses um 1350. Später gelangte es in den Besitz der Starkenberger.

Seit 1844 ist Schloss Schenna untrennbar mit dem Namen von Erzherzog Johann verbunden. Dieser hochintelligente Habsburger war nicht nur seiner blaublütigen Verwandtschaft im wirtschaftlichen Denken weit voraus, sondern er fühlte sich auch dem einfachen Volke sehr verbunden, insbesondere den Tirolern, die er seit den Franzosenkriegen in sein Herz geschlossen hatte. Seine Liebe zur Postmeistertochter Anna Plochl brachte ihm den Verzicht auf Thronfolge und Titel ein. Seine Nachkommen, in deren Besitz Schloss Schenna immer noch ist, führen den vergleichsweise schlichten Titel „Grafen von Meran".

Neben historischen Sälen mit Waffen, kunsthistorischen Exponaten und historischen Schaustücken wie etwa der Wiege Andreas Hofers beeindruckt das ehemalige Arbeitszimmer, weil es die komplexe

Persönlichkeit des Erzherzogs am ehesten erahnen lässt. Sein Wunsch war es, in Schenna einmal begraben zu sein, weshalb sein Sohn Franz ihm in Schlossnähe das neugotische Mausoleum errichten ließ.
Der Bau in rotem Sandstein ist das gelungenste Beispiel für neugotische Sakralbauten in Südtirol und stammt vom Wiener Baumeister Moritz Wappler. Hier ist Erzherzog Johann mit seiner Frau Anna Plochl und seinem Sohn Franz mit Gemahlin Theresia Gräfin Lambert begraben. Wenn man vom Kirchhügel hinaus ins Land blickt, kann man Erzherzog Johann sehr wohl verstehen, dass er selbst im Tode diesen Blick ins Burggrafenamt nicht missen wollte.

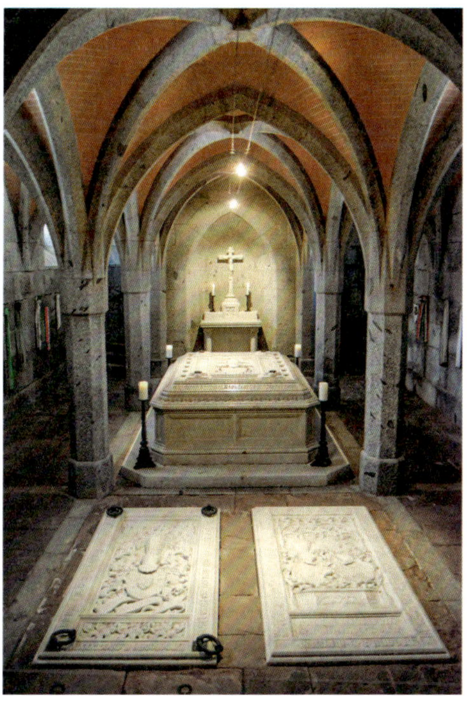

Lange Siedlungsgeschichte am Kirchenhügel

Der Kirchhügel mit der neuen und alten Pfarrkirche und der zweischiffigen Martinskirche atmet wohltuend ruhig im Rhythmus früherer Zeiten. Dieser zweischiffige Bau im Friedhof mit zwei Rundapsiden besticht mit einem äußerst regelmäßig geschifteten Mauerwerk und ist spätkarolingischen Ursprungs.
Im Laufe der Zeit war die ursprüngliche Pfarrkirche zu klein geworden und man beschloss einen Neubau im neugotischen Stil, mit dem 1914 begonnen wurde. Die Bauarbeiten wurden 1915 kriegsbedingt eingestellt, erst 1926 weitergeführt und 1931 abgeschlossen. Die alte Pfarrkirche war zu einem Schattendasein verurteilt, bis bei Grabungen 2016 dort Objekte zum Vorschein kamen, die ein neues Licht auf die Siedlungsgeschichte Schennas werfen. Profane Reste von zwei Häusern verweisen auf römische Besiedlung genauso wie Münzen aus der Zeit der römischen Soldatenkaiser im 3. nachchristlichen Jahrhundert. Um 600 n. Chr. stand hier eine vorromanische Kirche. Mehrere Umbauten, romanisch und gotisch, folgten im Laufe der Jahrhunderte, sodass der Kirchenraum in der heutigen Gestalt ein kleines Handbuch der Kunstgeschichte darstellt. In der Hochgotik entstanden Fresken, die ihre Verwandtschaft mit St. Georgen bezeugen. In der Johanneskapelle neben dem Hochaltar war die Grablege der Herren St. Georgen, die ihre Loyalität zu den Grafen von Tirol auch dadurch offenbarten, dass sie eine Darstellung der Pankratiuslegende in Auftrag gaben, da die Burgkapelle von Schloss Tirol eben diesem Heiligen ge-

weiht war. Das Altärchen an der linken Langhauswand sei Ihrer Aufmerksamkeit besonders anempfohlen: Es steht da in herzerfrischender Unbekümmertheit um Stilformen zwischen erloschener Spätgotik und beginnender Renaissance und ist dem heiligen Martin geweiht. Im Barock erfuhr das Innere der Kirche eine Neugestaltung, wovon die Barockaltäre zeugen.

Der Bau der neuen Pfarrkirche wurde 1931 abgeschlossen, als in Schenna ein faschistischer Podestà als Amtsbürgermeister waltete. Diesem Podestà und seinen schwarz behemdeten Gesinnungsgenossen ist es wohl zu „verdanken", dass die schönen Glasfenster aus der Innsbrucker Glasmalereianstalt italienische Inschriften zu den Stiftern tragen. Eine vergessene Marginalie heute.

TITANIC

Cerini-Schachtel (Wachs-Streichhölzchen-Schachtel) heißt der moderne Bau (Valtingoier Architekten) des Schenner Lidos im Volksmund hinter vorgehaltener Hand. Die Terrasse gleicht einem Oberdeck und schwebt weit und frei hinaus ins Nichts. Darauf an einem Sommerabend zu sitzen, lässt Fernweh aufkommen, und selbst eingefleischte Realisten erwischt es mit Romantik. *My heart will go on*: Stand da nicht gerade Kate Winslet vorne am Bug?

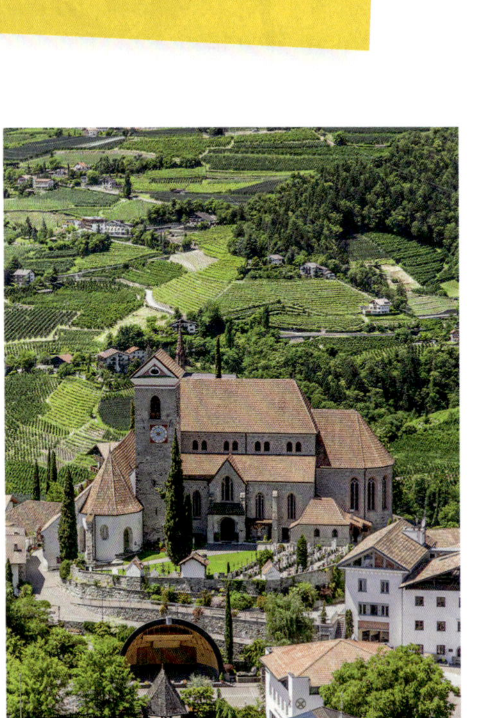

INFO

Schloss Schenna und Mausoleum
Schlossweg 14
39017 Schenna
Tel. +39 0473 945630
info@schloss-schenna.com
www.schloss-schenna.com

Dorfführung: Bei dieser Führung durch Schenna werden das Mausoleum, die Alte und Neue Pfarrkirche von Schenna und die Martinskapelle besichtigt. Vorhergehende Anmeldung erforderlich

Tourismusverein Schenna
Tel. +39 0473 945669
www.schenna-info.com

ST. MARGARETHEN – LANA

Schöne Frauen und eine böse Marter

Historisch greifbar wird die Kirche 1225, als der Stauferkaiser Friedrich II. sie dem Deutschen Orden schenkt. Die ursprüngliche kleine Saalkirche dürfte noch aus karolingischer Zeit stammen und besitzt drei Apsiden wie die Burgkapellen von Schloss Tirol, die von Hocheppan und der Vorgängerbau von St. Georg in Lana. Die Ausschmückung mit Fresken erfolgte wahrscheinlich in der Zeit der kaiserlichen Schenkung. 1886 wurde die Kirche einer zwar gut gemeinten, aber weniger gut gelungenen Restaurierung unterzogen, wobei der Kunstmaler Adolf Siber starke Retuschierungen und Ergänzungen vornahm, aber doch den alten Konturen folgte. 1967 und 1983 versuchte man, die Übermalungen abzutragen und die Malereien dort, wo es noch möglich war, in ihren Originalzustand zurückzuversetzen. Die neoromanischen Partien wurden dort belassen, wo darunter keine originale Freskoschicht gefunden werden konnte. Die unterschiedlichen Partien romanischer Authentizität und neoromanischer Nachahmung sind mit bloßem Auge leicht erkennbar und vermitteln ein nicht uninteressantes Kunsterlebnis.

Im Gewölbe der Mittelapsis erscheint die Majestas Domini, begleitet von den Evangelistensymbolen, wobei das große Marienberger Vorbild noch nachklingt. Das Christusgesicht strahlt eine ganz besondere

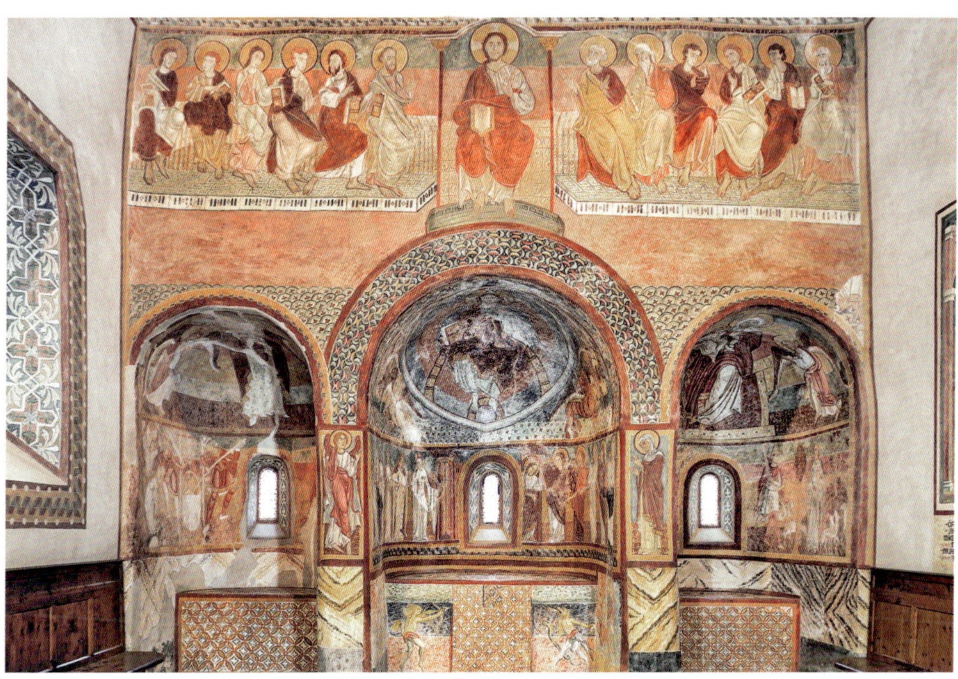

Der Stil ist weicher geworden und der/die Meister erzählen lebensnaher. Eine törichte Jungfrau (oben) und eine kluge mit Aureole und brennender Lampe (unten).

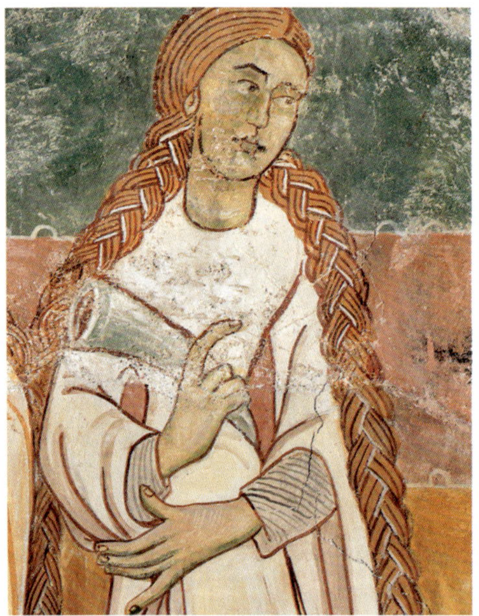

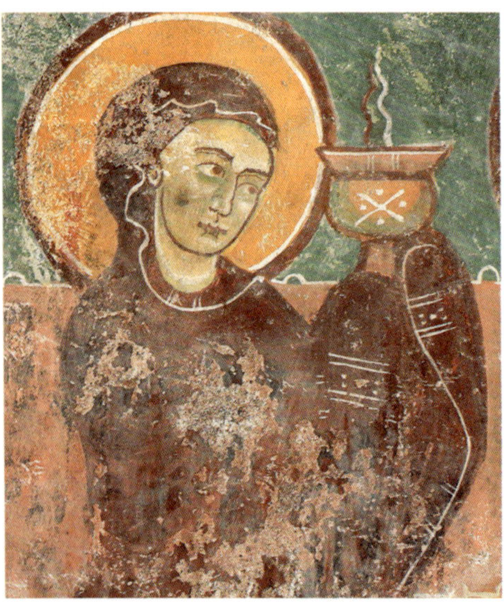

Würde aus, deren Sog man sich nicht entziehen kann, zumal einem der Blick, gleichgültig, wo man steht, immer folgt.

Im Einklang mit der Endzeitthematik des Christusbildes stehen die klugen und törichten Jungfrauen. Sie weisen eine nahe Verbindung zu denen von Hocheppan auf, die ungefähr zehn Jahre früher entstanden sind und dem Maler sicher bekannt waren. Allerdings lassen sie eine neue Entwicklung der Malerei erkennen, indem sie wesentlich weicher und körperlicher wirken als ihre Eppaner Vorgängerinnen. Ein genaueres Hinsehen ist die Haarmode wert, da fallen schwere Zöpfe, in die ein weißes Band eingeflochten ist, bis an die Hüfte; eine Jungfrau kommt mit Haube daher, eine andere lässt die Haare offen und wieder eine andere trägt sie hochgesteckt: ein mittelalterliches *hair fashion* der Eitelkeit, die durch den Blick in den Spiegel einer Jungfrau noch verstärkt wird.

Am besten erhalten sind die Apostel über den Apsiden

Original in der Sockelzone ist teilweise nur noch ein Atlant, ansonsten waltet hier neoromanischer Übereifer, der sich an Vorlagen von Kastelaz und Hocheppan orientiert. In der linken Apsis thront Maria mit den Engeln, die rechte gehört, etwas für die romanische Malerei sehr Außergewöhnliches, der Kirchenpatronin Margarethe. Der Maler wählte für die Darstellung der Heiligen die byzantinische Tradition der stehenden Maria mit Engelsgarde, eine Form, die ein Künstler im byzantinischen Kulturkreis nie gewagt hätte. Der untere Streifen erzählt mehrere Episoden aus dem Leben und Martyrium der Heiligen.

IM KITTEL DER HEILIGEN

Das schöne spätromanische Kruzifix und die frühgotische Margarethe mit dem „Wurm" sind Kopien. Ein Fall für sich ist die neuromantische Darstellung der Heiligen auf der Nordwand: Da lugt frech ein kleines rotes „Kitteltuifele" unter den (heilig keuschen?) Kleiderfalten hervor. Eine Interpretation? – Gott bewahre!

Margareta von Antiochien wurde in der griechischen Kirche schon früh als Märtyrerin verehrt. Als sich ihre Verehrung nach Westen verbreitete, wurde ihre Legende immer mehr ausgeschmückt und das fand auch in unserem Zyklus seinen Niederschlag. Er beginnt in der Nordapsis mit Margareth als Hirtin, die von einem Diener des Stadtpräfekten Olibrius entdeckt wird. Olibrius, vernarrt in die Schönheit des Mädchens, möchte es heiraten – und vom rechten Glauben abbringen. In der rechten Apsis verteidigt Margareth vor dem Präfekten ihren Glauben und muss dafür Martern erleiden. Sie wird in einen siedenden Ölkessel gestoßen, mit glühenden Fackeln gesengt und schlussendlich enthauptet. Die Bildfolge, die ihr Vorbild in der Apsis von Müstair haben könnte, endet mit der Himmelfahrt der Seele. Noch keine bildliche Gestaltung fand die Episode mit dem Drachen, der ihr im Gefängnis erschien und sie verschlingen wollte, aber auf das Kreuzzeichen des Mädchens hin verschwand, wie die spätere Legende erzählt. Am besten erhalten sind die Apostel über den Apsiden, die sich neben Christus in der Mitte in einem angeregten Disput befinden und ein Jünger den anderen sogar an der Schulter fasst. Auch hier ist die Nähe zu Hocheppan unverkennbar, allerdings hat die frühere Strenge einer lebensnäheren Erzählfreude Platz gemacht. Auffallend ist der schon fast expressionistisch anmutende Impetus des Erzählens, man beachte beispielsweise, mit welchem schwungvollen Duktus der Scherge mit einem Bügel die Heilige in den Kessel stößt. Manches wirkt unbeholfen und lässt auf einen zweiten Maler, vielleicht einen Gesellen, schließen. Über dem Kesselmartyrium sind einige Buchstaben erkennbar, die auf Margarethe weisen. Vor der Hauptapsis finden sich unter Glas im Boden roh bearbeitete Steinquadern, wohl eine frühere Stufe zum Altar. Die Hauptapsis ist durch jeweils eine Öffnung über die Nebenapsiden erreichbar, wobei die rechte im einfachen Verputz deutlich sichtbar und als Ablage für liturgische Geräte oder Opfergaben zu deuten ist. *Der Barockaltar aus St. Anna wird mit Gregor Schwenzengast in Verbindung gebracht, das Altarblatt zeigt die Heilige mit dem Drachen, ursprünglich war es wohl nicht für diesen Altar vorgesehen, weil es im unteren Bereich verlängert werden musste, wobei der Maler sich mit einer Schlange als Flächenfüllerin behalf. Das Bild im Medaillon mit der heiligen Notburga wird Simon Ybertracher zugeschrieben.*

INFO

Öffnungszeiten (mit Vorbehalt):
Mittwoch 10–13 und 14–17 Uhr
Tourismusverein Lana und Umgebung
Tel. +39 0473 561770; www.lanaregion.it

PFARRKIRCHE NIEDERLANA

Einunddreißig Meter Frömmigkeit im Quadrat

„Nein!“, sagten die Bauern von Lana, „der Altar bleibt!“ Schließlich hätten ihre Vorfahren ihn bezahlt und die Herren vom Klerus hätten nicht einen Kreuzer dafür gestiftet. Dem neuerungssüchtigen Dekan Johann Lipp blieb nichts anderes übrig, als klein beizugeben, dabei hatte er das barocke Tafelbild für den geplanten neuen Hochaltar des Meraner Malers Mathias Pussjäger schon angekauft. Beinahe wäre es dem höchsten Flügelaltar in den Alpen ergangen wie mehreren seiner Art im Lande, ein paar Statuen wären vielleicht verscheppert, das meiste aber wäre als Brennholz verheizt worden. Dass es den Altar noch gibt, verdanken wir den sturen und stolzen Lananern Bauernschädeln.

Im Vertrag vom 18. August 1503 verspricht ein Hans Schnatterpeck, eine „schöne, newe, artige, wol formyrte Tafl mit gutem veinem ducatn golde vergüldt, auch mit guter schöner bestenndiger Varb arbeit und Zewg maisterlich gemacht, gemalt und zugericht“ innerhalb von acht Jahren zu erstellen. Dafür sichern ihm die Auftraggeber die Summe von 1600 rheinischen Gulden zu, zahlbar jährlich in 150 Gulden und 8 Fudern Wein. Es handelt sich da um eine ansehnliche Summe, die ungefähr dem damaligen Wert von drei mittleren Bauernhöfen entsprach; dass die Bauern einen Teil mit Wein bezahlten, den sie selbst produzierten, ist dabei verständlich.

Eigentlich trägt der Altar den Namen Schnatterpeck nicht ganz zu Recht. Hans Schnatterpeck war offensichtlich ein tüchtiger Unternehmer, der in Meran eine florierende Werkstatt betrieb und mehrere Holzschnitzer, Maler und Tischler unter Vertrag hatte. Schnatterpeck als unternehmerischer Leiter besorgte den Entwurf, den andere auszuführen hatten und nahm dann die Vergoldung vor. Als Mitarbeiter nachgewiesen sind Hans Peißer und Bernhard Härpfer.

Eine übergroße Monstranz

Der Altar ist 14,10 Meter hoch und besitzt bei geöffneten Flügeln mit dem Schrein 31 Quadratmeter Darstellungsfläche. Das Holz stammt sowohl von Nadel- (Zirbe?) als auch von Laubbäumen (Linde? Kastanie?). Die Höhe erlaubte dem Meister eine Zweiteilung des Schreins. Im unteren Teil des Schreins befindet sich der „Gnadenstuhl“, die mittelalterliche Darstellung mit Gottvater, dem toten Christus und der Taube als Heiligen Geist, flankiert von den lebensgroßen Figuren der Apostel Petrus und Paulus. Auf den trennenden Pilastern tragen Engel die Leidenswerkzeuge. In der gekehlten Schreinumrahmung erscheinen die fünf törichten und die fünf klugen Jungfrauen.

Im Obergeschoss des Schreins ist die Krönung Mariens dargestellt, flankiert von Anna Selbdritt rechts und von der heiligen Katharina mit ihren Märtyrerwerkzeugen

Der größte erhaltene Flügelaltar in ganz Tirol besitzt eine Darstellungsfläche von 31 Quadratmeter und wurde zwischen 1503 und 1510 gefertigt.

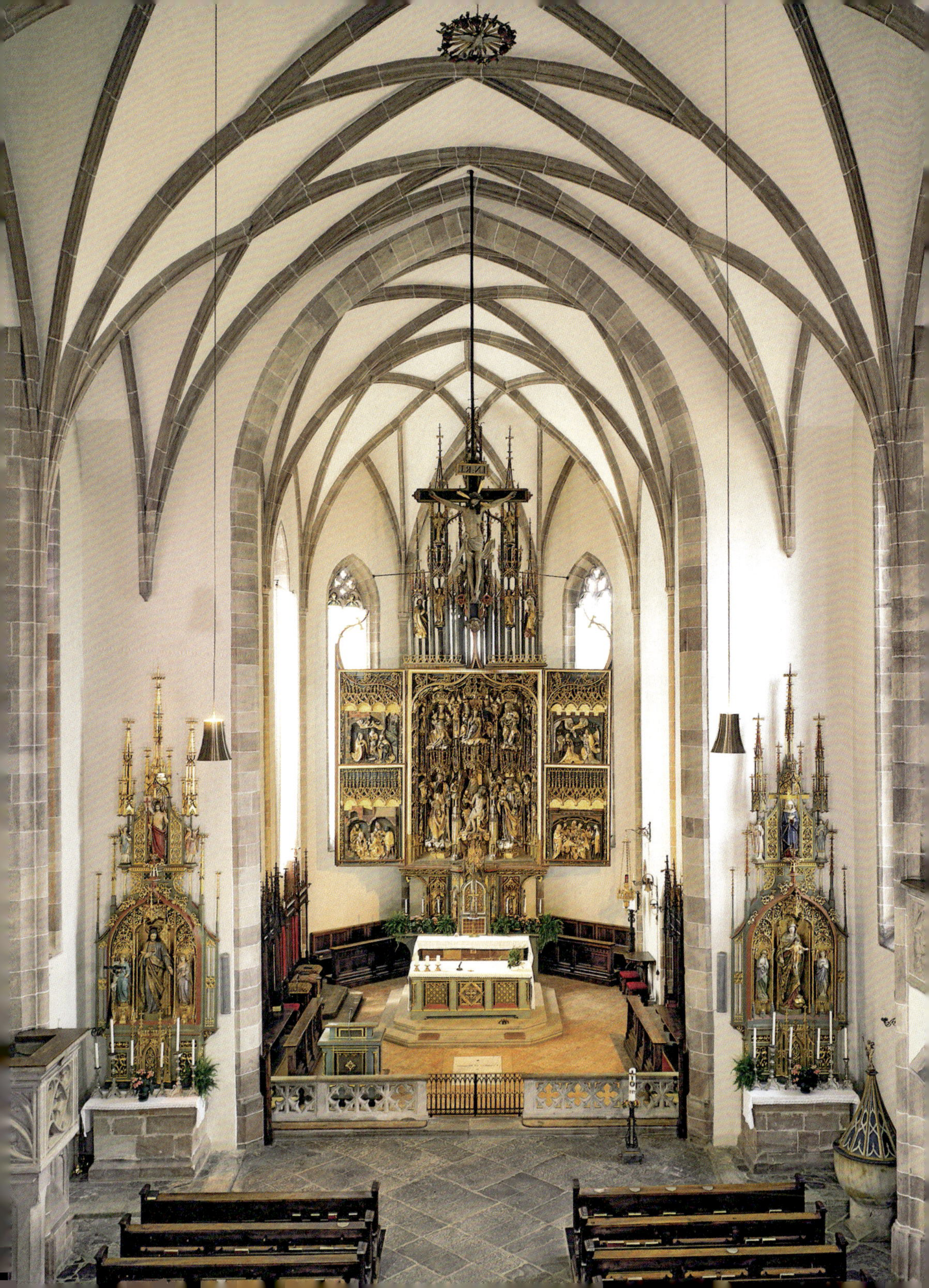

Schwert und gebrochenem Rad links. Rechter- bzw. linkerhand davon sinnieren zwei Bischöfe in melancholisch wissender Bonhommie vor sich hin, während auf den Pilastern Engel Laute spielen. Der Altar trägt eine Vielzahl von Figuren, doch wirkt das Ganze trotz der gedrängten Fülle statisch „hölzern", und es fehlt ein dynamisierendes Zusammenspiel. Wahrscheinlich sollten die frommen Betrachter/-innen die Zusammenschau aus der Kraft ihres Glaubens formen.

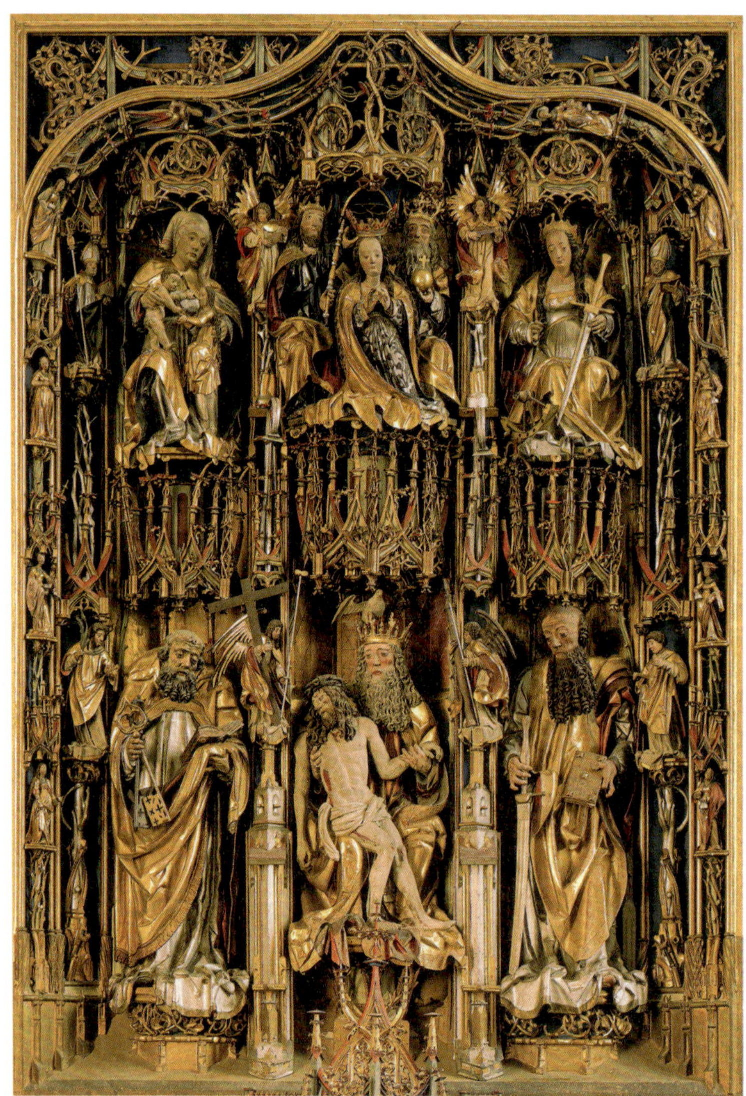

Der Schrein ist zweigeschossig, zentral im unteren Teil befindet sich der Gnadenstuhl, eine mittelalterliche Vorstellung der Dreifaltigkeit, darüber die Krönung Mariens. Üppig ausgeführt sind Wimperge, Baldachine und Pflanzengeflecht.

Die Körper verschwinden hinter einer Faltenfülle, die teilweise über die Sockel herabquillt. Der Gesichtsausdruck der Hauptgestalten ist ernst, die Züge verraten eine fast bäuerliche Volksnähe. Das gilt auch für die Hände, die den Eindruck erwecken, als würden sie weniger zum Gebet gefaltet, denn vielmehr zum tatkräftigen Zupacken verwendet. Die Figuren der klugen und törichten Jungfrauen stammen von einem jüngeren Künstler, der die Körper und eine fließende modische Kleidung betont und die jungen Damen in einem Dekolleté auftreten ließ, das als allzu freizügig empfunden und daher später übermalt wurde.

Aus dem romanischen Vorgängerbau stammt der Taufstein

Sehr dynamisch schwingt sich der Kielbogen nach oben und wächst durch die Schreinumrahmung hindurch mit zwei sich kreuzenden Kreuzblumen in das Gesprenge hinein.

Die fünf Fialentürme des Gesprenges sind reich mit Figuren geschmückt, im unteren Bereich erscheint Christus als Weltenrichter mit dem Schwert und ganz oben noch einmal als Schmerzensmann. Die Feinarbeit an diesen Figuren hat sich der Schnitzer gespart, weil sie ja vom Betrachter am weitesten entfernt sind.

Realistischer Raum

Die Reliefs auf den Flügeln zeigen die Verkündigung, die Geburt Christi, die Anbetung der Könige und die Beschneidung; auch sie verraten eine Vorliebe für realistische Details und Räume, wirken aber etwas unbeholfen und flach.

Die Flügelaußenseiten tragen vier Bilder des Dürerschülers Hans Schäuffelin, der über den Landeshauptmann Leonhard von Völs nach Südtirol kam, für den er den Altarflügel auf Schloss Prösels malte. Schäuffelins Figurenkomposition wirkt noch etwas gedrängt, doch weist der realistisch gehaltene Raum bereits in die Renaissance. Dieser Raum wächst in die Tiefe und die Landschaft ist Teil des Geschehens. Eine moderne Welt bricht herein: Wo das Volk auftritt, herrschen Erregung und Tumult. Am Bild der Geißelung ist die Signatur des Malers in Form einer Schaufel angebracht, der sich im selben Bild als bartlosen Jüngling rechts vielleicht selbst porträtiert hat. Grabungen haben ergeben, dass es an der Stelle der Kirche eine spätrömische Siedlung gab.

DIE LANANER MOOSKUH

Der freistehende gotische Kirchturm ist 79 m hoch, trägt gotische Schallfenster und einen achteckigen Helm. Die Glocken überlebten den Ersten Weltkrieg und wurden nicht zu Kanonen umgegossen. Zur *grande dame*, der großen Glocke in der Glockenstube, hatten die Bauern von Niederlana ein ausgesprochenes Nahverhältnis, so sehr, dass sie von ihr, als stünde sie in ihrem Stall, ob ihres tiefen Tons den Übernamen „Lananer Mooskuh" hinnahmen. Verpasst hat ihr den Spitznamen der berüchtigte Zauberer und Wettermacher Mathaeus Haensele, vulgo Pfeifer Huisele, der am 14. November 1680 in Meran als Magus enthauptet worden war.

Aus dem romanischen Vorgängerbau stammt der Taufstein; die Kirche in der jetzigen Form als Wandpfeilerkirche mit schlichtem Netzgratgewölbe wurde 1492 geweiht. Die spätgotischen Glasfenster wurden ein Opfer barocker Neuerungssucht, wobei nur ganz wenige Fragmente erhalten blieben, unter anderem die Darstellung des heiligen Urban am südlichen Chorfenster. Urban ist der Patron des Weinbaus und als solcher ist er immer mit Weintrauben dargestellt. In Niederlana allerdings erscheint er mit einem Attribut mehr: Es ist das Rebmesser, der „Reber", das Allzweckgerät der Bauern zum Schneiden und Schnitzen. Waren ja ihre Kirche und ihr Altar.

Ein Engel flog nach Cleveland

In oberen Schrein begleiten zwei lautenspielende Engel die Krönung Mariens. Einer hält die Laute schief, der andere waagrecht. 1945 wurden beide Engel gestohlen, der mit der schräg gehaltenen Laute tauchte kurz auf und wurde 1948 im Bozner Museum ausgestellt, um danach sich wieder in engelhaften Weiten zu verlieren. Oder hat er heimgefunden? Der andere Engel mit der waagrecht gehaltenen Laute spielt inzwischen einsam und allein seinen Blues in „The Cleveland Museum of Art". Sein Alter Ego am Altar ist eine Replik, signiert 1963 von Simon Urtaler.

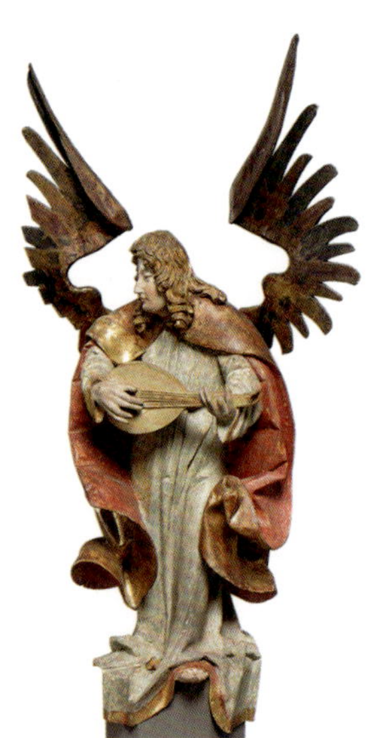

LITERATUR

Christoph Gufler: Die Pfarrkirche Maria Himmelfahrt in Niederlana. 2. Auflage, Athesia, Bozen 1997

Der Kirchturm in Niederlana. Der Schlern, Mai/Juni 2008. Heft 5/6

Hermann Brugger: Kunstraub in Südtirol 1939–1945, Bozen 2019

INFO

Führungen vom 23.4. bis 4.11. immer von Montag bis Samstag um 11 und um 15 Uhr

Informationen und Anmeldung für Gruppen: gruber.ida@alice.it oder +39 333 4342596

Die Kirche ist nur bei Führungen geöffnet! Während der Fastenzeit bleibt der Altar geschlossen.

Alles um den Apfel

In Lana werden im Jahr an die 6 (sechs!) Milliarden Äpfel geerntet. Alles über Evas Frucht und deren Geschichte erfahren Sie im Südtiroler Obstbaumuseum im Ansitz Larchgut, nur einen Steinwurf von der Pfarrkirche entfernt.

Tel. +39 0473 564387
www.obstbaumuseum.it
info@obstbaumuseum.it

FRIEDHOFS-KAPELLE IN RIFFIAN

Meister Wenzeslaus' schöne Bilder

Im Visitationsprotokoll schreibt der Churer Bischof Johann Flugi von Aspermont: „Die Kirche ist sehr schön und gewölbt, aber viel zu eng." Damit hat er nicht unrecht. Der Innenraum der quadratischen Kapelle wirkt sehr eng im Verhältnis zu ihrem üppigen Freskenschmuck, der leider durch barocke Fensterausbrüche an Geschlossenheit verloren hat.

Die Bezeichnung Friedhofskapelle ist irreführend, ursprünglich stand hier das Gnadenbild der schmerzhaften Muttergottes. Der alte ausgetretene Tonziegelboden könnte Bände erzählen von all den mühselig Beladenen, die mit ihren Sorgen zum Gnadenbild kamen. Deshalb können die Bilderfolgen auch als großes Andachtsbild („Vesperbild") verstanden werden. Neben Szenen aus dem Alten und Neuen Testament wird auch die Auffindung des Kreuzes durch Helena bildlich erzählt.

An der Ostwand ist die Anbetung der Könige dargestellt, darauf folgt die Anbetung und Zerstörung des goldenen Kalbes. Sehr eigenwillig ist die Darstellung des Mannaregens in der Wüste ausgefallen, in der Moses sein Manna in der Pose des Gesetzestafelempfängers, vollkommen abgehoben vom dicht gedrängten Volk, erhält.

Die Nordwand zeigt das Pfingstfest und die Kreuztragung, an der Westwand ist die Anbetung der Könige dargestellt.

An der Südwand wird die Legende von der Auffindung des Kreuzes erzählt, wo Helena zuerst gelehrte Juden befragt und dann selbst die Echtheit des Kreuzes erprobt. Es folgen die Flucht nach Ägypten und – im Einklang mit dem Gnadenbild – Marias Schmerz bei der Suche nach ihrem jugendlichen Ausreißer, den sie endlich im Tempel inmitten der Schriftgelehrten findet.

Am Gewölbe mit den kunstvollen Ornamentbordüren erscheinen Kirchenväter und die Evangelistensymbole. Der Meister selbst hat sich auf einem Schriftband auf der Darstellung im Tempel verewigt: „*Hoc opus pichtavit magister Venclaus*" und „*Anno domini MCCCCXV qd illa pichtura*

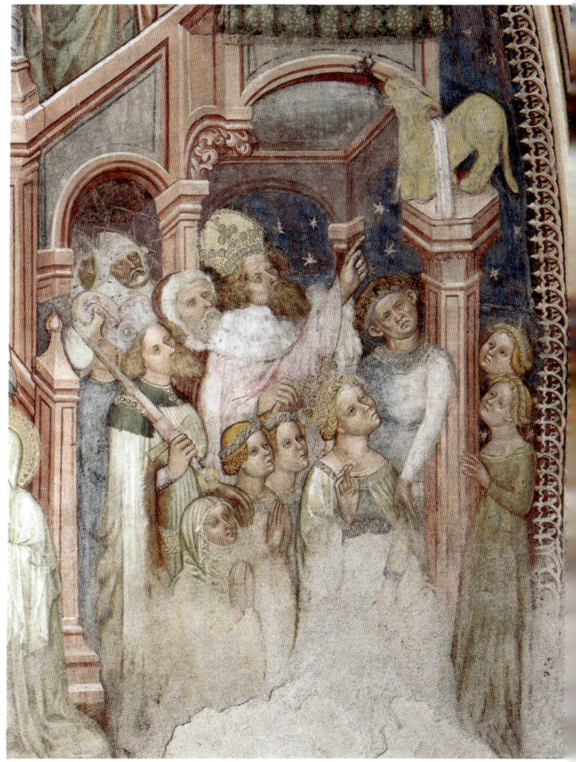

Höfische Gotik. Idealisierend, plastisch modelliert und mit feinen Gesichtszügen.

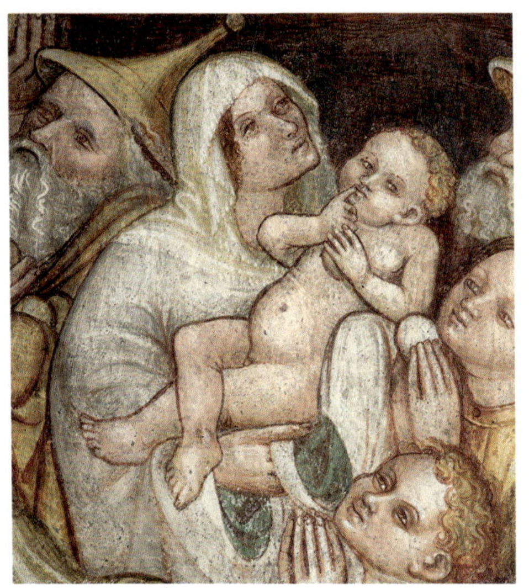

Detail aus dem Mannawunder.

der Zeit. Weich fallen die Falten der Gewänder, fein gezeichnet sind die Gesichtszüge, ausgeglichen ist die Gestik, elegant das Linienspiel. Überall schimmert das Kunstideal der „Höfischen Gotik" durch, das sich in der idealisierenden Darstellung des Rittertums in schönen Bildern äußert. Nicht nur in prächtigen Rüstungen und schönen Frauen mit kunstvoll geflochtenen Haaren, selbst die Juden, erkennbar am Judenhut, sind mit schön modellierten und durchgeistigten Gesichtern einbezogen in diese idealisierte Welt. Und doch war es zum Zeitpunkt des Entstehens dieser Bilder gerade erst sechs Jahrzehnte her, dass während der großen Pest knappe drei Gehstunden entfernt draußen in Meran die Juden niedergemetzelt worden waren.

fachta est": Ein Meister Wenzeslaus hat 1415 diese Bilder gemalt. Wer ist dieser Meister Wenzeslaus? Sein Name verweist auf die Herkunft aus Böhmen, ein Zentrum der „Höfischen" oder „Internationalen Gotik" um 1400. Wahrscheinlich ist er derselbe, der in Trient im Auftrag des Fürstbischofs Georg von Liechtenstein im Adlerturm des Castel del Buonconsiglio den Freskenzyklus der Monatsbilder malte. Er muss die Werke der höfischen Malerei des oberitalienischen, insbesondere des Veroneser Raumes gekannt haben, sofern er nicht dort seine Ausbildung erfahren oder vollendet hat. Ähnlichkeiten mit den Werken des Altichiero in Verona und Padua sind offenkundig.

Man könnte sich regelrecht verschauen in diese Bilder, in denen spätes Mittelalter farbenprächtig und detailfreudig aufblüht. Die Figuren erscheinen ganz in der Mode

Die Wallfahrtskirche

Die Wallfahrtskirche „Zu den Sieben Schmerzen Mariens" wird 1310 erstmals erwähnt. Ihr heutiges Gesicht erhielt sie 1765/67 durch die Brüder Franz und Andreas Delai, die dem Inneren gelungene Proportionen und lichtvolle Gestaltung verliehen. Den Altaraufbau schuf der Stuckateur Bartlmä Gratl aus Amras (1748/49). Die Statuen schnitzte der Bildhauer Balthasar Horer aus dem Kaunertal (Oberinntal) zusammen wohl mit Johann Baptist Forster. Deren Fassung gestaltete der Maler Joseph Wengenmayr aus Leiningen. Von Bartlmä Gratl stammen auch die Stuckaturen im Chorgewölbe. Beachtenswert ist der gotische Taufstein mit Strickornament und archaisierenden Reliefs. Diese thematisieren die Erlösung im reinigenden Bad der Taufe: Der nackte Mann mit gefalteten Händen versinnbildlicht die rein gewaschene Seele. Das Gnadenbild der Schmerzensmutter als sogenanntes Vesperbild ist um 1420 entstanden. Es war und ist nach wie vor viel besucht und die Schmerzensmutter hat oftmals geholfen, was die (noch vorhandenen) Votivtafeln augenscheinlich belegen. Ein ganz besonderer Anlass sei hervorgehoben. Für Eheleute bedeutete es ein großes Unglück, wenn ein Neugeborenes ohne Taufe starb. Oft brachten die Angehörigen das Totgeborene zu einem Gnadenbild, wie mehrmals auch für Riffian bezeugt, und warteten, ob das Tote nicht irgendein Lebenszeichen gäbe, um ihm dann die Nottaufe spenden zu lassen. Dabei massierte man den kleinen Leichnam am ganzen Körper. Wechseln der Hautfarbe, Bewegungen des Mundes oder der Augen, Blutungen aus der Nase (die Reibungen!) wurden als Lebenszeichen gedeutet. Der sofort herbeigerufene Priester spendete daraufhin die Taufe. Damit konnte das Kind in geweihter Erde bestattet werden und brauchte nicht mehr in der Vorhölle zu schmachten.

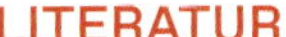

LITERATUR

Josef Pircher: Pfarr- und Wallfahrtskirche „Zu den Sieben Schmerzen Mariens“ in Riffian; 2013

Mathilde Weger: Riffian. Geschichte des Dorfes und seiner Wallfahrt; 1983

INFO

Öffnungszeiten Sommer: 7.30–19.30 Uhr,
Winter: 7.30–18.30 Uhr

AUGENZEUGE

Ein neunjähriger Bub schaut am frühen Vormittag im Riffianer Waldele nach seinen Schafen, die an diesem kalten Januartag sonderbar unruhig sind und den Berg hinaufflüchten. Dann hört auch er das Stimmengewirr, das immer näherkommt. Soldaten, Franzosen. Er versteckt sich im Gestrüpp. Uniformierte, Soldaten, das hört nicht mehr auf. Plötzlich ein blutverschmierter Bart, eine gebeugte Gestalt im zerrissenen Hemd. Den kennt er, den kennt jeder im Passeier. Der Hofer, der Sandwirt ist's. Haben sie ihn erwischt. Ihn und seine Frau und auch seinen Bub, wenig älter als der junge Hirt. Aus ist's, kein Juchee wie vor einem halben Jahr noch, als die Schützen feierten beim Saltauser Wirt. Kein Juchee. Jakob Pichler, genannt der Högger Jåggele, wird die Szene ein Leben lang nicht vergessen. Im Jahre 1899 anlässlich der Hofer-Feiern wird er dem Kaiser vorgestellt und erzählt ihm vom traurigen Gefangenenzug. Jakob Pichler starb 1905 im Alter von 104 Jahren, sieben Monaten und acht Tagen, nicht etwa an der Altersschwäche, sondern an einer modernen Influenza. Frisch bis in die letzten Tage, munter und wohlauf, haperte es ihm nur mit dem Laufen ein bisschen: *I konn nix mear tian, as bet'n und rach'n.* Sein Lebenselixier, den Wein, verschwieg er. *(In: Sebastian Marseiler: Meran Burggrafenamt. Tappeiner, Lana 1993).*
Das Högger Jåggele bezog in seinen letzten fünf Lebensjahren eine „Gnadengabe“ von seiner Majestät Kaiser Franz Josef. Im Riffianer Friedhof steht sein Grabstein.

ST. JAKOB IN GRISSIAN

Die ersten Dolomiten-Bilder

Die kleine Kapelle auf felsiger Kuppe liegt auf dem Santiago-de-Compostela-Weg, der über den Gampenpass durch den Nonsberg in den oberitalienischen Raum führte. Es muss für die Pilger, die eben den mühsamen Aufstieg vom Etschtal durch die wilde Schlucht des Grissianer Bachs überwunden hatten, ein Gefühl der Freude und der Zuversicht gewesen sein, wenn sie das Kirchlein erblickten. Das Bild hat nichts von seiner Eindringlichkeit eingebüßt. Die Landschaft liegt da wie eine offene Hand mit sanften Linien, drin ein paar Bauernhöfe und ein noch nicht asphaltierter Weg: Hier hat ein Fleckchen Erde bis dato verschont sein genuines Gesicht bewahrt.

Kurz vor dem Ziel stimmt ein Bildstock mit Kreuzigungsgruppe, Bildern der heiligen Dorothea und Katharina, Leonhard und Laurentius und Stifterfiguren auf den Kirchenbesuch ein; die Malereien wirken etwas herb und sind um 1440 entstanden.

Aus derselben Zeit stammen die Außenfresken an der Südmauer der Kirche, die Christus mit seinen Jüngern und den Schmerzensmann mit dem knienden Stifter zeigen.

Das Raumgefühl des schlichten Saalbaus im Inneren ist gestört durch den eckigen Turmeinzug, trotzdem fallen die Fresken der breiten Rundapsis und der linken Triumphbogenwand sofort ins Auge. Sie gehören zu den einprägsamsten der Südtiroler Romanik und sind um 1220 entstanden.

Die Inschrift im unteren Teil der Apsis bezieht sich auf die Konsakrierung der Kirche durch den kunstsinnigen Brixner Bischof Hartmann am 12. Mai 1142, genannt wird auch der Stifter Rudolf mit Gattin Ad(e)lheid, Herr von Marling und bischöflicher Ministeriale.

In der Apsiswölbung erscheint Christus in der Mandorla zwischen zwei Evangelistensymbolen, flankiert von Maria und Johannes dem Täufer. Es ist dies eine für die damalige Zeit noch junge Verquickung zweier Motive, der Majestas Domini und der Deëis, der Fürbitte am Ende der Zeiten, die aus der östlich-byzantinischen Kulttradition stammt und die durch die Kreuzzüge in den Westen gelangte. Geschickt betont der Künstler Raumwirkung und Herrschaftlichkeit, indem er die Christus umgebende Aureole am Thron enden lässt. Johannes trägt ein ähnliches farbiges Fellkleid, wie es in der Burgkapelle von Hocheppan und in Müstair zu sehen ist.

> Die Fresken gehören zu den einprägsamsten der Südtiroler Romanik und sind um 1220 entstanden

Die Bilder auf der Triumphbogenwand stehen im Zeichen des Opfers, jenem von Kain und Abel und von Abraham. Auf der Stirnseite der linken Chorwand segnet die Hand Gottes aus einer Wolke heraus das Opfer Abels. Hier vereinigen sich

Die Felskuppe mit der Kapelle besitzt eine ganz besondere Aura, und es ist leicht vorstellbar, dass sich hier einmal ein vorchristlicher Kultplatz befand.

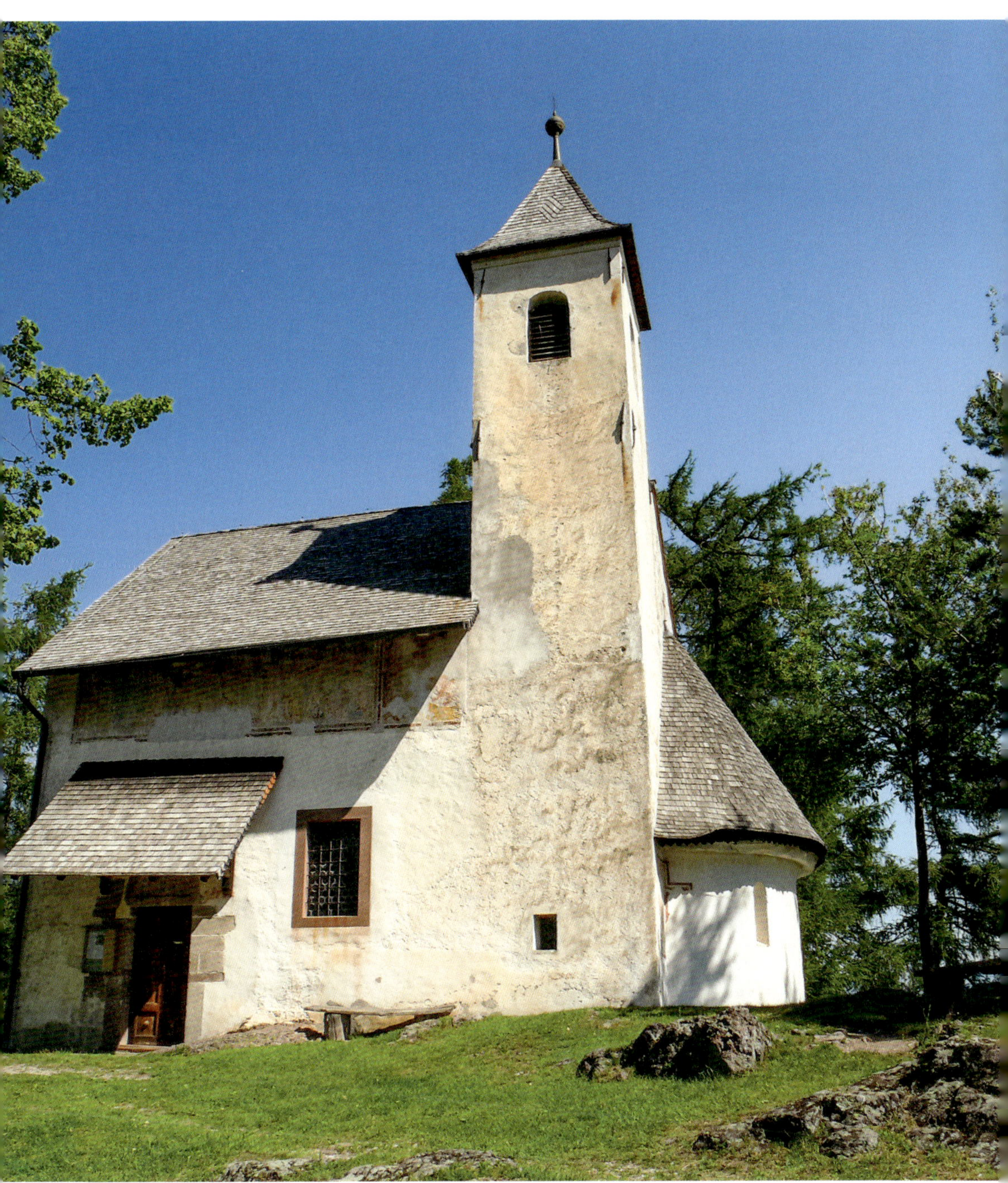

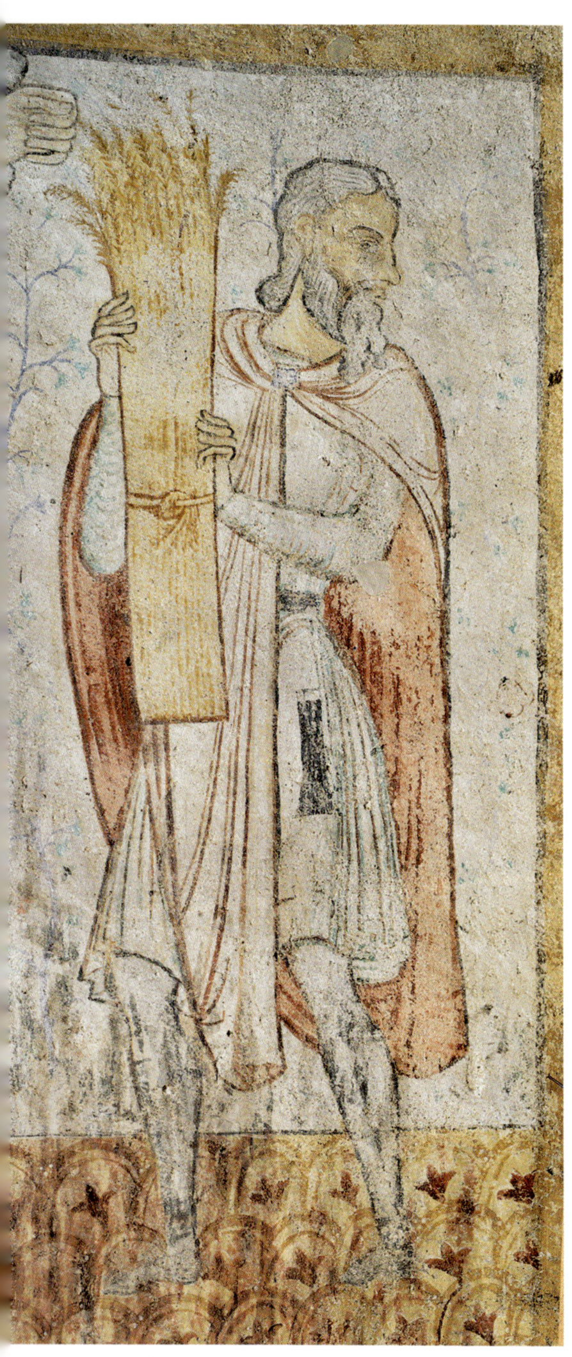

byzantinische Eleganz in Ausdruck und Suggestion mit westlicher, geradezu lyrischer Feinheit und Darstellungsfreude. Elegant fallen die Falten des Opfertuches, ein zartes Blumenmuster markiert den Hintergrund und das Lamm blickt so verschreckt, als ahnte es, was ihm bevorsteht. Auf der rechten Seite sehen wir Kain mit der Korngarbe, der sein Gesicht von der Faust Gottes abwendet. Auch hier bildet ein feines Blumenmuster den Hintergrund. Kommt bei Abel die Hand Gottes aus einem blauen Wolkenmuster, so ist diese Wolke bei Kain auf eine knotige gräuliche Wellenlinie reduziert.

Berge, Wolken und Blumen

Einmalig ist die Darstellung des Opferganges Abrahams über dem Apsisbogen. Sie zeigt Abraham, seinen Sohn Isaak und einen Eselstreiber mit beladenem Saumtier auf dem Weg zur Opferung. Äußerst geschickt nutzt der Meister die Fläche, er spielt mit der Bogenkrümmung, lässt den schwer beladenen Esel mit dem linken Fuß hinknien und den rechten in den Zierstreifen des Apsisbogens stemmen. Was ein schwieriger Aufstieg bedeutet, hatte der Maler auf dem Weg hierher wohl an der eigenen Haut erfahren. Und weil der Aufstieg so steil ist, „hilft“ der Eselstreiber mit Stock und Hand kräftig nach. Das absolut Besondere aber ist die Landschaft mit bizarren, schneebedeckten Bergen, Wolken und Blumen; mag die einschlägige Kunst-

Das Opfer Kains. Mit absolut sicherer Hand setzt der Meister Zeichnung und Farbschattierung.

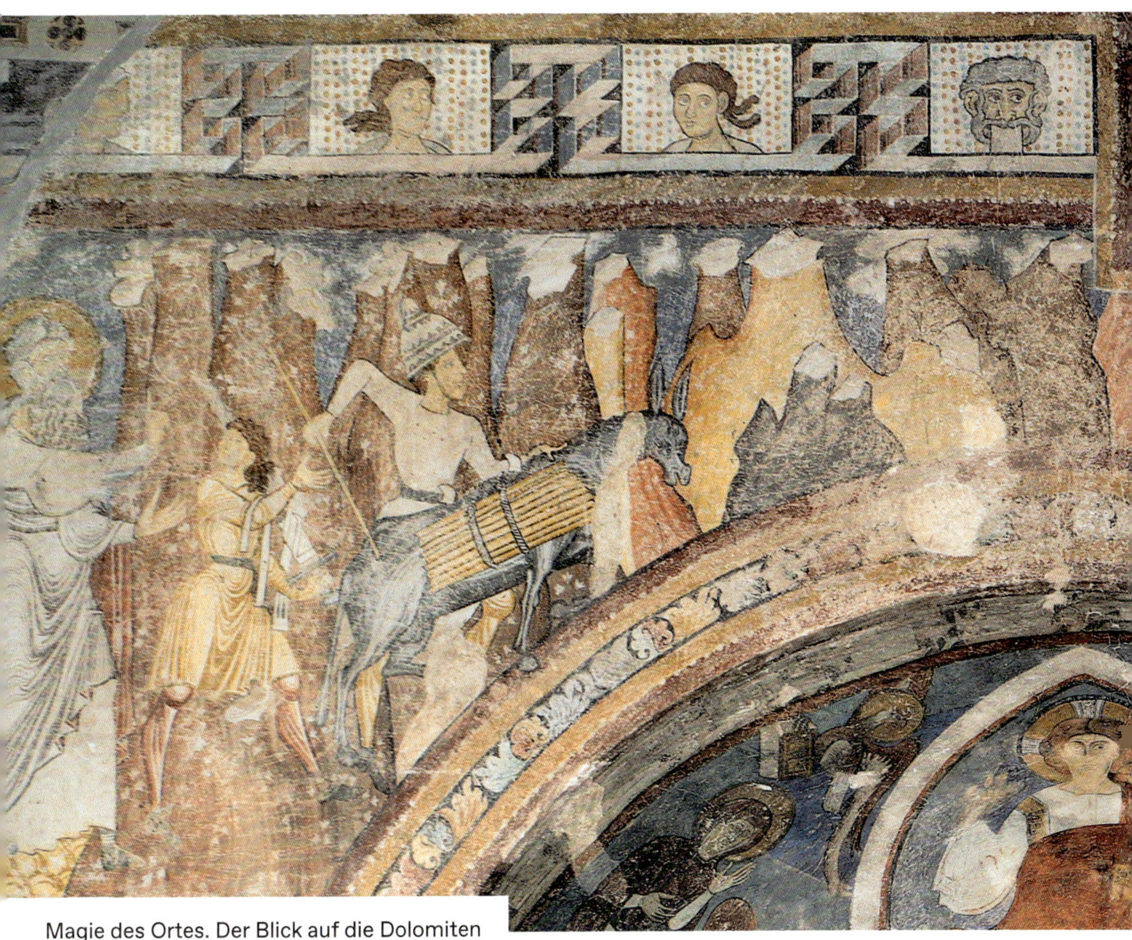

Magie des Ortes. Der Blick auf die Dolomiten mag den Maler zur bunt-bizarren Gebirgskulisse inspiriert haben.

kritik auch auf Felsenmuster byzantinischer Grundformen hinweisen, eine derartige Freude an der Wirklichkeit und der realen Naturkulisse wie hier in St. Jakob ist einmalig in der Romanik – und das europaweit. Vielleicht war es einfach des Meisters Freude an Gottes Schöpfung, an den bizarr schönen Dolomitenbergen, die sich in der Ferne aufbauten und die ihn so tief beeindruckten, dass er sie in expressiver Fabulierfreude als Archetypen für Berge in den Sakralraum bannte. Fragmentarisch auf der Südwand ist zu erkennen, wie der Engel Isaaks Opfertod verhindert. Das den oberen Bildrand begrenzende Mäander dürfte auf Vorlagen aus der Buchmalerei zurückgehen, es ist mit Zwischenfeldern durchsetzt, auf denen vor gepunktetem Hintergrund Köpfe dargestellt sind.

Der gotische Turmeinzug stört das Raumempfinden beträchtlich; am Turm sind die Anbetung der Könige und ein Kreuzigungsbild mit einem geistlichen Stifter zu sehen; 1380 hatte man nämlich den gesamten Kirchenraum mit Fresken übermalt, von denen, abgesehen von den genannten, nur noch Fragmente an der Südwand mit Nothelfern und die Hühnerszene aus der Jakobslegende an der Nordwand erhalten sind.
Der Kirchenpatron selbst steht in Pilgerkleidung mit Muschel am barocken Seitenaltar. Die Holzplastik dürfte um 1520 am Nonsberg geschnitzt und von dort auf dem Pilgerweg hierhergekommen sein, zu einer Zeit, als der ganz große Pilgerstrom schon lange versiegt war. Aber einen Schutzpatron auf gefährlichem Weg konnte man in Grissian immer brauchen, dafür genügt ein Blick von der Friedhofsmauer hinüber und hinauf in den schrundigen Prissianer Hochwald, in den sich der Grissianer Bach und der Höllenbach tief eingegraben haben. Das Gelände ist derart murengefährdet und labil, dass es über Satellit überwacht werden muss. Auch ein Schutz von oben.

LITERATUR

Helmut Stampfer, Thomas Steppan: Die romanische Wandmalerei in Tirol: Tirol, Südtirol, Trentino; Schnell & Steiner, Regensburg 2008

INFO

Die Öffnungszeiten können schwanken, es sind Freiwillige des Grissianer Pfarrgemeinderats, die sich darum kümmern. In der Regel ist die Kirche von Ostern bis Allerheiligen von 9 bis 18 Uhr geöffnet. Danach ja und nein übers Wochenende.

Zum Pilgern gehört die Einkehr. Wir kehren ein im unweiten Bauerngasthaus, wo noch alles da ist, was zu einem Tiroler Gasthaus gehört: eine (ausgediente) Kegelbahn, schankerprobte Tische und Bänke unter Nussbäumen und am Stadel die Hollerstaude. Ordentliches Essen und Tiroler Lebensart ohne Heimatkitsch. Auch eine Kunst und keine kleine in diesen Zeiten.

DER VINSCHGAU

KUNST UND EIGENSINN

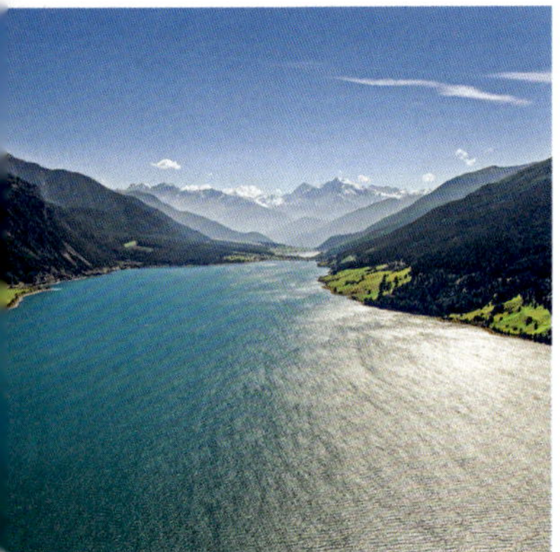

Francesco Petrarca, Humanist und erster Naturdichter Europas nach der Antike, war 1345 auf der Durchreise durch den Vinschgau. Oben auf der Höhe der Malser Haide konnte er nicht mehr anders, als seinen Tross anzuhalten: *„Per ammirare e contemplare il purissimo e maestoso spettacolo delle Alpi* – um den reinsten und majestätischen Anblick der Alpen zu bewundern und sich darin zu versenken." Wir teilen mit dem großen Dichter die Ergriffenheit. Da baut sich am südlichen Horizont ein **Berg- und Gletscherszenarium** auf, das einem den Atem verschlägt. Ortler, Zebrú, Königsspitze und Cevedale gleißen im weißen Krönungsmantel ihrer Gletscher. Große Linien, Licht und Weite. Offener Horizont. Der Vinschgau hat landschaftlich nichts Kleinliches, nichts Liebliches, er spielt virtuos mit Kontrasten, dem dunklen, bewaldeten Nörderberg steht der sonnenverbrannte Sonnenberg gegenüber, die Talsohle wiegt sich in einem Auf und Ab der großen spätglazialen Schuttkegel, grüne Vegetationsstriche durchziehen karge, schrundige Steppenhänge. Diese kahlen Hänge des Sonnenbergs beherrschten einmal das Bild von Partschins bis Mals. Die noch verbliebenen Flecken der „Leiten" in ihrer Archaik und nahezu existenziellen Kargheit, dieses Reduziert-Sein auf das Allerwenigste übt nach wie vor eine starke Faszination aus. Keine Kunstströmung entspricht derart zwingend dieser landschaftlichen Kargheit wie die Romanik. Und von der Romanik hat der Vinschgau viel, oft kleine, altersgraue Gotteshäuser mit steingedeckten Türmen und minimalistischer Bauplastik im besonderen Licht. Das Tal ist von Osten nach Westen ausgerichtet und hat deshalb, vor allem im Frühsommer, nicht enden wollende Dämmerungen.

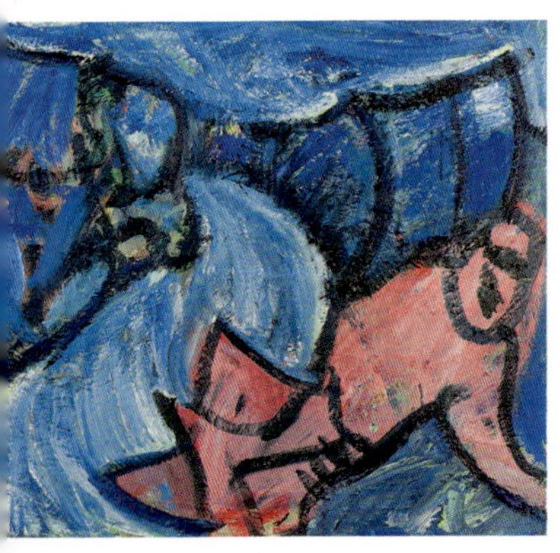

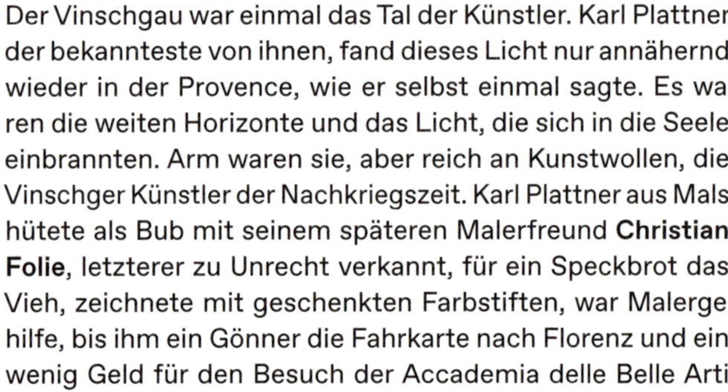

Der Vinschgau war einmal das Tal der Künstler. Karl Plattner, der bekannteste von ihnen, fand dieses Licht nur annähernd wieder in der Provence, wie er selbst einmal sagte. Es waren die weiten Horizonte und das Licht, die sich in die Seele einbrannten. Arm waren sie, aber reich an Kunstwollen, die Vinschger Künstler der Nachkriegszeit. Karl Plattner aus Mals hütete als Bub mit seinem späteren Malerfreund **Christian Folie**, letzterer zu Unrecht verkannt, für ein Speckbrot das Vieh, zeichnete mit geschenkten Farbstiften, war Malergehilfe, bis ihm ein Gönner die Fahrkarte nach Florenz und ein wenig Geld für den Besuch der Accademia delle Belle Arti in Florenz schenkte. Plattner lebte in Südamerika, in Paris, in der Provence, in Mailand. Aber die Nabelschnur zu seiner engen Heimat Obervinschgau hat er nie durchtrennt, auch blieb er immer einem gewissen Realismus verpflichtet. In all seinen Bildern schwingen eine existenzielle Einsamkeit und eine Schwermut, die auch auf seinen Landschaften lastet.

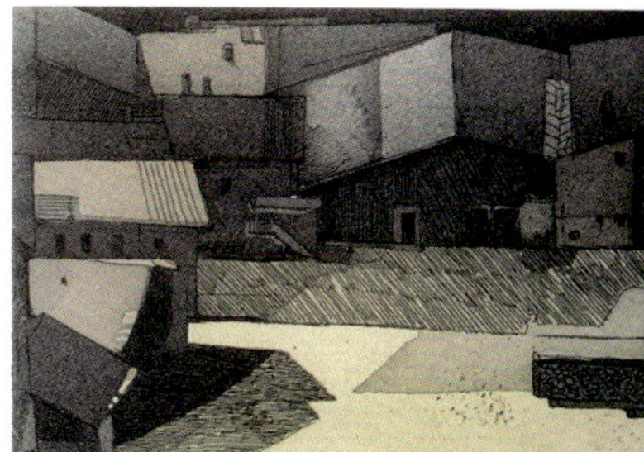

Der Kortscher **Robert Scherer** fing in Schlanders eine Lehre als Dekorationsmaler an, studierte in Wien Bildende Künste und Architektur. Sein Werk umfasst eine enorme Schaffensbreite; dass er sich auch der Glasskulptur in der Fucina degli Angeli in Murano zuwandte, hat sicher mit dem Vinschger Licht zu tun. In den Vereinigten Staaten wurde er bekannt als Designer des „Chanel 5 Logos".

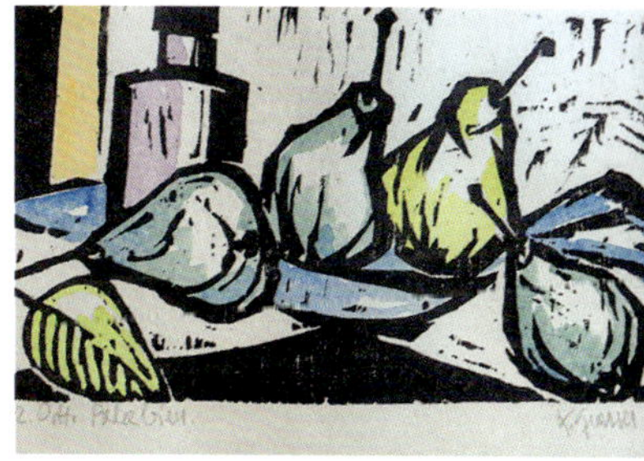

Karl Grasser kommt ebenfalls aus Kortsch. Aus einfachsten Verhältnissen stammend, besuchte er in Wien die Akademie der Bildenden Künste unter Franz Santifaller. Seinen ausdruckstarken Holzschnitten und Plastiken ein spätexpressionistisches Etikett zu geben, wäre zu vereinfachend. Ihm geht es um die Reduzierung auf das Wesentliche, dabei ist er stark beeinflusst von der Romanik des Tals und der alten bäuerlichen Architektur und Kultur, deren Verschwinden er zutiefst bedauert.

Dem Steinmetzgesellen Joseph Brunner kommt kurz nach dem Krieg im bäuerlich verschlafenen Laas ein Büchlein mit Erzählungen von Franz Kafka in die Hände; der Hunger nach Kunst führt ihn nach Wien an die Akademie, er lernt bei Santifaller und vor allem bei Fritz Wotruba. Dieser bleibt prägend für Brunners plastisches Sehen und Schaffen. Block und Kubus befragt er nach Möglichkeiten für die menschliche Figur als Behältnis für Geistiges. Brunner blieb ein Künstlerleben lang dem Laaser Marmor verpflichtet, kein anderer Stein habe so viel Licht und kristallinen Glanz, betonte er immer.

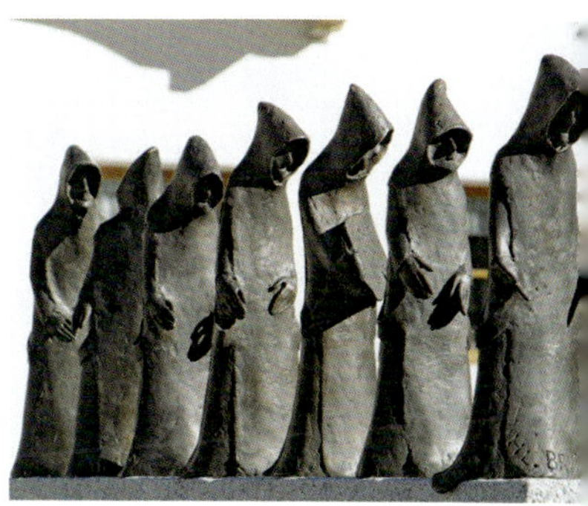

Die zwei Schnalser Künstler **Martin Rainer** und Friedrich Gurschler kommen beide aus engen bäuerlichen Verhältnissen, mit großen Opfern konnte Rainer erst die Kunstschule Gröden und dann die Akademie der Bildenden Künste in München besuchen; Gurschler war als Bub Schafhirt und lernte schnitzen mit seinem Taschenmesserchen, war Bauernknecht, bevor er an der Akademie der Bildenden Künste in Nürnberg Bildhauerei studierte. Beide wurden an ihren Studienorten wie Indianer aus dem Reservat angestaunt, beide verarbeiteten sie in ihren Werken die Bilder ihrer Kindheit und

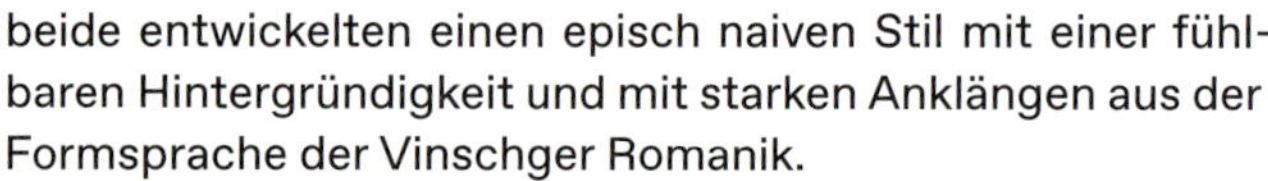

beide entwickelten einen episch naiven Stil mit einer fühlbaren Hintergründigkeit und mit starken Anklängen aus der Formsprache der Vinschger Romanik.

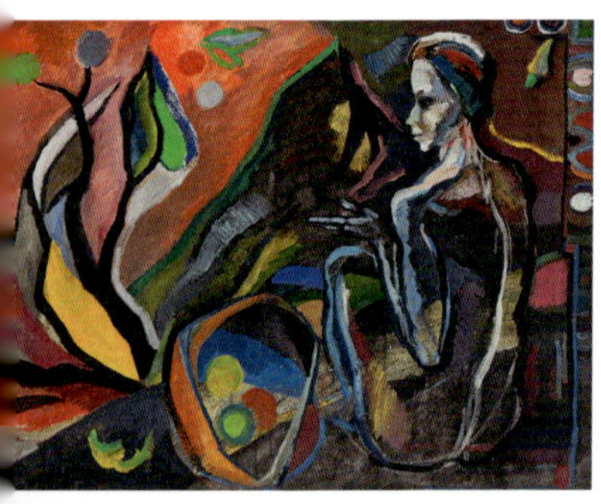

Ein Suchender war der Prader **Hans Ebensperger**, auch er ein Absolvent der Wiener Akademie, der die ersten prägenden Impulse als Gehilfe bei Max Weiler bekam. Unheilbar erkrankt wurde ihm das Naturerlebnis hinauf in die extremen Gletscherregionen Quelle von Inspiration und künstlerischer Kraft, die in spannungsreichen Kompositionen ihre Ausformung erfuhren.

Der Malerpoet Luis Stefan Stecher ist aus anderem Holz geschnitzt; in Wien lernte er den Magischen Realismus kennen, dem er seine Malerei verpflichtete. Stecher ist aber auch der Dichter der „Korrnrliader"; Gedichte im alten Vinschger Dialekt, die das Leben der vagabundierenden Habenichtse des Tales in starken Sprachbildern evozieren.

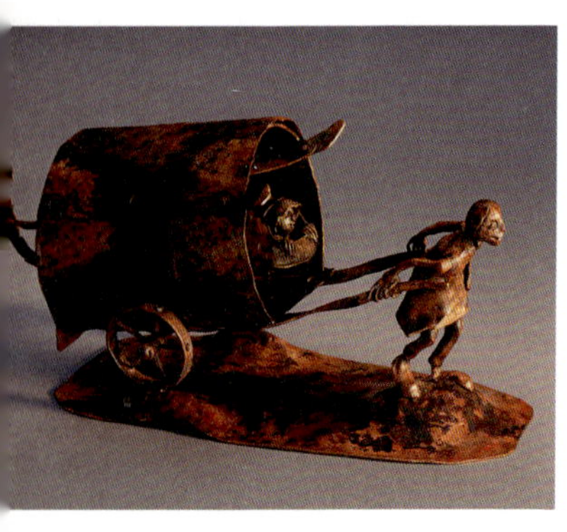

Lebenskünstler waren die **Karrner** gezwungenermaßen. Unbehaustheit ihr Schicksal. Keine Gemeinde wollte sie haben. Sie schlugen sich durch als Wanderhändler, handelten mit ausgemusterten Rössern, ließen manchmal etwas „mitgehen", deckten sich am Gardasee mit Zitronen ein, die dort in den Limonaien gezogen wurden, packten im Herbst noch ein paar Säcke Kastanien auf ihren Karren und gelangten damit bis nach Süddeutschland. Eheschließungen waren ihnen untersagt, Kinder stellten sich trotzdem ein. Manchmal waren sie nur saisonal unterwegs, während die Frau mit den Kindern daheim eine Miniaturlandwirtschaft unterhielt. Den Vorfahren der Leute in Stilfs sagt man das nach. An die Karrner erinnert noch ein Spottvers der Kinder: *„Touni Limouni, Arantschaguggūū, a Pfeifl voll Taback isch mear weart ass du!"* Da sind sie noch sprachlich drinnen, die Limonen und Orangen; ansonsten ist nicht mehr viel geblieben von den Karrnern, weder materielle noch immaterielle Kultur. Bis zum Ersten Weltkrieg waren jährlich Kinder zwischen sechs und vierzehn Jahren ins Schwabenland, das heutige Baden-Württemberg unterwegs, manchmal zogen sie schon Ende Februar, Anfang März sich durchbettelnd und in Scheunen übernachtend los, um die Kindermärkte in Friedrichshafen und Ravensburg zu erreichen. Zu Martini (11. November) waren sie wieder zuhause. Lange Zeit war die größte Sorge der katholischen Geistlichen in der Heimatgemeinde, ob die Kinder nicht (geschenkte) protestantische Bibeln

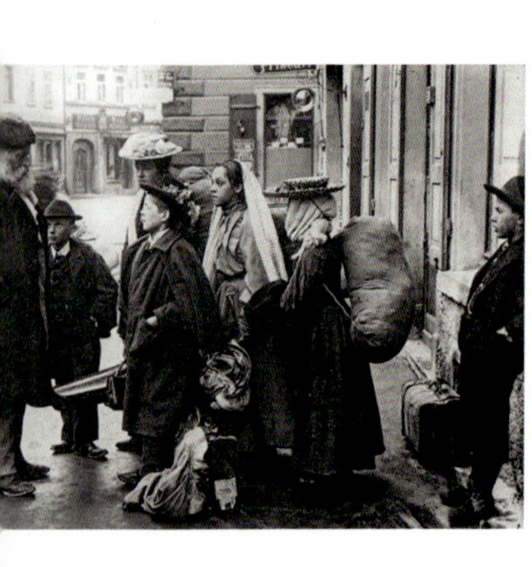

mitbrachten. Später begleitete ein Priester die Kinder und kümmerte sich auch um ordentliche Entlohnung. ORF und BR drehten dazu einen berührenden Heimatfilm mit Tobias Moretti in der Rolle des begleitenden Priesters.

Der Vinschgau ist seit jeher ein Durchzugsgebiet. Wir wissen nicht, woher der Mann vom Hauslabjoch, vulgo Ötzi, stammt, sicher ist, dass er in den letzten 24 Stunden seines Lebens vom Vinschgau aufgestiegen ist. „Über die Jöcher" ist ein Leitmotiv des Tals. Hinunter nach Norditalien, über den Alpenhauptkamm nach Norden. Der bekannteste Übergang ist der der Schafe vom Vinschgau und Schnalstal zu den Sommerweiden ins Ötztal. Es sind ein paar Tausend Schafe, die jährlich über den Gletscher getrieben werden. Diese **Transhumanz**, dieser Wechsel der Weideplätze, gehört inzwischen zum Weltkulturerbe der UNESCO und ist medial weltweit verbreitet worden. Der heutige Zug der Schafe dürfte ins Mittelalter zurückgehen, doch ist die Schafzucht bereits in der Jungsteinzeit bekannt, und es ist Tatsache, dass die Besiedelung der Alpentäler von den hohen Bergweiden hinunter in die Hanggebiete über der versumpften Talsohle erfolgte.

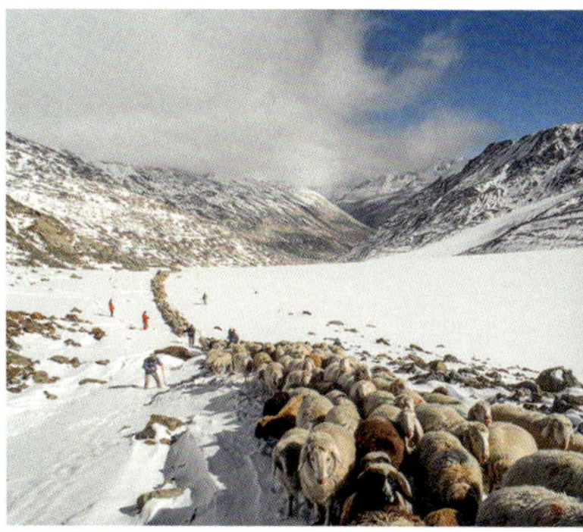

Es ist ein Paradox des Vinschgaus, dass die Menschen einerseits mit zu viel, andererseits mit zu wenig Wasser zu kämpfen hatten. In der Talsohle befanden sich ausgedehnte Sümpfe und Auenwälder, in denen die endemische Malaria grassierte, während die Schuttkegel und die Hänge des Sonnenberges ein ausgesprochenes Steppenklima besaßen/besitzen. Überliefert ist der genervte Stoßseufzer eines italienischen Ingenieurs bei der Etschverbauung vor 200 Jahren bei Tschengls: „Sainsi olli dottori und avvocati!", sind sie doch alle Doktoren und Advokaten, die Bauern, die ihre Kritik und ihre Verbesserungsvorschläge vorbrachten. „Viff" ist ein Adjektiv, das vom Lateinischen „vivus" herstammt und lebendig, aufgeweckt bedeutet. Der Vinschgau ist eine alpine Trockeninsel mit Niederschlagsmengen, die denen Siziliens gleichen. Das Schicksal des Tales hing und hängt am Wasser. Wer hier überleben wollte, musste „viff" sein und sich etwas einfallen lassen. Ohne künstliche Bewässerung waren keine Ernten, war kein Überleben möglich. Im Jahre 1936 zählte man im Vinschgau 235 **Waale**, wie die Bewässerungsrinnen heißen, mit einer Gesamtlänge von 588 Kilometern, die eine Fläche von nahezu 10.000 Hektar bewässerten. Die Organisation des Bewässerns

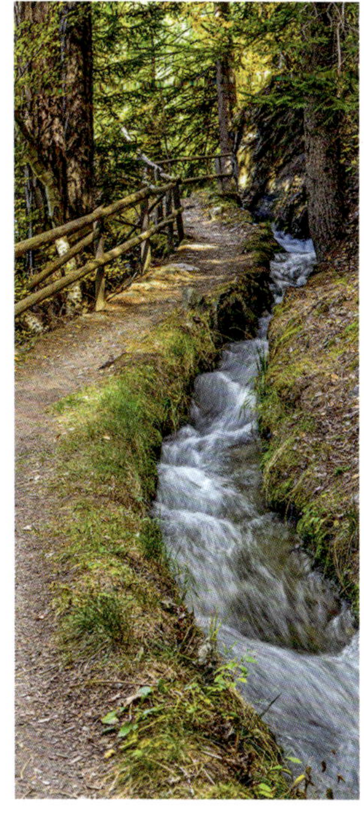

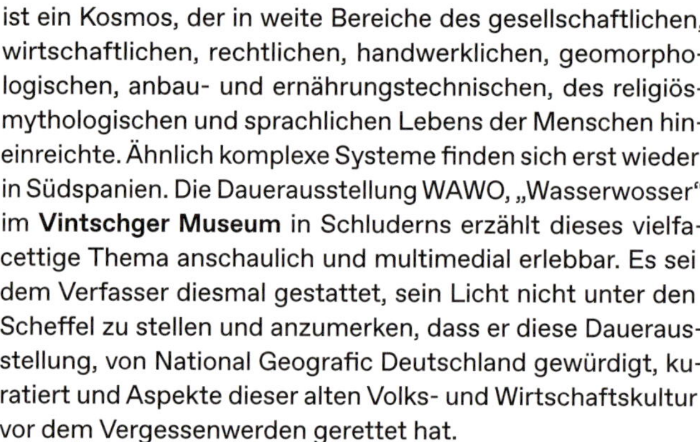

ist ein Kosmos, der in weite Bereiche des gesellschaftlichen, wirtschaftlichen, rechtlichen, handwerklichen, geomorphologischen, anbau- und ernährungstechnischen, des religiösmythologischen und sprachlichen Lebens der Menschen hineinreichte. Ähnlich komplexe Systeme finden sich erst wieder in Südspanien. Die Dauerausstellung WAWO, „Wasserwosser" im **Vintschger Museum** in Schluderns erzählt dieses vielfacettige Thema anschaulich und multimedial erlebbar. Es sei dem Verfasser diesmal gestattet, sein Licht nicht unter den Scheffel zu stellen und anzumerken, dass er diese Dauerausstellung, von National Geografic Deutschland gewürdigt, kuratiert und Aspekte dieser alten Volks- und Wirtschaftskultur vor dem Vergessenwerden gerettet hat.

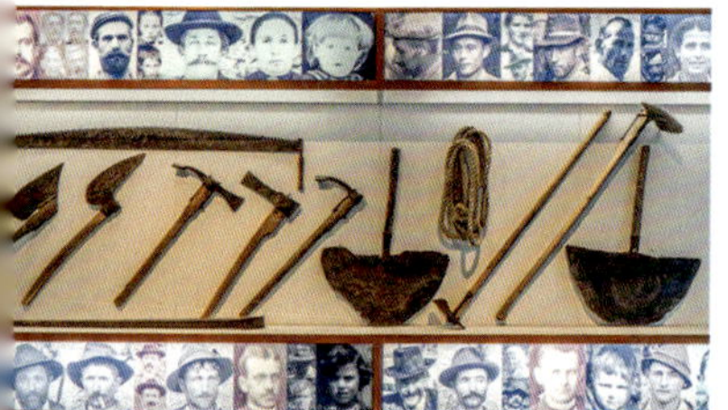

Waale sind weitgehend nur noch unter dem Begriff Waalweg bekannt, Weg war das früher keiner, sondern bestenfalls ein begehbarer Steig, den der Waaler, der Waalhüter täglich beging. Diese Pfade am Wasser der Waale haben etwas Suggestives und auf so einem Steig, Zwiesprache haltend mit dem Wasser, das neben einem her rinnt, dahinzuwandern, ist ungemein beruhigend. Seelenklempner und Meditationsmissionar/-innen könnten arbeitslos werden, mit Verlaub.
Die meisten Waale sind in Rohre gefasst und speisen die Anlagen der künstlichen Beregnung.

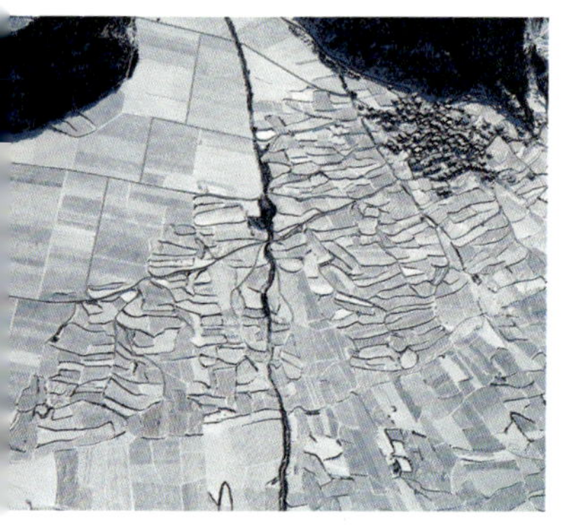

Seit den Sechziger-, Siebzigerjahren des vorigen Jahrhunderts hat sich das Gesicht des Tales grundlegend verändert. Die Monokulturen der Apfelplantagen fraßen sich in die alte, vielgesichtige Kulturlandschaft. Das Antlitz der kleinteiligen Nutzflächen mit ihren Schrunden, Falten, Steinlesehaufen, Trockenmauern, Strauchrändern und Buckeln wurde flachgebaggert im Diktat des rechten Winkels und der Gewinnmaximierung. Hunderttausendfach stehen die gekreuzigten Bäumchenkrüppel Spalier. Zugegeben: Der Obstanbau hat Wohlstand gebracht, und die Äpfel aus dem Vinschgau genießen den besten Ruf. Ein assoziativer Nachtrag: Es gibt da eine frappierende zeichnerische Ähnlichkeit. Paul Flora aus Glurns ist der große Karikaturist, der lange für das Wochenmagazin „Die Zeit" gearbeitet hat. Seine mit feinstem Federstrich gezeichneten Karikaturen, insbesondere die der „Verwurzelten Tiroler" ähneln in Duktus und Gestalt sehr stark den vergewaltigten Pflanzensklaven der Apfelbäumchen. Aber es ist halt so, als sei mit den Bodenmeliorierungen und dem Wohlstand eine gegenläufige künstlerische Verarmung

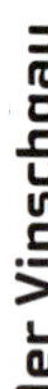

Hand in Hand gegangen. Tal der Künstler ist der Vinschgau nicht mehr und nicht minder als andere Gegenden auch. Die Originale werden weniger. Ein paar junge Unangepasste wachsen nach und geben Hoffnung.

Neben architektonischen „Spassetlen" hat das Tal einiges an neuer Architektur zu bieten, was kurzlebige Modetrends überleben wird; doch fransen die Ortsränder oft bezugslos aus; es herrscht architektonische Anarchie, während die Dorfzentren wie ein morsches Gebiss mit Zahnlücken leer stehender Bauten dastehen. Vieles trägt saniert und balkoniert ein Allerweltsgesicht. Dabei wäre gerade im Oberen Vinschgau die alte Bausubstanz unbedingt schützenswert. Es sind diese steingemauerten, verputzlosen Zweckbauten der alten großen Scheunen, in ihrer archaischen Würde der Einfachheit an Giorgio de Chirico gemahnend, die einem neuen Zweck zuzuführen wären. Diese Architektur fand/findet sich nur im waldarmen Vinschgau, wo eben der Stein an die Stelle des Holzes tritt. Verwandt ist sie mit der rätischen Baukultur des benachbarten Engadin, aber diese wuchtigen, ausladenden Quader der Scheunen in ihrer geradezu existenziellen Nüchternheit stehen sonst nirgendwo im Lande: *Arte povera*.

Nicht unerwähnt bleiben dürfen die gigantischen, sekularen **Palabirnenbäume** als ehrfurchtsgebietende Haus- und Hofwächter. Wenn sie blühen, verwandeln sich die grobknochigen ungelenken Burschen in eine einzige unwirklich anmutende weiß schwebende Blütenwolke. Die Herkunft des Namens Pala ist ungeklärt, nicht aber die gesundheitsfördernde Wirkung dieser Birne. Sie ist keine Schönheit, ist grobkörnig und hält nicht lange, aber ihr Verzehr erspart den Doktor. Und „Piirakropf" (Birnenkropf) ist ein Schimpfwort im Obervinschgau. Vielfach werden die Früchte dieser hochstehenden Bäume nicht mehr geerntet, keiner kann die elendslangen Sprossenleitern noch ohne Gefahr für Leib und Leben handhaben, manchmal setzt man Hebebühnen ein. Immerhin produziert ein Bäcker in Laatsch noch ein Früchtebrot mit „Piiraschnitz", mit getrockneten Palabirnenschnitten. Die Bäume stehen zwar unter Naturschutz, manchen aber sind sie lästig, überhaupt den Schickimicki-Bauherren und es gibt nicht wenige – nicht die Bauherren –, die am dörflichen Stammtisch damit prahlen, wie man so einen Baum zum Verrecken bringt.

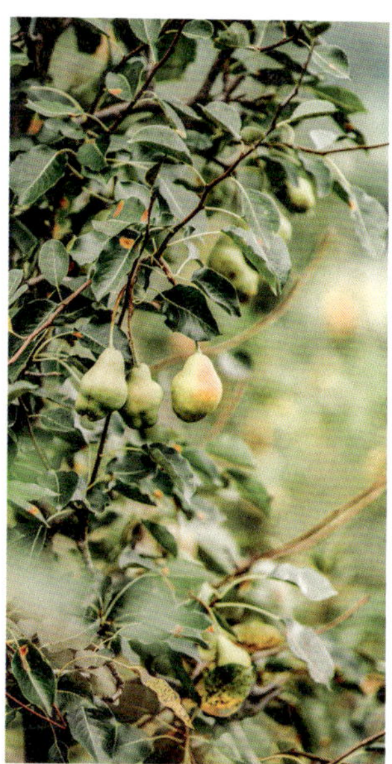

Wer die Seele des Tals ergründen möchte, wandere auf einem Waal oder über die Malser Haide, steige in Sulden zur Düsseldorfer Hütte auf, um mit König Ortler (fast) auf Augenhöhe zu sein, wandere von Tschars nach Trumsberg am Sonnenberg hinauf und blicke hinunter auf den Tarscher Schuttkegel. Das fließende Gedächtnis der Landschaft ist erstarrt in den bauchigen Rundungen der Feldgrenzen. Die Reste des Flickenteppichs in ihrer vielformigen Kleinteiligkeit erzählen noch etwas vom ursprünglichen Charakter des Tales und der Vintschger.

Ein Sonderfall ist Karthaus im Schnalstal, das aus einem ehemaligen Kartäuserkloster hervorgewachsen ist. Im musterhaft restaurierten Kreuzgang schwingt ein Nachhall vom lebenslangen Schweigen der Mönche.

Was Sie neben den angeführten Zielen und Objekten zusätzlich besichtigen können/sollen sind zur Romanik St. Medardus in Tarsch, wohl ein ursprüngliches Quellheiligtum, die Apsis der Pfarrkirche in Laas, St. Johann in Prad, der wuchtige Kirchturm in Schluderns, der romanische Kirchturm von St. Johann und St. Martin in Mals und der Turm von St. Luzius in Laatsch.

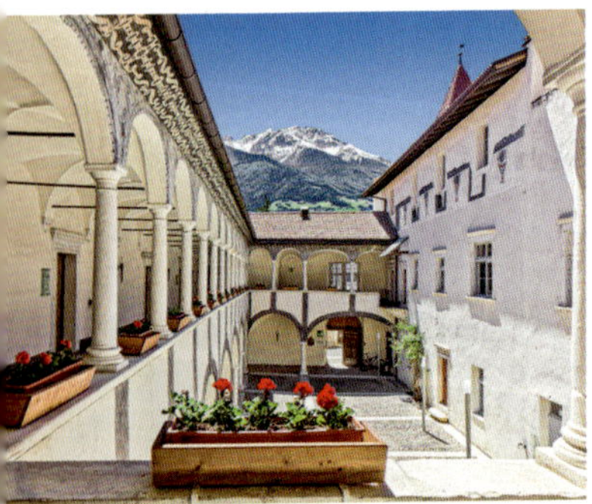

Zur Gotik seien St. Martin und St. Walburg in Göflan und die Burgkapelle von Schloss Kastelbell empfohlen, elegante Renaissanceinnenhöfe mit Säulenarkaden besitzen Schloss Goldrain und die **Schlandersburg**.

Der Barock triumphiert im Deckenfresko der Pfarrkirche von Schlanders, das der Schnellmaler Josef Adam von Mölck ausführte, wo die Erdteile sich vor Maria verneigen, welche die Züge von Maria Theresia tragen. (Hat ihn ja auch in den Ritterstand erhoben!)

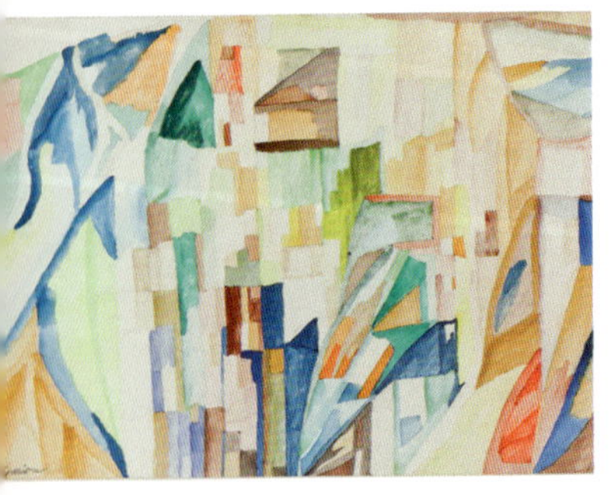

Ganz anders **Alois Kuperion** aus Tarsch. Der „Lottrmooler" ist in der europäischen Kunstgeschichte der einzige abstrakt malende, naive Autodidakt, der kunsthistorische Aufmerksamkeit verdient. Mit einigem Vorbehalt können die besten seiner Bilder zur Klassischen Moderne gezählt werden. Er wollte als „Kunstmaler", wie er sich verstand, von seiner Kunst leben, aber sie war *arte povera*, povera, arm im wahrsten Sinn des Wortes, die ihm für ein Bild zwischen 100 und 500 Lire einbrachte. Um die Werke der großen Meister zu sehen, wanderte er zu Fuß nach Florenz und nach Rom. Mit seinem Lebensmotto „Die Kunst, die Malerei war mir der liebste und wertvollste Lebensinhalt" schicken wir Sie auf die Entdeckung des Vinschgaus.

ST. PROKULUS – NATURNS

Der Mann im Seil

Das letzte Wort zu St. Prokulus ist noch nicht gesagt. Üblicherweise wird mit den „ältesten Fresken im deutschen Sprachraum“ geworben, doch ist diese Titulierung wissenschaftlich nicht mehr aufrecht zu erhalten. Archäologische Grabungen 1985/86 unter der Leitung von Hans Nothdurfter hätten Klärung bringen sollen. Die Datierung der älteren Fresken blieb nach wie vor ungesichert, doch warfen die Untersuchungen ein neues Licht auf die Baugeschichte. An der Stelle von St. Prokulus stand ein spätantikes Haus mit Trockenmauern, das durch einen Brand zerstört wurde. Darin fanden sich ein Mühlstein, etwas Keramik, Schmuck und einige Spinnwirtel. In der Ruine wurden einige Bestattungen vorgenommen. 2016 erfolgte eine ^{14}C-Radiocarbon-Datierung zur Niederlegung der Toten zwischen 300 und 570 n. Chr.

Innerhalb der Umfassungsmauer der Kirche kamen 173 Gräber zum Vorschein, die in mehreren Epochen zwischen 600 n. Chr. bis ins 17. Jahrhundert angelegt wurden. 60 davon wurden dem Frühmittelalter zugewiesen, in denen sowohl zugewanderte Germanen/Baiern und einheimische Alpenromanen bestattet wurden. Historischer Hintergrund ist die zeitweise Zugehörigkeit des unteren Vinschgaus mit Naturns zum Herzogtum Baiern. Eine verwandtschaftliche Bindung der lokalen bairischen Edelleute als Kirchenbesitzer mit langobardischen Sippen in Verona ist denkbar. Das würde auch das Patrozinium

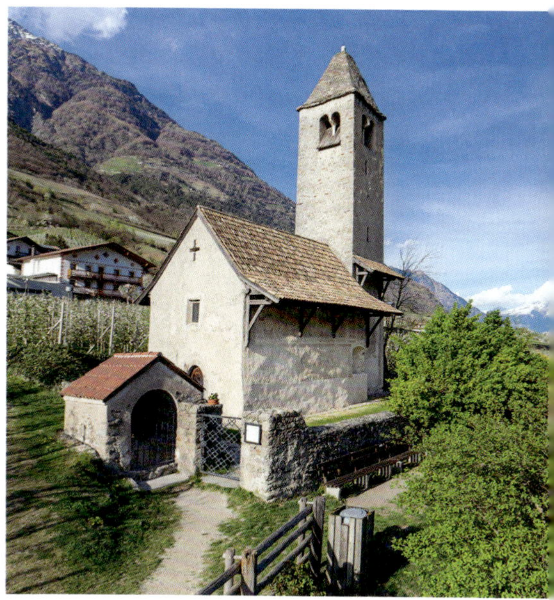

erklären. Denn einer der heiligen Prokulusse war Bischof von Verona gewesen und hatte vor dem heidnischen Statthalter fliehen müssen. Der Kult kann zusammen mit dem des heiligen Zeno, dem Schutzpatron der Naturnser Pfarrkirche, etschaufwärts bis nach Naturns gekommen sein.

Ein erster angenommener, sehr einfacher Kirchenbau, vielleicht aus Holz, konnte archäologisch nicht nachgewiesen werden. Der heutige Bau entstand in einer einzigen Bauphase und besaß einen trapezförmigen Chor mit Triumphbogen. In der Romanik wurde der Kirchturm dazu gebaut, in der Gotik das Kirchenschiff erhöht. Von 1347 bis 1695 diente die Kirche den Herren von Tarantsberg als Grablege. 1636 wütete das Fleckfieber in Naturns und die Seuchenopfer wurden um St. Prokulus bestattet. Bei den Ausgrabungen wurden über 170 Bestattete aufgedeckt.

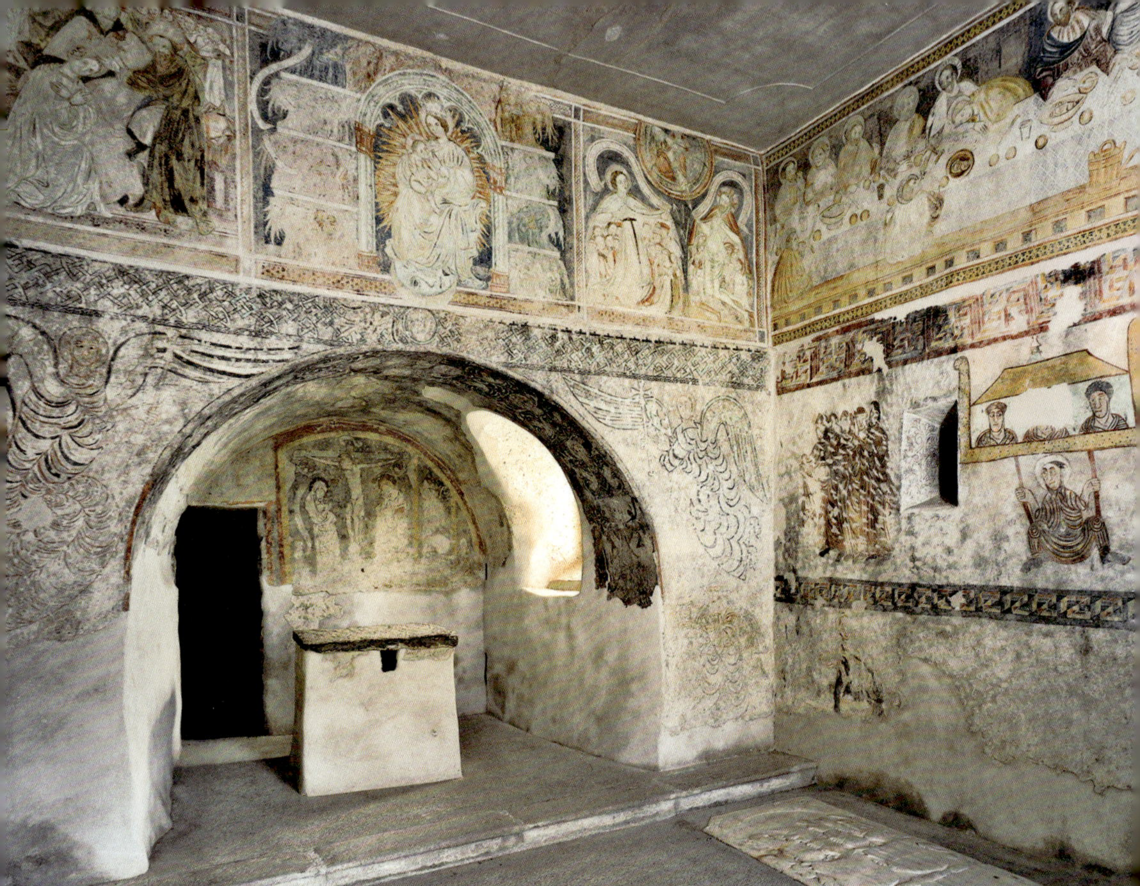

Auf den Altarraum ausgelegt

Der Innenraum ist winzig. Ein schön gearbeitetes Mäanderband umzieht den Saal, darüber lag die Flachdecke auf; ursprünglich waren es zwei Bänder, welche die Wandflächen in zwei Bildflächen teilten.

Das gesamte Bildprogramm, so schwer es sich deuten lässt, ist auf den Altarraum ausgelegt. Sehenden Auges steht man vor Verborgenem. Die durch einen späteren Türausbruch stark beschädigte Darstellung der Tierprozession beherrscht die Westwand. Im Hörner- und Hufereigen der Rinder bricht der einstige *genius loci* bildhaft durch. Was immer auch der Künstler sagen wollte, ob die zwei voranschreitenden Gestalten die Begleiter des heiligen Prokulus waren, die bäuerliche Bevölkerung sah darin einen verklärten Abglanz ihrer Alltagswelt.

Geradezu leitmotivisch zieht sich das Thema des Voranschreitens durch das Bildprogramm, gleich zwei Mal trägt eine Figur den Wanderstecken beziehungsweise den Hirtenstock. Immer geht es Richtung Altar. Die ruhenden Gestalten auf der Nordwand scheinen in weltentrücktem Gesang näher schon dem heiligsten Bereich, vor dem ein groß beschwingter Engel als einladender Wächter steht.

Der Erzählduktus auf der Südwand ist dramatischer. Von Pickelhieben zerhackt erscheint die erste Figurengruppe. Der stark akzentuierte Faltenwurf der bodenlangen Kleider modelliert die Körper in dicht gedrängtem Rhythmus. Hervorgehoben sind die markanten Gesichter und die Hände, die verschiedene Gegenstände halten. Der Künstler verstärkt die Bewegung, indem er die Frauen die Köpfe neigen lässt und mit Rot und Ocker Schwung in die Kleiderfalten bringt. Rätselhaft wie vieles bleibt das wehende Tuch, welches die erste Gestalt vor sich herträgt.

Die gesamte Südwand ist in Dreiergruppen gegliedert. Zentral im Blickfeld spielt sich die berühmte Szene mit dem Mann im Seil ab, beobachtet von drei Männern in einer angedeuteten Stadtarchitektur mit Dach und Mauern. Der Mann im Seil zeigt sich im Dreiviertelprofil mit Halbglatze, wehendem Haarschopf und ausgefranstem Backenbart. Er hängt leicht schief in den Seilen, und die energischen Linien von Kleidung und Körper betonen das Moment des Fliehens. Ein Prokulus auf der Flucht? Die stilisierten Gesichtszüge des Heiligen erinnern viel mehr an die Darstellungstradition des heiligen Paulus. Warum auch sollte die Flucht des Prokulus aus Verona so wichtig sein, nachdem der sich hinterher anders besann und umkehrte. Dass die Hände nicht richtig ins Seil greifen, ist für den Künstler nicht von Belang – oder spielt er mit einer versteckten Botschaft?

Die gesamte Südwand ist in Dreiergruppen gegliedert

Von rechts nähert sich eine sechsköpfige Gruppe erwartungsvoll dem Heiligen. Die drei ersten Figuren tragen eine weiße Kopfbedeckung. Die erste Figur weist mit

Große Augen schauen in unsere Zeit. Mit wenigen Pinselstrichen erreicht der Maler ein Maximum an Ausdruck. Andererseits zeigt er eine gewisse unbekümmerte Unbeholfenheit, wenn er die Figur am Seil vorbei greifen lässt. Dynamisch schildert er den Zug der Frauen auf den Altarraum zu (oben).

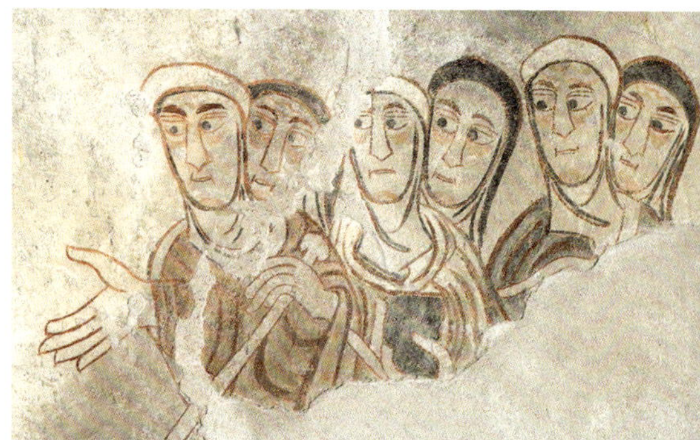

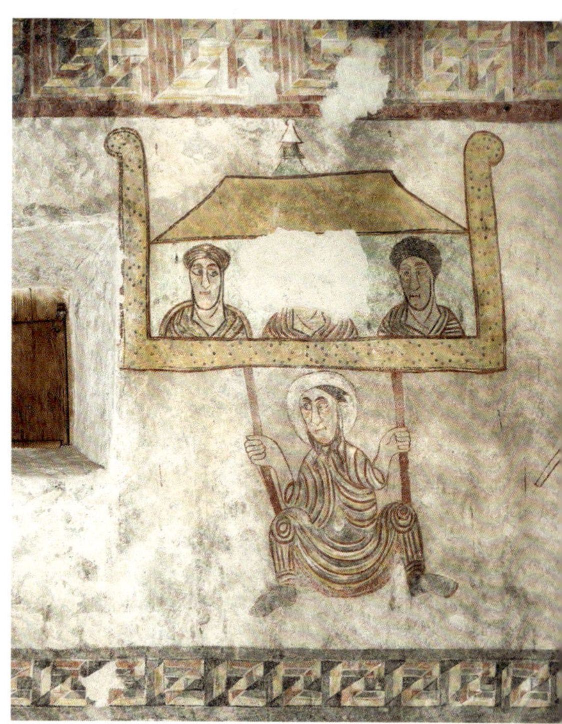

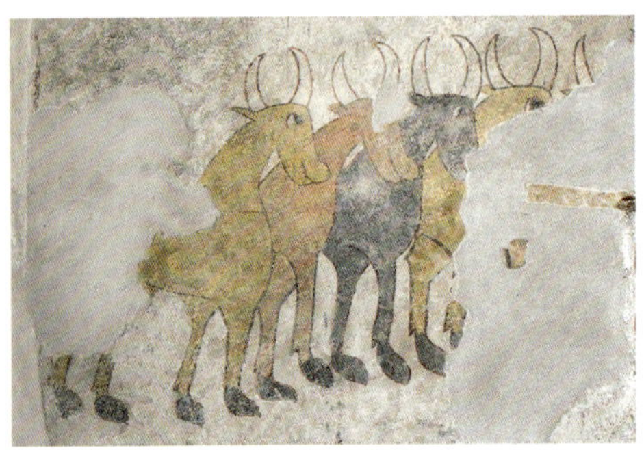

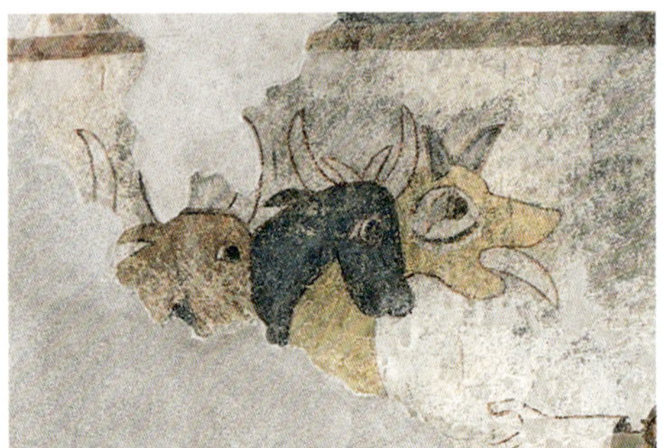

St. Prokulus wurde als Viehpatron verehrt. Das könnte die Rinderherde mit den Hirten an der Westwand erklären, die von einem hechelnden Hund bewacht wird.

großer Hand auf den Heiligen, während sie in der Linken einen Stock mit Knauf hält. Die zweite Gestalt trägt ein Buch. Neugierig schieben sich die Frauen mit schwarzem Schleier nach vorne, die Vorwärtsbewegung wird durch die Schrägstellung der Gesichter verstärkt. Mit wenigen Strichen erreicht der Künstler ein Maximum an Ausdruckskraft und der Gesichtsausdruck gewinnt an Lebendigkeit durch den Blick mit ganz nach links versetzten Pupillen, roten Farbaufträgen und gewellten Stirnfalten.

Leitmotivisch ziehen sich die weit geöffneten Augen durch die Darstellungen. In ihnen begegnen sich die fragenden Blicke der Wissenschaft. Direkte Vergleiche fehlen für eine präzise Datierung. Aus einem früheren „vorkarolingisch" spricht die Kunstgeschichte neuerdings von „nachkarolingisch", die Punkte in der Mauer der Abseilszene könnten eine unbeholfene Imitation von Marmorinkrustation sein, wie sie uns zuvor in der karolingischen Malerei begegnet. Der Rankenschmuck in der Fensterlaibung der Südwand hat seine Entsprechung als charakteristisches Element in der Buchmalerei frühestens seit der Mitte des 9. Jahrhunderts.

Körperlose Vergeistigung

An der Triumphbogenwand enden die erdigen Farben, es treten kühl die Farben des Abstrahierens hervor. Große Engel in den Bogenzwickeln preisen den Sieg des Herrn. Flügel und Gewand beherrschen die Fläche und unterstreichen das Schwebende. Bauschige Gewandfalten in konzentrischen Kreisen betonen die Bewegung. Körperlichkeit, nackte Füße, der kreuzhaltende Arm und die weit geöffneten Augen sind nur noch Chiffren einer gesteigerten Geistigkeit. Nachempfunden sind sie den vergöttlichten Siegesallegorien römischer Imperatoren.

Überlange Flügel und Kleider betonen körperlose Vergeistigung; bei genauerem Hinsehen lassen sich darunter zwei Figuren ausmachen, die nördliche trägt einen Blattkranz, die südliche ein Füllhorn und werden von der Forschung als Allegorie des Wassers und der Erde gedeutet.

Ein Flechtbandmuster schließt den Triumphbogen nach oben ab, in dessen Schei-

tel eine seltene Darstellung der Dreieinigkeit im Medaillon mit Hand Gottes, Lamm und Taube abgebildet ist.
Die Engel in der Triumphbogenlaibung beeindrucken mit großen Augen und weit geöffneten Handflächen. Der anbetende Engel im Scheitelpunkt blickt nach Osten. Wer St. Prokulus vor der Restaurierung kannte, weiß, dass die Figuren in der Laibung durch Jahrhunderte alten Kerzenrauch fast zur Unkenntlichkeit eingeschwärzt waren.

An der Triumphbogenwand enden die erdigen Farben

Von den Malereien im Chor hat sich bis auf winzige Fragmente nichts erhalten, da sie beim Bau des romanischen Turms und durch den Einzug des Tonnengewölbes zerstört wurden.
Die Datierung wird kontrovers geführt, auch weil sich nur schwer überzeugende Parallelen finden lassen; die einen vermuten sie in Oberitalien (Villuzza di Ragogna/Friaul; Krypta im Dom von Adria, Provinz Rovigo), andere wiederum im Bodenseeraum, wieder andere in der Buchmalerei. Mehrheitlich spricht die Forschung heute von spätkarolingischem Erbe, das „mit dem Untergang des karolingischen Reiches und einer in allen Sparten der Malerei fassbaren Transformierung illusionistischer Vorgaben in eine von Linie und Fläche geprägte Kunst einhergeht" (Mathias Exner).
Dendrochronologische Untersuchungen und ^{14}C-Radiocarbon-Resultate organischen Materials lassen eine Datierung des Kirchenbaus um das Jahr 1000 wahrscheinlich werden (Kurt Nicolussi, Martin Mittermair, Klaus Oeggl).
Vielstimmig ist die Deutung der Szenen. Die interessanteste These hat Hans Nothdurfter ausgestellt. Für ihn ist die Rinderprozession an der Westwand nichts anderes als eine gemalte Schenkungsurkunde. Voraus der adelige Spender, der, gefolgt vom Hirten oder Bauern, mit seiner Gabe sich in Richtung Altar hinbewegt. Mit zwölf Kühen ließ sich schon damals leben. Der adelige Grundherr und Spender hätte sich damit für ewige Zeiten ein Denkmal gesetzt, das die des Lesens und Schreibens unkundige Landbevölkerung auf Anhieb verstanden hätte. Wir meinen: Wie kommt es, dass im Alpenraum keine drei Kirchen dem Viehpatron Prokulus geweiht sind, wo dort doch über anderthalb Jahrtausende mehr Rindviecher als Menschen lebten? Prokulus in Naturns ist wegen der Rinderprozession zum Viehheiligen aufgestiegen. Es ist ein Kreuz mit den Schutzpatronen: Irgendwann in der langen Geschichte wurde der Schutzheilige Prokulus vom Viehpatron Antonius („Fåckntoni" wegen des

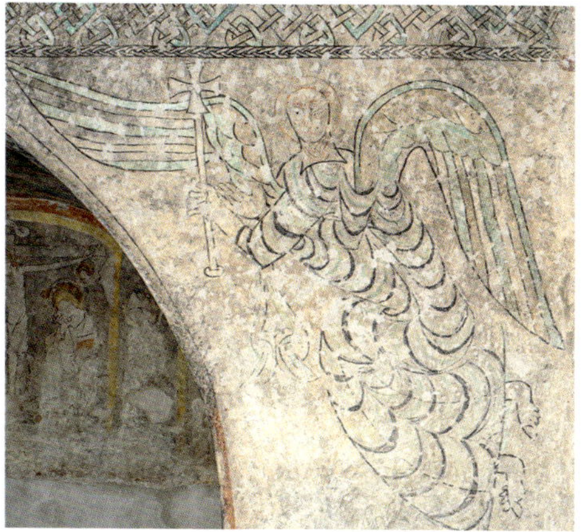

Der Engel ist den Siegesallegorien römischer Imperatoren nachempfunden.

Schweins als Attribut) abgelöst. Doch auch der Viehpatron wurde arbeits- und bedeutungslos inmitten von Turboäpfel-Plantagen und sein Altärchen wurde abmontiert. Und – *horribile dictu* – höchstwahrscheinlich verheizt.

Zu den gotischen Fresken: Das Kreuzigungsbild an der Ostwand im Chor stammt aus der Mitte des 14. Jahrhunderts, die gotischen Malereien in den oberen Registern sind um 1400 entstanden. Die Bilder über der Triumphbogenwand zeigen die Marienkrönung, Maria lactans als apokalyptisches Weib mit dem Mond zu Füßen und eine Schutzmanteldarstellung mit Maria und dem auferstandenen Christus, unter deren Mantel Menschen Zuflucht suchen vor den Pestpfeilen des zürnenden Gottvaters. Der fliegende Pfeil gilt als Symbol der Pest, und als die Bilder entstanden, waren seit dem schwarzen Tod von 1348 erst einige Jahrzehnte vergangen.

Auf der Südwand wird in epischer Breite ein letztes Abendmahl geschildert, auf der Nordwand erscheint der Zug der Heiligen Drei Könige.

Äußerst erzählfreudig in der Schilderung der Schöpfungsgeschichte sind/wären die Bilder auf der südlichen Außenwand, leider sind sie aber sehr stark verblichen und verwaschen im unteren Register, weil die Beregnung für die „heiligen“ Äpfel über Jahre frisch fröhlich darauf sprühen konnte und durfte.

Prokulus ist ein kunsthistorisches Kleinod. Es wird einen Teil seiner Geheimnisse auch weiterhin hüten. Mag die Forschung Bau und Fresken neuerdings jünger datieren, tut das dem Faszinosum dieser kleinen Landkirche keinen Abbruch.

Tumer Kirchtag

Der 17. Jänner ist das Patrozinium von Antonius Abbas in St. Prokulus. Das war früher eine wichtige Zeit im bäuerlichen Leben. Um diese Zeit wurde der Wein von den Trestern abgezogen und vor Weihnachten schon war „geschlachtigt“ worden; im Jänner waren die Würste schön „angeselcht“. So wie die Bilder in der Kirche Heiliges mit Profanem vermischen, machten es auch die Bauern von Tum, wie die Siedlung um St. Prokulus heißt. Die Männer wohnten eine Stunde der Patroziniumsmesse bei, spielten dem Heiligen ein „Standl“, um dann drei Tage und Nächte lang mit ihren Instrumenten von Hof zu Hof zu ziehen, den neuen Wein mit Würsten und Schweinernem zu verkosten, „Muusi zu måchn“ und solenne Räusche in den Stuben auszuschlafen. Bis es den Hausfrauen zu viel wurde mit den besoffenen „Zöch“ (Männern) in Keller und Haus – und sie rebellierten. Der Kirchtag wurde aufgelassen. Neuerdings wird das Patrozinium von Antonius Abbas am 17. Jänner in Prokulus wieder gefeiert. Mit Messe und Marende.

LITERATUR

Günther Kaufmann (Hrsg.): St. Prokulus in Naturns; Bozen 2019

Pfarrei St. Zeno Naturns (Hrsg.): St. Prokulus in Naturns; Athesia 2019

INFO

St.-Prokulus-Kirche und Museum
St-Prokulus-Straße 1A
39025 Naturns
Tel. +39 0473 673139
www.prokulus.org

SCHLOSS JUVAL

Himalaja am Vinschger Sonnenberg

Die alten Vintschger sagten noch Jufòol zu Juvàl, im Namen steckt das lateinische *iugum*, Joch. Über diesen Buckel führte seit urdenklichen Zeiten ein Steig ins Schnalstal; kann sein, dass der Mann vom Hauslabjoch ihn schon gegangen ist.

Die Gründung von Schloss Juval geht auf Hugo von Montalban zurück, der sich ab 1278 nach Jufal nennt. Im Laufe ihrer Geschichte gerät es immer wieder in andere Hände, unter anderem ist es im Besitz der Matscher Grafen und der Starkenberger. Seine erste Blütezeit erlebte es mit Hans Sinkmoser, der 1540 mit ihm belehnt wird. Sinkmoser war als höchster Verwalter im Dienst der Tiroler Landesfürsten und verfügte über genügend Mittel, die Burg im Stil der lokalen Renaissance umzubauen. Die Blüte war aber von kurzer Dauer, in der Folgezeit gelangte sie in den Besitz der Grafen Hendl, die sie jedoch nicht bewohnten. 1813 verkauften sie die Burg an den Bauern Josef Blaas. Die bäuerlichen Besitzer bewohnten zwar einen Teil, rissen aber brauchbares Baumaterial aus der Anlage heraus, mit dem sie auf dem Sattel dahinter zwei Bauernhöfe errichten. 1913 verkaufte der Bauer Alois Johann Blaas die Halbruine an den Holländer William Rowland, der ab 1925 mit erheblichen Kosten den Wiederaufbau vorantrieb. Auch diese zweite Blüte dauerte nicht lange; gegen Ende des Zweiten Weltkrieges waren auf Juval italienische Kriegsgefangene, bewacht von einer SS-Mannschaft, interniert.

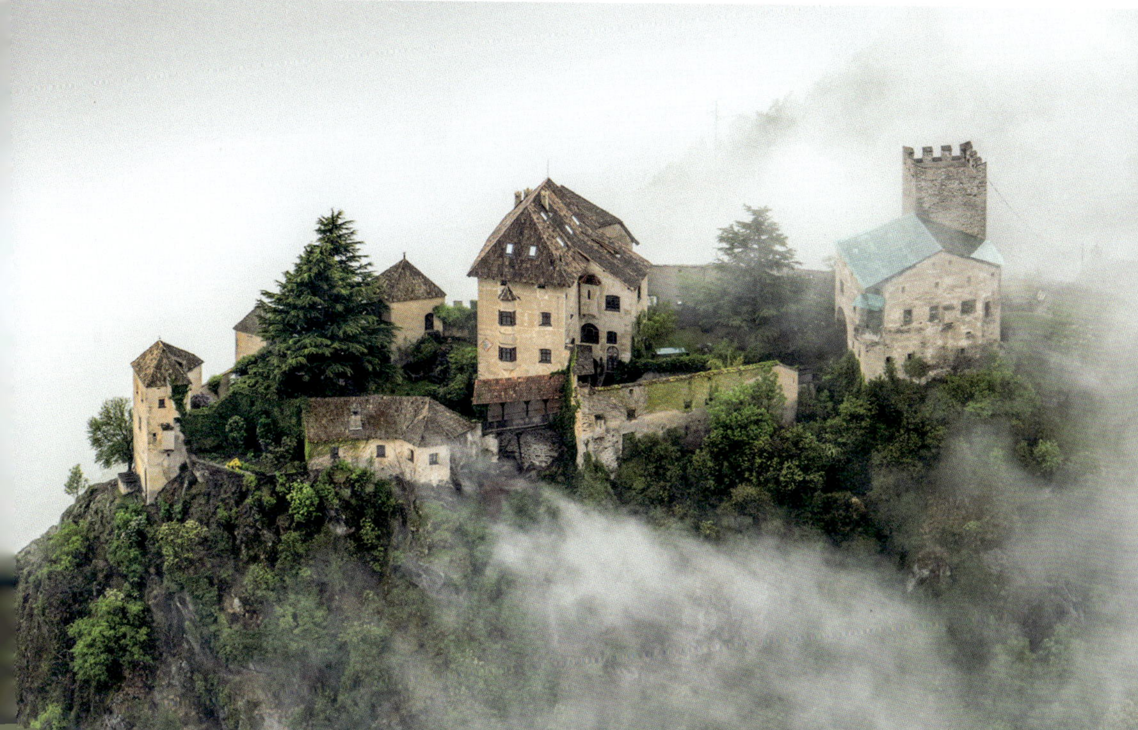

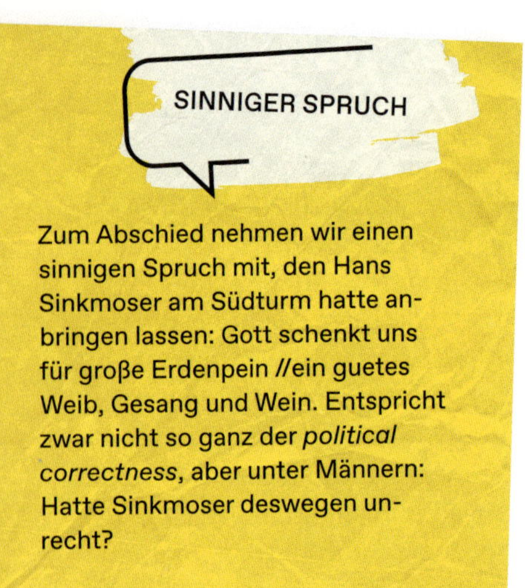

SINNIGER SPRUCH

Zum Abschied nehmen wir einen sinnigen Spruch mit, den Hans Sinkmoser am Südturm hatte anbringen lassen: Gott schenkt uns für große Erdenpein //ein guetes Weib, Gesang und Wein. Entspricht zwar nicht so ganz der *political correctness*, aber unter Männern: Hatte Sinkmoser deswegen unrecht?

Die dritte Blüte begann, nachdem der Extrembergsteiger Reinhold Messner Juval 1983 erwarb. Er baute die vernachlässigte Anlage aus und um und ließ vom Architekten Robert Danz ein Glasdach auf den baufälligen Teil der Burg setzen, eine ästhetisch und architektonisch sehr gelungene Lösung. Reinhold Messner behandelte die historischen Räume einerseits mit großem Respekt, füllte sie aber auch mit exotischen Exponaten, vor allem aus dem Himalaja, mit Masken aus vier Kontinenten, Kunstsammlungen im Burgfried und mit Erinnerungsgegenständen aus seinen Expeditionen. Mit dem neuen Besitzer erlebten auch die zum Teil baufälligen Bauernhöfe am Burghang eine neue Bewirtschaftung, und an den Sonnenhängen wächst ein vorzüglicher Wein.

Kunsthistorisch interessant ist die kleine Burgkapelle mit Wandmalereien von Bartlmä Dill Riemenschneider, die Cäsarenköpfe, Karyatiden und Vögel zeigen. Die Kapelle ist dem Ritterheiligen Georg geweiht; das Altarblatt entstand 1548 und trägt die Darstellung des Gekreuzigten zwischen Johannes und Moses.

Atemberaubend ist der Blick vom „Saal der tausend Freuden“ und vom Maskensaal auf die archaische Bergwelt des Vinschgaus, besonders auf die Laaser- oder Orgelspitze. „Orgel“ hat mit „Orkus“, Unterwelt, zu tun: Auf der Orgelspitze treffen sich in der Sage die Dämonen – wer weiß, ob nicht auch ein paar von Messners Dämonenmasken sich dort zum nächtlichen Tanz einfinden.

LITERATUR

Magdalena Maria Messner: Juwel Juval. Chronik eines Gesamt(kunst)werkes; Diplomarbeit, Universität Wien, 2011. Auch als Taschenbuch erhältlich

INFO

Schloss Juval gehört zu den sechs Messner Mountains Museen, die Messners Tochter Magdalena betreut; www.messner-mountain-museum.it/juval/museum/

Geöffnet vom 4. Sonntag im März bis 30. Juni und vom 1. August bis zum 1. Sonntag im November 10–16 Uhr, Mittwoch Ruhetag

Führungszeiten beachten!
Tel. +39 348 4433871 (nur zu den Öffnungszeiten) oder +39 0471 631264

Eigenhändig
Ein Besuch beim Schlosswirt von Juval ergibt sich von selbst. Die Stimmung darin ist weit weg von der üblichen Lederhosenarchitektur. Nun ja, Reinhold Messner hat beim Wiederaufbau der damaligen Halbruine selbst Hand angelegt.

SPITALKIRCHE IN LATSCH

Der heilige Florian im Prunkrock

Die Spitalkirche in Latsch hütet das bedeutendste gotische Kunstwerk im Vinschgau, den Flügelaltar von Jörg Lederer. Das ursprünglich dem Johanniterorden gehörige Hospiz wurde 1337 als Brandruine von Heinrich von Annenberg, der ursprünglich vom Turm hieß und aus Meran stammte, erworben. Die Überlieferung weiß von Gewalttätigkeiten zusammen mit seinem Sohn bei einer Beerdigung, die ihm den Ausschluss aus der Kirche einbrachte. Ob als versöhnende Geste oder aus Kalkül erwarb er die Ruine des Hospizes und ließ Kapelle und Spital neu errichten, was ihm Prestige und gleichzeitig eine standesgemäße Grablege einbrachte.

Der heutige Bau wurde acht Jahre nach der Schlacht an der Calven (1499) errichtet, der Chor war schon 1470 entstanden. Das Südportal direkt an der Hauptstraße – Latsch lebte lange vom Verkehrswesen – trägt eine schön gearbeitete Marmorrahmung mit sich kreuzenden Wimbergen und dem Annenberger Wappen. Als Abschluss halten Engel das Schweißtuch mit dem Antlitz Christi, eine Arbeit von Oswald Furter. Elegant in Marmor gemeißelt ist die seitliche Minuskelschrift: *Anno Domini MCCCXXXVII fundata est capalla sancti spiriti in Latsch*. Die angebrachten Steinmetzzeichen tauchen auch in

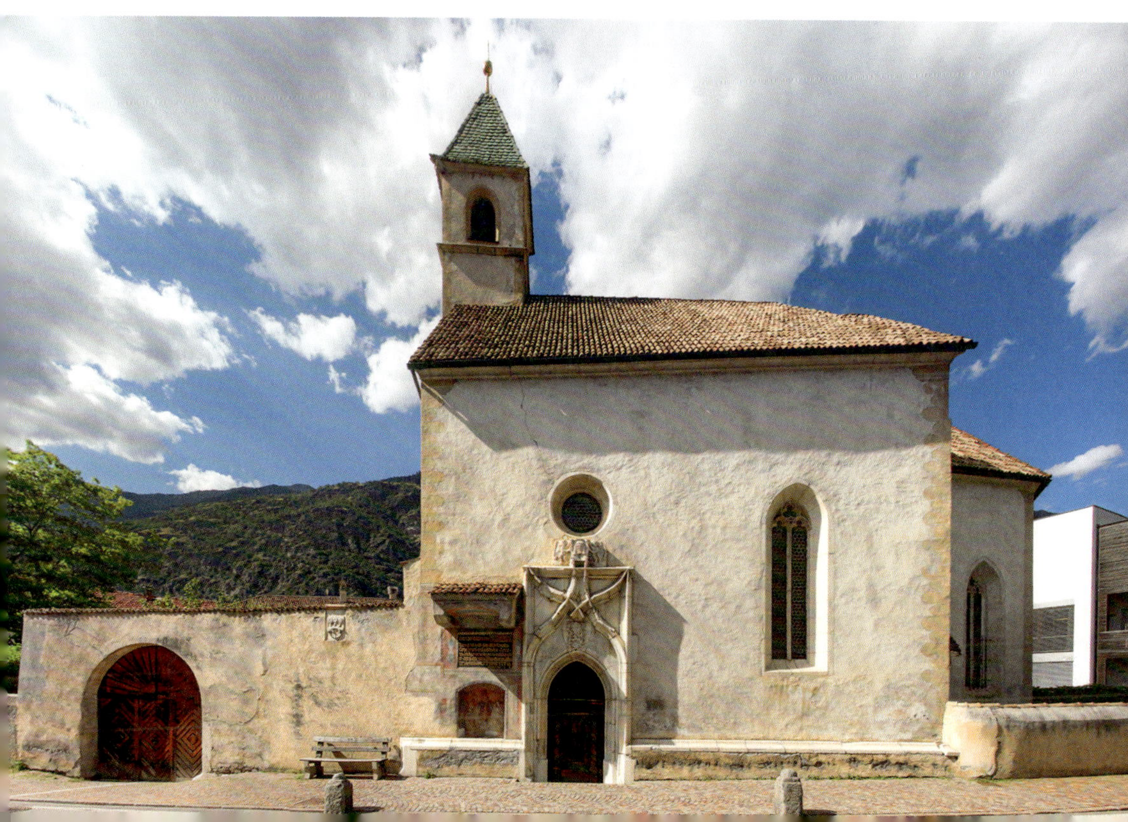

den Pfarrkirchen von Latsch, Tschars, Tschengls, an der Luziuskirche in Tiss, an der Schlosskapelle von Annenberg und auf der Churburg auf.

Die Fresken des Innenraumes sind zweitklassig, Beachtung verdient immerhin die Darstellung der Familie des Matthäus von Annenberg mit zwei Frauen und neun Kindern, die 1604 entstanden ist.

Beeindruckend in seiner Gesamtkomposition und überraschend in den Details entfaltet der prachtvolle Flügelaltar im Chor seine ganze Schönheit und Dramatik. Im erhöhten Mittelteil befinden sich Gottvater mit dem toten Sohn und der Taube in Anlehnung an das Patrozinium; der Gnadenstuhl wird von den Heiligenfiguren Johannes und Wolfgang gerahmt.

Die Flügel sind mit Scharnieren vom Schrein hinausversetzt, sodass die Schreinwächter Florian und Georg bei geöffnetem Altar sichtbar sind. Um sie, die vom Altar wegschauen, kreisen sonderbare Geschichten, sie seien entweder ein Bergknappe und dessen Frau oder gar die Gründer von Latsch, welche die Sintflut überlebten.

Genial durchkomponiert

Die Maßwerkbaldachine über den Hauptszenen erinnern in den Hauptlinien an eine Bekrönung und leiten elegant und schwungvoll ins filigrane Gesprenge über, das der Überhöhung des Schreins entsprechend eine zweigeschossige Mitte aufweist. Unter fialgeschmückten Baldachinen steht der leidende Christus, flankiert von Maria und Johannes, thematisch verbunden mit den Passionsszenen der Flügelaußenseiten. Das zweigeschossige Mittelteil des Gesprenges wird von einem Christophorus, dem Schutzpatron der Reisenden, abgeschlossen. Die Figur des Heiligen verweist auf die Aufgabe des Hospizes in der Betreuung von Pilgern und steht im Zusammenhang mit dem Menschen- und Warenverkehr. Denn Latsch war im ausgehenden Mittelalter ein wichtiges Zentrum des Rodfuhrwesens, des organisierten inneralpinen Warentransportes. Gasthäuser sind ihrer vier nachgewiesen – und vielleicht trägt gerade deshalb der heilige Florian anstelle des Löschkübels einen Zinnkrug.

> Der Gnadenstuhl wird von den Heiligenfiguren Johannes und Wolfgang gerahmt

Die Flügelreliefs an der Festtagsseite erzählen die Verkündigung, die Geburt, die Beschneidung und die Anbetung der Könige. Sie fügen sich harmonisch in das gesamte künstlerische Geschehen ein und verraten perspektivisches Raumempfinden der Renaissance.

Die Malereien der Flügelaußenseiten und der Rückwand werden Jörg Mack, einem Mitarbeiter Lederers zugeschrieben. In ihnen kündigt sich mit anatomisch korrekter Körperdarstellung und realistischem Landschaftshintergrund eine neue Kunstepoche nach der Gotik an. Nachweislich hat sich der Künstler von Vorlagen Dürers, Altdorfers und Lucas Cranachs inspirieren lassen.

Es lohnt, das Augenmerk auf die geniale Linienführung der Gesamtkomposition

Der prachtvolle Flügelaltar wurde von den Annenbergern in Auftrag gegeben.

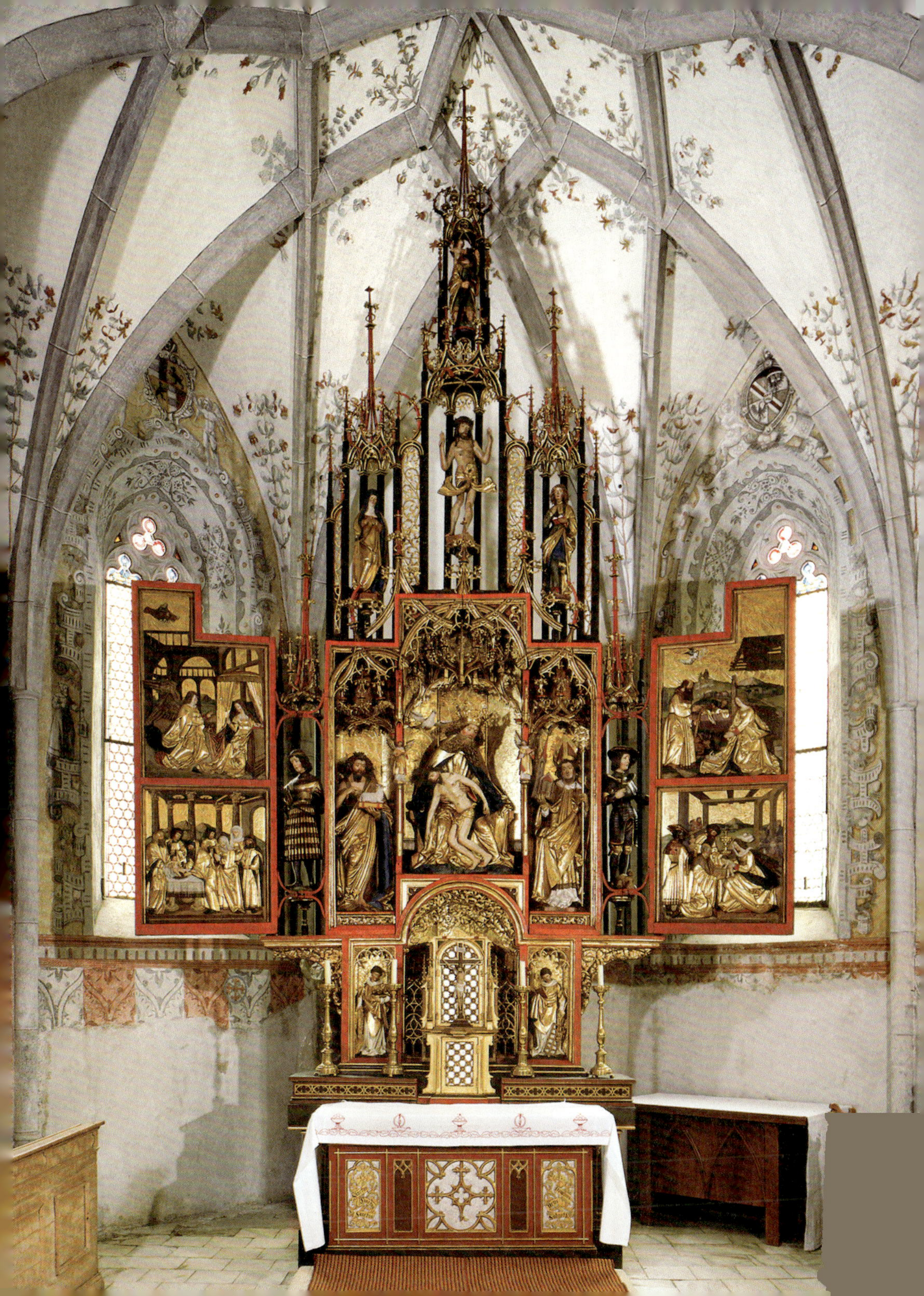

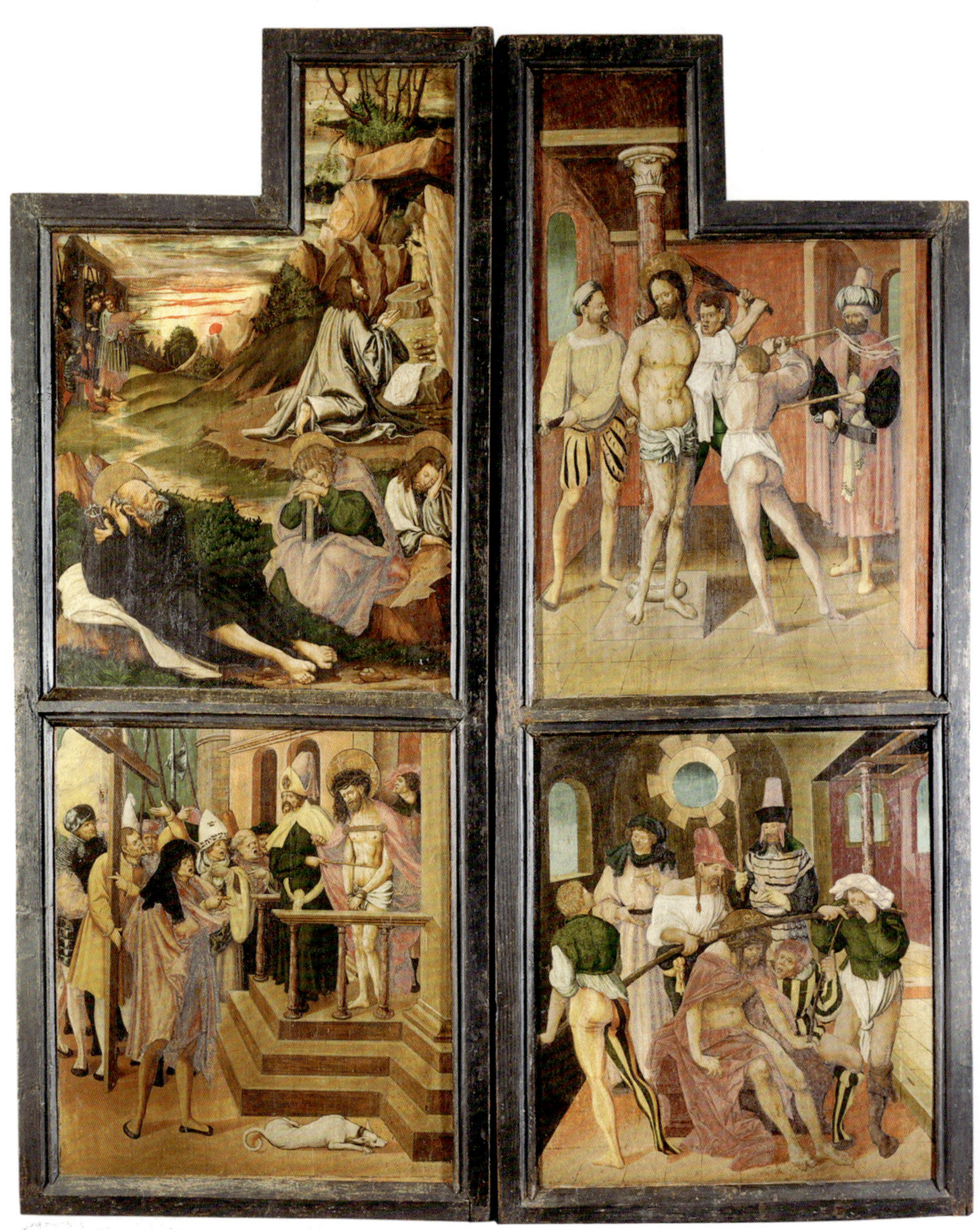

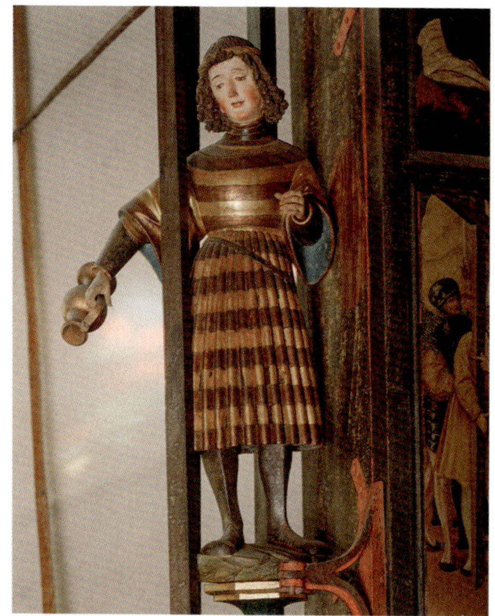

Der heilige Florian im Prunkrock.

zu richten, wo die schwungvolle Gewandführung und die Körperhaltung eine wichtige Rolle spielen. Von den Gewandfalten und der Körperhaltung der Seitenfiguren im Gesprenge führen die zwei Strukturlinien diagonal über die Gottvaterfigur und enden in den Gewandfalten der flankierenden Schreinfiguren. Der leblose Körper des Schmerzensmannes liegt, gehalten von Gottvater, genau im unteren Schnittdreieck. Die temperamentvolle Teilung des virtuos gelockten Bartes von Gottvater tut ein Übriges.

Jörg Lederer kennt die Stiche von Albrecht Dürer und lässt sich von ihnen inspirieren, aber es ist alles andere als ein Kopieren, denn er versetzt Dürers Vorlagen ebenso virtuos wie subtil in die dritte Dimension der Plastik. Jörg Lederer hat von Kaufbeuren aus, wo er eine florierende Werkstatt betrieb, neun Altäre entlang des „Oberen Weges", der Straße über den Reschen, geliefert. Den Altar in der Spitalkirche erstellte er zwischen 1517 und 1520, Auftraggeber dürfte Sigmund von Annenberg gewesen sein, der mit Katharina Weiler aus dem Allgäu verheiratet war. Sein Wappen, ein Ast mit drei Rosen am Triumphbogen der Spitalkirche, wurde in den Siebzigerjahren des vorigen Jahrhunderts zum offiziellen Gemeindesymbol erhoben.

Eine Rose brechen wir für Anton von Annenberg, den großen Bücherfreund, der in dreißigjähriger Sammeltätigkeit an die 250–300 Bände zusammentrug und damit die größte Privatbibliothek des Landes besaß. Sie hütete kostbare Handschriften der höfischen Literatur und gedruckte Erstausgaben humanistischer und klassischer Autoren. So fand sich unter anderem der Ulmer Erstdruck der deutschen Decameronübersetzung (Ulm: Johann Zainer 1476/77) in seinem Besitz. Leider wurde diese kostbare Büchersammlung in alle Winde zerstreut. Ein Fragment des Nibelungenliedes aus dem Jahr 1323 hat sich erhalten und ist heute im Besitz der Staatsbibliothek Preußischer Kulturbesitz in Berlin.

LITERATUR

Martin Laimer: Kunst in Latsch; Lana 2003

INFO

Spitalkirche: Normalerweise geöffnet von 10 bis 18 Uhr; in den Sommermonaten findet montags immer ein geführter Dorfrundgang statt, der auch die Spitalkirche miteinschließt.

KIRCHEN

St. Nikolaus: Einfache romanische Chorturmkirche am Schnittpunkt der alten Landstraße mit Ober- und Unterdorf. Spärliche Wandmalereien, Christophorus und St. Nikolaus an der Südseite, Patrone der Pilger und Reisenden. Im Inneren der Latscher Menhir aus dem späten 4. bis frühen 3. Jahrtausend v. Chr.

Öffnungszeiten: täglich 10–18 Uhr

St. Medardus: Früh- bzw. hochmittelalterliches Ensemble von romanischer Hospizkirche als ehemaligem Quellenheiligtum mit Hospizgebäude, Stall und Stadel am oberen Ende des Tarscher Schuttkegels.

Besichtigung auf Anfrage
im Tourismusverein Latsch
Tel. +39 0473 623109
www.latsch-martell.it

St. Vigil und Blasius in Morter: Einzige Dreichonchenanlage Tirols, Altarweihinschriften aus dem Jahr 1080. Schlüssel im Hotel „Bei Martin“

Nachsatz: Der Ortsname Morter hat nichts mit lat. *mors/mortis*, dt. *Tod* zu tun, sondern mit lat. *mortarium*, dt. *Reibschale*, und verweist auf Marmorbearbeitung am Eingang des Martelltales.

KIRCHENFAMILIE

Einen Sprung ist es zum Kirchenensemble St. Martin und St. Walburg in Göflan. Schöne Spätgotik und zwei Flügelaltäre, davon einer aus der Werkstatt von Jörg Lederer.

Öffnungszeiten: 8.15–9 Uhr

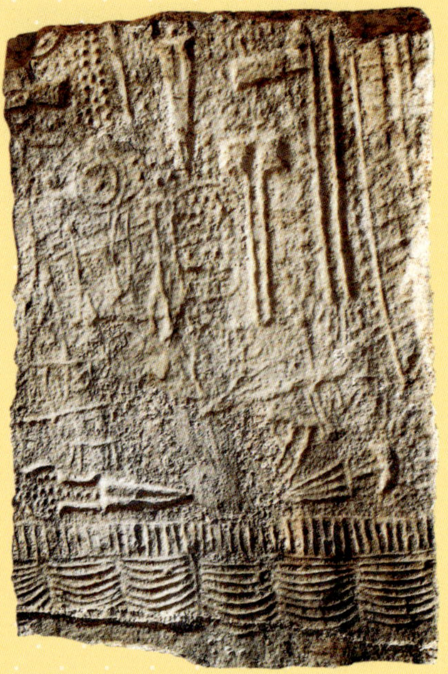

MENHIRE

Der Latscher Menhir hat Verwandte. 2013 wurden in Vetzan zwei Figurensteine aus Vinschger Marmor gefunden. Das Paar besteht aus einem männlichen (Höhe 3 m) und einem weiblichen Menhir aus der Kupferzeit. Ausgestellt sind sie in der Schlandersburg.

Schlandersburgstraße 6
39028 Schlanders
Tel. +39 0473 730616
www.schlanders.it

ST. STEFAN IN OBERMONTANI – MORTER

Lombardische und schwäbische Kunst

Die Gegend von Latsch bildete politisch über längere Zeit eine neuralgische Zone im Machtpoker zwischen den Churer Bischöfen und den Tiroler Grafen. Von hier talaufwärts konnten sich sowohl die rätoromanische Sprache als auch der Machteinfluss der Churer Bischöfe länger halten. Dem schwelenden Konflikt um die Lehenshoheit verdankt Schloss Montani seine Gründung 1228 durch Graf Albert II. von Tirol. Um 1300 scheinen die Spannungen zugenommen zu haben, denn in den Rechnungsbüchern der Tiroler Landesfürsten tauchen verschiedene Posten für erhöhte Wachsamkeit auf; 1303 werden, wie Oswald Trapp anführt, Torwart und Wächter gesondert besoldet und bekommen sogar eine besondere Weinration zugewiesen. Um 1500 wird die Burg stark umgebaut, die ein Jahrhundert später in den Besitz derer von Moor übergeht. Diese üben die niedere Gerichtsbarkeit über Morter und das Martelltal aus und legen sich eine kostbare Bibliothek mit Büchern und alten Handschriften zu, die zum Teil aus dem Besitz des Anton von Annenberg

An der Ausmalung der Kapelle waren sowohl lombardische als auch schwäbische Maler am Werk. Die Fresken sind vorbildlich restauriert worden.

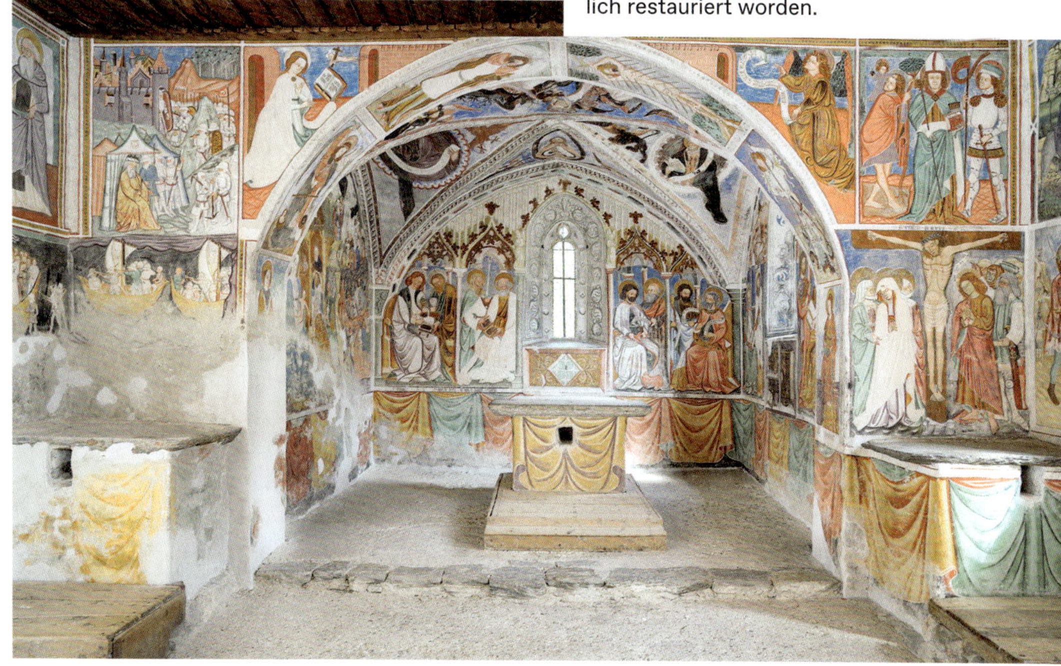

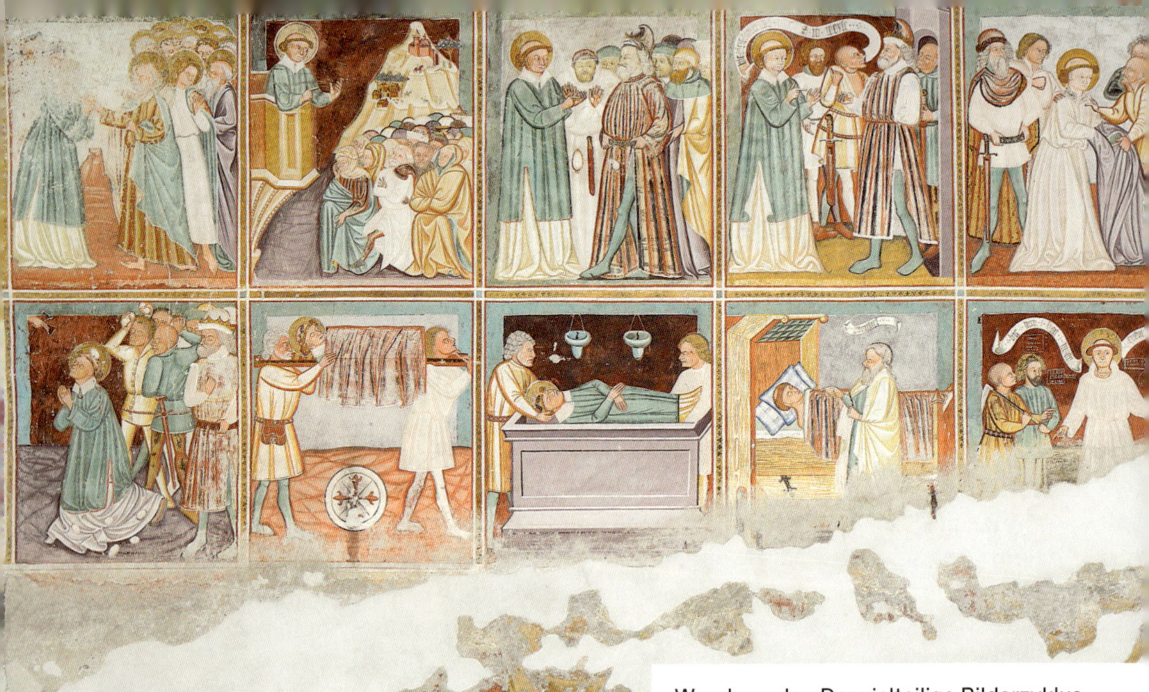

Wandermaler. Der vielteilige Bilderzyklus an der Nordwand erzählt die Stephanuslegende und wurde von lombardischen Wandermalern um 1439 geschaffen.

stammen könnten. Als der letzte Moor 1833 stirbt, geht es mit Burg und Bibliothek abwärts, sechs Jahre später werden Ober- und Untermontani öffentlich versteigert und von einem Bauern erworben. Der neue Besitzer lässt alle verwendbaren Materialien herausreißen, und die kostbare Bibliothek wird eine Beute der Mäuse und des Vinschger Windes. Beda Weber, Benediktinerpater und Schriftsteller, findet 1837 zwischen Pergament- und Bücherfetzen eine Handschrift des Nibelungenliedes. Die Burg verwandelte sich nach wenigen Jahren in ein entkerntes Mauerskelett, das sie, notdürftig gefestigt, bis heute geblieben ist.

Glücklicherweise ist das abseits stehende St.-Stefan-Kirchlein diesem Schicksal entgangen. Die Kapelle am jähen Felsabsturz über der Plima ist ein Sonderfall in der gotischen Malerei Südtirols, da sie im selben Raum Werke lombardischer und schwäbischer Künstler vereint. Nord- und Ostwand sowie Chor wurden von lombardischen Malern gestaltet, die entweder vom Nonsberg über Ulten oder von Bormio über das Wormser Joch ins Land kamen. Die Fresken der Süd- und Westwand sind ein Werk schwäbischer Maler, die niederländischen Einfluss verraten. Hier zeigt sich wieder einmal das Privileg Südtirols, sich für beide Kunsttraditionen offen zu halten.

Der Bilderbogen der Nordwand erzählt die Stephanuslegende; sie beginnt links oben mit der Wahl zum Diakon, geht weiter mit Predigt und Disput mit den Juden und mit der Verurteilung; zwei Register schildern die Steinigung, auf die die Grablegung und die Wunder folgen. Der Zyklus wird rechts durch den heiligen Anton Abt abgeschlossen, erkennbar ist er am Attribut, dem

Schwein – was ihm in Tirol den Beinamen „Fåckntoni“ einbrachte, obwohl er auch ein Schutzheiliger der Ritter war. Der/die lombardischen Wandermaler schuf(en) die Bilder um 1430.

Das untere Register wird rechts von einer Darstellung der Ursulalegende abgeschlossen, die sich in der Triumphbogenwand mit dem Martyrium der Heiligen fortsetzt. Ihr gegenüber sind die Verkündigung und die heiligen Christophorus, Erasmus und Mauritius dargestellt. Bei diesen Bildern war ein anderer Maler am Werk, der seine Freude am profanen Detail voll auslebte: König Attila als bärtiger Mann mit Turban beobachtet die Belagerung einer Stadt (Köln?), wobei mittelalterliche Kriegsausrüstung detailgetreu geschildert ist. Die Türkenangst der Zeit zeigt sich in den Halbmonden auf dem Zelt und einer Fahne.

Freude am weltlichen Detail verrät auch die Anbetung der Könige auf dem nördlichen Schildbogen im Chor, wo deren Gefolge durch eine fantasievolle Landschaft zieht und detailreich in Prunkrüstungen und Prachtkleidung einherkommt. Hier lässt der Lombarde die „Höfische Gotik“ recht eigenwillig und erzählfreudig ausklingen: da kommt ein Zwerg zu Pferd, dessen Pfauenstoß die Größe seines Oberkörpers hat und selbst ein Äffchen darf auf einem Pferde reiten.

Das Jüngste Gericht an der Westwand.

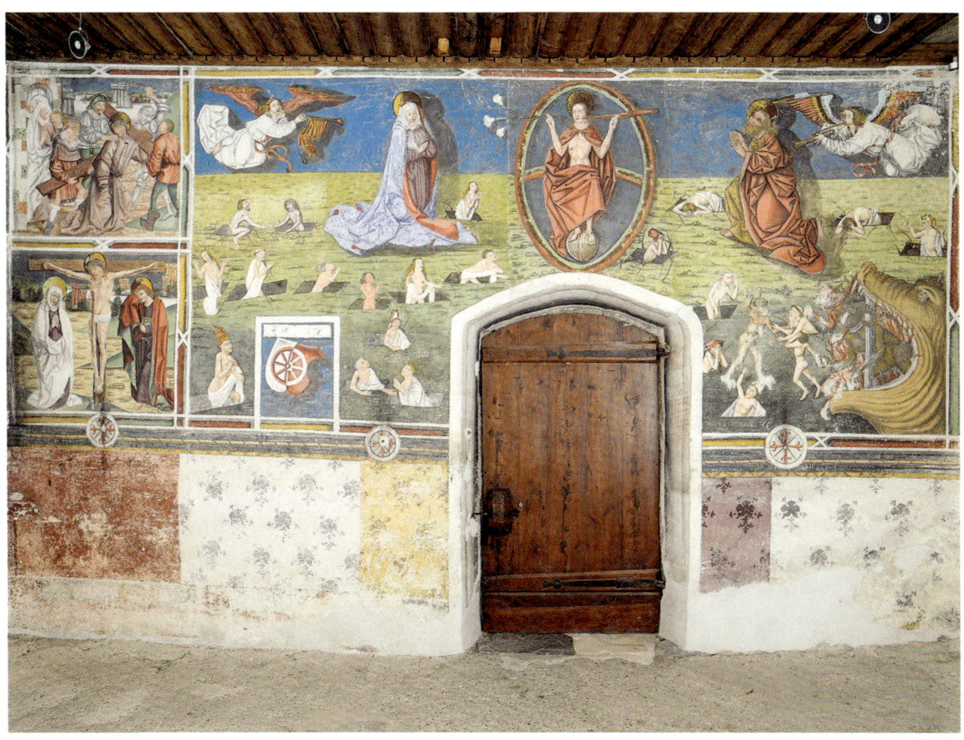

In den Gewölbezwickeln sind Madonna mit Kind und Christus in der Mandorla, begleitet von musizierenden Engeln und den Evangelisten, abgebildet. Sie verraten große künstlerische Qualität und sind um 1430/40 entstanden. Die Madonna sitzt im Paradiesgärtlein des *hortus conclusus* und das Jesuskind im braunen (!) Kittelchen trägt eine umgehängte Perlenschnur mit Anhängseln. Es handelt sich möglicherweise um eine „Fraisenkette", ein Schutzamulett. „Fraisen" waren Krämpfe und schmerzhaften Anfälle, die durch den Genuss von Brot ausgelöst wurden. Verursacher war das so genannte Mutterkorn, ein Schlauchpilz, der Getreideähren befiel und als hornartiger Auswuchs auf den Ähren saß.

Die Verkündigung an der Triumphbogenseite zeigt ein Kleinkind mit Kreuznimbus, das von Gottvater aus auf Maria zufliegt (seit 1745 ist die menschliche Darstellung des Heiligen Geistes vom Papst verboten und das Symbol darf nur noch eine Taube sein); die Triumphbogenunterseite trägt verschiedene Heilige, unter anderem auch einen (seltenen) St. Pantaleon, den Schutzpatron der Ärzte, bezeichnenderweise mit dem Holznagel im Kopf, und einen heiligen Sebastian, der in der Fensterlaibung der Südwand 50 Jahre später nochmals dargestellt ist. Der Stilvergleich ist sehr reizvoll.

Im Presbyterium erscheinen die zwölf Apostel in Zweiergruppen unter einer Kielbogenarchitektur. Die Süd- und Westwand wurde 1487 von einer schwäbischen Malergruppe ausgestaltet, welche die Szenen in einen perspektivischen Raum stellt und niederländische Einflüsse mitverarbeitet.

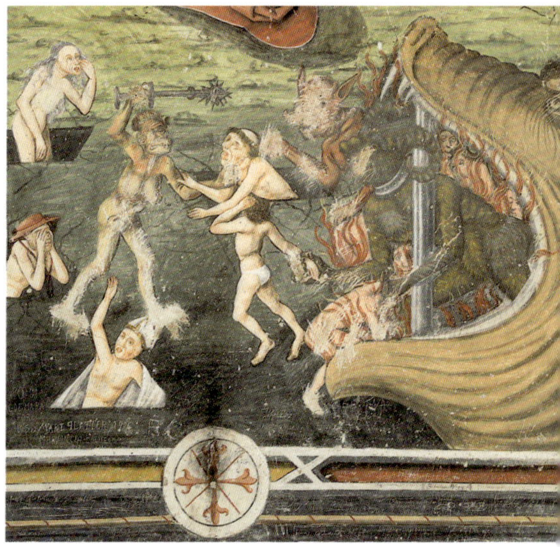

Ordentliche Watschen als Kritik für Kirche und Kirchenmänner. Unter den Verdammten finden sich ein Mönch, ein Bischof und ein Kardinal.

Historische Graffiti

St. Stefan in Obermontani wurde auch von Pilgern, Wallfahrern und Ausflüglern/-innen besucht, die sich nicht nur in unzähligen Graffitis verewigen, sondern auch den Häschern bei den Passionsszenen die Augen ausgekratzt haben.

Im unteren Bildregister erscheinen Heilige, unter anderem Alexius von Edessa, der der Legende nach 17 Jahre unerkannt unter der Treppe des Vaterhauses verbrachte und als Schutzpatron der Pilger, Bettler, Vagabunden und Kranken verehrt wurde. Der heilige Eustachius ist als Schutzpatron der Jäger natürlich ein Adelsheiliger; bei genauerem Hinsehen ist im Hintergrund eine Gamsjagd auszumachen, wo eine Gämse von zwei Jägern mit langen

Lanzen gestellt wird: Die adeligen Kirchenherren kannten sich aus damit.
Die Passion leitet auf das monumentale und dramatische Jüngste Gericht auf der Westwand über. Engel blasen in die Trompete, die Toten steigen aus den Gräbern und die Guten werden von den Bösen geschieden. Kritik an der Kirche und ihren Vertretern gehört am Ende des 15. Jahrhunderts offensichtlich schon zum *common sense*, wie anders wäre sonst die Tatsache zu erklären, dass unter den Verdammten, die im aufgerissenen Höllenschlund landen, fast nur Kleriker sind?
Weil vorher von Graffitis die Rede war, ein kurzer Hinweis: Es war gängiger Glaube, dass es Segen bringen sollte, seinen Namen an heiliger Stelle zu hinterlassen. Es verwundert auch nicht, dass sogar Grafen und Gräfinnen selbst ihren hochlöblichen Namen in die Bilder geritzt haben. Bei Caspar von Montani stehen 17 Striche unter dem Autogramm. Ist er 1537 siebzehnjährig gestorben?
Dass die Lehrerschelte so alt ist wie die Schule selbst, beweist die Eintragung von 1558 an der Ostwand im Chor: *„Paulus Kheler (asinus) est stultus fuit praeceptor in Latsch."* (Paul Kheler [Esel] war Lehrer in Latsch und ist dumm). Immerhin hat der Gescholtene seinem undankbaren Schüler nicht nur Schreiben, sondern sogar Latein beigebracht. Überhaupt fällt auf, dass sich nicht wenige Menschen mit einfachen Berufen verewigt haben.
Bei der hinter der Altarmensa deponierten Steinplatte, die ein Jerusalemkreuz und ein Rad als Wappen der Montani trägt, handelt es sich um eine Grabplatte einer der Burgherren von Montani.

Der Flügelaltar aus der Schnatterpeckwerkstatt und auch die farbigen spätgotischen Deckenmedaillons befinden sich im Stadtmuseum Bozen. Der rechte Seitenaltar wurde 1908 unerlaubterweise vom Montanihofbauern verkauft und befindet sich heute nach einer Odyssee im Museum der Bildenden Künste in Budapest.

LITERATUR

Leo Andergassen: Montani; Regensburg 2011

Martin Laimer: Kunst in Latsch; Lana 2003

INFO

Geöffnet von Ostern bis Allerheiligen
freitags und samstags 14.30–17.30 Uhr,
Erklärungen vor Ort

Tel. +39 0473 220221

Für den „alten Adam in uns"
Der Bierkeller in Latsch hat ein ehrbares Alter auf dem Buckel. Auf einem Buckel sitzt man dann auch im wahrsten Sinn des Wortes im Schatten von Bäumen und frönt bei frischem Bier und Haxn, Rippelen und anderen deftigen „Schweinereien" der Leibeslust. Dem Jüngsten Gericht in St. Stefan zum Trotz.

Valtneidweg 2
39021 Latsch
Tel. +39 0473 623208
www.bierkeller-latsch.com

ST. JOHANN IN PRAD

Grablege der Herren von Tschengls

Die Kapelle liegt einsam außerhalb von Prad und war doch einmal die Pfarrkirche des Ortes. Entstanden ist sie als Eigenkirche der Herren von Tschengls, eines Adelsgeschlechts im Dienste der Bischöfe von Chur und Herren über Prad und Tschengls. Sie besaßen in St. Johann ihre Grablege, an die ein schöner marmorner Grabstein an der Nordseite mit Wappen und gotischer Minuskelumschrift erinnert. Berchtold der Jüngere hatte sie in Andenken an seinen Vater und Großvater 1380 setzen lassen.
Die einfache romanische Saalkirche erfuhr mehrere Veränderungen, vom ursprünglichen romanischen Freskenschmuck sind nur Fragmente erhalten. Die gotischen Fresken wurden wohl im Auftrag eben dieses Berchtolds zu Beginn des 15. Jahrhunderts von einer Malergruppe ausgeführt, die im Meraner Raum („Meraner Schule") und auch im Vinschgau tätig war. Eine stilistische Verwandtschaft zeigt sich mit der Georgslegende in Schenna und den Fresken an der Außenwand von St. Prokulus.
In der Apsis findet sich der Gnadenstuhl mit den Evangelistensymbolen, auf Fensterhöhe sind noch einige Apostel den Umbauten entgangen. In den Fensterlaibungen haben die weiblichen Volksheiligen Barbara und Dorothea ihren Platz, fragmentarisch auf der Triumphbogenwand findet sich eine Verkündigung, wo „in Marias Hinterkammer der müde Josef eingenickt ist" (Leo Andergassen).
Die Darstellung des heiligen Vitalis an der nördlichen Triumphbogenwand ist ein ikonografischer Import aus dem Süden, während St. Anton Abbas (Fåckntoni) als Volksheiliger große Verehrung genoss. Vielleicht liegt das auch an seiner Begleitung, dem Schwein, das sich hier ganz zutraulich an ihm emporreckt.
Die Holzempore trägt Brustbilder der zwölf Apostel von Valentin Heid. Besonderes Augenmerk verdient das Frühwerk vom Malser Künstler Karl Plattner, der 1948 „Christus als Freund der Kinder" als Erinnerung an die Gefallenen des Zweiten Weltkrieges schuf – waren ja noch halbe Kinder, die da in den Krieg ziehen mussten.
St. Johann hat trotz seines beschädigten Freskenschmucks eine ganz besondere Atmosphäre und gehört zweifelsohne in den großen Reigen Vinschgauer Romanik.

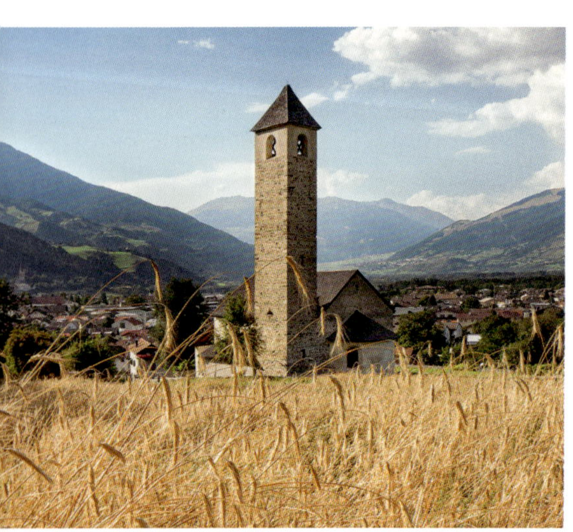

INFO

Öffnungszeiten und Führungen: in „Alpine Straße der Romanik" oder Tourismusverein Prad, Tel. +39 0473 616034

CHURBURG

Eisengarderobe mit Stammbaum

Die Churburg kann gleich mit mehreren außergewöhnlichen Besonderheiten aufwarten: Sie gehört zu den am besten erhaltenen Burganlagen Südtirols, ist seit einem halben Jahrtausend Besitz und Wohnsitz derselben Grafenfamilie, und sie hütet in der Rüstkammer die größte Sammlung an Rüstungen aus Familienbesitz.

Der Name Churburg hat mit dem Gründer und der alten Bistumszugehörigkeit zu tun. Der Vinschgau gehörte bis 1816 zum Bistum Chur, das seinerseits nach dem Untergang des weströmischen Reiches aus der alten römischen Verwaltungseinheit der Raetia Secunda hervorgegangen war und bis nach Meran reichte. 1253 bekommt der Churer Bischof Heinrich IV. von Montfort die Erlaubnis, *„an ihm gefelligen Orth, Schloss oder Vestung zw bawen“*. Mit dem Bau dieser Festung am Eingang zum Matscher Tal wollte der Bischof den unberechenbaren und unbotmäßigen Matscher Grafen, die im Matscher Tal ihre Flucht- und Trutzburgen besaßen, strategisch Paroli bieten. Doch in einer für die Matscher typischen Mischung aus Gewalt, Erpressung und taktischem Geschick befand sich die Burg fünfzig Jahre später schon in ihrem Besitz.

Die Churburg gehört zu den am besten erhaltenen Burganlagen Südtirols

Die Geschichte der Matscher Grafen böte Stoff für einen voluminösen Roman à la Umberto Eco. Das Geschlecht stammt aus rätischem Uradel und könnte aus dem Veltlin herübergekommen sein. Der Streubesitz reichte vom Comer See bis zum Bodensee und es gehört zur Tragik dieses Geschlechts, dass es ihm nie gelungen ist, daraus ein zusammenhängendes Territorium zu formen wie es die Grafen vom Vinschgau, die späteren Tiroler Grafen vormachten und mit denen sich die Matscher anfangs noch auf gleicher Augenhöhe begegneten.

Gewalt und Totschlag

In der gängigen Literatur werden sie immer als sehr gewalttätig geschildert, mag sein, da standen sie anderen Adelsgeschlechtern in nichts nach, was den Matschern abging, war diplomatisches Geschick und Fortune im rechten Moment. Sie waren die Schutzherren der Benediktinerabtei Marienberg; als sich aber in einem Rechtsstreit und Besitzstreit der Marienberger Abt Hermann von Schönstein an den Tiroler Landesfürsten Otto wandte, ließ Vogt Ulrich II. von Matsch das Kloster plündern – im Marienberger Museum wird minutiös angeführt, was und wie viel weggeführt wurde –, den Abt gefangen setzen, ins nahe Schlinigtal bringen und enthaupten. Der Kirchenbann folgte auf dem Fuß. Der Matscher pilgerte zwar zum Papst nach Avignon, doch nach erhaltener Absolution kümmerte sich der Matscher nach seiner Rückkehr nicht mehr um die Auflagen, die unter anderem darin bestanden hatten, im Büßergewand vor den Kirchen des Gerichts an Sonntagen Buße zu bezeugen. Sieben Jahre später wurde er von seinem Vetter Egno mit einem Handtuch erwürgt, weil er dessen Frau „zu nahe“ getreten war.

Erst Jahre später erlaubte der Abt von Marienberg ein schlichtes Begräbnis an der Erbbegräbnisstätte im Stift, wo heute noch ein schlichter Grabstein an Ulrich II. erinnert. Als in der Folgezeit die Matscher gezwungen wurden, die Lehenshoheit der Tiroler Grafen anzuerkennen, wurden aus Edelfreien Untertanen, die allerdings mehrfach das Amt des Landeshauptmanns an der Etsch und des Burggrafen bekleideten. Zuvor war noch ein äußerst blutiger Familienstreit zwischen den Familien von Ober- und Untermatsch ausgetragen worden, der mit dem Aussterben der Obermatscher endete.

Letzter männlicher Vertreter der Matscher war Graf Gaudenz, eine schillernde Persönlichkeit, zeitweise sogar Condottiere im Sold des Mailänder Herzogs. Als Landeshauptmann an der Etsch im Krieg gegen Venedig spielte Graf Gaudenz eine etwas undurchsichtige Rolle und fiel später in Ungnade, so, dass Kaiser Friedrich III. die Reichsacht über ihn ausrief, man sagte, er habe Tirol den Bayern zuspielen wollen. Zwar wurde er 1496 von König Maximilian begnadigt, doch waren Einfluss und Ansehen so sehr geschwunden, dass im Krieg gegen die Bündner 1499 Gaudenz nicht einmal selbst mehr die Verteidigung seiner eigenen Burg befehligen durfte. Verheiratet war Gaudenz mit Ippolita Simonetta, der Tochter eines Mailänder Staatsmanns, welche kränkelnd die meiste Zeit in oberitalienischen Bädern zubrachte. Es muss sehr bitter für Gaudenz gewesen sein, dass er auf Druck Maximilians seine einzige Tochter Katharina einem Günstling des Königs zur Frau geben musste. Es gelang Gaudenz noch, es so einzufädeln, dass sein Erbe und vor allem die Churburg nicht an seinen ungeliebten Schwiegersohn, sondern an seine Neffen fielen, die ihn in den letzten Lebensjahren der Dürftigkeit unterstützt hatten. Gaudenz starb am 27. April 1504 und wurde im Kloster Marienberg beigesetzt.

Die Churburg ist heute im Besitz der Grafen von Trapp

Nach jahrelangem Rechtsstreit ging die Churburg endgültig in den Besitz Jakobs V. Trapp über, der zum Begründer der Churburger Linie derer von Trapp wurde, in deren Besitz die Burg bis heute ist.

Renaissance-Residenz

Der Kern der Burganlage geht ins 13. Jahrhundert zurück, zu ihm gehört der bergseits gestellte Burgfried, der mit seiner hervorkragenden Wehrplatte und den Schwalbenschwanzzinnen zum unverkennbaren Merkmal wurde und Trecentoeinfluss italienischer Befestigungsarchitektur verrät. Im frühen 16. Jahrhundert bekam die Burg hochmittelalterliche Zu- und Anbauten; der Umbau zu einer prächtigen Renaissanceresidenz mit Gartenterrassen erfolgte in der zweiten Hälfte desselben Jahrhunderts durch die Grafen Trapp. Nachgewiesenermaßen wurde die unterste Terrassenebene für Turniere genutzt.

Der Aufgang über das unregelmäßige Steinpflaster lässt mit seinen Unebenheiten die Verwerfungen in der langen Geschichte sinnlich erfahren: Da ging nichts glatt oder gerade und eben hinaus. Der Besuch beginnt meistens in der Wachstube mit seiner massiven originalen Balkendecke, die auf einem wuchtigen Unterzug ruht. An der Unterseite sind die Löcher

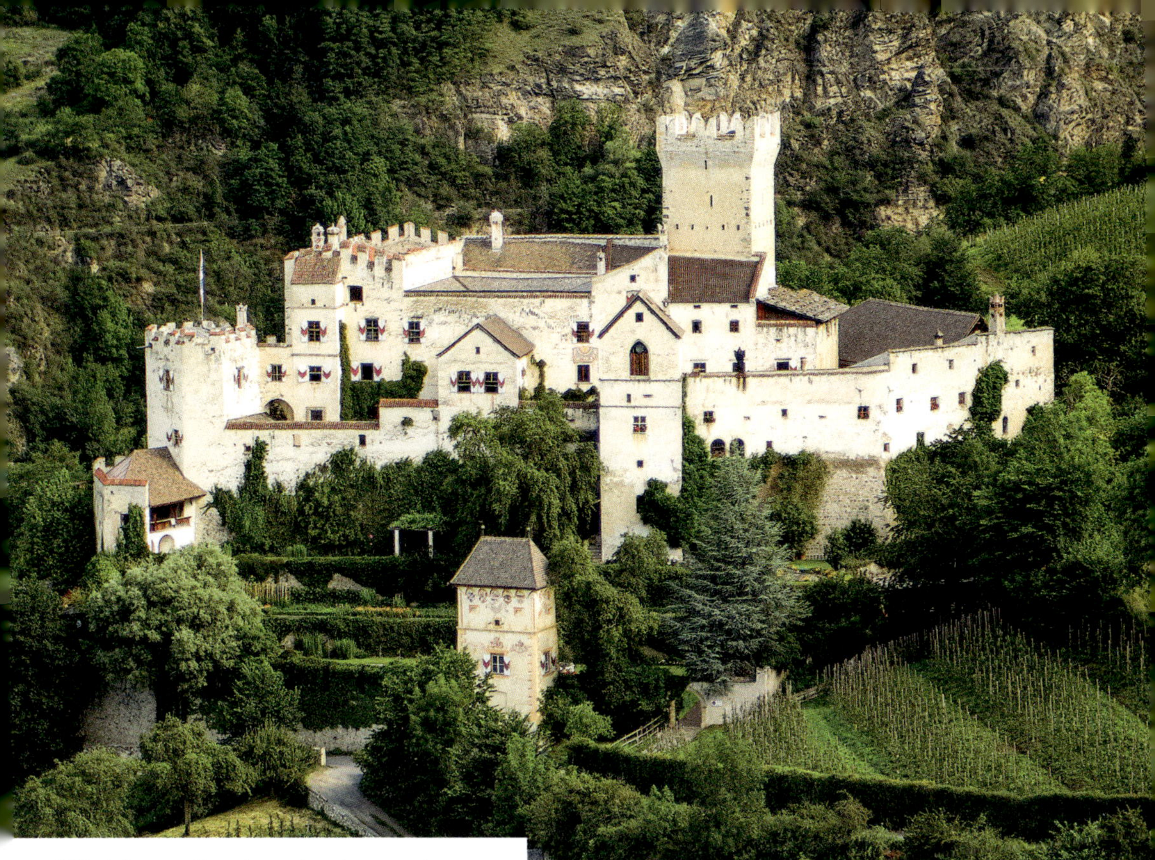

Mit sicherem Geschmack gelang es den Grafen Trapp, die mittelalterliche Trutzburg der Churer Bischöfe und der Matscher Grafen in ein wohnliches Renaissance-Schloss umzuformen.

zu sehen, welche die ins Holz gerammten Hellebarden der Landsknechte hinterließen. Eine der drei spätgotischen Stollentruhen hütete über Jahrzehnte den letzten Roggen, den die Bauern vom Schludernser Berg jährlich für die Nutzung von Wasserrechten bis in die Sechzigerjahre des vorigen Jahrhunderts entrichteten. Die entsprechende Urkunde von 1445 ist im Vintschger Museum unten im Dorf ausgestellt. Die Zinnteller in den Holzrahmen stammen aus dem 18. Jahrhundert und die Gegenstände auf dem Türsims sind alte Laternen in einer Form, wie sie häufig im Vinschgau und im Engadin vorkommen, wobei der Name „Lutscherne" selbst aus dem Rätoromanischen stammt.

Im Innenhof verdient die Gedenktafel an die Erstbesteigung des Ortlers Beachtung; auf Veranlassung Erzherzog Johanns hatte am 27. September 1804 der Churburger Jäger Josef Pichler zusammen mit zwei Zillertalern den damals höchsten Berg Österreichs bestiegen. Interessant an der Zeichnung der Gedenktafel ist der Burgfried mit dem Zeltdach, das er bis 1892 trug.

Unter dem Stiegenaufgang zum ersten Stock wurde das sogenannte Jagerstübele eingebaut, das ein Frührenaissancegetäfel und einen grün glasierten Turmofen besitzt.

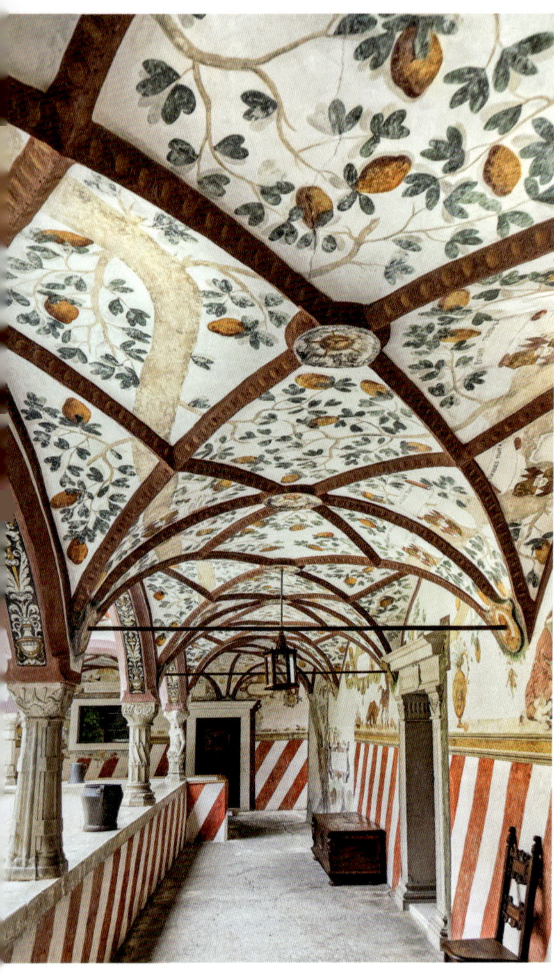

Gesamtkunstwerk. Der lichte Loggiengang der Churburg ist das architektonische Herzstück der Burganlage. In ihm überschneiden sich späte Gotik und junge Renaissance.

Loggiengang mit Stammbaum

Räumlich, künstlerisch und genealogisch bildet der Arkadengang das Zentrum der Burg. Das feingliedrige Gewölbe ruht auf 16 Säulen aus Laaser Marmor, von denen jede individuell gearbeitet ist und archaisierende Elemente aufweist. Künstlerisch interessant sind die vier Ecksteher in Form von Hermen, einer trägt früchtegeschmückte Lenden und greift mit der Linken in eine Geldtasche, ein zweiter kommt mit Schnecke und Schlange daher und deutet gar nicht ritterlich auf die Monduhr auf seinem Allerwertesten, der dritte trägt Löwenköpfe im Kapitell und der Vierte hält ein Meißel in der Hand. Einige meinen, es handle sich dabei um ein verstecktes Porträt des Künstlers; wenn dem so wäre, so stünden wir dem Gesicht des Bildhauers Wolf Korb gegenüber. Als weitere Künstler sind Wolf Verdross und Meister Valthin fassbar. Dominiert wird der Loggiengang leicht und luftig vom Stammbaum der Matscher und der Trapp, der sich als kretischer Fruchtbaum mit Verästelungen, Früchten und Wappen anmutig über das Gewölbe zieht, er beginnt an der Südseite nicht gerade sehr originell mit dem auf dem Boden ausgestreckten Stammvater Laurentius von Matsch. Die Rechteckkartuschen auf den Schildwänden tragen lateinische Sinnsprüche und Aphorismen antiker Philosophen, unter den Sprüchen erscheinen szenische Darstellungen aus den Tierfabeln des Aesop. Sie offenbaren die Lust an einer verkehrten Welt, insbesondere in der Narrenszene, wo ein Narr einen Korb voller Narreneier ausbrütet. Die geschlüpften Narren werden bald flügge, werden eingesammelt und in Säcke ge-

Das feingliedrige Gewölbe ruht auf 16 Säulen aus Laaser Marmor

steckt, von denen einer bereits umgefallen ist und aus dem die kleinen Unholde sich wieder befreien (fehlt nur noch der Spruch aus St. Nikolaus in Burgeis: *Wenn Narren lang leben, werden sie alt*).
Genial ist die dekorative Lösung der Vorhangimitation mit den schräg gestellten rotweißen Streifen. Sie spielen mit dem Grundelement *par excellance* des Vinschgaus, mit dem Licht. Besonders augenfällig wird dies in der Sitzlaube an der Südwestecke: Bricht die Sonne herein, lösen sich gegenständliche Konturen auf und im unbeschwerten Spiel von Licht und Farbe offenbart sich das diesseitsorientierte Lebensgefühl der Renaissance.

Lebensgroß für die Nachwelt

Vom Loggiengang aus betritt man durch eine mit Intarsien verzierte Prunktür das Jakobszimmer, benannt nach Jakob VII. Trapp, dessen Vollplastik den Raum dominiert. Bevor er seine Pilgerreise ins Heilige Land antrat, ließ er sich diese lebensgroße Porträtstatue aus Zirbenholz schnitzen. In ihr erscheint er mit eng anliegendem Wams, Pluderhosen, Strümpfen und Halbschuhen. Die lebensnahe Darstellung ist ein Unikat und hat kaum Vergleichsbeispiele, im Porträtkopf will man gewisse Ähnlichkeiten mit dem Kopf Philipp II. im Kunsthistorischen Museum in Wien erkennen. Der Pilgermantel aus Filz mit doppeltem Kragen und dem roten Jerusalemkreuz auf weißem Seidenstoff hängt gleich neben der Statue Jakobs VII. Vor ihm war schon Graf Gaudenz von Matsch im Heiligen Land gewesen und hatte sich von seinem Diener Friedrich Staigerwalder begleiten lassen, der einen ausführlichen Bericht

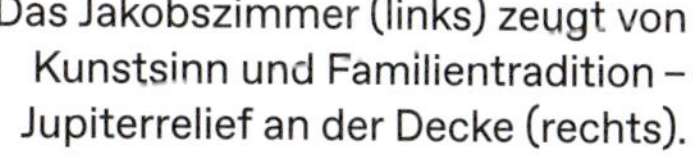

Das Jakobszimmer (links) zeugt von Kunstsinn und Familientradition – Jupiterrelief an der Decke (rechts).

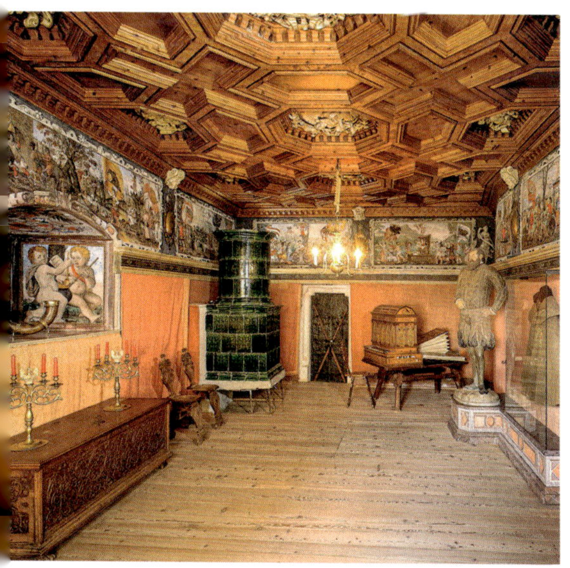

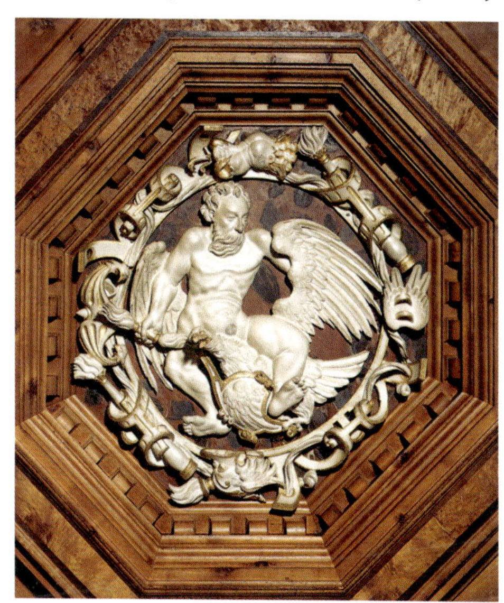

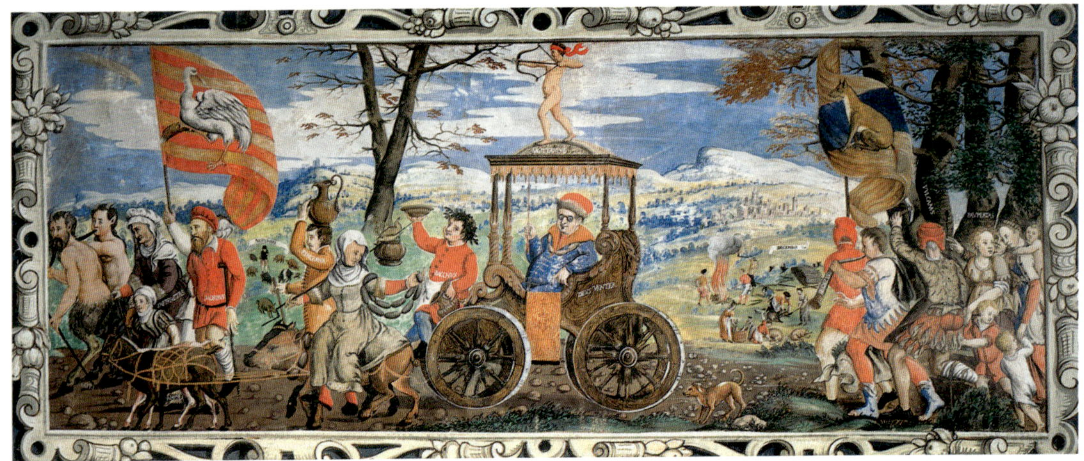

Freude an der Allegorie. Der Bilderfries im Jakobszimmer zeigt den Triumphzug der Monate im Wechsel des Jahres. Oben der verfressene Deus Venter (November/Dezember), rechts unten die schöne Flora (Mai/Juni). Der Maler Paolo Naurizio bekam den Großteil des Honorars in Roggen ausbezahlt.

darüber verfasste. Dieser Bericht diente Erhard Reuwich aus Utrecht vielleicht als Quelle für dessen berühmte Holzschnitte zur Heiligenlandfahrt.

Sternzeichen zieren die prunkvolle Kassettendecke und drehen sich um Jupiter, Sol und Luna. Ganz aufgeklärter Renaissanceherr ließ Jakob VII. unter der Kassettendecke einen Bilderfries anbringen, auf dem personifizierte Monatsfiguren mit ihrem Gefolge im Triumphzug einherkommen. Im Februar herrschen *Frigor, Horror* und Tenebrae, Kälte, Schrecken und Dunkelheit, im September kommt Pomona, die Göttin des Obstes und Dulcedo, die Süße, trägt den Weinbecher. Sehr tief in diesen Becher wird im November unter Bacchus mit Picerna (Trinkgelage) und dem Deus Venter (Gott des Bauches) geschaut, weshalb ungute Begleiter/-innen sich in seinem Gefolge befinden wie Infirmitas, Morbus, Nausea und Crapula. Alle Katersymptome beieinander: Schwächlichkeit, Krankheit, Übelkeit und Katzenjammer!

Ein musikgeschichtliches Unikat ist die intarsiengeschmückte Hausorgel, die 1559 bestellt wurde und eines der wenigen spielbaren Tasteninstrumente aus der Zeit darstellt.

Gleich nach der Rückkehr aus dem Heiligen Land ließ Jakob VII. die neue Burgkapelle im Renaissancestil errichten, deren Altarbilder vom Malser Maler Michael Praun stammen; das Marienbild ist eine Kopie des Gnadenbildes aus Santa Maria Maggiore in Rom; die „schwarze Madonna", die heute in der Sakristei hängt, wurde in früheren Zeiten von vielen Wallfahrern besucht, der berühmteste Besucher war der Marienberger Abt Leo Maria Treuinfels nach seiner Abtwahl 1885.

Mit der neuen Kapelle wurde die alte Nikolauskapelle aufgelassen und verkam zur Rumpel- und Selchkammer, bis sie 1961 restauriert wurde. Die baulichen Ursprünge gehen ins 13. Jahrhundert zurück, das Kreuzgratgewölbe aus lokalem Tuffstein wurde ein Jahrhundert später eingezogen.

Kostbarstes Ausstellungsstück ist eine spätromanische Madonna mit dem segnenden Christus. Das Diptychon aus dem beginnenden 15. Jahrhundert auf der Altarmensa zeigt in geöffnetem Zustand zwölf Szenen aus der Passion Christi und verrät böhmischen Einfluss. Die Messkelche stammen aus verschiedenen Epochen, den spätgotischen stiftete Gaudenz von Matsch, der seinerseits vom Churer Bischof das Missale curiense, ein 1497 in Augsburg gedrucktes Messbuch, für die Schlosskapelle zum Geschenk erhielt.

Die Totenschilde stammen aus der Gruftkapelle der Trapp in Besenello bei Rovereto. Ein Schild gedenkt des Grafen Oswald Trapp, gestorben 1560, dem die Leute um Beseno den Beinamen *il Terribile*, der Fürchterliche, gaben, dem, laut Inschrift *got. gnedig. sein. wolle*, ein frommer Wunsch, dem wir uns angesichts des Beinamens vorbehaltlos anschließen.

Schweres Eisen mit Stoßgebet

Ein ehrfürchtiges Rauen geht durch die Besucher: endlich die Rüstkammer, *finalmente!* Sie ist keine zusammengetragene Sammlung, sondern das „Eisengewand" aus dem Familienbesitz der Matscher und der Trapp. Traditionsbewusstsein und Familiensinn spielten dafür eine wichtige Rolle, außerdem wurde die Churburg nie erobert und nie durch Feuer zerstört. Das trockene Klima des Vinschgaus begünstigte optimale Erhaltung. Nur die 1809 an die aufständischen Tiroler ausgegebenen Trutzwaffen gingen verloren. Sehr viele der einmaligen Rüstungen und Stücke sind

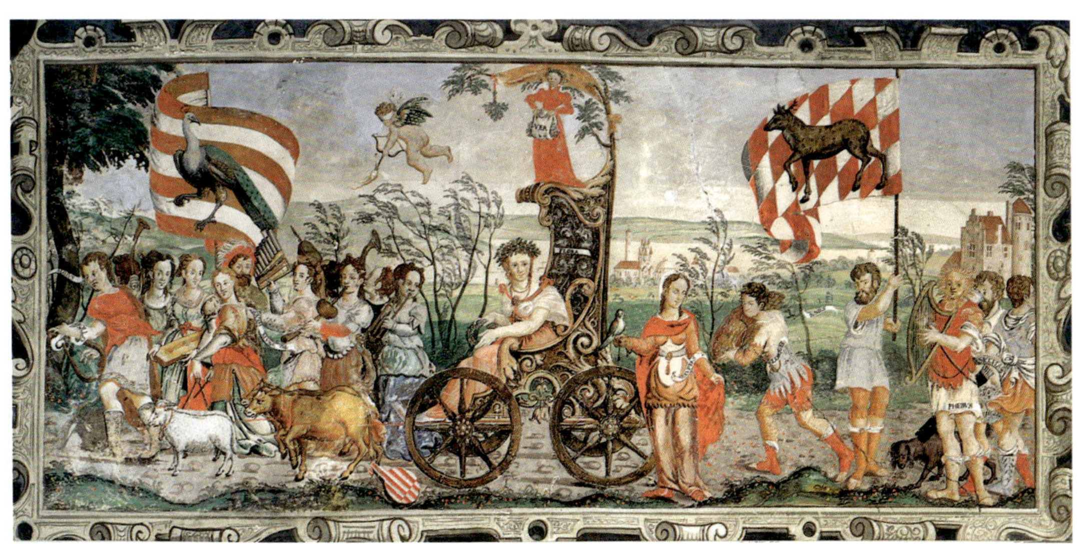

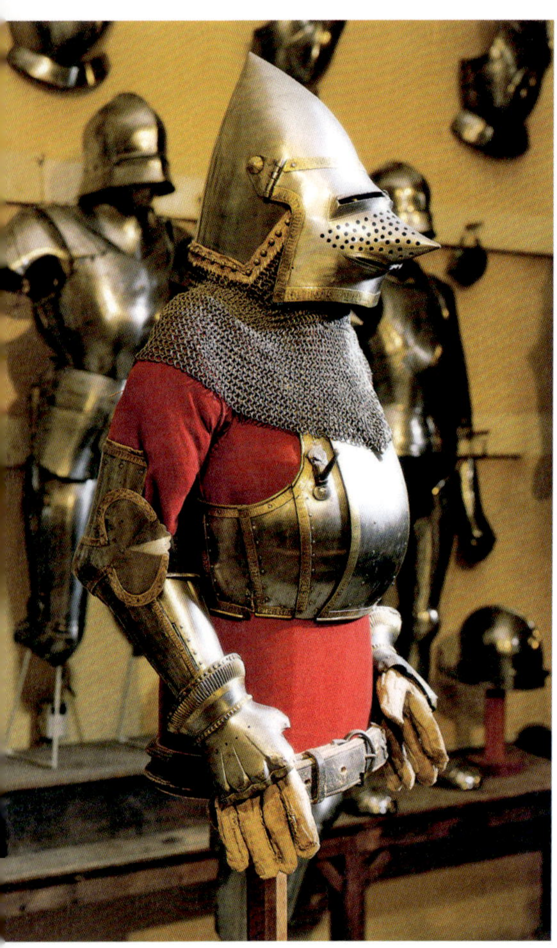

Der älteste Harnisch der Rüstkammer (um 1360–1390) stammt aus Mailand.

vom jeweiligen Plattnermeister signiert, zuerst sind es Mailänder Meister, später solche aus Innsbruck und Augsburg.

Petrajolo Negroni da Ello, genannt Missaglia, fertigte zwischen 1380/90 in Mailand den Trecento-Halbharnisch für einen Matscher Vogt nach orientalisch-sarazenischen Vorbildern und schlug ihm seine Meistermarke auf die Brust. Innenfutter und Leder sind original. Einer der auffallendsten Harnische an der Längswand ist die Rüstung Ulrich IX. von Matsch, Hauptmann an der Etsch und Burggraf von Tirol; mit über zwei Metern Größe ein Riese unter den damaligen kleinwüchsigen Zeitgenossen. Schwert und Zügelarm sind unterschiedlich gefertigt, eine absolut neue waffentechnische Lösung aus Mailand. Die jeweiligen Stücke tragen die Meistermarke von Antonio Missaglia, Innocenzo da Faerno und Giovanni Negroli, die besten Plattner in Mailand um die Mitte des 14. Jahrhunderts. Wenn man bedenkt, dass die Rüstung allein schon 45 Kilo wiegt und der Mann über zwei Meter groß war, muss das Pferd ein Schlachtross im wahrsten Sinne des Wortes gewesen sein. Beide, Ross und Reiter gaben sicher ein Bild apokalyptischen Schreckens ab.

Ein anschauliches Bild davon vermittelt der Harnisch für Mann und Ross Jakobs VI., den Jörg Seusenhofer um die Mitte des 16. Jahrhunderts fertigte. Man kann sich verschauen in Details, viele Rüstungen sind kunstvoll verziert, man blicke nur einmal genauer hin, welche Verzierung der Hauptleuteharnisch des Caspar von Montani im Genitalbereich trägt. Adelige Eitelkeit allerorten. Selbst den Nachwuchs steckte man in zartem Knabenalter schon in einen Harnisch.

Trotz der waffenstarrenden Gewalt blieb die Angst steter Begleiter der Herren in Eisen: Heilige, Kruzifixe und Stoßgebete finden sich auf den Rüstungen. Fiel ein Ritter in der Schlacht vom Pferd, lag er wehrlos wie ein Käfer auf dem Rücken da, und ein einfacher Fußsoldat konnte ihm das

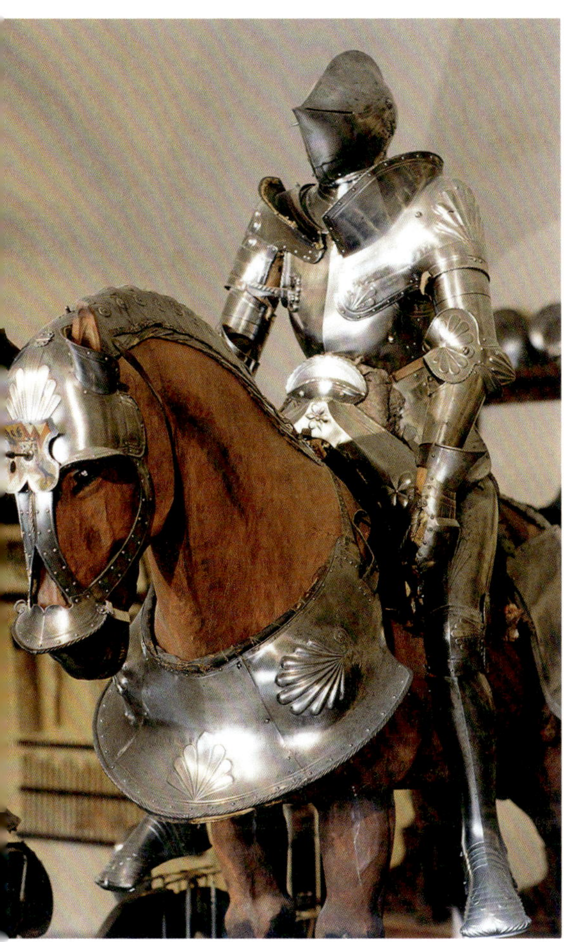

Die Rüstung Jakob VI. Trapp aus der Mitte des 16. Jahrhunderts.

Messer unter die Halsberge rammen. Auch einem Riesen wie Ulrich IX. hätte da ein *ama diu* (liebe Gott) an der Halsberge seiner Rüstung nicht mehr geholfen, und Zeit für das Stoßgebet *„o mater dei memento mei“* (O Mutter Gottes gedenke meiner) an seinen Armstücken hätte er wohl auch nicht mehr gehabt.

Die Ton- und Tuffsteinkugeln unter den Holzbänken wurden 2001 zwischen Ringmauer und Rundturm gegen Schluderns gefunden. Sie stammen aus dem zweiten Viertel des 16. Jahrhunderts und sind ein seltenes Beispiel früher Artillerie.
Wenn Sie Zeit haben, und die brauchen Sie in Schluderns, besuchen Sie unbedingt das Vintgscher Museum unten im Dorf am Aufgang zur Churburg: Ein zentrales Thema ist „Wasserwosser“. Das Wasser zum Bewässern der Felder war die größte Sorge der bäuerlichen Bevölkerung. Sie werden feststellen, dass die Bauern zum Überleben weit mehr Intelligenz einsetzten und ausgeklügeltere Lösungen fanden als ihre adeligen Herren zur Darstellung standesgemäßen Lebens.

INFO

www.churburg.com

Vintschger Museum: Dauerausstellungen „Archaischer Vintschgau“ zum Ganglegg, der befestigten Höhensiedlung in der Bronze- und Eisenzeit; die teilweise ausgegrabene Siedlung mit rätischen Häusern auf dem Ganglegg kann man erwandern und angesichts der massiven Wehrmauer versteht man auch, warum von der „Vintschger Akropolis“ gesprochen wird.

Wasserwosser: die Geschichte der Waale und der Bewässerung im Vintschgau: Ohne Wasser kein Brot!

Schwabenkinder: Vintschger Kinder vor dem Ersten Weltkrieg im Schwabenland.

Meraner Straße 1, 39020 Schluderns
Tel. +39 0473 615590
www.vintschgermuseum.com

GLURNS

Südtirols kleinste Stadt

Glurns verdankt seine Entstehung der geografischen Lage. Zum Ersten gab es hier eine relativ sichere Furt über die Etsch, zum anderen traf hier der Weg von der Lombardei über das Veltlin, Bormio und das Münstertal auf den Weg von Venedig durch das Etschtal nach Süddeutschland. In einer Zeit, als noch die meisten Waren auf dem Rücken von Saumtieren transportiert wurden, waren Gebirgspässe mit Saumpfaden wie das Wormser Joch kein Hindernis.

In der etymologischen Bedeutung von *gluorn* als Erlen- und Haselgrund wird die Lage bereits treffend erklärt: Mitten in diesem Auwald entstand Glurns-Dorf, das 1163 erstmals genannt wird und dem Bischof von Chur gehörte.

Glurns wurde 1304 zum ersten Mal offiziell als *stat* erwähnt, doch ist schon früher von einem *burgus* oder *oppidum*, einem ummauerten Ort, die Rede. Glurns-Stadt verdankt seine Entstehung einem politischen Schachzug des Tiroler Grafen Meinhard II. Die Tiroler verfügten im Oberen Vinschgau über wenig Territorialbesitz und wenig Einfluss. Glurns wurde mit Sicherheit zwischen 1281 und 1288 zur Stadt mit einem *ius fori*, einem Marktrecht erhoben. Mit diesem Markt hebelte Meinhard die wirtschaftliche Vormachtstellung des Churer Bischofs aus. Neusiedlern gewährte er eine zehnjährige Steuerfreiheit. Marktwerber wurden in die oberitalienischen Städte geschickt, und Kaufleuten wurde sicheres Geleit und Schadenersatz bei Verlust der Ware zugesichert. Zudem bekam Glurns das Privileg der „Salzniederlage", demnach musste alles von Hall in Tirol angelieferte Salz in Glurns gewogen, gemessen und zum Verkauf ausgelegt werden. Niemand durfte – der Bestimmung nach – mit Haller Salz an Glurns vorbeifahren. Neben reinem Kochsalz wurde auch „Schludersalz" für die Viehhaltung und die Käsezubereitung angeboten.

Die erste Blütezeit von Glurns fällt in das späte 14. und in das 15. Jahrhundert. Als Handelsplatz genoss es eine nicht zu unterschätzende Bedeutung im überregionalen Warenverkehr. Auf der *statiuna*, dem Viehmarktplatz vor der Stadt wurden mehrere tausend Schafe aufgetrieben, die vorwiegend Richtung Mailand verkauft wurden. Die Zeugen bei notariellen Verkaufsverträgen stammten aus einem Umkreis vom Garda- bis zum Bodensee. Auch war der Mailänder Dinar neben dem Tiroler Kreuzer gern gesehene Zweitwährung. Eine Leihbank (*casana*) wie in Meran gab es in Glurns zwar nicht, dafür aber hielten sich die Grafen von Matsch als Herren der Stadt sogenannte Kammerjuden, welche die Wechselgeld- und Leihaktivitäten tätigten.

> Glurns verdankt seine Entstehung einem politischen Schachzug des Tiroler Grafen Meinhard II.

Der tiefe Einschnitt erfolgte 1499, als Glurns nach der verlorenen Calvenschlacht in Schutt und Asche gelegt wurde. Die Verheerung muss entsetzlich gewesen sein, und es wird berichtet, dass die siegreichen Eidgenossen im Blutrausch alle männlichen Einwohner erschlugen; der

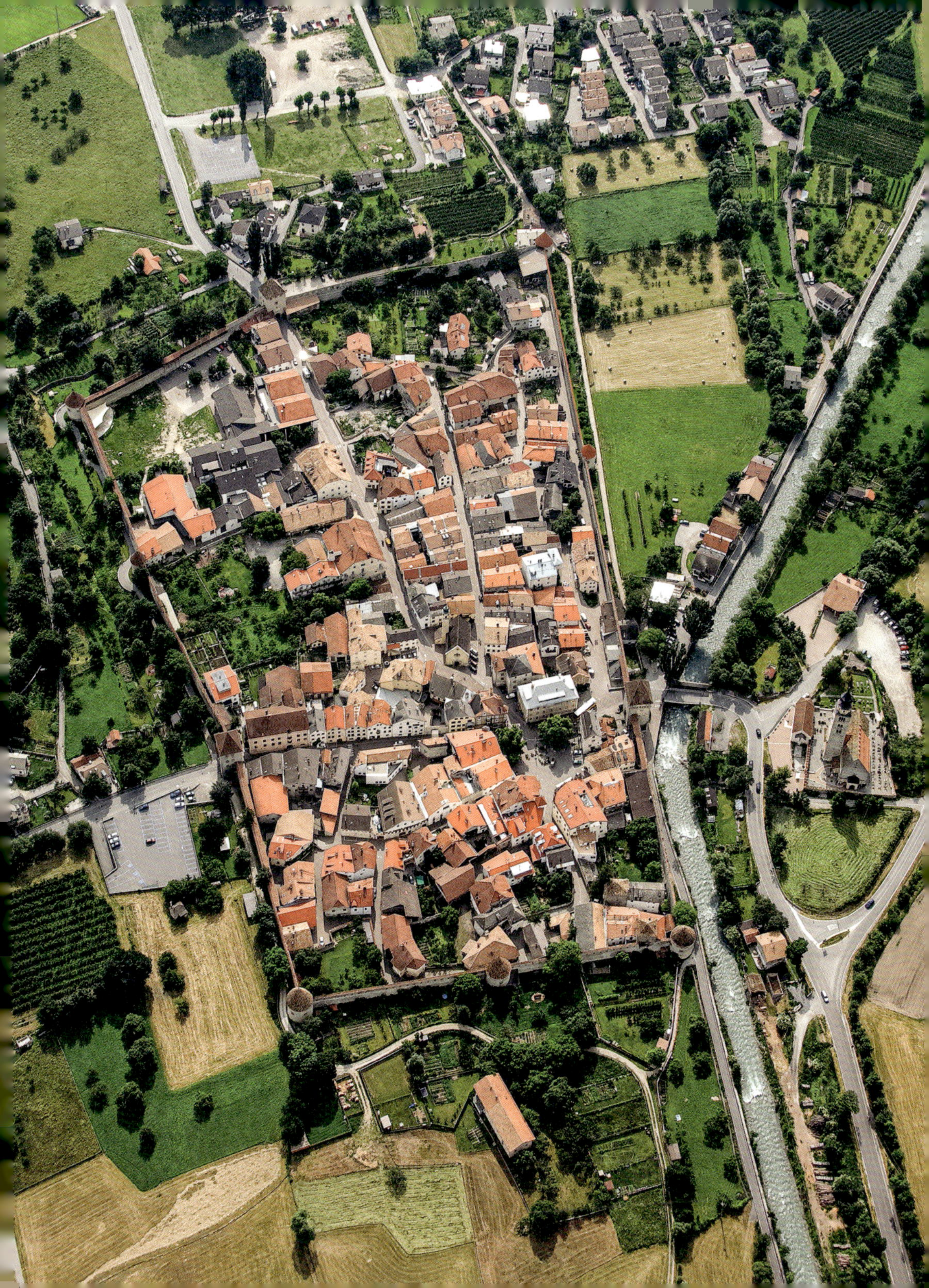

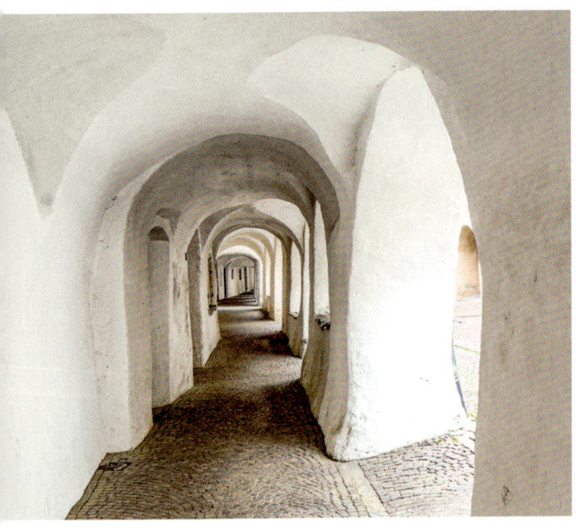

Verwinkelt. Wie die Häuser, Gassen und Lauben ist die Geschichte der Stadt. Die niedrigen Lauben hatten von allem Anfang an die niedrige Höhe.

Hunger wütete, Großmütter trieben ihre Enkel wie Vieh auf die Wiesen, damit sie überhaupt etwas zwischen die Zähne bekamen.

Der Befehl zum Wiederaufbau war letztlich eine Trotzreaktion Maximilians. Die Anlage wurde beim Wiederaufbau beträchtlich erweitert, weil Glurns jetzt die Rolle einer Grenzbefestigung gegen Graubünden bekam. Eine Zeit lang wurde es chic, in Glurns zu wohnen, und der lokale Adel errichtete in dieser Zeit seine Stadtpalais. Die Befestigungspläne lieferte 1521 der Innsbrucker Architekt Jörg Kölderer, doch zog sich der Bau der Stadtmauern und Türme fast über ein Jahrhundert hin. Gelder waren oft knapp, wurden auch unterschlagen und die Bevölkerung von Glurns und der umliegenden Dörfer musste immer wieder zu Robotschichten und Frondiensten aufgerufen werden. Als die Wehranlage nach fast einem Jahrhundert Bauzeit endlich fertiggestellt war, stellte eine Kommission fest, dass sie militärisch gegen einen feindlichen Kanonenangriff nutzlos geworden war. Immerhin findet sich seitdem auf Glurns' Äckern kein halbwegs größerer Stein mehr, diese wurden alle von den Bauern bei den erzwungenen Robotfuhren für die Stadtmauer eingesammelt. Schauen Sie genau hin auf die Steine der Stadtmauer, sie sind alle kleineren Formats. Teile des Wehrgangs wurden im Dreißigjährigen Krieg von einer einquartierten Soldateska verheizt, der Rest wurde in mehrmaligen Bränden ein Raub der Flammen. Der unaufhaltsame Niedergang begann ab der 2. Hälfte des 17. Jahrhunderts, und aus den Glurnsern „Stadtlern“ wurden reine Ackerbürger.

Stehen gebliebene Zeit

Die Geschichte von Glurns wurde von Kriegsgräueln, Bränden, Seuchen und Überschwemmungen bestimmt; viele Urkunden gingen dadurch verloren. 1916, mitten im Ersten Weltkrieg, verschlug es Arnolt Bronnen, der in den 1920er Jahren zur Avantgarde des Theaters zählte, zuerst an die Ortlerfront und dann nach Glurns. In seinen Erinnerungen schreibt er: „So zog man uns auch bald wieder ab und steckte uns nach Glurns, in einen jener seltsamen Orte des Vintsch-Gaus, wo Zeit und Menschen damals seit einem Jahrtausend stehen geblieben schienen. Hier wohnte man noch seltsam unwirklich hinter den engen Stadtmauern.“ Dieses seltsam unwirkliche Leben hielt bis in die

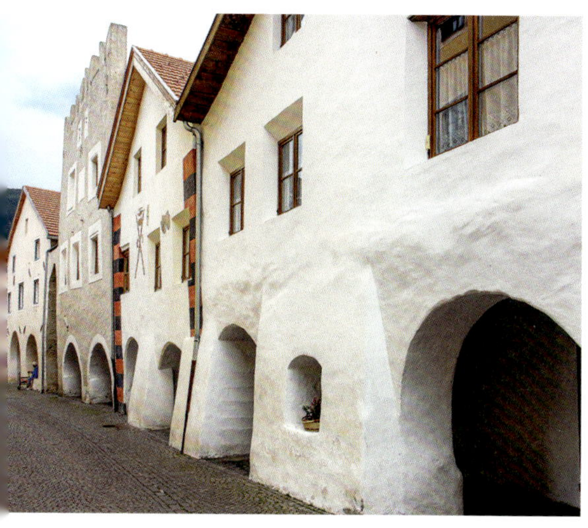

Siebzigerjahre des vorigen Jahrhunderts an, bis der zaghaft ansetzende wirtschaftliche Aufschwung mit der 1972 begonnenen Sanierung einsetzte. Eine Sanierung, die zum Vorbild wurde für ganz Südtirol.
Glurns muss man zu Fuß erleben und begehen, man muss durch seine Stadttore schreiten, für deren Beschläge nicht weniger als 60 Zentner Eisen und Blei verarbeitet worden waren. Man muss in den niedrigen Lauben gestanden sein: Erweise deine Reverenz, bück dich, Besucher, du bist in der kleinsten Stadt der Alpen! In den Hinterhöfen befanden sich bis zum Ausgang des 20. Jahrhunderts noch Stallungen, am Stadtbach dreht sich das Rad der Stadtmühle, der Waschplatz für die Frauen ist gleich davor, ein Brett zum Knien, ein Brett zum Blochen und Wringen der Wäsche; ist ja noch nicht so lange her, dass Waschmaschinen selbstverständlich waren. Schön die Palais wie das „Fröhlichhaus" am Platz mit Erker und Sonnenuhr; der Flurinsturm war einmal düsteres Gefängnis, heute bietet er Platz für Bar und Restaurant mit Suiten.
Glurns' Gasthäuser sind einen Besuch wert, wenn auch Glurns' Wirte und Wirtinnen mitunter bärbeißiger sein können als die streunenden Stadtköter. Im Gasthof Post hängt ein großes barockes Ölbild, auf dem der Gastgeber einen ungebührlich bekleideten Gast von der Tafel weist: Ob das abgefärbt hat? Aber in der „Post" in der alten Gaststube am Stammtisch zu sitzen neben dem gräflichen Ofen, der einmal adelige Rücken wärmen durfte, kommt schon einem Adelsprädikat gleich.
Glurns' Sanierung hat Eingang gefunden in renommierte Architekturgazetten. Da sei auch den Hausbesitzern Anerkennung ausgesprochen: Wie sagte doch Altbürgermeister Riedl? Man muss sein Haus gern haben! Um es zu sanieren, ist hinzuzufügen.
Wir überqueren die schäumende junge Etsch und gehen auf die Stadtpfarrkirche St. Pankratius zu. Wie ein einsamer Wächter schaut der Kirchturm von der Bergseite auf das Häuseragglomerat herab, Wegweiser einst für Pilger und Reisende, die vom Reschen kamen. Hier in Glurns mussten sie sich entscheiden, welchen Weg oder Pass sie nach Oberitalien wählten. Für den spätgotischen Kirchenbau wurde viel Tuffstein verwendet, hier steht auch der Grabstein des Pflegers und Richters Jörg von Liechtenstein, der einmal im „Liechtenstein'schen Hause" – heute die uns bereits bekannte „Post" – residierte.
An der Nordwand des Turmes prangt ein riesiges Jüngstes Gericht, das 1496 gemalt wurde und einen langen apokalyptischen Text zur Vergänglichkeit der Welt trägt. Drei Jahre danach brach mit der verlorenen

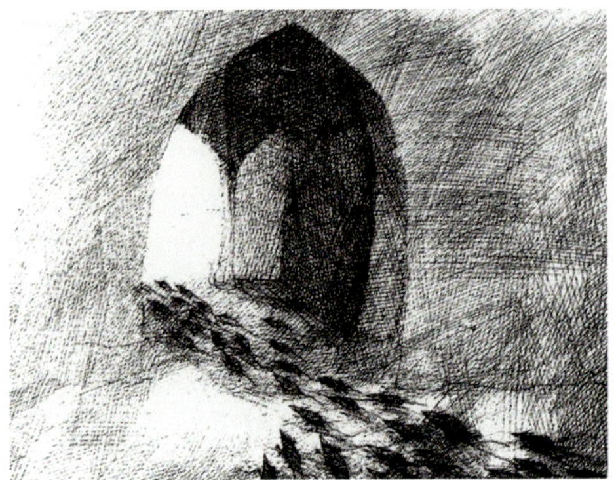

Calvenschlacht das Jüngste Gericht über Glurns herein.
Nachtrag: Aus Glurns stammt der berühmte Zeichner und Karikaturist Paul Flora, von dem Friedrich Dürrenmatt einmal sagte, er sei der „Denker und Grübler unter den Karikaturisten". Mit feinster spitzer Feder zeichnete Flora Hintergründiges, und seine spitzschnabeligen Raben wurden zum Sinnbild für menschliche Schwächen. International bekannt war sich Paul Flora nicht zu schade, beim Glurnser Stadtfest neben anderen Markttreibenden seinen eigenen Stand aufzuschlagen und seine Bilder zu verkaufen. Und er liebte das Skurrile – über den Tod hinaus. Der Verfasser erinnert sich, wie bei Floras Begräbnis im Mai 2009 ein Maikäfer minutenlang unbekümmert seine Runden über der Trauergemeinde am offenen Grab flog und Fluglinien zeichnete. Paul Flora hatte sicher seine Freude dran.

LITERATUR

Sebastian Marseiler: Glurns. Südtirols kleinste Stadt – Geschichte und Geschichten; Tappeiner-Verlag, Lana 2006

Glurns Stadt an der Grenze. Der Schlern, Oktober 2008, Heft 10. Die Beiträge in der Ausgabe entstanden als Referate des Symposiums „Bilder der Vergangenheit – Visionen für die Zukunft" 2006 in Glurns. Koordinator des Symposiums und der Ausgabe ist Sebastian Marseiler.

Herbert Raffeiner (Hrsg.): Glurns zwischen Spätmittelalter und Früher Neuzeit. Athesia-Tappeiner, Bozen 2020 (fern sei dem Autor Kollegenschelte, aber die Beiträge über Glurns als Idealstadt und über den jungen Dürer in Glurns gehören ins Reich der Fantasy). Halten's wir mit Giordano Bruno: *Se non è vero, è [...] ben trovato.*

INFO

Stadtführungen, Öffnungszeiten
Ferienregion Obervinschgau
St.-Benedikt-Str. 1
39024 Mals
Tel. +39 0473 831190
www.ferienregion-obervinschgau.it

Einkehren
Glurns' Gasthäuser sind alle einen Besuch wert: Post, Grüner Baum, Flurin, Steinbock, Weißes Kreuz. Zu Wirten und Wirtinnen, siehe weiter oben, mit Verlaub.

Anschauen
Whisky Destillerie Puni, am Mühlbach, außerhalb der Stadtmauern. Entworfen vom Stararchitekten Werner Tscholl, einem Vintschger eben.
Ausstellung „Paul Flora – Leben und Werke" im Kirchtorturm.
Ausstellung „Stationen einer kleinen Stadt" im Schludernser Torturm. Entstehungsgeschichte der Stadt, Wirtschaft, Handel und Wiederaufbau. Grundkonzept und -kuratierung durch den Autor.

ST. JAKOB IN SÖLES

Die bestatteten Bilder

Unvermittelt blickten die Archäologen in die schmerzumflorten Augen eines Frauengesichts. Über 400 Jahre waren Pilger und einfaches Kirchenvolk darüber gegangen, waren brandschatzende Franzosen darüber gestampft, hatte das Kleinvieh des nahen Söleshofes zwischen den bröckelnden Mauren Schutz vor dem Vinschger Wind gesucht. Bis eben zu jenem für Südtirols Kunstgeschichte denkwürdigen Tag im Frühjahr 1993, als die vor vier Jahrhunderten „beigesetzten" Fresken von St. Jakob in Söles im wahrsten Sinne des Wortes wieder auferstanden.

Der Reihe nach: Aus eben diesen Ausgrabungen geht hervor, dass es einen Vorgängerbau gab, der als fränkische Eigenkirche im 7. oder 8. Jahrhundert entstand. Ein Bestätigungsbrief des Papstes Alexander III. erwähnt den Söleshof 1178 im Besitz des Klosters Marienberg erstmals urkundlich, einige Jahrzehnte später wird auch von einer Jakobskapelle gesprochen. Es ist die Zeit der Kreuzzüge, der großen Pilgerschaft, nicht nur ins Heilige Land und nach Rom, sondern auch nach Santiago de Compostela. Da darf es nicht verwundern, dass in dieser wichtigen Passlandschaft auf der europäischen Nord-Süd-Route eine Kapelle dem großen Pilgerheiligen Jakobus d. Ä. errichtet und geweiht wurde. In diese Zeit fällt die Entstehung der Fresken, die wohl vom Abt Johannes I. (1194–1213) des Klosters Marienberg in Auftrag gegeben wurden. Den erstaunten Archäologen unter der Leitung von Hans Nothdurfter fiel sofort die vorzügliche Pinselführung auf und unverzüglich gingen sie daran, behutsam nach weiteren Freskoresten zu suchen. Dabei stießen sie nicht nur auf weitere „bestattete" großteilige Fragmente, sondern auch auf eine große Fülle kleinerer Teile, die am Ende über hundert Kisten füllten. Sie alle wurden in Bozen in detektivischer und zeitaufwändiger Kleinstarbeit zusammengestellt und konserviert. Auf einen neuen Putzträger aufgebracht und an der Südwand aufgehängt, bilden sie heute ein hervorragendes Zeugnis byzantinischer Kunst im Alpenraum. Durch diese byzantinische Kunst bekam das Bild in der Spätromanik eine ganz neue Funktion: Es dient der intimen, privaten Frömmigkeit; die Begegnung mit ihm wird für den Betrachtenden zu einem Akt der Teilnahme, was dem Bild eine ganz besondere Aura verleiht. Und diese Respekt heischende Aura muss wohl der Grund gewesen sein, dass man beim Abriss der älteren Kirche für den Neubau um 1570 die Fresken nicht

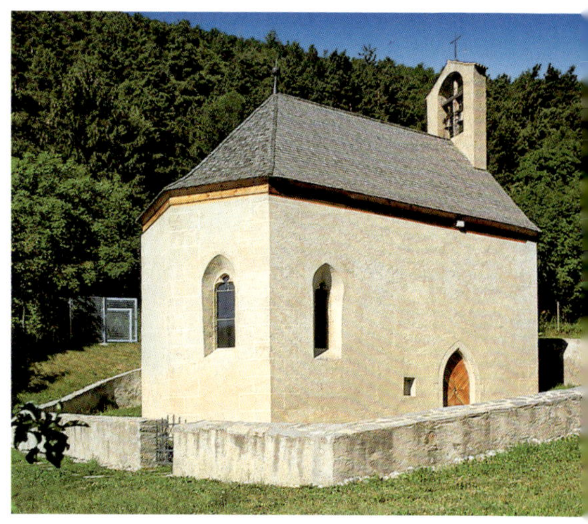

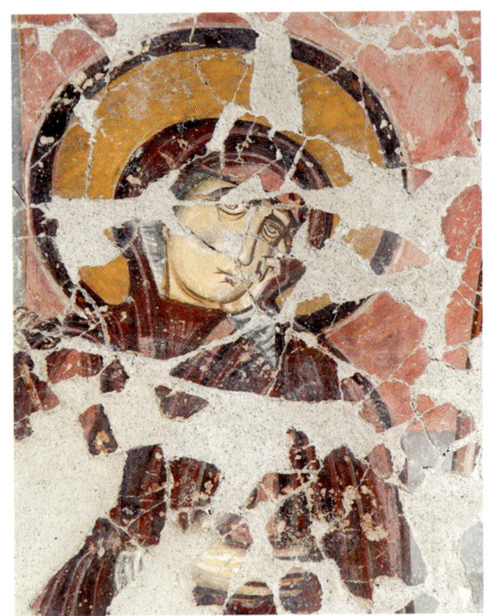

einfach abschlug und die Reste als Füllschutt verwendete, sondern sie abtrug und sie pietätvoll mit dem Gesicht nach oben im Kirchenboden beisetzte: ein bis heute einmaliger Vorgang.

Im Bann des unbekannten Meisters

Die Kreuzigungsszene ist streng symmetrisch aufgebaut; der Gekreuzigte mit geneigtem Kopf und Körper erscheint bis zu den Knien zusammen mit den Köpfen von Maria und Johannes vor einem leuchtend roten Hintergrund; links steht Maria mit drei Frauen, rechts zeigt ein bärtiger Hauptmann in byzantinischer Soldatentracht auf den Gekreuzigten; Sonne und Mond über dem Querbalken sind neben dem Christushaupt als Mann im roten Strahlenkranz beziehungsweise als Frau auf gelber Sichel dargestellt. Als ob die byzantinischen Vorbilder nicht schon mehr als ersichtlich wären, ein weiterer Hinweis auf byzantinische Vorlagen: Im Griechischen sind Helios, die Sonne, männlich und Selene, der Mond, weiblich. Ein Mäanderband schließt das eindrucksvolle Bild nach oben ab.

Die Kreuzabnahme besitzt zwar den gleichen Aufbau und denselben Hintergrund, doch wirkt sie wesentlich bewegter. Josef von Arimathia nimmt den Leichnam ab, Nikodemus in halb entblößtem Oberkörper entfernt mit einer großen Zange den Nagel aus dem Kreuzesbalken. Das bewegte Männergesicht mit dem schwungvollen Bart und die kraftvolle Körperhaltung des reifen Mannes kontrastieren effektvoll mit dem verhaltenen Schmerz im Gesicht des jugendhaften Johannes, der ergriffen sein Haupt beugt, einen Arm nach unten senkt und die linke Hand ans Herz führt. Nicht minder ergreifend ist die Geste, mit der Maria schmerzversunken die Hand ihres toten Sohnes an die Wange führt.

Das dritte Bild, leider nur sehr fragmentarisch, zeigt eine männliche Gestalt mit roten Beinkleidern, die das Gesicht abwendet und daher als Kain angesehen werden kann. Die Blumen zu seinen Füßen weisen auf das Vorbild hin: auf identische Blumen-

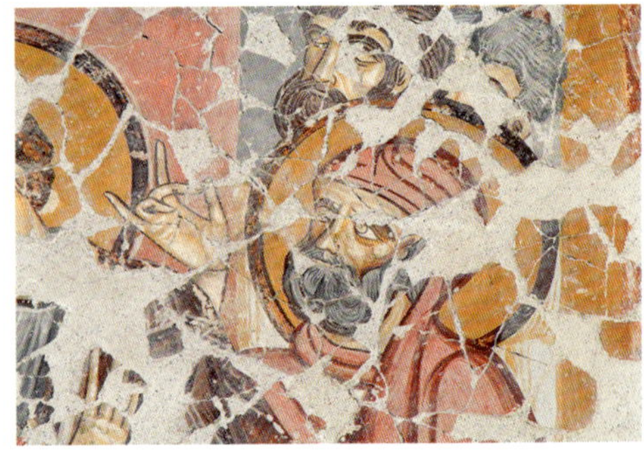

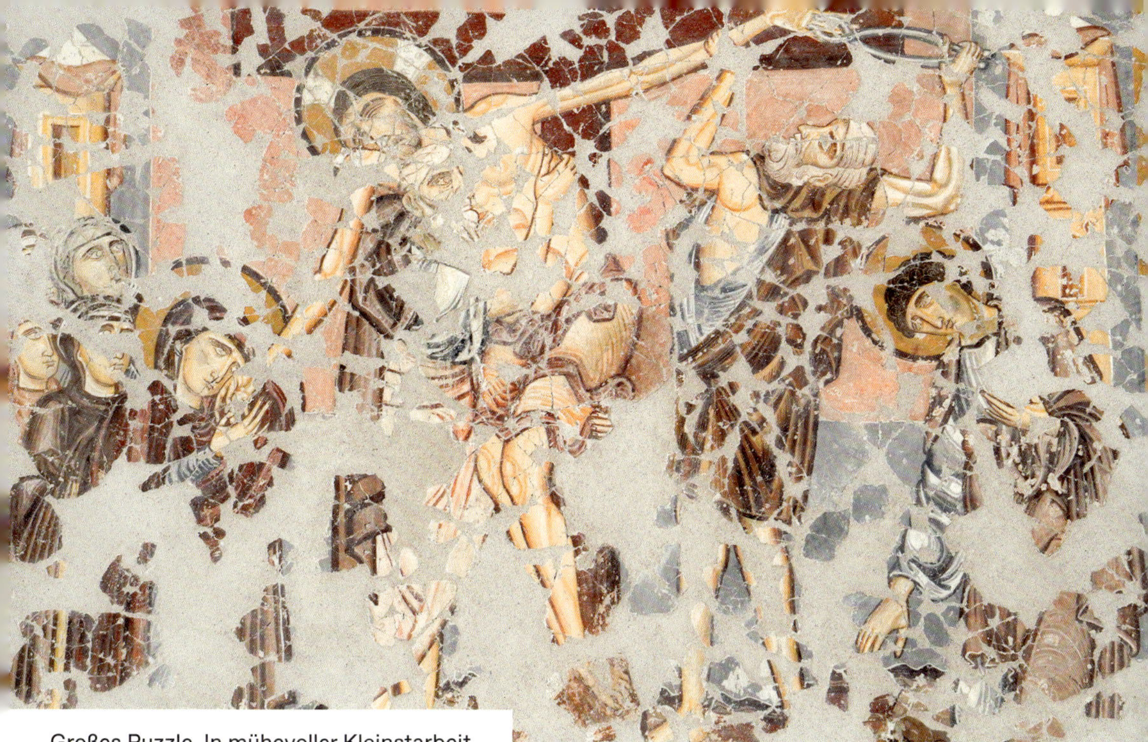

Großes Puzzle. In mühevoller Kleinstarbeit wurden die Freskenteile zusammengesetzt.

fragmente aus der Basilika von Marienberg. Es handelt sich bei den Wandbildern in Söles offensichtlich um eine etwas einfachere Version der verlorenen Fresken in der Stiftskirche von Marienberg. Aus dieser Erkenntnis heraus musste die Kunstgeschichte der Spätromanik im Vinschgau und im Südtiroler Etschtal umgeschrieben werden. Glaubte man bis dahin, die byzantinische Kunst sei vom Süden über Meran (Maria Trost) nach Norden gewandert, ist es nach neuesten Erkenntnissen umgekehrt: Es war die Kunst des großen, unbekannten Meisters der Marienberger Basilika, deren Ausstrahlung bis ins Etschtal reichte.

Natürlich gibt es zu den Wandbildern in Söles Vergleiche zu zeitgenössischen Ikonen: Sie führen weit weg nach Süden und Osten, nach Venedig und Zypern: ein Ausblick auf ferne Horizonte in dieser Kirche im Kreuzpunkt uralter Pilgerwege.

LITERATUR

Helmut Stampfer, Thomas Steppan: Die romanische Wandmalerei in Tirol; Regensburg 2008

Helmut Stampfer: Romanische Wandmalerei im Vinschgau. Die Fresken der Krypta von Marienberg und ihr Umfeld; Bozen 2018, 98–105

INFO

Besichtigung der Kirche (unter Aufsicht) auf Anfrage: Tel. +39 0473 831209; ansonsten Infos beim Tourismusverein Mals, Schluderns, Taufers im Münstertal und Glurns

St.-Benedikt-Straße 1, 39024 Mals
Tel. +39 0473 831190
www.ferienregion-obervinschgau.it

ST. JOHANN IN TAUFERS

Im Pilgerhospiz

Graubraun und geduckt baut sich das Ensemble vor dem Besucher auf: eine mit Quadern verblendete Fassade, ein dreiteiliges, verwittertes Flachbogenportal – etwas „windschief“ wie vieles in dieser Gegend –, dahinter niedrig und einäugig der Kirchturm mit gemauertem Pyramidenhelm. „Sonta Hons“ in Taufers ist das Pilgerhospiz in Südtirol, das am authentischsten sein altes Gesicht gewahrt hat.

Hat man das Portal durchschritten, gelangt man in eine düstere, lang gestreckte Vorhalle, die nur durch schmale Fensterschlitze ein wenig Licht erhält. Nichts ist da von der Erleichterung, die mittelalterliche Pilger verspürt haben mögen, nur dicke Mauern und Düsternis. Und doch wird sich ein Pilger, der von der windgebeutelten Malser Haide oder vom Ofenpass herunterkam, hier erst einmal geborgen gefühlt haben. Das erste Gebäude, im 9. Jahrhundert als Filialkloster von St. Johann in Müstair entstanden, wurde 1130 durch eine Mure zerstört, worauf die Johanniter nach 1218 die Kommende errichteten, einen Bau, der, von wenigen gotischen Einfügungen abgesehen, in seiner urtümlichen Form auf uns gekommen ist.

Stall und Stadel. Nach seiner Auflassung wurde St. Johann landwirtschaftlich genutzt und unter dem übertünchten Heiligenhimmel mahlten die wiederkäuenden Kiefer der Rindviecher (rechts).

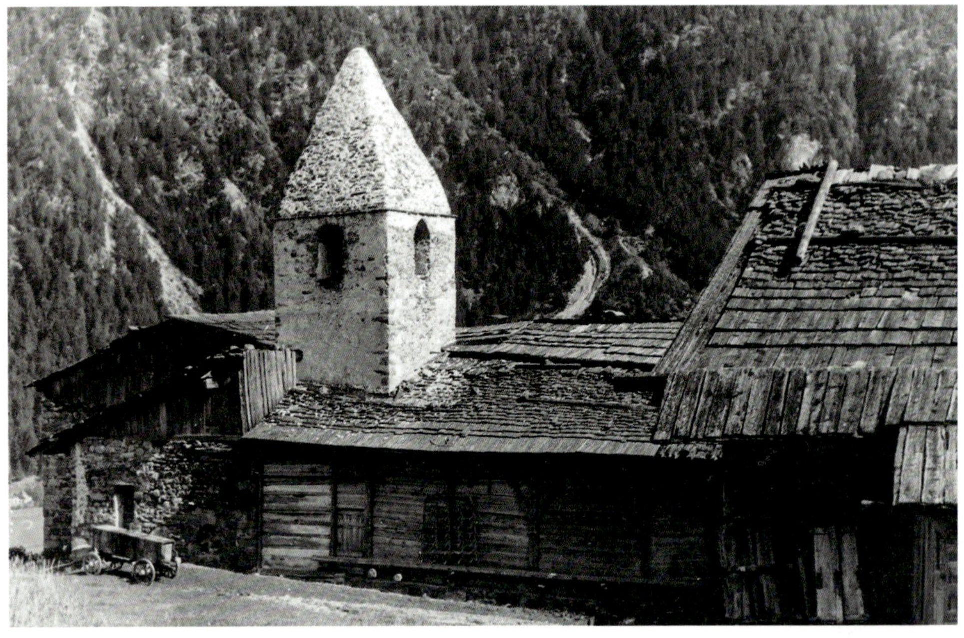

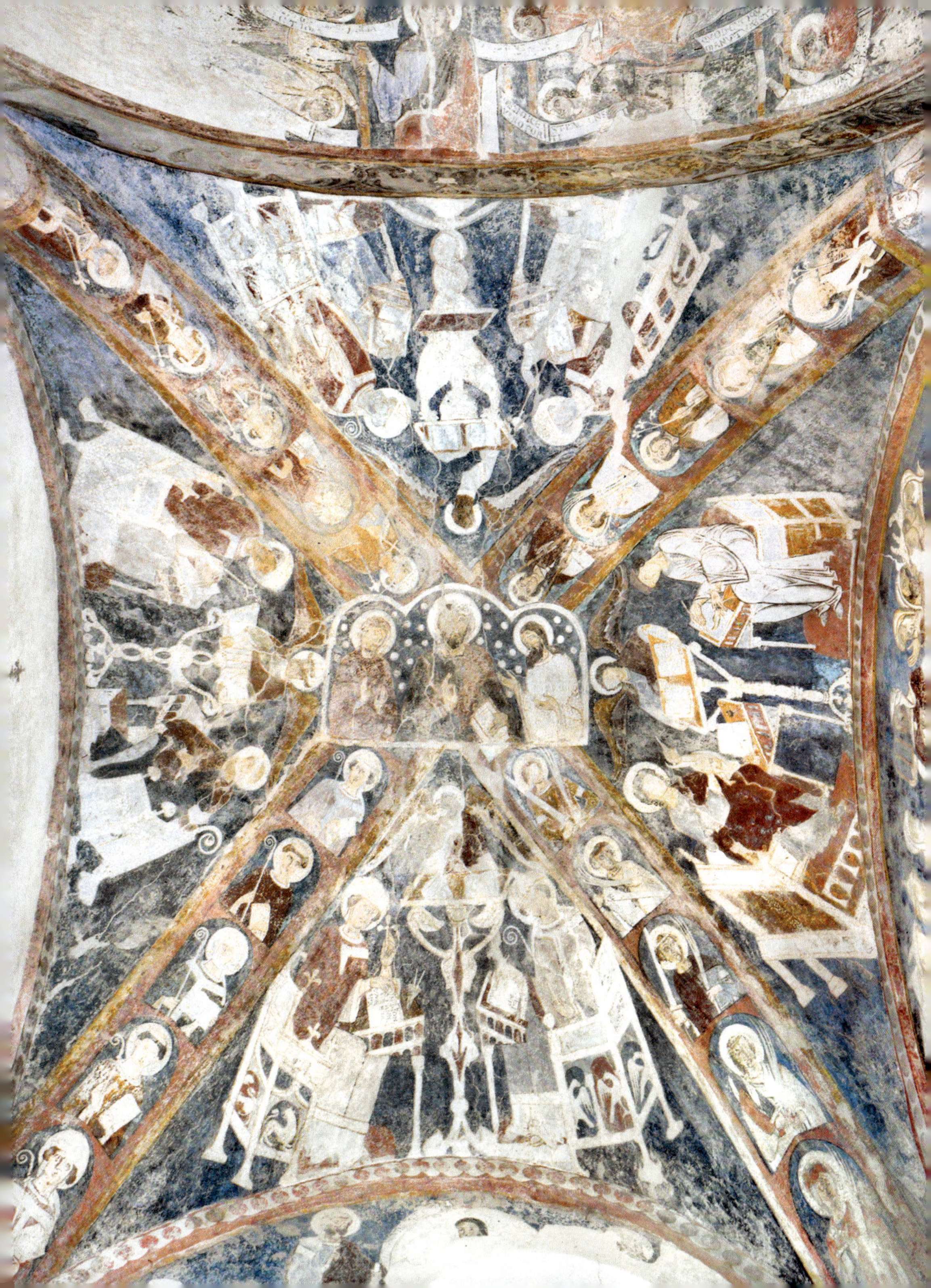

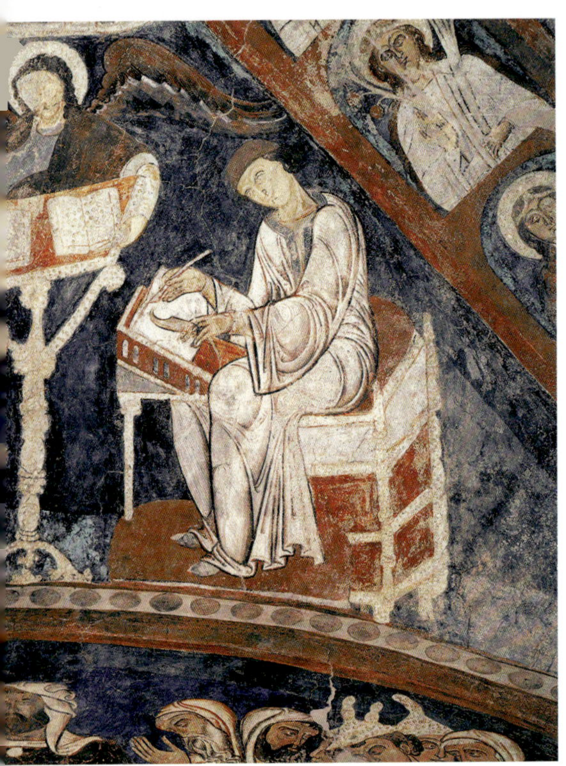

Schreiberhimmel. Es geht sehr gelehrt zu im Gewölbe mit inspirierten Kirchenvätern und ihren Schreibern.

Sein Schicksal war, wie so oft im Vinschgau, sehr bewegt: Nach der für die Tiroler verheerenden Schlacht an der Calven 1499 ließ Gaudenz, Graf von Matsch, selbst Palästinapilger, das beschädigte Gebäude wieder instandsetzen, welches im 17. Jahrhundert in den Besitz der Grafen Hendl überging. Diese ließen zwar das anliegende Wohnhaus aufstocken, doch scheint das Hospiz seine ursprüngliche Zweckbestimmung allerdings schon früher eingebüßt zu haben. Unter Josef II. profaniert – die letzte Messfeier fand 1785 statt –, kam es in der Folgezeit in den Besitz der Gemeinde, die damit nichts Rechtes anzufangen wusste: Die Volksschule hätte es werden sollen, genutzt wurde es aber als Heu- und Geräteschuppen, als – *horribile dictu* – Viehstall und, ach ja, während des Ersten Weltkrieges als Gefängnis und Nachtlager für russische Kriegsgefangene. Was so ein Hospiz nicht alles zu beherbergen hat! Ein Pilger durfte maximal für drei Tage auf kostenloses Nachtlager und einfache Verköstigung hoffen, danach musste er weiter; Begüterte hatten einen Geldbeitrag zu leisten.

Über der Vorhalle befand sich das Pilgerdormitorium; die Funktion der ebenerdigen Vorhalle, die wir jetzt, Jahrhunderte durcheilend, Richtung Sakralraum durchschreiten, ist unklar. Wir treten durch das eigentliche Kirchenportal aus Tuffstein und stehen neben dem Grabstein eines Johanniters mit eingemeißeltem Johanniterkreuz aus dem Spätmittelalter. Der Sakralraum überrascht durch seinen Grundriss eines griechischen Kreuzes und vor allem durch die figurenreichen spätromanischen Fresken. Ein kleines mittelalterliches Welttheater tut sich vor dem staunenden Auge auf – mit Evangelisten und Kirchenvätern, mit Fürsten und Rittern, mit Äbten und Jungfrauen.

Über der Vorhalle befand sich das Pilgerdormitorium

Im Zentrum des Kreuzgewölbes erscheint Christus zwischen Maria und Johannes als Fürbitter für die Menschheit am Ende der Zeiten; ein byzantinisches Motiv, das als Triptychon am Himmel erscheinend als sakrales Kultbild, als Ikone zu verstehen ist. Die Gewölbegrate werden durch reiche

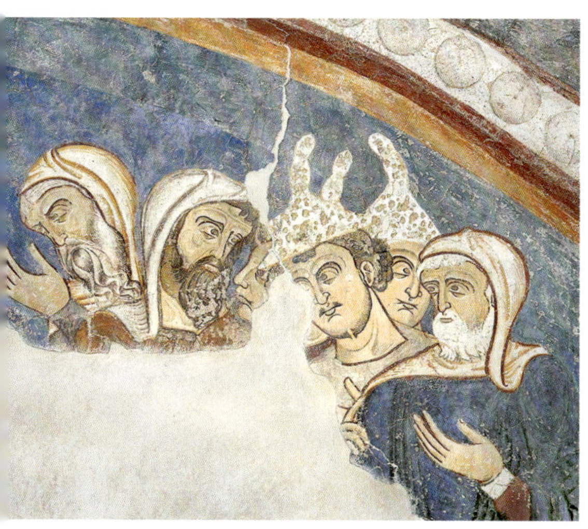

Eifriger Disput. Mit bewegten Gesichtern und expressiver Gestik weichen die Bilder von der üblichen Strenge der Romanik ab.

Bänder betont, auf denen unter Rundbögen je fünf verschiedene Heiligengruppen dargestellt sind wie Äbte mit Krummstab, Ritter mit Schwert und Märtyrerpalme, Jungfrauen mit Lilie und/oder Palmzweig und Fürsten mit Zepter und Kreuz.

Göttliche Inspiration

In den vier Gewölbekappen geht es, leger gesagt, sehr intellektuell zu, ein „Schreiberhimmel" göttlicher Inspiration, der seinesgleichen sucht in Südtirol, beherrscht von westlichen und östlichen Kirchenvätern, Lesepulten mit den Evangelistensymbolen, Schreibpulten mit Büchern und Schreibutensilien. Eine besonders lebendige, in gewisser Weise auch intime Szene spielt sich in der Kappe über der Südwand ab: Ein Kirchenvater, vermutlich Hieronymus, spitzt gerade seinen Federkiel und diktiert seinem Schreiber, einem weiß gekleideten Diakon, der mit geneigtem Kopf beflissen die Worte auf ein Pergament schreibt, das er mit dem Federspitzer in der linken Hand glatt drückt. Eine überraschend realitätsbezogene Thematisierung des Schreibens, wo der einfache „Scriba", im Gegensatz zu den wichtigen Kirchenvätern in den reich verzierten Stühlen, auf einem schlichten Stuhl ohne Lehne sitzen muss.

Das Gesamtkonzept der teilweise zerstörten Bilder lässt sich erahnen: Die Hauptbilder der Lünetten sind den Theophanien Christi gewidmet: die Verklärung auf dem Berge Tabor (Ostwand), im Süden Moses mit den Gesetzestafeln, von der Nordlünette hat sich nichts erhalten.

Moses beherrscht in der Südwand die Bildachse, um ihn drängen sich Priester und Volk, zum Teil mit mittelalterlichen Judenhüten. Am rechten Bildrand rennt eine Gestalt im Ordenskleid der Johanniter mit Tau-Stab zum Geschehen hin, gerade so, als wollte sie unbedingt auch dabei sein: ob Eitelkeit der Auftraggeber oder reine Flächenfüllung – die letzte Deutung sei dem Betrachter überlassen.

Das Bildregister in der Mitte zeigt unter Flachbögen Apostel, wobei in den Zwickeln Lampen dargestellt sind, die den ikonenhaften Charakter verstärken. Die darunterliegende Szene der Taufe Christi durch Johannes den Täufer lässt fast an einen Volksauflauf denken; in der dicht gedrängten Komposition der Nebenfiguren schimmern Anklänge italo-byzantinischer Ikonografie durch. Die Gestalten rechts und links vom Getauften sind ein Zitat aus der Antike und dürften Flussgeister symbolisieren.

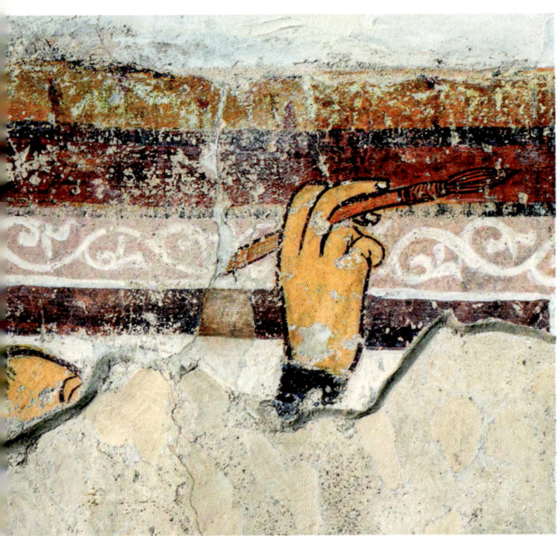

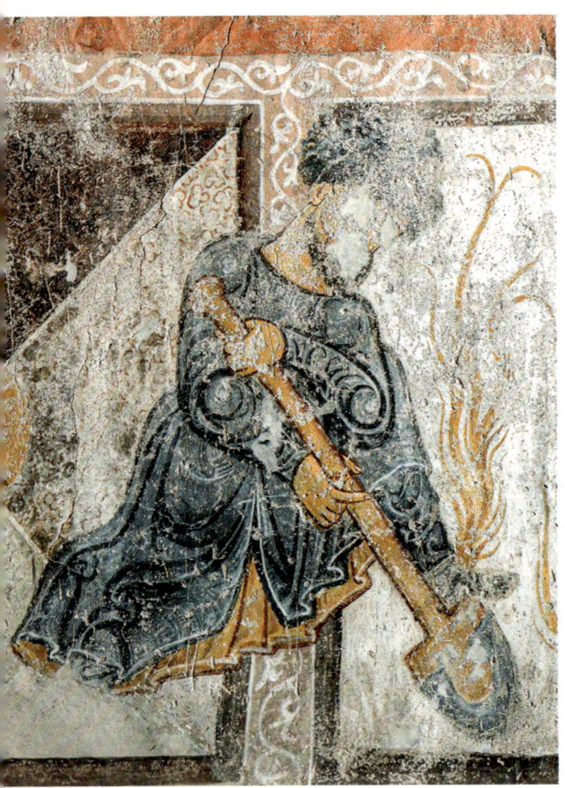

Symbolträchtig. Die pinselführende Hand könnte für den Kunstreichtum des Vinschgaus stehen.
Mann beim Kalklöschen (unten).

In der Triumphbogenlaibung besteigen Männer und Frauen jeweils paarweise eine Leiter, deren letzte Sprosse Maria im Scheitelpunkt hält: Möglicherweise handelt es sich um die Personifikation von Tugenden. Zur kunsthistorischen Würdigung: Das Tauferer Atelier schuf ausdruckstarke Bilder von hoher Qualität und virtuoser Linienführung; man achte beispielsweise in der Mosesszene, mit welchem Schwung die Bärte gezeichnet sind. Der Meister steht in der „Salzburger Tradition“ und in der „Faszination für die venezianische Mosaikkunst“, wie Stampfer und Steppan betonen, der Einfluss Marienbergs scheint verebbt zu sein, eher lässt sich eine Verwandtschaft mit den Malereien der Brixner Johanneskapelle erkennen.

Blick auf den Altar

Und die Pilger? Wir erreichen das Obergeschoss über eine Außentreppe an der Nordfassade und nehmen uns beim Hinaufsteigen vor, den riesigen Christophorus beim Weggehen genauer anzusehen. Der schlichte obere Raum war einmal das weltliche Herz des Hospizes, der Schlafraum, von dem man durch eine Bogenöffnung auf den darunterliegenden Altarraum blickt. Hier schlief man als Pilger/-in auf Strohsäcken (im besten Fall) oder einfach auf aufgeschüttetem Stroh. Die Reste der gotischen Fresken erreichen nicht im Mindesten die der romanischen; und sollten die Matscher Grafen die Auftraggeber der Ursulalegende gewesen sein, weil man in den Schwingen auf den Kleidern der Jungfrauen das Matscher Wappen vermuten darf, dann haben die Matscher nicht allzu tief in den Säckel gegriffen und beim Maler gespart – mit Verlaub. Erhalten haben sich in der Sockelzone Reste romanischer Malerei mit Feldern von gemalten Marmorinkrustationen, in denen, leider nur fragmentarisch, eine sitzende Figur den Pinsel hält: sinnbildhaft für die reiche Kunst, nicht nur der Romanik, im Vinschgau, wenn man so will. Eine weitere Figur arbeitet mit einer Schaufel, aus der Flammen aufsteigen; deutet man die Flammen als Rauch, dann haben wir es mit einem Arbeiter zu tun, der gerade Kalk löscht.

GENUSS

Eine kunsthistorische Marginalie – deretwegen Sie der Pfarrkirche einen Besuch abstatten sollten. In der Seitenkapelle stehen zwei Beichtstühle aus der späten Barockzeit. Sie tragen kleine, mit Rocaille verzierte Szenen aus der biblischen Geschichte des verlorenen Sohnes. Das erste Bild über dem Zugang zum Beichtstuhl zeigt den Protagonisten in holder Gesellschaft bei einem Kännchen Wein. Aller Kommentar erübrigt sich: So schön kann Sünde sein – selbst am Beichtstuhl.

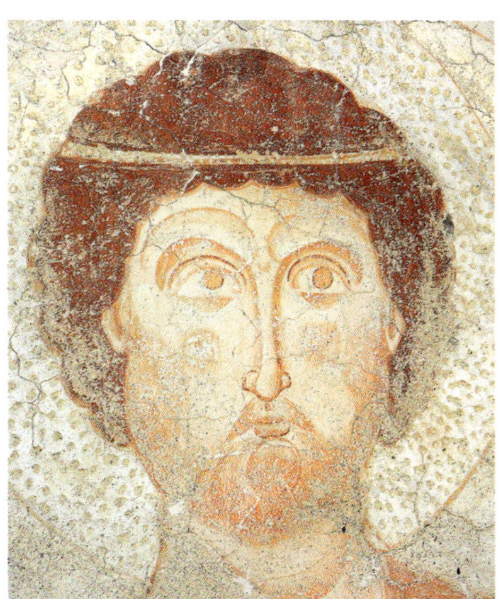

Christophorus

Der Christophorus an der Nordfassadc ist die älteste Darstellung in ganz Tirol, der riesenhafte Heilige trägt einen Palmenstab mit Datteln und hält vor seiner Brust einen kleinen erwachsenen und segnenden Christus. Streng blickt Christophorus in die Richtung, wo einst die Straße verlief: Sein Anblick sollte die Pilger vor einem jähen, sakramentlosen Tod schützen. Ob sein Blick auch den schwächsten Pilger erreichte? „Toatnackerle“ (kleiner Totenacker) hieß eine Grundparzelle in Friedhofsnähe: Dort ruhen wohl die, für die die Pilgerschaft auf Erden in St. Johann in Taufers ein frühes Ende fand.

INFO

siehe Ferienregion Obervinschgau

ST. JOHANN/ SON JON – MÜSTAIR

UNESCO Weltkulturerbe

Staatsgrenzen sind Artefakte. Das gilt besonders für die Grenze zwischen dem südtirolerischen Taufers im Münstertal und dem schweizerischen Müstair. Diese Staatsgrenze zerschneidet die uralte Koinēē (Sprach- und Kulturgemeinschaft) der Obervinschger Romanen – die es nicht mehr gibt – mit den Rätoromanen Graubündens. Weil auch die Kunst diese Grenzen nie gekannt hat, nehmen wir das kunsthistorische Kleinod und Weltkulturerbe Son Jon (St. Johann) in unseren Kunstführer auf.

Der Zugang zur Klosteranlage führt uns an der Kreuzkirche aus dem 8. Jahrhundert mit den markanten Blendnischen vorbei, deren kleeblattförmiger Grundriss die architektonische Verwandtschaft mit der Vigiliuskirche in Morter im Vinschgau belegt. Die Erbauung der Klosterkirche fällt genau in die Zeit, als Karl der Große sein Reich gegen die Langobarden 744 und die Bajuwaren 778 erweiterte. Die ältesten Balken der Klosterkirche datieren nämlich ins Jahr 775. Über die Funktion dieser zweigeschossigen Kirche lässt sich nur mutmaßen, ein einfacher Vorgängerbau für die Mönche während des Klosterbaus ist denkbar, der Nachfolgebau könnte als ehemalige Abtskapelle verstanden werden, deren Obergeschoss hochrangige Personen aufnahm, während das Untergeschoss für Menschen niedrigen Ranges bestimmt war. Die Bäume für die Balken in der Heiligkreuzkapelle wurden in der Zeit von 785 bis 788 gefällt. Ein Teil der Balkendecke zwischen dem Unter- und dem Obergeschoss ist noch original und auf ihr liegt noch der ursprüngliche karolingische Mörtelboden. Die Ausstattung der Kapelle war kostbar mit marmornen Chorschranken, Stuckaturen und Malereien im Obergeschoss. Die Kapelle war innen und außen mit Malereien geschmückt. Die ältesten Malereien

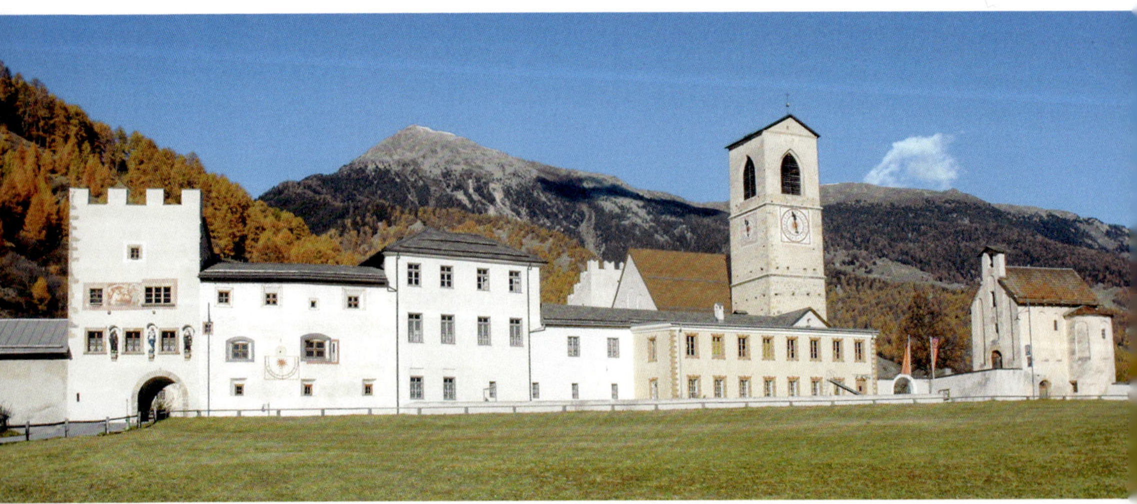

sind karolingisch und liegen unter einem Dutzend Malschichten.
Das Kloster ist eine Gründung Karls des Großen, der damit wohl den Churer Bischof beauftragte. Hier in dieser Passlandschaft kreuzten sich die überregionalen Verkehrswege, hier ließ es sich Rast machen vor oder nach der beschwerlichen Überwindung des Ofenpasses, von hier aus kontrollierte der Churer Bischof den Vinschgau, der mit Meran bis 1816 zu seinem Bistum gehörte. Von allem Anfang an trug die Anlage den schlichten Namen *monasterium*, Kloster, den es, zusammen mit dem Ort, heute noch trägt: Müstair. Das ursprüngliche Männerkloster wurde im 12. Jahrhundert in ein Frauenkloster umgewandelt, das es bis heute geblieben ist.
Kloster Müstair ist UNESCO-Weltkulturerbe. Die Dreiapsidenkirche hütet den umfangreichsten Freskenschatz aus der karolingischen Zeit. Er war im 15. Jahrhundert übertüncht worden und hatte durch den Einzug des spätgotischen Rippengewölbes und den Einbau der Nonnenempore Schaden gelitten. Seine Wiederentdeckung um 1900 wurde zur kunsthistorischen Sensation. Umfangreiche Restaurierungsmaßnahmen folgten. In der hohen künstlerischen Qualität leuchtet, drei Jahrhunderte nach ihrem Untergang, noch einmal der Glanz der Spätantike auf. Kunsthistoriker datieren sie unterschiedlich ins erste

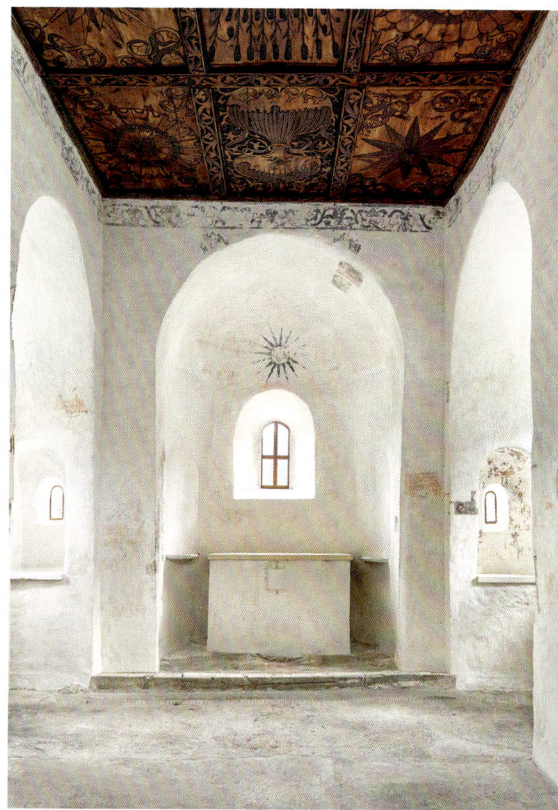

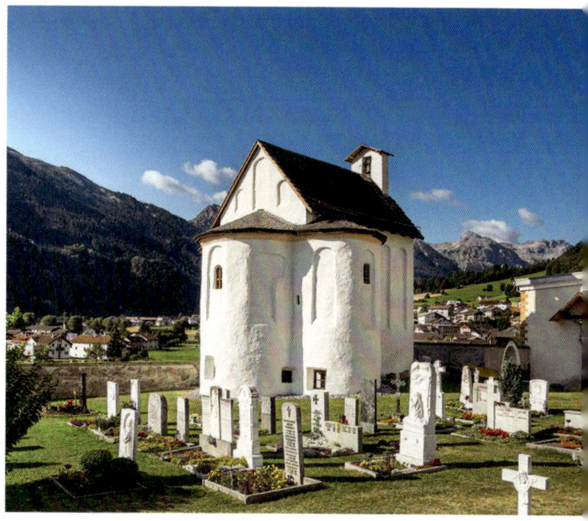

Die Heiligkreuzkapelle besitzt die älteste tragende Balkendecke Europas. Das heute schlichte Innere war mit marmornen Chorschranken, Stukkaturen und Malereien geschmückt.

bzw. vierte Jahrzehnt des 9. Jahrhunderts. Ursprünglich füllte sie alle Innenflächen der Kirche aus, die Langhauswände erzähl(t)en in jeweils fünf Bilderstreifen von oben nach unten Szenen aus dem Leben Davids; die Jugendzeit, das Wirken und die Passion Christi.

Die Apsiswölbungen der Ostseite sind Christus vorbehalten, während die darunterliegenden Flächen den Altarpatronen Johannes d. Täufers, Petrus und Paulus und Stephanus vorbehalten waren/sind.

Die Westwand gegenüber trug ein monumentales Jüngstes Gericht. Von dem wenig Erhaltenen ist ein Bild Endzeitpoesie: Engel rollen den Himmel ein. Jedes Bild konzentriert sich auf ein Geschehen, das sich in einer Architektur- und Landschaftskulisse abspielt.

Aus allen Bildern spricht das starke Bemühen um klassische Ordnung; Gesten und Körperhaltung sind ruhig und oft von feierlicher Eleganz. Hier handelt es sich nicht um eine „Armenbibel", sondern um die Darstellung komplexer theologischer Inhalte für die gebildeten Mönche. Von den ehemals 48 Szenen an der Nordwand sind 33 erhalten. Rötliche Ockertöne herrschen vor, der Reichtum der Motive und die feierliche Monumentalität der Bilder sind mit freiem Auge im Halbdunkel nur schwerlich zu erkennen. Hier sei auf den exzellenten Katalog von Jürg Goll, Matthias Exner und Susanne Hirsch verwiesen, der Bild um Bild anführt, optische Details herausarbeitet und sie hervorragend beschreibt: ein Kunstgenuss der besonderen Art im Nachhinein.

Vergleichbare Vorbilder für den Bilderzyklus finden sich in San Martino ai Monti in Rom, in San Vincenzo al Volturno und vor allem in San Salvatore in Brescia. Werkstattzusammenhänge bestehen möglicherweise auch mit den Bildern in St. Benedikt in Mals.

Der Tanz der Salome

Unser Augenmerk gehört den romanischen Wandmalereien in den Apsiden. In fast comicartiger Erzähltechnik schildert der anonyme Künstler in der Mittelapsis die Enthauptung des Johannes, den Tanz der Salome am Gastmahl des Herodes und die Grabtragung. In frappierender Weise verwebt er Sakrales und Profanes, Laszives und Heiliges: Die Enthauptung spielt hinein in das Spiel der Musiker, das Henkerschwert erscheint in gleicher Reihe mit den Musikinstrumenten, der Haarschopf des abgeschlagenen Kopfes kontrastiert mit dem modisch eingewickelten Zopf des Bläsers, die Körper betonende, elegante Kleidung der Musiker kontrastiert mit der farbigen Fellkleidung des knienden, soeben enthaupteten Johannes. Und Salome tanzt, überschlägt sich im Breakdance-Flip, um – gleich anschließend – gedrückt nun und sehr böse, die Schale mit dem Kopf des Täufers zu präsentieren. Herodias, Salomes Mutter, sitzt neben einem erhaben unbeteiligten Herodes und redet gestikulierend auf ihn ein. Rechts außen erhebt ein modischer Geck – oder ist es eine Dame? – im Fransenfummel frivol den Becher als eine Persiflage auf die Schale mit dem Haupt in der Schüssel. Der Künstler kennt Details und Ambiente, modische Kleidung und feines Tafelgeschirr und weiß, wovon er erzählt. Hat er gesessen am Tisch der Mächtigen?

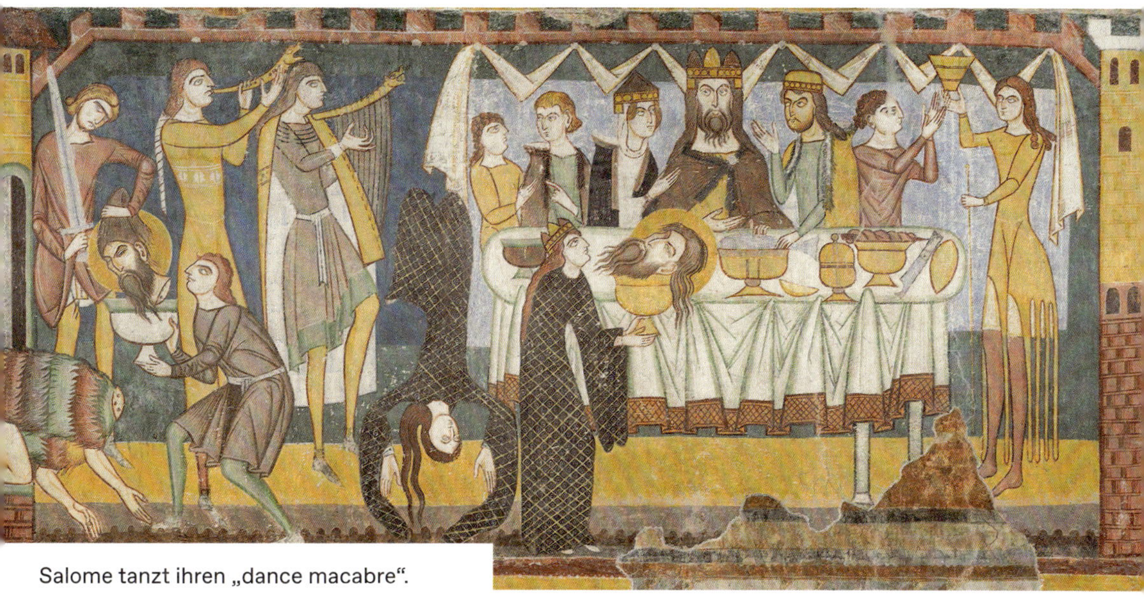

Salome tanzt ihren „dance macabre".

Ein schmaler Turm trennt die Festgesellschaft von der Grabtragung. Zwei Männer tragen die Bahre so, dass eine Draufsicht auf den Leichnam möglich ist. Ein kostbares Tuch liegt über der Bahre, auf der, von niemandem gehalten, ein Rauchfass schwebt. Hinter der Bahre sind die Oberkörper von fünf Männern dargestellt, denen der Maler aber nur drei Beinpaare zugestellt hat. In der letzten Szene senken zwei Männer den Leichnam in einem weißen Grabtuch in den Sarkophag, über dem wiederum ein Weihrauchgefäß schwebt. Ein ernster Kleriker mit Tonsur hält in der einen Hand ein Buch und weist mit der anderen auf den Toten.

In der Sockelzone trägt ein halbnackter, bärtiger Atlant das Mäanderband, daneben schreitet unter einer Arkade die Stifterin Friderun mit kostbaren Stoffen auf den Altar hin. So hatte wohl auch Uta, die Frau des Stifters in Marienberg ihre kostbare Kasel dargebracht. Wer diese Friderun, die in der Umschrift namentlich angeführt wird, war, lässt sich nicht mit Bestimmtheit festlegen.

Starke Erzählkraft

Die Nordapsis ist den Apostelfürsten Petrus und Paulus gewidmet. Der Zyklus beginnt mit den zwei Aposteln im Streit mit Simon Magus; die nächste Darstellung im obersten Register der Ostwand an der Nordapsis hat Seltenheitswert und zeigt, wie Petrus die bösen Hunde des Zauberers mit geweihtem Brot zähmt. Die nächste Szene zeigt die Apostel im Gebet, die Hände beschwörend gegen die heranfliegenden Dämonen erhoben, erst gegen die des karolingischen Fragments und anschließend gegen der romanischen Malschicht: ein augenfälliger Beweis dafür, dass die romanischen

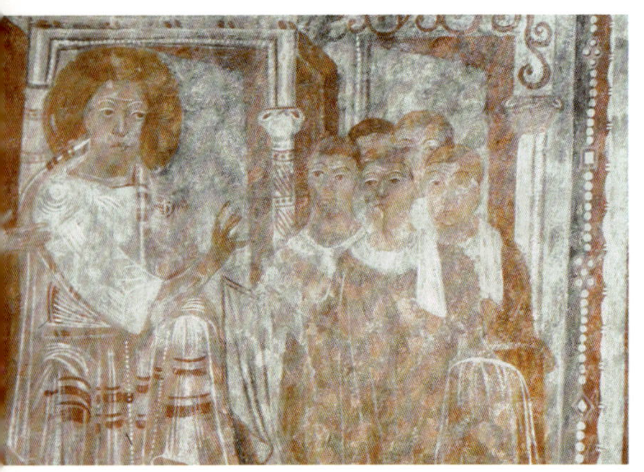

Karolingische Renaissance mit starker Erzählkraft. Predigt des Paulus in Rom.

Fresken die Themen der älteren karolingischen Malereien „wörtlich“ übernommen haben. Rechts davon hat sich gerade Simon Magus vom ockerfarbenen Quaderturm in die Luft gestürzt und ist zu Füßen eines lässig dasitzenden Kaisers Nero zerschellt. Wild bewegt ist das Martyrium von Petrus und Paulus im unteren Register, die Endlosschleife der Gewalt – immer und immer bis heute –, während bei der Einsegnung des Apostelgrabes gefasste Trauer herrscht. Die Südapsis ist dem heiligen Stephanus gewidmet: Stephanus wird in einer kostbaren Dalmatika zum Diakon geweiht, glühend im jugendlichen Enthusiasmus schultert er den Wanderstab und geht auf die Stadt zu, wo er vor dem Thron des Hohepriesters erscheint. Der Disput ist geschickt durch eine aufgeregte Gebärdensprache dargestellt, doch was hilft aller Enthusiasmus, zum Schluss wird Stephanus am Hals gewürgt und durch eine Tür hinausgebracht. Ungewöhnlich bewegt ist die Steinigung, jeder Strich, jede Geste der Schergen ist wilde Gewalt, Ekstase, nur Saulus zeigt ruhig mit der Hand auf den geöffneten Himmel. Als Armenfürsorger trägt Stephanus eine modische Almosentasche, die im Mittelalter zur Ausstattung eines Mannes höheren Standes gehörte. Ein stilisierter Baum mit Lilien als Paradiesversprechen trennt die Steinigung von der Grabtragung, die ein bartloser junger Mann mit Vortragkreuz und Weihwasserkessel anführt. Der Sarkophag wird gerade eingesegnet: Der Deckel wird sich über das blasse Antlitz schließen. Und ein bärtiger Mann wischt sich mit dem Handrücken die Tränen aus dem Gesicht. In der Sockelzone erscheint surreal ein Säulenfresser, der Zähne zeigt und Zunge …

Ein Besuch im Museum ist unerlässlich

Woher diese Bewegtheit, woher diese Erzählkraft, woher diese Lust auf drastische Schilderungen? Wer ist der Künstler? Wir wissen es nicht. Werkzusammenhänge mit den verloren gegangenen Fresken der Stiftskirche in Marienberg drängen sich auf, byzantinische Einflüsse sind erkennbar und die Ausstrahlung nach Hocheppan ist offensichtlich. Alles bleibt Hypothese. Tatsache ist, dass hier in den späten achtziger Jahren des 12. und den ersten Jahren des 13. Jahrhunderts ein eigenständiger, talentierter Künstler am Werk war, der alle Register spätromanischer Kunst virtuos beherrschte.

Ein Besuch im Museum ist unerlässlich. Aus rund 1300 karolingischen Marmorfragmenten konnten über 200 Werkstücke zusammengefügt werden. Sie waren Teil der Erstausstattung der Klosterkirche, welche um 775 errichtet wurde. Nach dem Ausbau der Kirche in der Mitte des 10. Jahrhunderts wurden sie als Baumaterial verwendet. Die Vielfalt der gefundenen Fragmente aus Laaser Marmor ist außerordentlich, der Reichtum an Motiven staunenswert mit Flechtmustern, Ranken, Blüten, Konchen, Zierstäben, Bogenfolgen und Krabben, zoomorphen Gebilden, figürlichen Darstellungen und wunderschön geschlungene Drachengeflechten. Dr. Katrin Roth-Rubi ist Autorin des zweibändigen Werkes „Die frühe Marmorskulptur aus dem Kloster St. Johann Müstair", das 2015 erschien und zum ersten Mal alle karolingischen Marmorwerkstücke in einer Publikation zusammenfasst: ein Leckerbissen für den, der sich in die karolingische Steinmetzkunst vertiefen will.

Eine Gattung von Exponaten trägt uns über Berge, Ebenen und Meere weit weg: Im Klosterbereich fanden sich zahlreiche Bruchstücke von karolingischem Fensterglas. Das Rohmaterial, ein Natronglas, wurde, wissenschaftlich nachgewiesen, nach antikem Rezept hergestellt und stammt aus dem Nahen Osten: Müstair im Kreuzpunkt der großen Wege.

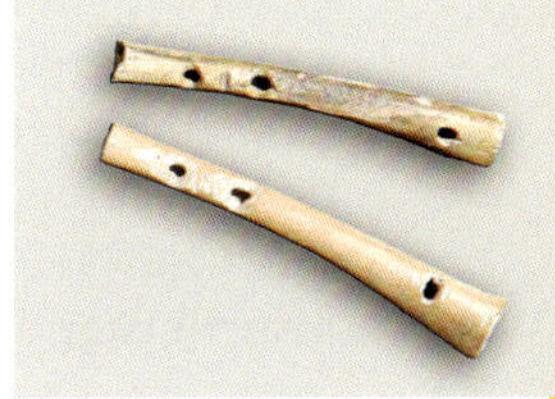

FRÖHLICH

Bei den Ausgrabungen im Wohnbereich des Klosters fanden die Archäologen in den karolingischen Schichten zwei kleine Knochenflöten. Sie sind aus dem linken Schienbein *(tibia)* einer Ziege oder eines Schafes gefertigt. Sie haben etwas berührend Menschliches an diesem Ort der strengen Geistigkeit und der hohen Kunst. Wie steht es in den Sprüchen Salomons? Ein fröhliches Herz tut dem Leibe wohl!

INFO

364 Tage im Jahr geöffnet (außer am 25.12.)
Mai bis Oktober: 9–17 Uhr
(Klosterladen 9–18 Uhr durchgehend)
Sonn- und Feiertage ab 13.30 Uhr geöffnet
November bis April: 10–12, 13.30–16.30 Uhr
Sonn- und Feiertage vormittags geschlossen

Klostermuseum Müstair
Tel. +41 81 85861 89
www.muestair.ch

Kalte Welt
Zum Museum gehören die alten, ehemaligen Zellen im wuchtigen mittelalterlichen Wohnturm: „Nichts als enge Bretterverschläge, hineingezimmert in ein roh verputztes Mauerviereck, durch dessen Schindeldach der Wind Regen und Schnee trieb; das Bett mit „Himmel" viel zu kurz, um sich auszustrecken, man schlief im Sitzen, ausstrecken konnte man sich erst im Tod, ein winziger Tisch mit Kerze, ein schmales Möbel mit einem Waschkrug, in dem das Wasser gefror; einziges Zugeständnis für ein bisschen Wärme eine Wärmflasche aus Metall, deren noch lauwarmes Wasser die Nonnen in aller Herrgottsfrüh beim Aufstehen für eine überhastete Katzenwäsche verwendeten, bevor sie schnell!, schnell! über Treppen und Gänge zur Vigil in die Kapelle trippelten." (In: Sebastian Marseiler: Vom einfachen Leben mit der Natur Einblick in Klosterwelten. BLV München 2013)

ST. BENEDIKT – MALS

Karolingische Herren im realistischen Porträt

Manchmal bedeutet fehlendes Geld Glück, Glück für die Kunst. Nicht vorstellbar, wenn im Barock Geld genug da gewesen wäre, die kleine St.-Benedikts-Kirche am westlichen Dorfrand von Mals umzubauen! Sie blieb, wie sie war, wurde unter Josef II. profaniert und diente als Abstellraum und als Tischlerwerkstatt bis kurz vor dem Ersten Weltkrieg. So paradox es auch klingt, ein Teil der frühmittelalterlichen Ausschmückung blieb dadurch erhalten. Das Erhaltene ist außergewöhnlich und macht die Kirche zu einem der wichtigsten Denkmäler der Zeit um 800 überhaupt.

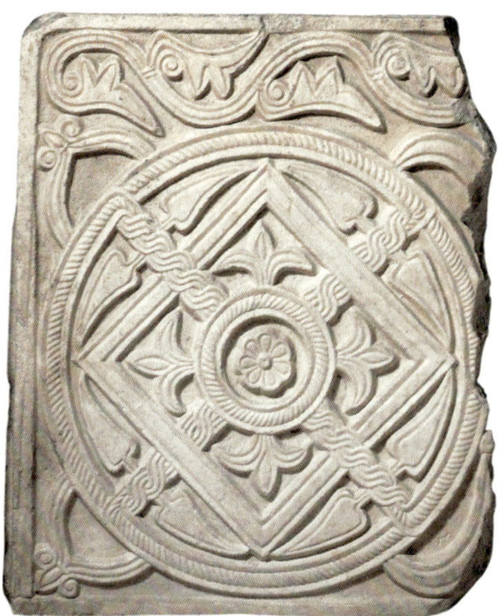

Das Motiv von Kreis und Raute symbolisiert Vollkommenheit, die Rose im Zentrum steht für Christus.

Zufallsgrabungen belegten, dass die Kirche im Bereich einer römischen Siedlung steht. Geschichtlich greifbar wird sie, als der Bischof Egino von Chur (1163–1170) sie dem Kloster Müstair überträgt. Im 13. Jahrhundert wird der Bau ummantelt und mit dem schönen romanischen Kirchturm ausgestattet. Im Visitationsprotokoll von 1638 ist noch von einer marmornen Chorabschrankung und sechs Marmorsäulen die Rede. Im 17. Jahrhundert werden Süd- und Westwand abgetragen, die Ostwand wird begradigt, die Stuckelemente werden abgeschlagen und die Nischen zugemauert. Als der Denkmalpfleger Josef Garber 1913 die Nischen freilegen ließ, stand er vor einer Sensation: Nie zuvor hatte man vor dem realistischen Bild eines fränkischen Adeligen gestanden und ihm direkt in die Augen blicken können.

Zufallsgrabungen belegten, dass die Kirche im Bereich einer römischen Siedlung steht

Heute ist die einfache Saalkirche vorbildlich restauriert, selbst die Chorschrankenplatten aus dem Bozner Museum sind zurückgekommen. Bei Arbeiten im Zugangsbereich der Malser Pfarrkirche wurden 2013 zwei skulptierte Pfosten und mehrere Sockelsteine aus Marmor gefunden, die höchstwahrscheinlich aus St. Benedikt stammen. Die Reliefplatten mit dem reich gefüllten Kreis-Raute-Kreuz-Motiv und der Pfosten mit verschlauften Kreisen

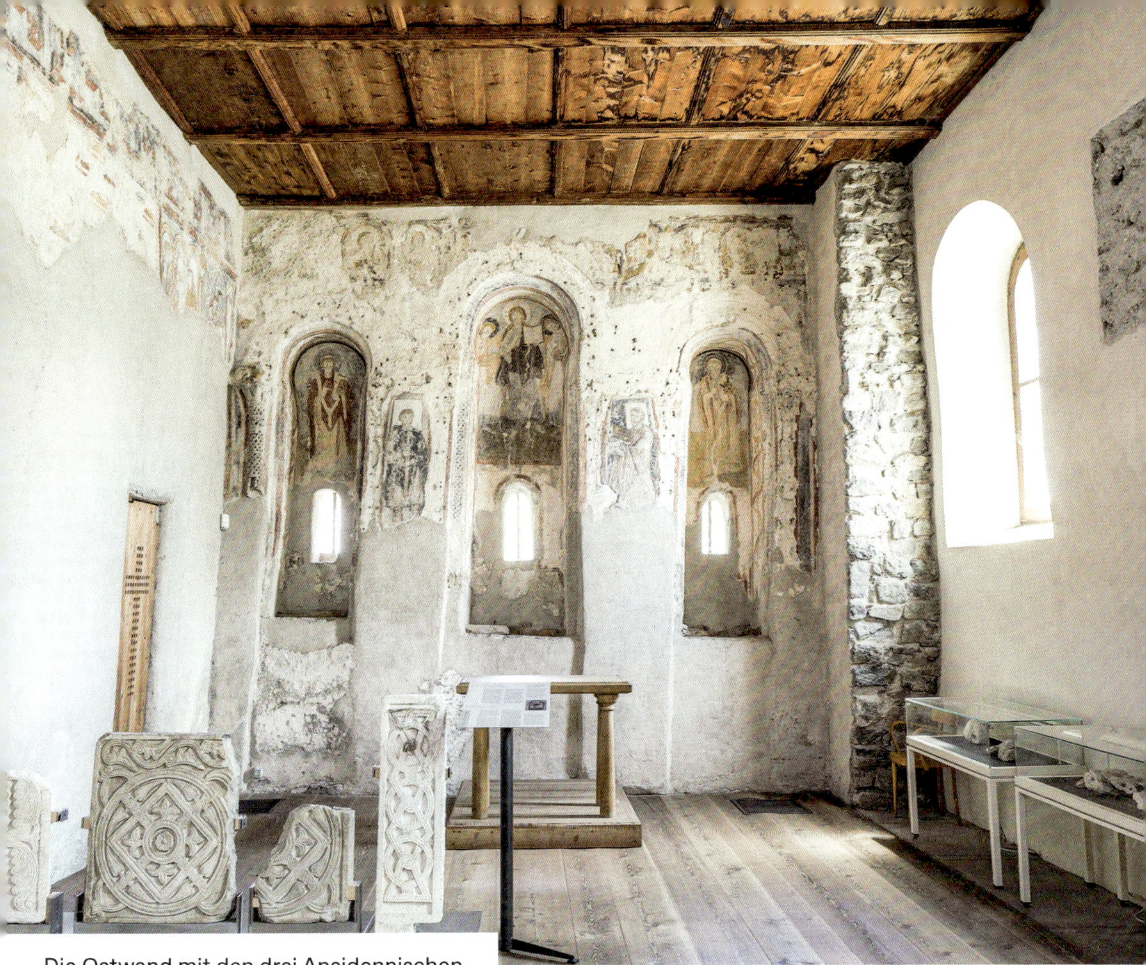

Die Ostwand mit den drei Apsidennischen. Im Vordergrund Reste der Platten für die Chorschranke.

und verflochten mit verhängten Rauten, „stehen in motivischer Verwandtschaft zu Werken in Latium und Pentapolis; die motivische Nähe spricht für gemeinsame Vorbilder [...], sodass in hochkarolingischer Zeit von einem Kanon gesprochen werden kann“ (Katrin Roth-Rubi). Das Kreis-Raute-Kreuz-Motiv ist Symbol für Vollkommenheit und Unendlichkeit mit Christus als Rose im Zentrum (Hans Rudolf Sennhauer).

An der Ostwand fallen sofort die drei schmalen Nischen mit den ungewohnten Hufeisenbögen auf: Es handelt sich um eine Sonderform einer Dreiapsidenkirche mit einer etwas höheren und breiteren mittleren Nische. Im unteren Bereich der Nischen öffnen sich kleine, sich nach außen verjüngende Rundbogenfenster. Der ursprünglich überhöhte Altarraum war vom Laienraum mit Marmorplatten und Marmorsäulen abgetrennt. Die Reliefplatten mit dem Korbbodenmotiv und die Säulen sind aus Laaser bzw. Göflaner Marmor und belegen, dass die Steinmetzkunst

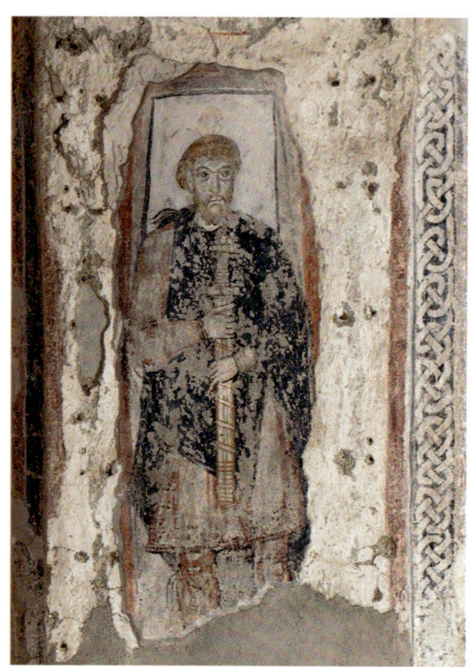

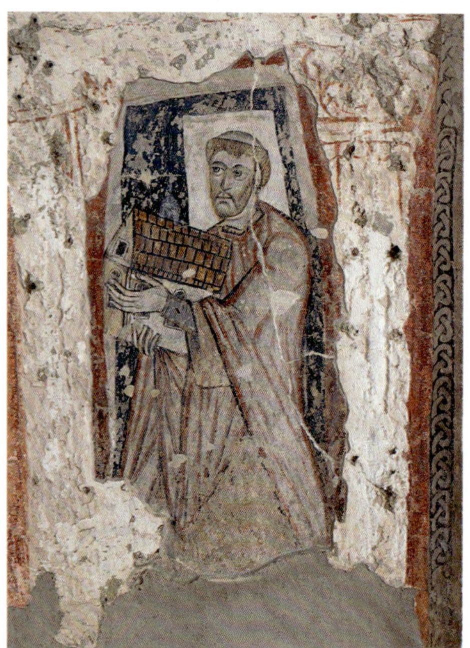

im Vinschgau auch nach der Völkerwanderungszeit nie ganz zum Erliegen gekommen ist. Das Bildprogramm an der Altarwand orientiert sich an frühchristlicher Apsidengestaltung. In der mittleren Nische thront der segnende Christus mit dem Gesetzbuch, flankiert von zwei Engeln, die Weltkugel und Szepter halten. Die schlanken Figuren sind von eleganter Linienführung; dies gilt auch für die Nischenfiguren St. Gregor rechts und St. Stephanus links in den etwas tiefer gesetzten Seitennischen.

Porträts zu Lebzeiten

Noch etwas tiefer, an den Trennwänden der Nischen sind die beiden Stifter dargestellt. Auf der Würdeseite blickt der adelige Stifter und Grundherr in fränkischer Tracht mit der vom Friedensband umwundenen Spatha würdevoll über das niedere Kirchenvolk zu seinen Füßen hinweg. Rechts hält ein Geistlicher mit Tonsur und Messgewand das Modell einer kleinen Saalkirche in den Händen. Die rechteckige Kopfumrahmung weist die beiden Stifter als Lebende aus. Eine namentliche Bestimmung der zwei Stifter bleibt unsicher und spekulativ, nach 807 lassen sich ein Graf Hunfried und ein Bischof Remedius von Chur anführen. Beide Figuren sind plastisch und

Über den Nischen zieht sich ein fragmentarischer Fries von zwölf Engelsbüsten

Einmalige Porträts. Die Bilder des weltlichen und geistlichen Stifters sind zu ihren Lebzeiten entstanden.

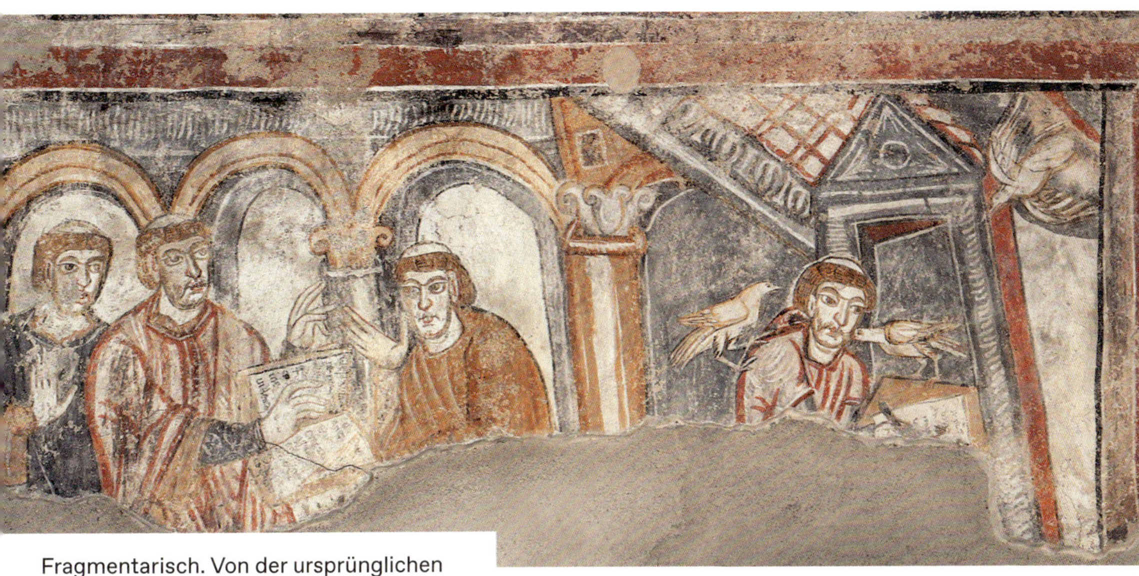

Fragmentarisch. Von der ursprünglichen Stuckdekoration haben sich wenige Reste erhalten, bruchstückhaft bleibt die Gregorlegende an der Nordwand.

lebensnah durchkomponiert. Hier war ein anderer Maler als in den Nischen am Werke, dessen Schaffen von einer kraftvolleren Komponente der karolingischen Kunst gespeist wurde.

Über den Nischen zieht sich ein fragmentarischer Fries von zwölf Engelsbüsten, wobei die Zahl zwölf als Hinweis auf das himmlische Jerusalem zu deuten ist. Die Nischen waren einmal mit einer aufwendigen und kunstvollen Stuckverkleidung versehen, *in loco* erhalten ist nur die nördliche Säule aus durchbrochenem Flechtbandmuster mit dreigesichtigem Kapitell und einer fragmentierten Tierfigur sowie weitere Stuckfragmente. Erhalten sind auch noch die Rötelvorzeichnungen sowie Reste von Holz und Eisennägeln zur Befestigung. Insgesamt dürfte die Kombination von reichem Stuckdekor und Bilderschmuck einen sehr feierlichen Eindruck erweckt haben. Die räumlich nächste Kirche mit der vergleichbaren Zusammenwirkung von Malerei und Stuck ist San Salvatore in Brescia, ein vom Langobardenkönig Desiderius 753 gegründetes Kloster. Die Rekonstruktion der Stuckverkleidung offenbart eine große Verwandtschaft mit San Pietro in Cividale/Friaul.

Ursprünglich war St. Benedikt vollständig ausgemalt, von diesem Bilderschmuck hat sich neben der Altarseite nur noch ein Rest auf der Nordwand erhalten. An die Gregornische knüpft die Gregorlegende mit zwei erhaltenen Bildregistern an. Im ersten Register schreibt Gregor unter den Einflüsterungen der Trinität, verkörpert von drei Tauben, an den *Dialogi*; im zweiten disputiert er mit Paulus Diakonus. Darauf folgen vier Paulusszenen, wobei die letzte sich auf

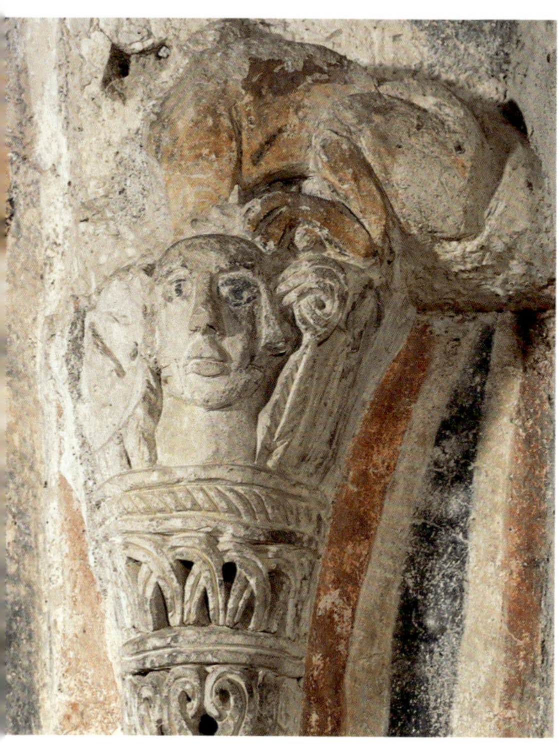

Rest der aufwändigen Stuckverkleidung.

das Rutenmartyrium des Paulus und seines Begleiters Silas bezieht. Auffallend ist die Körperfülle der Gezüchtigten.
Die unteren Bildregister sind kaum mehr lesbar, sie werden als Szenen aus dem Leben des heiligen Benedikt interpretiert; auf einem Bildrest erkennt man fragmentarisch drei Sensen und einen gebogenen Stiel. Sie könnten sich auf ein Benediktwunder beziehen: Ein Adeliger bringt seinen leblosen zwölfjährigen Sohn vor die Klosterpforte, man ruft nach Benedikt; der eilt von der Feldarbeit weg herbei und erweckt den Buben zum Leben. Ist es das Benediktwunder, dann wäre es, wie von der Forschung hervorgehoben, die erste Darstellung eines Benediktwunders als Wandmalerei überhaupt.
Fresken und Stuckdekoration werden kurz vor oder um 800 angesetzt, der Bau ist um die Mitte des 8. Jahrhunderts entstanden. Das Bild des weltlichen Stifters findet sich inzwischen in fast allen neuen Ausgaben deutscher und französischer Schulbücher zur karolingischen Epoche.

LITERATUR

Hans Nothdurfter: St. Benedikt in Mals; Tappeiner, Lana 2002

Elisabeth Rüber: Sankt Benedikt in Mals; Athesia, Bozen 1992

Katrin Roth-Rubi: Die frühe Marmorskulptur von Chur, Schänis und dem Vinschgau; Thorbecke Verlag, Osterfildern 2018

INFO

Ferienregion Obervinschgau
St.-Benedikt-Str. 1
39024 Mals
Tel. +39 0473 831190
www.ferienregion-obervinschgau.it

ST. VEIT AM TARTSCHER PICHL

Archaischer Kultplatz

Der bucklige Glatzkopf des Tartscher Pichls gehört zu den markantesten Landschaftsbildern des Vinschgaus. Der Sage nach soll hier einmal eine Stadt bestanden haben, die wegen der unsittlichen Lebensführung ihrer Bewohner vom Erdboden verschluckt wurde. Als man 1999 in den „Stocker Gruben" mit archäologischen Grabungen begann, stieß man auf die Fundamente von über 80 „rätischen Häusern". Die Siedlung hatte ihre Blütezeit in der Latènezeit (5. bis 3. Jh. v. Chr.) und wurde später zerstört. Sie muss eine wichtige Kultstätte besessen haben, auf welche die 1953 gefundene Votivgabe eines phallusförmigen Hirschhorns mit rätischer Aufschrift hinweist, die uns auch den ersten Vintschger namentlich überliefert: Riviselchu.

Das Christentum führte die Kulttradition an diesem markanten Ort weiter; von der vermuteten karolingischen Vorgängerkirche ist nichts mehr erhalten. Die heutige mauerumfriedete Anlage entstand um 1200 und bekam ihren Freskenschmuck um 1220. Wie ein Wächter aus dem Dunkel der Zeiten steht der romanische Glockenturm da und scheint durch die Schalllöcher seine beschwörende Schutzformel in das Land hinauszurufen. St. Veit wird als einer der 14 Nothelfer verehrt, er gilt bei der bäuerlichen Bevölkerung als Patron der Haustiere und seine Fürsprache wird angerufen gegen Unwetter und für eine gute Ernte. 1499 hätte der Heilige auf dem Pichl selbst Hilfe bitter nötig gehabt, als die siegreichen

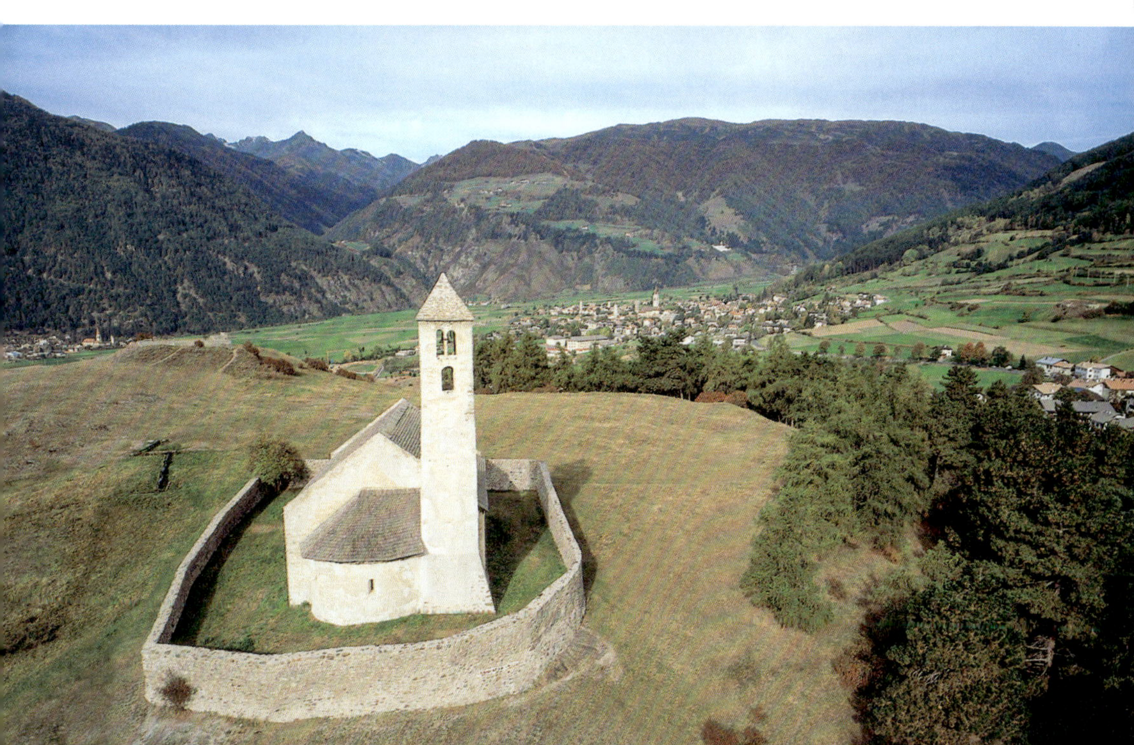

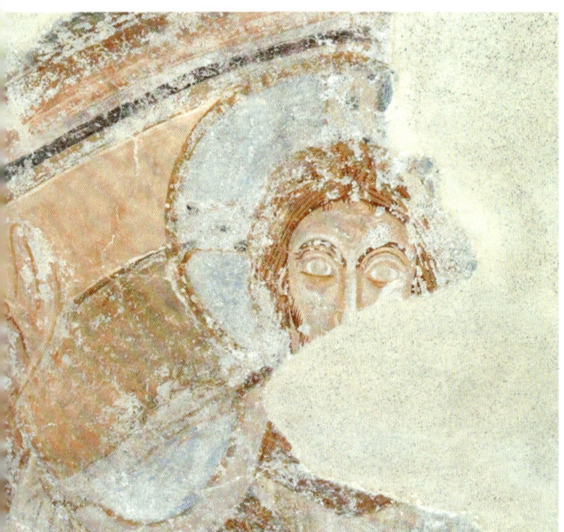

Majestas Domini. Die – leider nur fragmentarisch erhaltene – Christusfigur gehört zu den monumentalsten Christusdarstellungen in der Südtiroler Romanik.

Eidgenossen nach der Calvenschlacht im Blutrausch die wehrlose Bevölkerung niedermachten und Glurns und umliegende Ortschaften niederbrannten. Zusammen mit ihnen ging auch die Veitskirche auf dem Pichl in Flammen auf. Zehn Jahre danach ließ ein Kirchenprobst die Kirche wiederherstellen, wobei sie eine neue Holzdecke und die Seccomalereien an der Westwand bekam.

Heidnischer Kult und Henkerplatz

Der Pichl behielt trotz Christentum bis heute etwas von seiner alten heidnischen Kulttradition, alljährlich am „Kaassunnta", am ersten Fastensonntag, schlagen die Tartscher Burschen beim „Scheibenschlagen" glühende Holzscheiben hinaus in die Nacht und begleiten deren Flug mit alten Fruchtbarkeitsformeln. Es ist ein archaischer und anarchischer Ritus mit dionysischem Einschlag: Getrunken wird nicht wenig.

An der derselben Stelle, an der Westkante, gut sichtbar von Glurns aus, befanden sich der Galgen und die Hinrichtungsstätte des Glurnser Gerichts. Die Henker, von auswärts bestellt, walteten nicht immer mit dem nötigen handwerklichen Können ihres Amtes. 1660 wird der Regierung in Innsbruck gemeldet, dass der Henker „... die Malefizperson mit drei Schnitzern abscheulich enthauptet habe". Im Franzosenkrieg 1799 schlägt die plündernde französische Soldateska auf dem Pichl ihr Hauptlager auf, und in den Jahren 1938 bis 1942 wird der Pichl auf Befehl Mussolinis als Teil des Alpenwalls (*non-mi-fido* = Ich-trau-ihm-nicht-Linie) gegen den braunen „Freund" im Norden durchlöchert und ausgehöhlt – für endlose Kavernen und Treppenanlagen.

Die friedliche Bestimmung war und ist nach wie vor der St.-Veits-Markt am 15. Juni, Rossmarkt einst für eine inneralpine Koinee, als sich hier die Rosshändler aus dem Vinschgau, dem Veltlin, dem Engadin und dem Oberinntal einfanden und jenseits aller Sprachbarrieren – so es sie denn gab – im praktischen (Ross-)Handel die Absurdität von Staatsgrenzen bewiesen.

Monumentaler Christus

Im Zuge der Kirchenrestaurierung 1999/2000 wurden die Reste der romanischen Fresken vollkommen freigelegt. In der Apsiskalotte erscheint Christus als Pantokrator, in der linken das Buch haltend, die rechte Hand segnend erhoben. Obwohl nur fragmentarisch erhalten, ist dieser Christus der monumentalste im romanischen Freskenschatz Südtirols und es fällt schwer, sich als Betrachter seinem Bann zu entziehen. Eine Rekonstruktion des Bildprogramms ist nur ansatzweise möglich, die unterste Zone dürfte dem Kampf zwischen den Lastern gegolten haben (Leo Andergassen); den Mittelbereich könnte eine Apostelreihe geschmückt haben, wobei die beiden äußeren Figuren vielleicht mit dem Leben des Heiligen in Verbindung zu bringen sind. Es lohnt, sich kleinen Details zu widmen wie dem mit Blümchen besetzten Boden, der Rankenverzierung in der Fensterlaibung oder dem zum Kampf rufenden Hornbläser. Man wird Verwandtes erkennen. Die Kampfszenen erinnern an Hocheppan, während Christuskopf und Blümchen auf die künstlerische Nachfolge der Marienberger Stiftskirche verweisen. Der Flügelaltar von Ivo Striegel wurde entfernt und aus Sicherheitsgründen verwahrt, zu sehr hatte er die Begehrlichkeit der Kunsträuber gelockt. Eine Flügelaußenseite des inzwischen sichergestellten Altars trägt die Darstellung der Verkündigung, in der der Erzengel Gabriel, während er der Jungfrau erscheint, die Züge Kaiser Maximilians trägt. Gescheiter wäre gewesen, Maximilian wäre 1499 mit einem ordentlichen Heer vor Calva erschienen, dem Vinschgau und dem Tartscher Pichl wäre viel Leid erspart geblieben.

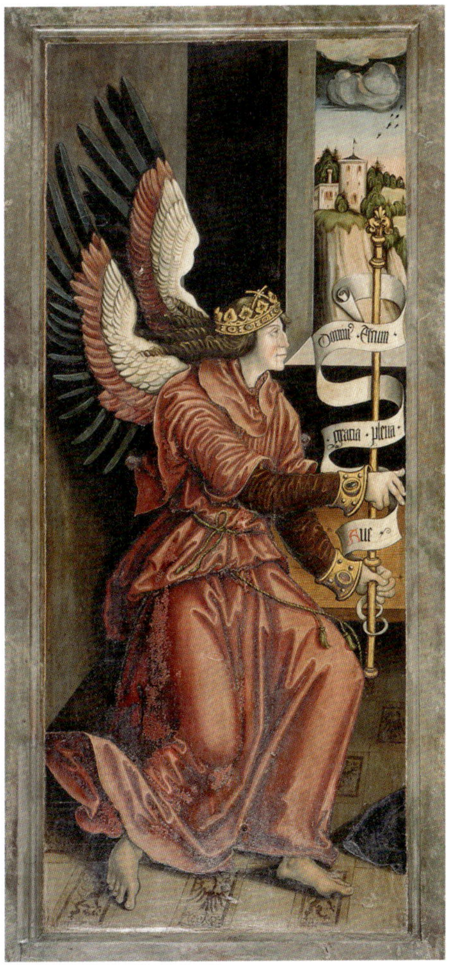

Beim Verlassen der Mauerumfriedung und vorbeigehend am alten Baum die Frage: Was wissen Bäume vom Fatum und der Magie eines Ortes?

P.S. Die ungewohnte Schreibweise Pichl ist eine orthografische Reverenz an die Namensgebung aus dem Obervinschtger Dialekt, der mit einem hochdeutschen „Bühel" nichts anzufangen weiß.

INFO

siehe Ferienregion Obervinschgau

ST. LEONHARD, ST. COSMAS UND DAMIAN – LAATSCH

Von Schmuggel-Heiligen und Inkubationsschlaf

Die Leonhardskirche ist genauso verwinkelt und doppelbödig wie die Geschichte des Oberen Vinschgaus selbst. Dazu kommt noch, dass die alte Straße die Kirche unter einem Tonnengewölbe unterquert. Der Sage nach habe man die Kirche erhöht hingebaut, um sie vor der unberechenbaren Etsch zu schützen. Eine andere Erklärung findet sich im mittelalterlichen Brauch, unter einem Reliquienschrein hindurchzukriechen, um dabei Schutz und Gaben des Heiligen zu erlangen. Wenn dem so ist, dann hatte St. Leonhard als der Schutzpatron der Fuhrleute in Laatsch genug zu tun, führte doch der Warenweg vom Reschen ins Engadin durch das Dorf. Lange stritten sich Glurns und Laatsch wegen der Salzniederlage, denn Glurns pochte auf das alleinige Recht, alles Salz, das von Hall ins Land kam, in Glurns zu lagern und zu verkaufen. Für die Fuhren ins Engadin hätte das einen Umweg und zusätzlichen Zoll bedeutet, den die Fuhrleute über Laatsch – unter St. Leonhard hindurch – umgingen.

Der heilige Leonhard war der Schutzpatron der Fuhrleute

Dann war da der rege Schmuggel mit Wein aus dem Veltlin, der ebenso unter dem Heiligen hindurch zog. So gesehen machte man den guten heiligen Leonhard zum Komplizen für Geschäfte in der legalen Grauzone.

Die Laatscher selbst scheinen zum Leonhard einen sehr pragmatischen Bezug gehabt zu haben. Die lange Kette, die als Zeichen des heiligen Leonhard den Kirchenbau umspannte, verwendeten sie bei der großen Etschüberschwemmung 1855 als „Wehr“-Material. Die verbliebenen Reste der Kette nagelten sie dann an den Chorbogen, wo sie heute noch hängen.

Damit sind wir im Inneren der Oberkirche, die wir von der Bergseite betreten haben. Der Raumeindruck ist eigenartig, das südliche Kirchenschiff wirkt, als sei es in einer späteren Zeit dazu gebaut worden. Der jetzige Bau wurde um 1408 begonnen, als Steinmetz war Peter Kofel tätig. Das Gratgewölbe wirkt schwer, obwohl die Malereien

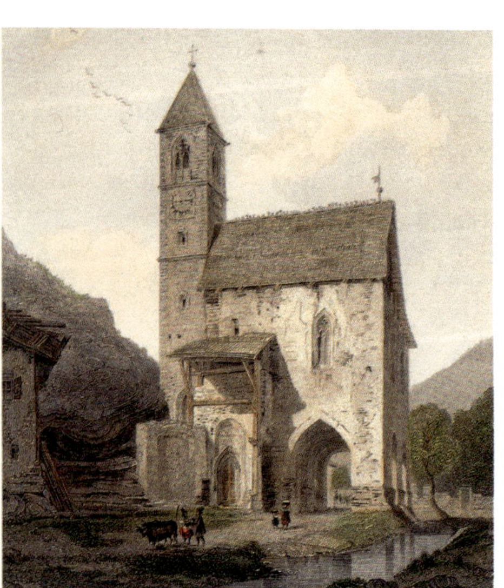

Links: Historische Abbildung.

Rechts: Der Flügelaltar in der Leonhardskirche.

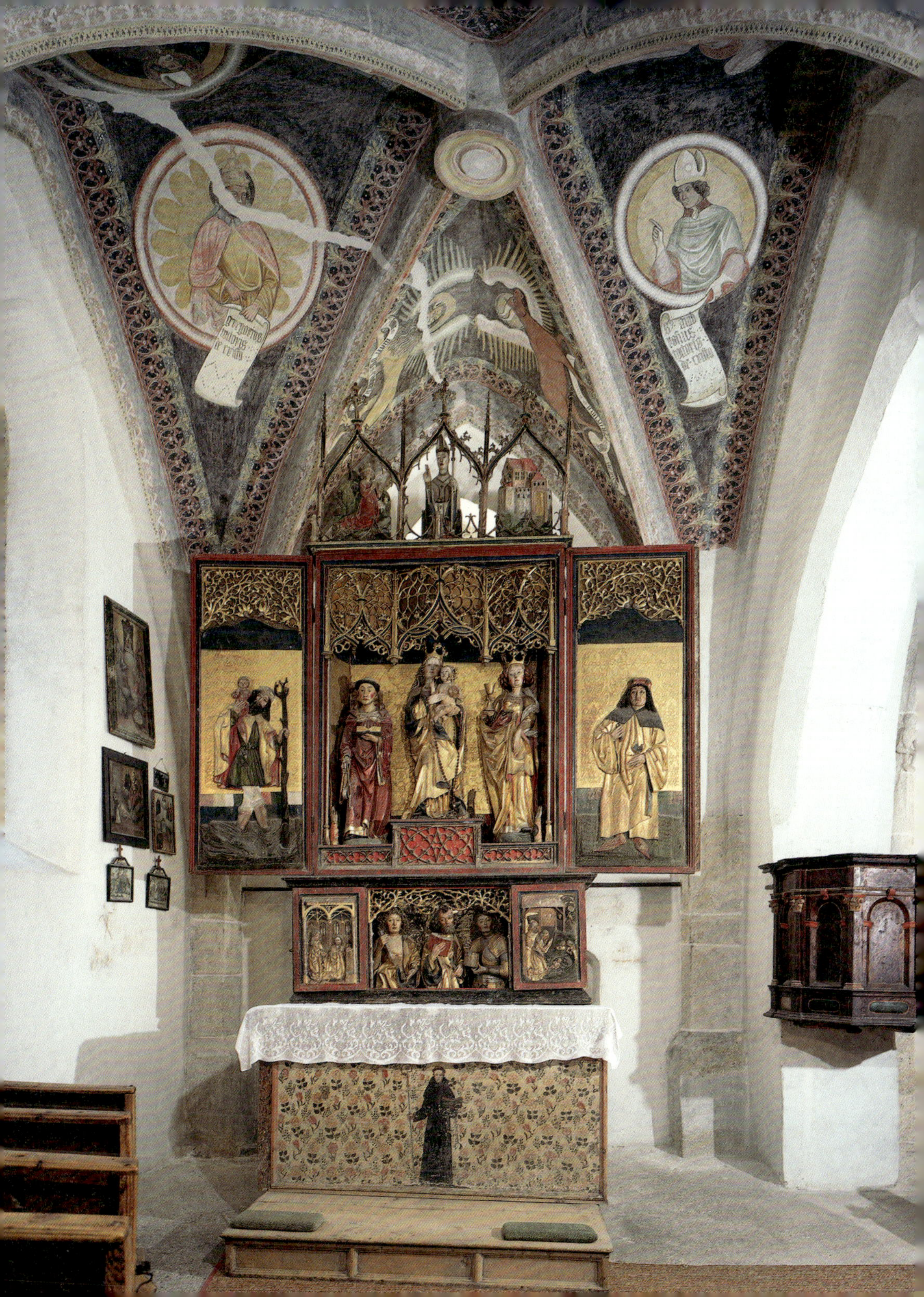

mit den Evangelistensymbolen und den Kirchenvätern und mehr noch die kunstvollen Zierbordüren den Gurten viel an Schwere nehmen. Die ausführenden Künstler kamen, wie vieles in dieser Gegend, aus der Lombardei – über Bormio herüber.

Der Flügelaltar stammt aus der älteren Schnatterpeckwerkstatt, allerdings sind die Figuren nicht einheitlicher Herkunft. Im Gesprenge sitzt ein Nikolaus aus dem beginnenden 14. Jahrhundert, seitlich davon sind die Begleitfiguren einer Georgslegende mit der geretteten Jungfrau und deren Eltern in der Burg zu sehen. Im Schrein thront Maria umgeben von Leonhard und Barbara, wobei Letztere zusammen mit Sebastian und Florian in der Predella schwäbische Arbeiten sind. Petrus in der Predella ist ein Werk von Hans Klocker. Die verschiedene Herkunft der Figuren lässt sich vielleicht dadurch erklären, dass St. Leonhard in der Calvenschlacht 1499 arg in Mitleidenschaft gezogen wurde – und dadurch auch bei den Heiligen einiges durcheinandergeriet. Maria und die beiden Reliefs auf den Flügelinnenseiten sind original.

Der barocke Seitenaltar birgt eine schöne gotische Madonna schwäbischer Herkunft, die um 1500 entstanden ist. Der Altar selbst ist eine Stiftung der Grafen Khuen Belasi von Lichtenberg aus dem Jahr 1687 und trägt deren Wappen. Die Bilder aus dem Leben des heiligen Leonhard auf der Südwand malte 1609 der Brixner Künstler Hans Jakob Greiter, der auch auf der nahen Fürstenburg tätig war.

Im Schrein thront Maria umgeben von Leonhard und Barbara

Einen Besuch wert ist die kleine Unterkapelle neben der Durchfahrt, im Volksmund Gruft genannt, was den Raumeindruck bestens beschreibt.

Heilschlaf und Eisenkühe

Etwas außerhalb des Dorfes an der Straße Richtung Taufers steht neben der St.-Cäsarius-Kirche die Kapelle der heiligen Cosmas und Damian. Es handelt sich dabei um ein einfaches, vorbildhaft restauriertes Quellheiligtum. Es besitzt im Untergeschoss sogar noch das gemauerte Wasserbecken, in das die Wallfahrer stiegen oder dessen Wasser sie tranken. Manche Wallfahrer/-innen bestrichen mit dem Wasser bresthafte Stellen und Glieder, andere hüllten sich in wassergetränkte Tücher, begaben sich in den Profanraum des Obergeschosses und erwarteten im Inkubationsschlaf (Heilschlaf an einem geheiligten Ort) Heilung und Genesung.

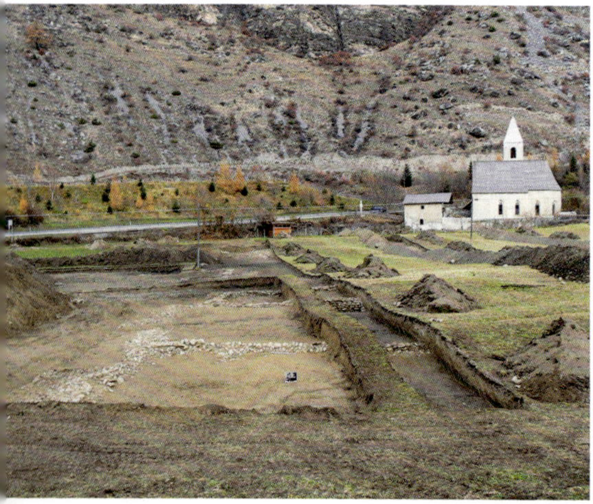

Die Ausgrabungen 2009.

Der spätgotische, wieder entdeckte Flügelaltar von 1492, der einmal auf der Altarmensa stand, ist in der Neuen St.-Thomas-(Becket)-Kirche am Friedhof ausgestellt. Einige Votivgaben hat man vor Ort belassen; sie bezeugen den Glauben an die Wunderkraft der seit Jahrzehnten versiegten Quelle und das Vertrauen in die Heilkraft der heiligen Ärzte Cosmas und Damian.
Die Örtlichkeit St. Cäsarius in Flutsch hatte immer schon eine besondere Aura: Die Kirche, im Engadinerkrieg 1499 zerstört, wurde 1519 in schlichter Gotik neu errichtet. Der Flügelschrein, vorbildlich restauriert, trägt Maria, Cäsarius und einen Bischof, als Schreinwächter erscheinen die Churer Bistumspatrone Lucius und Florinus. Die Reliefs der beiden Altarflügel wurden 1969 gestohlen. In der Predella entfaltet sich eine Anbetung der Könige.
Flutsch ist ein ganz besonderer Ort. 2009 kamen bei Grabungsarbeiten für die Beregnungsanlage die Reste einer ausgedehnten spätrömischen Straßensiedlung mit interessanten Funden ans Tageslicht. Die Via Claudia Augusta wird greifbar.

LITERATUR

Mercedes Blaas: Dorfbuch Laatsch; Lana 1998

St. Cosmas und Damian in Laatsch; Der Schlern 2001, Heft 8

Andreas Paulmichl, Franz Josef Paulmichl: Die Kirchen und Kapellen der Pfarre Laatsch

INFO

siehe Ferienregion Obervinschgau

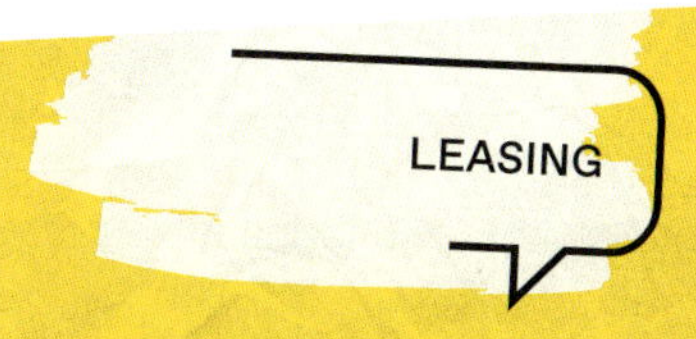

Falls Sie beim Weggehen irgendwelchen Rindviechern begegnen, eine Frage: Wissen Sie, was „Eisenkühe" sind? Nein? Ganz einfach, das waren von frommen Stiftern der Leonhardskirche gespendete Kühe, die gegen eine bestimmte Abgabe der ärmeren Bevölkerung zur Nutzung überlassen wurden.

Vinschger Paarl
Die Bäckerei Schuster in Laatsch hat sich der alten Vinschger Backtradition verschrieben. Dazu gehört das Vinschger Paarl, ein Roggenbrot aus zwei handtellergroßen Brotlaiben gefügt, vorzugsweise aus einheimischem Roggen. Herübergerettet in unsere Zeit hat die Bäckerei das „Palapiirabrout" mit „Piiraschnitz", getrockneten Schnitten der Palabirne, die im Oberen Vinschgau ihr letztes Rückzugsgebiet hat. Der Vinschgau war einmal „Die Kornkammer Tirols" und vor Jahrzehnten bestimmten wogende Kornfelder das Landschaftsbild. Der „Oberwind" von der Malser Haide herunter hieß damals auch der „Kournvootr" (Kornvater).

Die Welt der Alten
Das Heimatmuseum von Laatsch, mit Gebrauchsgegenständen und Arbeitsgeräten aus früheren Jahrhunderten, die Herr Norbert Schuster in jahrzehntelanger Sammelarbeit zusammengetragen hat.

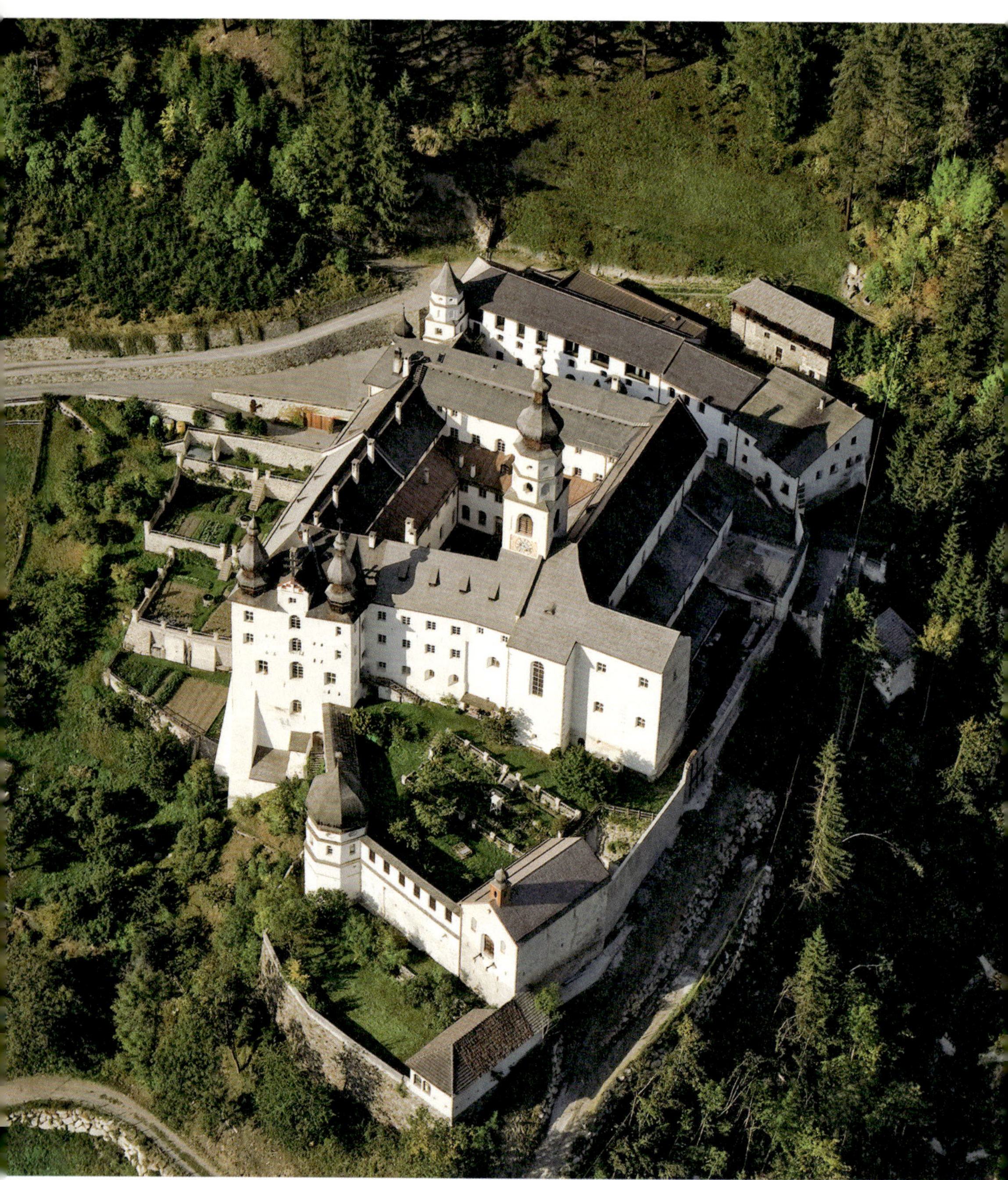

MARIENBERG

Näher ist der Himmel in den Bergen

Wenn es sich nur irgendwie machen lässt, steige man zu Fuß von Burgeis zum Kloster hinauf. Man wird dabei etwas vom Geheimnis der Landschaft erfahren, das die Mönche schon vor über 900 Jahren veranlasste, sich in dieser Berggegend niederzulassen. Es ist ein Steigen in der Zeitlosigkeit auf einem jahrhundertealten Weg, bald begleitet vom Rauschen des Almainabachs in der Tiefe.

Marienberg hat zwei Seelen: die einfache, mystische einer kleinen Klostergemeinschaft und die der *ecclesia triumphans*, die in weißem Barock stolz und landesfremd aus der Bergflanke leuchtet. Beim Anblick der Mauern, die aus dem Waldesdunkel wachsen, erahnen wir etwas von den bescheidenen Anfängen. Mit dem Bau wurde 1146 im nahen St. Stefan begonnen, nachdem zwei vorhergehende Gründungen nicht hatten wachsen wollen. Auch an dieser Stelle wollte die Gründung nicht wachsen, Wurzeln schlagen konnte sie erst 3 Jahre später an der heutigen Stelle.

Der Konstanzer Jesuitenbruder Paul Pock malte die Fassade der Stiftskirche

Die ersten Äbte und Mönche kamen aus dem süddeutschen Kloster Ottobeuren. Der Gründer Ulrich von Tarasp hatte sich für die junge Gemeinschaft nach Schutzherren umgesehen und die mächtigen Matscher Grafen als Vögte eingesetzt. Aus deren anfänglich schützender Hand wurde bald eine gewalttätige Faust, die brutal auf die Gemeinschaft niederfuhr, das Kloster plünderte und einen Abt ermordete (die abgeführte Beute ist minutiös im Museum aufgelistet).

Aus der wechselvollen mittelalterlichen Geschichte Weniges: Ein Brand wütet bis in die Grundmauern, doch bleiben die grob behauenen Tragebalken des tiefsten Geschosses aus der Gründerzeit erhalten, die „Schloràtsch" (scolaraccia = Schule) bringt Vinschger Bauernbuben Lesen, Schreiben und Latein bei (auf dass sie Mönche werden), und der Chronist Goswin schreibt über die Geschichte des Klosters, die Geschicke der noch jungen Grafschaft Tirol und über die Pest. Die Bauernkriege und die folgenden Wirren der Reformation ziehen das Kloster derart arg in Mitleidenschaft, dass es kurz vor der Auflösung steht. Doch dann erkennt man, ganz oben in der Kirchenhierarchie, dass man hier etwas tun muss in *„confinibus haereticorum"* – an der Grenze zu den Häretikern, den Calvinisten der nahen Eidgenossenschaft. Denn als die Prediger aus der nahen Schweiz auf Rätoromanisch die neue Lehre verkündeten, fanden sie bei der rätoromanisch sprechenden Bevölkerung großen Zulauf. Abt Matthias Lang (1615–1640), herbeigerufen aus dem Kloster Weingarten, ging mit äußerster Härte gegen das Rätoromanische, die „barbarisch engadainerische Sprach" vor, verbot als Grundherr seinen Untergebenen Ehen mit Engadinern. Und die Kinder der umliegenden

Marienberg aus der Luft. Ursprünglich sollte die Basilika einen zweiten Turm erhalten.

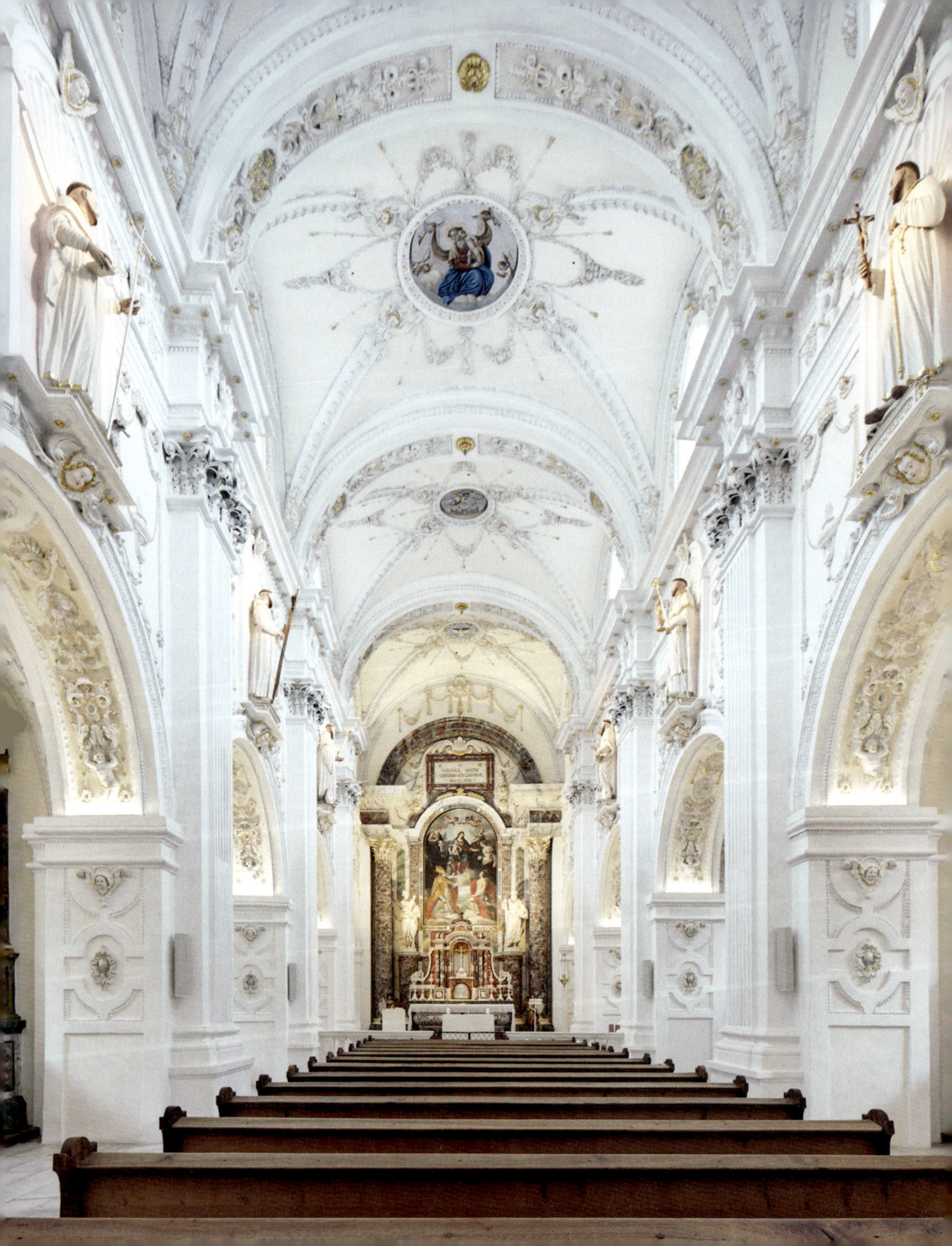

Ortschaften bekamen deutsche Schulmeister. Denen gelang es bei aller deutschen Gründlichkeit zwar, den Kindern das Rätoromanische fast völlig auszutreiben, doch nicht, den Vinschger Dativ auszurotten: I hon diar gearn – und so wird's wohl bleiben. So viel als sprachliche Marginalie.

Stolzer Bau

Abt Matthias Lang wird zum zweiten Klostergründer und auf ihn geht der heutige Bau zurück. Dessen Anblick von der Straßenseite her hat etwas von einer Offenbarung: Der Bau inszeniert sich stolz als Gottesburg der *ecclesia triumphans* mit wuchtigen Subkonstruktionen und strengen Fensterreihen. Der große Hof, der den Besucher aufnimmt, atmet wieder mehr in benediktinischer Nüchternheit, ein Brunnen plätschert, irgendwo schlägt eine Turmuhr: Die Zeit rinnt anders.

Frontal gegenüber zur ehemaligen Klosterbäckerei, durch den Innenhof getrennt, befindet sich der Eingang zur Stiftskirche. Vielleicht kein Zufall, dieses Vis-à-vis von (ehemaliger) Bäckerei und Stiftskirche, denn die geniale Regel des heiligen Benedikt versteht sich auf beides, auf das leibliche und auf das geistige Wohl. Der Konstanzer Jesuitenbruder Paul Pock

Links: Die barockisierte Basilika lässt die romanische Struktur noch erkennen.

Unten: Die Krypta, erster Betraum der Mönche, coram angelis.

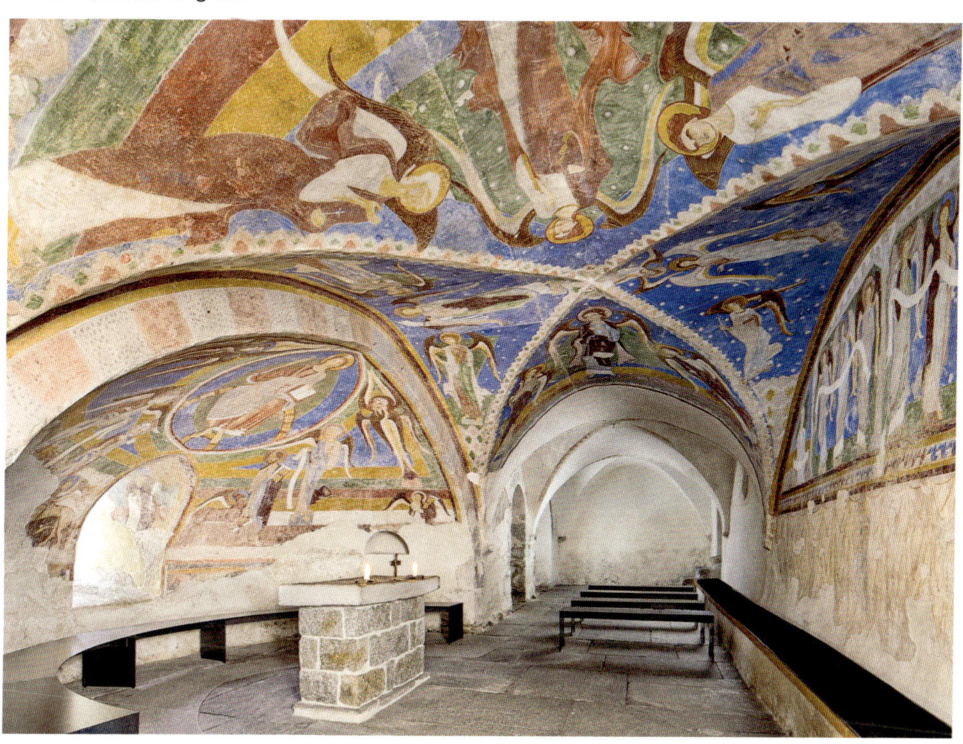

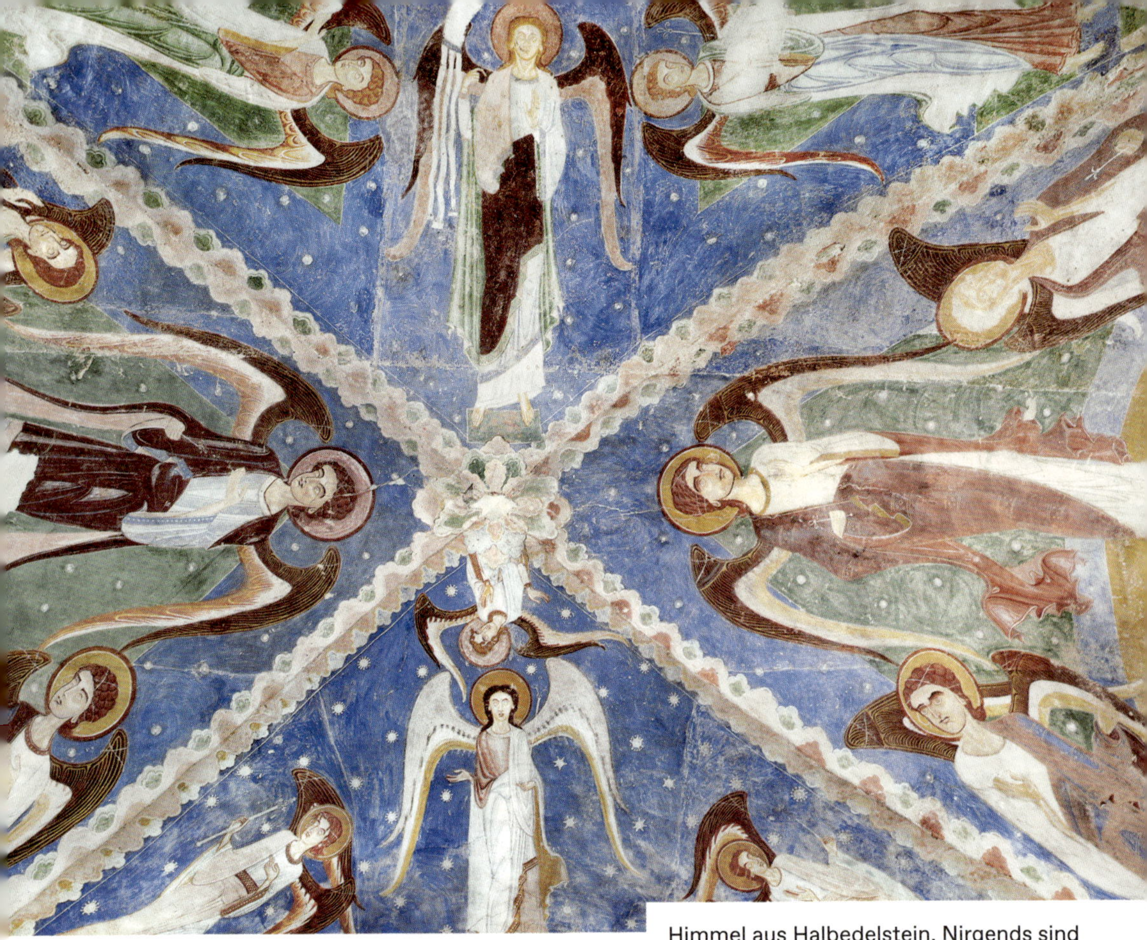

Himmel aus Halbedelstein. Nirgends sind die Engel schöner. Das Blau ist gestoßener Lapislazuli.

malte die Fassade; die Madonna im Tympanon des schlicht gelaibten romanischen Portals in der Vorhalle gehört zu den eindrucksvollsten Stücken des sogenannten „Weichen Stils" in Südtirol.

Der barock gestaltete Innenraum lässt die ursprüngliche romanische Baustruktur noch klar durchscheinen. Um 1150 wurde der Bau begonnen und 1201 geweiht. Das heutige Aussehen verdankt der Innenraum dem Abt Jakob Grafinger aus Ottobeuren, der den Umbau zwischen 1643 und 1648 durchführen ließ. Die kühle, weiß goldene Farbfassung vermittelt eine gewisse Leichtigkeit, die durch Girlanden tragende Putten noch verstärkt wird: ein bisschen ortsfremd gewiss diese Renaissance-Nackedeis da oben, wo es neun Monate Winter und drei Monate kalt ist. Das Hochaltarblatt mit Madonna und den zwei Sebastianen stammt von Tobias Bock.

Im Beisein der Engel

Im ehemaligen Wirtschaftstrakt wurde ein Museum eingerichtet, in dessen Schauräumen Klosterleben, Klostergeschichte und Kunstwerke gezeigt werden. Das romani-

sche Freskofragment eines Marienkopfes aus der Stiftskirche gehört zu den interessantesten Exponaten.
In der Krypta weht die Mystik des Mönchtums. Die Fresken gehören zum Schönsten, was die Romanik in Südtirol zu bieten hat. „Coram angelis", im Beisein der Engel will ich dir lobsingen, beten die Mönche und den Betrachtern tut sich ein himmlisches Jerusalem auf, Engel als himmlischer Thronstaat schweben im Himmelsblau aus feinstem Lapislazuli und Christus erscheint als Pantokrator. 1167 bis 1177 entstanden, verarbeitete ihr Meister komplexe Einflüsse, die vom süddeutschen (Ottobeuren) bis in den Kölner Raum verweisen – der Stifter Ulrich III. schenkte die Reliquien der heiligen Panafreta und Climaria von Köln –, aber auch byzantinische Vorbilder erkennen lassen.

Die Engel im mittleren Gewölbejoch schweben im intensiven Blau des Sternenhimmels aus feinstem Lapislazuli

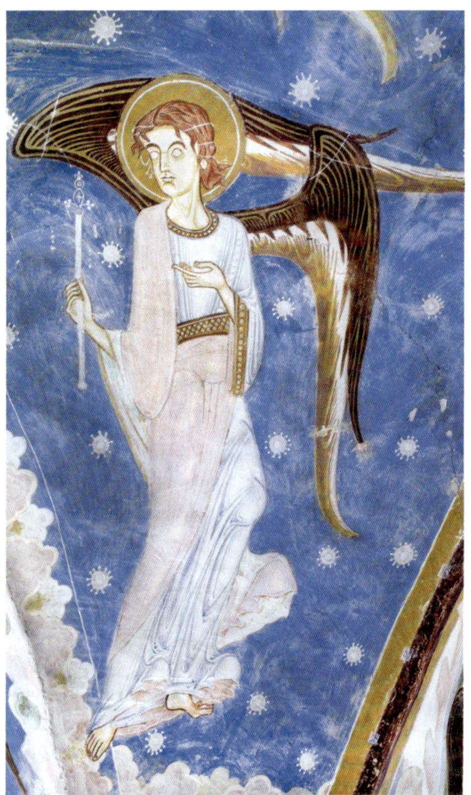

Im Zuge des barocken Umbaus der Stiftskirche wurde die Krypta in der Art eines Columbariums zur Begräbnisstätte umfunktioniert. Der Engelsreigen und der thronende Christus verschwanden unter einer dicken Schicht aus Kalktünche und es erklang nur noch das *requiem aeternam*, bis Abt Leo Treuinfels 1887 die Kalktünche entfernen ließ und staunend zu dem majestätischen Antlitz Christi und den schwebenden Engel aufblickte. Der Fund machte in einschlägigen Kunstkreisen und im fernen Wien sofort Furore. Aber es war nur die Hälfte der Fresken freigelegt. 1980 wurden die Grüfte unter Abt Stefan Pamer entfernt, die Toten nach päpstlicher Erlaubnis nach St. Stefan umgebettet. Die wiederentdeckten Bilder übertrafen alle Erwartungen: Die Farben leuchteten derart frisch, als seien sie erst vor kurzem angebracht worden.
Die gesamte bildnerische Ausgestaltung orientiert sich an der Majestät Christi, der im Bogenfeld der Hauptapsis mit erhobener Segenshand und aufgeschlagenem Buch ehrfurchtgebietend thront. Weit geöffnet sind die Augen unter hohen Brauen und verschlossen ist der Mund in dem ovalen Gesicht. Zwei sechsflügelige Seraphim als Thronwesen Gottes flankieren Christus, den Pantokrator. Darunter erscheinen die

Apostel Petrus und Paulus, Fähnchen tragende Engel und die Evangelistensymbole. Gerade noch erkennbar auf der linken Seite unter dem braunen Farbstreifen ist das Gesicht eines betenden Mönchs, vielleicht das des Abtes, als die Fresken gemalt wurden.

Die Engel im mittleren Gewölbejoch schweben im intensiven Blau des Sternenhimmels aus feinstem Lapislazuli. Es sind wunderschöne Wesen mit großen Augen in wallenden kostbaren Kleidern, in eleganten Gesten und fließenden Körperlinien, mit kunstvollem Haarschmuck und feinen Haarbändern. Sie halten weiße Kreuzstäbchen als Hoheitszeichen und blicken alle auf Christus. Bis auf den einen, der mit schreckensgeweitetem Blick nach Westen schaut: Was hat er gesehen, wovon wendet er sich ab?

Bei genauerem Hinsehen erkennt man die jeweiligen Tagewerke, Feinputzflächen, die im Laufe eines Tages in Freskotechnik bemalt wurden. Insgesamt 33 Tagwerke lassen sich ausmachen. Die Farben bestehen aus Lapislazuli, dem blauen Halbedelstein, gelbem Ocker, dem Rot aus Eisenoxyd, dem Grün aus Terraverde, für das zarte Rot sorgte Zinnober. Wir wissen nicht, woher der Meister kommt, ein begnadeter Meister ist er jedenfalls, der die schönsten Vorbilder seiner Zeit, auch die byzantinischen, kannte und verinnerlicht hatte. Noch kostbarer und eleganter müssen

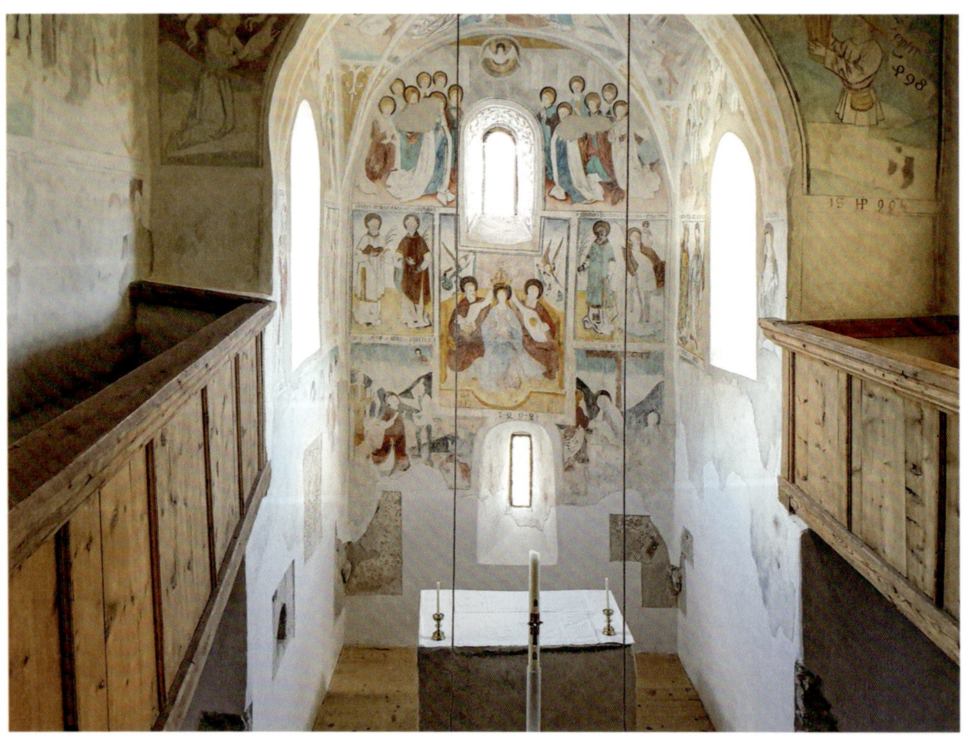

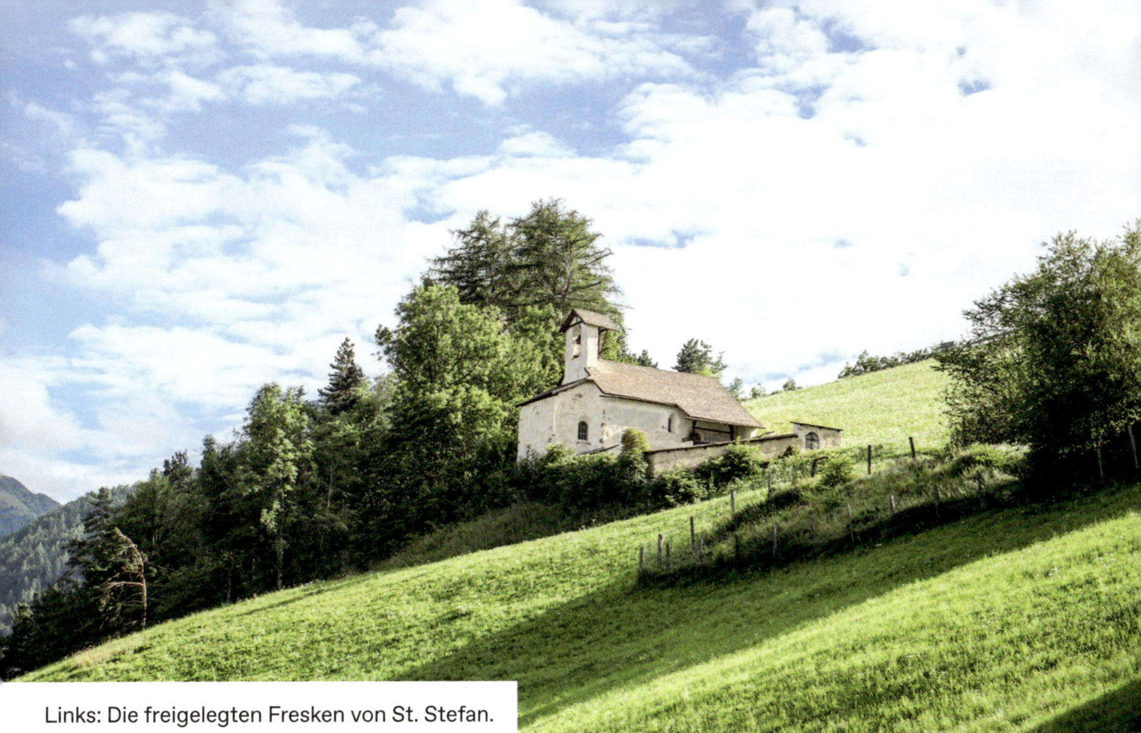

Links: Die freigelegten Fresken von St. Stefan.

Oben: Die kleine Kirche diente den Mönchen aus Scuol (Unterengadin) vor/während dem Bau von Marienberg als vorübergehender Klosterersatz (ca. 1146–1150).

die Bilder in der Basilika gewesen sein, die wenigen Fragmente belegen europäisches Format: Die hohe Qualität erklärt sich auch mit der geografischen Bedeutung des Klosters auf der europäischen Nord-Süd-Verbindung zur Gründungszeit.

Die Westwand stellt das himmlische Jerusalem dar, wo zwei Engelsgruppen mit leeren Schriftbändern stehen, während im Vorhang darunter ein Mönch als Pförtner erscheint. Auf der gemauerten Bank unter dem Vorhang nahmen einmal die Mönche Platz.

Nirgendwo in Europa ist man den Engeln so nahe; der Raum mit einer Scheitelhöhe von knapp drei Metern müsste eigentlich bedrückend wirken, doch man steht da und hat das Gefühl, als weite sich der Raum über einem. Manchmal ergibt sich die Möglichkeit, das Gebet der Mönche unter dem himmlischen Thronstaat der Engel in der Krypta mitzuerleben. Es ist dieses Geheimnis des Geistigen, diese räumliche Nähe zu Christus und den Engeln während des mönchischen Gottesdienstes, in der der wahre Sinngehalt der Bilder zu suchen ist. Das Kunsterlebnis ist dann nur das kleinere Geschenk. Das Große ist die Ahnung von Mystik und Spiritualität. Sie schwingt lange nach beim Weggehen. Dem Abschied sei ein Distichon mit auf dem Weg gegeben, das eine Sonnenuhr im Innenhof des Kreuzgangs schmückt: *passibus ut tacitis haec transit mobilis umbra – sic transit qiudqiud mobilis orbis habet*: Wie mit leisen Schritten dieser bewegliche Schatten vorübergeht, so vergeht alles, was der Erdkreis an Beweglichem besitzt.

LITERATUR

Helmut Stampfer: Romanische Wandmalerei im Vinschgau. Die Fresken der Krypta Marienberg und ihr Umfeld; Bozen 2018

900 Jahre Marienberg; hrsg. vom Südtiroler Kulturinstitut, Lana 1996

INFO

Benediktinerstift Marienberg
Schlinig 1
39024 Mals
Tel. +39 0473 843980
www.marienberg.it

Im ehemaligen sanierten Wirtschaftstrakt sind heute untergebracht: Museum, Gästezimmer und Seminarräume

Öffnungszeiten Museum „Ora et labora“: 15. März bis 31. Oktober und 27. Dezember bis 5. Januar, Montag bis Samstag 10–17 Uhr, Sonn- und kirchliche Feiertage geschlossen

Das Führungsangebot für die Krypta, die Bibliothek, das Schaudepot und die Kirche St. Stephan finden Sie hier: www.marienberg.it

Gästezimmer: 8 Einzelzimmer und 1 Zweibettzimmer, Übernachtung mit Frühstück, Möglichkeit der Teilnahme am Stundengebet

In der ehemaligen Säge befindet sich das Klostercafé „InVito“: 1. Mai bis 31. Oktober, Montag bis Samstag 10.30–17.30 Uhr, Sonn- und kirchliche Feiertage geschlossen

Stiftskirche: ganzjährig 7–20 Uhr frei zugänglich

Kloster auf Zeit – eine besondere Auszeit: Männer bis 40 Jahre haben die Möglichkeit, für eine gewisse Zeit am Leben der Klostergemeinschaft teilzunehmen. Sie erleben den Alltag im Kloster, nehmen an den gemeinsamen Gebeten teil, helfen bei den anfallenden Arbeiten und werden während ihres Aufenthalts vom Gastpater begleitet.

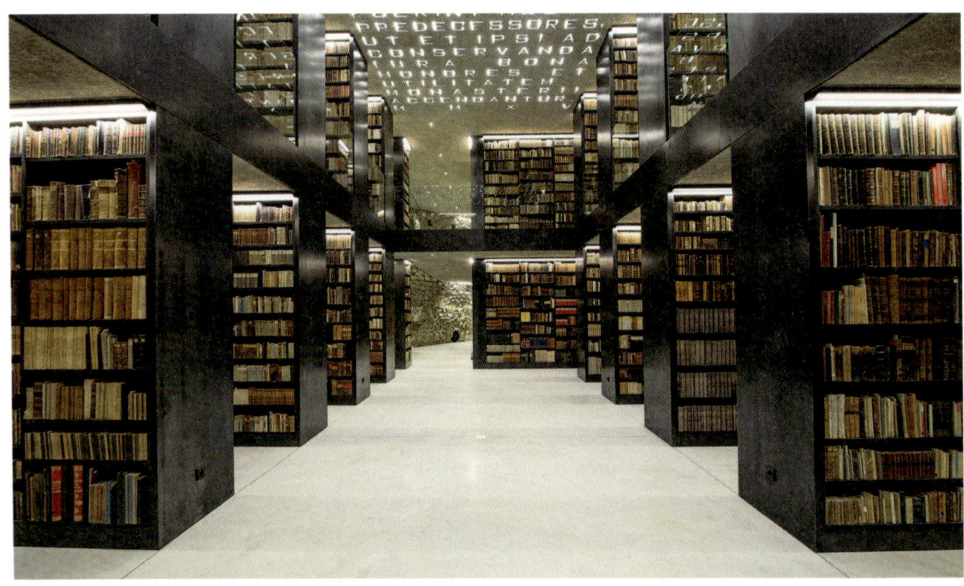

ST. NIKOLAUS – BURGEIS

Der Herr und der Narr

St. Nikolaus in der kleinen Kirche am Nordostrand von Burgeis hatte einmal die Aufgabe, den Ort vor den unberechenbaren Wassern der Etsch und vor der gefürchteten Plawenner Mure zu beschützen. Vom ursprünglichen Bau haben sich die Rechteckapsis im Erdgeschoss des Glockenturms und die Ost- und die Nordmauer erhalten. Die Weihinschrift in Majuskeln an der Ostwand spricht davon, dass Bischof Heinrich von Chur 1199 die Kirche geweiht, mit Reliquien versehen und mit Abgaben an die Kirche ausgestattet habe. Bischof Heinrich war aber bereits 1193 verschieden: wie also dieses Weihedatum? Scharfe Zungen würden wieder einmal behaupten, im Vinschgau nehme man es mit der Wahrheit nie so ganz genau.

Die Christusfigur hier trägt einen edlen und strengen Gesichtsausdruck

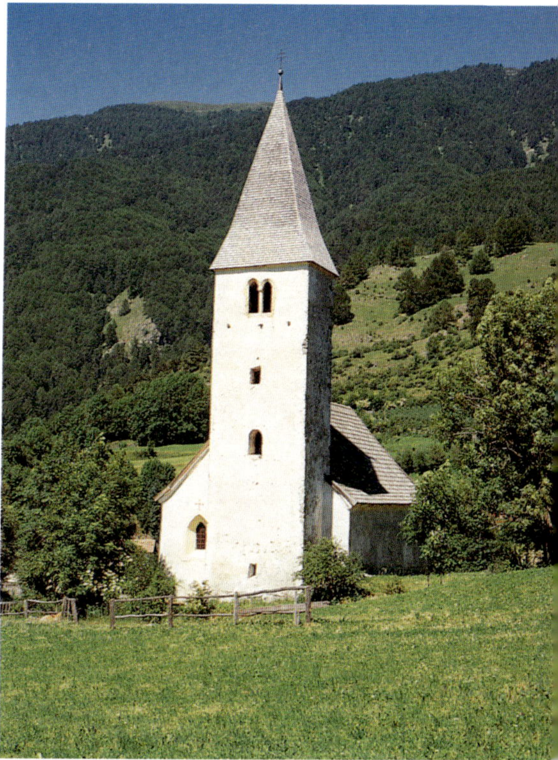

St. Nikolaus sollte Burgeis vor Muren schützen.

Der thronende Christus im Tonnengewölbe erscheint – in so einem Landkirchlein – mit ungeahnter Majestät. Die eine Hand ist zum Segensgestus erhoben, mit der anderen ein geschlossenes Buch haltend, sitzt er Ehrfurcht gebietend auf einem Thron, während seine Füße auf einem mit kostbarem Stoff bezogenen Schemel ruhen. Der Pantokrator lässt zwar den Einfluss zu jenem in der Krypta von Marienberg erkennen, aber es gibt wesentliche Unterschiede: Das Buch ist hier geschlossen und Christus sitzt auf einem Thron, zudem sind die Farben von Unterkleid und Mantel – blau und rot – vertauscht. Weit stärker jedoch klafft die stilistische Qualität auseinander. Die Christusfigur hier trägt einen edlen und strengen Gesichtsausdruck, sie ist wesentlich plastischer modelliert, man betrachte nur den eleganten Faltenwurf des Unterkleides, und der Einfluss byzantinischer Kunst ist unverkennbar. Damit kann auch das Vorbild, besonders nach den spektakulären Freskofunden in St. Jakob in Söles und den (wenigen) Freskoresten aus der Stiftskirche in Marienberg neu bestimmt

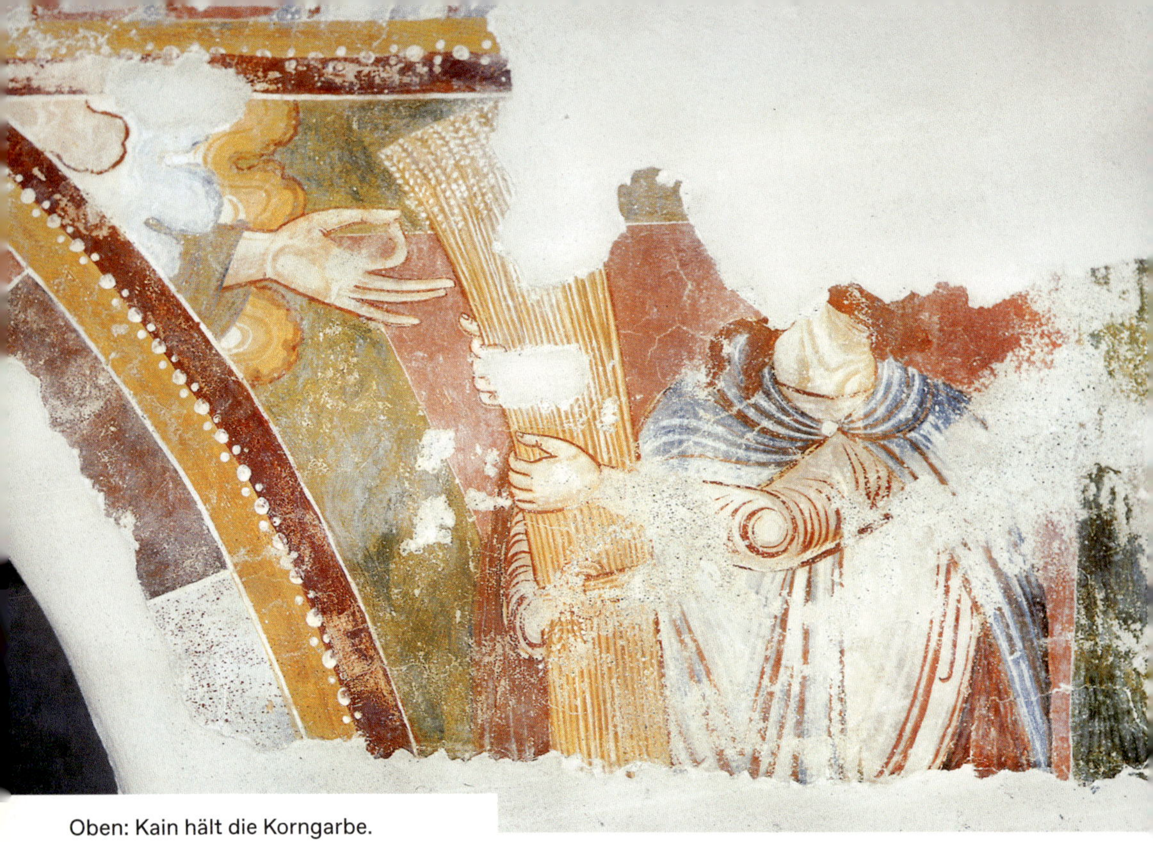

Oben: Kain hält die Korngarbe.

Unten: Rätselhaft. Der Körper der großbusigen Sirene läuft in einen Fischleib aus. Gestik und Ausdruck sind schwer zu deuten.

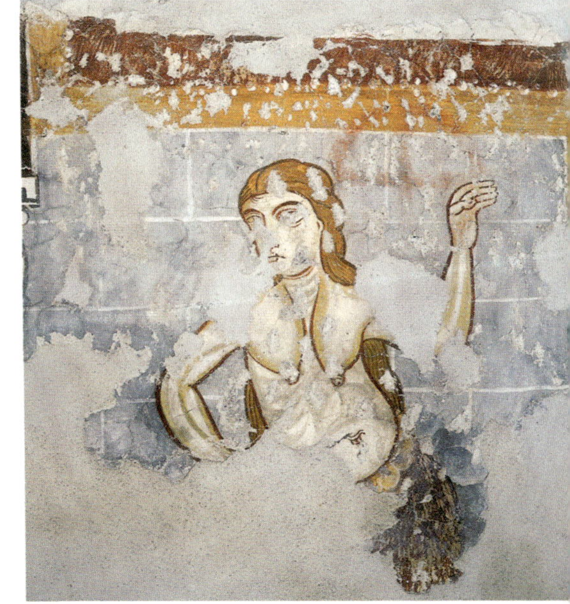

werden. Es ist die Ausmalung eben jener Stiftskirche, deren byzantinische Kunstsprache eine enorme Ausstrahlungskraft besessen haben muss. Mag die großartige Komposition des Pantokrators durch die später ausgebrochene Öffnung für die Glockenstricke beeinträchtigt wirken, ihre vornehme Strenge und die außergewöhnliche künstlerische Qualität sind einmalig, umso mehr, als sie sich in einer bescheidenen Landkirche befindet.

Im südlichen Bereich des Tonnengewölbes erscheinen der Matthäusengel und der Lukasstier, die Symbole der Nordseite

lassen sich nur noch erahnen. Die Ostwand trägt die erwähnte Weihinschrift, die ein farbig gerahmter Lichtschlitz mit Blumenmuster in der Laibung in zwei Teile teilt.
Ein farbiges Mäanderband trennt das obere figurale Register von der dekorativ gehaltenen Sockelzone ab, die mit rot und grau gemalten Marmorquadern gestaltet ist.
Südlich des Triumphbogens konnte fragmentarisch das Opfer Kains freigelegt werden. Vor rotgrünem Hintergrund hält Kain, der sein Gesicht abwendet, eine schöne Korngarbe mit reichen Ähren – die Kornbauern auf den windgebeutelten Äckern draußen auf der Malser Haide konnten von so einer schönen Ernte nur träumen und haben sich sicher oft gefragt, warum Gott diese edle Opfergabe verschmähte. Gottes Hand schießt aus einem stilisierten Wolkenknäuel und vollführt mit Daumen und Zeigefinger eine rätselhafte Geste, rätselhaft wie Gottes Ratschluss selbst, Kains Opfer abzulehnen. Darunter erscheint, nach einer Fehlstelle, rot braun gerahmt und mit Perlenband ein dämonisches Mischwesen, dessen weiblicher Oberkörper mit schweren Brüsten unterhalb des Nabels in einen Fischschwanz ausläuft. Anders als die Frauenfigur der „Eva“ in St. Jakob in Kastelaz, deren Gesicht Alter, Mühe und Last des Daseins/Alters verrät, trägt das Gesicht unserer Sirene regelmäßige Züge und einen melancholisch verschleierten Blick, hintergründig und geheimnisvoll wie die Armhaltung und der Handgestus.
Zur Datierung: Wenn die Stiftskirche von Marienberg das große Vorbild war, so dürften die Fresken hier frühestens um 1205 entstanden sein.

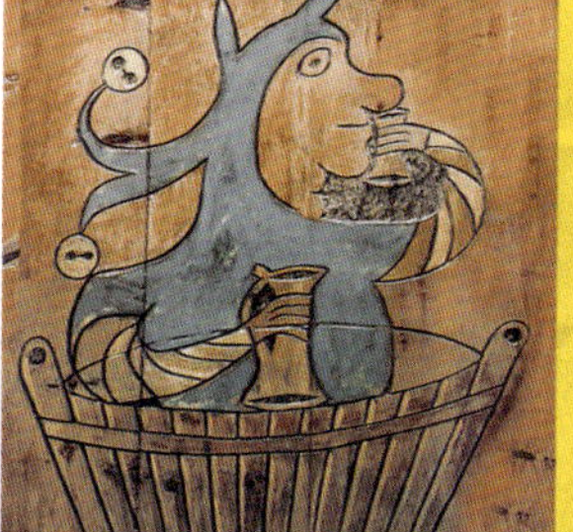

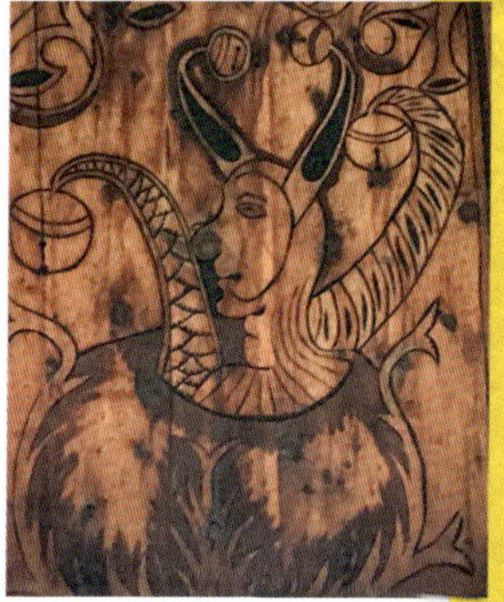

DER NARR IM „SCHAFFL“

Die spätgotische Holzdecke trägt geritzte Felder, eines davon über der Empore zeigt einen Narren mit Schellenkappe im Glas mit der sinnigen Inschrift: *item, ben naren lang leben, berden si alt*: Wenn Narren lang leben, werden sie alt. Ein wiffer Vintschger wüsste den Spruch sicher zu deuten: Die Narren werden dann zwar alt, aber deswegen nicht gescheiter; Narr bleibt eben Narr. Und der Narr in der Kirche? Halten wir es mit den Franzosen: *du sublime au riducule il n'y a qu'un pas* – vom Sublimen zum Lächerlichen ist es oft nur ein Schritt. Unser Bajazz ist nicht allein im Oberen Vinschgau: Im Arkadengang der Churburg schlüpfen die Narren gerade aus dem Ei und in der ehrwürdigen Heiligen Kreuzkapelle in Müstair schaut ein Narr mit Schellenkappe von der Decke.

ST. NIKOLAUS – ROJEN

Christus im Körbchen

Rojen ist ein kleiner Weiler im gleichnamigen Tal, das von Reschen westlich in die Sesvennagruppe hineinführt. Er gehört zu den höchstgelegenen Dauersiedlungen in den Alpen.

Es war ein Wohnen an der Endstelle hier auf beinahe 2000 Metern Meereshöhe, ein Auskommen mit der Natur nur in Form eines respektvollen, wissenden Umgangs, der keine Fehler verzieh. Rojen ist ein beredtes Beispiel für den hochmittelalterlichen Landesausbau, der sich in große Höhen vorwagte. 1296 wird Raje/Rojen erstmals bezeugt als Schwaighof mit Schafhaltung, der dem Grundherrn, dem Grafen von Tirol, mit Schafwolltuch (grauem Loden) zinste. 1368 lässt Hans von Raye (Rojen) an den Landeshauptmann Volkmar von Burgstall schreiben, er habe wohl zehn kleine Kinder und soll noch 25 Käselaibe und 36 Ellen Schafwolltuch zinsen; werde ihm der Zins nicht erlassen, müsse er mit Frau und Kindern „von dem lande ziehen". Ob man ihm entgegenkam, wissen wir nicht, jedenfalls sind die Menschen geblieben. In

Rechts: Der freskengeschmückte Altarraum mit dem Barockaltar von Baltasar Horer (1761).

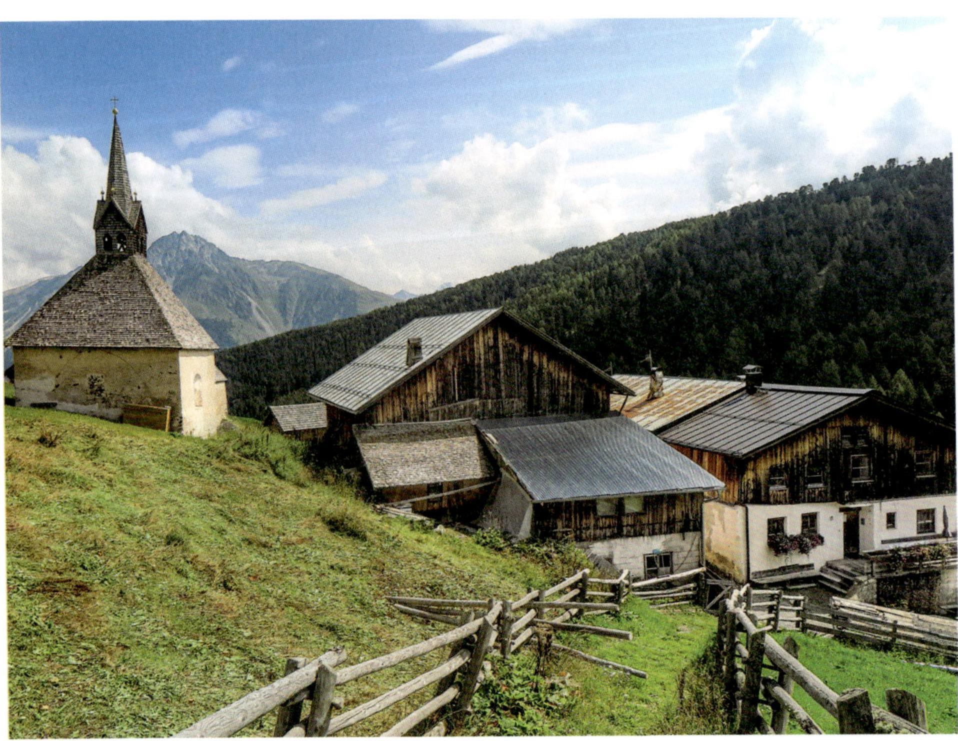

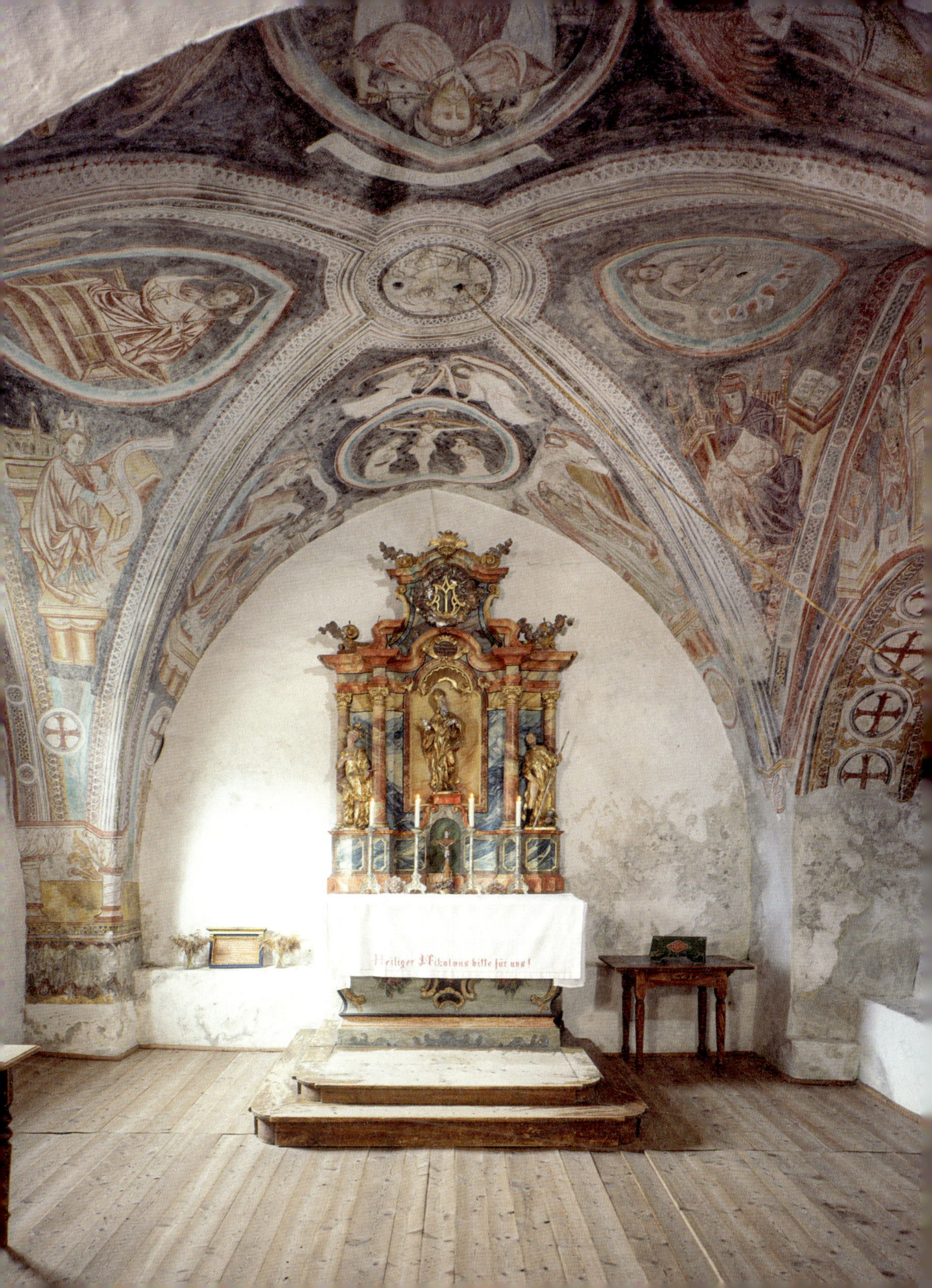
Heiliger Nikolaus bitte für uns!

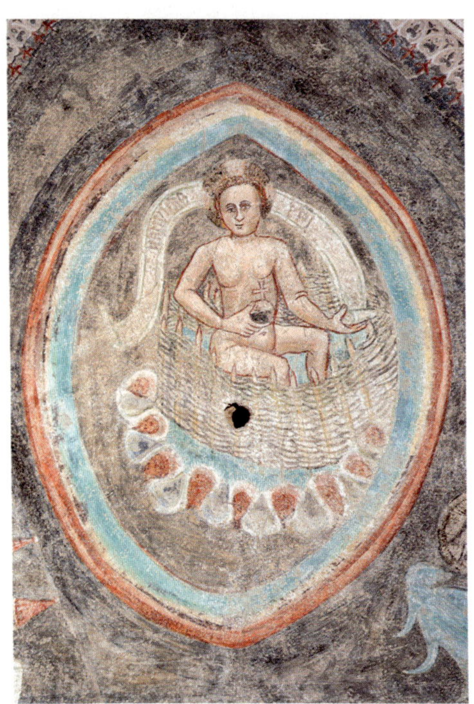

Christus als kindlicher Weltenrichter.

guten Zeiten muss der Hof auch mehr abgeworfen haben als man zum (Über)leben brauchte, wie ist es anders zu erklären, dass nicht nur eine Kapelle gebaut, sondern diese auch noch mit Fresken ausgeschmückt wurde? Damit sind wir bei St. Nikolaus. (Nikolaus ist der Schutzheilige gegen Muren und Lawinen, wir begegnen seinem Namen in Südtirol oft in Höhenlagen oder an exponierten Stellen).

Das kleine Langhaus dürfte bald nach der Hofgründung (um 1300) entstanden sein, der quadratische Chorraum wurde gegen 1400 hinzugebaut. Die Fresken dieses Chorraumes wurden 1967 vollständig freigelegt, möglicherweise hatte man sie in Pestzeiten übertüncht. Auffallend ist der flotte, sichere Pinselstrich des Malers, ein Pinselstrich, der sich besonders in der schwungvollen Wiedergabe der Frauenfiguren zeigt.

Thematisch haben wir es mit einer etwas eigenwilligen Mischung aus Bibelszenen und Heiligenbildern zu tun.

Im Gewölbe erscheint Christus als Kind im Flechtkörbchen (ein kultureller Import klarerweise, hier oben legte man Kinder in handfeste Wiegen aus Holz), weiters erscheint Christus als Gekreuzigter, als Auferstandener und als Weltenrichter mit zwei Schwertern. In den Zwickeln sind Kirchenväter und die Evangelisten dargestellt. Die Evangelisten erscheinen als Mischwesen mit menschlichem Körper und einem Kopf aus dem jeweiligen Symbol wie Adler, Löwe usw.

Im Gewölbe erscheint Christus als Kind im Flechtkörbchen

Auf der Südwand umrahmen die heiligen Katharina, Georg und Jakob die Ölbergszene; das Martyrium des heiligen Sebastian an der Westwand ist nur fragmentarisch erhalten; die Geburt Christi wird mit der Anbetung der Heiligen Drei Könige an der Nordwand weitergeführt; zeichnerisch sicher sind die Frauen mit Johannes in der Kreuzigungsszene dargestellt. Gleiches gilt für die Darstellung der verarmten Mädchen in der Nikolauslegende: Wir haben es mit einem auslaufenden Höfischen oder Weichen Stil zu tun. Drängt sich ein Gedanke auf: Haben die Bauersleut', die in Loden und härenen Hemden einhergingen, in diesem abgelegenen Hochtal beim Anblick dieser feinen Damen vom Para-

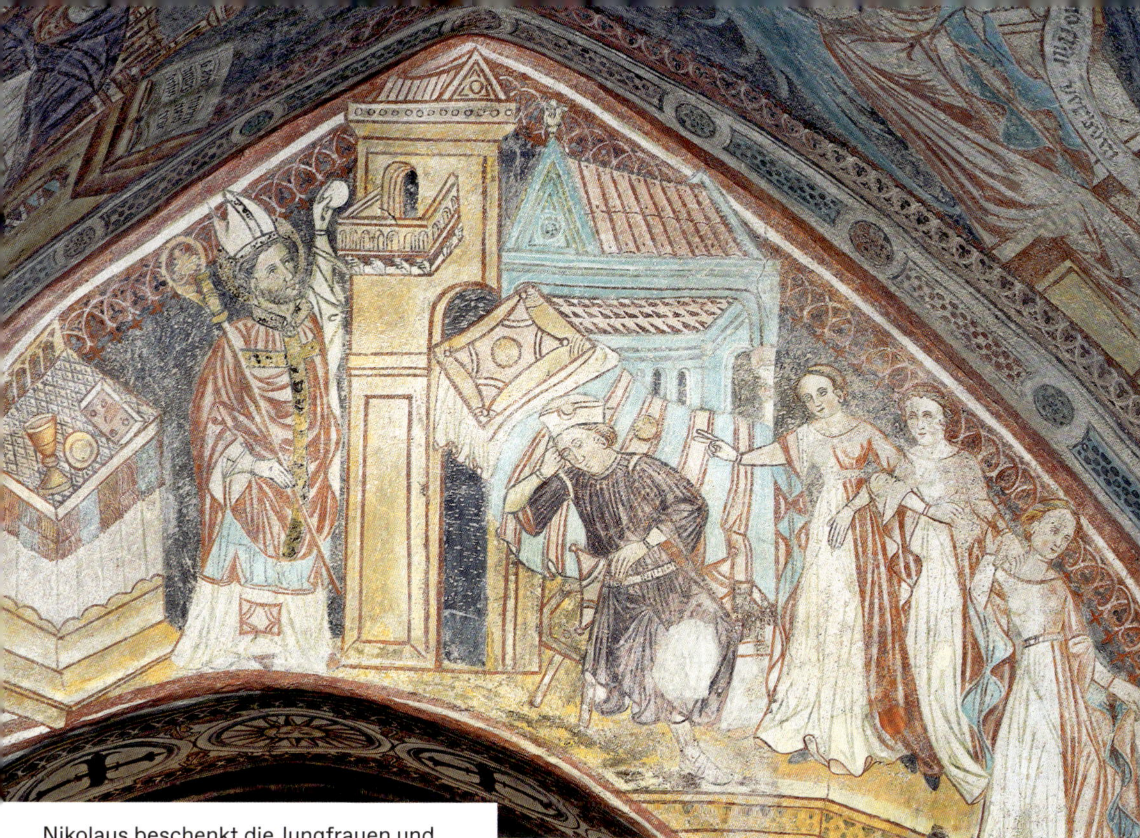

Nikolaus beschenkt die Jungfrauen und rettet sie vor Unzucht.

dies geträumt: von Händen ohne Schrunden und von Stoffen, die nicht auf der Haut kratzen?
Die Fresken stehen im Schaffenskreis der Meraner Schule und lassen mit Vorbehalt an eine ikonografische Verwandtschaft mit St. Georg in Schenna denken.

Pestheilige auf dem Altar

Das marmorierte Barockaltärchen schuf Balthasar Horer aus Kauns, dessen Hauptwerk der Hochaltar von Riffian darstellt. Von Horer stammt auch der barocke Hochaltar des Klosters Marienberg, der während der Bayernherrschaft 1808 an die Schludernser und Tauferer verkauft wurde. Die Seitenfiguren stellen die Pestheiligen Rochus und Sebastian dar, die bei der bäuerlichen Bevölkerung große Verehrung genossen. Kein Wunder, verschachtelt und eng lebten Vieh und Leut' fast mehr auf- als nebeneinander, wo die Hygiene zu wünschen übrig ließ und Seuchen in fürchterlicher Regelmäßigkeit wiederkehrten. Und vielleicht halten wir uns an diesen Gedanken, wenn wir den durchsanierten Weiler betrachten und sehen dann den Verlust von uralter Bausubstanz mit anderen Augen.

INFO

Falls das Kirchlein nicht geöffnet ist, erhält man im nahen Gasthof Rojen den Schlüssel.

INFOS ZUR FERIENREGION OBERVINSCHGAU

Führungen durch Glurns gibt es in den Sommermonaten 2 Mal pro Woche.
Im Winter einmal in der Woche montags

Informationsbüro Glurns
Tel. +39 0473 831097
www.ferienregion-obervinschgau.it

Kirche St. Jakob in Söles
Sie gehört Herrn Rizzi privat. Normalerweise ist die Kirche verschlossen.

Informationen im Informationsbüro Glurns,
Tel. +39 0473 831097

St. Johann in Taufers im Münstertal
Die Kirche ist täglich von 9 bis 17 Uhr geöffnet. Führungen gibt es in den Sommermonaten jeweils am Mittwoch in deutscher Sprache.

Informationen im Informationsbüro Mals,
Tel. +39 0473 831190

St. Benedikt
Infos zu Öffnungszeiten und Führungen im Informationsbüro Mals, Tel. +39 0473 831190

St. Cäsarius und St. Leonhard
Es gibt nur Führungen bzw. Öffnungszeiten auf Anfrage bei Herrn Wolf unter
Mobil +39 346 7441711

St. Veit am Tartscher Pichl
In den Sommermonaten gibt es Führungen jeden Donnerstag um 17 Uhr.

Informationen im Informationsbüro Mals,
Tel. +39 0473 831190

St. Nikolaus in Burgeis
In den Sommermonaten gibt es Führungen jeden Freitag um 14 Uhr.

Informationen im Informationsbüro Mals,
Tel. +39 0473 831190

„Alpine Straße der Romanik – Stiegen zum Himmel"
Sie ist ein länderübergreifender Zusammenschluss Südtirol/Graubünden, der die Kunststätten der Romanik vereint. Schwerpunkt ist der Vinschgau.
Alles Wissenswerte in:
www.stiegenzumhimmel.it

DULCIS IN FUNDO: EIN FEINES REZEPT MIT „ANRÜCHIGEM" NAMEN

Weil wir es (fast) immer mit Kirchlichem und Jenseitigem zu tun haben, hier ein Rezept, das Diesseits zu versüßen. Und nein, der Name sagt nichts über den Geschmack der Nachspeise aus: *Paterzeachn* (Mönchszehen, sic!). Es handelt sich um Kartoffelnudeln (selbst gemacht) mit Topfen, entweder mit Zimtzucker bestreut, mit leicht angeschlagenem Zimtrahm serviert oder mit Zimtzucker aufgekochtem Rahm übergossen. Zu verkosten beim „Goldenen Adler" in Schleis.

DAS EISACKTAL

Eisacktal

LAGE IST SCHICKSAL

Danach kamen wir an Brennenberg vorbei, dem brennenden Berg, einer sehr gefährlichen Passage, die zu allen Jahreszeiten Stürmen, Donner und Blitz ausgesetzt war. Diese Hurrikane verpflichten oft diejenigen, die an diesem schrecklichen Berg vorbeikommen, mehrere Tage zu warten, bis sie vorbei sind. (J. de Balinville, Tutor junger englischer Aristokraten 1743 über seinen Weg über den Brenner)

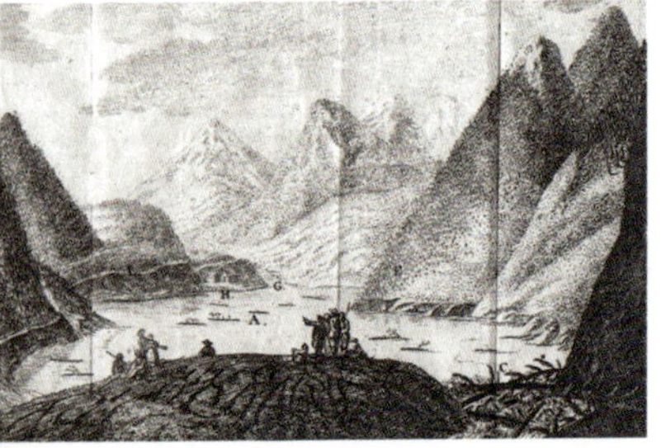

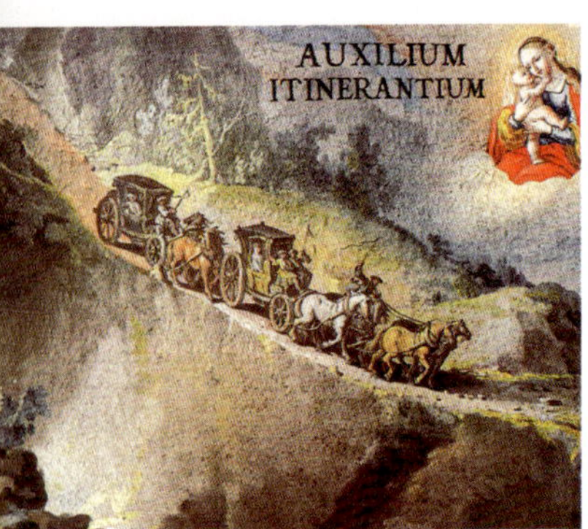

Der Brennerpass liegt 1370 Meter über dem Meer im östlichen Alpenhauptkamm und bildet damit die Wasserscheide zwischen dem Schwarzen und dem Adriatischen Meer. Er galt wegen seiner eher geringen Höhenlage als ein relativ bequemer Übergang. Allerdings machte es der Verlauf des Eisacktales zwischen Bozen und dem Brenner den Durchreisenden nicht gerade leicht. Auch ist es nicht ganz angebracht, von „dem" Eisacktal als Einheit zu sprechen, da es sich in drei unterschiedliche Landschaftsbereiche gliedert. Die Wasser des Eisack, genährt von den Gletschern der Stubaier und Zillertaler Alpen ergießen sich ins weite Sterzinger Becken, wo sie einstmals eine ausgedehnte Mooslandschaft formten, um südlich von Sterzing bei Mittewald und der Sachsenklemme in ein enges Bett gezwungen zu werden. Südlich von Franzensfeste beginnt das Tal sich zu weiten und mündet in den Brixner Talkessel. Ab Klausen verengt sich das Tal wieder, bis es ab Waidbruck und Kollmann in die berühmt berüchtigte Porphyrschlucht des unteren Eisacktales mündet. An den Leitacher- und Guntschnaer Rebhängen kurz vor Bozen schwingen noch die vielen erleichterten Stoßseufzer der Reisenden, die sich endlich dem Süden ein Stück näher sahen. Umgekehrt dürfte der Anblick der schroff ansteigenden und schluchtartigen Talseiten manches Herzklopfen verursacht haben.

Trotzdem bildete die Brennerroute seit vorgeschichtlichen Zeiten einen der wichtigsten Übergänge zwischen Nord und Süd in Europa. Hier verlief der Bernsteinweg vom Baltikum zu den frühen Hochkulturen am Mittelmeer, ein Nebenarm der Via Claudia Augusta zweigte bei Bozen ab und führte über den Brenner; ob die Straße damals bereits durch die untere Eisackschlucht oder wie im Mittelalter über den Ritten führte, wird kontrovers diskutiert. Der Brennerpass wurde in der Völkerwanderung Einfallstor germanischer Stämme, von denen sich die Baiern dauerhaft im südlichen Tirol niederließen. Die strategische Lage des Passes als Nadelöhr für die deutschen Könige auf dem Weg zur (päpstlichen) Kaiserkrone in Rom veranlasste sie, den Übergang in sicheren Händen zu wissen und führte zur Entstehung der Fürstbistümer Brixen und Trient, die über ein Jahrtausend lang das kirchliche Leben am Eisack und der mittleren Etsch bestimmten. Die geografische Lage war Schicksal und Bestimmung, Sterzing blühte auf als Handelsstadt, Kloster Neustift hatte Aufgaben in der Betreuung von Pilgern, in Brixen residierte der Oberhirte des Bergbistums, Klausen profitierte am Durchgangsverkehr, Kollmann war Zollstation, in Lengmoos am Ritten entstand die Kommende des Deutschen Ordens. Von Waidbruck führte der mythische Troi Paian in die rätoromanischen Dolomitentäler.

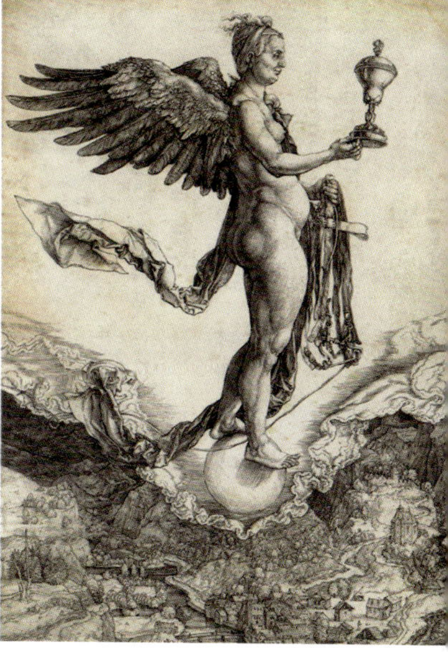

Reiseberichte füllen eine mittelgroße Bibliothek, die meisten äußern sich zutiefst beeindruckt von der schaurig schönen Landschaft, und ein ganz Großer hat sie in zwei Zeichnungen verewigt: **Albrecht Dürer** mit „Nemesis Zwei oder das große Glück" und der Darstellung von Klausen, zudem durch das Aquarell mit der Darstellung der abenteuerlichen Eisacktaler Straße. 1606, gut 100 Jahre später reiste Dürer, diesmal in Gestalt eines seiner Kunstwerke, nochmals durch Klausen. Der übergewichtige und depressive Kaiser Rudolf II., ein eifriger Kunst- und Raritätensammler in seiner Residenz zu Prag, hatte Dürers „Rosenkranzfest" für eine horrende Summe in Venedig erstehen lassen. Das Gemälde hüllte man für den Transport in Baumwolle und Teppiche, schützte es mit wasserdichtem Tuch und fertigte eigens eine Trage. Vier kräftige Männer trugen die Last an Stangen bis an den Hof des Kaisers nach Prag, ganze 967 Kilometer. Der Transport auf einem Fuhrwerk wäre zu holprig gewesen und hätte am Gemälde Schaden anrichten können. Kurz gefasst: Das Eisacktal war Durchzugsgebiet par excellence.

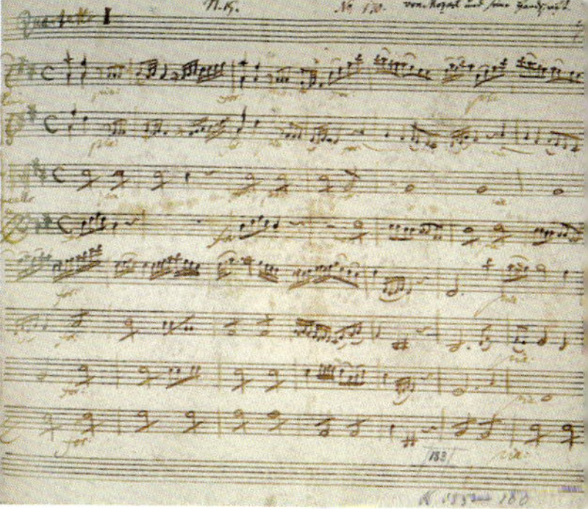

Deshalb lassen wir unsere Annäherung im Geiste ausklingen mit **Mozarts Streichquartett** D-Dur KV 155, das vermutlich auf der dritten Italienreise 1772 zwischen Oktober und November in Bozen aus der Feder des Sechzehnjährigen geflossen ist und machen uns auf den Weg, die vielgesichtige Kunstlandschaft des Eisacktals und seiner Nebengebiete zu entdecken.

Unterm Schlern

KULTUR IN DER LANDSCHAFT

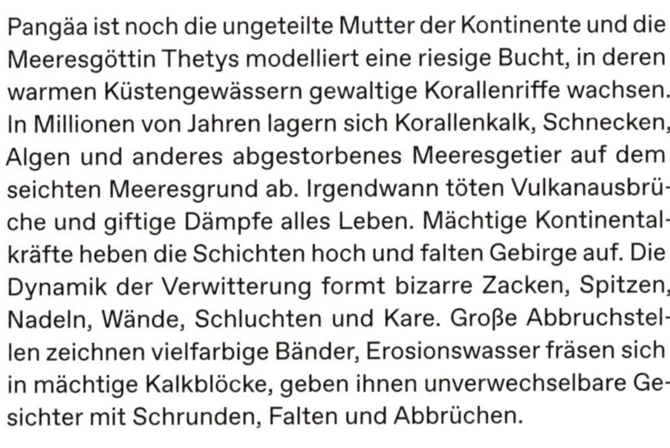

Pangäa ist noch die ungeteilte Mutter der Kontinente und die Meeresgöttin Thetys modelliert eine riesige Bucht, in deren warmen Küstengewässern gewaltige Korallenriffe wachsen. In Millionen von Jahren lagern sich Korallenkalk, Schnecken, Algen und anderes abgestorbenes Meeresgetier auf dem seichten Meeresgrund ab. Irgendwann töten Vulkanausbrüche und giftige Dämpfe alles Leben. Mächtige Kontinentalkräfte heben die Schichten hoch und falten Gebirge auf. Die Dynamik der Verwitterung formt bizarre Zacken, Spitzen, Nadeln, Wände, Schluchten und Kare. Große Abbruchstellen zeichnen vielfarbige Bänder, Erosionswasser fräsen sich in mächtige Kalkblöcke, geben ihnen unverwechselbare Gesichter mit Schrunden, Falten und Abbrüchen.

Wie dem **Schlern**. Fast 1000 Meter ragen seine zerfurchten Kalkwände mit den zwei Spitzen des Santner und des Euringer auf. Der monumentale Bursche beherrscht das Landschaftsbild und heischt Respekt. Wie ein mythisches Wesen aus der Urzeit reckt und streckt der Schlern seinen unverkennbaren Buckel. Er ist einfach da. Unbeeindruckt von seiner massigen Präsenz scharen sich die Häuser der zwei Dörfer Völs und Seis auf halber Höhe um ihre Kirche – wie Küken um ihre Glucke, würde es in einem Heimatfilm heißen. Die neuen ausufernden Viertel wollen wir gnädig übersehen. Es ist das morphologisch wiederkehrende Bild in Südtirol. Da ist tief unten eine enge Schlucht mit steil aufsteigenden felsigen Hängen, auf die ein flaches Plateau folgt mit offenen Flächen, Siedlungen, Gehöften, Burgen und weiten Feldern, danach dunkler Wald, der sich allmählich in der Höhe im bleichen Felsgewirr verliert.

Völs hat seinen Namen vom althochdeutschen *felis*, Fels, gemeint ist klarerweise die Schlernwand. Der alte Dorfkern von Völs hat etwas Burgartiges, das die Pfarrkirche Maria Himmelfahrt mit dem massigen Zwiebelturm zentral beherrscht. Leonhard von Völs (1458–1530), der uns noch begegnen wird, ließ die alte romanische Kirche niederreißen und gab den Bau der neuen in Auftrag. Zur Finanzierung erreichte er 1515 einen vollständigen Ablass, wofür eine Geldspende und der

Kirchenbesuch am Patrozinium zu leisten waren. Die Bauernkriege von 1525 verzögerten die Fertigstellung um 30 Jahre. Die spätgotische Hallenkirche trägt ein elegantes Netzrippengewölbe, beachtenswert ist das hoheitsvolle romanische Kruzifix am Triumphbogen. Der **Flügelaltar** ist ein Werk von Meister Narziß aus Bozen; der Bischof von Brixen intervenierte zwar zwei Mal für Meister Hans Klocker oder Meister Leonhard, beide in Brixen tätig, doch die Völser entschieden sich für den Bozner Narziß. In der barocken Neuerungsmanie musste der vermeintlich altmodische Altar das Feld räumen und nach Ums ausweichen. In der Regotisierungswelle wurde er wieder zurückgeholt, doch rücksichtslos zerschnitten, um einen Tabernakel einzubauen. Der erzählerische Duktus des Meisters Narziß wurde dadurch zerstört, die herausgehackte Anbetung der Könige als Zug mit seinen vielen Figuren ist verschollen. Drei Szenen sind in ihrer Detailfreude erhalten und zeigen das erstaunliche Talent des Meisters, sich mit seiner Reliefschnitzerei fast der Vollplastik zu nähern. Die ursprünglich romanische Michaelskirche am Friedhof birgt ein kleines Museum mit spätgotischen Kunstwerken aus den Filialkirchen der Umgebung, hierher gerettet vor dem dreisten Zugriff der Kirchenräuber. Im Erdgeschoss sind Funde und Objekte ab der Steinzeit (Ausgrabungen Peter Bühel) über die Spätantike bis ins Mittelalter ausgestellt und verdecken gnädig das schaurig-barocke *Memento mori* Sensen schwingender Knochenmänner.

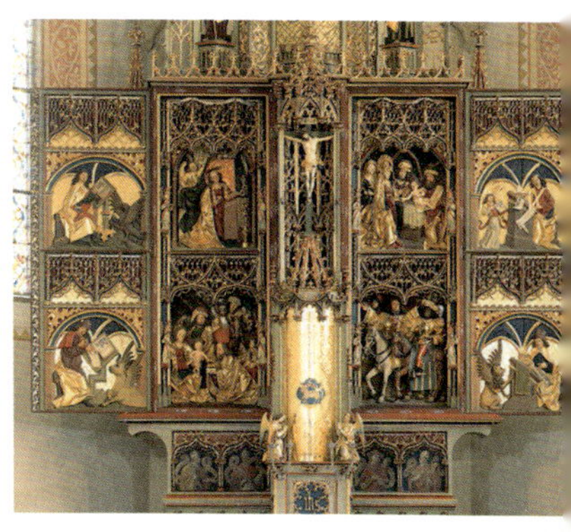

Eine Sensation ist die Kastenkrippe von Augustin Alois Probst. Augustin Alois ist seit der Geburt querschnittgelähmt, sitzt zuhause und lernt das Schnitzen vom Vater. Auch sein jüngerer Stiefbruder Josef schnitzt ein wenig. Im Auftrag des Fürstbischofs von Brixen erstellen Augustin und Josef die berühmte **Lodron-Jahreskrippe** mit mehr als 5000 Figuren und über fünfzig Szenen. Josef gibt sich als deren Schöpfer aus. Er gilt als der Künstler, während der querschnittgelähmte Stiefbruder versteckt wird. Da entschließt sich Augustin für sein Lebenswerk, die Völser Fastenkrippe mit mehreren 100 Figürchen zu errichten. Sich selbst positioniert er in zentraler Position am Tisch sitzend mit Meißel und Schnitzmesser und seinem Namen: Schaut her, das bin ich und das kann ich! Aus ganz anderem Holz geschnitzt ist Leonhard von Völs. Ein Landadeliger mit starkem Drang nach oben und einer steilen Karriere: Salzmair von Hall, Diplomat, Waffenträger im

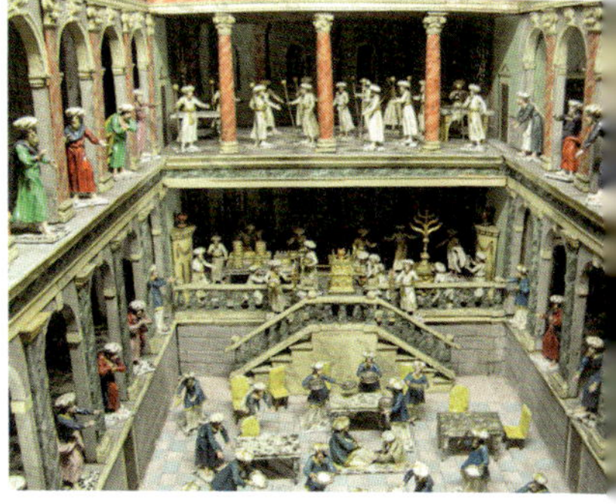

Kampf gegen Venedig und schließlich Landeshauptmann an der Etsch und Burggraf von Tirol – ganze 32 Jahre lang. Geschickt sichert er sich die Freundschaft mit Maximilian I., den er dreimal auf seinem Schloss Prösels beherbergen darf. Dafür musste die Herberge natürlich auch entsprechend herausgeputzt sein. Die beginnende Renaissance in Tirol lässt er auf **Prösels** aufblühen mit einem Loggiengang, mit Steinwappen, Täfelungen, offenen Kaminen, gewölbten Sälen und modischen fortifikatorischen Zubauten. Die Kapelle trägt noch spätgotische Züge. Leonhard von Völs ist ein machiavellistischer Charakter mit ausgesprochenem Geltungsbewusstsein, das er auch in seinem Wappen ostentativ präsentiert. Über eine windige Geschichte gelingt es ihm, eine genealogische Verbindung zum alten römischen Adelsgeschlecht der Colonna herzustellen, deren gekrönte Colonna-Säule er in sein Wappen integriert. Er ist eine zwiespältige Persönlichkeit, einerseits Renaissancemensch, andererseits tut er sich als eifriger Hexenverfolger hervor. Missernten hatte es gegeben, verheerende Hagelschläge, auffällig viel Vieh- und Kindersterben. Beschuldigt werden Frauen. Die Akten der Verhöre – „mit und ohne Marter", wie es heißt – sind zum Teil erhalten. Die Urteile sind nicht überliefert, es ist anzunehmen, dass die armen Kreaturen am Scheiterhaufen ihr Leben ließen. Die Souvenirläden rund um den Schlern sind voll von weiblichen Figürchen, die auf einem Besen reiten: Kitsch, der wehtut.

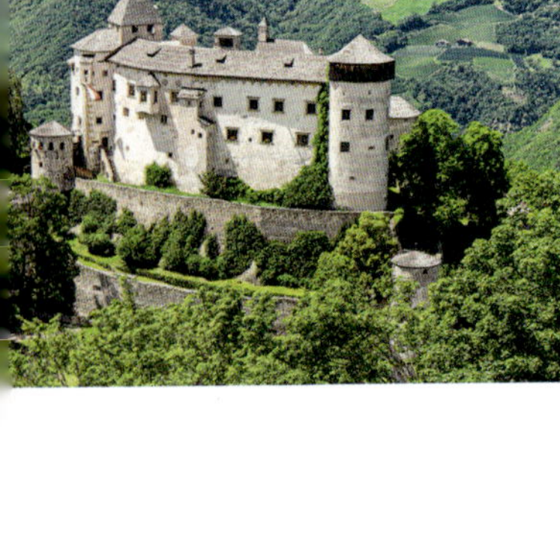

Die „Schlernhex" rast auf dem Besen der Sage nach um den Schlern mit wilden Unwettern am Kittelzipfel. Volkskundlich gibt es aber auch die „gute" Hexe, die Fruchtbarkeit bringt. In der ursprünglichen Sage sind Schlernhexen „Salige", die gelacht und „gekuttert" haben, als sie sahen, wie der besiegte Zwergenkönig Laurin von Dietrich von Bern in Gefangenschaft abgeführt wurde. Die Schadenfrohen traf der Fluch des zornigen kleinen Verlierers, sie dürfen zwar immer noch schön als **Alpengrasnelke** blühen, bekommen aber nach dem Verblühen graue Zottelhaare.

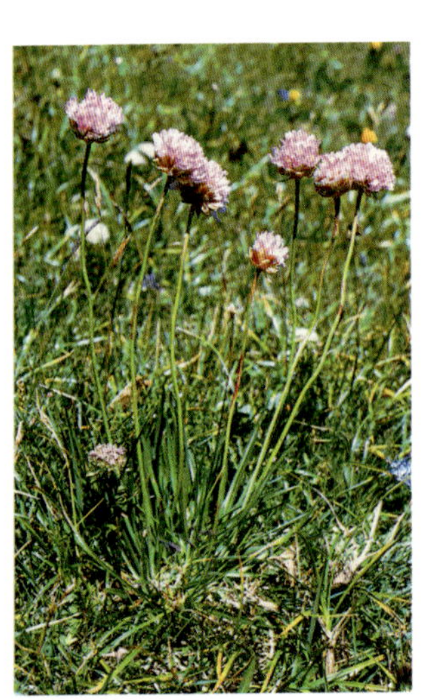

Die Geschichte der Nelke ist noch nicht zu Ende: mit ihren grauen Zottelhaaren gelangt sie ins duftende Bergheu der Almwiesen. Nach der Heuarbeit auf dem Hof stieg man auf die Alm hinauf zur Heumahd und schlief im Heu. Die Menschen wussten, dass sie am anderen Morgen ohne die Müdigkeit vom Vortag aufstehen würden. Im Heu zu schlafen wurde seit undenklichen Zeiten als Kur gegen Muskelschmerz und Rheumatismus von der bäuerlichen Bevölkerung angewandt. Dass Männlein und Weiblein gemeinsam ihr Heulager in der Schwaige teilten, hat die wohltuende Wirkung sicher noch verstärkt. Durch den Gärungsprozess entsteht Wärme und die Alpenkräuter geben ätherische Öle ab: Was die Einheimischen immer schon kannten, wurde durch die moderne Medizin bestätigt. Der Gasthof Heubad in Völs bot diese Kur als erster noch vor dem Ersten Weltkrieg an und führt es als Hotel heute original ohne aufgemaschelten Wellness-Schnickschnack als natürlichen „Jungbrunnen“ weiter. Das Völs-Seiser „Hochplateau“ hat viel sakrale Kunst in kleinen Kirchen. In der Pfarrkirche von Völser Aicha thront Christus in der Mandorla zwischen zwei musizierenden Engeln, ein fast höfisches Motiv, die Apostel tragen plastisch modellierte Charaktergesichter und die törichten Jungfrauen in der Unterseite des Triumphbogens kommen in eleganten Linien daher. Stilistisch haben wir es mit einer Mischung aus internationaler Gotik und lokaler Bozner Schule zu tun.

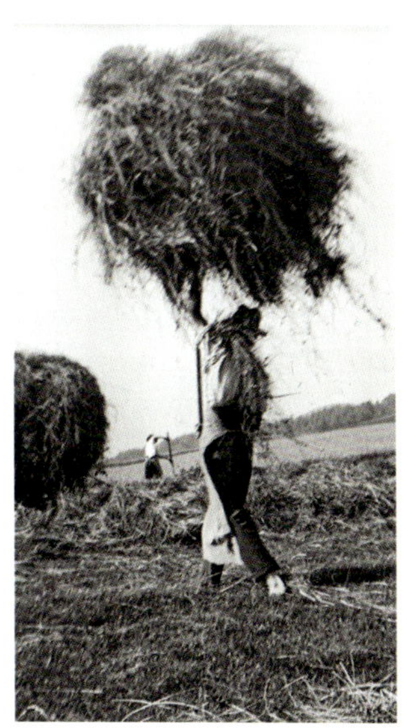

Da wollte man in St. Nikolaus in Prösels nicht nachstehen. Der Maler der dortigen Marienkrönung kannte die Trecentomalerei und hat diese seine Kenntnis geradezu fantastisch ins Bild gebannt: Ein unwirkliches Architekturkonstrukt entfaltet sich derart dominant über der Krönung, als sei Raumgestaltung wichtiger als Heilsgeschehen. Vielleicht wollte er einen himmlischen Palast wiedergeben, allerdings kommt der Meister in Sachen Perspektive augenscheinlich an seine Grenzen.

St. Katharina in Breien auf dem alten Weg von Aicha nach Tiers fungierte einst als Wegheiligtum. Daran erinnert der überlebensgroße St. Christophorus, und die Kreuzigung gemahnt an das eigene Ende. Der Freskenzyklus an der überdachten Südwand ist als beschaulich, „pietistische“ Reisebetrachtung zu verstehen. In elf Bildfeldern wird das Leben und Sterben der Kirchenpatronin Katharina dargestellt. Da sie am Rad gemartert wurde, galt sie auch als Patronin der Fuhrleute hier auf dem Weg vom Eisacktal in die dolomitenladinischen Täler. Die Geschehnisse sind in die raue Welt des frühen 15. Jahrhunderts gestellt und entfalten viel dramatisches Pathos. Der Meister ist zwar unbekannt, steht aber im Einflussbereich der Veroneser und der Bozner Schule. Der neugotische Flügelaltar im Inneren hütet drei originale spätgotische Figuren, Maria im Schrein wird flankiert von Katharina und Michael, in der Predella erscheinen die drei

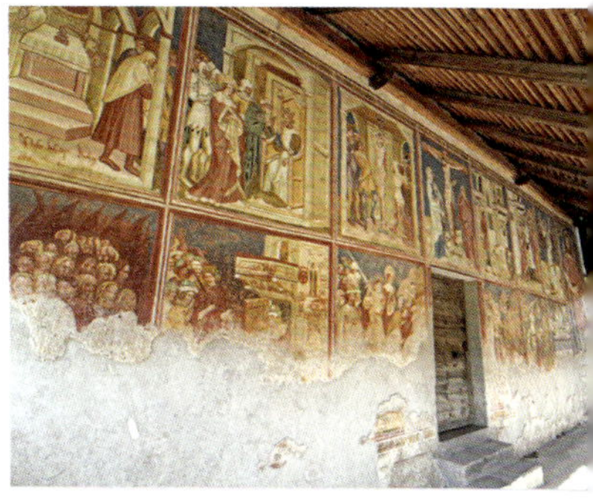

Heiligen Mädchen: *„Margareta mit dem Wurm, Barbara mit dem Turm, Katharina mit dem Radl, das sind die drei heiligen (Tiroler) Madln."* Anmutig mit einem Hauch pausbäckiger Volkstümlichkeit. Braucht's.

Wir sind hier in der Gegend alter, ehrwürdiger Weinhöfe, die ganz passable Weine ausschenken; eine beträchtliche Anzahl dieser Bauernhöfe ist denkmalgeschützt und besitzt gotische Stuben und steingewölbte Keller. Man muss den Kopf einziehen, wenn man in eine alte Stube tritt, weil der Türstock niedrig ist, aber diese Verneigung gilt auch den Bauersleuten, die diese Zeugen alter, echter Wohnkultur über Generationen bis herauf in unsere Tage gepflegt und erhalten haben. Auf Weinhöfe in dieser Gegend hatte einer ein besonderes Auge, bildlich gesprochen: **Oswald von Wolkenstein**. Beim „Weinteilen" im Völser Ried auf Partschill war er persönlich anwesend. Den Ablauf hatte er festschreiben lassen: *Der Partschiller soll mir vnnd meinen Pfärden vnnd Khnechten zessen vnnd zutrincken geben, biß der wein gethailt wirt.* Man muss den Satz ein zweites Mal lesen, um ihn in seiner Überheblichkeit voll zu erfassen: In der Reihenfolge kommen seine Pferde vor den Knechten.

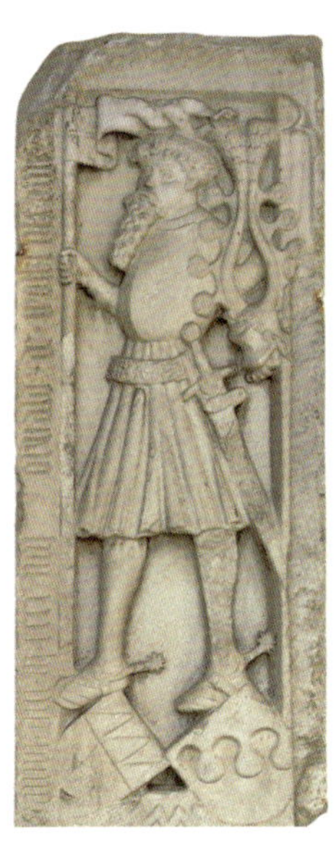

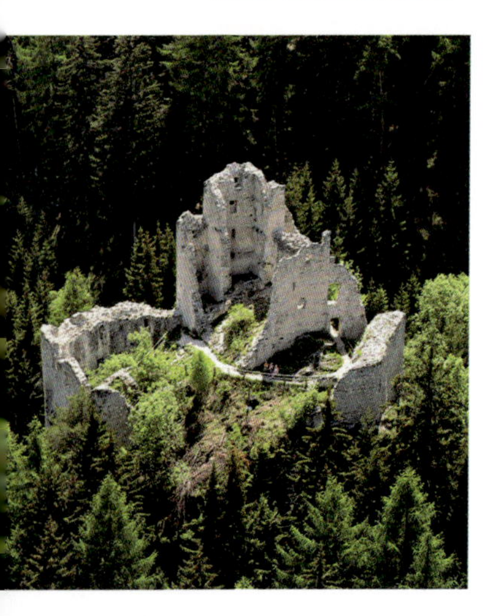

Wie ein hohler, weißgrauer Zahn sticht die Ruine Hauenstein aus dem Dunkel des Waldes unter den dräuenden Santnerspitzen. Der Wolkensteiner hat sich in dieses hinterscheinige, schattengedrückte Felsennest verbissen, das ihm mit den abgabepflichtigen Bauernhöfen nicht einmal zur Hälfte gehörte, deren Abgaben er unverfroren zur Gänze kassierte. Er, der Zweitgeborene, ist eine schillernde Figur, ein Aufsteiger, der sich die Sympathie der Großen durch sein selbstbewusstes Auftreten zu sichern weiß, ein weit gereister Diplomat, Komponist, Dichter, Kampfhahn, Lebemensch und Egomane. Vergessen wir das Kitsch-Etikett vom letzten Minnesänger, Oswald hat zwar manieristisch einiges in der Formtradition des blutleeren, überlebten Minnesangs gedichtet, das war nur Vorwand, um nachher mit beiden Händen voll ins pralle Leben zu greifen. So mochte er sie, die Frauen: *„Klain in der mitt, ain dicken sitz, keif, rund verwelbt, schon underspreuzt* [...]."

Kalt ist es auf **Hauenstein** im Winter auf dem erratischen Felsblock über dem kleinen Plateau mitten im dichten Wald. Man muss sich diesen Ort erwandern, die bedrückende Aura der Abgeschiedenheit erspüren, um sich der zwiespältigen Persönlichkeit des einstigen Besitzers zu nähern. Und man muss sich das einmal plastisch vorstellen, wie sich der gedrungene,

säbelbeinige Oswald erst über eine steile Holzstiege (Leiter?) hinaufquält, um die Einlasspforte zu erreichen. Das, was der ruinöse Zahn der Zeit an der Burg übrig gelassen hat, lässt auf wenig Komfort schließen. Die Räumlichkeiten waren beengt und dunkel, verrußt im Winter und stinkig vom Unslitlicht und Kienspanfeuer. Der Blick nach draußen nicht weniger unerfreulich: Schnee und Schneestangen, *„knospot leut, swarz, hässelich, vast rüssig gen dem winder"*.
Im Alltag geht es auf Hauenstein nicht viel anders zu als in einer Bauernstube: alle um die Muspfanne herum. Hier skizziert Oswald seine Melodien und Texte auf einer Wachstafel und diktiert sie seinem Schreiber. Denn dieser Oswald von Wolkenstein ist ein Großer in der deutschen Kultur des ausgehenden Mittelalters und der beginnenden Neuzeit, sein *„zergangen ist des herzens weh"* zählt zu den ersten Naturgedichten der europäischen Literatur nach der Antike, noch vor Petrarca. Oswald besitzt ein exzellentes Musikgehör und ist ein Virtuose der Sprache bis hin zu dadaistischen Wort- und Lautspielereien. Eine vielgesichtige Persönlichkeit, mitunter ein unguter, ruppiger Zeitgenosse, dem man keinen gebrauchten Gaul abkaufen möchte. Die Ruine Hauenstein präsentiert sich in einem verwahrlosten Zustand und es ist schon verwunderlich, wie Kastelruth, eine der reichsten Gemeinden Südtirols, zu der Seis gehört, diesen geschichtsträchtigen Ort derart vernachlässigt.

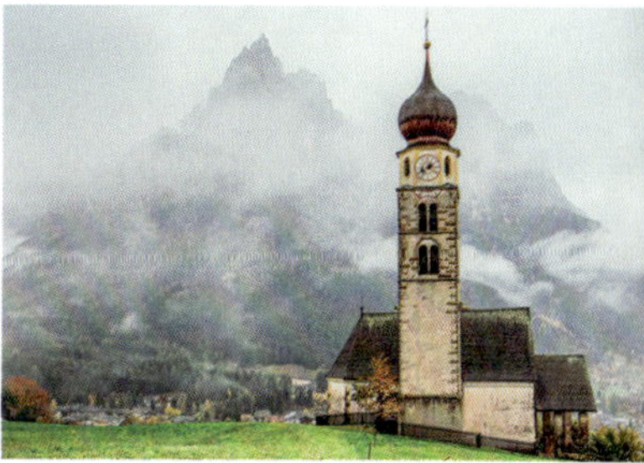

Absoluter Star beim Fotoshooting für Landschaftsmotive ist **St. Valentin** oberhalb der Straße von Seis nach Kastelruth: ein Südtirol-Motiv zum Verlieben. Eine Landkirche mit Zwiebelturm mitten im Grün der Wiesen vor den jähen Wänden der Santnerspitzen und des Schlern. Selbst der Maler der Fresken auf der Südseite hat sich von der monumentalen Bergkulisse derart beeindrucken lassen, dass er sie als Hintergrund für die Anbetung der Könige hingebannt hat. Ein übergroßer Christophorus soll dem Wanderer Gottes Segen auf seinem Weg geben, eine durch einen Fensterausbruch fragmentierte Kreuzigung ihn an den Tod gemahnen, die thronende Maria ihm Fürsprecherin sein. Der Meister von St. Valentin arbeitete hier um 1380, nachdem er zuvor im Bozner Raum tätig gewesen war und die künstlerischen Errungenschaften des Trecento sich angeeignet hatte. Das Innere der Kirche trägt ein Netzgratgewölbe, an dessen Finanzierung sich auch die Wolkensteiner von Hauenstein beteiligt hatten. Im Schrein

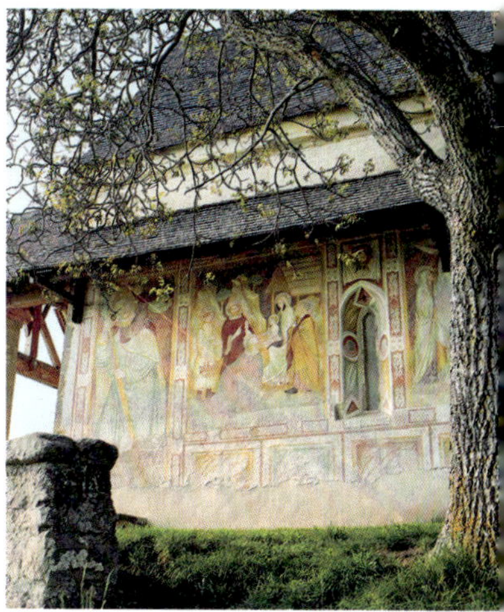

des kleinen gotischen Schnitzaltars erscheint unerwarteter Weise der Schmerzensmann, flankiert von den zwei heiligen Valentinen, dem römischen Priester und dem Bischof Valentin von Rätien. An den Flügeln erscheinen Magdalena und Leonhard. Es ist nicht leicht, die beiden Valentine auseinanderzuhalten, zumal der moderne Valentinskult beide zu einer einzigen Figur hat verschmelzen lassen. Zum Räterbischof so viel: Er galt einmal als Schutzheiliger gegen Epilepsie („fållt hin") und wurde am 7. Jänner gefeiert; der Römer ist zum Patron der Liebenden aufgestiegen. Da hat er in seinem Kirchlein in Seis gar einiges zu tun, denn bei mehr als ein paar Dutzend Hochzeiten im Jahr assistiert er mit Schutz und Fürsprache. Der Legende nach war er ein armer, ehrsamer Priester, der ein blindes Mädchen geheilt haben soll. Wer bei ihm Hilfe und Trost suchte, dem schenkte er eine Blume aus seinem Garten. Weil er trotz des Verbotes von Kaisers Claudius II. Liebespaare nach christlichem Ritus traute, wurde er enthauptet. Geholfen soll er auch in Partnerschaftskrisen haben: Ideal bei späteren Scharmützeln eines Rosenkrieges.

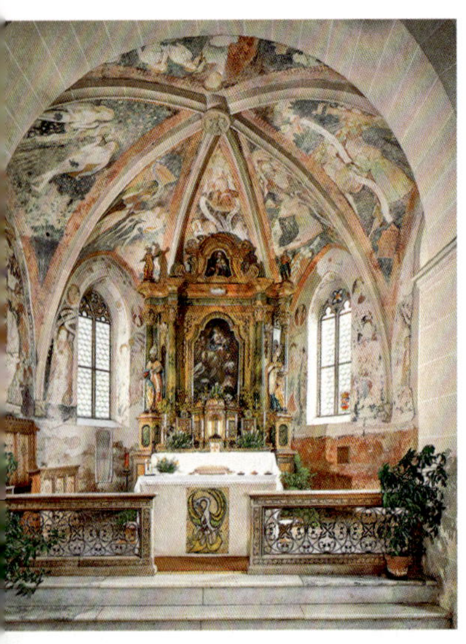

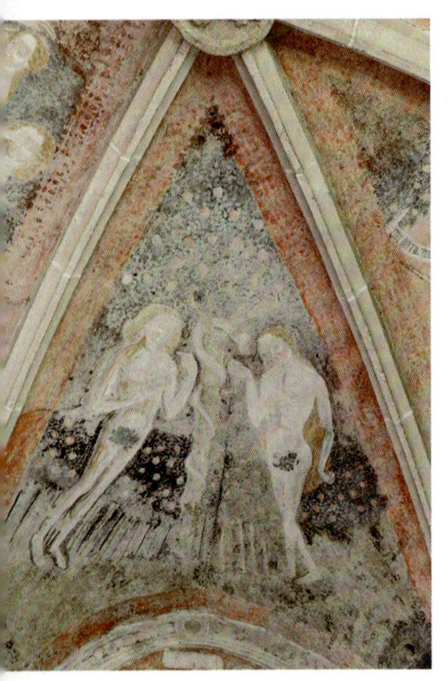

Lassen wir es mit Rosen ausklingen in **St. Oswald** auf Halbweg zwischen der Eisackschlucht und Kastelruth. Alles da, was es für eine ländliche Idylle braucht: Kirche mit Zwiebelturm, ein plätschernder Brunnen mit sinnigem Spruch, ein Gasthaus, ein paar Höfe rundum. Die Kirche birgt im Inneren an der nördlichen Chorwand ein bewegtes Kreuzigungsfresko. In den Zwickeln des Netzgratgewölbes findet sich die Schöpfungsgeschichte. Zur Erschaffung Evas mit ihren kleinen Brüsten lassen wir sonor Oswalds Bariton erklingen: *„weiße brüstlein, sinwel als die biern, damit sie köstlich kann hofieren."* Einzigartig ist die Darstellung von **Adam und Eva im Paradies**. Überall wuchern Rosen, selbst der Baum der Erkenntnis mit der Schlange ist ein blühender Rosenbaum. (Diesmal Walther von der Vogelweide: *„Bi den rosen er wol mac, tandaradei, merken, wa mirs houbet lac."*) Aus ist's mit den Rosen nach der Vertreibung, als letzte Ahnung vom Paradies lugen Rosen über die Zinnenmauer, vor den Vertriebenen jedoch liegen nur nackte Erde und grobe Stümpfe. Die Fresken schuf um 1450 der Brixner Hofmaler Jakob von Seckau. Wir verabschieden uns von St. Oswald vor dem Bild der Schutzmantelmadonna und bitten sie inständig, sie möge ihren Mantel schützend über dieses noch verbliebene Idyll von St. Oswald breiten. *Pfiati Touswåld!*

TROSTBURG – WAIDBRUCK

Wo Oswald jung war

Quer über den kleinen Ortsplatz von Waidbruck hinweg besingt ein bronzener Oswald seine Schöne, die lasziv lässig zuzuhören geruht, und stimmt uns ein auf den Besuch der Trostburg, auf der der Dichter Oswald von Wolkenstein wohl einen Teil seiner Kindheit verbrachte. Der alte, steingepflasterte Weg führt steil hinauf zum Schloss mit seinen Batterietürmen, Sperrmauern, Zwingern und Geschützrondellen. Die Burg hatte in den Kriegsjahren von 1943 bis 1945 durch Bombardierungen der Eisenbahnstrecke schwer gelitten und wurde in letzter Minute durch das Südtiroler Burgeninstitut vor dem drohenden Verfall gerettet.

Die Burg wird erstmals 1173 unter den Besitzern der Herren von Kastelruth als „Trosperch“ genannt. In der Folge saßen dort die Herren von Velthurns als Ministerialen der Brixner Bischöfe; 1290 geht

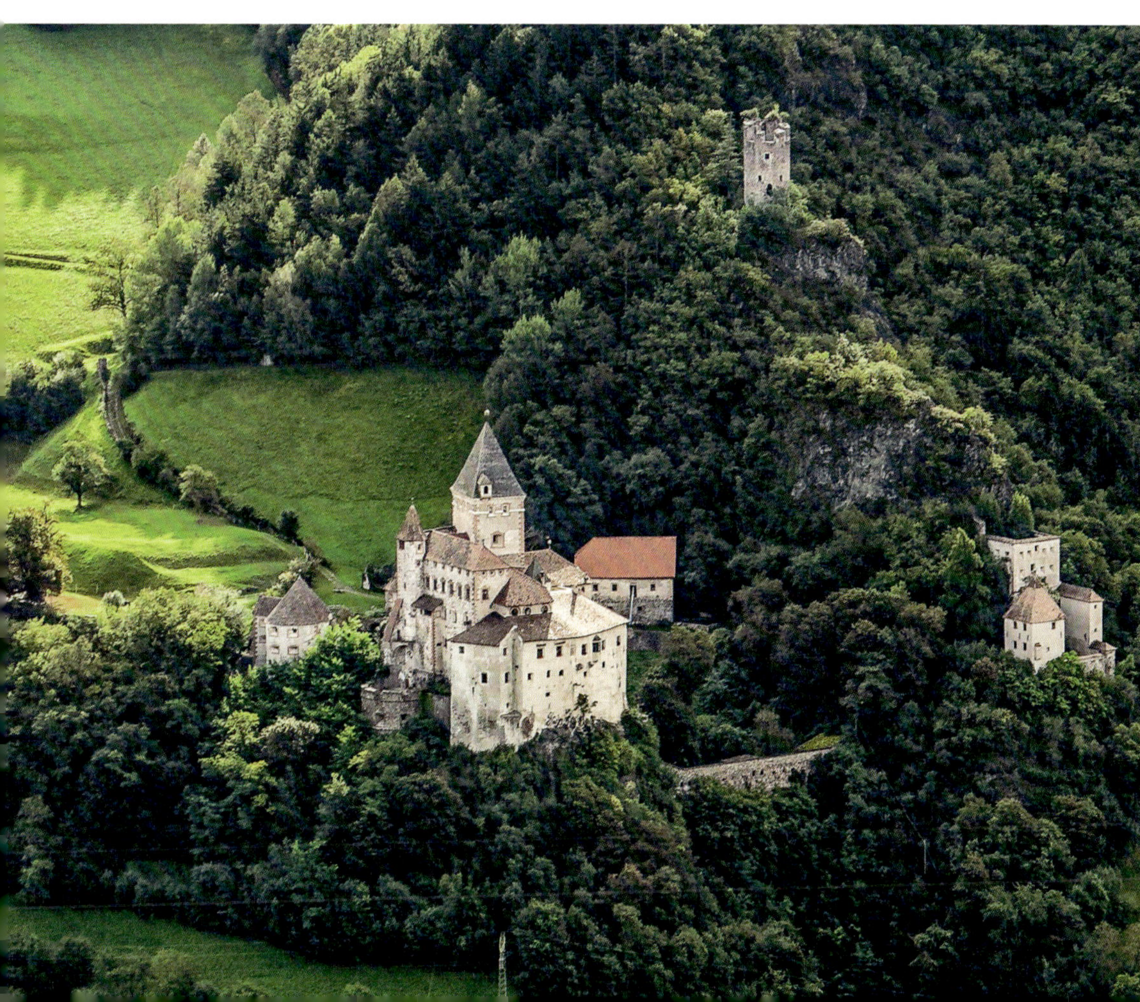

die Burg an die Grafen von Tirol über, die sie den Herren von Villanders zu Lehen geben. Von 1385 bis 1967 wird sie zum Stammsitz der Freiherren und Grafen von Wolkenstein-Trostburg.
Die Anlage erlebte mehrere bauliche Veränderungen, doch blieb die ursprünglich mittelalterliche Enge lagebedingt trotz umfangreicher Umbauten und martialischer Architekturkosmetik im Wesentlichen erhalten. Die tiefgreifendsten Um- und Ausbauten erfuhr die Trostburg zwischen 1594 und 1625 unter Engelhard Dietrich Freiherr von Wolkenstein, den ein wahres Baufieber gepackt hatte. Persönlich überwacht er die Arbeiten, schließt Kontrakte und schlägt sich mit Lohnforderungen herum, über die er sich in seinen Aufzeichnungen Luft macht: *„Jetzt wöllen sy 20 kr haben (...) und hat sy nit geschamt!“* Zu den finanziellen Belastungen kommen die logistischen Schwierigkeiten der Zulieferung, die einem erst recht bewusst werden, wenn man sich nochmals den steilen Zufahrtsweg in Erinnerung ruft. Das Endergebnis war jedenfalls eine befestigte Renaissanceresidenz, bei der Sein und Schein schwer auseinanderzuhalten sind und bei der hinter zähnefletschender Festungsarchitektur augenzwinkernd in der eleganten Fassadendekoration barocke Spielfreude durchbricht. Wozu sonst dekorierte Schießscharten? Oder hölzerne Sturmpfähle mit Eisenblech bewehrten Spitzen an der Außenmauer? Eine einzige, oberhalb der Burg gut platzierte Feldschlange mit einem fachkundigen Artilleriemeister hätte dem ganzen martialischen Befestigungszauber ein ziemlich schnelles und blamables Ende bereitet.

Vor dem inneren Tor hängt bedrohlich ein aufgezogenes Fallgitter; das Tor selbst mit dem originalen Eisenbeschlag besitzt ein Mannsloch. Und dann heißt es: Stiegen steigen, steigen.
Das Innere ist ein labyrinthisches Ensemble von Romanik bis Barock mit winkligen Treppenaufgängen und noch verwinkelteren Räumen und unregelmäßigen Bodenniveaus, welche die enormen Schwierigkeiten für bauliche Veränderungen erkennen lassen. Was muss sich der baufreudige Freiherr Engelhard Dietrich nicht den Kopf zerbrochen haben, hier etwas vom baulichen Geist der Renaissance hineinzubringen!

Älteste gotische Stube

Treppen steigend werfen wir einen kurzen Blick in eine winzige verrußte Küche und treten dann in eine der ältesten gotischen Stuben Tirols. Die Decke ist kleeblattförmig zu einem Dreipass aufgewölbt, die Balken liegen auf Einkerbungen der gebogenen Trägerbalken auf und die schmalen Quergurte zeichnen das Dreipassmotiv nach. Balken und Gurte tragen einen reichen Kerbschnittschmuck mit stilisierten Rosetten, herzförmigen Blattmotiven, Spiralen- und Rautenmustern. Nicht uninteressant ist dabei die Tatsache, dass die dreipassgeformte Deckenwölbung aus Oberitalien stammt, wo sie ursprünglich als großartig ausgeformte Holzdecken in Kirchen wie beispielsweise in San Zeno in Verona eingebaut wurden. Der grün glasierte

Die gewölbte Stube erreicht eine überraschende Scheitelhöhe

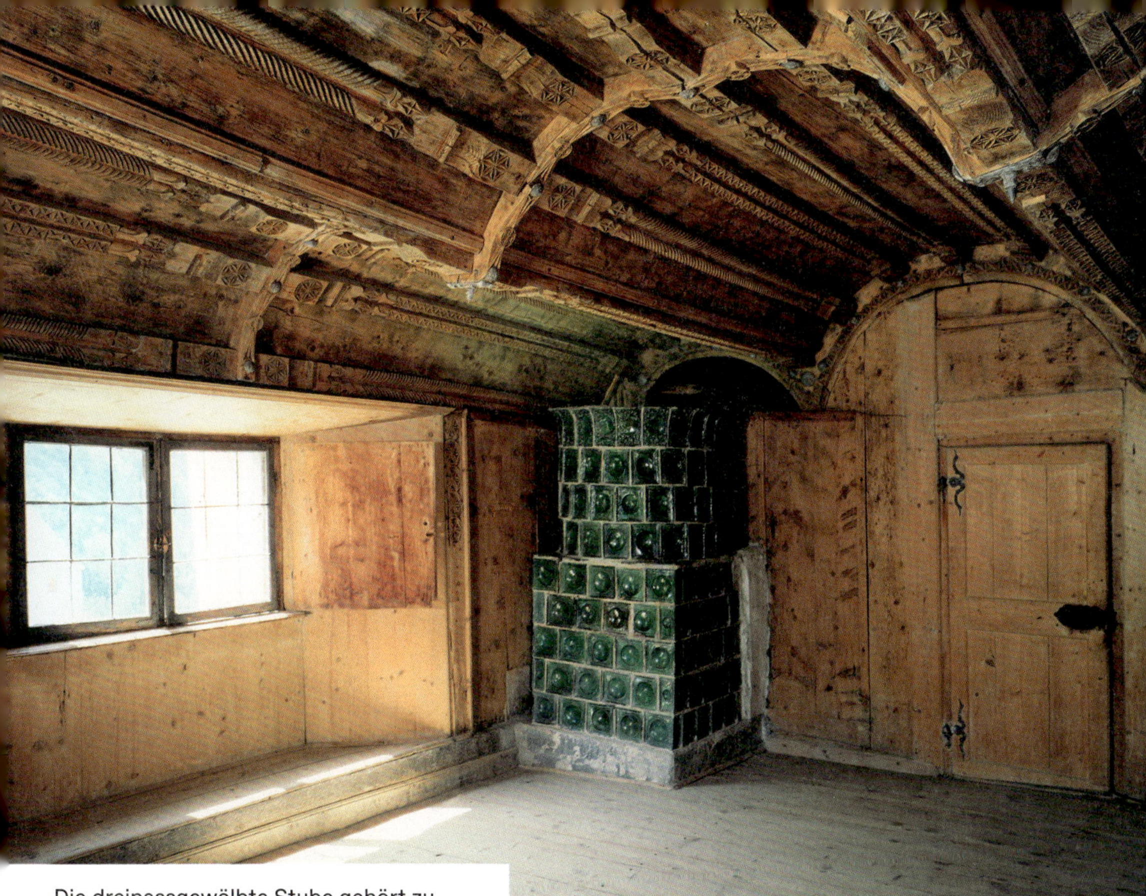

Die dreipassgewölbte Stube gehört zu den ältesten Tirols; der grüne Kachelofen wurde später eingebaut.

Kachelofen wurde erst in spätgotischer Zeit eingebaut. Wir haben es hier mit einem Herzstück Tiroler und alpenländischer Wohnkultur zu tun, der Stube: keine kalten Mauern mehr und noch weniger ein offenes, rauchendes Feuer, sondern ein holzgetäfelter, beheizter Raum ohne Rauch. Rauch bestenfalls machten die brennenden Kienspäne oder die Unslitlichter und Kerzen, deren Flamme sich, wenn man genau hinsieht, an vielen Stellen an den Wänden bedrohlich oft ins Holz gefressen hat. Offensichtlich wurde die Stube auch als Speisezimmer genutzt, denn die auffallenden Einstiche in den Holzbohlen stammen von Messern, die als griffbereites Essbesteck in die Wand gerammt wurden.

Teufelinnen und dynastische Visitenkarte

Die barocke Kapelle ist dem Wüstenvater Antonius Abt geweiht. Für die an der Ausgestaltung beteiligten Künstler war das Thema der Versuchung offensichtlich willkommener Anlass, malerisch in barocker Fleischeslust zu schwelgen. Da traktieren an der Decke pralle, barbusige Teufelinnen (dito!) den Heiligen, der trotz zentraler Position

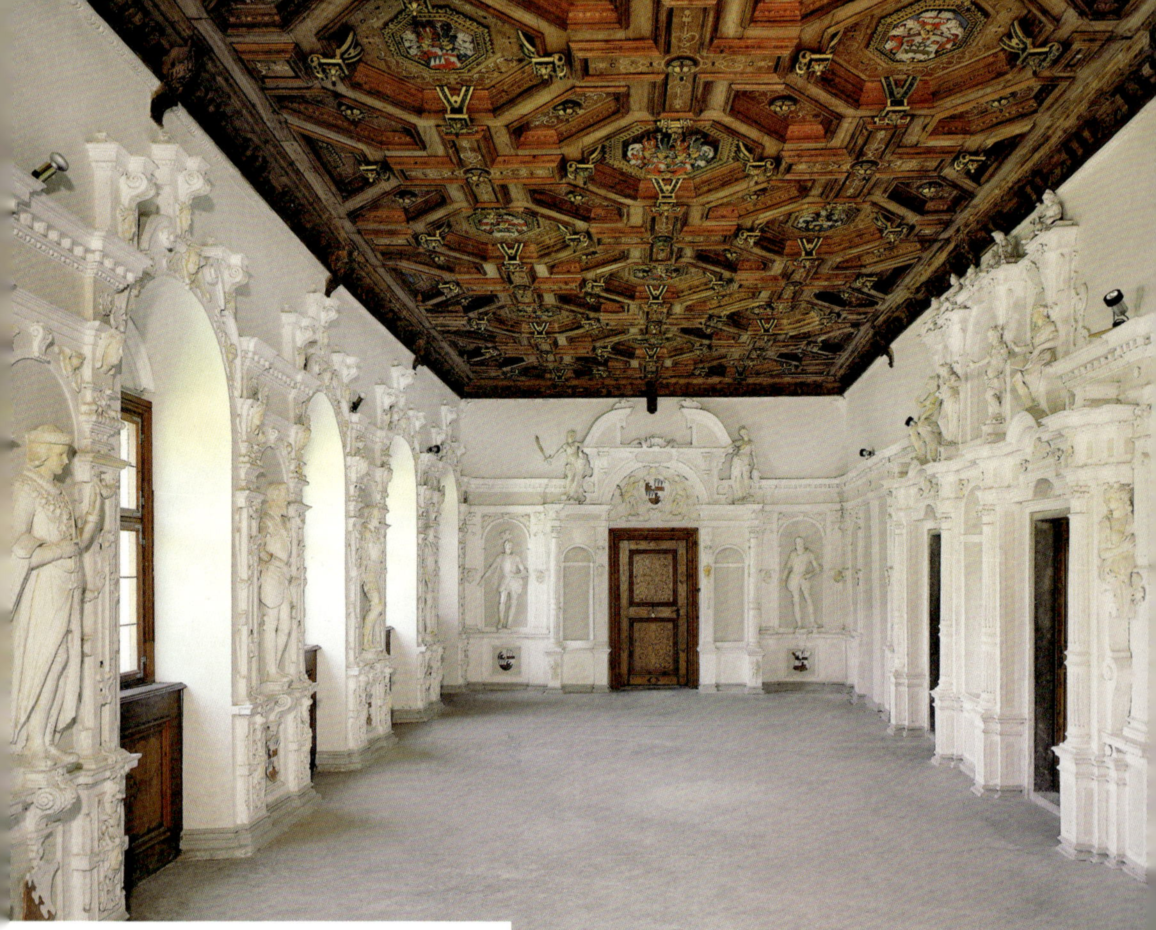

Der „neue Rittersaal“ täuscht den Marmor zwar nur mit Stuck vor, besitzt aber eine reich geformte Kassettendecke.

zwischen ihnen nur noch eine Nebenrolle zu spielen hat. Dezenter ausgefallen ist das Deckengemälde von 1604 über dem Altarraum, das die heilige Sippe zeigt und mit den Initialen H. S. signiert ist, die mit dem Innsbrucker Hofmaler Hans Schmid in Verbindung gebracht werden. Das Altarbild stammt vom Venezianer Kapuzinermaler Frà Santo da Venezia, der sich, wie es scheint, auf krallenbewehrte Teufelinnen verstand; ebenfalls von einem italienischen Maler stammt das Bild mit den Legenden und den italienischen Bildunterschriften des heiligen Antonius links über den Kirchstühlen. Die Stuckarbeiten fertigten Giovanni di Quadria und Josef Prey, welche auch im großen Saal beschäftigt waren.

Dieser „Neue Rittersaal“ im Dachgeschoss ist der prunkvollste Raum der Südtiroler Spätrenaissance. Obgleich in Stuck, deutet die reich gestufte Saalarchitektur mit Nischen, Prunkportalen, Blendnischen und Figuren aus der Ahnenreihe der Wolkensteiner in Weiß edlen Marmor an. Die

Ahnenreihe selbst wurde, salopp formuliert, zur dreidimensionalen dynastischen Visitenkarte, hinter der ein starker Repräsentationswille stand. Hervorragend ausgeführt ist die kostbare Kassettendecke, die Hans Rumpfer 1611 einbaute. Sie setzt sich aus Oktogonen, Kreuzen und Sechseckfeldern zusammen; dezent und elegant unterstreichen Rankenintarsien, vergoldete Rosetten und Rollwerkspangen den künstlerischen Effekt, den bunt gefasste Wappenreliefs in den Oktogonfeldern wirkungsvoll verstärken.

Wohnlicher geht es im Westtrakt zu, wo im Herrenzimmer bei Restaurierungsmaßnahmen spätgotische Wanddekorationen zum Vorschein kamen. Im Geäst eines gotischen Rankenwerks spielen sich Jagdszenen ab, da wird ein Bär einem höfischen Jäger zugetrieben, eine Gams wird mit einem Gamsschaft aus der Wand gestochen und hinter dem Ofen dreht ein gelangweilter Narr das Wildbret am Spieß, das ein Koch mit Bratensaft übergießt.

Sicher wurde zum Wildbret Wein getrunken, Wein, der im Erdgeschoss der Bastei eingekellert wurde. Der Pressbaum der originalen Torggl misst etwa elf Meter Länge, dessen Spindel mit schwerem Stein nur zwei kräftige Männer zu drehen imstande waren. Mit dieser Torggl wurden nicht etwa die Trauben gepresst, sondern die im Gärfass abgesunkenen Trester, die den letzten Rest an Flüssigkeit hergaben, der Druckwein hieß und wohl entsprechend schmeckte, ein „Billigleps“ für das Dienstpersonal. Den guten Wein ließ Engelhard Dietrich von Wolkenstein im heute verfallenen Sommerhaus östlich des (heute zugeschütteten) Fischteiches verwahren.

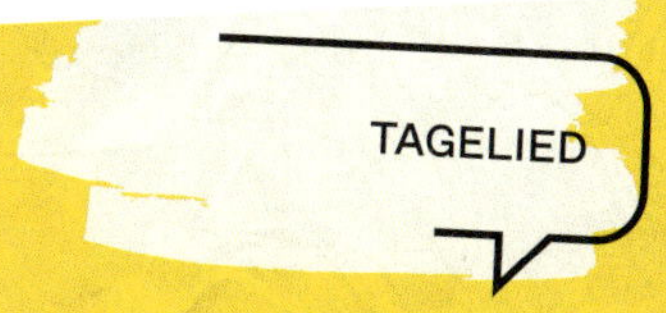

Ob der Dichter, Sänger, Diplomat und Draufgänger Oswald von Wolkenstein (1377–1445) hier seine frühe Jugend verbrachte, ist wissenschaftlich nicht erwiesen. Nach Oswald benannt ist der „Oswald-von-Wolkenstein-Ritt“, der alljährlich anfangs Juni stattfindet. Die jungen Reiter treten am Morgen von der Trostburg aus ihre „aventuire“ an, manche leicht „verrußt“ von durchzechter Nacht, andere wie im „Tagelied“ Abschied nehmend von ihrer Schönen: Oswald hätte seine helle Freude dran.

LITERATUR

Alexander von Hohenbühel: Trostburg. Zum Nutzen zur Freude und zur Ehre; Regensburg 2008

INFO

Geöffnet von Gründonnerstag bis Ende Oktober; Tel. +39 0471 654401
Die Trostburg ist nur zu Fuß erreichbar!

Weitere Informationen:
www.burgeninstitut.com

Die Trostburg ist Sitz des Südtiroler Burgeninstituts und des Südtiroler Burgenmuseums. In drei Räumen wird mit 86 maßstabsgetreuen Modellen die Dauerausstellung „Burgen – Bauwerke der Geschichte“ gezeigt. Sie bietet einen anschaulichen Einblick in die Entwicklung der Südtiroler Burgen.

DREIKIRCHEN

Rätselhafte Dreiergruppe

Eigentlich müsste es überall so sein: Man lässt die Blechkarosse stehen – Dreikirchen ist autofrei – und pilgert wie Jahrhunderte zuvor einfache Bauersleute, Eremiten und gescheiterte Theologiestudenten dem Wallfahrtsziel entgegen. Sigmund Freud und Christian Morgenstern, wenig wallfahrerisch angehaucht, gleichwohl beide begeisterte Besucher und Gäste von Dreikirchen, wollen wir in diesem Pilgerzug auch genannt haben. Wie es sich gehört für einen Bauernwallfahrtsort, finden wir in Dreikirchen Heiligtum und Gasthaus in trauter Eintracht. Ein wenig anders als üblich jedoch. Das Heiligtum existiert als Dreiergruppe und das Gasthaus als Hotel mit einem Interieur, das die internationale Fachwelt aufhorchen ließ. Dreikirchen ist einmalig.

Der heilige Bezirk mit drei Gotteshäusern gehört zu den rätselhaftesten Kirchenbauten Südtirols. Manche wollen darin gar ursprünglich ein keltisches oder römisches Heiligtum sehen. Jedenfalls fanden sich 2004 bei einer archäologischen Grabung Funde, die bis zu 6500 Jahre alt sind und in die Jungsteinzeit zurückreichen. Wann genau die Kirchen entstanden sind, lässt sich nicht mit Gewissheit feststellen. Die Gertraudkirche wird 1237 erstmals genannt. St. Gertraud wurde um 1410 ausgemalt, zu einer Zeit, als Flügelaltäre noch wenig bekannt waren. Die 1959 an der Altarwand aufgedeckten Fresken zeigen im Zwickelfeld eine Kreuzigung und darunter in Dreiergruppen disputierende Apostel. Bartholomäus mit dem Schindermesser, dem der Legende nach bei lebendigem Leibe die Haut abgezogen wurde, fällt besonders auf. An der linken Chorwand finden wir eine Marienkrönung nach oberitalienischem Vorbild, wo ein erhöhter Gottvater die Arme um Maria und Jesus legt, der seine Mutter krönt. Darunter empfängt die heilige Gertraud Bittsteller und Pilger, rechts davon sind die Apostel Petrus und Paulus dargestellt. Auf der Innenseite der Triumphbogenwand findet sich ein Jüngstes Gericht, in der Bogenlaibung erscheinen die klugen und törichten Jungfrauen. An der Triumphbogenwand außen ist in den Zwickeln eine Verkündigung dargestellt, wo Maria, ungewohnt, die Botschaft stehend empfängt. Rechts ist der heilige Nikolaus abgebildet, sein Pendant, der heilige Leonhard, wird von einem frühbarocken Hochaltar mit spätgotischer Madonna verdeckt. Den Traubendekor auf den flankierenden Säulchen möchten wir gern als eine Reverenz an den Weinbau im Eisacktal verstehen. Der/die Maler sind unbekannt – möglicherweise waren es zwei – ihr Schaffen steht im Randbereich des Weichen Stils und der böhmischen Malschule. Karl Gruber weist die Arbeiten einem Erasmus von Bruneck zu.

An der linken Chorwand finden wir eine Marienkrönung nach oberitalienischem Vorbild

Die schlicht-schöne Holzskulptur der Kirchenpatronin Gertraud trägt den Spinnrocken und weist sie damit als Webeheilige auf; in der Magdalenakapelle wird Gertraud uns noch einmal begegnen, dann

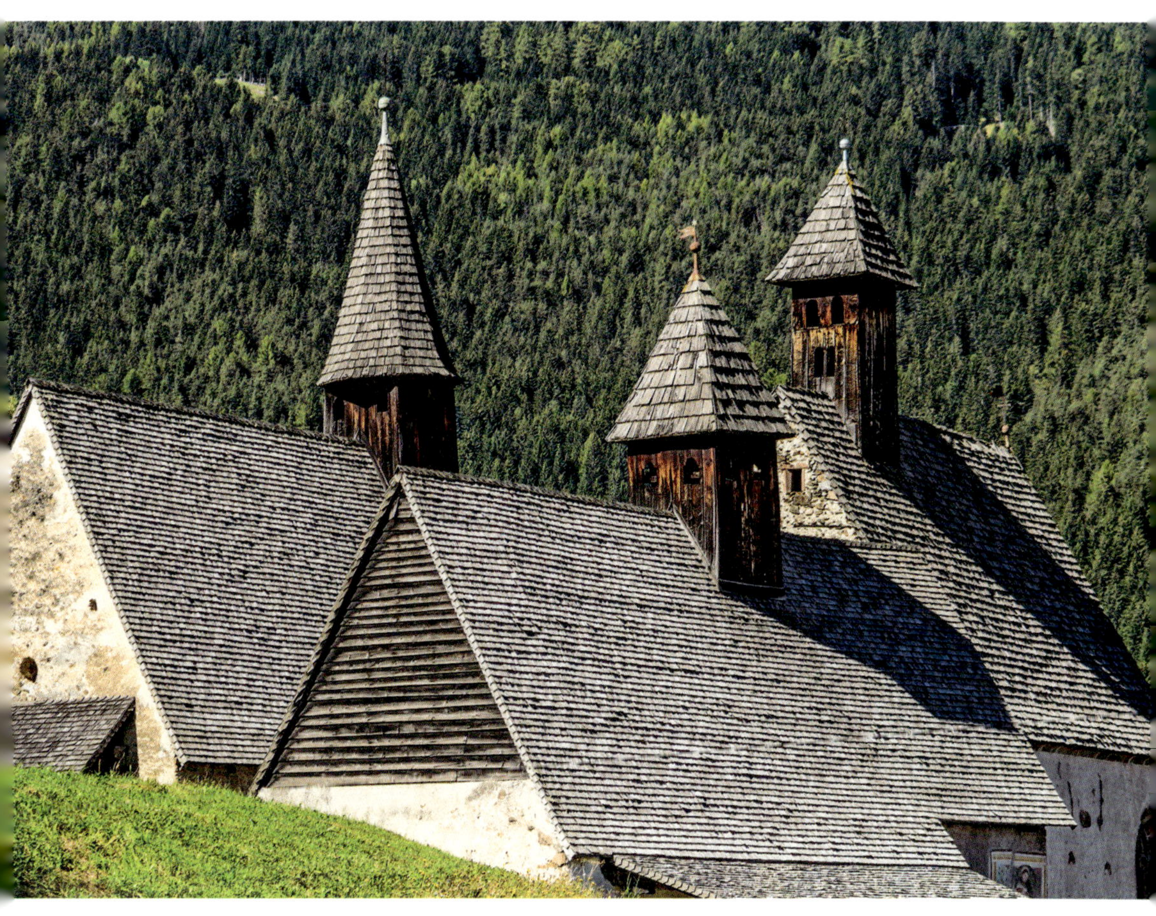

aber auch als Schutzpatronin gegen Ratten und Mäuse. Beide Schutzaufgaben jedenfalls kommen dem Schutzbedürfnis einer einfachen, bäuerlichen Bevölkerung entgegen. Dem entspricht auch der fragmentarisch erhaltene Leonhard auf der Wegseite, Pferdeheiliger *par excellence* und Schutzpatron der Gefangenen. Christophorus, ebenfalls an der Außenwand, trägt eine Früchte tragende Palme und ein recht klein geratenes Jesuskind, das hinter dem Kopf hervorlugt.

Als nächste Kirche betreten wir die Nikolauskirche. Deren Chor ist voll mit Nikolausszenen ausgemalt; die Seesturmszene in idyllischen Berggegenden mutet immer etwas sonderbar an: Wie haben das die Leute vom Berg damals erlebt? Das Gewölbe schmücken Evangelisten, Kirchenväter und Engel. Den Blick aber fesselt der einfigurige Flügelaltar mit einem behäbigen Nikolaus, dem die Apostel Petrus und Paulus beigestellt sind, die sonderbarerweise vom Schrein wegschauen. Auf den

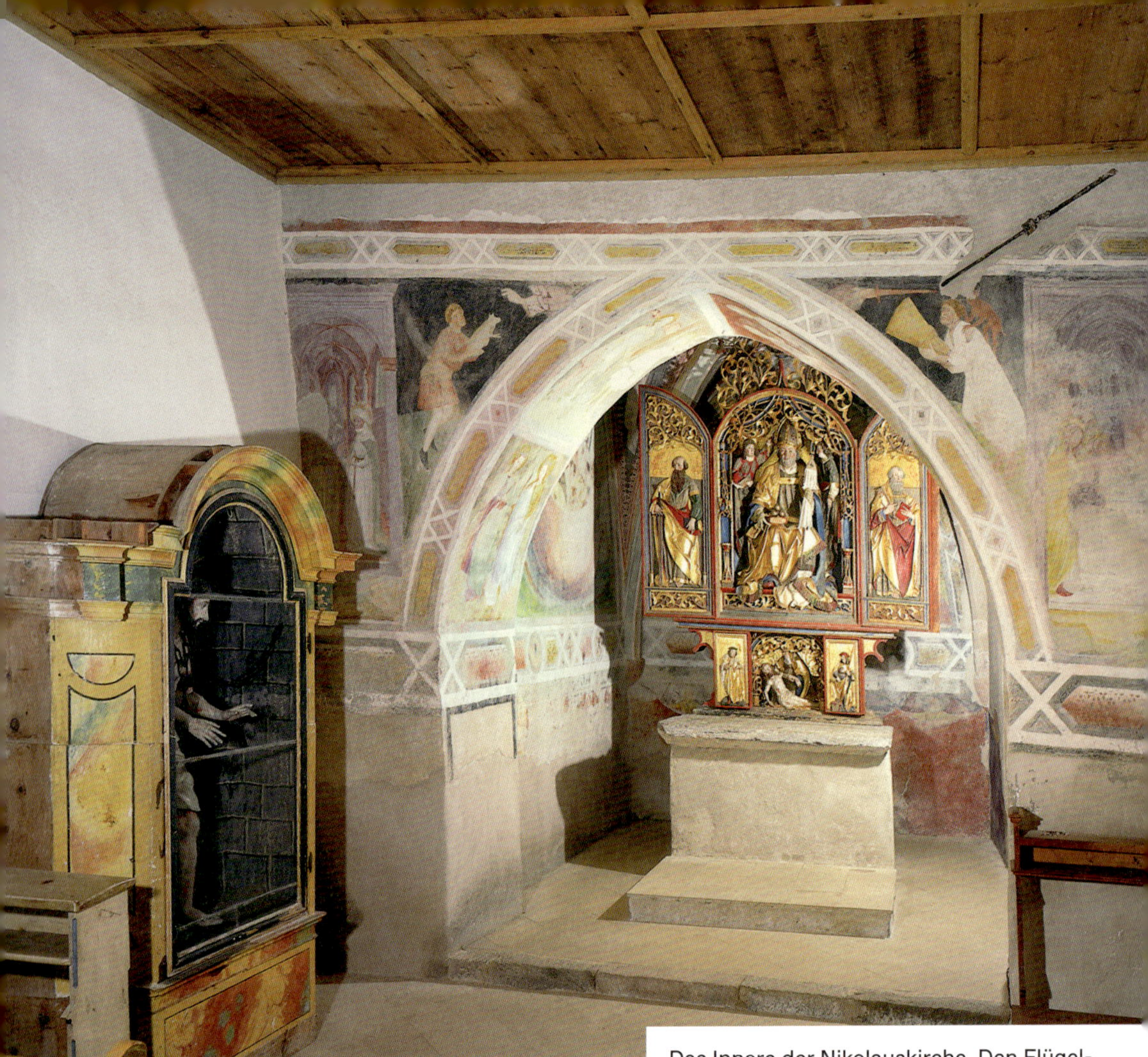

Das Innere der Nikolauskirche. Den Flügelaltar schuf Hans Klocker um 1500.

geschlossenen Schreinflügeln sind der heilige Stephanus und der heilige Vigilius dargestellt. Letzterer hält einen Holzschuh in der Hand: Der Legende nach wurde er 405 in der Val Rendena mit Holzschuhen erschlagen. In der Predella findet sich hinter Rankenwerk eine recht berührende Beweinung Christi. Den Altar schuf Nikolaus Stürhofer zwischen 1510 und 1515.
Die dritte Kapelle, ursprünglich dem Bauernheiligen Antonius Abt geweiht, ist wahrscheinlich durch einen Bergsturz zerstört worden. Nach dem Neubau um 1500 wurde Magdalena zur Schutzpatronin erhoben, vielleicht bedingt durch die Anwesenheit von Einsiedlern in unmittelbarer Nähe. Die Heilige hat der Legende nach auch als Einsiedlerin ganze dreißig Jahre lang in einer Höhle gelebt. Die Kirche besitzt im Gegensatz zu den beiden anderen

keine Fresken, dafür aber einen ansehnlichen Flügelaltar mit der Marienkrönung im Schrein, wieder von Nikolaus Stürhofer, der fast 30 Jahre lang in Brixen eine Werkstatt geleitet hatte. Gottvater und Gottsohn krönen Maria, über der der Heilige Geist in Form einer Taube schwebt. Die geöffneten Flügel zeigen einen heiligen Anton Abt mit dem Schweinchen und einen heiligen Martin, beide beliebte Heilige bei der bäuerlichen Bevölkerung.

Eremiten und Sommerfrischler

Dreikirchen übte eine starke Anziehung auf Einsiedler aus, ein gewisser Jakob Müller aus Schwaben war, bevor er nach einer Romwallfahrt sich hierher zurückzog, Hofmeister bei den Grafen Fugger gewesen. Einige Eremiten soll es nach missglücktem Theologiestudium hierher verschlagen haben. In den Zwanzigerjahren des vergangenen Jahrhunderts ließen sich hier wohlhabende Bozner ihr Sommerfrischhaus bauen, Häuser, die in ihrer eigenwilligen, nüchternen Form Architekturgeschichte schrieben. Einer der bekanntesten Architekten war Lois Welzenbacher, Vertreter der „klassischen, weißen Moderne" Tirols. Hubert Lanzinger, der spätere Vertreter nazistischer Staatskunst, entwarf die Villa Briol. Sie ist eine halbe Stunde zu Fuß von Dreikirchen entfernt und hat ihr Aussehen im schnörkellosen Stil der Wiener Moderne nach siebzig Jahren unverändert erhalten. In ihrer Schlichtheit, ohne Internet, ohne Wellnessbrimborium und Spaß-TV bietet sie das, was Eremiten früher so anzog: einfach(st)es Leben inmitten von Natur. Und nein: Im Winter bleiben die Zimmer ungeheizt, dafür kommt die gute alte Wärmflasche wieder zu Ehren.

Die Villa Briol bietet in ihrer Schlichtheit einfach(st)es Leben inmitten von Natur

LITERATUR

Leo Andergassen: Kunst in Dreikirchen; Lana 2002

INFO

Dreikirchen darf nur zu Fuß von Barbian aus erwandert werden. In Sonderfällen besteht ein Shuttledienst.

Info im Tourismusbüro Barbian,
Tel. +39 0471 654411

Die Kirchen sind von Ende März bis Ende November täglich geöffnet. Notfalls besitzt der nebenstehende Mesnerhof die Schlüssel.

Heilwasser

Dem Wasser der Quelle, die bei Dreikirchen entspringt, wurde heilkräftige Wirkung zugeschrieben.

Wir wollen ein weiteres „Wasser" erwähnen, ein Feuerwasser von nicht geringerer Heilkraft: den Zwetschgeler (Pflaumenschnaps) aus Barbian. Wobei hinzuzufügen ist, dass die Tiroler den Schnaps als Medizin betrachteten und ihm mehr vertrauten als dem Weihwasser.

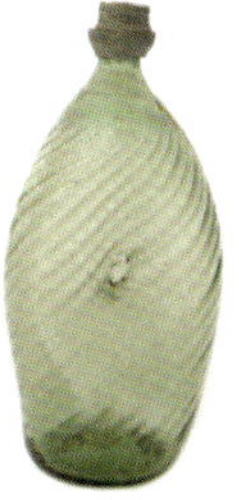

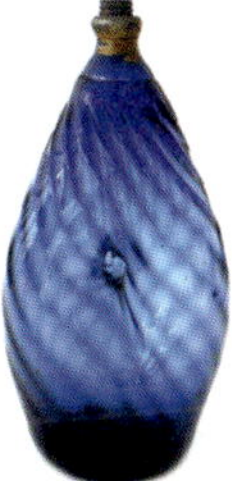

ST. INGENUIN IN SAUBACH

Drei Flügelaltäre für eine Landkirche

St. Ingenuin ist der erste namentlich bekannte Bischof von Säben, den erst die spätere Verehrung vom Ruch des Herätikertums befreite, nachdem er zu Lebzeiten im Zusammenhang mit dem Geheimnis der Dreifaltigkeit eindeutig abweichlerische Positionen vertreten hatte. Wie dem auch sei, die Kirche in Saubach, an der alten Bistumsgrenze zwischen Brixen und Trient gelegen, ist ihm geweiht. Sie birgt drei spätgotische Altäre, die über Jahre im Brixner Diözesanmuseum verwahrt waren und 1949 in einer mutigen Entscheidung wieder vor Ort aufgestellt wurden. Die künstlerische Gestaltung und die Auswahl der Heiligen kommen einerseits den Schutzbedürfnissen der bäuerlichen Bevölkerung entgegen, zum anderen zeigen sie die Ausstrahlung künstlerisch hochstehender Altäre.

Im Schrein des Hochaltars ist eine Krönung Mariens dargestellt, der die Kirchenpatrone Ingenuin und Albuin zur Seite gestellt sind; auf den Flügeln befinden sich die Schnitzreliefs des heiligen Ägidius mit der Hirschkuh und der heiligen Genoveva mit der Kerze. Ägidius ist der Schutzpatron der stillenden Mütter und die heilige Genoveva die der Wachszieher und Hirten. Die Flügelaußenseiten tragen Passionszenen.

Der nördliche Seitenaltar ist nur gemalt und zeigt eine ungewöhnliche Verkündigung mit dem Gekreuzigten, flankiert von Anna und Joachim; die Außenseiten stellen die Begegnung Marias mit ihrer Base Elisabeth dar, denen im 19. Jahrhundert die auf den schwangeren Bauch aufgemalten Kindlein Jesus und Johannes abgekratzt worden sind (Karl Gruber).

Der rechte Altar von 1514 trägt eine Heiligenauswahl, die stark auf die Fürbitten einer bäuerlichen Frauenwelt ausgerichtet ist: Die Mutter Gottes steht zwischen der heiligen Katharina und der heiligen Barbara, beide Beschützerin der Mädchen und Frauen. Die Flügel gehören den männlichen Schutzpatronen. Die Reliefs der Seitenflügel zeigen den heiligen Wolfgang, den Patron der Holzarbeiter und den heiligen Ulrich, den Wasser- und Wetterheiligen. An den Flügelaußenseiten stehen die heiligen Martin und Nikolaus, auf den seitlichen Bildern erscheinen die zwei „Lichtpatroninnen“ Ottilia und Luzia. Als im Oktober 1970 hier eingebrochen wurde und die Diebe alles einsackten, was sie nur erraffen konnten, müssen die Nachforschungen von starken Fürsprachen begleitet gewesen sein, denn das Raubgut konnte in kurzer Zeit sichergestellt werden. Beileibe nicht alle Kirchen hatten solches Glück und Fürsprache von ganz oben.

> Die Reliefs der Seitenflügel zeigen den heiligen Wolfgang und den heiligen Ulrich

INFO

Die Kirche ist geschlossen, den Schlüssel dazu verwahren der Tschörlerhof und/oder der Gasthof Saubacherhof, beide in der Nachbarschaft.

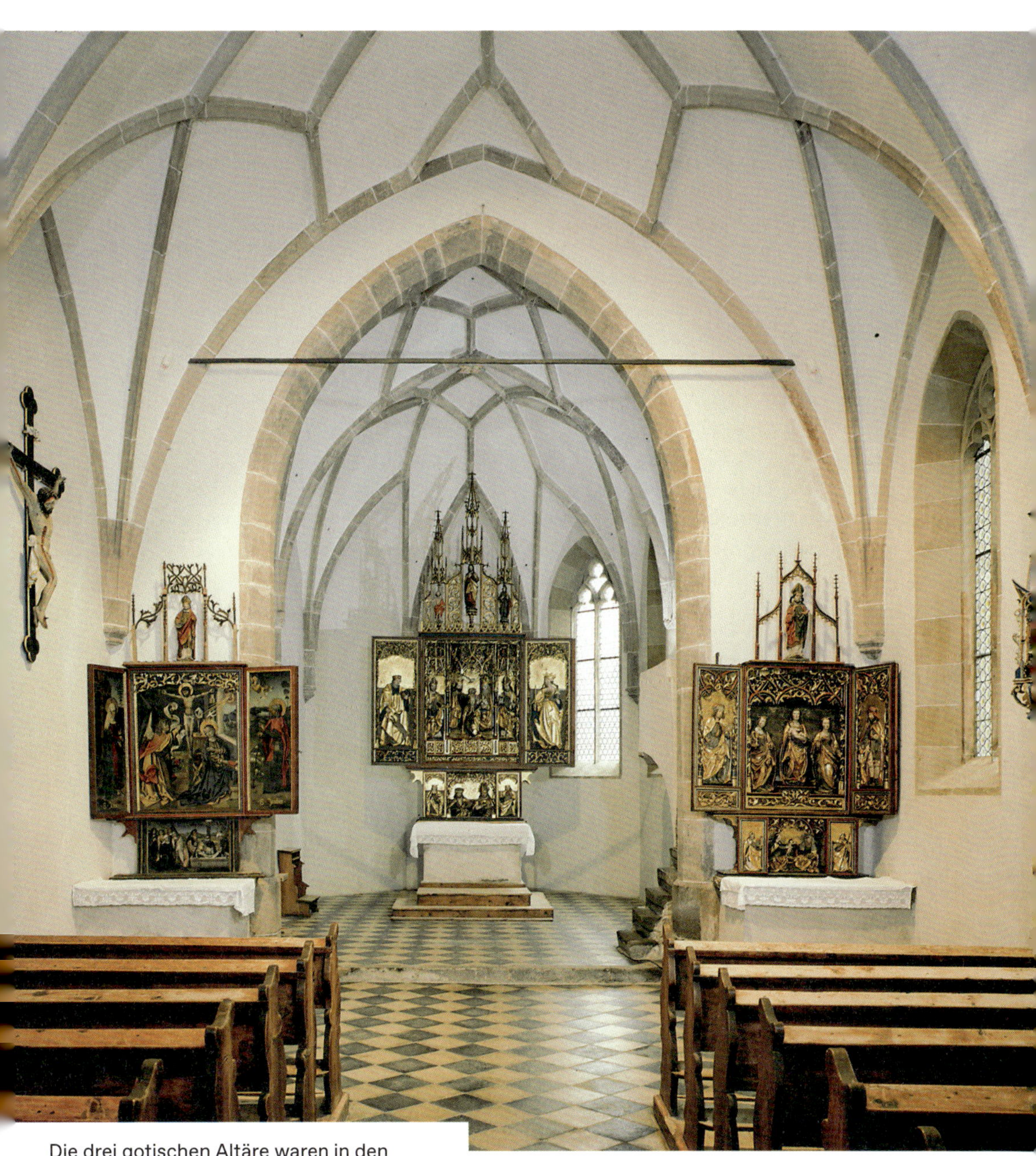

Die drei gotischen Altäre waren in den Dreißigerjahren des vorigen Jahrhunderts ins Museum nach Trient „verschleppt“ worden.

KLAUSEN UND KLOSTER SÄBEN

Heiliger Berg und Dürers Glück

Albrecht Dürer hat es 1494 gezeichnet, und ein fröhliches Künstlervölkchen erwählte es Ende 1900 zu seinem Arkadien. Auch heute noch besitzt das Städtchen Klausen Attraktion genug, um mit Spitzweg- und Mittelalterromantik die Besucher in seinen Bann zu schlagen. Und das, obwohl es seine Existenz in der brutalen Umklammerung des Verkehrs zwischen Autobahn, Eisenbahn und Staatsstraße behaupten muss. Ist man im Städtchen selbst, merkt man glücklicherweise wenig davon. Es ist der Verkehr, dem Klausen seine Entstehung als Stadt verdankt, nachdem der Bischofssitz von Säben nach Brixen verlegt und *Clusa* zur wichtigsten Zollstätte des Brixner Territoriums geworden war.

Um 1200 entstand die Stadtgasse, bald darauf dürfte die Siedlung mit Mauern umschlossen worden sein, welche die darüber liegende Burg Branzoll miteinbezogen. Das Städtchen bekam in der Folge die wichtigen Einrichtungen, die zu einer veritablen Stadt gehören, ein Jahrmarktprivileg, einen städtischen Richter, eine Pfandleihanstalt, eine Salzniederlage, ein eigenes Weinmaß und ordentliche Wirtshäuser, ein Pilgerhospiz vor den Toren und später sogar ein Berggericht, das den Bergbau von Klausen bis nach Buchenstein kontrollierte. Beinahe hätten wir das Kapuzinerkloster und

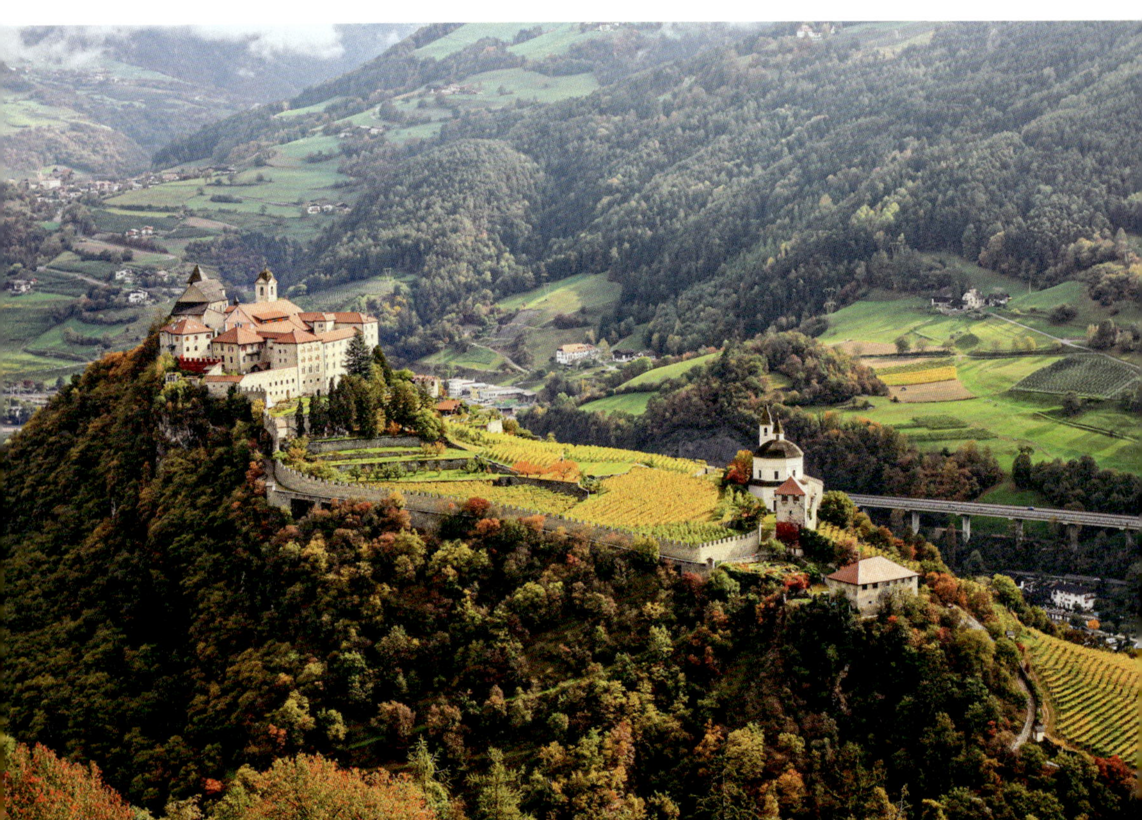

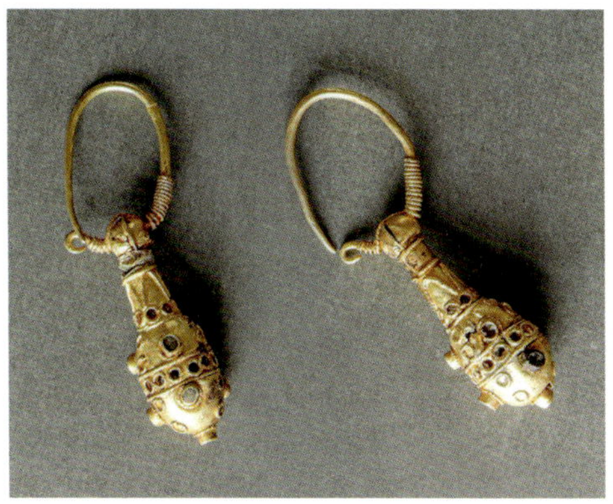

Körbchenohrringe aus Grab 168. Die Trägerin gehörte zur Oberschicht. Romanin oder Bajuwarin?

den Loretoschatz im Stadtmuseum vergessen, letzterer ein Geschenk der spanischen Königin Maria Anna an ihren Beichtvater Pater Gabriel Pontifeser aus Klausen. Wer heute durch die Stadtgasse, die alte Hauptstraße, geht, merkt allenfalls an den verbliebenen Wirtshausschildern, dass hier einmal sämtliche Waren der Brennerroute aus dem Süden und dem Norden auf schweren Fuhrwerken mit hü und hott durchrumpelten. Wenn man ein bisschen höher hinaufsteigt, dann streift der Blick über eine verwinkelte Dachlandschaft, an der Spitzweg seine helle Freude gehabt haben muss, nachdem er in Klausen abgestiegen war.

Klausen steht im Bann des Säbener Berges

Klausen steht im Bann des Säbener Berges. Versteckt geht von der Unterstadt der alte Aufstieg ab; aus den ausgetretenen Steinstufen dringt das Schlurfen müder Pilgerfüße, und die Mauern sind voll von *ora pro nobis*. Seit Jahrtausenden sind Menschen diesen Weg hinaufgestiegen und aufsteigend ist es, als spürte man etwas vom Geheimnis des Ortes, der immer schon zwischen Festung und Heiligtum oszillierte und dessen christliche Kulttradition seit dem 5. Jahrhundert ungebrochen ist.

Fluchtburg und Bischofssitz

Der Säbener Berg ist mit der frühen Geschichte des Landes seit der Spätantike eng verbunden. Grabungen werfen ein neues Licht in die dunkle Zeit der Völkerwanderung und die unmittelbare Zeit danach. Als das römische Gemeinwesen von Stufels bei Brixen zerstört wurde, zog sich die dortige Miliz nach Säben zurück, das sich zum Bischofssitz und zum Zentrum der lokalen Alpenromanen entwickelte.

Im Rebenhang unter der Liebfrauenkirche, der ersten Kirche, der wir aufsteigend hinter der Zinnenmauer begegnen, brachten archäologische Grabungen zwischen 1978 bis 1982 eine Kirchenanlage mit drei Bauphasen zutage. Der erste Bau entstand zu Beginn des 5. Jahrhunderts als Apsidenkirche mit Querannexen und besaß ein abgetieftes und begehbares Reliquiengrab. Priesterbank, Chorschranke und eine erhöhte Solea, d. h. ein gemauerter Gang in den Laienraum, dokumentieren eine liturgische Zugehörigkeit zum Exarchat Aquileja. Vielleicht diente er eine Zeit lang als Bischofsbasilika und der legendäre Bischof Ingenuin feierte hier die Liturgie. Über den Resten der Kirche im Weinberg wachsen wieder Reben. Sie wachsen auch über das einstige Gräberfeld. Drei Jahrhunderte lang war Säben ein wichtiger Bestattungsort für die Romanen geworden.

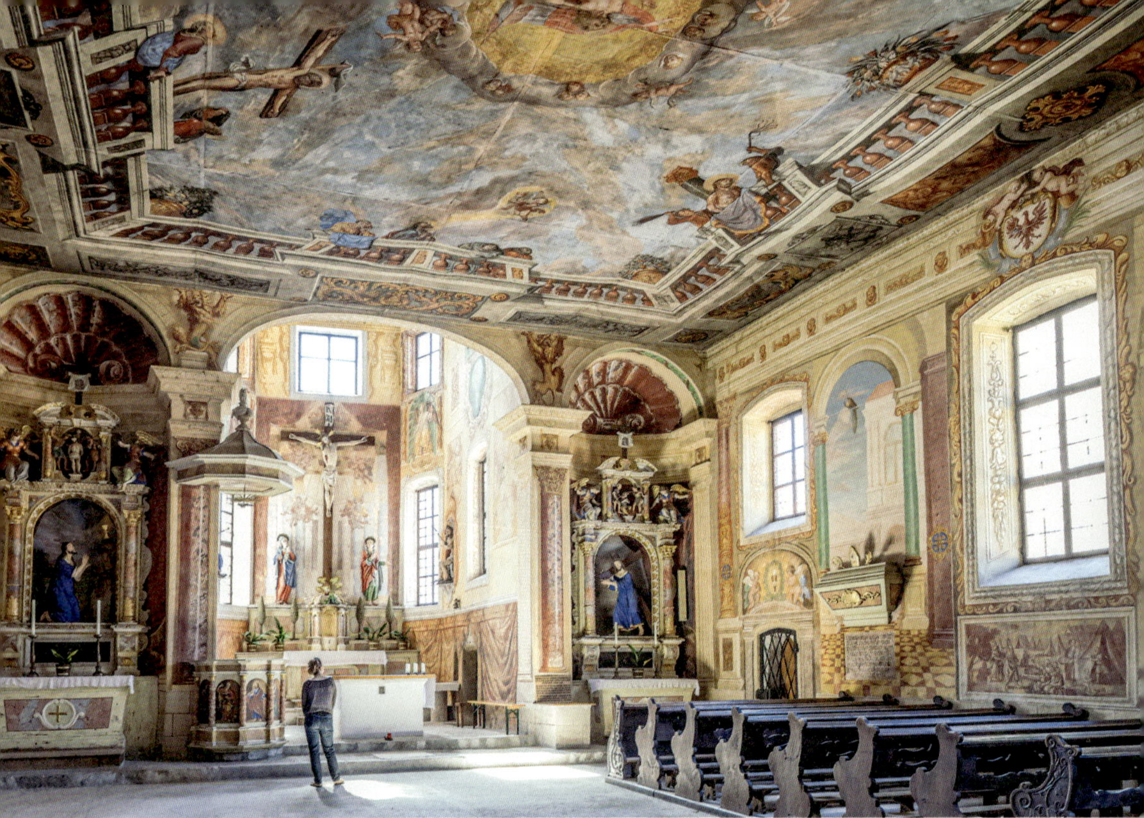

Goldene Ohr- und Fingerringe, goldener Haarbesatz, Goldbrokat und Stängelgläser beweisen Wohlhabende unter ihnen. Ab 600 wurden auch Germanen (Bajuwaren? Langobarden?) in der Kirche bestattet, Frauen mit reichem Halsschmuck und Körbchenohrringen; Männer mit aufwendiger Gürtelgarnitur, Spatha (Langschwert) und Sax (Kurzschwert). Romanen und Germanen fanden ihre letzte Ruhe im selben heiligen Bezirk und in diesem liegt starke Symbolkraft für die weitere Entwicklung des Landes, in dem Romanen und Germanen/Bajuwaren lange Zeit offensichtlich friedlich nebeneinanderher lebten. Die schönsten Objekte würden es verdienen, *in loco*, zumal an so einem geschichtsträchtigen Ort, ausgestellt zu werden.

Bistum Sabiona

Der barocken Marienkirche auf halbem Wege sieht man die 1600 Jahre ungebrochener Kulttradition nicht an, hier stand im 6. Jahrhundert eine kleine Taufkirche. Bei Grabungen wurden Reste des frühchristlichen Taufbeckens in der Sakristei freigelegt. Wenn man den „Mantel der Geschichte" und sein „Wehen" bemühen möchte, dann weht er hier, vor diesem uralten Zeugnis des frühchristlichen Rituals der Erwachsenentaufe. Die kleine, mehrmals überbaute Taufkirche wurde ab 1652 von den Brüdern Jakob und Andrea Delai aus Bozen vollkommen neu gestaltet. Sie schufen ein Oktogon mit erweitertem Chor, das ein durchfenstertes Lichtoktogon mit Szenen aus dem Marienleben überspannt. Der

Hochaltar von 1612 stammt aus der Werkstatt des Klausners Hans Rumpfer. Die barocken Seitenaltäre stiftete der Stadtpfarrer Matthias Jenner mit seinen Geschwistern. Die spätgotische Madonna in der angebauten kleinen, intimen Marienkapelle ist seit Jahrhunderten Ziel von Wallfahrern.

Theatralische Inszenierung

Das Betreten der Heiligkreuzkirche auf der Spitze des Berges verschlägt einem vorerst gelinde gesagt den Atem: Diesen barocken Theaterdonner hat man sich nun bei Gott nicht erwartet. Es ist, als stünde man in einer 3D-Vorführung inmitten üppiger Fluchtperspektiven, gewagter Scheinarchitekturen und unerwarteter Ausblicke. Das Religiöse, von der Deckenmalerei abgesehen, tritt ziemlich in den Hintergrund. Schöpfer dieser theatralischen Inszenierung ist ein gewisser Johann Baptist Hueber, Geistlicher und Dombenefiziat aus Brixen, der in Rom sein Handwerk erlernte und der unter anderem auch für die bischöfliche Hofburg in Brixen Theaterkulissen malte. Das Deckengemälde auf Rupfen, einem groben Leinwandgewebe, zeigt hinter einer perspektivisch eher ungeschickt verkürzten Balustrade das Leiden und Sterben Jesu. Das große Kruzifix im Altarbereich stammt von Meister Leonhard von Brixen aus der 2. Hälfte des 15. Jahrhunderts.

Die Männer aus den ladinischen Pfarreien des Gadertales pilgern alle drei Jahre hierher und lassen in dieser mehrtägigen

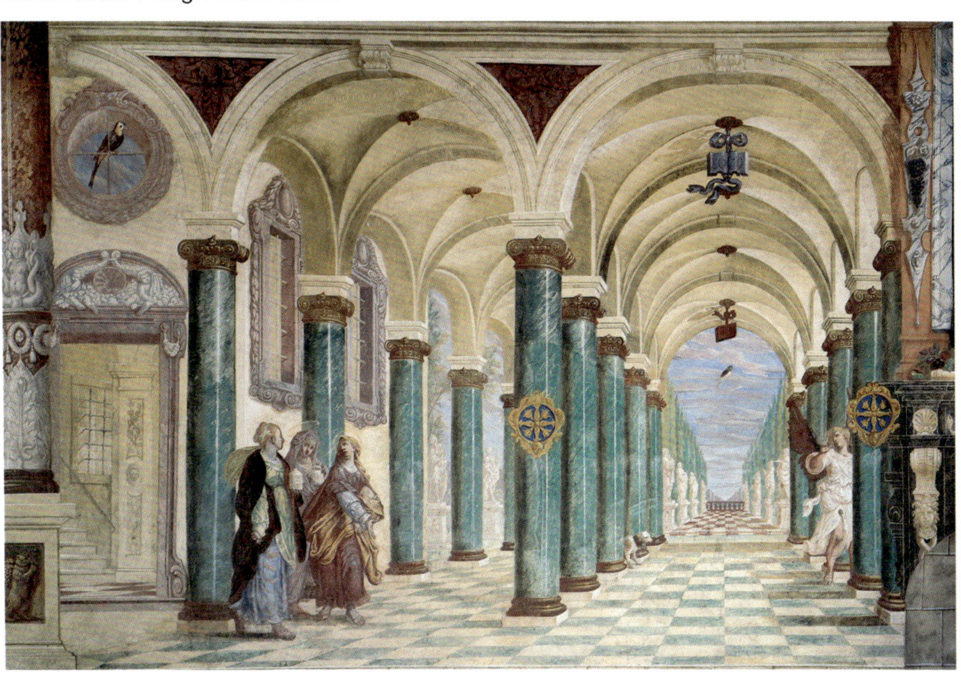

Triumph der perspektivischen Illusion in der Heilig-Kreuz-Kirche.

Wallfahrt die uralten Bindungen der Romanen an Säben wieder aufleben.
Eine schlichte Platte aus rotem Marmor im Estrich neben dem Eingang trägt den Namen Ingenuin. Bei den Ausgrabungen war 1980 ein Grab zum Vorschein gekommen, das wahrscheinlich einmal die Überreste des Bischofs Ingenuin geborgen hatte. Der Mönch Paulus Diaconus nennt Ingenuin zwei Mal in seiner Geschichte der Langobarden. Übrigens steht der als Heiliger verehrte Bischof zeitweise im Ruche eines Schismatikers, eines Glaubensspalters – trotzdem wird sein Fest als Bistumspatron in der Diözese Brixen am 5. Februar feierlich begangen.
Die Ausgrabungen ergaben eine ursprüngliche Doppelkirche, an die sich ein Taufraum anschloss, die von 600 bis zur Verlegung des Bischofssitzes nach Brixen um 990 als Bischofskirche diente.
Bis 2021 beherbergte der Klosterberg ein Nonnenkloster, in das 1685 die ersten Schwestern einzogen. Als 1809 französische Soldaten ins Kloster eindrangen, versuchte eine Nonne, außer sich vor Angst, sich in der Dunkelheit irgendwo zu verstecken, tat einen falschen Tritt und stürzte über den Felsen in den Tod. Bestürzt, weiß der Chronist, hätten die Franzosen am Begräbnis teilgenommen. Auf Einladung der Diözese übernahmen im Jahr 2024 die Zisterzienser vom Stift Heiligenkreuz die Seelsorge auf Säben.

LITERATUR

Volker Bierbrauer/Hans Nothdurfter: Die Ausgrabungen im spätantik-frühmittelalterlichen Bischofssitz Sabiona – Säben I. Die spätantik-frühmittelalterliche Kirche und das Gräberfeld; Münchner Beiträge zur Vor- und Frühgeschichte, Band 58, München 2015

INFO

Kloster Säben ist nur zu Fuß erreichbar.
Der Außenbereich ist frei zugänglich.
Keine Klosterführungen. Weitere Infos:
https://klostersaeben.it

Liebfrauenkirche: Von Juli bis Oktober jeden Dienstag, Freitag und Samstag von 14 bis 17 Uhr geöffnet

Gnadenkapelle, Marienwallfahrt: Täglich von 8 bis 17 Uhr geöffnet, freier Zutritt

Klosterkirche und Heiligkreuzkirche: Täglich von 8 bis 20 Uhr geöffnet, freier Zutritt. In der Heiligkreuzkirche liegt eine archäologische und geschichtliche Dokumentation auf.

Stadtmuseum im ehemaligen Kapuzinerkloster: Eine Stiftung der spanischen Königin Maria Anna (1667–1740). Von ihr stammt auch der ausgestellte Loreto-Schatz mit kostbaren Exponaten. Eine Dauerausstellung zeigt Werke der Klausner Künstlerkolonie (1874–1914) mit dem bekanntesten Vertreter Alexander Koester.

Und führe uns nicht in Versuchung ...
Direkt am Aufstieg zum Säbener Berg steht das „Gassl Bräu“. Bei allen guten (Kunst-)Vorsätzen geht der Blick unwillkürlich in die Braustube. Schließlich muss man ja den kleinen Braugarten durchqueren. Doch eine kleine Stärkung vor dem Aufstieg? Ja! Da steht man direkt in der Brauerei und man riecht das Malz, die Treber und den Hopfen. Echte Bräu- und Bierkultur *en miniature*. Die Geschichte schlägt Kapriolen: Die Familienbrauerei passt assoziativ zur beigesetzten bajuwarischen Oberschicht oben in der frühmittelalterlichen Kirche am Hang. Den alten Recken wird’s heimisch um die Nase wehen.

SCHLOSS VELTHURNS

Prunkvolle Sommerfrische

Schloss Velthurns ist der prunkvollste Bau der Spätrenaissance im Land. Johann Thomas von Spaur, Neffe des Kardinals Christof Madruzzo, ließ 1577 mit den Vorbereitungen beginnen, noch bevor er offiziell als Fürstbischof eingesetzt war. Er beauftragte den Brixner Baumeister Mathias Parlati, der den außen wenig gegliederten Schlossbau entwarf und der im Juni 1558 mit dem Rohbau begann. Die Bauzeit betrug nur neun Jahre, eine staunenswert kurze Zeit, wenn man sich die reiche Innenausstattung vor Augen hält. Herren- und Schreiberhaus sind durch eine Zinnenmauer verbunden, die auch den ehemaligen Tiergarten einschließt. Hirschfreigehege und Prunkvolieren entsprachen ganz dem Zeitgeschmack weltfrommer Renaissancefürsten – was die Herren Bischöfe mithin wohl waren. Der behäbige Baukörper, der ein steiles abgewalmtes Dach und polygonale Erker trägt, unterscheidet sich im äußeren Erscheinungsbild wenig von den in Südtirol üblichen Edelsitzen der Spätrenaissance. Erst die kostbare und reiche Innenausstattung offenbart den raffinierten Kunst-

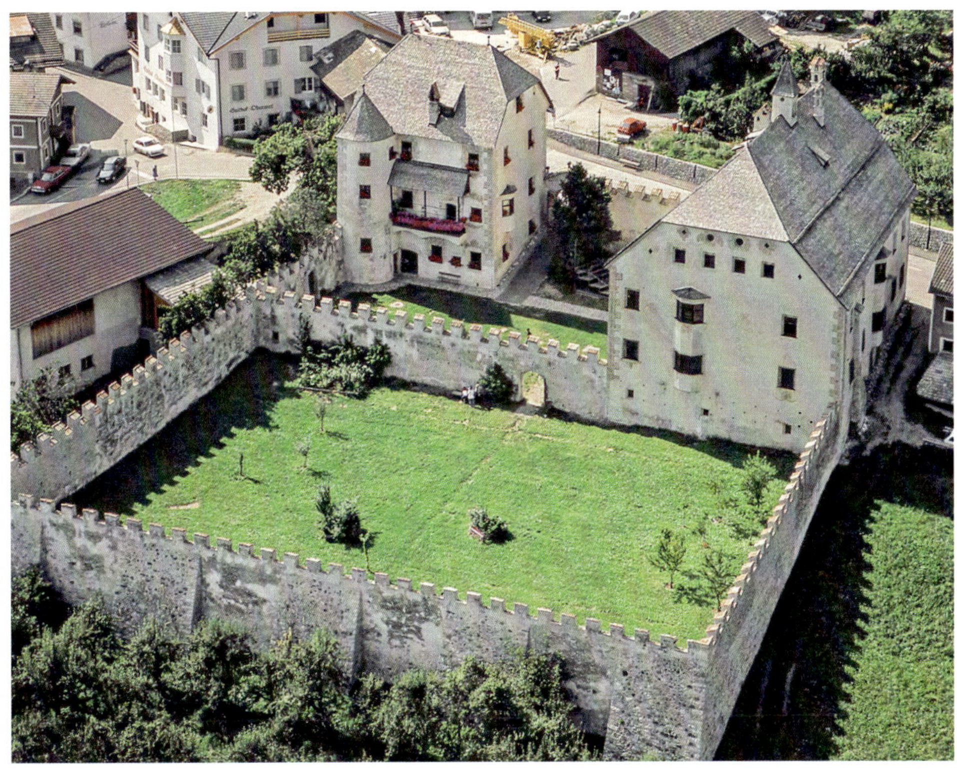

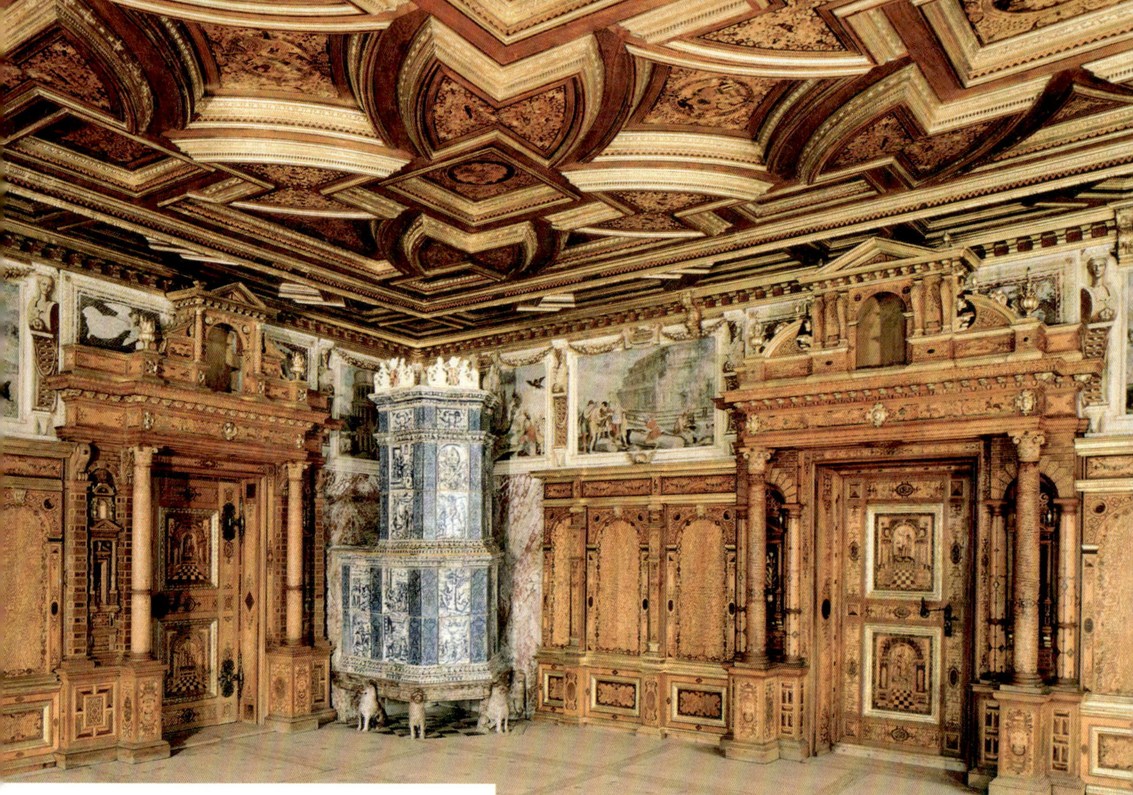

Fürstlicher Prunk. Das Fürstenzimmer entfaltet seine atemberaubende Schönheit, zu der hiesige, süddeutsche und oberitalienische Künstler und Handwerker beitrugen.

geschmack des Auftraggebers, der sein Wappen gleich über dem Eingangstor anbringen ließ. Seinem hohen Kunstanspruch entsprechend mussten Künstler aus dem oberitalienischen Raum herangeholt werden, denn mit der ausklingenden Gotik wurden einheimische Künstler ziemlich rar, einmal abgesehen vom exzellenten Können hiesiger Handwerksmeister.

Von der gewölbten Torhalle mit dem Rebendekor einer Sommerlaube gelangt man in die ehemalige Schlosskapelle mit Kreuzgratgewölbe. Es entbehrt nicht einer gewissen Pikanterie, dass in der (Sommer-)Residenz eines Bischofs um die Positionierung der Kapelle wenig Aufhebens gemacht wurde. Hier ist sie ziemlich ins Abseits gerückt und wurde später wegen Feuchtigkeit zugunsten eines Raumes im Obergeschoss vernachlässigt. Neben der Kapelle befinden sich ein Vorratsraum und ein Keller. Die bischöfliche Küche war im Nebengebäude untergebracht.

Eine Treppe mit Granitstufen und Kreuzgratgewölbe führt jeweils in den Mittelsaal der Obergeschosse, die zwar dieselbe Raumeinteilung besitzen, deren Ausstattung und Prunkentfaltung einer psychologisch geschickten Steigerung von unten nach oben folgt. In der Mitte befindet sich jeweils ein mit zwei Erkern geschmückter

Saal mit Kassettenfelderdecke, von dem drei kleine Zimmer im Westen und zwei nach Osten abgehen. Das erste Obergeschoss war für Gäste bestimmt; vom Mittelsaal betritt man durch verzierte Türrahmungen im Westen drei Zimmer, von denen das mittlere eingewölbt ist und einmal als Teeküche fungierte, die zwei äußeren tragen als Motive antike Themen und die vier Kardinaltugenden. Die große Stube im Südosten diente als Aufenthaltsraum und ist mit den vier Jahreszeiten und mythologischen Szenen ausgeschmückt, bezeichnenderweise befindet sich hinter dem schönen Kachelofen eine Darstellung des brennenden Troja. Als Maler waren die Brescianer Meister Michele und Orazio tätig, und entsprechend mediterran und antikisierend sind auch die Jahreszeiten dargestellt. Der nebenliegende ehemalige Schlafraum zeigt als Bilderschmuck die sieben Sakramente und die Geschichte des guten Samariters. Die Kassettendecken und das Brustgetäfel stammen von Hans Rumpfer und vom Meraner Tischlermeister Hans Spineider.

Das Obergeschoss steht ganz im Zeichen fürstlicher Prunkentfaltung

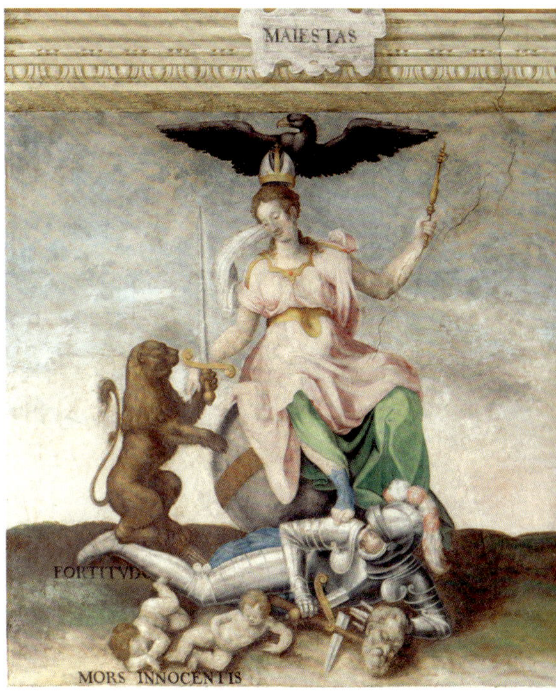

Tugenden und Laster. Gute Herrschaft und Tyrannei. Mit dem rechten Fuß tritt Maiestas auf den gepanzerten Ritter zu ihren Füßen.

Tugenden und Laster

Das Obergeschoss steht ganz im Zeichen fürstlicher Prunkentfaltung. Die kostbare Raumgliederung des Mittelsaales besticht mit prunkvoller Kassettendecke, kunstvollen Türumrahmungen und einem roten Marmorkamin. Das Zimmer an der Südwestecke trägt eine Kassettendecke mit Einlegearbeiten und diente den Bischöfen als Wohnraum. Die in der Renaissance so beliebten Allegorien der Tugenden und Laster – alle weiblich – sowie der vier Elemente malte Pietro Maria Bagnadore aus Brescia. Der angrenzende Raum war im 18. Jahrhundert als Kapelle eingerichtet worden, der nach seiner Restaurierung Bilder mit alttestamentlichen Heldinnen und Helden als Tyrannenmörder/-innen freigab, bei denen Bagnadore einer Kupferstichvorlage von Jan Sadeler folgte. Dieselbe Vorlage diente ihm im angrenzenden Zimmer für die Personifikation der vier Erdteile und der fünf Sinne.

Absoluten Prunk entfaltet das Fürstenzimmer an der Südostecke. Die bewegte und massive Kassettendecke bekommt durch feine Intarsienarbeiten mit Blumen, Vögeln und Ornamenten subtile Leichtigkeit, das Brustgetäfel besitzt eingelegte Ornamentfelder, die beiden Prunkportale, Türen zu sagen wäre zu wenig, besitzen vorgelagerte ionische Säulen und kunstvolle Giebelaufsätze; Türrahmen und -füllungen sind mit subtilen Intarsien geschmückt, die Bagnadore entworfen hat. Aus seiner Hand, nach Kupferstichen von Martin van Helmskerk, sind die sieben Weltwunder, die er durch das Kolosseum als achtes bereicherte. Schlösser und Beschläge stammen aus der Kunstschmiede des Hans Metzger in Augsburg; die Löwenfüße des Prunkofens formte Jacopo Gallo aus dem Nonsberg, den Ofen mit den blau-weißen Majolikakacheln, die biblische Szenen und das fürstbischöfliche Wappen tragen, stellte der Bozner Hafnermeister Paul Pietschendorfer aus Bozen auf.

Schloss Velthurns blieb standesgemäßes Sommerrefugium und Tuskulum der Brixner Bischöfe bis zur Säkularisation im Jahr 1803.

Einen thematischen Kontrapunkt bildet die Ausstellung alter bäuerlicher Geräte im Schreiberhaus: Mit solchen und ähnlichen Geräten erwirtschaftete das Volk damals die Abgaben und das nötige Geld für die Steuern, mit denen der Prunk nebenan (auch) finanziert wurde.

Zum Schluss noch: Gleich wie Runkelstein war Schloss Velthurns im 19. Jahrhundert der Stadt Bozen geschenkt worden, die es verkommen ließ. Erst nachdem es in den Besitz des Landes Südtirol eingegangen war, begannen 1980 die umfangreichen und aufwendigen Sanierungsarbeiten, nach deren Abschluss das Schloss von künstlerischer Weltoffenheit und ausgezeichnetem handwerklichen Können ein unübertroffenes Zeugnis ablegt.

LITERATUR

Karl Wolfsgruber, Barbara Schütz, Helmut Stampfer: Schloß Velthurns. Bau und Ausstattung; Landesdenkmalamt Bozen, Bozen 1993

Leo Andergassen: Schloss Velthurns. Sommerresidenz der Fürstbischöfe; Regensburg 2010

INFO

Schloss Velthurns
Dorf Nr. 1
Feldthurns
Tel. +39 0472 855525
www.schlossvelthurns.it

Öffnungszeiten: Anfang April bis Anfang November, 10–17 Uhr, Montag und Dienstag geschlossen
Für den Besuch mit Führung oder Audioguide wird keine Voranmeldung (ausgenommen: Schulen und Gruppen) benötigt.

Ladinien – I Crëp slauris – i crëps majarei

DIE BLEICHEN BERGE

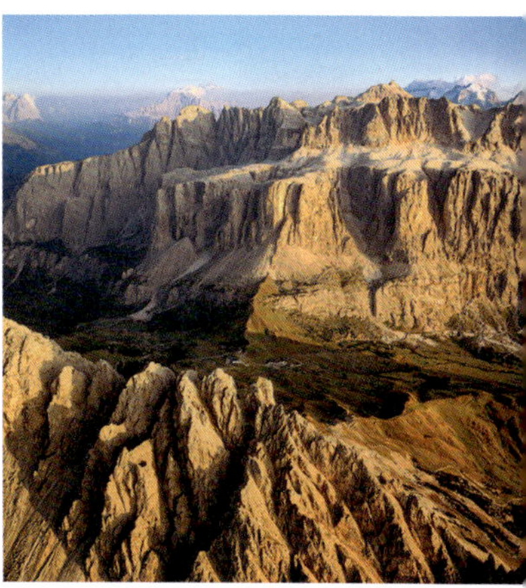

Die Berge sind die wahren Protagonisten. Wir nähern uns ihnen im Hineinhören in den alten ladinisch fremden Klang ihrer Namen: Sasslonch, Sas Plat, Seceda, Sas Rigais, Fermeda, Furchetta, Sella, Cir, Puez, Conturines, Fanes, Marmolada. Diese „schröcklichen Kalkfelsen", wie sie uns in einer Landesbeschreibung um 1750 begegnen, gelten heute als die schönsten Berge der Welt. Es ist schon eine sonderbare Welt, dieses Ladinien rund um den **Sellastock**. Einerseits Landschaftsbilder, die den Atem verschlagen, diese stummen, monumentalen Kalkwände und bizarren Felsformationen in ihren mutierenden Pastellfarben über dem Hellgrün der Almen und dem Dunkel der Zirben und Legföhren, ihr changierendes Farbenspiel im wechselnden Licht der Tagesstunden, andererseits die Blechlawinen über die Pässe, die ausufernden Ortschaften wie Agglomerationen unkontrollierter Zellteilung, der Souvenirkitsch und das aufgemotzte Freizeitequipment in den Schaufenstern; subkutan gerade noch verspürt das fremde Fluidum einer uralten Kultur, der verstörende Anblick nackter Abfahrtsschneisen, und immer wieder der sonderbare Rhythmus und die fremde Sprachmelodie aufgeschnappter Wort- und Satzfetzen des Ladinischen, der ältesten Sprache in den Alpen. Seit die Dolomiten zum UNESCO Welterbe aufgestiegen sind, liegt ihnen *tout le monde* zu Füßen. Wer sich aber von allen zu heftig umarmen lässt, dem kann die Luft knapp werden.

Dabei waren diese Dolomitentäler bis vor gut 200 Jahren von der Außenwelt kaum mehr als über Saumpfade zu erreichen. Der uralte Troi Paián führt vom Eisacktal ins Herz der Dolomiten. Die Menschen lebten abgeschieden und arm. Diese Abgeschiedenheit aber erlaubte ihnen, ihre aus dem Spät- und Vulgärlateinischen abstammende Sprache zu erhalten. In den Achtzigerjahren erschien die voluminöse Monografie „Ladinisches Vermächtnis", eine allerletzte fotografische Bestandsaufnahme der alten bäuerlichen Lebensform. Man muss schon zwei Mal trocken schlucken beim Anblick gewisser Bilder und beim Lesen bestimmter Texte. Mittelalterliche

Wohnverhältnisse, genügsames Leben am Existenzminimum, das dem Boden gerade einmal so viel abtrotzen kann, dass man nicht verhungert. Selbst der Mist wurde auf den steilen Ackerflächen mit der Hand zerrieben, damit die Knollen nicht zu Tale kollerten.

Armut machte erfinderisch. Die Grödner fingen an, einfache Figürchen zu schnitzen, Kruzifixe kamen dazu und bewegliches Spielzeug. Kraxenträger trugen sie hinaus in die Welt. Später übernahmen sogenannte Verleger den An- und Verkauf; Grödner Holzspielzeug gelangte unter anderem nach Holland und wurde nach England und die Vereinigten Staaten verschifft und kam dort als „Dutch Dolls“ in den Handel. Selbst die spätere **Königin Victoria** von England soll als Vierjährige mit ihnen gespielt haben. Auf der Londoner Weltausstellung von 1862 wurde Grödner Ware „in großem Maßstabe“ gezeigt. Geschnitzt wurde ursprünglich in den Bauernstuben und alle Familienmitglieder von den Kindern aufwärts hatten dabei ihren Part. Das Holz lieferten die Zirbelkiefern, die allerdings „gefrevelt“, heimlich geschlagen wurden. Dieses „Freveln“ erreichte ein derartiges Ausmaß, dass man in den Amtsstuben um den Bestand der Zirbenwälder zu fürchten begann. Als der Markt nach bemalten Figuren verlangte, stellte man die Lacke zum Teil nach recht abenteuerlichen Rezepten mit Bleiweiß und Arsen selbst her. Das Bemalen war Aufgabe der Frauen und Mädchen, eine ziemlich ungesunde Arbeit. Der Missstand fand Niederschlag in der Presse: *„Das weibliche Geschlecht genießt wegen dem sitzenden Leben und wegen der Beschäftigung mit bleihaltigen Farben nicht immer die beste Gesundheit, weßwegen ein Mann in seiner Wahl seiner zukünftigen Gefährtin behutsam sein soll.“* Heute schreiten sie einher, die stolzen grödnerischen Prinzessinnen in ihrer stupenden **Jungfrauentracht** der **Gherlanda spiza**, als seien sie die Gespielinnen im Gefolge der Mondfee aus der ladinischen Sage der *crëps majarei*, der Bleichen Berge. Die Grödner Tracht ist die schönste im Lande und wie kaum eine andere bietet sie auf einzigartige Weise für die unterschiedlichsten Situationen im Lebenslauf entsprechende Formen an. Mädchen und Buben haben ihre eigene Tracht, genauso wie die jungen Leute; es gibt Trachten für verheiratete und ledige Frauen und Männer, für die Brautleute und deren Verwandte, für Alte und für Menschen mit bestimmten Aufgaben in der Gemeinschaft. In den

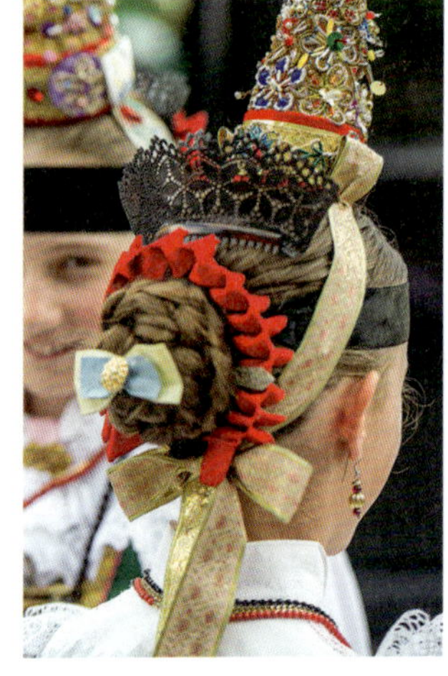

Dolomitensagen treten immer wieder Prinzessinnen auf und es ist, als seien diese Fleisch und Blut geworden in den Mädchen und nicht verheirateten jungen Frauen mit ihren Krönchen der *Gherlanda spiza*. Dieser kunstvolle Kopfschmuck strahlt aus Filigranblumen und Goldspitze, mit Goldfäden, farbigen Steinchen und Perlen und Seidenbändern. Woher dieser Reichtum an Farben und Formen?
Grödner Kaufleute und Lieferanten verkauften ihre Holzschnitzereien in alle Welt. Von ihren Reisen brachten sie ihren Frauen edle Seidenstoffe und zarte Spitzen, Goldschmuck, Granate und Korallen mit, die zu besonderen Anlässen getragen wurden. Mit ihnen gelangte auch die europäische Männermode ins Tal: Um 1840 hielt der Zylinder des Biedermeierstils Einzug und an die Stelle der kurzen Jacke trat der knielange Mantel; elegant wie er war, stieg er zur Tracht des Bräutigams, des Bürgermeisters und der wohlhabenden Bürger des Tales auf. Die schönen Hornkämme, welche die kunstvolle Frisur der jungen Mädchen und der Frauen zieren, stammen ebenso wie die rot-schwarzen Unterröcke aus den spanischen Regionen, welche die Grödner Kaufleute bereisten. Beim Betrachten eines Trachtenumzugs verschlägt es einem wegen seiner Schönheit bis hin zum schmerzenden Kitsch fast die Sprache. Und uns Gaffern am Straßenrand in unserem schlabberigen Freizeitlook wird schlagartig bewusst, wie schlampig wir beieinander sind, als seien wir dahergelaufenes Fußvolk.

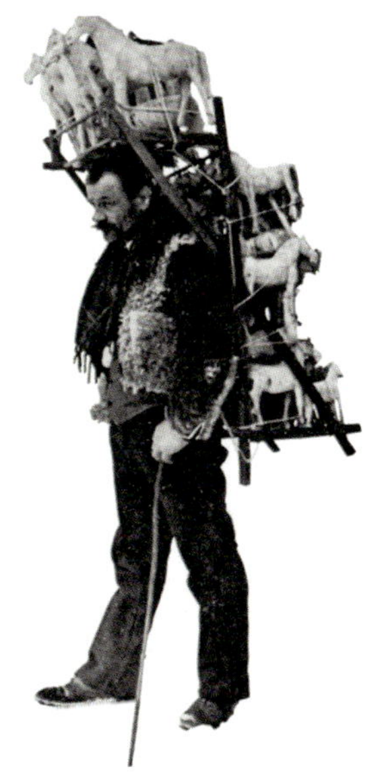

Es ist ein staunenswerter Wesenszug dieser Menschen in Gröden: einerseits ihre Bodenhaftung und ihr Traditionsbewusstsein, andererseits ihre Weltläufigkeit und ihre wirtschaftliche Tüchtigkeit. Ein exemplarisches Beispiel. Im Jahr des Herrn 1794 stirbt Johann Baptist Sanoner da Costa im Alter von 47 Jahren und hinterlässt elf Kinder und seine im sechsten Monat schwangere Frau mit dem zwölften im Mutterleib. Das älteste der Kinder ist nicht einmal 16 Jahre alt. Die Mutter hat Gottvertrauen, ist tüchtig und hat Weitsicht. Alle Kinder, zwei werden früh versterben, lernen Deutsch und Italienisch lesen und schreiben, üben sich im **Holzschnitzen** und vor allem: im Rechnen. Die Buben schnitzen Holzpferdchen, die Mädchen klöppeln Spitzen. Die Burschen lernen bald, dass Handel mehr bringt als Schnitzen. Die Brüder gehen als Wanderhändler ins Ausland und später, 1807 mitten in den napoleonischen Kriegen, ausgerechnet nach Frankreich,

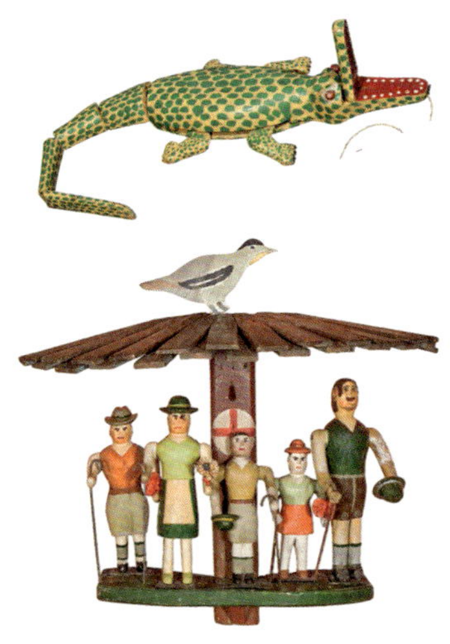

nach Paris. Dort gründen sie ihr Handelsunternehmen, wo sich die Geschäfte, allen Kriegswirren zum Trotz, blendend entwickeln. Sie haben Niederlassungen in Toulouse und Bordeaux. Den Ältesten von ihnen, Joseph Anton Sanoner, zieht es zurück in die Heimat. 1810 ersteigert er das Wirtshaus Davërda in St. Ulrich. Daraus wird das „Adler" hervorgehen, heute eines der besten Häuser im Tal. Aus der französischen Linie der Sanoner gingen Rechtsanwälte, Ingenieure, Künstler und Maler, Bankiers und eine Äbtissin hervor. Die Grödner Linie blieb weitgehend dem Tourismus und dem Einsatz für die Gemeinschaft verpflichtet. Nicht ohne die bäuerliche Herkunft ganz zu vergessen: Bis in die 1980er Jahre zogen die damals jungen Adlersprösslinge Andreas, Klaus und Annemarie zu ihrer Almhütte auf Monte Pana zur Heumahd hinauf. Sternehoteliers, die auf den Bergwiesen als Mäher die Sense schwangen, das gab es nur in Gröden.

Zur Tüchtigkeit kommt die künstlerische Ader. Mag auch das meiste schnitzerische Angebot inzwischen weitgehend maschinell hergestellt sein, das Gestalterische ist den Grödnern über die Jahrhunderte in Fleisch und Blut übergegangen. Da ist der eigensinnige Josef Theodor Moroder, genannt der Lusenberger, der spätimpressionistische Schilderer ladinischer Landschaften und Menschen. Dann ist da das gewaltige grafische Werk eines **Markus Vallazza**, der 1973 sein erstes Mappenwerk zu Oswald von Wolkenstein herausbrachte. Weitere zwanzig ließ der „Weltenzeichner" folgen. Das monumentalste schuf er mit der schaurig ironischen Illustration von Dante Alighieris „Divina Commedia", wo er Gustave Doré, den Dante-Illustrator par excellence an Eigensinn, Fantasie und Leiden an der *condition humaine* um ein Vielfaches übertraf. Der Namensvetter Adolf Vallazza schuf seinen unverkennbaren Stil, indem er alten Hölzern neues künstlerisches Leben mit eigenwilligen Stuhlskulpturen einhauchte – bis hin zu einer manieristischen Überproduktion. Ein „verrückter Hund" ist der Rebell und Provokateur Egon Moroder Rusina, der heute (2020) mit Ziegen und Hennen im Sommer unter einfachsten Bedingungen einsam im Wald lebt. Unvergessen sind seine provozierenden Karikaturen und Performances, von denen seine unkonventionelle Lebensweise als Ausdruck des Protests geblieben ist. Künstlerisch hat er sich zu abstrakten großflächigen Farbfolgen weiterentwickelt: Luft und Schnee, Atem und Leere.

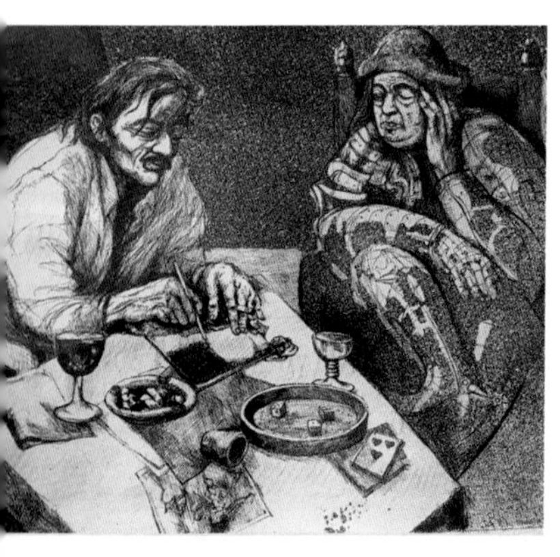

Zeitkritik anders: Einem erhobenen moralischen Zeigefinger aus der Vergangenheit begegnen wir an der südlichen Außenwand der **St.-Jakobs-Kirche** oberhalb von St. Ulrich. Der Schmerzensmann ist von Darstellungen menschlicher Arbeit umgeben, die an Sonn- und Feiertagen ruhen sollten. Lebhafte Teufel begleiten sie voller Schadenfreude, weil sie die Leiden des Feiertagschristus verstärken. Die sehr schöne, detailreiche Christophorusdarstellung daneben erinnert daran, dass wir hier auf dem uralten Weg des Troi Paián sind. Das Innere der Kirche wirkt überladen mit Kunstwerken von der Spätgotik bis zum Barock. Meister Leonhard und seine Schüler bannten hier ein hochmittelalterliches Sanktuariumsprogramm auf Wände und Gewölbe mit Evangelisten, Kirchenvätern, Aposteln, heiligen Frauen und Mädchen, Szenen aus der Jakobslegende, die Geburt Christi und die Anbetung des Kindes durch die drei Weisen. Der Duktus dieser Fresken wirkt etwas eckig steif, aber das ist ein Wesenszug der Brixner Werkstatt von „Meister Lienhart". Dafür haben Altäre und Kanzel reichlich Schwung. Sie legen üppig Zeugnis davon ab, dass das Schnitzhandwerk in Gröden bereits vor der Spielzeugschnitzerei in hoher Blüte stand. Cassian und Melchior Vinazer betrieben im 18. Jahrhundert eine erfolgreiche Altarbauwerkstatt, die auch Arbeiten außerhalb des Tales erledigte. Der Blick hinüber zum Lang- und Plattkofel von St. Jakob aus ist überwältigend, auch deshalb, weil der Platz nur zu Fuß zu erreichen ist und hier für eine Grödner Ortschaft ein unerwarteter Friede herrscht.

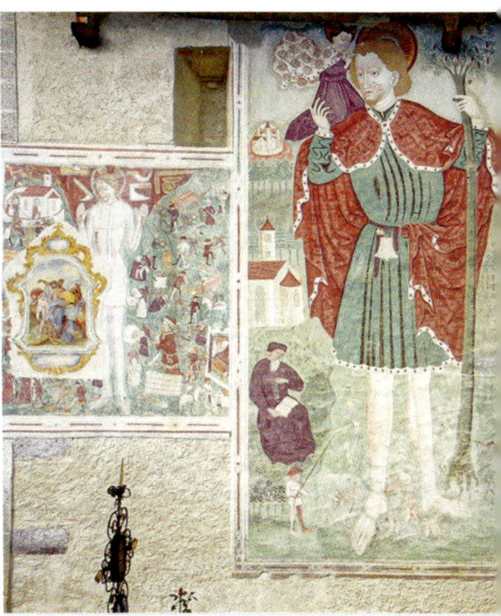

Wer das Fastentuch und die Originale der Schnitzkunst aus der Kirche sehen will, muss wieder hinunter ins Gewusere nach St. Ulrich, ins Museum de Gherdëina. Nicht nur deswegen, denn das Museum zeigt überzeugend die Entwicklung des Grödner Holzspielzeugs. Und einer darf natürlich nicht fehlen: Luis Trenker. Für unseren Kunstführer nur so viel: Mit der Überblendung der Sellatürme mit den Wolkenkratzern von New York in **„Der verlorene Sohn"** schrieb er Filmgeschichte. Weil wir schon dabei sind, sei Giorgio Moroder nicht unerwähnt; als Hansjörg ging er erst nach Deutschland um später als Giorgio in Hollywood als „Dance-Music Godfather" mehrere Musik-Oskars zu holen.

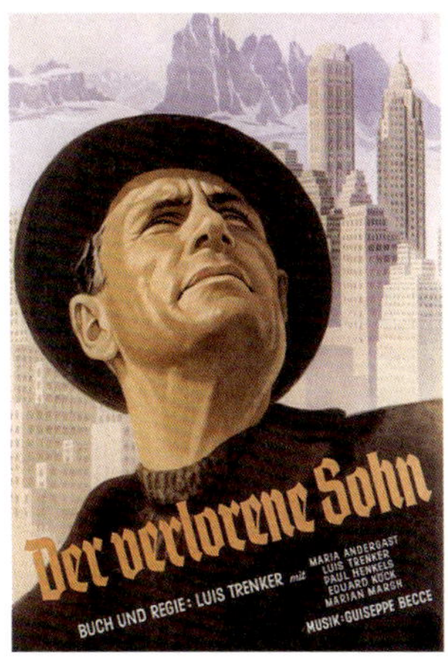

Verloren kommt man sich manchmal vor in Zeiten der touristischen Hochsaison. An der Decke der Pfarrkirche von St. Christina vertreibt Christus die Händler aus dem Tempel.

Nur zu gern möchte man ihm da zurufen: Freund und Meister, komm herunter, hier herunten hättest du zu tun!
Aber wir wollen es friedlich und schön ausklingen lassen mit der Sage von der schönen Mondfee. Ein Königssohn begegnet im Traum einem wunderschönen Mädchen. Voller Sehnsucht will er sie kennenlernen und pflückt einen großen Strauß roter Alpenrosen. Zwei uralte Männer geben sich als Mondbewohner zu erkennen und nehmen den Prinzen mit hinauf zum Mond. Im blendenden Silberschein der Mondlandschaft begegnet der Prinz dem wunderschönen Mädchen aus dem Traum auf einem Teppich silbrig weißer Blüten. Das Mädchen gibt sich als die Mondprinzessin zu erkennen. Die Prinzessin ist begeistert von den roten Blüten, der Königssohn schwärmt von seiner Heimat. Sie verlieben sich, ihm fehlen aber bald die dunklen Wälder und grünen Matten. Dann kommt es, wie es kommen muss. Erst ziehen beide hinunter zur Erde: Sie leidet; wieder zurück auf dem Mond leidet er. Sie trennen sich und der Prinz kehrt zur Erde zurück. Er ist verzweifelt, bis er einem verhutzelten Wesen mit einer Krone begegnet, dem er sein Leid klagt. Der sonderbare König weiß den Ausweg: Wenn seine Leute, die *Salváns*, über den Siedlungen der Menschen in den Felswildnissen eine neue Heimat bekämen, würden sie das Mondlicht einfangen und die schwarzen Felsen und Wände mit Mondglanz überziehen. So geschah es, dass die schwarzen Ungetüme in silberhelles Licht getaucht wurden. Der Prinz holte seine wunderschöne Gemahlin herunter und nie mehr hatte sie Heimweh im matten Licht der „Bleichen Berge“, der *„crëp slauris“*. Ach, und ja: Das Edelweiß hat sie auch mitgebracht.

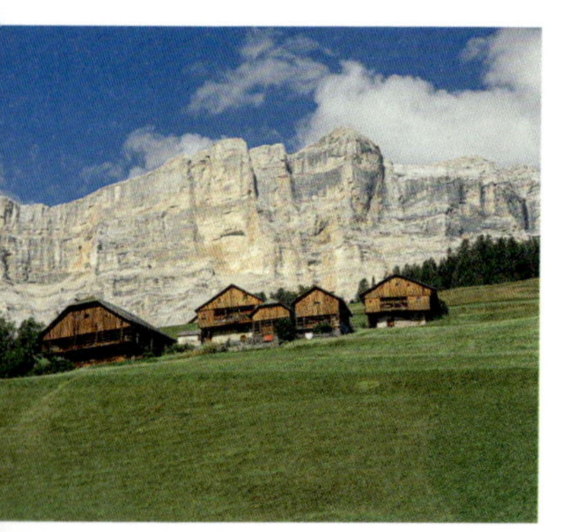

GADERTAL

Jënt ladina, tan pice inom
Rodosa i ödli y ćiara lunć
Mënder tlap inće nos adinfit söl monn.
Roberta Dapunt

Wie nicht wenige andere Seitentäler in Südtirol besitzt auch das Gadertal einen sehr engen Zugang: Aber gerade dieser erschwerte Zugang hat dazu beigetragen ebenso wie in Gröden, dass sich das „Badiotische“, das Rätoromanische/Ladinische des Gadertales erhalten hat. Kunsthistorisch hat das Tal nicht gerade Großartiges zu bieten: Großartig ist die Dolomitenlandschaft. Und das Tal hat zwei Gesichter: Dort, wo der Tourismus sich breit gemacht hat, finden wir die gängige pseudoalpine Allerweltskultur. Aber daneben existiert noch eine frühere Form von Lebensweise und Erwerb. Da muss man hin, wenn man etwas von der Seele des Tales erfahren will. In Zwischenwasser, Ladinisch Longega, halten wir uns links Richtung San Martin de Tor/St. Martin in Thurn. Im **Museum Ladin im Ćiastel de Tor** schlägt das alte Herz Ladiniens mit seiner Geschichte, Sprache, Kultur, Sagenwelt, Archäologie, Geologie, seinem Handwerk. Ladinien, das sind die Dolomitentäler rund um den Sellastock: Gherdëina, Alta Badia, Val de Fascia und Fodom/Ampezzo. Die allermeisten Objekte der Sachkultur in den Ausstellungsräumen sind museale Vergangenheit, zu rasant rollte der wirtschaftliche Auf- und Umschwung durch die Täler. Unvermeidlich die Begegnung mit der alten holzgetäfelten Stube, der stüa, Inbegriff häuslicher Wärme – aber auch der Kühle, Ort der Nicht-Kommunikation, des Sich-Anschweigens, wo der Bauer mit dem Hund mehr sprach als mit seinen Angehörigen. Wo aber die Frauen im Winter beim Wollespinnen die alten Dolomitensagen weitererzählten. Und lebendig hielten. Das Leben in den ladinischen Tälern war hart, die hochalpine Landwirtschaft gab, wenn überhaupt, nur das Allernotwendigste her, Getreide war knapp oder fehlte. Über Monate im Jahr verließen Männer wie Frauen den kargen Familientisch, um weitab von der Heimat etwas dazuzuverdienen. Not machte erfinderisch. Die Holzschnitzerei in Gröden haben wir schon kennengelernt, im Ampezzanischen verlegte man sich auf die Bearbeitung von Objekten in Silberfiligran, aus dem Fassatal zogen Wandermaler nach Tirol und Südbayern, die Holztruhen mit dem unverwechselbaren Dekor in Flachschnitzerei aus dem Gadertal fanden Absatz in Ladinien und Tirol. Beachtung in unseren Zeiten des Egoismus und der Gewinnmaximierung verdienen in der Ausstellung die Viles, die Bauernhöfe in ihrer kompakten Siedlungsform. Es lohnt, sich im Museum ein Bild darüber zu machen, um dann eine persönliche *Roda dles Viles*, eine Höfewanderung in Longiarü/Campill zu unternehmen. Das architektonische Auf- und Nebeneinanderhocken dieser Hofsiedlungen erinnert an Tiere auf den Hochweiden bei einem aufziehenden Gewitter, wenn sie eng zusammenrücken: gemeinsam übersteht man die Stürme besser. So verstanden es auch die Menschen hier: Demokratisch war die

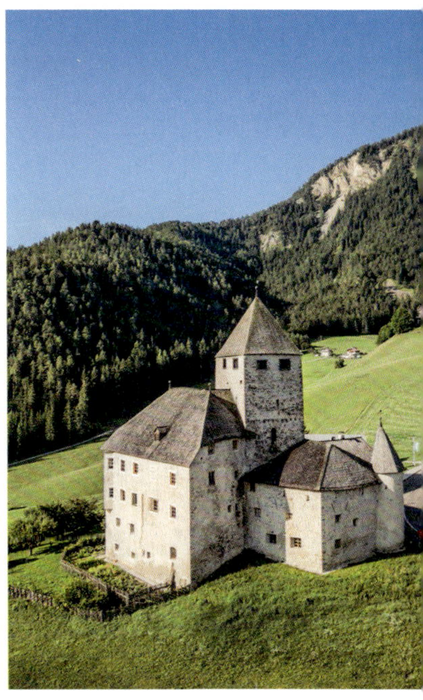

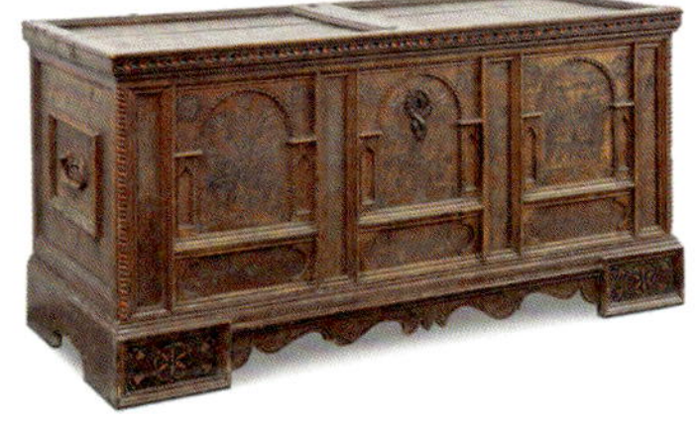

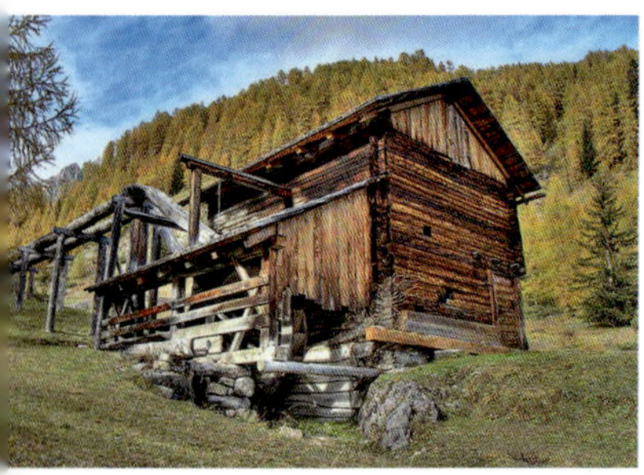

Verteilung der guten und schlechten Gründe in Parzellen geregelt, gemeinsam nutze man den *furn de pan*, den Backofen, gemeinsam die Tränke, gemeinsam den Brunnen, gemeinsam die Mühlen, gemeinsam die Weiden und die Almen. In Longiarü am Seresbach hat man **einige Mühlen restauriert** und einmal in der Woche gibt es ein, nun ja, Schau-Mahlen. Die werktägliche Würde der Viles jedenfalls steht im krassen Gegensatz zu den spätbarocken triumphalistischen Deckenmalereien der Pfarrkirche von St. Vigil in Enneberg. Vornehm trotzdem das Innere. Die Langhauskuppel trägt die Darstellung der Lehrtätigkeit und des Martyriums des heiligen Vigilius. Mathias Günther, Leiter der Augsburger Katholischen Kunstakademie signierte das Werk 1782 mit vollem Namen und Titel. Das Werk manifestiert die übliche barocke Dramatik, die in dem Sekundenbruchteil vor dem Moment kulminiert, wo die hochgehaltenen Steine der Peiniger auf den bereits verklärten Heiligen im Bischofsornat niederprasseln. Es hat eine exzellente Zentralperspektive, die sich im Unendlichen der Göttlichen Vorsehung verliert, es ist zwar perfektes Handwerk, aber kippendes barockes Pathos.

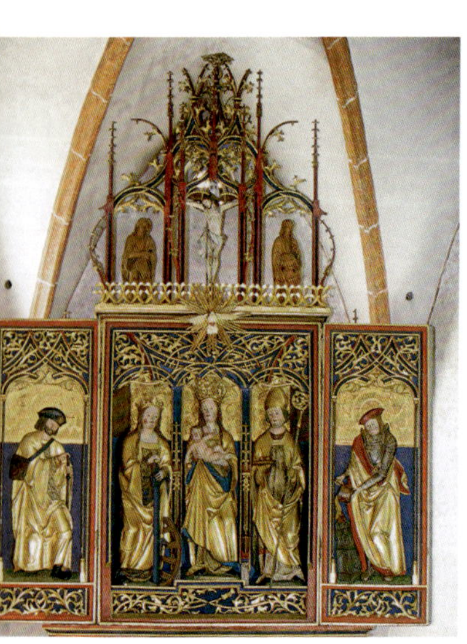

Die **Katharinakirche** in Corvara hütet den einzigen spätgotischen Flügelaltar im Tal. Der Schrein ist in der gängigen Dreiteilung gestaltet, die Figuren heben sich ab den Schultern vom Goldgrund ab. Maria mit dem Kind wird flankiert von Katharina zur Linken und Nikolaus zur Rechten. Auf den Flügelinnenseiten schreitet Jakobus mit den Pilgerattributen Muschel, Stab und Tasche voran, seine maximilianische Haartracht ist eine kleine Konzession an die Mode der Zeit. Rechts löscht ein feminin wirkender St. Florian das Feuer in einem Turm; im Gesprenge erscheint eine Kreuzigungsgruppe. Der Gesamtkomposition fehlt etwas die Dynamik, obwohl die Figuren der Flügelinnenseiten sich dem Schrein zuwenden. Mehr Beachtung verdienen die Heiligen in der Predella, die starken Renaissanceeinfluss verraten. Es sind allesamt Schutzpatrone für Mensch und Tier gegen Seuchen; von links nach rechts erscheinen Antonius Abbas mit dem Schwein (mehr Wild- als Schwein bei genauem Hinsehen), die beiden Pestheiligen St. Sebastian und St. Rochus und zum Schluss der Viehheilige Leonhard. Die Flügelaußenseiten zeigen eine meisterhafte Darstellung der Enthauptung der heiligen Katharina. Sie kniet vor dem Hintergrund einer tief gestaffelten Landschaft als elegante Dame ihrer Zeit mit reichem Schmuck und kunstvoller Frisur. Rechts von ihr erscheint die

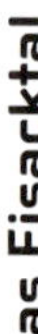

gedrängte Gruppe des Herrschers mit seinen Begleitern. Auf der linken Tafel holt ein prächtig gekleideter Landsknecht mit seinem Bihänder zum tödlichen Streich aus. Der Landschaftshintergrund mit Berg, Burg und Wolkenhimmel erinnert stark an Albrecht Altdorfer. Es geht zwar die Sage, der Venezianer Tizian hätte die Tafeln gemalt, als er anlässlich eines Holzeinkaufs in Corvara, im Winter vollkommen eingeschneit, sich mit dem Malen die Zeit der Warterei vertrieben habe.
Die pseudotirolische Beherbergungsarchitektur feiert fröhliche Urständ im Tal. Alles scheint schöner Rahmen und man fragt sich nach dem Kern. Kern vielleicht noch ist die Sprache, das Badiotische, eine reine Sprache der Bauern, auch phonetisch auf das unbedingt Notwendige ausgerichtet. In dieser Sprache dichtet Roberta Dapunt. Einer ihrer Gedichtbände trägt den Titel „Nauz“, das Wort für den Futtertrog des Schweins. Das archaische Ritual des Schweineschlachtens wird zur Reflexion über das Verhältnis von Mensch und Tier, von kreatürlicher Bedingtheit in einer Poesie von erschütternder Schönheit. Ihre Gedichte kreisen nüchtern um Arbeit, Tod und Geburt, Sterblichkeit und heranwachsendes Leben, Tier und Mensch. Nicht Almblümchen, sondern ein Arm voll Heu sind Lyrik. Sie ist die Lebensgefährtin des Künstlers **Lois Anvidalfarei** und mit ihm zusammen bearbeitet sie einen Hof (bis 2020). Tränen flossen, als sie beschlossen, ihre Tiere wegzugeben. Das Künstlerleben der Beiden ließ sich aber mit der traditionellen Arbeit am Hof nicht mehr vereinbaren. Roberta Dapunt, die auf Ladinisch und Italienisch schreibt, genießt als Lyrikerin italienweite Resonanz und ihr Mann Lois gehört zu den ganz Großen im Lande und weit darüber hinaus. Seine Skulpturen sind Annäherungen an das Wunder und Rätsel Mensch, an die existenzielle *condition humaine*. Oft angefeindet – Skulpturen wurden über Nacht zerstört oder mussten aus dem öffentlichen Raum entfernt werden –, sind seine Landsleute im Tal trotzdem stolz auf ihn: *nosc artischt*, unser Künstler, sagen sie. Das macht Hoffnung.

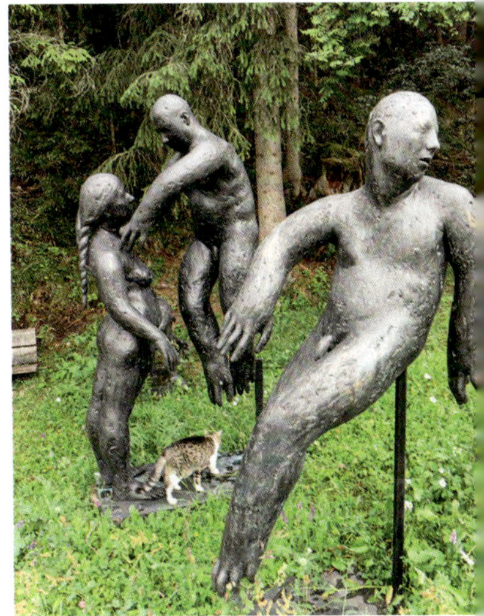

LITERATUR

Roberta Dapunt: Nauz, Gedichte und Bilder; Wien-Bozen 2020

Eugen Trapp: Kunstdenkmäler Ladin; St. Martin in Thurn 2003

Werner Pescosta: Geschichte der Dolomitenladiner; St. Martin in Thurn 2013

Brixen

IM SCHATTEN DES KRUMMSTABES

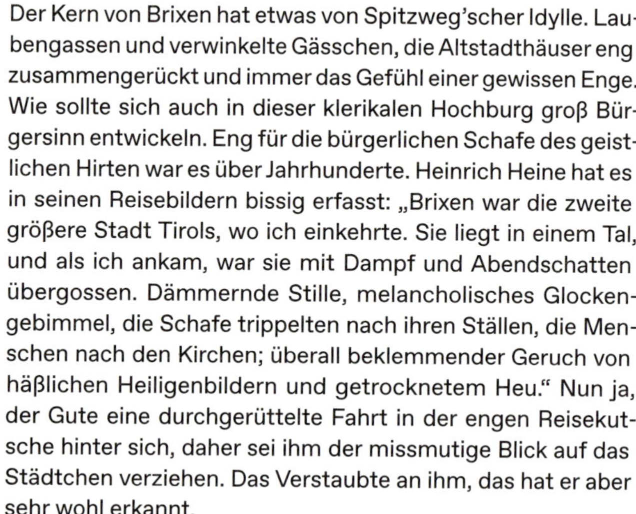

Der Kern von Brixen hat etwas von Spitzweg'scher Idylle. Laubengassen und verwinkelte Gässchen, die Altstadthäuser eng zusammengerückt und immer das Gefühl einer gewissen Enge. Wie sollte sich auch in dieser klerikalen Hochburg groß Bürgersinn entwickeln. Eng für die bürgerlichen Schafe des geistlichen Hirten war es über Jahrhunderte. Heinrich Heine hat es in seinen Reisebildern bissig erfasst: „Brixen war die zweite größere Stadt Tirols, wo ich einkehrte. Sie liegt in einem Tal, und als ich ankam, war sie mit Dampf und Abendschatten übergossen. Dämmernde Stille, melancholisches Glockengebimmel, die Schafe trippelten nach ihren Ställen, die Menschen nach den Kirchen; überall beklemmender Geruch von häßlichen Heiligenbildern und getrocknetem Heu." Nun ja, der Gute eine durchgerüttelte Fahrt in der engen Reisekutsche hinter sich, daher sei ihm der missmutige Blick auf das Städtchen verziehen. Das Verstaubte an ihm, das hat er aber sehr wohl erkannt.

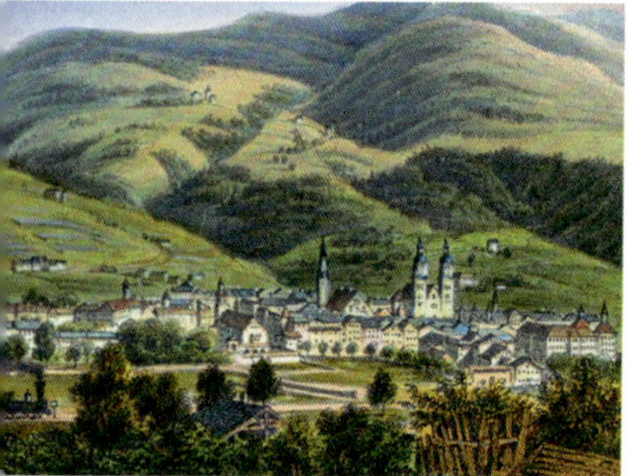

Brixen war als Bischofssitz natürlich Heimstätte für klerikalen Nachwuchs und eine ganze Reihe von Heimen und kirchlichen Institutionen kümmerte sich darum.
Ehre wem Ehre gebührt: Die Schulbildung selbst war, wie beispielsweise im Vinzentinum, exzellent, und ein großer Teil der heute gestandenen Südtiroler Intelligenzija hat da die Schulbank gedrückt. So ein Holz, aus dem die Professoren damals geschnitzt waren, wächst heute in Zeiten der „Heitschi & Bambi"-Pädagogik keines mehr nach. 1964 erklang Mick Jaggers Befreiungshymne der Sechziger: I can't get no – auch aus den Jukeboxes der Bars in den Brixner Lauben – und die Zeiten änderten sich.
Brixen hatte seine episkopale Herrlichkeit 1973 an Bozen abgetreten, als der Bischof dorthin übersiedelte. Es war, als emanzipiere sich die Stadt: *E manu patris cipere*, aus der Hand des Vaters nehmen, heißt es ja und die Stadt nahm sich aus der Hand ihres geistigen Übervaters, wenn man beim Bild bleiben will. Brixen hübschte sich auf. Heute gehört Brixens Altstadt zu den schönsten im Lande, wenn sie auch mit dem überdimensionalen Domplatz nicht so recht was anzufangen weiß. Wobei zu sagen ist: Mit Brixen verhält es sich wie

im Märchen vom Schlaraffenland, man muss im Süden wie im Norden erst durch den „Milchreisgürtel“ von architektonischer Anarchie der Gewerbezonen, um ins kunst- und kulturhistorische Schlaraffenland zu gelangen.

Das Kleinod ist der Dombezirk als ein üppiges Bilderbuch von der Romanik bis zum Barock. Er verdient es, einen Tag dafür vorzusehen, will man ihn nicht in einem asiatischen Selfieschnelldurchlauf vergeuden. Seit der Mitte des 13. Jahrhunderts bis 1973 war die nahe **Hofburg** die Residenz der Bischöfe des Bistums Brixen. Bis zur Säkularisation im Jahre 1803 hatten die Bischöfe auch die weltliche Herrschaft inne, sodass Brixen einen Fürstenhof mit entsprechender Verwaltung besaß. Das ist halt auch ein Wesenszug von Brixen: Alles ein wenig zu groß geraten, der Domplatz, das imposante, jubilierende Innere des Doms für ein ärmliches Bergbistum, dessen Bischof nicht weniger als den Rang eines Reichsfürsten innehatte. Und eben die Hofburg. Nach außen zeigt sich die Hofburg als geschlossener vierflügeliger Palastbau mit drei Geschossen und zwei massigen turmartigen Vorbauten, die zusammen mit dem Burggraben einen wehrhaften Charakter evozieren wollen. Der Zugang erfolgte ursprünglich nur über eine Zugbrücke, heute führt eine gemauerte Brücke über den Burggraben in eine weite, stuckverzierte Eingangshalle. Das eisenbeschlagene Tor stammt noch aus dem Mittelalter, an dem die Spuren von Waffenschlägen und -stichen der aufständischen Bauern von 1525 zu sehen sind. Der Innsbrucker Hofbaumeister Alberto Lucchese plante um 1595 einen vierflügeligen dreigeschossigen Bau um einen **Innenhof mit Arkadenbögen**, die Habsburgerfiguren fertigte Hans Reichle: immerhin eines der überzeugendsten Beispiele der Spätrenaissance und des Barock in Tirol. Im Museum sind das Mittelalter und der Barock stark vertreten, der Domschatz zählt zu den bedeutendsten im Alpenraum. Unbedingt sehenswert ist die Krippensammlung, wobei die Lodron-Krippe der Halbbrüder Probst uns thematisch bereits in Völs begegnet ist.

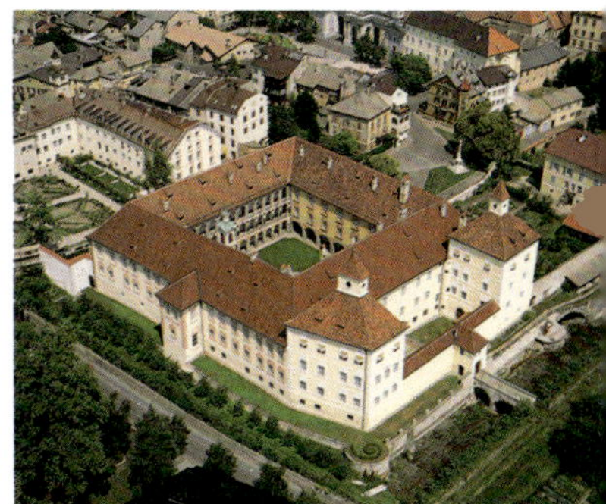

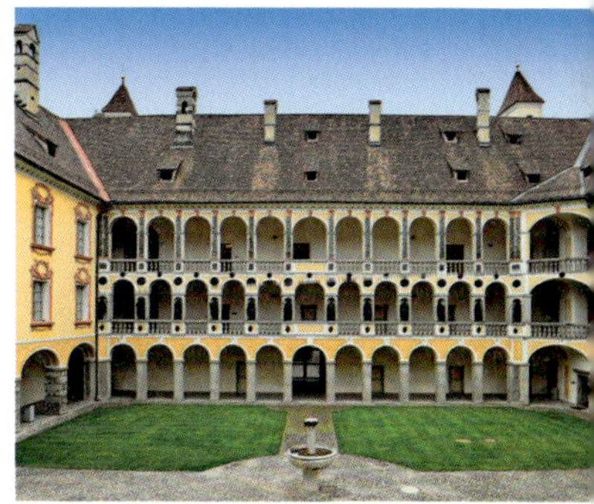

Die Kunst in Brixen hat, abgesehen vom vornehmen Barock des Domes, etwas – *horribile dictu* – ländlich Provinzielles, auch berührend Naives. Hauptvertreter dafür ist Meister Leonhard von Brixen und seine Werkstatt in der ausgehenden Gotik. Gleich drei Arkaden im Kreuzgang stammen von ihm und seiner Schule. Meister Leonhard, Lienhart Scherhauff,

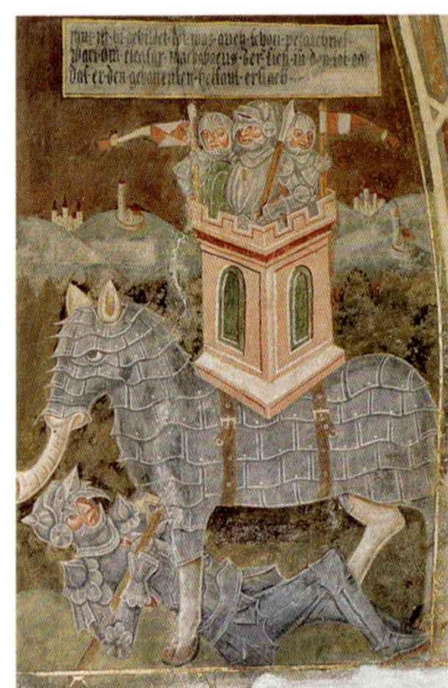

zwischen 1438 und 1475/76 in Brixen nachweisbar, stammt aus dem schwäbischen Raum und führte in Brixen eine gutgehende Werkstatt. Er ist ein volksnaher Erzähler. Und wer Meister Lienhards Erzählfreude neben seinen Arkadenbildern des Kreuzgangs nochmals näher begegnen möchte, dem sei ein Besuch im nahen St. Jakob an der Mahr zur Jakobslegende oder nach **St. Nikolaus in Klerant** zur Nikolauslegende empfohlen. Dort hat auch das mit Platten gepanzerte Viech, ein Elefant, oder das, was der Maler sich darunter vorstellte, seinen Auftritt. Nun gibt es in der dritten Arkade des Kreuzganges in Brixen eine weitere Elefantendarstellung, und der Brixen-Kenner könnte sie durchaus als Vorankündigung der Ankunft eines wirklichen Elefanten verstehen: Ich aber sage euch, dereinst wird kommen ... Und er kam wirklich nach Brixen, der Elefant Soliman, auf seinem Weg von Genua über die Alpen nach Wien, als Geschenk des portugiesischen Königs Johann III. an seinen Verwandten Großherzog Maximilian. José Saramago, Nobelpreisträger für Literatur 1998 hat dazu einen köstlichen Roman geschrieben – voller Witz und hintergründiger Ironie und wissend menschlicher Wärme. Der Autor lässt den Tross die Eisackschlucht bei wüstem Schneetreiben durchqueren: „Die schlechte Sicht ließ einen die Schritte gerade noch erahnen, doch nicht, wohin sie trugen. Das landschaftliche Relief hatte sich verändert [...], [es] zeigte sich nun erschreckend gewaltsam, als hätten die Berge einen sich fortsetzenden apokalyptischen Spaltungsprozess eingeleitet [...] in jenes wilde Durcheinander von Schluchten und Felsen [...]." In Brixen „Auf dem Hohen Feld" wird eine zweiwöchige Rast eingeschoben. Heute steht dort in der Trattengasse das kultivierte Hotel „Zum Elefanten".

Soliman, der exotische Dickhäuter, erreichte Wien, segnete aber nach zwei Jahren das Zeitliche – das pannonische Wiener Klima! – gelangte ausgestopft in die Kuriositätensammlung des Bayernherzogs Albrecht V., überstand sogar noch den Bombenhagel des Zweiten Weltkrieges, um später banal an der Feuchtigkeit zugrunde zu gehen. Überlebt hat im Kloster Kremsmünster ein Prunksessel aus Knochen des unglücklichen indischen Gastes. Friede seinem Angedenken!

Die Eisackschlucht muss den Erzähler Saramago sehr beeindruckt haben, doch damit ist er nicht allein: „An einem schauerlichen und ungemein rauhen Ort, mitten in den schneebedeckten Alpen, dort, wo unablässig Hunger und beinahe

dauerhafte Kälte herrschen, befindet sich der Ort, mehr vicus als civitas, der Brixen genannt wird [...]." Das schreibt der Priester Bardone in der Vita des Bischofs Anselm von Lucca am Ausgang des 11. Jahrhunderts. Brixen war da gerade stark in Verruf geraten, als es für kurze zum Zeit Schauplatz der großen Politik geriet. Zum zweiten Mal mit dem Kirchenbann belegt, beschloss Kaiser Heinrich IV. seinen Gegner, Papst Gregor VII. absetzen zu lassen. Im Juni 1080 berief er eine Synode in Brixen ein. Zu diesem „Allgemeinen Konzil" reisten drei Dutzend Bischöfe aus Italien und Deutschland an, die nach zwei Tagen ein Dekret ausstellten, das Gregor Meineid, Mord und Glaubensabfall unterstellte.
Kein Wunder, dass Brixen in den Augen der Parteigänger Gregors zum Unort hochstilisiert wurde. Über die Brixner „Aftersynode" legte sich aber bald der Mantel des Vergessens und es wurde ruhig für Jahrhunderte in dem Ort, der „mehr Dorf als Stadt" war. Brixen blieb ein braver Schafstall des Herrn und hatte seine Domschule für besondere Schäfchen.

Vielleicht ist es der Ironie der Geschichte oder dem „Genius des Ortes" geschuldet, dass das Pädagogische in Brixen so starke Blüten trieb und treibt. War es doch der Bauernführer und philosophierende Sozialrevolutionär Michael Gaismair gewesen, der 1526 in seiner weitblickenden Tiroler Landesordnung für Brixen eine Universität vorsah, wobei drei Professoren mit „Studium der göttlichen Gesetze" der Regierung angehören sollten. Die Geschichte ging andere Wege. Viel später wurde 1767 statt der Universität ein **Priesterseminar** gebaut. Die Pläne dafür waren sehr ambitioniert unter Fürstbischof Leopold von Spaur. Die beiden (Priester) Architekten Georg Tangl und Franz de Paola Penz wollten mit dem Neubau nichts weniger als einen zweiten, wenn auch kleineren Escorial schaffen. Herausgekommen ist ein Viereckgebäude mit einer lächelnden Rokokofassade, die nicht unbedingt zum religiösen Ernst seiner Zweckbestimmung zu passen scheint. Heute beherbergt das Gebäude die Philosophisch Theologische Hochschule.

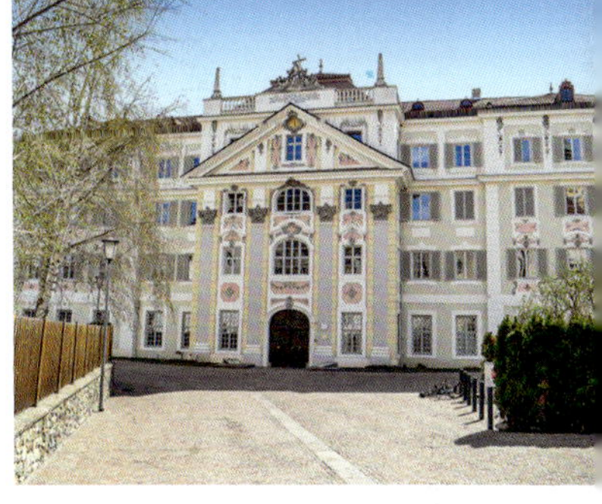

Nicht nur die Theologische Fakultät hat Brixen bekommen – wenngleich ihr die politisch soziale Ader Gaismair'scher Sozialutopie abgeht, wagen wir einmal anzuführen –, sondern auch seit 1997 die Fakultät für Bildungswissenschaften. Der quadratische Zentralbau in der Regensburger Allee der Architekten Kohlmair und Oberst aus Stuttgart hat etwas

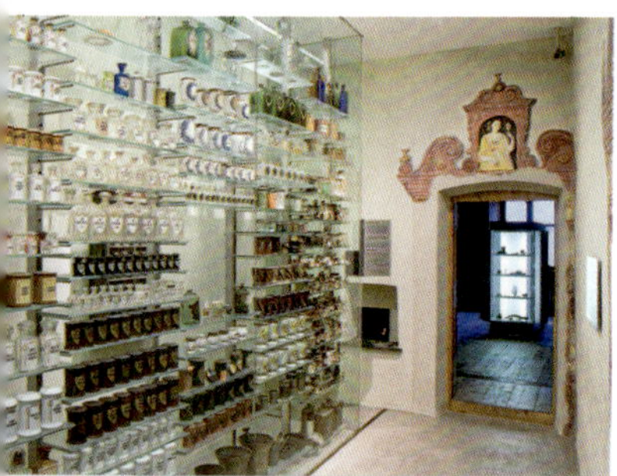

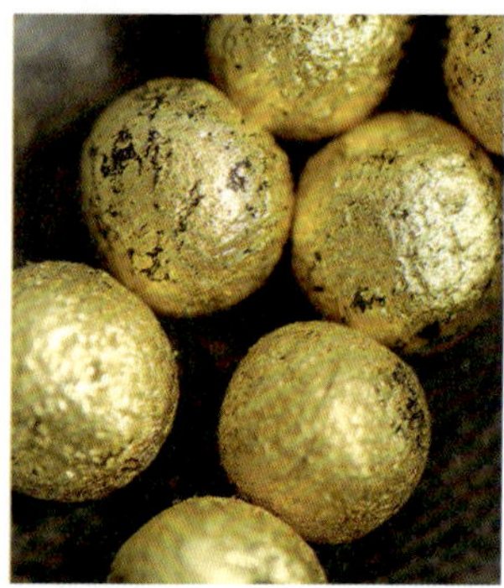

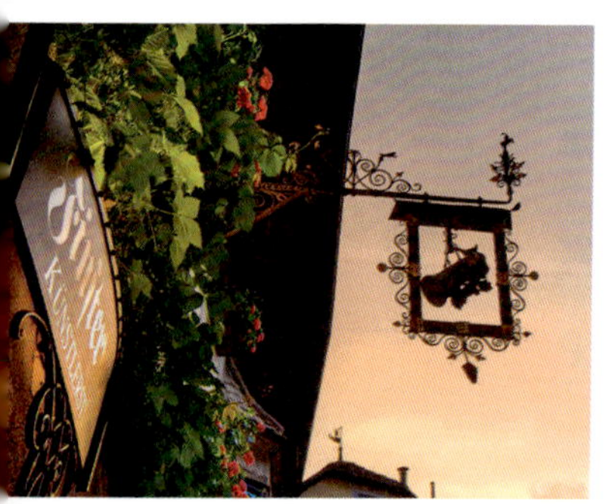

Wabenartiges, mit etwas Fantasie ließe sich auch an Regale voller Bücher denken.
Womit wir bei der wahrscheinlich ältesten Buchdruckerpresse der Welt wären. Donatus Fetius, tüchtig aber unsittlich als Kanonikus, heißt es hinter vorgehaltener Hand, gründete um 1550 in Brixen eine kleine, handliche Druckerei, aus der er 1564 das erste gedruckte Buch in die Südtiroler Welt entließ. Die Druckerpresse steht heute im ersten Stock der traditionsreichen Buchhandlung Weger, der ehemaligen Fürstbischöflichen Hofdruckerei. Neben viel Religiösem wurde in der Folgezeit auch Pharmazeutisches und Medizinisches gedruckt, wie eine Abhandlung über die Bäder des Pustertals um 1700 oder das Arzneimittelbuch aus derselben Zeit. Fürstbischof Andreas von Spaur hatte 1609 die erste Apothekenordnung mit einer klaren Trennung von ärztlichen und pharmazeutischen Kompetenzen erlassen, an die sich die Stadtapotheke zu halten hatte. Sie hatte ihren Sitz in der Adlergasse und dort werden heute im **Pharmaziemuseum** skurrile Lockobjekte wie ein Krokodil oder der Kopf eines Gürteltieres und ausgefallene Arzneimittel wie **vergoldete Pillen** für die VIPs früherer Zeiten gezeigt: unbedingt sehenswert!

Der Domplatz hallt wider von den wunderlichsten Geschichten. Noch mehr die Domgasse mit dem **Finsterwirt**. Schon der Name erzählt Kurioses. Kein Licht durfte dort nach Anbruch der Dunkelheit angezündet werden, um nicht die Nachtruhe des nahen Pfarrwidums zu stören. Ob im Finstern weitergebechert wurde, entzieht sich der Kenntnis des Verfassers.

In Brixen (und Neustift) hat man dem Bacchus die *Libatio* und Verehrung zu machen. Kamen bei Grabungsarbeiten doch die ältesten Traubenkerne Südtirols aus dem 5. Jahrhundert v. Chr. zum Vorschein und Reste von Fässern, aus einer Zeit, als die Arbeitssklaven Südeuropas sich mit unhandlichen Weinamphoren herumquälten. Also ein Halbele Sylvaner her und auf zum Finsterwirt! Wissen wir doch: Joseph Aloisius Ratzinger ist auch hier eingekehrt.
Wir spannen für unsere Fantasie die große Leinwand auf. Ein älterer Herr mit akkurat gezogenem Knabenscheitel sitzt an einem Tisch etwas abseits, liest die Zeitung und nimmt keine Notiz von uns. Nur manchmal blickt er sinnend vor sich hin, während unser üppiger Historienfilm über Brixen abläuft im

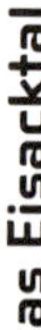

Kopf, als sähe er mit: Da vollzieht sich gerade der Umzug des Bischofs Albuin von Säben nach „Prichsna“, trifft der gebannte Kaiser Heinrich IV. mit großem Gefolge ein und empfängt die Bischöfe aus Italien und Deutschland für ein Konzil, da schenkt der Bischof Hartmann dem Probst von Neustift seinen Weinbecher, da streitet der einäugige Wolkensteiner wortgewaltig und handgreiflich mit Bischof Ulrich Putsch, stürmt ein wilder Bauernhaufen hinüber zur Hofburg, fahren die fetten Fürstbischöfe die fünf Schritte von der Hofburg zum Dom in der Staatskarosse vor; Hofmaler und Gesellen verschwinden im Kreuzgang, da spielen Domschüler lauthals Sautreiben, führt ein Domprobst seine zwei aufgemaschelten Konkubinen vor, Bischof Nikolaus Cusanus trainiert im Hofgarten sein Kugelspiel ***de ludo globi***; es geht zu wie im Bienenstand beim Domneubau, und als Bruderschaften aufmarschieren und sich die **Kassiansprozession** entfaltet mit heiligen Gebeinen, siehe, da huscht übers Gesicht des stillen Gastes ein versonnenes Lächeln; in hartem Schnitt rasiert der Barbier Sebastian Hofstätter dem vermeintlichen Zauberer Lauterfresser die Körperhaare ab auf der Suche nach Teufelsmalen, gibt es im Dom „groß Geschray“, weil man, Skandal! Skandal! den Altbürgermeister Hans Atteler beim Ehebruch mit Maria Praterin, der Gattin des Dom-Mesnerknechts justament am Beichtstuhl in flagranti erwischt, lösen Mädchen und junge Frauen in luftigen Sommerkleidchen allmählich die strengen, schwarzen Nonnenscharen im Straßenbild ab.

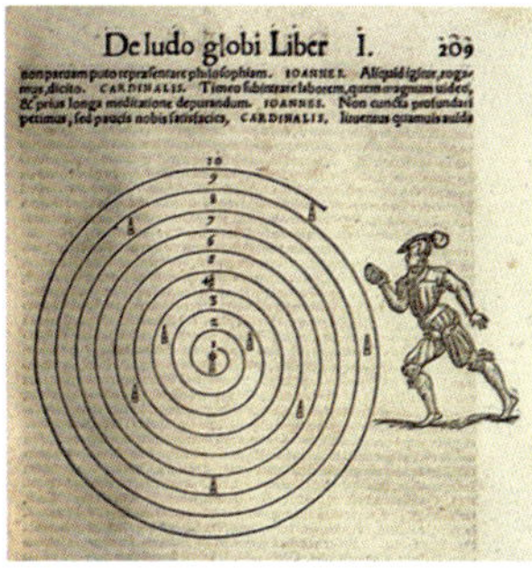

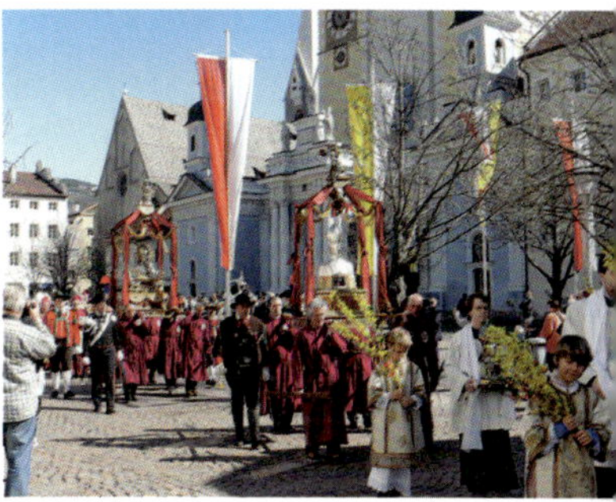

Und da sind wir wieder in der Jetztzeit. Wir blicken hinüber zum stillen Gast. Sein Platz ist leer. Auf dem Tisch hat er den Osservatore Romano liegen lassen.

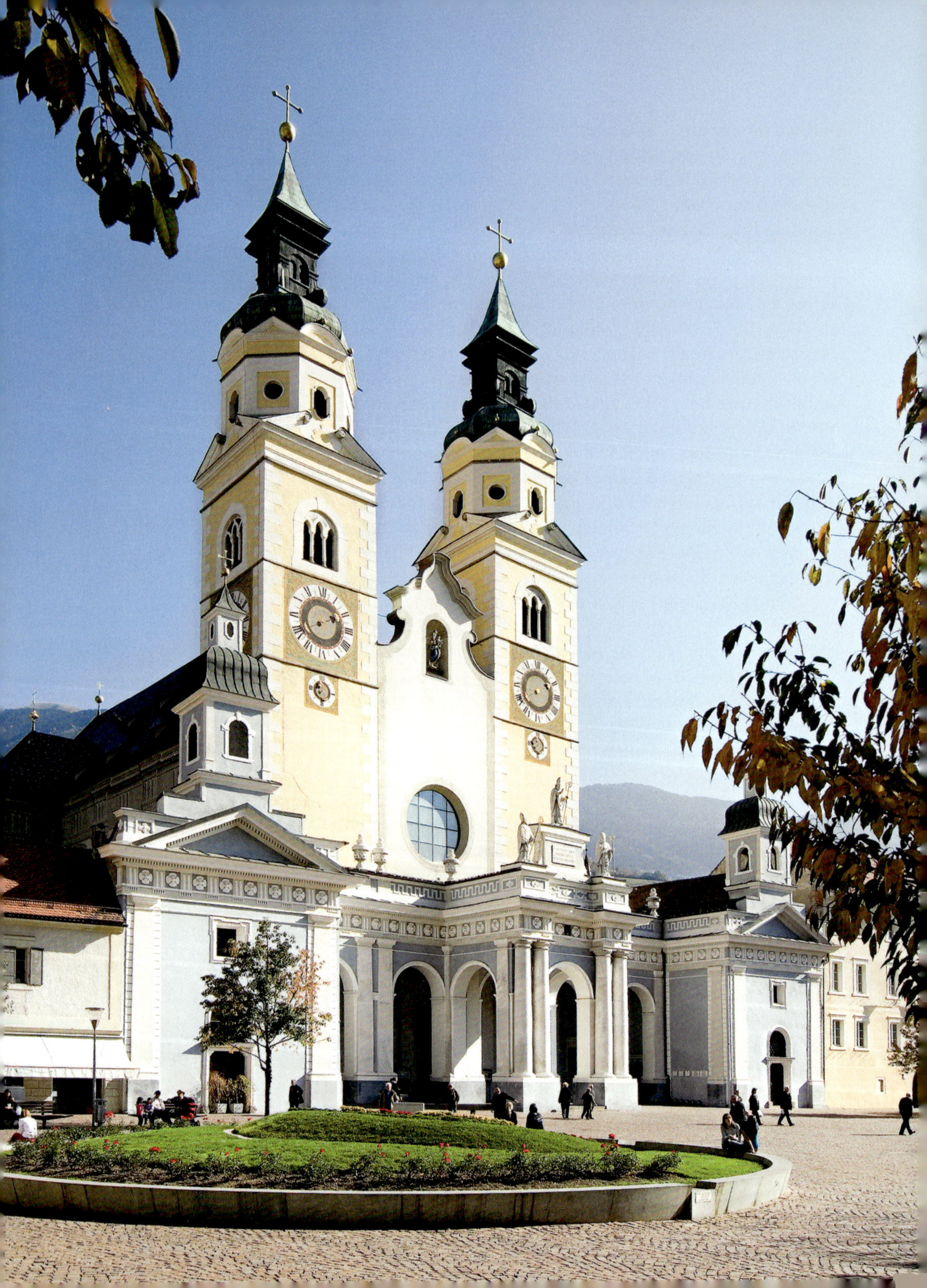

BRIXNER DOM

Das barocke Herz des Bergbistums

Die Ursprünge des Brixner Dombaues liegen im Dunkeln. In der Schenkungsurkunde von 901 vermacht der deutsche König Ludwig IV. dem auf Säben residierenden Bischof Zacharias den Mairhof *prichsna*. Richbert wird 967 als erster Bischof von Brixen angeführt, während dessen Amtszeit auch von einem *monasterium*, einer Klosteranlage die Rede ist, der wohl das Kloster Sankt Gallen als Vorbild diente. Um 990 verlegte Bischof Albuin den Bischofssitz von Säben nach Brixen. Wegen der Romzüge der Ottonen war die Anwesenheit des kirchlichen Oberhauptes im leicht zugänglichen Brixen anstelle des unzugänglichen Felsennestes Säben notwendig geworden. 1027 verlieh Kaiser Konrad dem Bischof Hartwig von Brixen die Grafschaft an Eisack und Inn, denn er und seine Nachfolger wollten den Weg über den Brenner zur begehrten Kaiserkrone in Rom in treuen Händen wissen. Damit erreichte der Aufstieg dieses kleinen Bergbistums und des Ein-paar-hundert-Seelen-Ortes Brixen im strategischen Kontext einen ersten Höhepunkt und europäische Bedeutung. Der ebenso tüchtige wie kunstsinnige Bischof Hartwig ließ die Domanlage mit einer eigenen Mauer umschließen.

Die Nähe zu den deutschen Herrschern förderte Karrieren: Im Jahr 1047 bestimmte Kaiser Heinrich III. den Brixner Bischof Poppo zum Papst in Rom, der allerdings erst nach der kaiserlichen Gewaltandrohung inthronisiert wurde und den Namen Damasus II. annahm. Sein Pontifikat ist eines der kürzesten und dauerte ganze 23 Tage; angeblich starb der neue Papst an Malaria, doch es könnte auch ein heimtückischer Giftbecher gewesen sein, der das Pontifikat jäh enden ließ.

Im Investiturstreit schreibt das kleine Brixen nochmals große Geschichte, als in der „Aftersynode" 1080 auf Betreiben von König Heinrich IV. der Reformpapst Gregor VII. für abgesetzt erklärt wurde. Das brachte dem Ort alles andere als ungeteilte Sympathie in der Christenheit ein.

Stadt und Dom wurden 1174 ein Raub der Flammen, worauf der romanisch-frühgotische Neubau mit den zwei Türmen folgte. Dieser Neubau erhielt ein Querschiff, dessen romanisches Portal im Kreuzgang noch zu sehen ist. Im 15. Jahrhundert wurde anstelle der drei Apsiden ein Hochchor errichtet, durch den nun mehr Licht in den düsteren Raum einfließen konnte, der so dunkel gewesen sein soll, dass die Chorherren kaum ihre Gebete verrichten konnten, wie es in der einschlägigen Literatur heißt. An den mittelalterlichen Kernbau waren eine Reihe von Kapellen angebaut worden, von denen zwei Beachtung verdienen, weil sie auf Stiftungen Oswalds von Wolkenstein zurückgehen: die Christophoruskapelle im Kreuzgang und die Oswaldkapelle auf der Empore zwischen den Domtürmen. In den Fußboden der Oswaldkapelle war einmal der Gedenkstein Oswalds eingelassen, den er 1407 in Auftrag gegeben hatte, wahrscheinlich, bevor er zu einer Pilgerfahrt ins Heilige Land aufbrach.

Zurück zum Dom: 1660 ist von ihm als *templum obscurissimum* die Rede, einem finsteren Heiligtum, dessen dunkle Tage nun gezählt waren. 1745 ernannte der

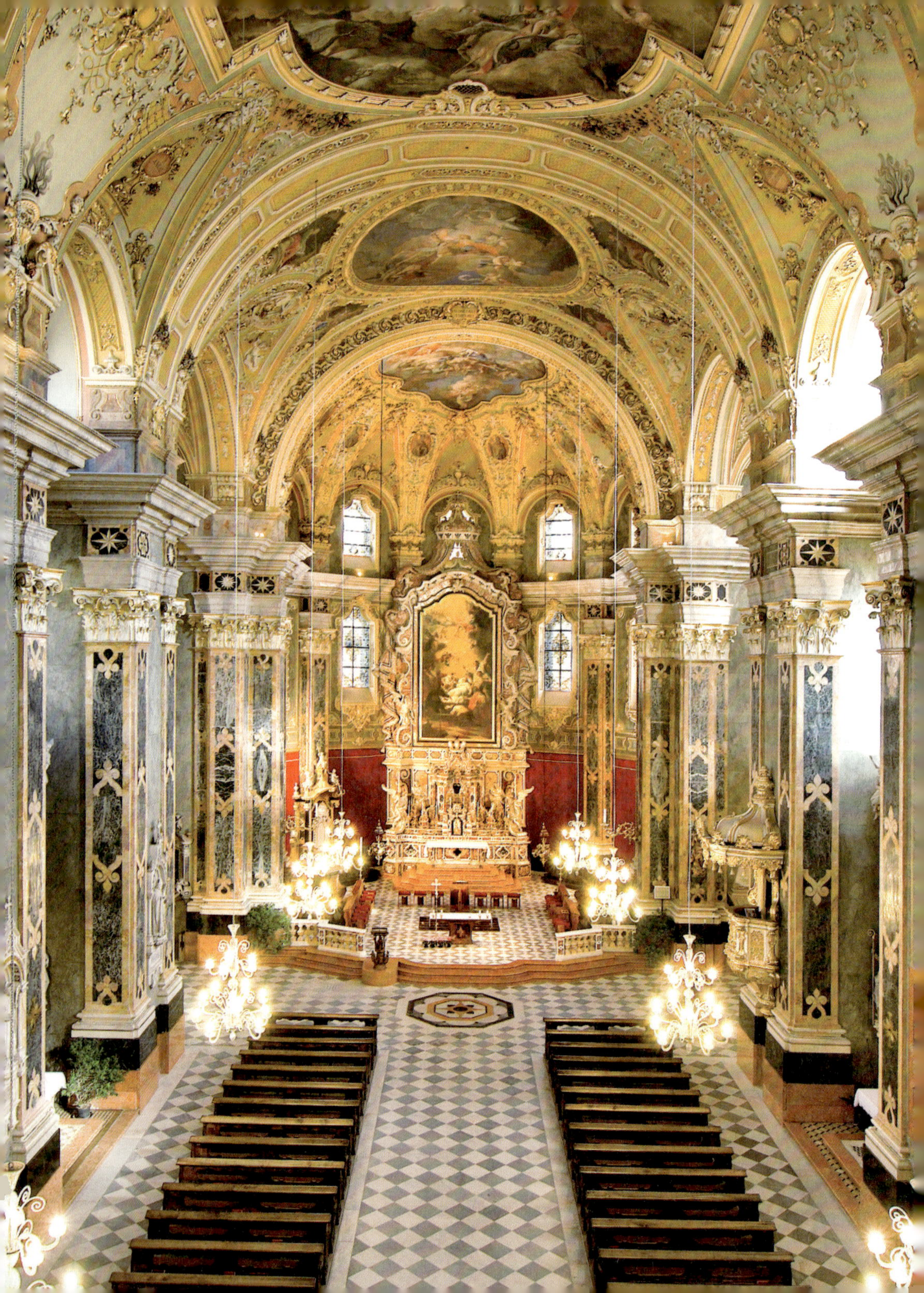

74-jährige Fürstbischof Kaspar Ignaz Graf Künigl eine „Baudeputation“ und betraute den Bozner Baumeister Giuseppe Delai, der neben Teodoro Benedetti aus Mori einen Umbauplan vorgelegt hatte, mit der technischen Bauleitung. Am 16. August, einen Tag nach Mariä Himmelfahrt und dem Patrozinium wurde als Zeichen des offiziellen Baubeginns das Gewölbe des Hochchors eingeschlagen. Wie viele Brixner/-innen haben sich beim „antrischen“ Dröhnen und dumpfen Krachen im Zusammenstürzen des altehrwürdigen Baus bekreuzigt?
Als man nach dem Abbruch mit den Fundierungsarbeiten begann, lag der endgültige Bauplan immer noch nicht fest, der Benedetti-Dalai-Plan war einigen zu nahe an den strengen italienischen Barockbauten, worauf der Innsbrucker Stefan Föger herangezogen wurde, der ein neues Modell vorlegte, das auch nicht die ungeteilte Zustimmung erfuhr und von dem letztlich die Gestaltung der Gesimse im Langhaus und der Fenster übernommen wurde. Trotzdem gingen die Bauarbeiten schnell voran, der Rohbau stand nach drei Jahren, die Ausstattung beanspruchte weitere sechs Jahre.

Zweihundert Quadratmeter Deckenmalerei

Würdige Feierlichkeit durchpulst den einschiffigen Innenraum mit Chor, kurzen Querschiffen und flachen seitlichen Altarkapellen, vornehm dezent wirkt die Marmordekorierung an den mächtigen Pilastern. Der Steinmetz Silvestro Pollini übernahm den Abbau des grünen Chloritschiefers aus Pfunders, Teodoro Benedetti die Marmorinkrustierung: Die flachen Lisenenpilaster ruhen auf einem Sockel aus braunrotem Rocchettamarmor

Links: Den Baumeistern gelang es, ein großartiges Raumgefühl zu schaffen. Eine dezente Marmordekorierung verleiht dem einschiffigen Innenraum Würde und Feierlichkeit.

Anbetung des Lammes. Paul Troger schuf das über 200 Quadratmeter große Deckenfresko in 28 Tagewerken.

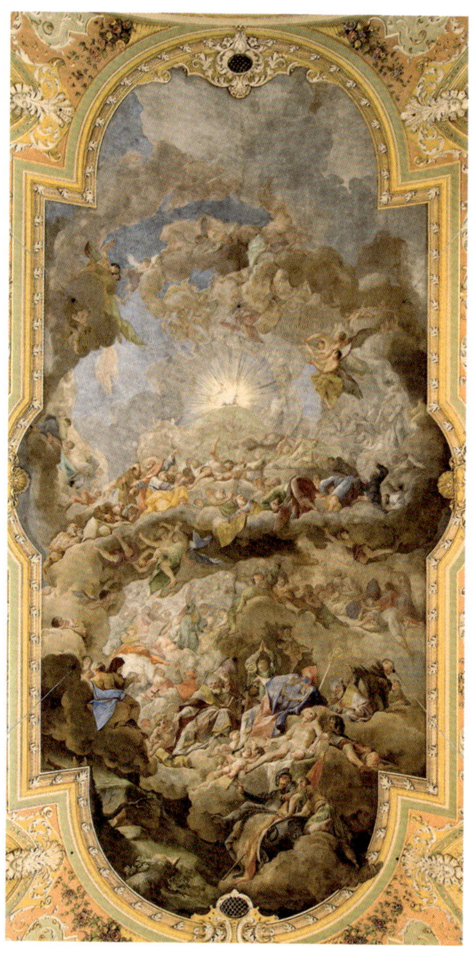

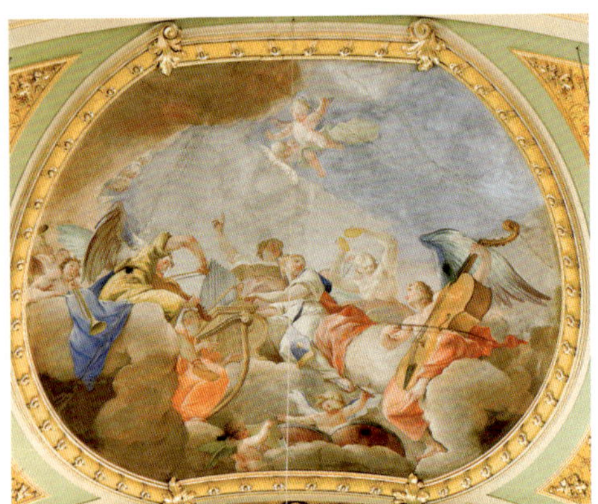

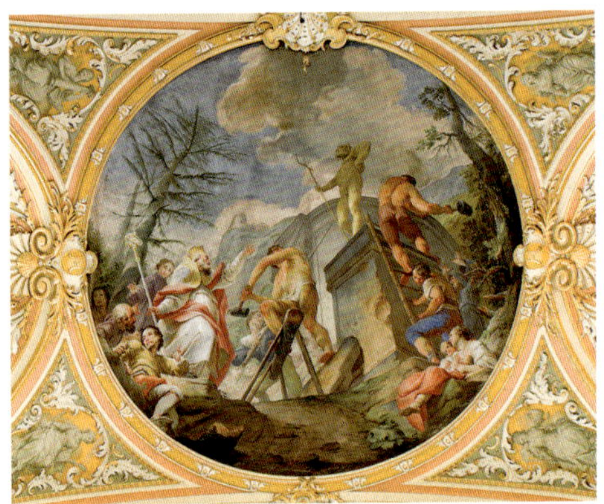

Engelskonzert auf der Orgelempore (links); Kassian stürzt das Götzenbild auf Säben, Querschiff (rechts).

aus dem Trentino und grünem Schiefer aus Pfunders; die Pilaster erhalten durch den grünen Pfunderer Stein, den der gelbe Bretonicomarmor in einfachem Muster rahmt, trotz ihrer Schwere eine betonte Leichtigkeit. Über dem stark betonten Gesims spannt sich das Gewölbe, dem man in seiner Stuckornamentik eine gewisse Verspieltheit attestieren möchte, wären da nicht die großflächigen, monumentalen Deckenfresken Paul Trogers. Dass der gebürtige Welsberger und gefeierte Wiener Akademieprofessor als Freskant verpflichtet wurde – *weilen sein Pemsel in ganz Europa berüemt war* –, verdanken wir dem Kunstgeschmack des Fürstbischofs. Troger reiste von Wien an, war beeindruckt von der riesigen Fläche und unterzeichnete den Vertrag, der ihm 10.000 Gulden, freies Quartier und Reisespesen zusicherte, so wie er es verlangt hatte.

Paul Troger (1698–1762) wurde in Welsberg in einfachen Verhältnissen geboren und konnte durch vermögende Gönner sein Talent zuerst in der bekannten Fleimstaler Malschule von Giuseppe Alberti schulen und sein Können anschließend in Venedig, Rom, Neapel und Bologna vervollkommnen. Troger war sich seines Talents durchaus bewusst und trat sehr selbstsicher auf; er fertigte auch keinen *Schizzo* an, bevor der Vertrag nicht unter Dach und Fach war: *„dan sonsten mechte sein Schizzo anderen mahlern vorgezeiget und er beiseite gesötzt werden."*

Als Erstes schuf Troger zusammen mit Gehilfen die Aufnahme Mariens im Chor. Von Mitte Mai bis August 1750 schuf Troger in 28 Tagewerken das über 200 Quadratmeter große Deckenbild der Anbetung des Lammes, eine gewaltige Komposition, von der Josef Weingartner sagt, sie gehöre zum Gewaltigsten, „was die barocke Deckenmalerei auf deutschem Boden geschaffen hat". Auf einer dramatisch bewegten Wolkenspirale dreht sich eine Vielzahl von Heiligen, Propheten, Engeln und Putten in erregt ekstatischen Posen auf das Lamm Gottes zu, das auf dem Heiligen Berg in entrückter Ferne steht. Die Heiligen sind Litanei und ihre Deutung ebenso, man kann das monumentale Gemälde am einfachsten als die Heerschar der verklärten Kirche lesen oder auch als Apotheose des Wappenbildes der Diözese Brixen, des Lammes. Das vorherrschende Silberblaugrau ist vielleicht ein Indiz für die düstere Seelenstimmung des Malers, der kurz davor seine Frau verloren hatte.

Wesentlich farbenfroher und heller, im bewährten Troger-Stil diesmal, ist das Engelskonzert über der Orgelempore ausgefallen.

Kostbarer Marmor

Der Hochaltar ist ein gelungenes Gesamtkunstwerk, das in Proportion und Gestaltung bestens mit dem vornehmen Raumcharakter harmoniert. Das Altarblatt fertigte der aus Cavalese stammende und in Wien hoch dekorierte Michelangelo Unterberger, das den Tod Mariens (*Dormitio Mariae*) darstellt. In seiner Komposition, seinem Pathos und den Hell-Dunkel-Effekten verrät es den Einfluss der zeitgenössischen venezianischen Malerei, die Unterberger in seinen Lehrjahren in der Lagunenstadt kennengelernt hatte. Leo Andergassen weist eine enge Verwandtschaft zur Himmelfahrt des Venezianer Malers Gianbattista Piazzettas nach, das sich heute im Louvre befindet. Unterberger hatte das Bild in seiner Wiener Werkstatt angefertigt, von wo es anschließend auf dem Wasserweg bis nach Hall transportiert wurde und von dort nach Brixen kam, wo man es zwischenzeitlich in der Hofburg aufspannte.

Der Hochaltar ist ein gelungenes Gesamtkunstwerk

Teodoro Benedetti entwarf und fertigte den Rahmenaufbau, der das Altarblatt mit einem Baldachin krönt und mit herabfallendem Vorhang und mit gerollten Volutenteilen einfasst. Es ist ein Meisterwerk der Marmorinkrustation, in dem Benedetti neben dem uns schon bekannten Pfunderer und Bretonicomarmor Marmor aus Carrara und Afrika einarbeitete.

Michelangelo Unterberger schuf das Hochaltarblatt mit dem Tod Mariens.

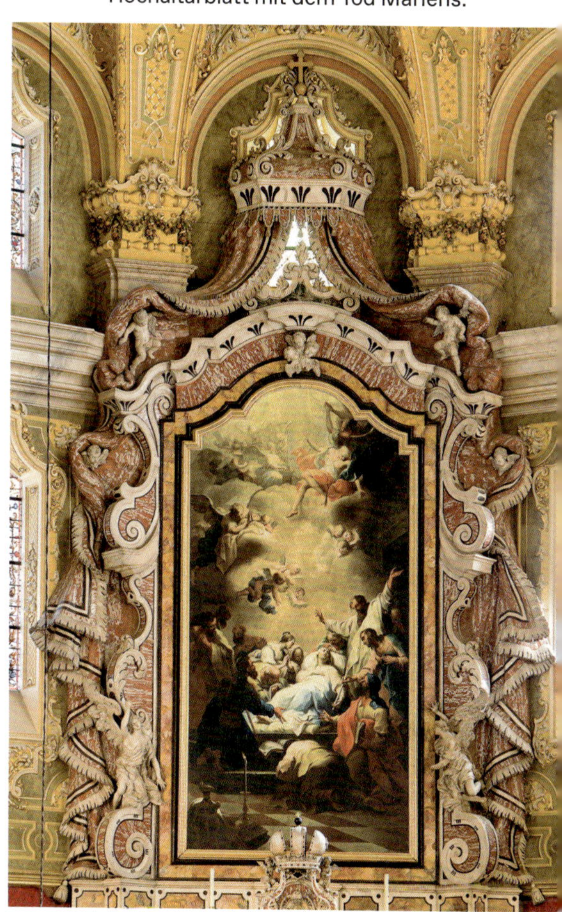

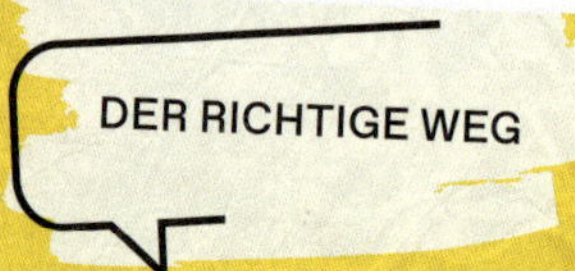

Falls Sie unschlüssig auf dem Domplatz stehen und Ihr Blick auf die gestikulierenden Kirchenmänner fällt, so folgen Sie ganz einfach deren Rat. St. Ingenuin legt die Hand aufs Herz und stöhnt unter der Hitze. St. Albuin links blickt fragend zu St. Kassian in der Mitte auf. Der weiß, was zu tun ist: „Wir gehen einen trinken zum Finsterwirt!" Und weist die Richtung. Die Richtung stimmt und des frommen Mannes Vorschlag ist bestimmt nicht der schlechteste. Schon allein deswegen nicht, weil sogar Seine Heiligkeit Papst Benedikt XVI. dort einzukehren geruhte.

Der Aufbau sitzt auf einer Tabernakelpredella, deren Statuen Domenig Moling aus Wengen im Gadertal schuf und die laut Weingartner zu den bedeutendsten Werken tirolerischer Rokokoplastik gehören. Der Kassiansaltar im nördlichen Querarm, der auf das Martyrium des heiligen Kassian anspielt, ist in Carraramarmor und in Rosso di Francia ausgeführt. Dieses Martyrium ist das Thema des Altarblattes aus der Hand von Paul Troger, ein düsterer Schüler-Amok, in dem der Lehrer Kassian von sadistischen Schülern mit Griffeln zu Tode gemartert wird. Francesco Oradini und Franz Sebald Unterberger, der jüngere Bruder von Michelangelo Unterberger, schufen den Rosenkranzaltar im rechten Querhaus, der rechts und links von Medaillons mit den Geheimnissen des Rosenkranzes geschmückt ist, die Adam Baldauf 1619 geschaffen hatte.

Kurz noch zu den Malern der Altarblätter der Seitenaltäre: Franz Linder malte das Annabild (1762/64), die Altarblätter des Salvatoraltars und des Agnesaltars stammen von Christoph Unterberger (1767), das des Nepomukaltars stammt von Giambettino Gignaroli, Josef Schöpf fertigte die Altarblätter für den Kreuzaltar (1791) und den Allerheiligenaltar (1817). Einen Blick wert sind die Domorgel (1756–1758) und die Balustrade mit den musizierenden Putten, ein beschwingtes Ensemble, das allein schon in seiner bewegten Form barocke Musikklänge evoziert.
Die klassizistische Vorhalle wurde 1785 von Jakob Pirchstaller ausgeführt, Rupert Röck schuf die Statuen der Diözesanpatrone im Attikaaufsatz der Eingangshalle.

Geschmacksdiplomatie
Wirte haben immer ein Ohr für das, was im Lande so läuft. Hans Fink vom gleichnamigen Gasthaus unter den Lauben hat der Volkskultur in Südtirol nicht nur ein Ohr geliehen, sondern sich mit Leib und Seele ihr verschrieben. Zahlreich sind seine Veröffentlichungen zu Volkskunde, Sagen, Bräuche und Esskultur. Sein Sohn Helmuth brachte in den Siebzigerjahren bei einem nationalen Wettbewerb in Mailand die Südtiroler Küche, sogar u. a. mit einem Graukäse, den verwöhnten Mailändern nahe – und heimste den zweiten Preis ein. Es war aber auch ein kleiner geschickter Akt der Diplomatie und brachte für Südtirol viel Sympathie. Das Eis war gebrochen: Mailand hatte ja ein halbes Jahrzehnt vorher die Sprengstoffprozesse der Südtiroler Aktivisten mitverfolgt und die Stimmung den Südtirolern gegenüber war alles andere als freundlich gewesen. Echte, unverfälschte traditionelle Gerichte sind die besten Diplomaten: Gasthaus Fink, Kleine Lauben.

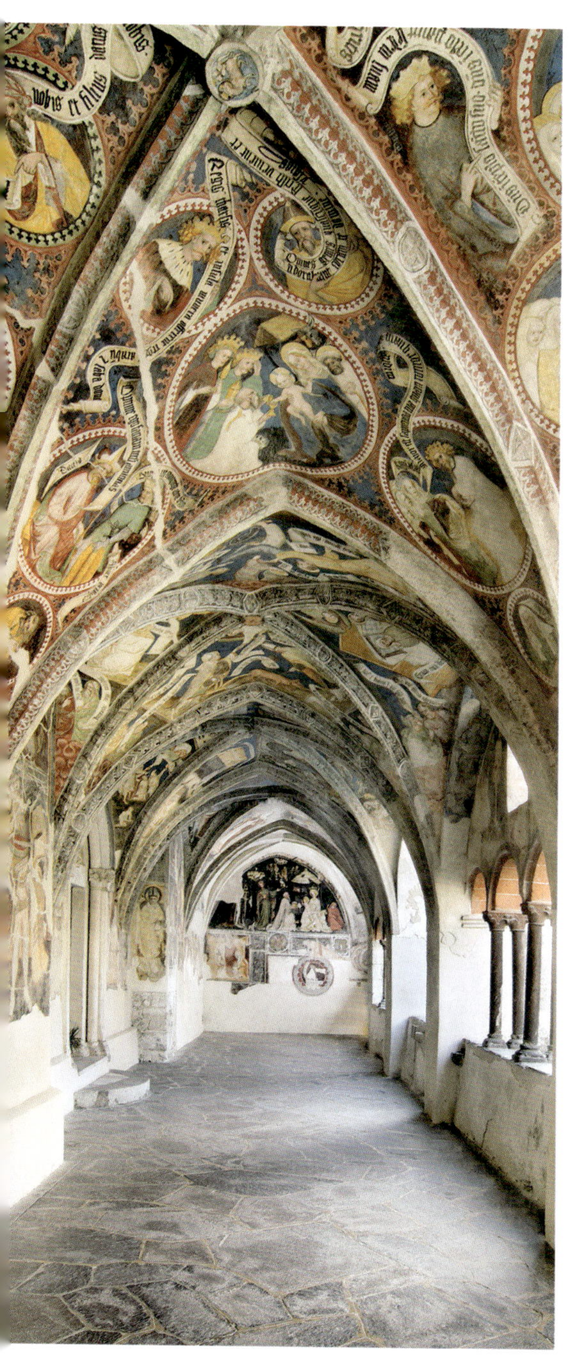

KREUZGANG BRIXNER DOM

Ein Bilderbuch der Heilsgeschichte

Das durch die romanischen Rundbögen und die zierlichen Doppelsäulen hereinfallende Licht beleuchtet im Wechsel der Tageszeit ein schier unerschöpfliches Bildprogramm. Hier im Kreuzgang der Brixner Domanlage entfaltet sich die Entwicklung der gotischen Malerei in Tirol fast bruchlos in einem Zeitraum von 1390 bis zum Beginn des 16. Jahrhunderts; wenn man die Fresken der Johannes- und der Frauenkirche miteinbezieht, dehnt sich der Zeitraum bis ins frühe 13. Jahrhundert zurück und schließt späte Romanik und frühe Gotik mit ein. Es ist dies eine dürre Feststellung für diesen Ort der Kunst an der Kaiserstraße mit so reichem Bilderschatz, der – typisch für die Südtiroler und insbesondere die Brixner Kunstlandschaft – zwischen manchmal behäbig biederem Regionalismus und ikonografischer Weltläufigkeit oszilliert.

Die Ausschmückung des Kreuzganges folgte keinem einheitlichen Programm, die Bilder sind Stiftungen wohlbestallter Domherren, insgesamt 25 Stifterdarstellungen haben sich erhalten, die bei verschiedenen Malern ganze Arkaden zur Ausmalung oder Einzelfresken in Auftrag gaben, zumal der Kreuzgang beliebte und gefragte Grablege war. Die gelegentliche Deutung, die Bilder seien eine *biblia pauperum*, eine Armenbibel des leseunkundigen Volkes, greift zu kurz, zu verschlüsselt und zu detailvernarrt sind manche Aussagen, dazu

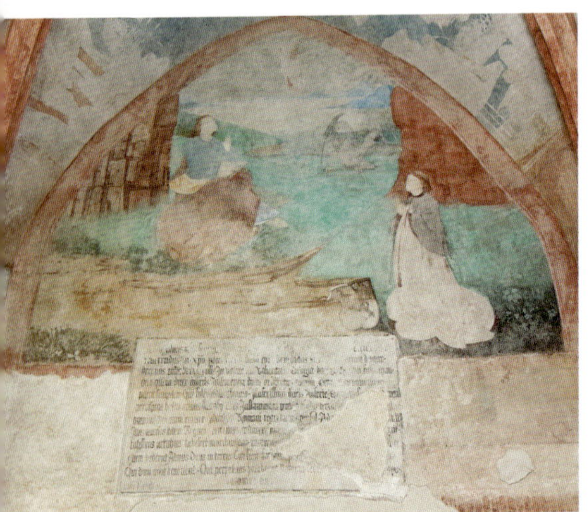

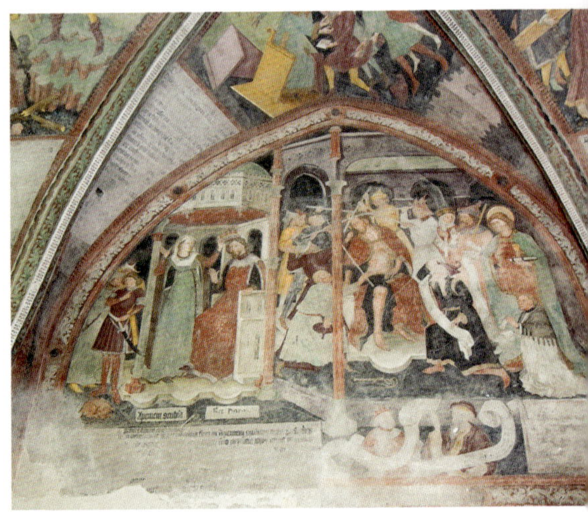

1. Arkade, links: Vision des hl. Johannes mit Stifter.

2. Arkade, rechts: Dornenkrönung und Verspottung.

kommen Textpassagen und Kommentare, die sich an ein theologisch versiertes Publikum wenden. Denn da führen gelehrte Domherren einen nicht minder gelehrten Disput mit ihresgleichen über den Tod hinaus, bis heute, wenn man will, wollte sie (noch) jemand lesen und verstehen. Natürlich konnten gewisse Szenen wie die der Geburt Christi, der Anbetung der Könige, der Passion und der Auferstehung von allen gedeutet und im heilsgeschichtlichen Kontext verstanden werden. Heute ist der Zugang zu den Bildern ein anderer: Aus Armenbibel und Heilsspiegel ist Kunstgeschichte geworden.

Dabei hat der Kreuzgang seine ganz eigene Aura: Er war und ist ein Ort hochfrommer Rituale genauso wie Ort des Alltags; die Brixner/-innen verwenden ihn nach wie vor als Abkürzung von der Albuingasse zum Domplatz; im Südosttrakt durften Händler ihre Ware feilbieten, ohne Standgebühren zahlen zu müssen, Geldwechsler waren auch darunter. Scholaren und Domknaben fanden Zeit für ein Spielchen im Angesicht der Heiligen: Im Schräglicht lassen sich in der in der Deckplatte der Brüstung zum Innenhof hin in der 12. Arkade zwei eingravierte Mühlespiele erkennen. Ach ja, in der Zeit der Säkularisierung in der ersten Hälfte des 19. Jahrhunderts wurde im Innenhof Gemüse angepflanzt; wird eine feine theologische Note gehabt haben, nehmen wir einmal an.

Unser Rundgang beginnt im Südflügel nach den unbemalten Arkaden, die Nummern der Arkaden sind im Boden am Fuß der Innenmauer angeschrieben.

1. Arkade

Paulus und Johannes

Der Stifter ist Domdekan Benedikt Fieger (gest. 1490 in Wien), der unter anderem auch Kaplan von Sigmundskron und auch

Pfarrer von St. Pauls in Eppan war. Stark verblichen sind die Szenen aus dem Leben des heiligen Paulus: Paulus predigt in Athen vor dem Areopag, der einer Tiroler Stadtgasse gleicht, Paulus wird in Caesarea verhört, er erleidet Schiffbruch vor Malta und überlebt einen Schlangenbiss unverletzt. An der Südwand kniet der Stifter mit Wappen vor dem heiligen Johannes auf Patmos, der in einer Seelandschaft die Vision des apokalyptischen Weibes schaut. Die Malereien wurden 1490 vom Brixner Ruprecht Potsch ausgeführt.

2. Arkade

Das Leiden Christi

Die Fresken schuf Meister Leonhard mit seinen Gehilfen 1465, als Stifter ist der Benefiziat Johann Sailer aus Pfaffenhofen auf der Südwand dargestellt. Das Hauptbild an der Südwand zeigt, gegliedert durch eine aufgeklappte Zentralarchitektur, die Dornenkrönung Jesu; Pilatus beobachtet sie, während dessen Frau sich flüsternd seinem Ohr nähert. Die Verspottung hat drei Bezugsbilder aus dem Alten Testament in den Gewölbefeldern: König Darius muss sich einen Backenstreich und die Wegnahme der Krone durch seine Geliebte gefallen lassen; Semei bewirft David und sein Gefolge mit Steinen; König Hanon verspottet die Boten Davids, lässt ihnen die Bärte abschneiden und die Kleider zerstückeln.

In der westlichen Gewölbekappe trägt Christus das Kreuz, unterstützt von einem gepanzerten Simon von Cyrene; das alttestamentarische Bezugsbild zeigt Abraham mit seinem Holz tragenden Sohn Isaak auf dem Opfergang zum Berg Horeb.

Die östlichen und nördlichen Gewölbekappen thematisieren das Gleichnis vom Weinberg und den Winzern: Boten werden gesteinigt und der Sohn des Weinbergbesitzers wird erschlagen; die Botschafter aus dem gelobten Land kommen mit der riesigen, weißgrünen Traube (grüner Veltliner?) daher. Auf der nördlichen Schildbogenwand sind links der heilige Michael mit Seelenwaage und rechts die Vermählung der heiligen Katharina von Alexandrien mit dem Christkind dargestellt.

3. Arkade

Der Pferdelephant

Die Darstellung des Leidens Christi mit alttestamentarischen Bezugsbildern wird fortgeführt. Die Fresken im Gewölbe (1473) stammen aus der Werkstatt des Leonhard von Brixen, die Ecce-homo-Darstellung

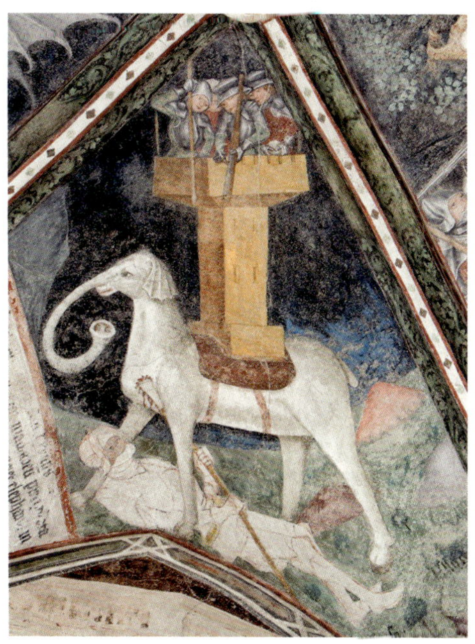

an der Südwand könnte von Jakob von Seckau sein. Die Kreuzigung an der westlichen Schildbogenwand wird mit Vorbehalt auch ihm zugeschrieben. Ein Detail: Nur mehr schwach sichtbar ist der Skorpion auf dem Wimpel eines Soldaten.

Das bekannteste Bild im Gewölbe ist die Szene mit Eleazar, der den Elefanten besiegt. Wie zeichnet man einen Elefanten, wenn man nur weiß, dass er groß ist und einen Rüssel hat? Meister Leonhard ließ sich's nicht verdrießen und zeichnete ein Mischwesen von Pferd mit einem Rüssel. Knappe 100 Jahre später, im Jahr 1551 hätte er in Brixen leibhaftig einen Elefanten bestaunen können. König Johann III. von Portugal verehrte seinem Neffen Maximilian, Erzherzog von Österreich, den indischen Elefantenbullen Soliman. Meister Leonhard durfte in Klerant ober Brixen gleich noch einen Elefanten malen, diesmal in voller Eisenrüstung. Meister Leonhard konnte eben gut und volkstümlich erzählen, was er, zurück zu den weiteren Szenen im Gewölbe, überzeugend zeigt: Josef wird in den Brunnen geworfen, Hiob wird vom Teufel verfolgt und von der eigenen Frau verspottet; Absalom verfängt sich mit seinem Haar im Geäst und wird getötet, Jonas wird vom Fisch verschlungen, König Alchior wird an einen Baum gebunden, weil er weiß, warum die Israeliten immer siegen. Meister Leonhard macht wenig Aufheben von Perspektive und Raumgestaltung und bringt viel erklärenden Text. In Latein für die gelehrten Domherren, versteht sich.

3. Arkade: Ecce Homo.

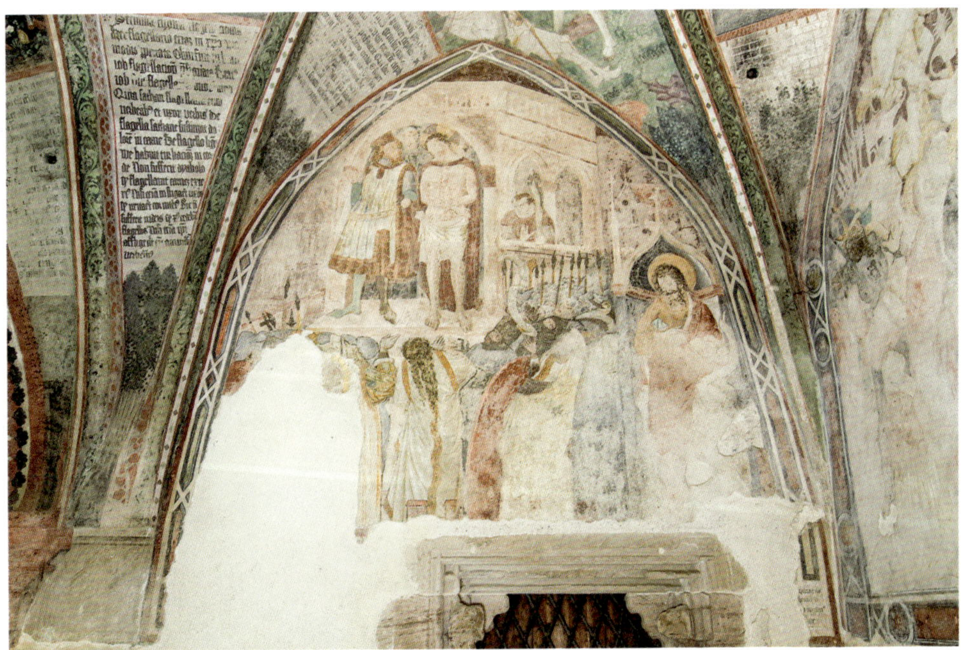

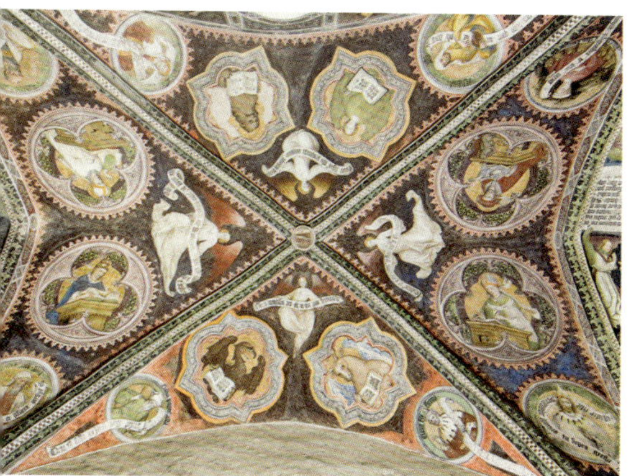

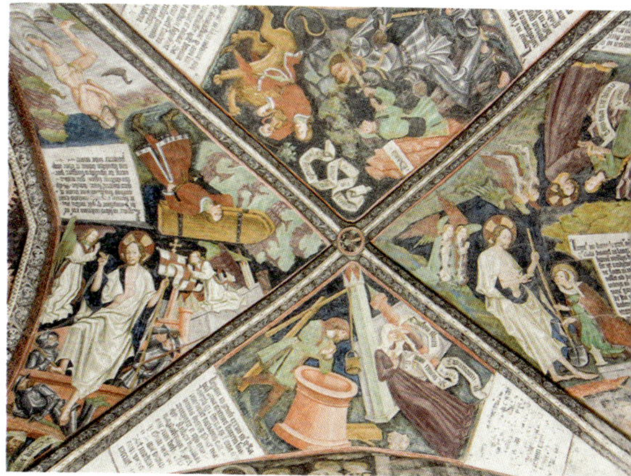

4. Arkade, links: Engel, Evangelistensymbole und Kirchenväter.

5. Arkade, rechts: Osterthemen mit alttestamentarischen Vorbildern.

4. Arkade

In memoriam magistri

Die Ausmalung wurde 1417 in Erinnerung an den tüchtigen Schullehrer Johann Hausmann, der es 1484/85 bis zum Bürgermeisteramt brachte, und an seine Gattin Agnes gestiftet. Das künstlerisch wertvollste Bild, die Anbetung der Könige wurde 1926 abgenommen und befindet sich im Diözesanmuseum. Darunter wurde ein Teil der Christinalegende in Rötelzeichnung aufgedeckt. An der Ostwand links zieht Wilhelm von Aquitanien zusammen mit einem Abt in den Kreuzzug; rechts kämpft der heilige Georg mit dem Drachen; in den Dreipässen darunter sind die heiligen Barbara, Christina und Agnes dargestellt. Im Gewölbe erscheinen auf gestirntem Hintergrund Engel, Kirchenväter, Evangelistensymbole und Propheten mit Spruchbändern. In der Zuschreibung an einen Künstler ist sich die Forschung nicht sicher, von einigen werden die Fresken Hans von Bruneck zugewiesen, Karl Wolfsgruber schreibt sie Ambrosius Gander zu.

5. Arkade

Auferstehung

Die Themen kreisen um die Auferstehung Christi. Stifter ist Domherr Johannes von Firmian. Die Gemälde sind 1472 entstanden und stammen aus der Werkstatt Meister Leonhards von Brixen. Spruchbänder und Texte aus der Armenbibel erklären das Geschehen.

Die ostseitige Schildbogenwand zeigt sehr fragmentarisch die Frauen am Grab und die Erscheinung Christi im Abendmahlsaal. Auf der westlichen Schildbogenwand gibt sich Joseph seinen Brüdern zu erkennen und Christus steigt in die Unterwelt hinab. Im Gewölbe erscheint (im umgekehrten Uhrzeigersinn) der Auferstandene mit Gartenschaufel Maria Magdalena im Garten („*noli me tangere!*“), darunter findet König Cyrus Daniel lebendig in der Löwengrube; die Braut aus dem Hohelied empfängt

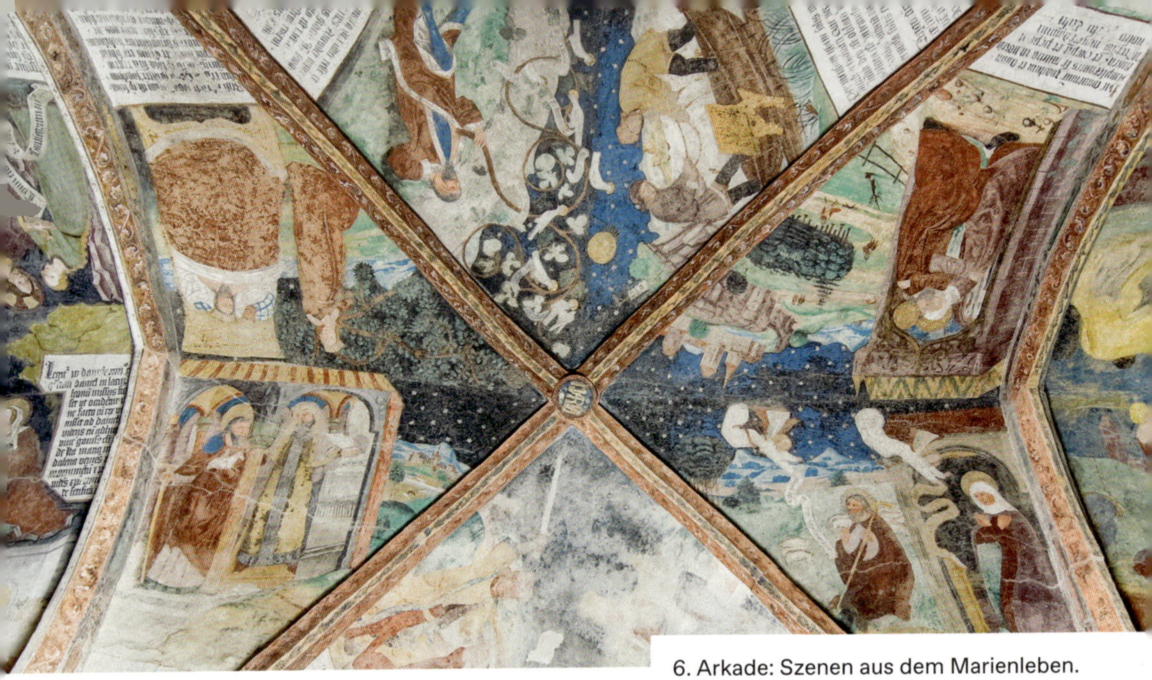

6. Arkade: Szenen aus dem Marienleben.

Christus als Bräutigam; David besiegt den gepanzerten Goliath; Simson kämpft mit dem Löwen; Simson entfernt sich mit den ausgekegelten Torflügeln der Stadt, die ihn gefangen hielt; darunter entsteigt Jonas betend dem Walfisch (ohne dass zwei Enten sich stören lassen); Christus steigt unter den verwirrten Blicken der gepanzerten Wächter aus dem Grab. Ruben sucht seinen Bruder Joseph in der Zisterne; die Braut sucht ihren Bräutigam.

6. Arkade

Die Auserwählung Marias

Grundthema ist die Auserwählung Marias in der Heilsgeschichte; als Quellen dienten apokryphe Schriften, frühchristliche Texte, die nicht zum offiziellen Text der Bibel gehören. Auf der östlichen Schildbogenwand ließ sich der fromme Stifter Berchtold Soltwedel als Chorherr der Liebfrauenkirche zusammen mit dem heiligen Pantaleon und der heiligen Katharina darstellen; in der rechten Hälfte versperrt ein Engel dem heidnischen Propheten Bileam auf dem Esel den Weg vor dem Hintergrund einer mittelalterlichen Stadt; an der westlichen Schildbogenwand hat sich der Tempelgang Marias fragmentarisch erhalten. Die Bilder im Gewölbe: Engel verkünden Joachim und Anna die Geburt Marias; Joachim und Anna begegnen sich unter der goldenen Pforte; der goldene Tisch, Symbol der aufgehenden Sonne, wird aus dem Meer gezogen; aus der Wurzel Jesse erwächst der Stammbaum Marias; die Tauben im Stammbaum tragen in Spruchbändern die sieben Gaben des Heiligen Geistes; König Astyages träumt, dass aus seiner Tochter Mandane ein Weinstock wächst, der Asien bedeckt; Abweisung des Opfers Joachims, weil er kinderlos ist; es folgt die furchtbare

Engel verkünden Joachim und Anna die Geburt Marias

Geschichte des siegreichen Jephte, der geschworen hatte, im Falle eines Sieges jenen Menschen zum Opfer darzubringen, dem er auf der Rückkehr in die Heimat als erstem begegnen würde: Tragischerweise ist es seine eigene Tochter. Kaum mehr zu erkennen ist die Perserkönigin Semiramis in den hängenden Gärten von Babylon voller Heimweh – analog zu Maria, die voller Sehnsucht nach der himmlischen Heimat ist. Die Bilder stammen vermutlich von Ruprecht Potsch und sind um 1482 entstanden.

7. Arkade

Die Jungfräulichkeit Marias

Die Marienthematik wird fortgeführt mit der jungfräulichen Mutterschaft Marias. Der unbekannte Künstler schöpft aus verschiedenen Quellen (Physiologus, Kirchenväter u. a.) Da wird die kappadokische Stute vom Wind geschwängert, die Früchte des Bernikelbaums (sagenhaftes Gewächs) werden im Fallen zu Gänsen (östl. Gewölbekappe); die Vestalin Tuscia beweist ihre Unschuld, indem sie in einem Sieb Wasser trägt. Darunter ist der Stifter Konrad von Neuenburg dargestellt. Weiter geht es mit der Löwin, die ihre tot geborenen Jungen durch Brüllen zum Leben erweckt; der Vogel Charista stürzt sich ins verjüngende Feuer (südl. Gewölbekappe); der Pelikan nährt seine Jungen mit seinem Blut; der Vogel Strauß lässt seine Eier von der Sonne ausbrüten (westl. Gewölbekappe); die junge Mutter mit den neugeborenen Zwillingen, die alle Schlösser durch Berührung öffnen (darunter findet sich das Stifterbild des Chorherrn Nikolaus Niessel); die Bärin formt ihre Jungen durch Belecken schön; der Vogel Phönix steigt verjüngt aus der Asche (nördl. Gewölbekappe). In der östlichen Gewölbekappe macht die Vestalin Claudia mit ihrem Gürtel ein festgefahrenes Schiff wieder flott; rechts davon ist der Vogel Kalander dargestellt, der einen Kranken durch seinen Blick zu heilen vermag. Am westlichen Schildbogen befindet sich das von Leonhard von Brixen gemalte Vesperbild mit dem Stifter Gregor Sybar vor der heiligen Katharina, rechts flankiert von König David und dem Propheten Jesaja. Die darunterliegende Anbetung des Kindes ist stark zerstört.

7. Arkade: Die Bärin beleckt formend ihr Junges.

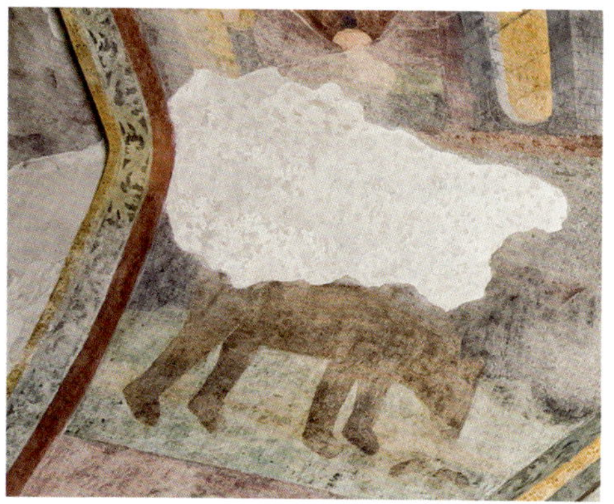

8. Arkade

Der Lasterbaum

Ein unerwartetes Kontrastprogramm: von der Jungfräulichkeit zum Lasterbaum. Der Tugendbaum ist nicht mehr erhalten. An der Apsisrundung der Frauenkirche ist in reicher Rahmung eine Ölbergszene mit Christus, getröstet von Gottvater und den drei Aposteln Petrus, Jakobus und Johannes, dargestellt. Darunter erscheinen ein Stifter, die heilige Dorothea, der ein Kind

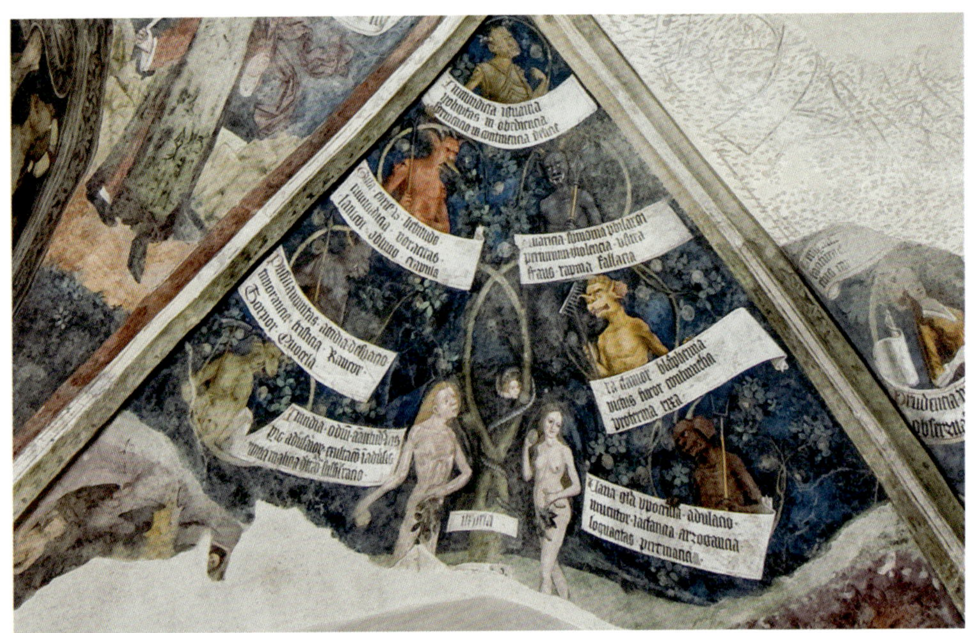

8. Arkade: Adam und Eva unter dem Lasterbaum.

mit Kreuznimbus ein Blumenkörbchen reicht, der heilige Bartholomäus und eine fragmentarische Kreuzabnahme gemalt. Es ist eine feine Arbeit eines unbekannten Meisters, die um 1410/20 entstanden ist.

Die Fresken im Gewölbe sind 1477 aus der Hand eines anonymen Malers entstanden, der das Menschsein im Spannungsfeld zwischen Gut und Böse, Laster und Tugend, Welt und Gott thematisiert. Der Lasterbaum wächst zwischen Adam und Eva empor. Um dessen gezwieselten Stamm windet sich die Schlange, die ein Frauengesicht mit Krone und einen Apfel im Munde trägt. Der Sündenfall hat sich gerade vollzogen, in Adams Gesicht zeigen sich Angst und Schuld, Eva kokettiert noch, aber ihr Blick verdüstert sich gleich, denn sie ist der Luxuria, der Sinnlichkeit verfallen. Die Teufel im Gezweig des Lasterbaumes tragen Schriftfelder mit den Lastern, stolze 48 an der Zahl. Die Höllenstrafen sind nur noch ansatzweise erkennbar. Fragmentarisch erhalten ist die Darstellung des *miles christianus*, des christlichen Streiters mit der Fahne Christi, dem eine nicht mehr vorhandene „Frau Welt“ den Becher der Lust reicht. Eine umfangreiche lateinische Inschrift führt seine Ausrüstung für seinen „Streit gegen die Welt, das Fleisch und den Teufel“ an. Von den Haupttugenden hat sich lediglich die Klugheit erhalten; darunter ist der Stifter Erhard Zanger mit der heiligen Barbara dargestellt; in der westlichen Gewölbekappe sind Jesaia und König David mit Spruchbändern gemalt.

9. Arkade

Die Weihnachtsarkade

Grundthema ist die Ankunft Christi auf Erden. In jedem Gewölbefeld sind sieben Rundfelder angebracht, wo sich um das Hauptfeld in der Mitte seitlich zwei alttestamentarische Bezugsbilder und dazu oben und unten je zwei Propheten mit Spruchbändern gruppieren. In der westlichen Kappe ist die Verkündigung dargestellt zwischen Jahwes Fluch über die Schlange und Gideon mit Vlies und tröstendem Engel; die Tondi füllen Propheten. In der Nordkappe ist die Geburt Christi mit dem Jesuskind im Flechtkorb erzählt, gerahmt von dem Stabwunder Arons und von Mose, der sich vor dem brennenden Dornbusch die Schuhe auszieht. Die Anbetung der Könige wird von Abner, dem Feldherrn Sauls, der zu David übertritt, und von der Begegnung Salomons mit der Königin von Saaba flankiert. Die Darstellung im Tempel ist Hauptthema der Südkappe, begleitet von Samuels Opfer im Tempel und vom Reinigungsopfer. In der arkadenseitigen Schildbogenwand befindet sich das Martyrium des heiligen Achatius mit seinen nackten, an Ästen aufgespießten Gefährten und die Stifterfigur; in der Bogenlaibung halten zwei Engel Seelentücher. Der Schlussstein im Gewölbe trägt das Osterlamm.

Eine Verwandtschaft mit den Fresken der 4. Arkade ist offensichtlich, die Zuschreibung an einen Künstler nicht eindeutig, Die hellen Farben und idealisierenden Formen in klarer Zeichnung legen eine Entstehungszeit um 1420 nahe.

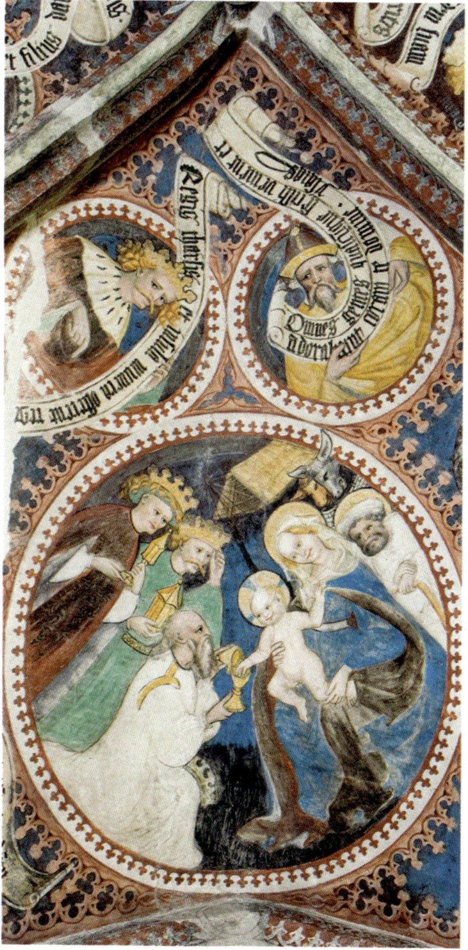

9. Arkade: Die Anbetung der Könige.

10. Arkade

Tugenden und Laster

Wieder geht es um Tugenden und Laster und der moralisierend erhobene Zeigefinger flattert, bildlich gesprochen, in vielen Spruchbändern. In den Zwickeln stehen sich jeweils eine Tugend und ein Laster gegenüber, begleitet von je zwei Halbfiguren und einem Engel, der aus der Wolke heraus den tugendhaften Menschen gen Himmel

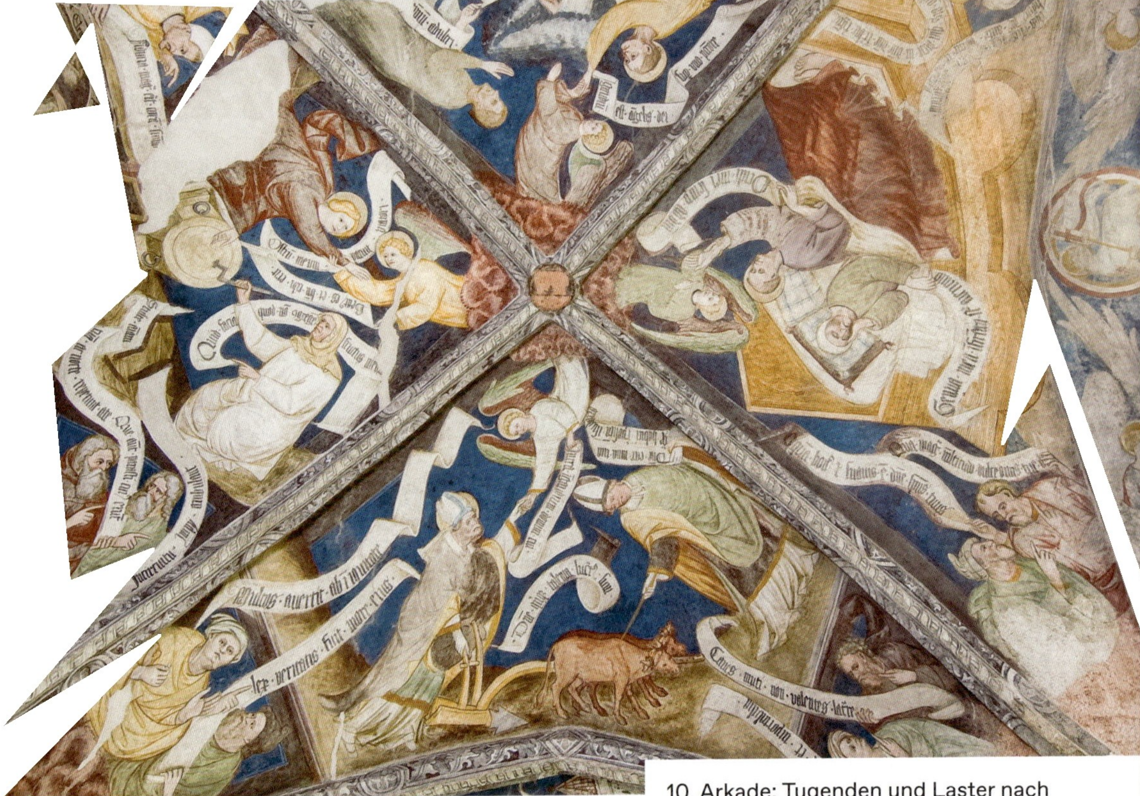

10. Arkade: Tugenden und Laster nach evangelischen Gleichnissen.

zieht. Im nördlichen Zwickel geht es um Geiz und Freigiebigkeit, die ältere Frau an der Mühle hält die Habe zusammen, der/die (?) Jüngere wird vom Engel geholt; das Ostfeld thematisiert recht ungewohnt mit Bischofsfiguren Eifer und Trägheit aus dem Gleichnis mit den Talenten: Der fleißige Bischof pflügt in vollem Ornat, der arbeitsfaule hat seine Habe – laut Spruchband – im Schweißtuch hinterlegt. Das Südfeld behandelt volksnah Wachsamkeit und Sorglosigkeit im Bett, der ältere ist vom Fasten müde (im Spruchband: „Meine Knie wurden schlaff vom Fasten"), den Opferbereiten holt der Engel. Im Westfeld stehen sich der selbstgerechte Pharisäer und der demütige Zöllner gegenüber, darunter steigen die erlösten Menschen aus dem aufgeschlitzten Bauch des Leviathans.

An der Schildbogenwand ist ein großer *miles christianus* dargestellt, darüber der kniende Prophet Isaias, daneben finden sich eine Verkündigung und darunter die Beweinung Christi; auf der Schmalseite weist Johannes der Täufer auf die Verkündigung hin. Diese in warmen Tönen vorzüglich gestaltete Szene verrät italienischen Einfluss und ist um 1400 entstanden, während die Bilder im Gewölbe jüngeren Datums sind und aus einer lokalen Werkstatt stammen. An der Arkadenseite finden sich das Lamm Gottes mit zwei Cherubimengeln, das Martyrium des heiligen Sebastian, der von hinten mit Pfeilen angeschossen wird, und die Kreuzespredigt des heiligen Philippus.

11. Arkade

Die Werke der Barmherzigkeit

Die Darstellungen im Gewölbe sind auf den früheren Domeingang ausgerichtet, symbolhaft zu verstehen als Pforte zum Himmel für die Gerechten, die sich durch die Werke der Barmherzigkeit hervorgetan haben. Die figuren- und detailreichen Darstellungen können neben ihrer heilbringenden Botschaft auch als aufschlussreiches Sitten- und Sozialgemälde der damaligen Zeit gelesen werden.

Wir beginnen mit dem Gleichnis vom armen Lazarus und dem reichen Prasser im Südfeld. Dieser sitzt zu Tisch und wird vom Mundschenk und dem Speiseträger bedient, während der nackte Lazarus von Hunden beleckt die Seele aushaucht, welche Engel zu Gottvater tragen, in dessen Schoß sie ruhen darf. Rechts bedrängen Teufel den sterbenden Prasser, der sterbend Abraham anfleht, während die Flammen der Hölle emporzüngeln.

In den übrigen Gewölbefeldern sind die Werke der Barmherzigkeit, immer im Beisein des weißgewandeten Christus geschildert. Im Nordfeld links werden Fremde beherbergt, den Zwickel darunter füllt eine düstere Landschaft mit Häusern; rechts wird Brot an Bettler und Pilger verteilt, wobei ein Pilger eilig das Brot in seiner Tasche verstaut. Auffallend ist die realistische Schilderung der Invaliden und rachitischen Bittsteller. In der Ostkappe links heben zwei Männer im Kirchhof ein Grab aus, während darüber zwei Männer einen perspektivisch abenteuerlichen Sarg mit Beschlägen tragen. Rechts versorgen zwei Frauen einen siechen, abgezehrten Mann auf dem Krankenlager mit Speis und Trank. Im Westfeld werden Nackte bekleidet, und

11. Arkade: Die Werke der Barmherzigkeit in zeitgenössischer Darstellung.

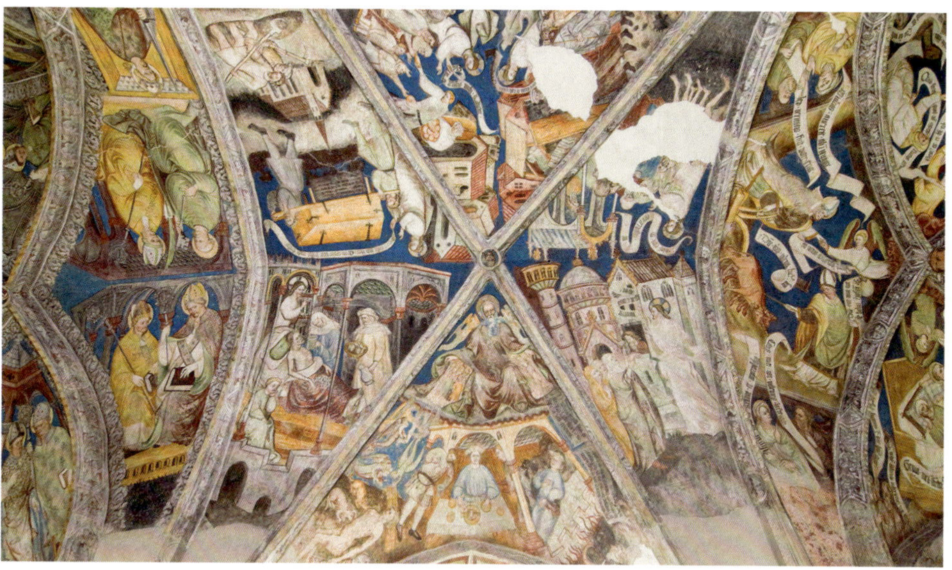

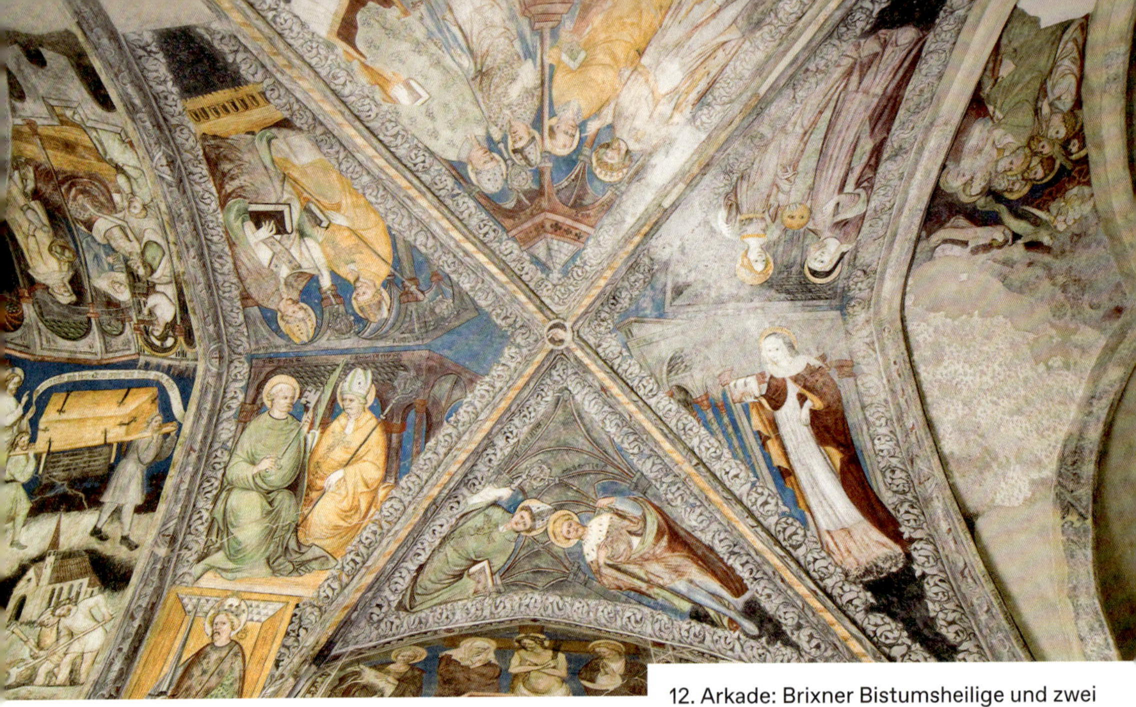

12. Arkade: Brixner Bistumsheilige und zwei Churer Schutzpatrone.

in einer fantasiereichen Stadtarchitektur besuchen fein gekleidete Frauen einen Gefangenen. Rechts über dem romanischen Domeingang – einst Südportal – mit der Holzskulptur des Gegeißelten von Josef Wieser um 1750, ist der heilige Augustinus mit einem umfangreichen Textband gemalt. Darunter kündigt die tiburtinische Sibylle mit der Vision der Frau in der Sonne dem sitzenden Kaiser Augustus die Geburt Christi an. In der Bogenlaibung haben sich zwei Dreipässe mit der Darstellung von Cicero und Boetius als Lehrer der Menschheit erhalten, entstanden um ca. 1430.

12. Arkade

Bistumsheilige

Thematisch unabhängig voneinander existieren in dieser Arkade zwei Gemäldekomplexe: die der nördlichen Schildbogenwand und die in dem Gewölbe. An der Domaußenwand kniet vor dem heiligen Erasmus der Stifter Johannes von Sengen, der Domherr in Chur, Zürich und Brixen gewesen war. An der Nordwand oben ist Christus als Schmerzensmann in der Tumba (Grabkufe) dargestellt, flankiert von Maria, Johannes und der heiligen Agnes. Darunter findet sich als Grabdenkmal die thronende Madonna mit dem Stifter Peter Hagenor in feiner Pelzmozzetta (liturgischem Schulterkragen) zu Füßen, flankiert von dem heiligen Andreas mit Kreuz und dem heiligen Georg mit dem Drachen. Rechts durchschreitet der heilige Christophorus das Wasser, in dem sich allerlei Lasterwesen und Unholde tummeln, unter anderem ein doppelköpfiger Fisch, der auf

An der Nordwand oben ist Christus als Schmerzensmann in der Tumba dargestellt

einer Geige spielt. Die gehaltvollen Malereien dürften von einer lokalen Malerwerkstatt ausgeführt worden und um 1400 entstanden sein. Im Gewölbe geht es um den besonderen Schutz für das Bistum Brixen. Im Westfeld sitzen der heilige Petrus mit Schlüssel und ein beleibter heiliger Kassian, darunter Karl der Große als Schutzvogt der Kirche; in der anderen Zwickelhälfte erscheinen die Brixner Bistumspatrone Ingenuin und Albuin. In der Nordkappe sind der heilige Pirmin als Abt und der heilige Sebastian als Edelmann dargestellt, im Ostfeld erscheinen die heilige Gertrud mit Buch, die heilige Ottilia mit den Augen und die heilige Ursula mit Pfeilen. Im Südfeld treten die Churer Bistumsheiligen Lucius als König und Florinus von Matsch mit Buch und Kelch auf; rechts davon halten sich die Patrone des Bistums Straßburg, die heiligen Arbogast und Theobald am gemeinsamen Bischofsstab. An der südlichen Schildbogenwand sind links die Patrone von Zürich, die heiligen Felix, Regula und Exuperantius dargestellt, die ihre abgeschlagenen Köpfe in den Händen tragen; rechts schläft der heilige Alexius mit Betrachtungsbuch unerkannt unter der Stiege seines eigenen Hauses. Eine künstlerische Zuordnung der Gewölbefresken ist schwierig, einer auffallend feinen Linienführung und farblichen Modellierung in den Porträts steht eine weniger elegante Zeichnung der Körper gegenüber. Die zeitliche Zuordnung bewegt sich zwischen 1410 und 1420.

13. Arkade:

Die Anbetung der Könige

Beim Umbau des Domes Mitte des 18. Jahrhunderts wurde ein Verbindungsgang zum Dom-Oratorium eingezogen, wodurch man einen Teil des Gewölbes zerstörte, das erst 1960 wieder eingezogen

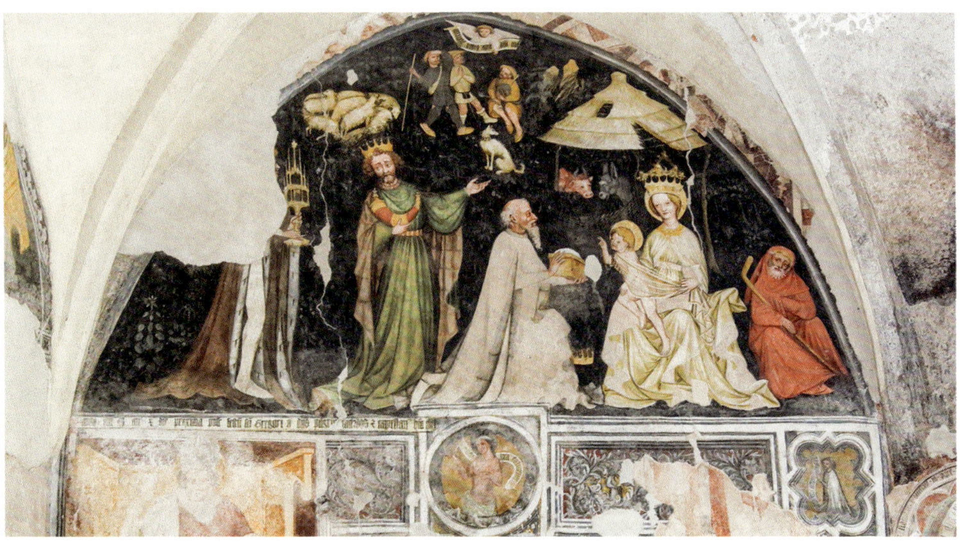

13. Arkade: Anbetung der Könige an der östlichen Schildbogenwand.

wurde. Daher hat sich im Gewölbe fragmentarisch nur die Aufnahme Mariens in den Himmel erhalten. Aus Bruchfragmenten wurden 1960 an der Nordwand eine Verkündigung und die anrührende Anbetung des göttlichen Kindes im Weidenkörbchen neu zusammengesetzt, die zwei Heilige und zwei kniende Stifter flankieren. Eines der schönsten Bilder des Kreuzganges entfaltet sich an der Ostwand mit der Anbetung der Könige. Vor einem runden strohgedeckten Stall sitzt Maria mit dem lebhaften Christkind, das sich segnend den Weisen zuwendet. Der zweite Weise blickt aus dem Bild und deutet schwungvoll auf das Geschehen hin. Den Landschaftshintergrund bevölkern Hirten mit Hund und Schafen. Etwas ins Abseits gestellt verfolgt der heilige Josef das Geschehen. Es handelt sich um ein beeindruckendes Beispiel des „Weichen Stils", das 1410 böhmische und burgundische Einflüsse verarbeitet. Unter dem Epiphaniebild sitzt links der heilige Lambert auf einem perspektivisch gemalten Thron; im runden Vielpass des Ornamentstreifens kniet eine Stifterminiatur. Das von Andrea Bembo aus Cremona 1429 gemalte Votivfresko wurde 1958 abgenommen, es zeigt den *doctor egregius* Johannes Cervit kniend mit seiner Fürsprecherin Katharina vor der sitzenden Madonna und ist heute im Diözesanmuseum verwahrt.

14. Arkade

Die sieben Freuden Marias

Meister Leonhard malte 1464 die sieben Freuden Marias mit Bezugsthemen aus dem Alten Testament. Die Bilder sind durch Feuchtigkeit teilweise stark verwaschen.
Westfeld: Gideon und das Vlies, Rebecca reicht dem Brautwerber Jakobs Wasser zum Trinken; nördliches Feld links: Maria und Josef begegnen der heiligen Elisabeth, rechts davon die Geburt Christi und Hirten auf dem Weg zur Krippe; Südfeld: die Darbringung im Tempel; Ostfeld: Anbetung der Könige und Brustbild des Propheten Jesaja. An der westlichen Schildbogenwand ist links die Auffindung des 12-jährigen Jesus durch Maria und Josef in üppiger Architektur dargestellt. Rechts

14. Arkade: Die Anbetung des Kindes in Bethlehem.

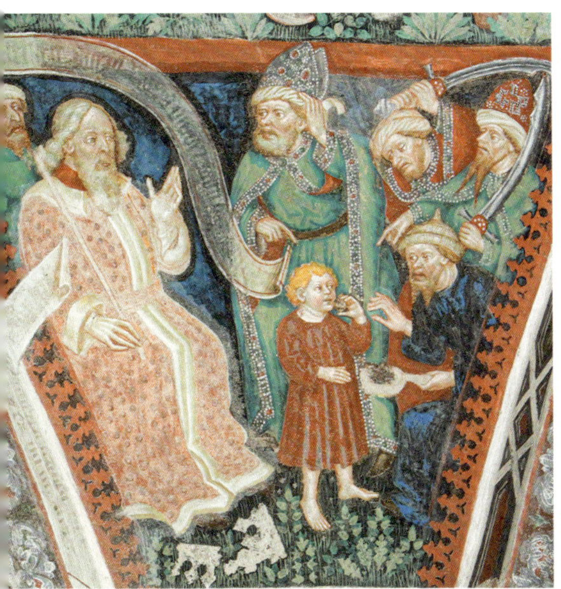

15. Arkade: Der Pharao und der Knabe Mose, der glühende Kohlen in den Mund nimmt.

davon findet sich die vielfigurige Marienkrönung mit dem knienden Stifter Johannes Grizimola. Leo Andergassen glaubt im Mann mit geschlossenen Augen, der in der rechten Gelehrtengruppe sich dem Betrachter zuwendet, ein Kryptoporträt des Meisters zu erkennen. Die westliche Schildbogenwand trägt die Verkündigung Mariens, darunter drei Propheten.

15. Arkade

Fragmentarische Kindheitsgeschichte

An der östlichen Schildbogenwand ist die thronende Maria mit Rose zwischen den heiligen Ulrich und Leonhard und dem Stifter Johannes Nobilis links und der heiligen Katharina und Barbara rechts dargestellt; das Bild wird als Jugendwerk Meister Leonhards angesehen. Darunter von links nach rechts: der Prophet Daniel mit Texttafel; Arons Stabwunder, Augustus und die tiburtinische Sibylle, die Geburt Jesu weissagend und ganz rechts der Prophet Bileam, auch er wie Daniel nach oben auf Maria zeigend. An der westlichen Schildbogenwand finden sich die drei Jünger auf dem Berg Tabor und das Verbot Christi an seine Jünger, mit jemandem über die Verklärung zu sprechen. Adam erscheint in der rechten Laibungsseite des Fensters. Die Szenen im Gewölbe kreisen, fragmentarisch erhalten, um die Kindheit Jesu mit alttestamentarischen Bezügen, im südlichen Gewölbefeld zertrümmert der kleine Mose die Krone des Pharao und nimmt glühende Kohlen in den Mund, teilweise erhalten ist die Flucht nach Ägypten; in der nördlichen Gewölbekappe badet der Syrer Naaman im Jordan und wird geheilt. Die Ausmalung des Gewölbes erfolgte um 1455 durch Leonhard von Brixen.

INFO

Der Kreuzgang ist frei zugänglich, der Dom untertags ebenso, ausgenommen sind Zeiten für besondere liturgische Anlässe.

Die Johanneskapelle und die romanischen Fresken der Frauenkirche sind nur mit Führung zu besichtigen.

Brixner Dom
www.bz-bx.net
Tel. +39 0472 837302

Domkapitel
39042 Brixen, Domplatz
drmesser.johannes@alice.it
Tel. +39 0472 834034

JOHANNESKAPELLE BRIXNER DOM

In der alten Palastkapelle der Bischöfe

Die Johanneskapelle an der Südwestecke des Kreuzganges gehört zu den altehrwürdigen Bauten der Bischofsstadt. Der Zugang erfolgt unscheinbar durch ein spätgotisches Sandsteinportal mit dem Wappen des Domherrn Achaz Murnauer, der 1485 als Inhaber der Kapelle angeführt wird. Der Innenraum atmet eine ungewöhnlich altertümliche Atmosphäre, dem ein romanischer Taufstein als großer Kelch aus rotem Marmor geradezu mystische Weihen verleiht. Der überraschend hohe, fast quadratische Schiffraum trug auf halber Höhe eine Holzbalustrade, die an der Westwand und den Seitenwänden bis zum stark einspringenden Triumphbogen entlanglief. Die gemauerte Empore und das Kreuzgratgewölbe wurden im 14. Jahrhundert eingezogen. Das innere Rechteck des Chorraumes verengt sich mit Bogengurten über der Apsis zu einem Quadrat, das in ein Achteck übergeht, über das sich eine Kuppel wölbt. Dieser Chor mit eingeschriebener Kuppel erinnert an normannische Vorbilder auf Sizilien, und die Doppelgeschossigkeit verrät staufischen Einfluss (Leo Andergassen). Die Kirche fungierte als Palastkapelle der Brixner Bischöfe, die im Machtpoker zwischen Kaiser und Papst als kaisertreue Reichsfürsten eine wichtige Rolle spielten. Ob hier in diesem Raum 1080 jene Brixner Aftersynode stattfand, bei der Papst Gregor VII. für abgesetzt erklärt und der Erzbischof Wibert von Ravenna zum Gegenpapst erhoben wurde? Fielen hier die bösen Vorwürfe wie Mord, Meineid und Glaubensabfall?

Mystische Symboltheologie

Von überragender kunsthistorischer Bedeutung sind die romanischen Fresken im oberen Bereich des Kirchenschiffes, denen die scholastisch-mystische Symboltheologie des 13. Jahrhunderts zugrunde liegt. Spiegelbildlich stehen sich die *Sophia/ Sapientia* an der Ost- und die *Ecclesia* an der Westwand gegenüber. Zentral thront die heilige Weisheit mit Krone und Kopftuch an der Triumphbogenwand, umgeben von den Tugenden Barmherzigkeit und Wahrheit und den sich küssenden Frieden und Gerechtigkeit. Ihr zu Füßen knien die Könige David und Salomon. Der Bildaufbau ist streng und symmetrisch durchkomponiert, Stufen und Bogensegmente mit Inschrift weisen den Figuren ihre Position zu, während dahinter sich eine Stadtarchitektur als Sinnbild des himmlischen Jerusalem aufbaut. Alle Figuren tragen Schriftrollen, deren Texte sich auf die Weisheit beziehen, aber nur noch ansatzweise lesbar sind.

An der Westwand thront die gekrönte *Ecclesia* mit dem Kreuz und versinnbildlicht die Gemeinschaft der Gläubigen als Braut Christi; das Kompositionsschema gleicht dem der Weisheit, die Begleitfiguren auf den Stufen unter den Bögen sind identisch angeordnet, auch fehlt die Stadtarchitektur im Hintergrund nicht. Der *Ecclesia* zu Füßen knien zwei Heilige, die sich als die Apostel Petrus und Paulus deuten lassen. Die untersten Figuren dürften Propheten sein. Die *Ecclesia* symbolisiert

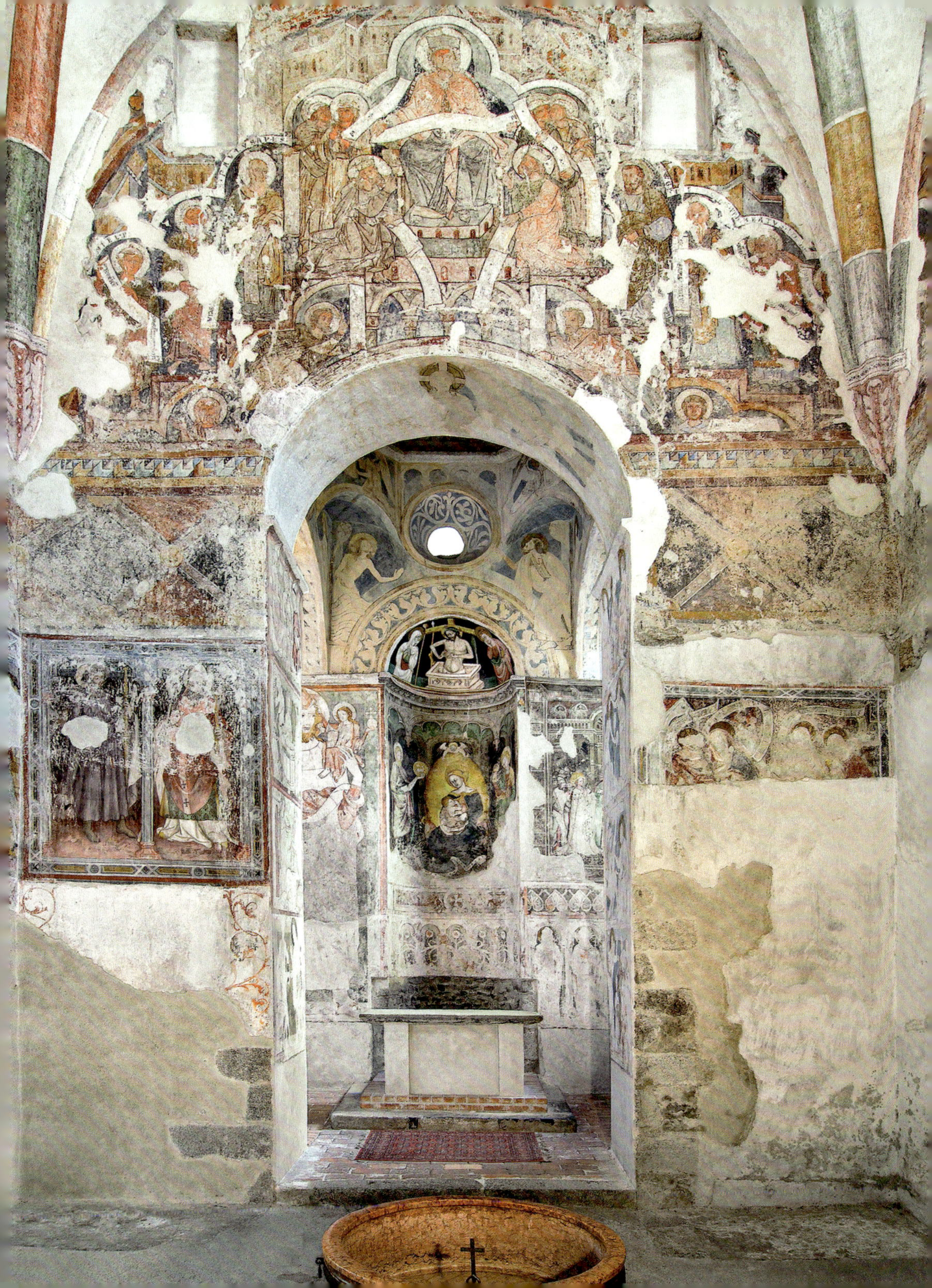

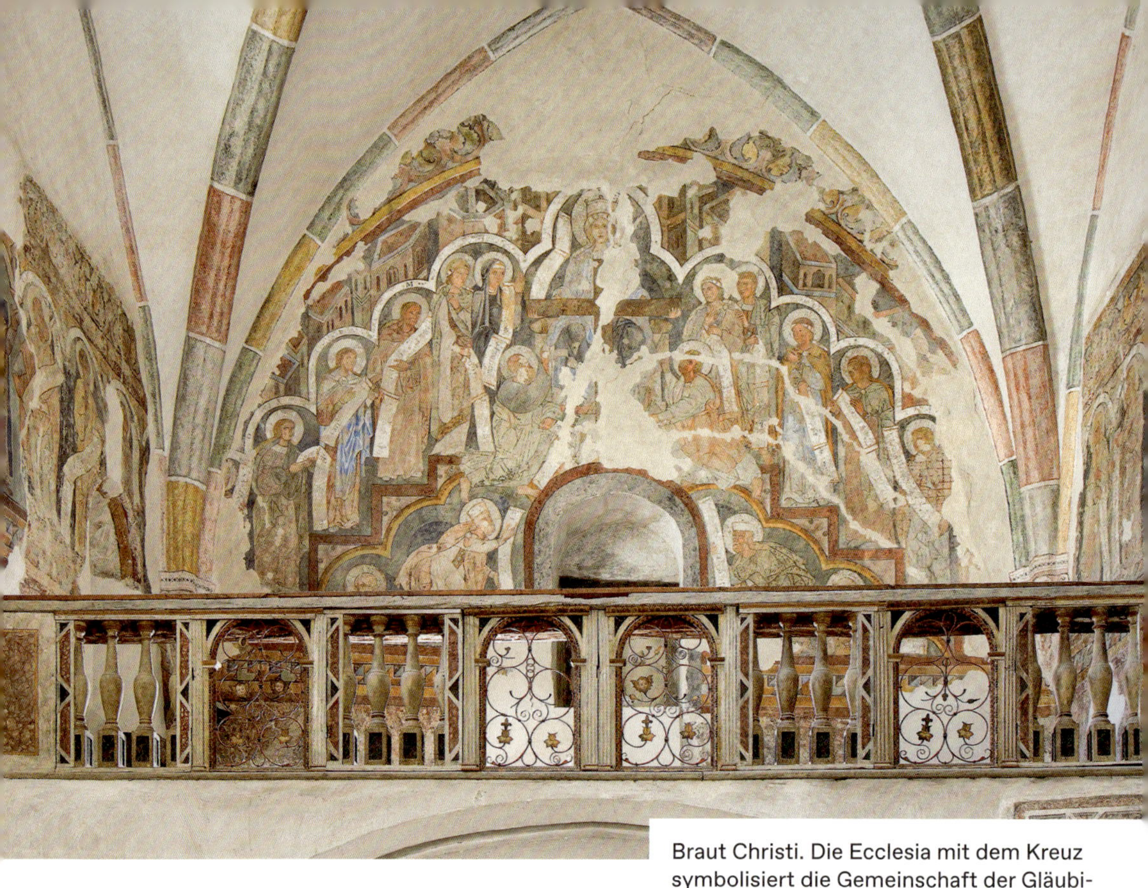

Braut Christi. Die Ecclesia mit dem Kreuz symbolisiert die Gemeinschaft der Gläubigen und das Geheimnis der Erlösung (Westwand).

das Mysterium der Erlösung und als Herrscherin die Macht Gottes auf Erden. Das Bild aber kann auch als Parabel politischer Autorität gelesen werden; mit ihm im Rücken blickte der Bischof von der Empore auf den Thron der göttlichen Weisheit als Symbol herrschaftlicher Macht. Und damit unterstrich er dezidiert seinen angestammten Machtanspruch in der Auseinandersetzung um die Landeshoheit – die er (noch) für sich entscheiden konnte. Die Nord- und Südwand schmückt, von der Empore aus in Augenhöhe, eine Figurenreihe, die sich, getrennt durch einen Turm in der Mitte, auf die Hauptbilder der Ost- und Westwand zubewegt. Heilige und Kirchenlehrer sind unter ihnen, aber auch die dunkelhäutige Königin von Saaba. Mit der blauen Haarpracht des Kirchenlehrers Isidor leistet sich der Künstler eine kleine Extravaganz. Stilvergleiche, soweit sie sich anstellen lassen, verweisen in den Salzburger Raum, wobei in der Fachliteratur die bewegte und individualisierende Figurengestaltung der Brixner Fresken hervorgehoben wird. Dendrochronologische Untersuchungen haben ergeben, dass die zum Bau verwendeten Stämme 1216/18 geschlagen wurden, demnach könnten die romanischen Fresken unmittelbar darauf entstanden sein.

Ergänzung und Re-Restaurierung

Die frühgotischen Wandmalereien im Triumphbogen und im Chorraum gehören zu den wichtigsten und qualitätvollsten Beispielen frühgotischen Linearstils in Südtirol. Die Malereien in der Laibung sind allerdings nur zum Teil in ihrer originalen Fassung erhalten geblieben und haben in der rechten Laibung durch die Hand des Wiener Malers Theodor Melicher 1902 starke Ergänzungen erfahren. Überhaupt ist der Chor der Johanneskirche ein Musterbeispiel von Restaurierung, Übertünchung und Re-Restaurierung.

Die frühgotischen Fresken werden um das Jahr 1230 datiert

In der Nordseite des Triumphbogens sind die Viten der beiden Schutzpatrone verschränkt, denn zur Ölkesselmarter des Evangelisten Johannes kommt die Enthauptung Johannes des Täufers; die obersten Felder zeigen die Stiftspatrone Ingenuin und Albuin zusammen mit dem heiligen Petrus; in der rechten Laibung erscheinen mit starken Ergänzungen oben Bischof Blasius mit Stephanus und Laurentius, das mittlere Register zeigt die Taufe Christi und das untere Johannes Evangelist mit dem Adler. In modischer Zeittracht erscheinen in der inneren Triumphbogenwand in zwei Registern heilige Jungfrauen, unter ihnen

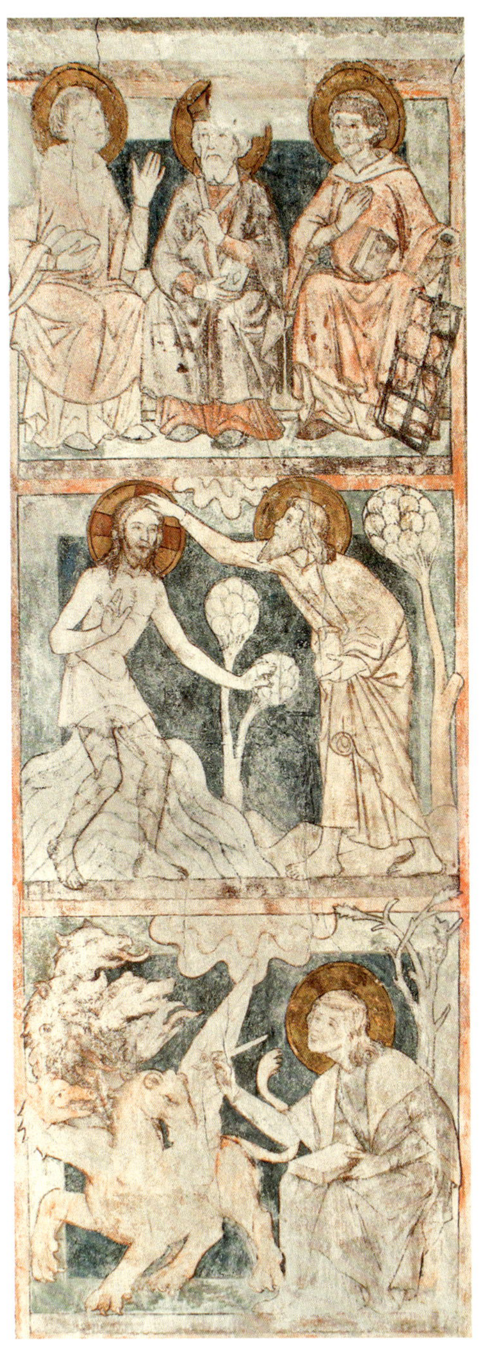

Original? Die Malereien von 1330 wurden 1902 stark überarbeitet. Von oben nach unten: Blasius, Stephanus, Laurentius; Taufe Christi; Johannes auf Patmos in der Triumphbogenlaibung.

Dorothea, Katharina und Agnes. Äußerst mimisch und gestisch bewegt sind die Bilder der Kreuzigung und der Anbetung der Könige an der Nordwand. Das Doppelbild wird durch den Zeigegestus des zweiten Weisen auf den Stern und den des Hauptmanns auf den Gekreuzigten inhaltlich und kompositorisch zusammengehalten. Ein riesiger, rothaariger Christophorus mit einem erwachsenen Christus auf der Schulter blickt streng von der linksseitigen Altarwand (sein zeitgleiches Pendant findet sich in der Kapelle auf Schloss Tirol). Die neuzeitlichen Seccomalereien Theodor Melichers an der rechten inneren Triumphbogenwand zu Sündenfall und Vertreibung aus dem Paradies lassen nur noch für ein geübtes Auge Spuren der gotischen Schicht erkennen.

Die Fachwelt datiert die frühgotischen Fresken um das Jahr 1230 und bescheinigt ihnen Einflüsse und Vorbilder aus der oberrheinischen Buchmalerei.

In der Wölbung der Altarnische ist Christus als Schmerzensmann zwischen Maria und Johannes dargestellt, darunter die Madonna dell'Umiltà, die stillende Madonna auf einer Blumenwiese, assistiert von Johannes dem Täufer und Johannes Evangelist mit dem Giftbecher. Im Bild auf der rechten Altarseite disputiert die heilige Katharina mit einer dicht gestaffelten Philosophengruppe, hinter der bescheiden ein Stifter kniet. Der Maler muss die italienische Malerei des späten Trecento gut gekannt haben, sofern er nicht selbst einer ihrer Vertreter war. Die Bilderfolgen an der Nordwand im Kirchenschiff (um 1420/30) erzählen Vita und Marter des heiligen Erasmus, eines echten Volksheiligen, der besonders bei Bauchgrimmen und Leibschmerzen angerufen wurde. Womit wir bei der großen Herde der Gläubigen wären, in der der Geringste wie der Höchste seinen Platz im Schafstall des Herrn hat, genauso wie in dieser Palastkapelle: der Bischof oben und seine Schäflein unten.

FRAUENKIRCHE BRIXNER DOM

Ferne Bilderwelt im Unterdach

Sonderbar wie der Aufstieg zum Unterdach der Frauenkirche ist das Begehen des Kunstortes, wo man von einer Brücke über dem Gewölbescheitel auf eine fremde, ferne Bilderwelt blickt. Eine Bilderwelt, die zum wichtigsten Bilderschatz der Spätromanik in Mitteleuropa zählt und die, zwar nur noch fragmentarisch erhalten, durch hohe künstlerische Qualität überrascht. Der kunstsinnige Bischof Konrad von Rodank ließ um 1215 die schon bestehende Marienkapelle erneuern und doppelgeschossig erhöhen. Dabei erhielt sie eine Westempore mit Zugang vom Bischofshof und seitliche Balkone bis zur Ostwand hin. Die Kirche wurde vollständig mit Fresken ausgeschmückt, möglicherweise waren zwei Meister am Werk, von denen einer vielleicht jener Maler Hugo war, der sich 1214 im Gefolge des Bischofs Konrad beim Patriarchen Wolfger von Aquileia befand. Als die Kirche im 14. Jahrhundert erweitert und ein Gewölbe eingezogen wurde, ging ein Großteil der Fresken verloren. Erhalten blieben die obersten Register über dem Gewölbe. Das Gesamtkonzept steht im Zeichen der Gegenüberstellung von

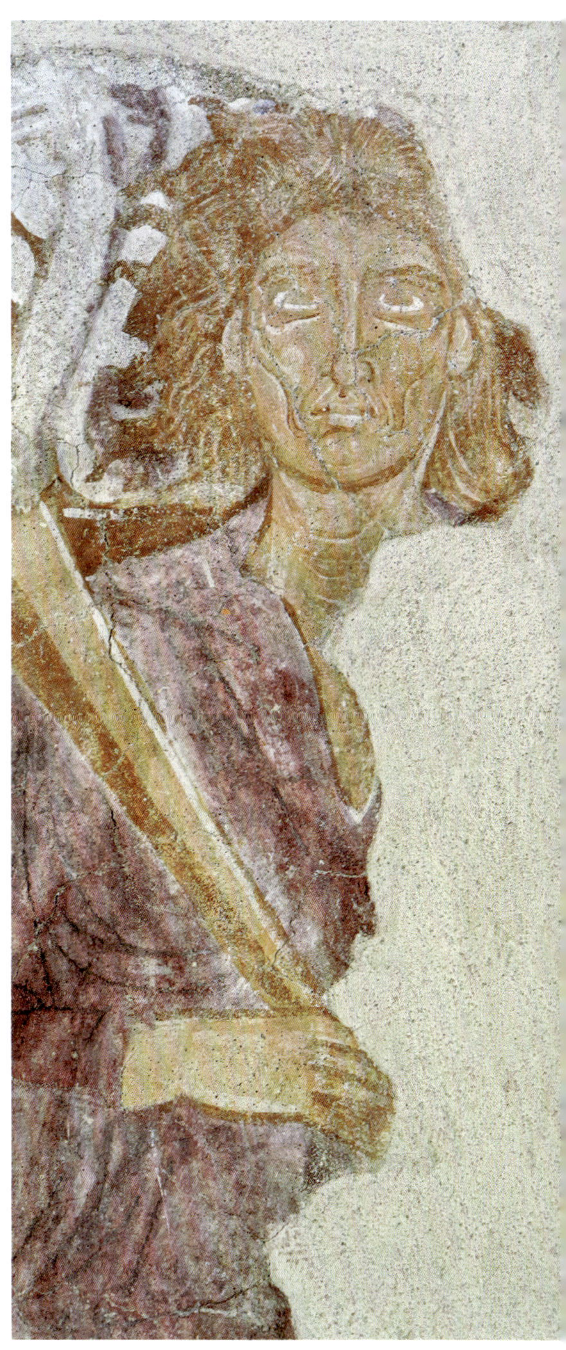

Superbia. Mit durchdringendem Blick schaut der Hochmut aus dem Dunkel der Jahrhunderte. Die fragmentarischen Malereien über dem Gewölbe der Frauenkirche gehören zu den bedeutendsten Beispielen romanischer Malkunst in Mitteleuropa.

Tugend und Laster, vom himmlischen Jerusalem und der Hure Babylon. Die Lasterfiguren an der Nordseite halten Gegenstände in den Händen, die in einigen Fällen eine Deutung erlauben. Die Allegorie der *Superbia* (Stolz, Hochmut) trägt einen Windsack, die *Libido* (Lust, Begierde) hält eine Schlangenfackel. Die Figuren erscheinen oft mit aufgelöstem Haar und – soweit noch erkennbar – mit böser Mimik, Attribute, die innere Unordnung und seelische Aufgewühltheit versinnbildlichen. Aber sie sind nicht als abscheuliche Wesen karikiert, sondern in ihrer sündhaften Würde gezeigt. Die sitzenden Hauptfiguren an der Südseite tragen Nimben, die einmal mit Glassteinen und Licht reflektierenden Elementen geschmückt waren. Tiere in Medaillons unterstreichen den Symbolgehalt, Drachen stehen für das Böse und Tauben für das Gute. Architekturdarstellungen mit Arkadengeschossen, Zinnen und Türmen verweisen jeweils auf eine Stadt, auf das himmlische Jerusalem und das sündige Babylon. Das gesamte Bildprogramm ist vom Blickpunkt des Betrachters, des Bischofs an der Westempore aus konzipiert, links von ihm tat sich die Lasterhölle auf, rechts verhießen die sieben Haupttugenden ewige Seligkeit im Himmel. Kunsthistorisch stehen die Fresken der Salzburger Kunst aus dem späten 12. Jahrhundert nahe, was byzantinische Einflüsse mit klassizierenden Ansichten und bewegten Faltenwürfen unterstreichen. Die Frage nach einem direkten künstlerischen Zusammenhang mit den Ywain-Fresken auf Schloss Rodenegg bleibt bis dato unbeantwortet. Sicher ist, dass sich Bischof Konrad ein ehrgeiziges Denkmal geschaffen hat, das weit mehr als nur seine kirchliche und weltliche Autorität unterstreichen sollte. Ganz gewiss war auch hoher Kunstsinn im Spiel, der dem Bischof auf tragische Weise zum Verhängnis wurde: In der Nacht des 14. Oktober 1216 fiel er vom Baugerüst der Frauenkirche und stürzte zu Tode. Was treibt einen hohen Kirchenmann nächtlicherweile auf ein hohes Baugerüst? Wir meinen, es war die Sehnsucht eines Kunstmäzens nach schönen Bildern als Abglanz des himmlischen Jerusalems.

LITERATUR

Wer die Thematik um den Brixner Dombezirk, Johanneskapelle und Frauenkirche vertiefen möchte, sei auf zwei exzellente Monografien verwiesen:

Leo Andergassen: Der Dom zu Brixen; Athesia, Bozen 2009

Helmut Stampfer, Thomas Steppan: Die romanische Wandmalerei in Tirol; Schnell & Steiner 2007

Modisch
Sehenswert auf dem alten Pfarrfriedhof ist in den Westarkaden das Erinnerungsmal Oswalds von Wolkenstein, das er 1408 in Auftrag gab, bevor er ins Heilige Land aufbrach und das ihn mehr Kreuzritter denn Heiligenlandpilger mit vorgereckter Brust, Harnisch, Rittergurt, Kampfrock, Schwert, Sporen und kunstvoll ondulierter Haarpracht und Barttracht zeigt.

KLOSTER NEUSTIFT

Ein Lächeln für Gottes schöne Schöpfung

Kloster Neustift atmet Weltoffenheit. In Neustift findet sich alles, was zur landläufigen Vorstellung eines Klosters gehört: Stiftskirche, Kreuzgang, kostbare Bibliothek, Gemäldegalerie und ein schankerprobter Weinkeller, in dem süffige Weine der Stiftskellerei kredenzt werden.

Der erste, bescheidene Bau 1142 geht auf den seligen Bischof Hartmann von Brixen zurück, der 1157 einen Schutzbrief des Kaisers Friedrich Barbarossa für die Neugründung (*nova cella*) erreichte. Von allem Anfang an widmeten sich die Mönche neben dem monastischen Leben der Beherbergung von Pilgern. Als das Kloster 1190 bis in die Grundmauern niederbrannte, ließ der kunstsinnige Probst Konrad von Rodank in knapp einem Jahrzehnt eine dreischiffige Pfeilerbasilika errichten. Diese hat im Grundriss und in den Hauptmauern bis heute alle späteren Um- und Zubauten überlebt, genauso wie der wuchtige Glockenturm dem Strom der Zeiten standgehalten hat.

1476 war man gerade wieder einmal mitten im Umbauen, als die Schreckensnachricht vom drohenden Türkeneinfall diesen idyllischen Winkel erreichte. Sofort stellte man die Arbeiten am Kirchenbau ein und ver-

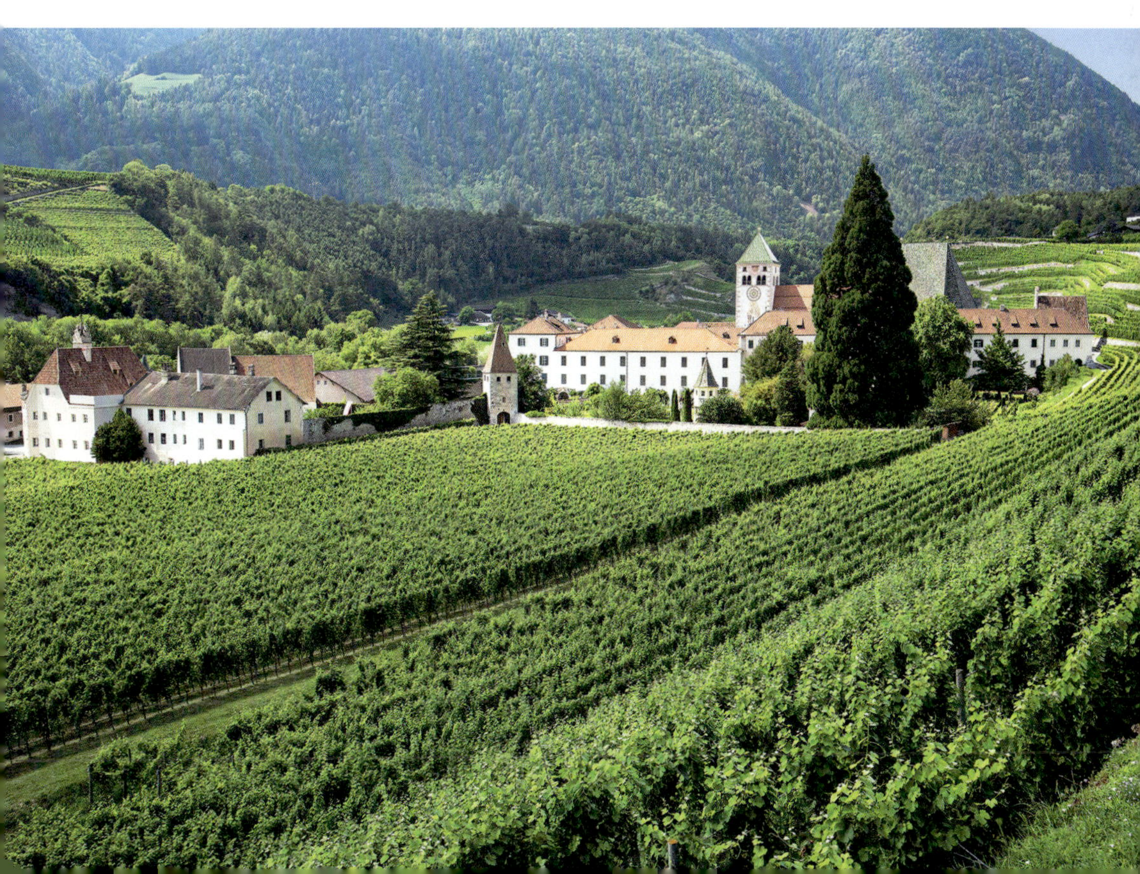

wendete alle verfügbaren Baumaterialien für die Befestigung der Anlage. Eine hohe „Türkenmauer" und Wassergräben wurden um das Kloster gezogen, die St.-Michaels-Kapelle bekam Zinnen und Schießscharten, selbst der Stiftskeller erhielt Schießscharten verpasst. Das ganze kriegerische Brimborium war, kriegstechnisch gesehen, nicht viel mehr als martialische Kulissenschieberei, denn ein gut platziertes türkisches Kanönchen oben auf dem Hügelrücken hätte dem kriegerischen Aufputz ein schnelles und ein unrühmliches Ende bereitet.

Statt der Türken fielen 1525 die aufständischen Bauern über das Kloster her, die es vor allem auf die Zinsbücher abgesehen hatten und nebenbei das Kloster und die Lagerräume gründlich ausräumten. Im 18. Jahrhundert erfolgte die umfangreiche Barockisierung; unter der bayerischen Herrschaft wurde das Kloster 1807 aufgehoben und viele Kunstschätze wurden verschleppt. Allein an die 3000 Kilogramm Bücher, Handschriften und Inkunabeln wurden in Kisten verpackt und abtransportiert.

Ab 1816 gelangte das Kloster zu neuer Blüte; nach 1943 richtete die deutsche Wehrmacht Lagerräume und eine Druckerei für die Armeezeitung „Front und Heimat" im Klosterareal ein, das von den Alliierten kurz vor Kriegsende bombardiert wurde und arge Schäden davontrug. Umfangreiche Restaurierungen erfolgten in den Achtzigern des vorigen Jahrhunderts.

Wir beginnen den Rundgang mit dem architektonischen Kuriosum der „Engelsburg", einem Rundbau, der in der Tradition der Heilig-Grab-Bauten steht und als Symbol der Vollkommenheit und Vollendung verstanden wurde. Das niedrige Erdgeschoss trägt ein schweres Bandrippengewölbe, dessen Gratgurten knapp über dem Fußboden ansetzen. Treppen führen in den zentralen oberen Raum, den ein überdachter Umgang mit vierzehn Doppelbogenfenstern umschließt. Zinnen und Schießscharten stammen, wie wir bereits wissen, aus der Zeit der Türkengefahr im 15. Jahrhundert. Da die Anlage außerhalb des eigentlichen Klosters liegt, diente sie ursprünglich wohl als Hospitalskapelle, die in ihrer Rundform den Pilgern eine erste Ahnung der fernen Pilgerziele in Rom und Jerusalem beschwor.

Die ehemalige Wagenremise ist architektonisch geglückt in einen Empfangsraum umgebaut worden, der über eine Brücke in die eigentliche Klosteranlage führt. Im Stiftshof trägt die kleine, pagodenähnliche Brunnenanlage Bilder der sieben Weltwunder und in barocker Eitelkeit gleich noch als achtes das des Klosters selbst. Wir wollen es den barocken Chorherren nicht nachtragen, liebten sie doch das Exotische und exotische Sträucher und Bäume, für die sie nachgewiesenermaßen sogar eine Orangerie hatten anlegen lassen.

Beim Bau der Kirchenheizung fand man 1973 ein Skelett

Sie liebten auch festliches Tafeln, von dem im Refektorium das 10,20 Meter lange und 2,20 Meter hohe Gastmahlbild des reichen Prassers, entstanden um 1640, ein beredtes Beispiel darstellt.

Der Neustifter Kreuzgang gehört neben dem von Brixen und dem der Dominikaner in Bozen zu den drei großen freskierten

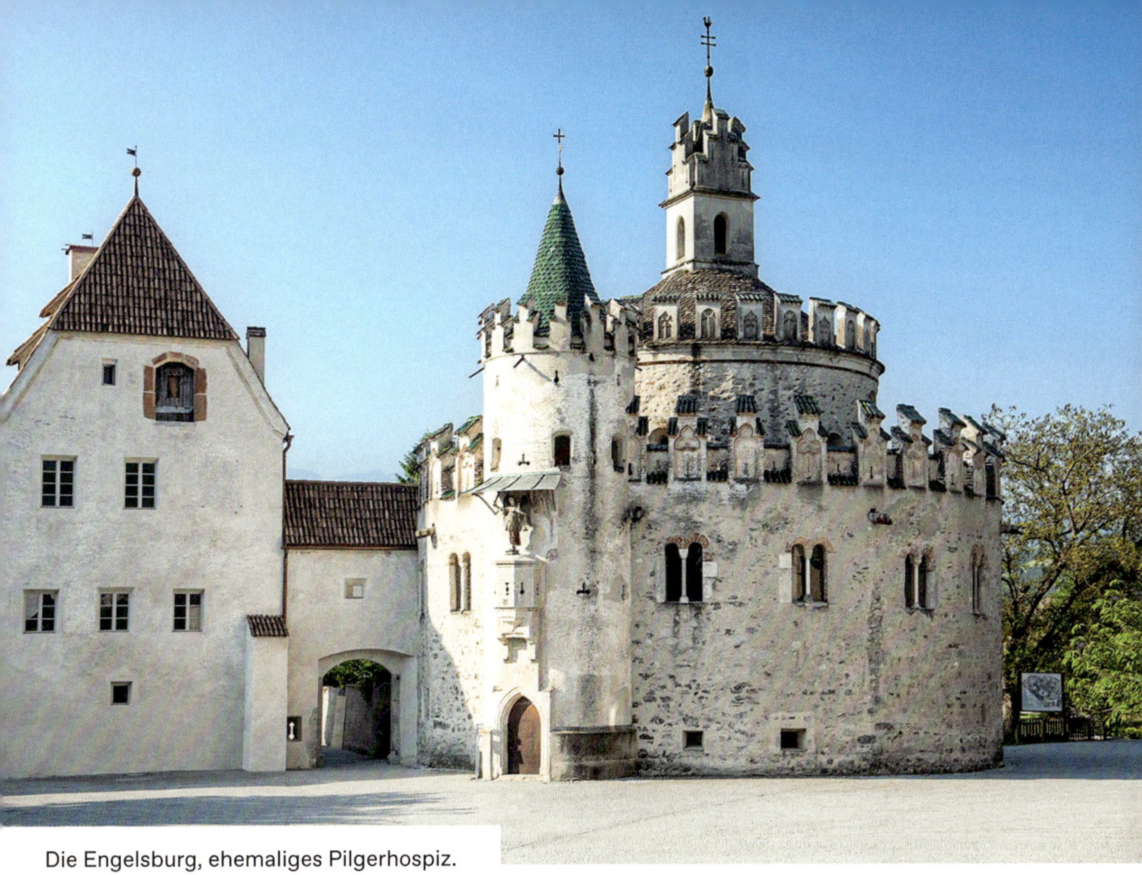

Die Engelsburg, ehemaliges Pilgerhospiz.

Kreuzgängen in Südtirol. Er trug bereits vor der gotischen Einwölbung Bilderschmuck im frühgotischen Konturenstil, von dem sich – beginnend am Eingang an der Südwestecke links – vornehmlich in der ersten, zweiten, sechsten, siebzehnten und neunzehnten Arkade Fragmente erhalten haben. Kunsthistorisch relevant ist das Gleichnis vom reichen Prasser von Friedrich Pacher mit den ins Surreale gesteigerten Teufelsfratzen und den lebendigen Gestalten in der Hohlkehlenrahmung. Kompositorisch geschickt lässt Pacher den Mann hilfesuchend den Blick nach oben zu Abraham im Gewölbezwickel werfen. Perspektivisch gestalteter Hintergrund und der Männerakt des Prassers setzen Kenntnisse der paduanisch-venezianischen Malerei voraus. In der vierten Arkade führte Erasmus von Bruneck 1418 die Bistumspatrone, die Ölbergszene und die Verkündigung aus. Über dem Südeingang zur Kirche erhebt sich moralisierend ein Lasterbaum.

Namenloses Grab

Im adeligen Fürbittenthema der achten Arkade wird eine Darstellung Oswalds von Wolkenstein vermutet. Dieser hatte sich zu Lebzeiten in Neustift eingepfründet und war im August 1445 hier begraben worden. Beim Bau der Kirchenheizung fand man 1973 ein Skelett, das mit dem Dichter und Sänger in Verbindung gebracht wurde.

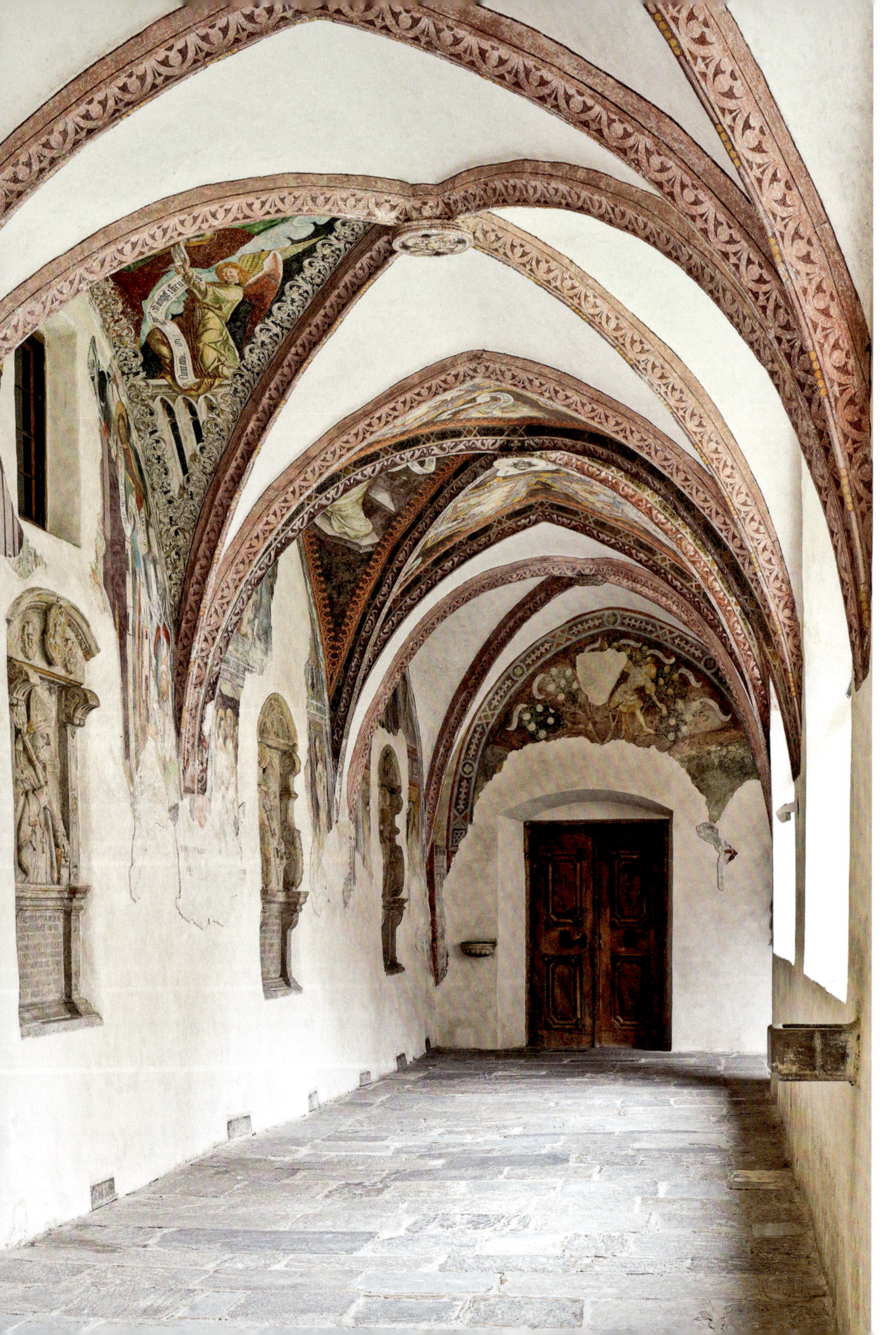

Zur genauen Untersuchung mussten die Knochen eine Reise durch halb Europa antreten, bis sich die Forschung darauf einigte, dass es sich dabei mit an Sicherheit grenzender Wahrscheinlichkeit um die Gebeine des dichtenden und singenden Haudegens handelt. Als Beweis dienten sowohl DNA-Untersuchungen als auch die o-förmigen Reiterbeine und schlecht verheilte Verletzungen an den Schienbeinen. (Oswalds Folterung in Vorst: *Ich ruck mein kruck!*) Die Gebeine wurden in einem schlichten Metallsarg in der Gruft vor der Marienkapelle ohne Namen bestattet. Ob dem Ich-besessenen „Ich Wolkenstein"-Künstler und Diplomaten diese Namenlosigkeit, wüsste er davon, recht gewesen wäre, sei dahingestellt. Allerdings bleibt ein Zweifel: Warum wurde eine so bekannte und gewichtige Persönlichkeit derart weit weg vom Altar bestattet?

Die Viktorkapelle war einmal an allen Wänden freskiert

Die schöne Verkündigung in der neunten Arkade verrät stilistische Parallelen zur hiesigen Nachfolge der Trecentomalerei um 1400.

Etwas älter noch und in derselben Stiltradition sind in der zehnten und elften Arkade Szenen und Martyrium der heiligen Dorothea und der heiligen Barbara. Die heiligen Dorothea und Barbara als die Patroninnen der Bergleute stehen vielleicht im Zusammenhang mit den klösterlichen Silbergruben im Tinnetal bei Klausen. Die Marterdarstellungen sind von einem schon fast gruseligen Genuss an Grausamkeit getragen.

Die Viktorkapelle, leider für Tagesbesucher nicht zugänglich, war einmal an allen Wänden freskiert. Erhalten hat sich der Zug der Dreikönige an der Westwand, ein frühgotisches Werk um 1360/70, das zwar dem nördlichen Linearstil verpflichtet ist, aber auf einzigartige Weise – es gibt dafür keine Vorbilder – südlich giotteske Elemente mitverarbeitet. Dazu gehören die genrehaften Realitätszitate von Landschaft und Architektur genauso wie Ansätze, die Figuren lebensnah auszumodellieren. Der Maler hatte ein gutes Auge für Alltagsszenen: Im Zug der Heiligen Drei Könige setzt ein Koch genüsslich das Weinfässchen an den Mund. In der 16. Arkade findet sich die Verklärung am Berg Tabor aus der Pacherwerkstatt. Beachtung verdienen auch die kunstvollen Grabplatten, von denen besonders die figurenreich bestückte Grabplatte des Oswald von Säben hervorsticht.

Die Fresken im Kreuzgang sind nur fragmentarisch erhalten, aber von hoher Qualität.

Barocke Beschwingtheit

Die barocke Stiftskirche mit dem Rokokointerieur gilt als eine der schönsten ihrer Art im Lande; als planender Architekt war der bekannte Josef Delai tätig, dem das kühne Kunststück gelang, über die romanische und gotische Architektur einen glänzenden Bogen barocker Beschwingtheit zu spannen. Der Freskant Matthäus Günther bannte bewegte Szenen aus dem Leben des heiligen Augustinus an die Gewölbe- und Kuppelflächen. Für die Ausführung der Stukkaturarbeiten zeichnete Anton Gigl von der Wessobrunner Schule verantwortlich; das heiter beschwingte

Muschel- und Rocaillewerk zieht virtuos das Freskenensemble mit ein, und manchmal verwischen verspielt die Grenzen von Malerei und Plastik. Ein kurioses Beispiel findet sich an der Decke der zweiten Kapelle links vom Eingang, wo als Verlängerung einer Freskofigur ein bemalter Fuß aus Gips von der Decke hängt.

An den Altären arbeiteten Teodoro Benedetti und der Trentiner Giuseppe Sartori, an den Altarbildern Johann Ignaz Mildorfer und Christoph Unterberger als die bekannteren. Radikal weggeräumt wurde dabei das Mittelalter, dessen bekanntestes Werk, Michael Pachers Kirchenväteraltar, erst im Depot verschwand und sich nach dem bayerischen „Abtransport" nun in der Alten Pinakothek in München befindet.

An der Nordseite befindet sich die barocke Marienkapelle, die Johann Delai als Zentralbau entwarf und dessen Kuppel der Innsbrucker Kaspar Waldmann mit Marienszenen und dazugehörigen Symbolbildern ausschmückte. Im barocken Gepräge sitzt majestätisch die geschnitzte Madonna aus der Spätgotik im Marmoraltar, die als einzige der früheren Ausstattung in der Kirche ihren Platz behalten durfte. In den Gewölbevierpässen der alten Sakristei sind vier Kirchenväter und im Schlussstein ein inniges Madonnenbild dargestellt, deren Entwürfe wahrscheinlich von Michael Pacher stammen und deren Ausführung durch Friedrich Pacher oder dessen Werkstatt erfolgte.

Es ist den Chorherren im Barock hoch anzurechnen, dass sie beim Kirchenumbau die gotischen Kunstwerke nicht zerstörten oder verscherbelten, sondern sie in ein Depot gaben, das die Bayern in der Zeit von 1807 bis 1816 um die schönsten „altdeutschen" Stücke von Michael Pacher und Max Reichlich „erleichterten". In der Pinakothek finden sich bekannte Werke wie die Votivtafel des Hilprand von Jaufenburg, Tafeln von Leonhard von Brixen und des Meisters von Uttenheim.

Zudem stehen hier der Barbaraaltar und der Katharinenaltar des Friedrich Pacher mit seiner forcierten Perspektive und dem übersteigerten Naturalismus. Das Museum birgt kostbares liturgisches Gerät, mit Miniaturen geschmückte Handschriften und die berühmte Hartmannschale. Diese wurde um 1160 gefertigt und soll dem Seligen als Trinkgefäß gedient haben. Am Gedenktag Hartmanns, dem 12. Dezember, wurde im Kloster bis in die späten 1990er Jahre von den Chorherren Wein aus dieser Schale getrunken. Museale Aufbereitung erfuhren auch die traditionsreiche Schulgeschichte und die Wirtschaftsgeschichte des Klosters.

Außerordentlich prachtvoll ist der Bibliothekssaal im schönen Rokoko des Trentiner Architekten Giuseppe Sartori. Seit dem späten Mittelalter war diese Bibliothek in den Bereichen Schule, Musik, Literaturpflege, Geschichtsschreibung und Rechtswissenschaft die bedeutendste unter den Tiroler Klosterbibliotheken. Würde man einen analytischen Sachkatalog erstellen, so kämen laut langjährigem, ehemaligem Bibliothekar Martin Peintner folgende Stichworte zusammen: Ackerbau, Astronomie,

Den bravourösen Plan zum barocken Umbau entwarf Giuseppe Delai, die Bauleitung übernahm der Innsbrucker Georg Philipp Apeller.

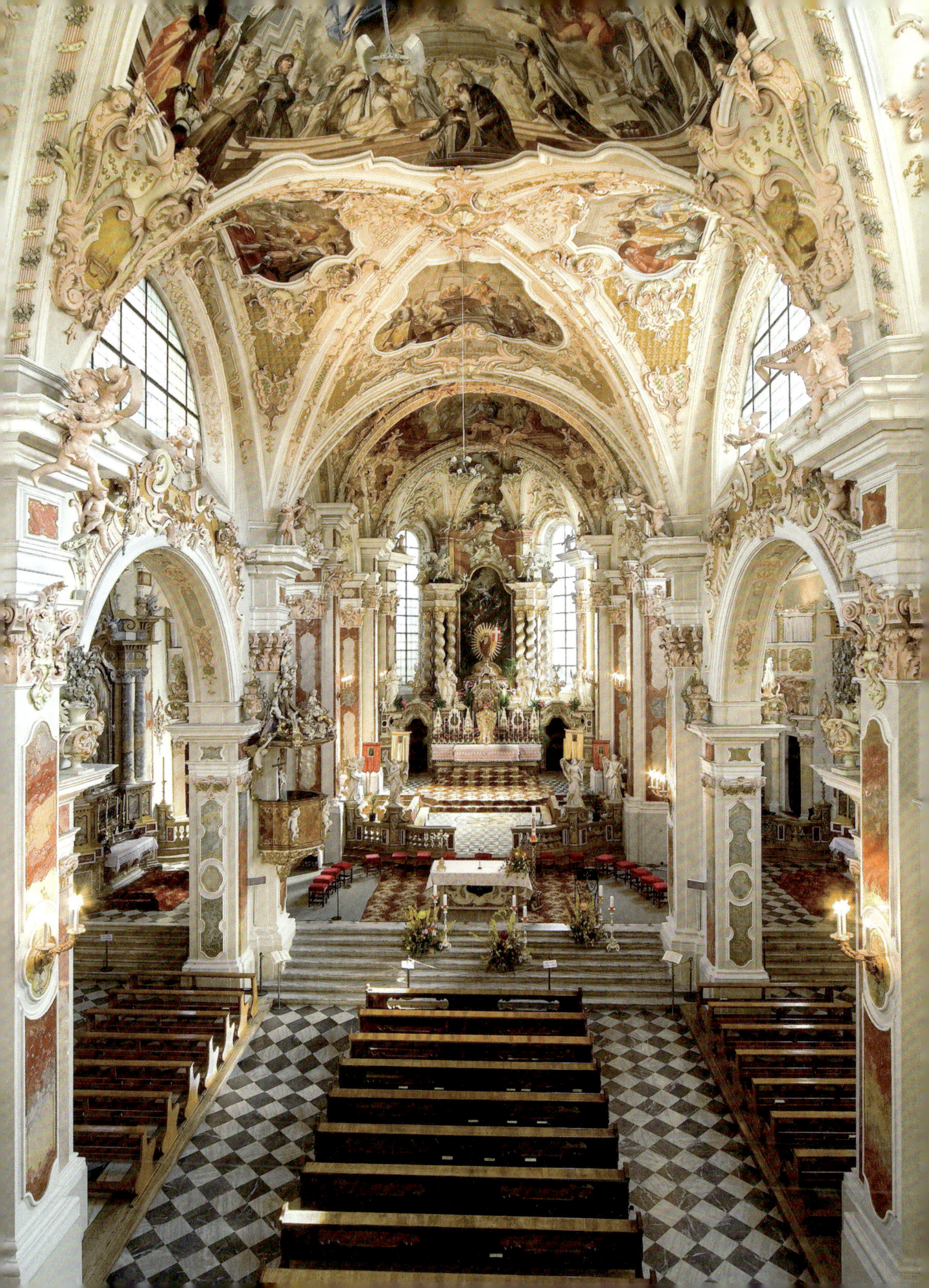

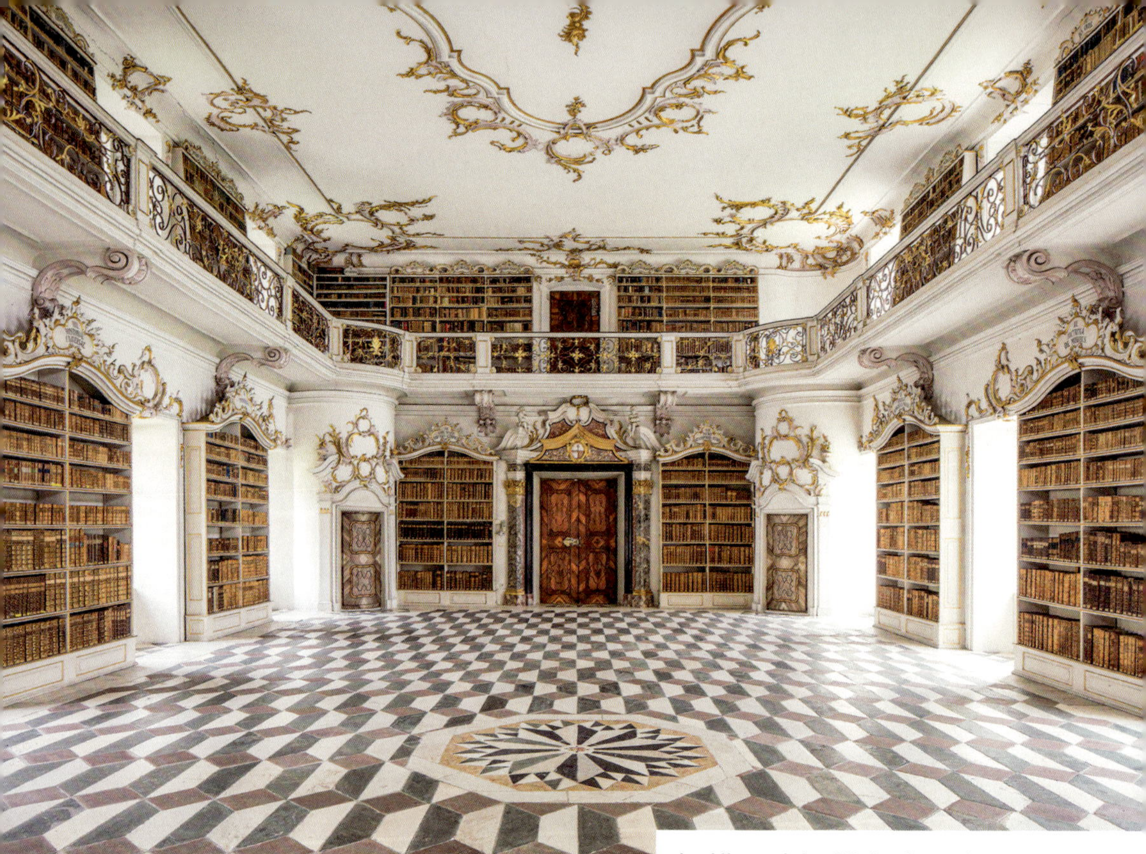

Im Himmel der Bücherfreunde.
Die Bibliothek.

Brückenbau, Bücher, Chemie, Chorgebet, Dichtkunst, Erziehung, Flussregulierung, Gastfreundschaft, Gesang, Geschichtsforschung, Handwerk, Herberge, Initialen, Krankenpflege, Kultur, Kunst, Liturgie, Malerei, Mathematik, Medizin, Mühlen, Musik, Naturforschung, Obstbau, Pädagogik, Pharmazeutik, Religion, Schmiede, Schule, Seelsorge, Straßen, Theologie, Urkunden, Viehzucht, Wissenschaft und Zivilisation. Ein ungemein facettenreicher Spiegel eines Klosterkosmos im Fluss der Zeit.

Hier sind wertvolle Handschriften und Inkunabeln aufbewahrt, und die schönsten Beispiele mittelalterlicher Buchmalerei sind in zwei Vitrinen ausgestellt. Es sind zwei große Graduale, liturgische Bücher mit den Gesängen für das Kirchenjahr. Sie wurden für das gemeinsame Chorgebet auf einem drehbaren Pult in Augenhöhe ausgestellt, damit eine ganze Gruppe von Sängern gemeinsam die Noten lesen konnte. Die Bücher sind von einer Schönheit, die einem den Atem verschlägt: Figuralminiaturen und Initialen in intensivsten Farben und mit Blattgoldapplikationen zu biblischen Themen leuchten auf, fein geformte Zier- und Randleisten schmücken die Seiten. Diese gebundene Schönheit wiegt schwer: Die Bücher bringen mit 630 bzw. 580 Pergamentseiten je an die dreißig Kilogramm auf die Waage. Das Pergament stammt von Schafen und Ziegen, für eine Pergamentseite musste jeweils ein Tier das Zeitliche segnen. Für seine Schafherden besaß das Kloster ausgedehnte Hochweiden. Im Bauernaufstand 1525 wurde das Kloster mit der Bibliothek gestürmt und geplündert, kostbare Bücher und Handschriften wanderten ins Feuer, in der Folge blühte die Bibliothek wieder auf, bis 1807 ein königlich bayerisches Dekret deren Auflassung bestimmte. Der Bücherbestand musste der Universität Innsbruck ohne Inventar und nur mit Gewichtsangabe (!) überlassen werden. Vieles kam später wieder zurück, 99 der schönsten Handschriften fanden erst 1929 auf Druck des italienischen Staates wieder heim zu ihrem angestammten Platz. Die Bibliothek bildet neben der Stiftskirche das lächelnde Herz dieses weltoffenen Klosters.

Wenn es sich ergibt, besuchen Sie den Klostergarten, um diesem Lächeln noch einmal zu begegnen, es ist ein einnehmender *hortus conclusus*, abgeschirmt von Alltagsgeräuschen, wo die Sonne ihren flüchtigen Schatten still auf die Sonnenuhren legt. Dann aber ist ein Besuch im Stiftskeller angesagt. Sagt doch der heilige Augustinus: „Der Mensch braucht den Wein. [Er] bringt Freude und entfacht unter Freunden die Lust am Gespräch!“ Wer wollte dem widersprechen?

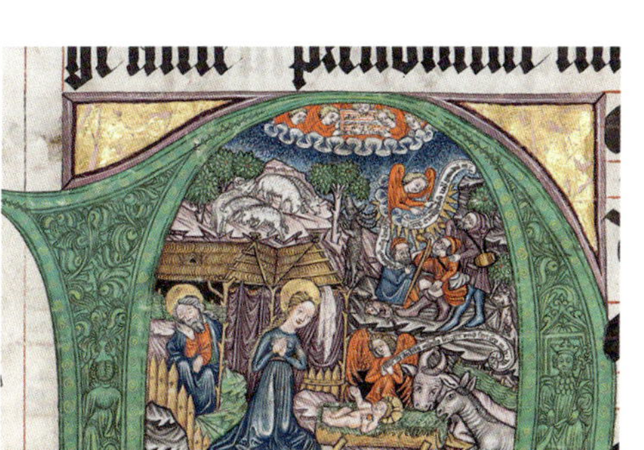

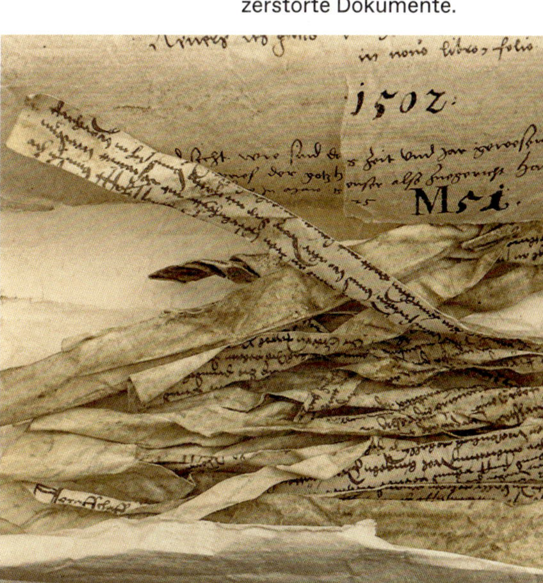

Links: Kunstvolle Initialen schmücken die Folianten.

Rechts: Im Bauernaufstand 1525 zerstörte Dokumente.

DAS AUGUSTINER CHORHERRENSTIFT NEUSTIFT

1142 gründete der selige Hartmann nahe seinem Bischofssitz Brixen das Kloster Neustift. Seit seiner Gründung wird es von Augustiner Chorherren bewohnt. Zu ihren zentralen Aufgaben gehören die Seelsorge, die feierliche Gestaltung der Liturgie und die Bildung. Die Neustifter Chorherren sind in über 20 Pfarreien in Süd- und Osttirol als Seelsorger tätig. Seit 2015 steht Eduard Fischnaller dem Stift als Propst vor.

ZENTRUM VON KUNST UND KULTUR

Ein Spaziergang durch die Klosteranlage gleicht einer Zeitreise durch verschiedene Kunstepochen. Am Eingang des Stiftsbereiches zieht die Engelsburg die Besucher in ihren Bann. Aus derselben Zeit, nämlich dem Ende des 12. Jahrhunderts, stammt auch der massive romanische Glockenturm der Stiftskirche. Das Innere der Kirche lässt vom mittelalterlichen Bau nicht mehr viel erahnen, vielmehr entpuppt es sich als Juwel des süddeutschen Spätbarock. An den Kreuzgang schließt das Stiftsmuseum an, das in den Jahren 2020 und 2021 erweitert wurde. Der Bibliothekssaal mit seinen eleganten Rokoko-Stuckaturen, dem kostbaren Natursteinboden und den rund 20.000 Büchern ist einer der schönsten Profanräume des 18. Jahrhunderts in Südtirol.

Barockes Selbstbewusstsein, aber auch der hohe Stellenwert, den das Stift genoss, kommt beim sogenannten Wunderbrunnen aus dem Jahr 1669 in der Mitte des Stiftshofes zur Geltung: Nikolaus Schiel fügte den Sieben Weltwundern der Antike im achten Feld eine Darstellung des Stiftes hinzu.

Stiftskirche, Museum und Bibliothek können sowohl individuell mit Audioguide als auch im Rahmen einer fachkundigen Führung besichtigt werden.

Ein Ort der Ruhe und Erholung ist der nach historischen Ansichten rekonstruierte Stiftsgarten. In den Sommermonaten kann die vielfältige Vegetation besichtigt werden.

BILDUNGSTÄTIGKEIT UND WEINKULTUR

Mit der Gründung einer eigenen Klosterschule im 12. Jahrhundert wurden die Augustiner Chorherren zu bedeutenden Trägern des kulturellen Lebens. Die Schul- und Erziehungstätigkeit wird bis heute im klostereigenen Schülerheim fortgeführt. Seit den 1970er Jahren besteht außerdem ein Bildungshaus, das jedes Jahr ein vielfältiges Angebot an Seminaren und Lehrgängen ausarbeitet.

Die Stiftskellerei Neustift zählt zu den ältesten aktiven Kellereien der Welt. Schon bei der Gründung wurde das Kloster von Reginbert von Säben großzügig mit Höfen und Grundstücken, darunter auch Weinbergen, ausgestattet. Heute werden in Neustift verschiedene Weißweine angebaut. Die Rotweine der Stiftskellerei kommen aus den stiftseigenen Weinbergen in Bozen und Girlan. Bei einer Weinbergbesichtigung mit anschließender Weinverkostung erleben die Besucherinnen und Besucher die Neustifter Weine hautnah.

Die aktuellen Informationen zu Öffnungszeiten und Führungen sowie Preisen finden Sie auf der Kloster-Webseite: www.kloster-neustift.it

INFO

Augustiner Chorherrenstift Neustift
Stiftstraße 1
39040 Vahrn
Tel. +39 0472 694951
www.kloster-neustift.it

Sterzing

RASTSTÄTTE MIT GESCHICHTE

Sterzing bedeutete durchatmen. Einmal noch richtig Luft holen vor dem beschwerlichen Aufstieg zum Brennerpass. Oder ordentlich Luft ablassen nach dem durchgerüttelten Abstieg herunter vom Pass. Hier wand sich seit Urzeiten einer der wichtigsten Wege vom Mittelmeerraum nach Norden durch. Hier führte in der Frühgeschichte die Bernsteinstraße durch, die das „Gold des Nordens" zu den großen Frühkulturen brachte. Dort, wo die alte Römerstraße im oberen Eisacktal zutage tritt, fanden und finden sich haufenweise metallene Schuhnägel aus den *caligae* der römischen Legionäre. Hier machten die deutschen Könige mit ihrem Gefolge Rast auf dem Weg zur begehrten Kaiserkrone in Rom.

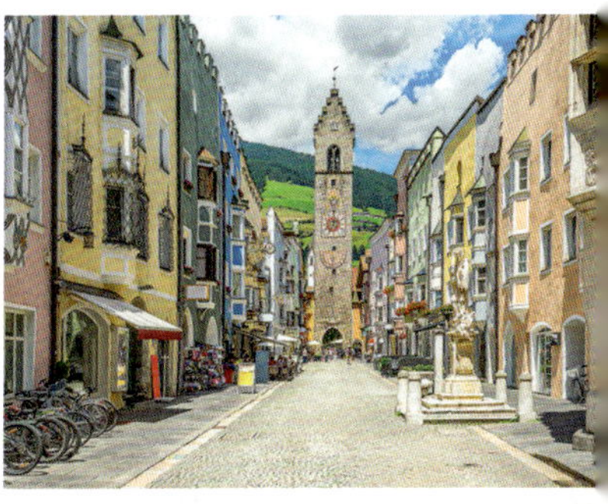

Fromme Pilger suchten billige Herbergen auf dem Weg zu den heiligen Stätten, wollten in den drei Hospizen versorgt und verarztet sein. In den bauchigen Gewölben der Gast- und Rasthäuser lagerten Silber und Salz für den Weitertransport.

Der Weg über den Brenner war und ist ein Weg für Europa, nicht nur für den Warenverkehr, sondern besonders auch für den Austausch von Ideen, Kunst und Kultur. Dieser Durchzug ist Stein geworden im Stadtbild. Alt- und Neustadt sind letztlich nichts anderes als die eine Lebensader, welche die Wirtschaft der Stadt durchpulste. Sterzing ist eine Straßenstadt. Doch bei allem kulturellen Ideenfluss aus Nord und Süd blickte die Stadt wesentlich mehr über den Brenner. Die Fassaden der Häuser tanzen eine spätgotische, fröhliche und farbige Pavane mit Marmorbögen, Fenstergittern, Erkern, Zinnengiebeln und Lichthöfen. Alt- und Neustadt gehören zu den „Borghi più belli d'Italia", zu den schönsten Orten Italiens, das lassen wir gelten.

Jedes Paradies hat seine Schlange. Sterzings Schlange ist die Aufmachung im Parterre: Alles ist aufgemaschelt, alles schreit, ruft, winkt und gestikuliert: Bleib steh'n, tritt ein, kauf mich, setz dich hin, bestell! Auf Augenhöhe wuselt ein Gewirr von Schildern, Plakaten, Firmenlogos und Angeboten – die wunderschönen alten Wirtshausschilder gehen darin

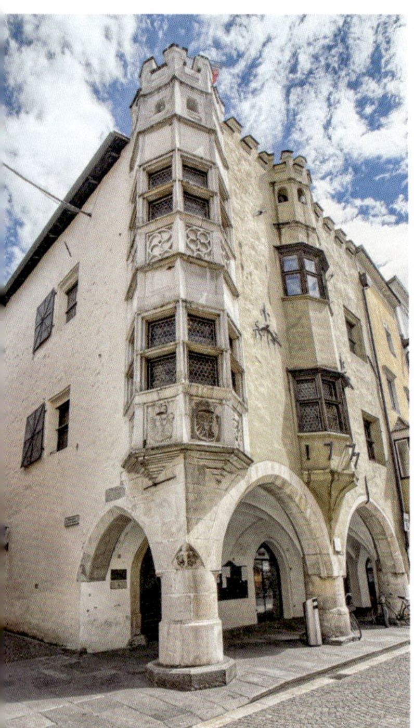

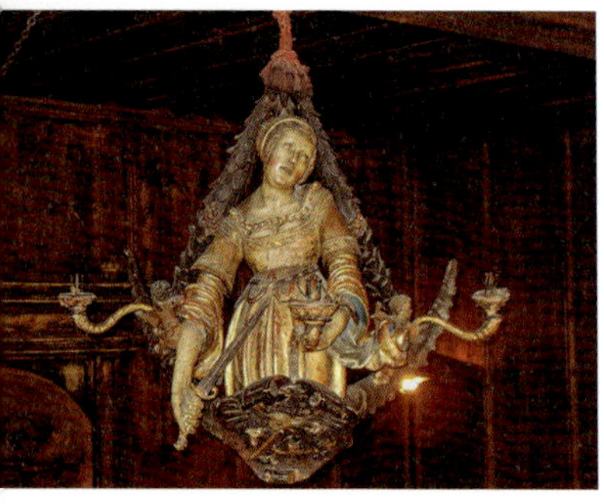

fast unter –; Wirtshäuser und Bars vomieren Bestuhlung auf die Straße. Man möchte den Betreibern zurufen: etwas mehr patrizische Gelassenheit bitte!

Vor dem Rathaus steht die barocke Statue des heiligen Nepomuk, der als Schutzpatron gegen Wassergefahren mit unterschiedlichem Erfolg die wiederkehrenden Vermurungen und Überschwemmungen durch den Vallerbach abzuwehren hatte.

Vornehme Gelassenheit strahlen die alten Häuser und Edelsitze aus. Das **Rathaus**, entworfen von Maximilians I. Hofbaumeister Jörg Kölderer und erbaut zwischen 1468 und 1473, grüßt mit seinem prächtigen Erker. Die architektonische Besonderheit ist der gewölbte Lichthof im ersten und zweiten Stockwerk in seiner Schlichtheit und Strenge, der bürgerliche Vornehmheit und städtische Baukultur atmet. Säulen aus Ratschinger Marmor und Bögen mit Marmor-Granitkonsolen tragen die umlaufende Galerie. Die Kopie des Mithrassteins, dessen Original 1589 bei Mauls gefunden worden war, erinnert an römische Präsenz. Mithras war ein persischer Lichtgott, in dessen Kult die Sonnenwende eine große Bedeutung hatte und der viele Anhänger besaß. Der altehrwürdige gotische Ratssaal im ersten Stock hat bis heute seine Bestimmung behalten, Wandgetäfel, Balkendecke, Türen, Schlösser und Eisenbeschläge sind weitgehend original. Original ist auch das **Lusterweibchen**. Vom damaligen Einrichtungstrend einmal abgesehen – Lusterweibchen waren in Mode um 1500 –, ist das Sterzinger Lusterweibchen ein Fall für den Psychologen: Es stellt Lucretia dar, die den Dolch gegen sich wendet, um ihre Ehre wiederherzustellen. Was die Gute mit ihrer tragischen Geschichte bei den gut betuchten und soliden Bürgen, Handwerkern und Bergwerksunternehmen verloren hat, ist wenig klar.

Oder doch: Ein assoziativer Bogen zur Sittsamkeit ließe sich spannen. Das Rathaus beherbergt den Vigil-Raber-Saal, einen spätgotischen Theaterraum, in dem der Sterzinger Vigil Raber (1490–1552), Impresario, Tausendsassa und Autor von Passions- und Fastnachtsspielen, seine Stücke und Schwänke auf die Bühne brachte. Einer der Schwänke handelt von einem Vater mit vier Töchtern, die partout einen Mann wollen. Für die drei Älteren stellen sich Bewerber ein, die nach

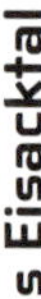

einigem Hin und Her als zukünftige Schwiegersöhne akzeptiert werden. Nur bei der Jüngsten hapert es: Die ist aber erst zwölf! Und die will partout auch einen Mann. Der Vater schimpft sie *gayll* und ein *Huerl*, weniger aber aus moralischen Bedenken als vielmehr, weil er sie als billige Haushaltshilfe für sein gebrechliches Alter behalten möchte. Die Kleine aber ist stur, bekomme sie keinen Mann, gehe sie zur Schule und lasse sich dort *das ABC schreiben und ihren maigtum (die Jungfernschaft) nehmen*, im Klartext, sie will es mit der männlichen Schülerschaft treiben. Der entsetzte Vater bittet das männergeile Töchterlein, doch mindestens 14 Tage zu warten. Das geht für die Kleine jedoch überhaupt nicht, denn da ist der Faschingsdienstag schon vorbei und damit der Fastnachtsbrauch für die „alten Jungfern" des Blochziehens. Ein alter Rügebrauch, bei dem unverheiratete Frauen vor einen Baumstamm gespannt und unter Gejohle und Gespött durch den Ort gejagt wurden. Die große Angst der Kleinen ist es, von ihren Schwestern als alte Jungfer verspottet zu werden.
Und irgendwann, dann womöglich noch im **Sterzinger Moos** für alle Ewigkeit verbannt zu werden, wie die Volkssage weiß.

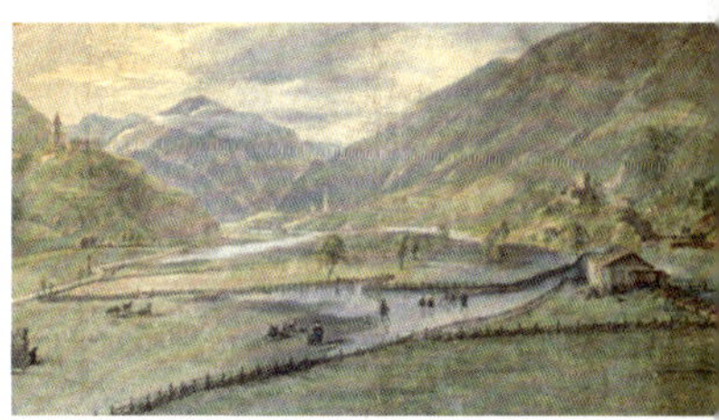

Die Trockenlegung dieses Sterzinger Mooses hat den Bauern besten Wiesengrund beschert. Nicht ausgetrocknet sind die skurrilen Geschichten zum Sterzinger Moos. Wenig frauenfreundlich geht es um ledig gebliebene Frauen, die nach ihrem Ableben im Moos lamentieren: I hätt' schon längst ein' g'abb (gehabt), g'habb, g'habb, Wenn i's nur hätt' g'wagg (gewagt), g'wagg, g'wagg. Hören Sie's? Die Frösche quaken.

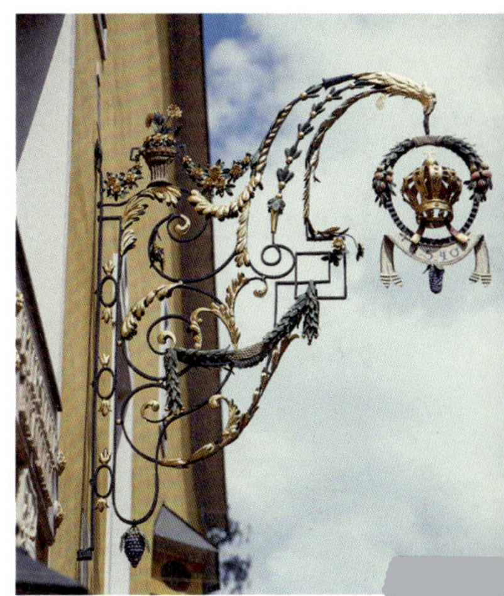

Im Jahre 1867 fuhr der erste Zug von Innsbruck nach Bozen. Die Vollendung der Brennerbahn brachte Sterzings Bürger an den Rand ihrer Existenz. Aus war es mit der Fuhrmannherrlichkeit, der Bewirtung der Gäste, aus für die Wagen- und Hufschmiede, aus für die Rädermacher und Sattler. Hinter den schmucken Fassaden von einst nistete jetzt die Angst; der Bergbau war längst schon vor zwei Jahrhunderten zum Erliegen gekommen. Es dauerte über ein halbes Jahrhundert, bis sich das „Fuggerstädtchen" – in Glanzzeiten waren selbst die Fugger am Bergbau beteiligt – einigermaßen erholte. Genau auch damit, womit man einmal gut verdient hatte: mit der Bewirtung der Reisenden und Besucher. Die Reisenden von ehemals, oft komfortverwöhnte italienische

Diplomaten und Kaufleute, waren samt und sonders angetan gewesen von der Sauberkeit der Unterkünfte, der Freundlichkeit der hübschen Kellnerinnen, dem Essen und dem Wein. Sie hocken immer noch da, breitgesichtig und einladend, die alten historischen Gasthäuser wie die „Lilie", der „Schwarze Adler", die „Krone" mit ihren steingefassten Torbögen, eisenbeschlagenen Toren, gewölbten Zufahrten zu den hinteren Lagerräumen und ehemaligen Stallungen.
Ein kurzer Blick zurück: Ebenerdig waren die Pferde und die Fuhrknechte untergebracht, die reisenden Herrschaften bezogen im höheren Stockwerk Quartier. Zu ebener Erde saßen vor den Gasthäusern auch die inzwischen gänzlich vergessenen „Unterleger" herum, Männer, welche die schweren Fuhrwerke begleiteten und bei einem Halt auf steiler Strecke hinter die Räder Bremsklötze legten, damit das Fuhrwerk nicht zurückrollte und die Rösser rasten konnten. Kunstvolle Eisenbeschläge an den Toren, prunkvolle Wirtshausschilder, Fassadenmalereien, wappengeschmückte Schlusssteine über Portalen der Patrizierhäuser und Erker über Erker künden von früherer Bedeutung. Nur eben: Die ebenerdigen Gewölbe sind jetzt vielfach bestuhlt, betischt und vollgestellt – sind andere Zeiten.

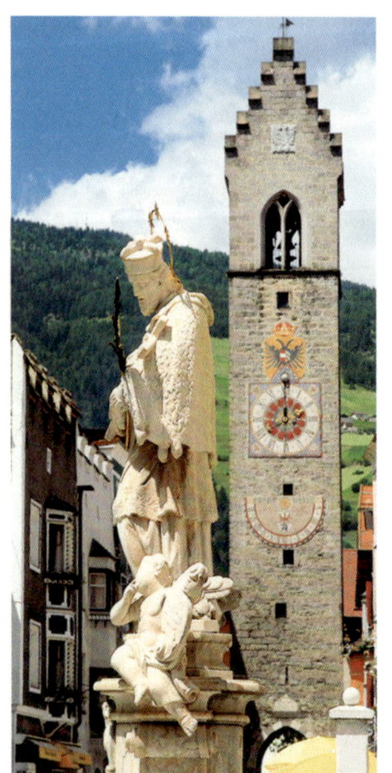

Unbeeindruckt vom Gewusel zu seinen Füßen steht der Zwölferturm als Wächter der Stadt – in grauen Granitquadern und mit dem unverkennbaren Treppengiebel. Bürgerliche Selbstgefälligkeit lacht einem entgegen, wenn man den Bogen des zinnengeschmückten **Zwölferturms** durchschreitet und in die „schönste Straße Südtirols" (Zitat) blickt. Er weist uns den Weg und wir machen uns auf die Suche nach alten Häusern und Edelsitzen, weg von der Hauptgasse. Da ist der vornehm zurückhaltende Ansitz Wildenburg, in der Hochstraße 2 (Privatbesitz), der übrigens im hinteren Bereich einen verschwiegenen *hortus conclusus*, einen mauerumgürteten Garten besitzt, wo die Marillenbäume frei stehen und nicht der Kälte wegen an der Hausmauer hochgezogen werden. Herrschaftlich steht der Ansitz Jöchlsthurn, Frundsbergstraße, da mit dem barocken Wappen über dem Portal. Unbedingt sehenswert ist sein Inneres, insbesondere wegen der kunstgewerblichen Schnitzereien. Kaum zu glauben, dass hinter den schweren barocken Fenstergittern bis 1969 abgeurteilte Delinquenten schmorten. Abseits von Kreti und Pleti zeigt sich in kultivierter Zurückhaltung der

Ansitz Haidenschaft (Gemeinde Pfitsch) mit dem Mittelerker, der sich über drei Stockwerke zieht.

Als 1534 in Sterzing die Pest ausbrach, beriefen die Stadtväter keinen Geringeren als Paracelsus zur Heilung. Der stieg in der „Lilie“ ab und studierte das Phänomen, dessen Beobachtung ihren Niederschlag in seinem „Pestbüchlein“ fand. Zu Beginn des 16. Jahrhunderts gärte es in Europa, Martin Luther hatte seine Thesen angeschlagen, von der Freiheit des Christenmenschen geschrieben. Die gesellschaftliche Ordnung wurde nicht mehr als gottgewollt gesehen. Einer, der die neuen Ideen kannte, war der geniale Michael Gaismair aus Tschöfs bei Sterzing. Sein Vater war Bergwerksunternehmer und hatte seinem Sohn eine solide Ausbildung angedeihen lassen. Der junge Gaismair steigt zum Sekretär des Landeshauptmanns Leonhard von Völs auf, lernt viel von Verwaltung und Gerichtspraxis, sieht die Privilegien des Adels und der Kirche genauso wie die himmelschreiende soziale Ungerechtigkeit. Er erlebt das System von innen als Sekretär des Fürstbischofs Sebastian Sprenz, der sich zwar als Humanist ausgab, aber das Humane in seiner Regierungspraxis *solemniter* übersah.

Als aufrührerische Bauern die Hinrichtung eines willkürlich Inhaftierten in Brixen verhinderten, kam es zum offenen Aufruhr. Kloster Neustift wurde geplündert, die Hofburg eingenommen. Michael Gaismair machte nun keinen Hehl mehr aus seiner Einstellung – zuvor hatte er noch an den Rand einer Rechtssache *ich schwayg und leidt* geschrieben. Er schwieg nicht mehr und ließ sich von den Bauern zu ihren Anführer wählen. Gaismair wollte vorerst vermittelnd mit Erzherzog Ferdinand verhandeln. Der spielte auf Zeit. Als Gaismair unvorsichtigerweise eine Einladung an den Hof von Innsbruck annahm, wurde er in den Kerker geworfen. Er konnte fliehen und reiste zu Zwingli nach Graubünden. Dort reiften seine Ideen zu der für seine Zeit genialen Tiroler Landesordnung von 1526. Nicht Weniges darin zeigt utopische Züge, doch im Ganzen nimmt der Entwurf einer neuen politischen, sozialen, wirtschaftlichen und religiösen Ordnung vieles vorweg, was erst Jahrhunderte später Wirklichkeit werden sollte und zum Teil heute noch auf seine Verwirklichung wartet. Alle Menschen sind frei und gleich; sowohl auf Gemeindeebene wie auf höchster politischer Ebene der Landesregierung

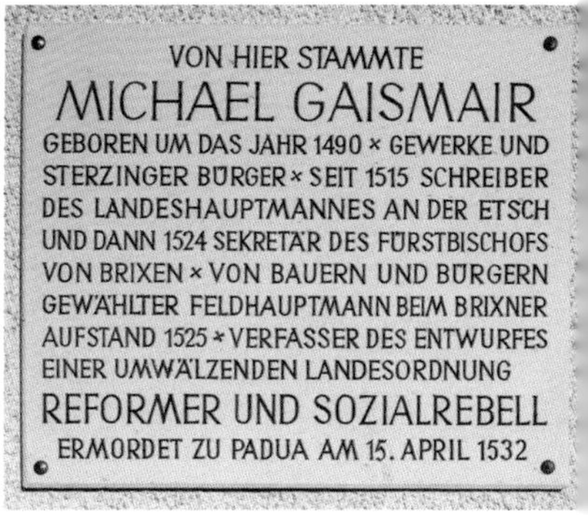

werden die Vertreter frei gewählt; die zehnprozentige Steuer fließt in die Betreuung der Bedürftigen und der Alten; Klöster und Spitäler werden zu Altersheimen; es gibt ein staatliches Gesundheitssystem mit unentgeltlichen Medikamenten und eine Grundversorgung mit Kleidung und Nahrung. Die Bergwerke werden vergesellschaftet und ihr Ertrag deckt die sozialen Kosten; Bildung wird betont, eine Universität ist in Brixen zu gründen.
Wirtschaftlich sollen die ausgedehnten Etschauen von Meran bis Trient entwässert und auf den neu gewonnenen Gründen Wein, Getreide, Gewürze (Safran) angebaut und Olivenbäume gepflanzt werden, Ziel ist die ernährungspolitische Autarkie.

Als Stratege muss Gaismair sich mit seinen Aufrührerischen zurückziehen, in einem Gewaltmarsch erreicht er venezianisches Territorium. Venedig, ewiger Gegner der Habsburger, hält Gaismair hin, überträgt ihm Condottiere-Aufgaben, hütet sich aber, sich in einen Krieg für Tirol verwickeln zu lassen. Inzwischen hatten der Erzherzog und seine Kamarilla ein Kopfgeld auf Gaismair ausgeschrieben. Obwohl dieser sich auf seinem noblen Ansitz bei Padua mit einer Leibwache umgab, wurde er 1532 von gedungenen Meuchelmördern erstochen.
Nachtrag: Der Hof zu Innsbruck verweigerte den Mördern hinterfotzig die Auszahlung der Kopfgeldsummen, da sie die Tat anscheinend nur aus Gewinnsucht ausgeübt hätten.

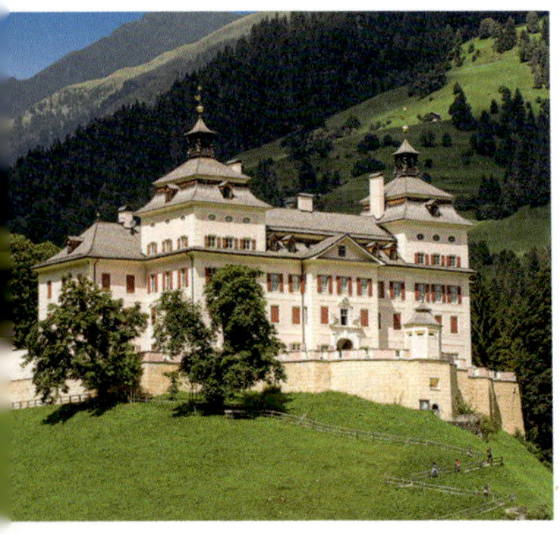

Zum „Dolch im Gewande“ passt das Jagdmuseum. Die Dauerausstellung in den Räumen von **Schloss Wolfsthurn** in Mareit zur Jagdgeschichte in Südtirol ist sehenswert, auch wenn man mit dem „edlen Waidwerk“ nicht viel am Hut hat, allein schon die Prunkräume des Schlosses rechtfertigen einen Besuch.

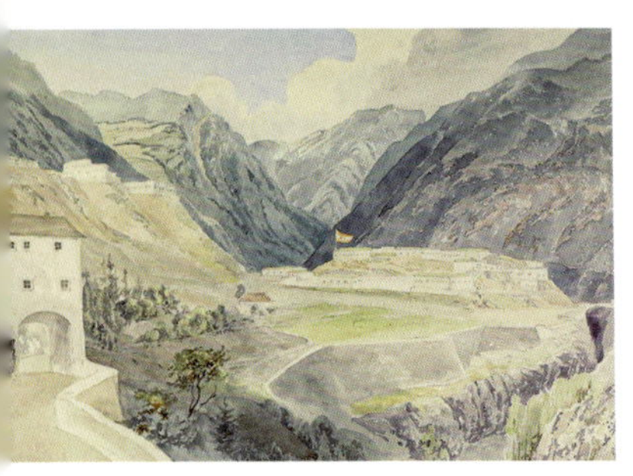

An der **Franzensfeste** weiter südlich sind Sie vielleicht schon oft vorbeigefahren. Aus den unguten Erfahrungen der napoleonischen Kriege heraus konzipiert, sollte sie das Tal abriegeln. Der graue, geduckte Komplex aus lokalem Granit war bereits 1838 bei seiner Einweihung militärtechnisch überholt. Als Munitionsdepot des italienischen Heeres war er über mehr als ein halbes Jahrhundert Ort der tödlichen Langeweile für die Wachmannschaft. Hier lagerte 1945 übrigens ein

Teil des geraubten italienischen Goldschatzes. In letzter Zeit finden dort Happenings und Performances zeitgenössischer Kunst statt. Zudem beherbergt die Feste in den ehemaligen Kasematten eine sehr interessant aufbereitete Ausstellung zum Brennerbasistunnel (**BBT Infopoint**).

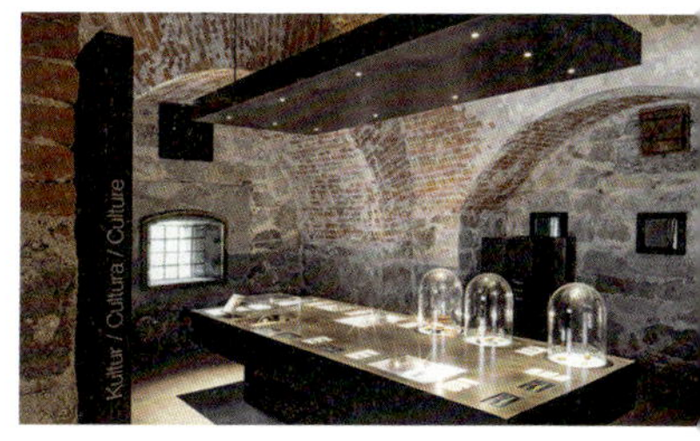

Sterzing verdankte sein Aufblühen den reichen Silberfunden in den benachbarten Tälern. Ein Besuch im Bergbaumuseum Ridnaun ist unumgänglich: Nehmen Sie sich dafür einen Tag Zeit. Erweisen Sie dabei unbedingt auch der ganzkörperbehaarten **heiligen Magdalena am Altar der Knappenkirche in Ridnaun** Ihre Reverenz.

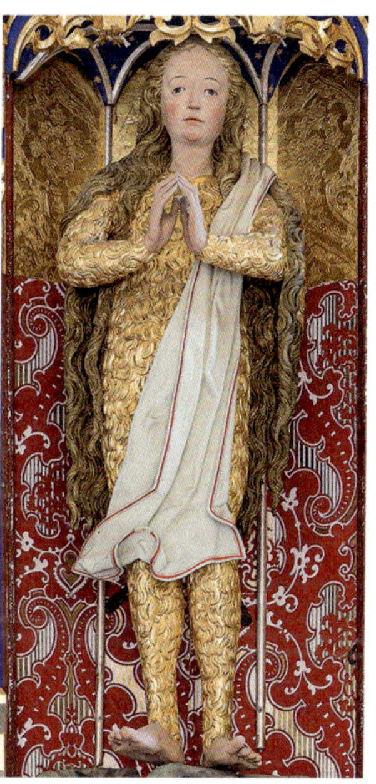

Noch jemand verdient Ihre Reverenz: Die Sterzinger Festtagskrapfen, kleine, äußerlich unscheinbare Halbmonde, deren Füllung mit Topfen, Mohn, Zucker, Zimt, Zitronenschale und -saft, Sultaninen und Rum aber eine Offenbarung ist. So ist es halt mit den Kleinen (Stadt wie Krapfen): Auf die Füllung kommt es an.

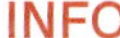

INFO

Tourist Info Sterzing
Stadtplatz 3
39049 Sterzing
Tel. +39 0472 765325
info@sterzing.com
www.sterzing.com

PFARRKIRCHE STERZING

Monumentalster Sakralbau

Die Sterzinger Pfarrkirche „Unsere Liebe Frau im Moos“ lag einmal außerhalb des Stadtkerns. Die dreischiffige Hallenkirche gehört zu den monumentalsten Sakralbauten Südtirols und weist die größte Bodenfläche auf. Als Baumeister des Chores, der 1452 vollendet wurde, war der Sterzinger Hans Feur tätig. Am Langhaus waren mehrere Baumeister beschäftigt, der bekannteste ist Hans Lutz von Schussenried, der für die schlanken Säulen weißen Ratschingser Marmor verwenden ließ. Unter den Kostenträgern tritt neben der lokalen wohlhabenden Bürgerschaft auch der berühmte Landsknechtführer Jörg von Frundsberg auf. Er war zwischenzeitlich Gerichtsherr in Sterzing und stiftete die Georgsstatue am südöstlichen Pfeiler. Das schön gearbeitete Südportal mit Wappen, Madonnendarstellung und Gedenkinschrift der Grundsteinlegung wurde von Mattheis Stöberl entworfen. Im Vergleich zum massigen Baukörper blieb der Kirchturm nur ein gedrungener Torso, und das nicht etwa, weil den Sterzingern die Mittel ausgegangen wären, sondern weil der sumpfige Boden des „Sterzinger Mooses“ keine größere Baumasse auf kleiner Fläche hätte tragen können. Geld war kein Thema. Den reichen Bürgerherren waren nur die gefragtesten Künstler für die Erstellung des Altars gut genug und die nahe Brixner Werkstatt erschien ihnen viel zu unbedeutend. Sie nahmen Kontakt zu Hans Multscher, dem damals „modernsten“ Bildhauer aus Ulm auf. Dieser nahm den Auftrag an und führte mit mehreren Gesellen den für Tirol bahnbrechenden Altar zwischen 1457 und 1459 aus. Das Ende der Aufstellung wurde bei Brezeln und zwei Maß Malvasierwein und dem üppigen Honorar von 1331 Gulden Rheinisch gefeiert. Wie der Altar genau ausgesehen hat, lässt sich mit Sicherheit nicht mehr bestimmen. Sicher ist, dass er auf Zeitgenossen und Nachfahren einen starken Einfluss ausübte, unter anderem auch auf den genialen Michael Pacher, der beispielsweise das Motiv der Baldachin tragenden Engel in seinem Grieser Altar verwendete. Bahnbrechend waren zwei Neuerungen: Multscher erweiterte die Zahl der Schreinfiguren auf fünf und baute als erster die Schreinwächter ein: Wir werden ihnen im Multscher Museum begegnen.

Als gewissen Sterzingern ihre spätgotische Pfarrkirche um 1750 nicht mehr repräsentabel genug war, hatte die Stadt ihre wirtschaftlichen Glanzzeiten bereits hinter sich, was aber eine Barockisierung der altehrwürdigen Pfarrkirche nicht verhinderte. Seit der Viel- und Schnellmaler Josef Adam Mölck seine bewegten Fresken ins Gewölbe hinknallte, rauscht Theaterdonner durch das Kirchengewölbe, denn die Fresken, von der Kunstkritik gnädig mit „festlich“ und „farbenfroh“ betitelt, setzen der Barockmalerei kaum Glanzlichter auf.

Ein oberrheinisch geschulter Maler schuf die Altartafeln. Geburt Jesu (l. o.), Verkündigung (l. u.), Anbetung der Könige (r. o.) und Jesus am Ölberg, wo Judas den Häschern den Weg zeigt (r. u.).

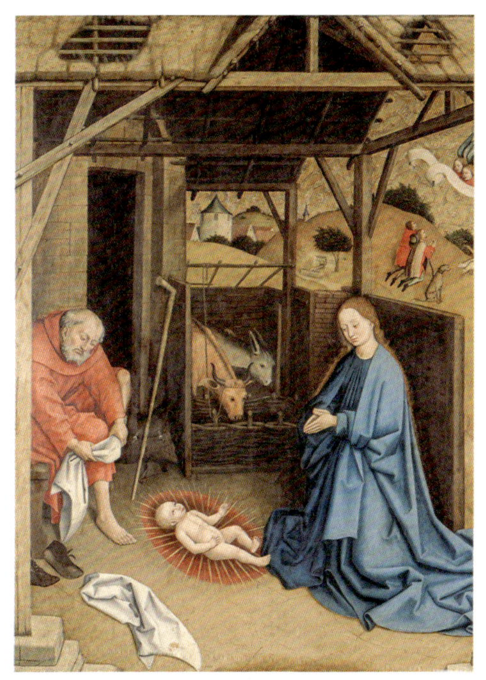

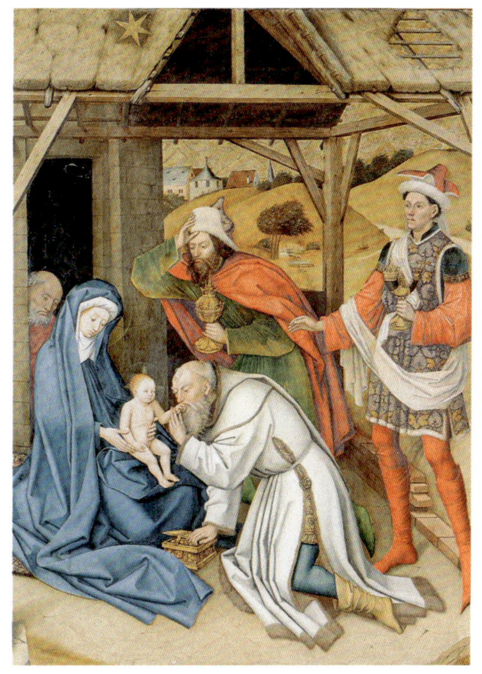

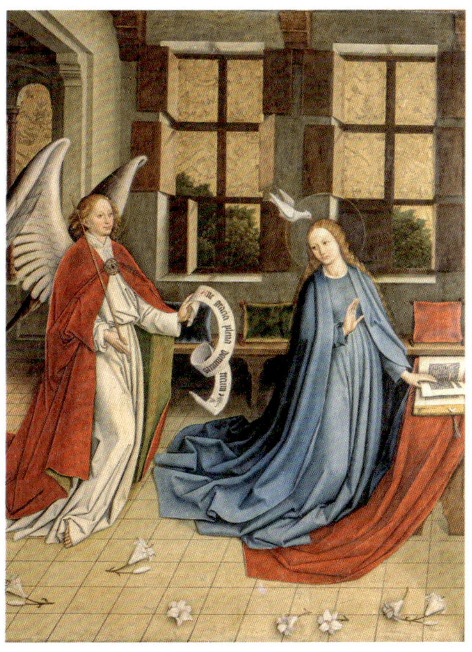

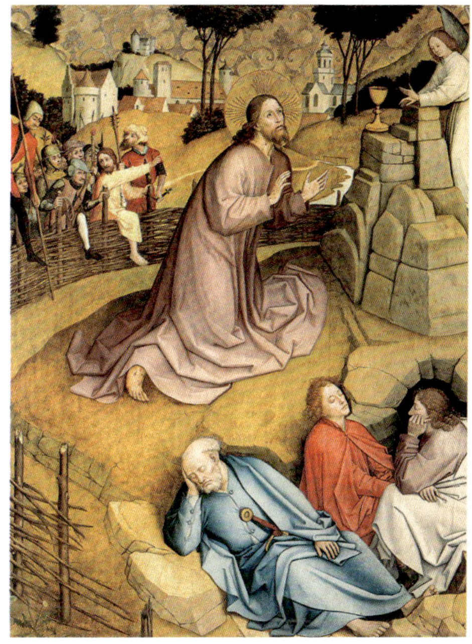

Multschers Schnitzaltar wurde 1789 abgebaut und wanderte ins Depot; an seiner Stelle wurde ein Barockaltar aufgerichtet, mit dem die Bürgerschaft von allem Anfang an wenig Freude hatte. Allein die Madonna mit Kind, von der ein Kunstkritiker einmal schwärmte, sie sehe aus wie eine Bürgersfrau, die mit gerafftem, schleppendem Gewand zur Kirche gehe, durfte an ihrem angestammten Platz am Hochaltar bleiben. Als der Altar 1871 regotisiert wurde, bekam sie die heiligen Barbara, Ursula, Apollonia und Katharina im Original beigesellt. Für den Barockaltar hatte es nicht einmal für Marmor bei den Figuren gelangt: Als trauriger Rest stehen heute ein paar weiß getünchte Holzfiguren an der linken Langhauswand.

Mussolinis Geschenk an Göring

Das traurige Schicksal des Altars erreichte seinen Höhepunkt, als Mussolini 1943 beschloss, die Altartafeln Hermann Göring zu schenken. Die Stadt sollte neun Millionen Lire erhalten, eine in bar und den Rest in Staatspapieren. Sterzing erhielt weder das eine noch das andere und am Ende des Krieges stand die Stadt ohne Altar und ohne Geld da. Die Odyssee der Tafeln, die erst nach Berlin und nach dem Krieg nach Florenz kamen, endete 1959, als es dem Konservator Nicolò Rasmo mit viel Mühe gelang, sie wieder nach Sterzing zurückzuführen.

Da sind sie nun ausgestellt im Multscher- und Stadtmuseum im Deutschhaus. Die Altartafeln stammen nicht aus der Hand des Meisters, sondern von einem oberrheinisch geschulten Maler. Sie zeigen auf den Innenseiten vier Szenen des Marienlebens mit Verkündigung, Geburt, Anbetung der Könige und Marientod; die Außenseiten erzählen die Passion mit Ölberg, Geißelung, Dornenkrönung und Kreuztragung. Die Bilder bestechen durch eine perfekte maltechnische Ausführung und eine nahezu unerschöpfliche Fülle von realistischen Details. Josef trocknet sich bei der Geburt die Füße – es könnte aber auch die Demutsgeste vor dem heiligen Ort des Geschehens sein, dass er die Schuhe auszieht –, Folterknechte schneiden wilde Grimassen, Schaulustige spähen durchs Fenster, Häscher klettern über einen Zaun. Zum Eindrucksvollsten zählt die weinende Maria in der Kreuzigungsszene, deren feingliedrigen Hände den edel verhaltenden Schmerz des Gesichtes verstärken. Die Figuren sind immer in eine entsprechende Landschaft oder in einen detailliert geschilderten Raum gestellt und handeln, gerade bei den Passionsszenen, in erregten Gesten und Grimassen. Bei der Dornenkrönung tut sich ein Folterknecht besonders hervor; er scheint von weit gekommen zu sein, sein Schuhwerk ist an den Nähten aufgerissen und zudem fehlt ihm ein Auge. Einige Forscher meinen, es handle sich hier um die böse Karikatur eines weit gereisten und bekannten Tirolers. Es gab nur einen einäugigen bekannten Ti-

> Mussolini beschloss 1943, die Altartafeln Hermann Göring zu schenken

Reichsmarschall Göring betrachtet den Tod Mariens auf seinem Landsitz Carinhall.

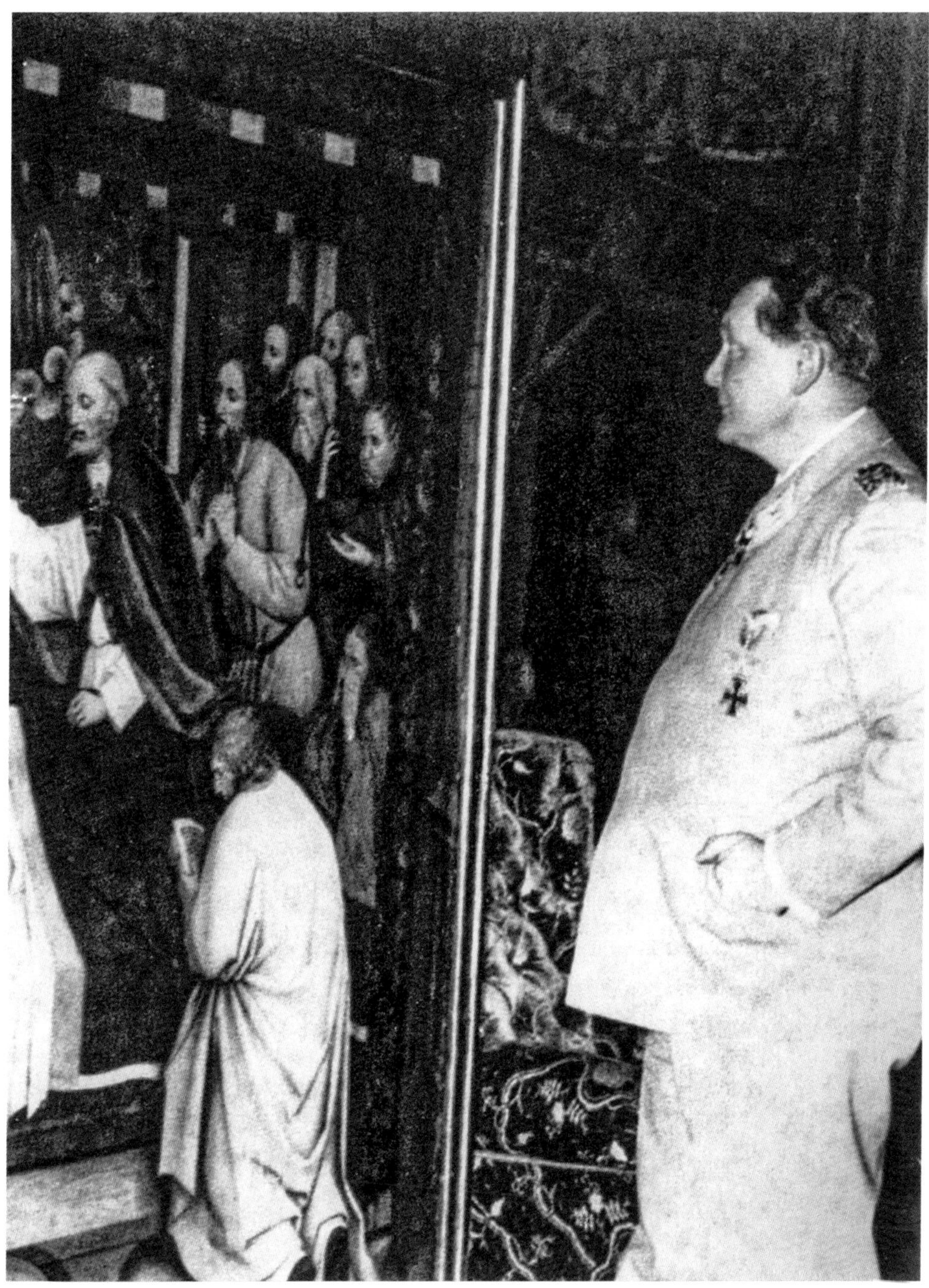

roler, auch wenn er zur Zeit der Entstehung der Tafeln bereits seit mehr als zwölf Jahren tot war: Oswald von Wolkenstein. Was hätte den Maler (mit Multschers Duldung) veranlassen können, den Wolkensteiner im Nachhinein derart zu desavouieren? Ein weites Feld noch für die Forschung.
Vorbei jedenfalls sind die Zeiten des idealisierenden „Weichen Stils" mit nobler Gestik und höfisch kultivierter Etikette: Ein neuer Realismus wird richtungweisend in Tirol. Das gilt besonders auch für die Schreinfiguren der heiligen Florian und Georg, die in der detailgetreuen Nachbildung der Harnische bis hin zu Schnallen und Nieten „die Wehrhaftigkeit des Bürgeraufgebotes und seiner gewählten Hauptleute sehr realistisch vorführen." (H. Egg)
Nachdem Sie schon im Deutschhaus sind, sollten Sie die Besichtigung der frei zugänglichen Räume nicht versäumen, insbesondere nicht des Grafenzimmers, wo an den vier Wänden in der entsprechenden Himmelsrichtung Sterzing und seine Umgebung gegen Ende des 18. Jahrhunderts in überraschender Detailfreude dargestellt sind – bis hin zu Leuten, die sich die Schuhe ausziehen und durchs Wasser des Sterzinger Mooses waten. Einen Blick wert sind ebenfalls die kunstvollen Felderdecken und das wertvolle Getäfel. Die angeschlossene barocke Elisabethkirche entstand nach den Plänen des rührigen Giuseppe Delai; das Deckenfresko mit der Almosenspende der heiligen Elisabeth von Thüringen, den Werken der Barmherzigkeit und Deutschordensthemen malte der Augsburger Matthäus Günther.
Im Ansitz Jöchlsthurn ist das Bergbaumuseum untergebracht, das Auskunft gibt über den einstigen Silbersegen der Gegend; kunsthistorisches Prunkstück ist die reich verzierte und ursprünglich vergoldete spätgotische Balkendecke.
Die Spitalskirche Heilig Geist am Stadtplatz wurde 1399 eingeweiht und erhielt 1402 ihre Freskoausstattung aus der Werkstatt der Brixner/Pustertaler Schule unter den Meistern Christoph, Erasmus und Hans von Bruneck. Von wem genau nun der Bilderschmuck stammt, ist bis dato nicht restlos geklärt. An den Gewölben finden sich Medaillons mit Propheten, Kirchenlehren und Evangelistensymbolen. An der Altarwand sind in klar abgegrenzten Bildflächen Heimsuchung, Kreuztragung, Verkündigung und Auferstehung dargestellt, wo besonders die innige Verkündigung Aufmerksamkeit verdient; im östlichen Joch der linken Seitenwand erscheinen Szenen aus der Passion, während sich im westlichen Joch der festliche Zug der drei Könige und der makabre bethlehemische Kindermord entfalten. Die Rückwand wird von der Darstellung des Jüngsten Gerichtes eingenommen, wo durch einen Fensterausbruch die Figur des Weltenrichters zerstört wurde. Hier gibt es interessante Details zu goutieren: Die Engel tragen Musikinstrumente, eine junge Frau zieht eine Alte (Kupplerin?) an den Haaren und es sind nicht wenige Kleriker unter den Verdammten. Was anfangs nur eine Kirchenschelte war, entlud sich 120 Jahre später in einem blutigen Bauernaufstand.

Reifenstein wurde in seiner Geschichte niemals erobert und zerstört und gehört zu den am besten erhaltenen Burgen Südtirols.

BURG REIFENSTEIN

Ein Maßwerkgitter für die Weltausstellung

Wie zwei Wächter aus grimmiger Zeit sitzen die Burgen Sprechenstein und Reifenstein über dem ehemaligen Sterzinger Moos. Reifenstein erhebt sich pittoresk auf einer lang gezogenen Hügelkuppe und ist eine der besterhaltenen Burganlagen Südtirols.

Und sie hat alles, was zum Bild einer handfesten Ritterburg gehört: Vorwerk, Tor, Fallgitter und Zugbrücke, Wehrgänge, zinnengekrönte Mauern, Brunnen und Zisterne, Burgfried und Wohnturm. Echt, etwas abgenutzt und angefressen vom Zahn der Zeit ist Reifenstein innen ein kleines Labyrinth treppauf, treppab, das die ursprüngliche Ausstattung und Einrichtung aus dem Spätmittelalter und der beginnenden Neuzeit erhalten hat. Erhalten ist die alte Zisterne im Innenhof genauso wie die alten Gesindestuben mit Spinnrad und Spinnrocken und die verrußte und düstere Küche mit offener Herdstelle. Schwer vorstellbar, dass hier auch ein Festmahl für die Herren Grafen zubereitet werden konnte.

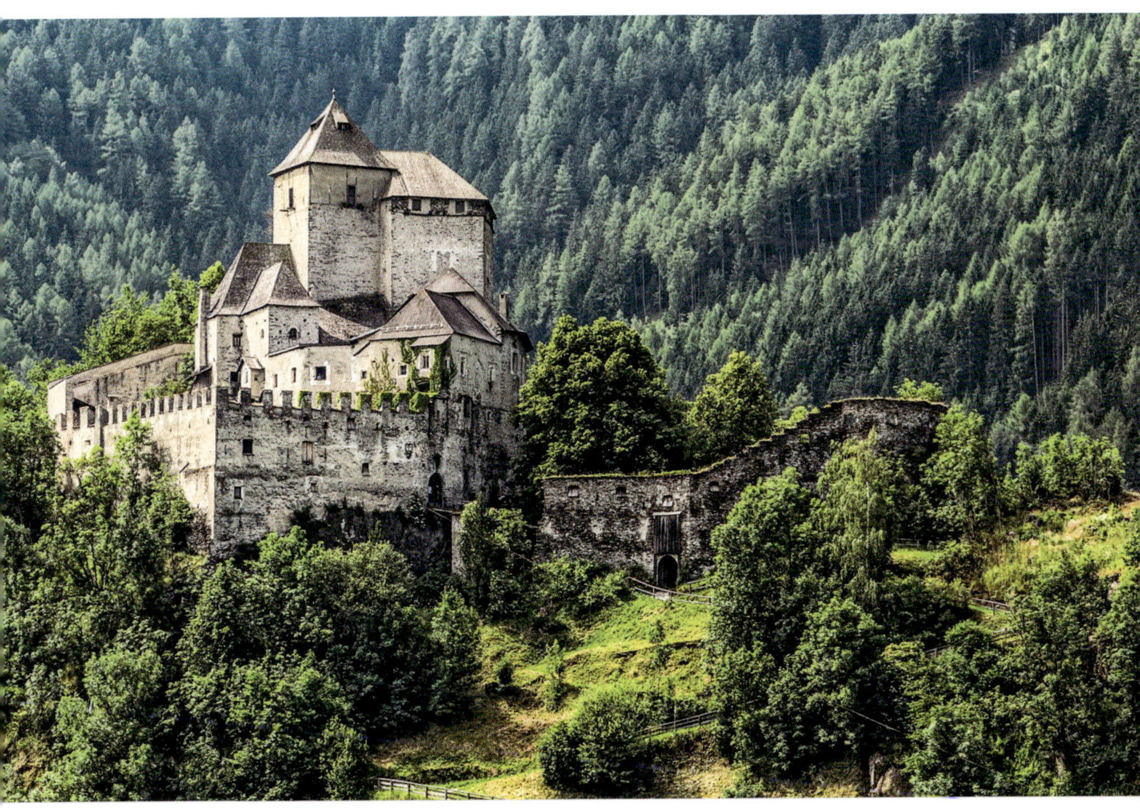

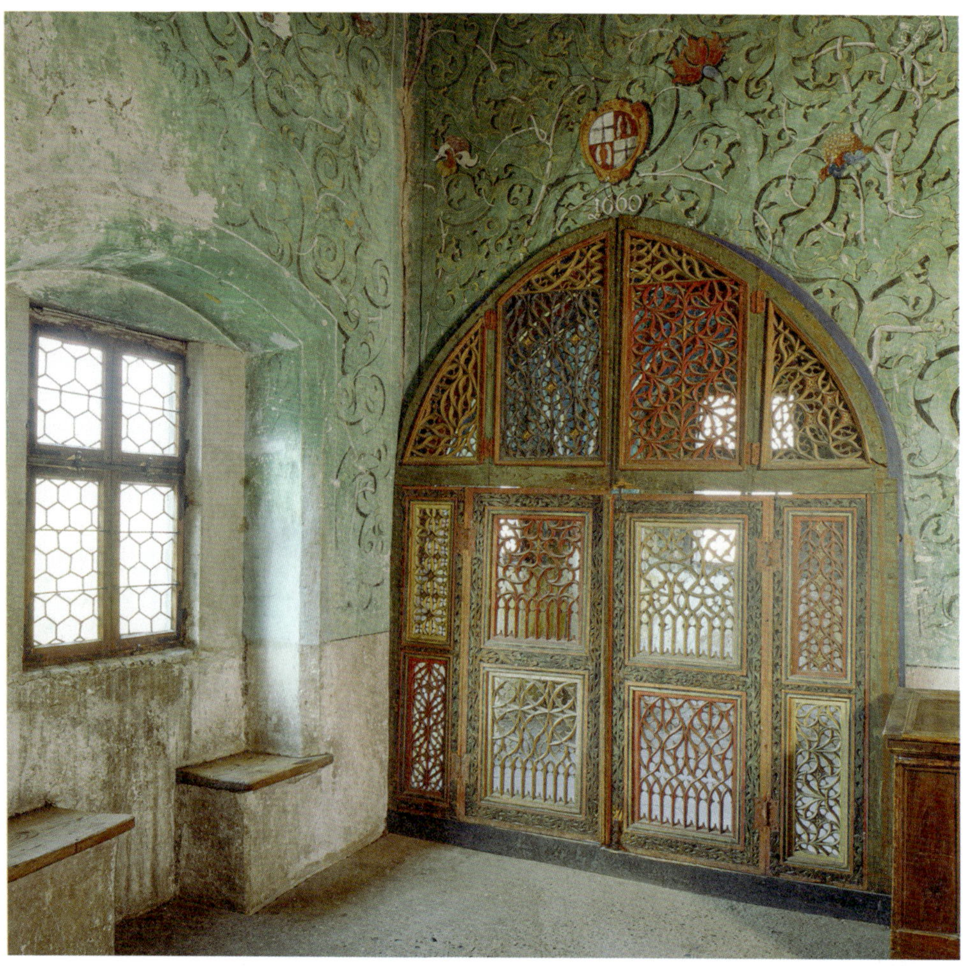

Der „Grüne Saal" mit geschnitztem Kapellengitter.

Bergfried und Wohnturm gehören zur alten, romanischen Bausubstanz; wer ins schauerliche Verlies mit fünf (!) Metern Fallhöhe geworfen wurde, hat es selten lebend verlassen, und wenn, dann halb erblindet und mit schlecht verheilten Knochenbrüchen. Ob der Vorraum mit dem Pfahl und den v-förmigen Verstrebungen einmal die Folterkammer gewesen ist, sei dahingestellt.

Recht eindringlich vermitteln die kobenartigen Holzverschläge spätmittelalterliche „Schlafkultur" für die Wachmannschaft: Da wurde einfach etwas Stroh hineingeschüttet, für die Wärme im Winter hatte man durch enges Zusammenrücken dann selbst zu sorgen.

Die Burg Reifenstein geht auf eine Gründung der Herren von Stilfes im Auftrag der Brixner Bischöfe im 12. Jahrhundert zurück. Später gelangte sie in den Besitz der Tiroler Grafen.

1470 verkaufte der notorisch verschuldete Herzog Sigmund das Schloss an die Deutschordenskommende von Sterzing. Die neuen Herren bauten es zu einer komfortablen Wohnburg um. Dem Komtur Wolfgang von Neuhaus verdanken wir die kunstvolle Innenausstattung. Wände, Decken und Unterzugsbalken im „Grünen Saal" sind mit reicher Illusionsmalerei ausgeschmückt, das grüne Rankenwerk ist mit raffinierten Schattierungen so täuschend echt gemalt, dass man meint, man habe Reliefs vor sich. Bei genauerem Hinsehen sind die im Rankenwerk herumkletternden Jünglinge zu erkennen, die Vögeln oder Früchten nachsteigen.

Das Kapitelzimmer lässt die besondere Atmosphäre einer spätgotischen Stube mit Zirbelholzgetäfel lebendig werden

Das große Kapellengitter mit flach aus dem Holz herausgeschnittenen Rankenmotiven zeugt von exzellentem handwerklichem Können. Es war ursprünglich Außenteil eines frei aufgestellten gotischen Prunkbettes mit Dach von beachtlicher Höhe. Dieses Maßwerkgitter wurde 1900 auf der Pariser Weltausstellung als gelungenes Beispiel für gotische Schnitzkunst zusammen mit einer Nachbildung des Kapitelzimmers im „Chateau Tyrolien" ausgestellt. Das Kapitelzimmer lässt die besondere Atmosphäre einer spätgotischen Stube mit Zirbelholzgetäfel lebendig werden. Schmuckstücke sind der schmale Waschkasten mit erlesenem Maßwerkschmuck und die Tür mit Wappen des Komturs Wolfgang von Neuhaus. Die Tür zum Grafenzimmer trägt die Kohlezeichnung eines Mannes, eines „Niemands", dem man alles in die Schuhe schieben kann: *Niemnantz heis ich was man // tut das zeit man mich.* Durch Zufall kamen alte Spielkarten in einem Schiebefenster (gegen die Zugluft?) zum Vorschein: Die Herren Ordensritter waren also nicht nur mit Beten und Kämpfen zugange.

Noch ein Fund sei angeführt: In Elzenbaum bei Freienfeld wurden acht Baumsärge aus der späten Völkerwanderungszeit gefunden. Der Länge der Särge nach zu schließen, müssen das baumlange Burschen gewesen sein, die ob ihrer Größe bei den eher kleinwüchsigen einheimischen Alpenromanen blankes Entsetzen verbreitet haben, bevor sie das Zeitliche segneten. Die Burg kam 1813 als Abfindung für das Postregal in den Besitz der Adelsfamilie Thurn und Taxis, der sie heute noch gehört.

INFO

Tourist Info Sterzing
Stadtplatz 3
39049 Sterzing
Tel. +39 0472 765325
www.sterzing.com

INFO STERZING

Rathaus
Von Montag bis Freitag 8–12.30 Uhr und am Mittwochnachmittag 14–17 Uhr ist die Rathausstube zu besichtigen, zudem kann man noch den Innenhof mit dem Mithrasstein besichtigen.

Zugang nur im Rahmen einer Stadtführung möglich

Spitalskirche
Von Montag bis Samstag 8.30–18 Uhr geöffnet, Sonn- und Feiertage geschlossen

Führungen sind nur im Rahmen einer Stadtführung möglich.

Pfarrkirche
Täglich 9–19 Uhr geöffnet

Führungen sind nur im Rahmen einer Stadtführung möglich.

Multscher Museum
Anfang April bis Ende Oktober von Dienstag bis Samstag 10–13 Uhr und 13.30–17 Uhr geöffnet

Für weitere Fragen das Museum direkt kontaktieren:
Tel. +39 0472 766464
museum@sterzing.eu

Burg Reifenstein
Anfang April bis 30. Oktober geöffnet

Führungen; es ist auch möglich, die Burg mittels Audioguide zu besichtigen.

Für weitere Infos und Fragen Frau Steiner direkt kontaktieren:
Mobil +39 339 2643752

Bergbaumuseum Ridnaun
Anfang April bis Anfang November von Dienstag bis Sonntag 9.30–16.30 Uhr (letzter Einlass um 15.15 Uhr) geöffnet, Montag geschlossen

Für weitere Infos bezüglich Führungen das Museum direkt kontaktieren:
Tel. +39 0472 656364
www.bergbaumuseum.it

Jagdmuseum Wolfsthurn
1. April bis 15. November von Dienstag bis Samstag 10–17 Uhr, Sonn- und Feiertage 13–17 Uhr geöffnet

Für weitere Infos bezüglich Führungen das Museum direkt kontaktieren:
Tel. +39 0472 758121
www.wolfsthurn.it

DAS PUSTERTAL

Pustertal

EINE ANNÄHERUNG

Das Pustertal stapelt tief. Die Talsohle durchfahrend, erblickt man nur bewaldete Hänge hinauf zu halber Höhe. Selten weitet sich das Bild. Um etwas von der grandiosen Bergwelt zu erfahren, muss man höher hinaufsteigen oder in Seitentäler einfahren. Dann aber offenbaren sich majestätische Naturbilder: die eisgekrönten Spitzen der Zillertaler Alpen, der Rieserferner- und der Venedigergruppe. Im Süden steigen die Zacken der Dolomiten auf. Das Tal selbst schwelgt in Grün. Vom Klima sprechen Spötter nicht ungern von Klein-Sibirien, nun ja, die Wintertemperaturen in Bruneck oder Toblach liegen ziemlich unter denen anderer Ortschaften auf gleicher Meereshöhe. Und doch schiebt die Wärmeblase des Brixner Talkessels genügend warme Luft in die Talmündung, dass sogar noch in Mühlbach Reben gedeihen.

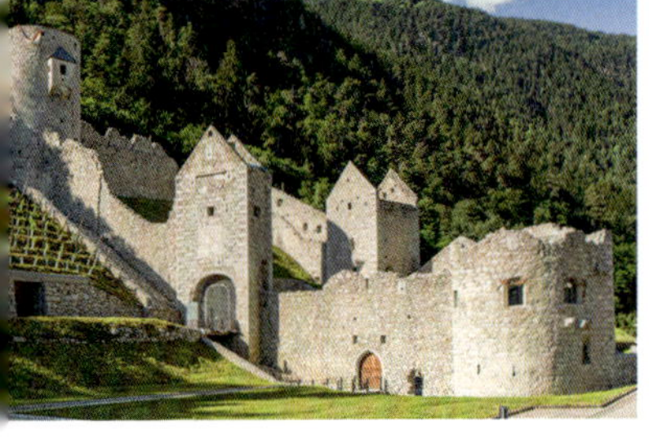

Die **Mühlbacher Klause** bildet eine Art klimatischen Übergang, danach wird es, wie gesagt, wald- und wiesengrün. Die Klause markierte über lange Zeit auch die politische Grenze zwischen der Grafschaft Tirol und der von Görz. Meinhard II. von Tirol errichtete hier eine Grenzfestung und Zollstelle. Herzog Sigismund baute sie neu aus und in den Kämpfen von 1809 wurde sie ein Raub der Flammen. Meinhards Zölle waren gepfeffert im wahrsten Sinne des Wortes. Auszug aus den landesfürstlichen Rechnungsbüchern 1288: *Von dem Zolle zu Muelebach gibt man 220 pfunt pfeffer.* Der Zoll war einträglich, schließlich war das Pustertal – und ist es zum Leidwesen der Tal Bewohner immer noch – ein Durchzugstal. Der Warenverkehr von Deutschland über die Dolomitenpässe nach Venedig und die Adria zog hier durch und die Patrizierfamilien in Bruneck verdienten prächtig daran. Zudem gewährte das Tal die schnellste Verbindung vom südlichen Tirol nach Kärnten. Darüber hinaus gibt es eine beträchtliche Zahl von Übergängen über den Alpenhauptkamm, und die Ahrntaler Bauern treiben bis dato im Herbst ihre Rindviecher nach wie vor von den Almen im Krimmler Achental über die Krimmler Tauern. In keinem anderen Tal in Südtirol tragen derart viele Kirchen und Kapellen eine überlebensgroße Christophorus-Darstellung. Sein Segen und seine Fürsprache sollten die Schritte der Gehenden lenken. „Gehen" ist das verkannte Leitmotiv des Pustertales. Wer setzte nicht alles seine Schritte über die Krimmler Tauern? Hirten, Jäger und Bauern, Säumer und Schmuggler, Soldaten und Kuriere, Pfaffen und Pilger, Soldaten, „Kroumer und Handtierer", Burschen auf Brautschau, Menschen auf dem Weg zu Hochzeiten, Taufen und Begräbnissen. Bergknappen aus Mitteldeutschland brachten nicht nur ihr Arbeitsgerät mit, sondern auch das „Lutherische" nach Prettau. Und immer wieder waren politisch und religiös Verfolgte auf der Flucht. Im Sommer 1947 wurden **Tausende Juden**, Überlebende des Holocaust, in einer Nacht-und-Nebel-Aktion über den beschwerlichen Übergang von Österreich nach Italien geführt, von wo aus sie Palästina erreichten. Eine andere Flucht verliert sich im Reich der Mythen. Die wollen wir auf dem letzten Stück mitgehen. Wir sind dabei in hübscher Begleitung von drei schönen jungen Frauen, deren Namen sehr fremdartig klingen: Aubet, Cubet, Quere. Müde sind sie, die drei, auf der Flucht vor Attilas Horden und doch steigen sie den alten Weg von Mühlbach hinauf nach Meransen. Ermattet sinken sie auf Halbweg nieder, da sprudelt plötzlich eine Quelle hervor, und ein Kirschbaum neigt seine Äste mit reifen Früchten. Sie laben sich und wir im Geiste mit ihnen. Neben der überdachten „Jungfrauenrast" evoziert heute nur noch der vermoderte Stamm eines Kirschbaums eine Ahnung von Quellen- und Baumheiligtum. Dort, wo die Pfarrkirche von Meransen steht, ist die Flucht zu Ende. Sie schweben hinauf ins barocke Kuppelfresko von Johann Mitterwurzer und blicken herunter zu den hilfesuchenden Menschen zu ihren Füßen. Den Damen zu Ehren entfaltet sich am Sonntag nach dem 16. September das „Jungfrauenfest" mit feierlicher Prozession in großem Gepräge wie eine barocke Operninszenierung. In der kleinen Seitenkapelle der Pfarrkirche hängt ein **Tafelbild** der drei, dahinter ein paar verblichene Votivbilder. Groß scheint die Verehrung nicht mehr zu sein und man ist versucht, auf den Grabinschriften nach den Namen als Taufnamen zu suchen. Immerhin findet sich die Inschrift einer Frau, die gleich alle drei Namen trug. Dagegen blüht die Frauenliteratur, „frau" vermutet hinter den drei Jungfrauen keltisch germanische „Matrones", Muttergottheiten, und an dem könnte etwas Wahres sein.

Ein Kuriosum sollten Sie sich nicht entgehen lassen: In der Lünette über dem Südportal der Pfarrkirche in St. Sigmund findet sich ein Votivbild mit den drei gekrönten Jungfrauen, wovon die mittlere eine päpstliche Triara trägt. Eine veritable Päpstin auf dem Lande: Wo hat die Heilige Inquisition nur hingeschaut?

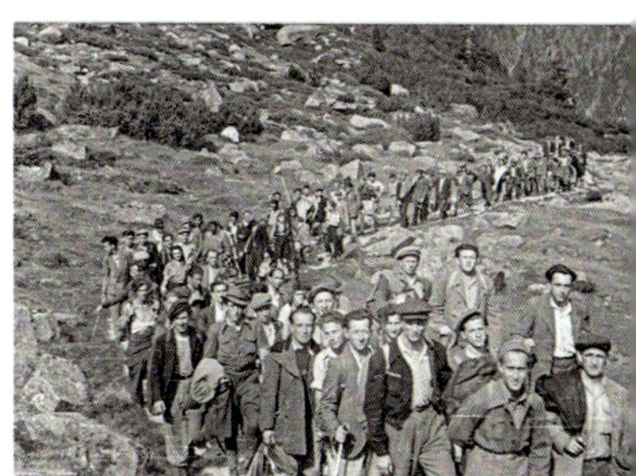

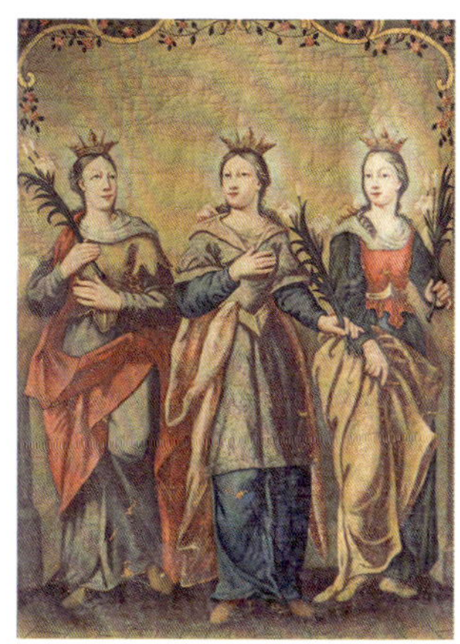

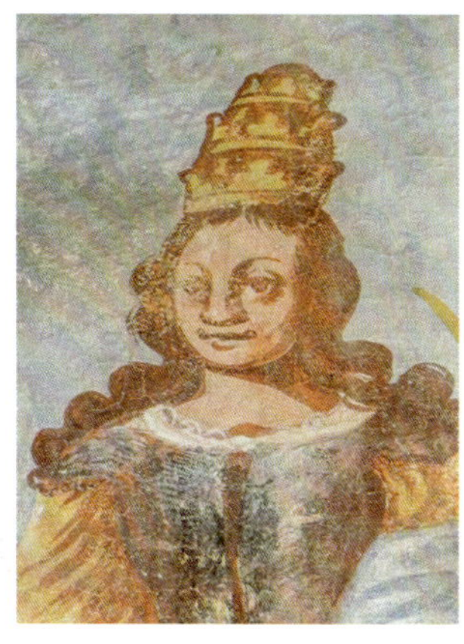

SCHLOSS RODENEGG

Ywains aventuire

Schloss Rodenegg hoch über der Rienzschlucht ist eine der imposantesten Wohn- und Wehrburgen Südtirols. Die Gründung durch Fridericus de Rodanc, einen Ministerialen des Brixner Bischofs Hartmann, geht auf das Jahr 1145 zurück. 1269 gehörte Rodenegg bereits den Tiroler Grafen, 1460–1469 war dort Oswald II., der älteste Sohn des Dichters Oswald von Wolkenstein, als Pfleger eingesetzt, 1491 schenkte Kaiser Maximilian I. die Burg seinem Rat Veit Freiherr von Wolkenstein, dessen Nachkommen, die Familie Wolkenstein-Rodenegg, sie bis heute besitzen. Sie bauten in der Folgezeit die Anlage dem Zeitgeschmack entsprechend zu einer prächtigen Renaissanceresidenz aus und legten Sammlungen und eine kostbare Bibliothek an. 1694 fiel das Schloss einem verheerenden Brand zum Opfer, die finanziellen Mittel zum Wiederaufbau schöpfte man aus dem Verkauf der Sammlungen, der Bibliothek und des wertvollen Archivs. In den Franzosenkriegen gründlich geplündert, schien der weitere Verfall unaufhaltsam, bis um 1900 im letzten Moment eine geglückte Restaurierung einsetzte.

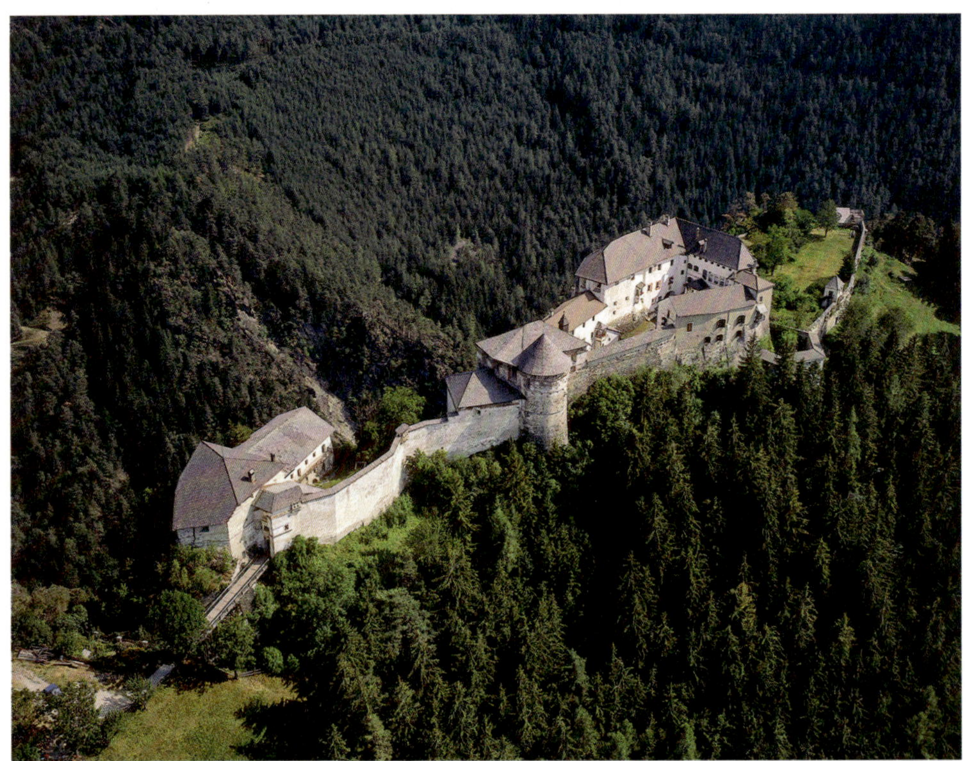

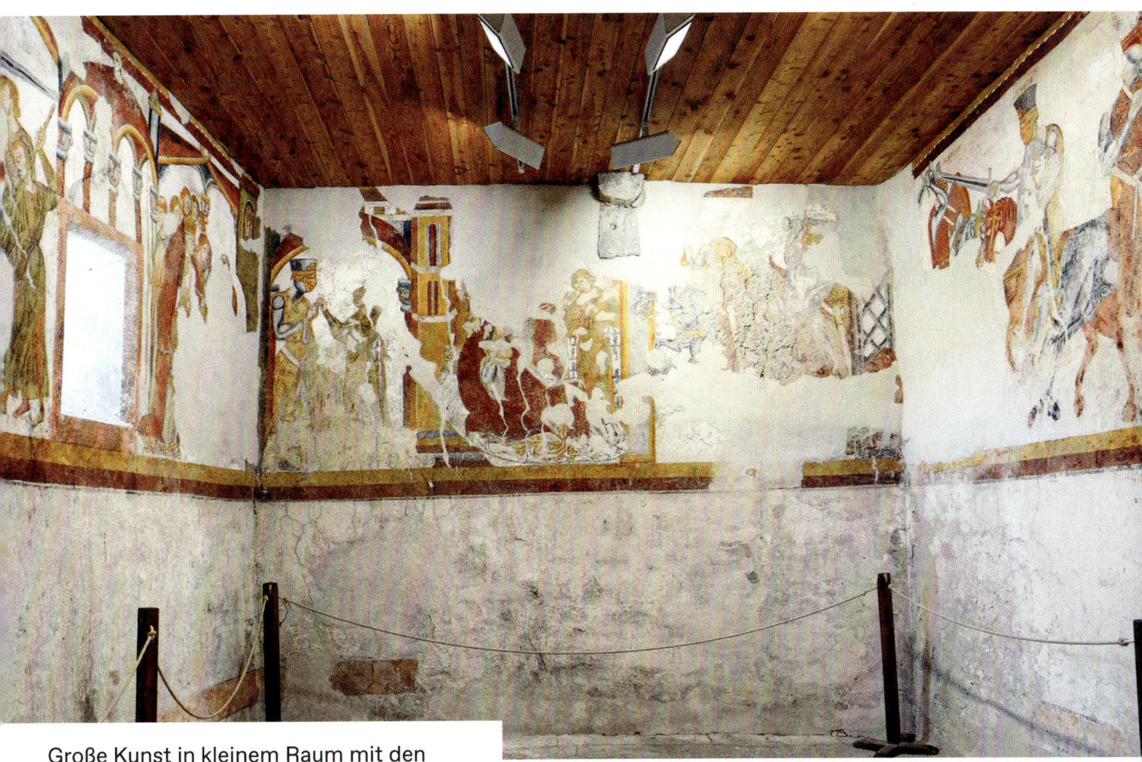

Große Kunst in kleinem Raum mit den ältesten profanen Fresken im deutschen Sprachraum.

Da das Schloss Wohnsitz der adeligen Besitzer ist, stehen nur bestimmte Räumlichkeiten einer Besichtigung offen wie die Burgkapelle zum heiligen Michael, der Waffensaal, die alte Schlossküche, das Verlies, der Schlossgarten und das sogenannte Lauterfresserloch, ein enges Verlies, in dem einst Mathias Perger, der legendenumwobene „Lauterfresser" gefangen gehalten wurde. 1645 wurde er auf Schloss Rodenegg bestialisch gefoltert und wegen Hexerei zum Tod auf dem Scheiterhaufen verurteilt. Ein armer, belesener Teufel, der Bücher und den Schalk liebte und die Dummheit der Menschen kannte.

Hinter dem Haupttor mit der Zugbrücke hängen an den Seitenwänden die Holzgerüste, auf denen die Stichwaffen abgelegt werden konnten. Über eine zweite Zugbrücke und unter einem Fallgitter erreicht man den Innenhof, von dem aus ein Rundportal in einen unscheinbaren Raum führt. Dessen Bilderschmuck aber gehört zu den ältesten Beispielen profaner Malerei im deutschen Sprachraum. Der flach gedeckte Raum ist an allen vier Wänden mit Szenen nach dem Ywain-Roman des Hartmann von Aue ausgemalt. Hartmann von Aue hatte den Roman nach einer Vorlage des

Chretien de Troyes zwischen 1195 und 1205 in mittelhochdeutscher Sprache verfasst. Das Thema ist dem Sagenkreis um König Artus' Tafelrunde entlehnt und zählt zu den bedeutendsten Sujets der höfischen Literatur. Hintergrund der „aventuire" und „minne" des Löwenritters Ywain ist die Zeit der Kreuzzüge, des Ritterwesens und seiner Wertorientierung. Es ist erstaunlich, in welch kurzer Zeit der Ywain-Stoff im Brixner Raum/Südtirol aufgenommen wurde, da zwischen Vollendung des Werkes und der bildlichen Fassung gerade einmal 15 bis 20 Jahre liegen. Und das noch in einem Gebiet, in dem zu der Zeit große Teile der Bevölkerung Ladinisch sprachen: Die Oberschicht orientierte sich offensichtlich am prestigeträchtigeren Deutschen.

Als Nicolò Rasmo 1972/73 das Gewölbe abbrechen und die Bilder freilegen ließ, stand er vor einem sensationellen profanen Bilderzyklus der Romanik. Dieser Zyklus entfaltet sich 30 Zentimeter über dem Boden und wird oben und unten von einem rot-gelben Streifen eingefasst. Elf von zwölf Bildern sind erhalten und illustrieren den ersten Teil des Romans. Zum besseren Verständnis seien die Bilder etwas näher erklärt, die Zahlen in Klammern geben die Bilderfolge an.

Abenteuer in elf Folgen

In der ersten Szene nimmt Ywain Abschied von den Burgbewohnern in der Nähe des Waldes Brezelijan, rechts im Bild steht ein Mann – der Burgherr? – mit einem Falken im Turmbogen (1); Ywain trifft im Wald auf wilde Tiere und wird von einem knüppelbewehrten Waldmenschen zum Zauberbrunnen gewiesen (2); an der Zauberquelle, zwischen einer Linde und einer Eiche, gießt Ywain Wasser auf den Stein, was ein Gewitter auslöst, sein Pferd steht indes hinter ihm und dreht den Hals um den Eichenstamm (3); das Gewitter hat Aschelon, den Hüter des Zauberbrunnens, herbeigerufen. Es kommt zuerst zu einem Zweikampf mit Lanzen, wobei eine Lanze im Löwenschild Ywains steckt (4); Experten können hier viele Details an ritterlicher Ausrüstung (kostbarer Waffenrock, Topfhelm, Schild) und Waffentechnik studieren, hingewiesen sei besonders auf die Technik, wie Aschelon seinen Rundschild mit einer „Schildfessel", einem Riemen, den er mit der Linken lenkt, um den Nacken trägt. Der Schwertkampf ist der

Eine Sage aus König Artus' Tafelrunde

Der tödliche Schwertkampf.

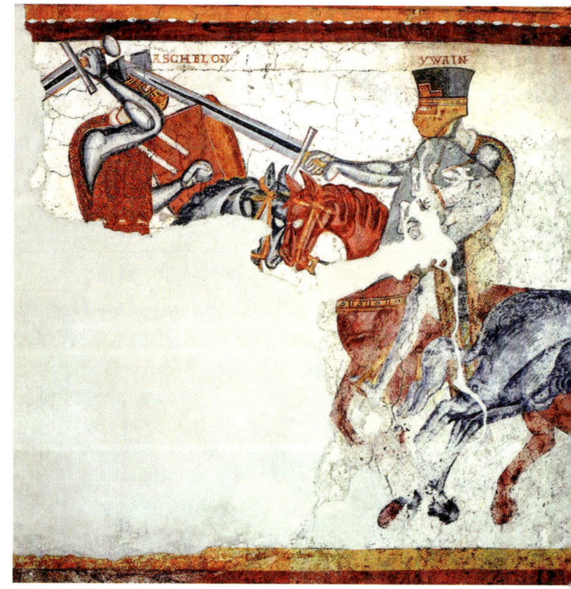

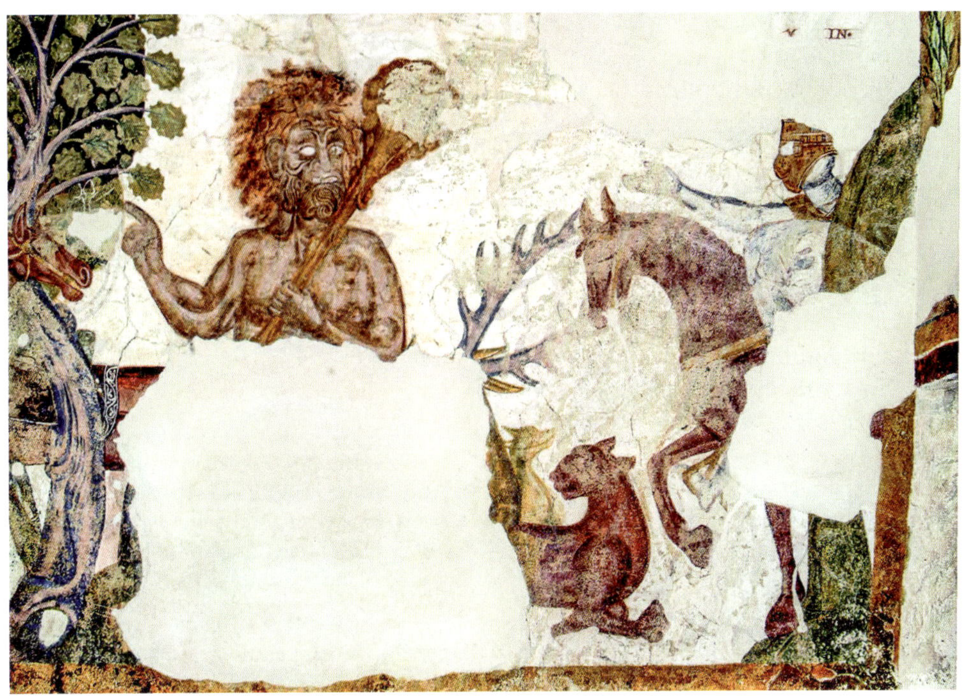

Der wilde Waldmensch mit seinen Tieren weist Ywain den Weg zum Zauberbrunnen.

Höhepunkt des Kampfes, in dem Ywain Aschelon tödlich am Kopf verwundet, sein Schwert spaltet den Helm und den oberen Rand des Schildes; die Intensität des Kampfes hat sich auch auf die Pferde übertragen, deren Köpfe sich kreuzen (5); Ywain verfolgt den tödlich Verwundeten in seine Burg, wo das Fallgitter auf Ywains Pferd niedersaust, er selbst wird vom Verfolger zum Gefangenen (6); Aschelon verstirbt in den Armen seiner Frau Laudina (7); Lunete, Laudinas Vertraute, steckt Ywain den Zauberring an den Finger, der ihn als Träger unsichtbar macht (8); ein Kleriker mit Kreuz führt den Begräbniszug an, hinter dem abgestellten Sarg weint Laudina und ringt die Hände. Ywain sieht vom Erkerfenster rechts oben ihren Schmerz, verliebt sich in sie, wird aber von Lunete am Kopf zurückgehalten. Der Tote spürt die Anwesenheit seines Mörders. Eine Gestalt rechts neben Laudine zeigt mit entsetztem Gesicht auf eine fragmentarische Figur. Es ist nach Helmut Stampfer Aschelon, der sich im Sarg aufrichtet und dessen Wunden zu bluten beginnen, weil sein Mörder in der Nähe ist (9). Die Burgbewohner sind in großer Aufruhr und suchen mit Stöcken und Schwertern nach Ywain, sie kommen sich dabei wie Blinde vor: Ein Mann zeigt auf die Augen, als wolle er sagen, dass hier etwas Unerklärliches vor sich geht, andere schreien (10); Lunete tritt als Vermittlerin auf und Ywain legt sein Schicksal, kniend die offenen Hände erhoben, in Laudinas Hand. Laudina sitzt in Schmerz versunken da und stützt ihr geneigtes Haupt in die Hand (11).

Nach diesem Bild fällt es schwer, sich eine Versöhnungsszene oder gar Hochzeit als Abschluss vorzustellen. Ist die Bildgeschichte als „Erfolgsgeschichte“ eines tapferen Ritters zu lesen, dem nach ereignisreicher „aventuire“ der Preis der „minne“ (und ein Königreich) winken? Oder belässt es der Künstler mit einem „offenen Schluss“?

Hugo pictor

Auffallend ist der expressive und dramatische Malstil, der Erzählduktus verrät Erfahrung in der Darstellung von Bildgeschichten. Außerdem gewinnt das dargestellte Geschehen durch den unüblichen weißen Hintergrund an Schärfe. Helmut Stampfer vermutet als Vorbilder Illustrationen von Handschriften. Interessant ist auch, dass der Künstler, vom Tod Aschelons einmal abgesehen, kaum kompositorische Anleihen an sakralen Vorlagen nimmt.

Die genaue Datierung ist genauso umstritten wie die Zuschreibung an einen bestimmten Künstler bzw. an ein Atelier. Nicolò Rasmo vermutete Arnold II. von Rodank als Auftraggeber und als Künstler jenen „Hugo pictor“, der am Hofe von Bischof Konrad, Arnolds Vetter, in einer Urkunde genannt wird. Wenn es dafür auch keinen Beweis gibt, so gilt es als sicher, dass der Maler/das Atelier über Brixen und den Bischof Konrad nach Rodenegg gelangte. Stilistische Zusammenhänge lassen sich mit der Frauenkirche und der Johanneskapelle in Brixen ausmachen; eine Datierung kann zwischen 1210 und 1220 festgelegt werden. Wenn Arnold II. der Auftraggeber war, dann wird er wohl manchmal sinnend vor dem Bild mit dem tödlichen Schwertkampf gestanden sein, wissend, wie grausam und kompromisslos so ein Zweikampf sein kann: Drei seiner Brüder hatten in einer Fehde im Pustertal gleichzeitig das Leben verloren.

LITERATUR

Helmut Stampfer, Oskar Emmenegger: Die Ywain-Fresken von Schloss Rodenegg. Maltechnik und kunsthistorische Bedeutung; Veröffentlichungen des Südtiroler Kulturinstituts, Band 9, Bozen 2016.

Volker Schupp, Hans Szklenar: Ywain auf Schloß Rodenegg. Eine Bildergeschichte nach dem „Iwein“ Hartmanns von Aue; Sigmaringen 1996

INFO

Tel. +39 391 7489492
www.rodenegg.com

Der Altar ist wahrscheinlich eine landesherrschaftliche Stiftung. Der unbekannte Künstler setzt Ornamente nur spärlich ein und die Flügel lassen böhmisch-mährischen Einfluss erkennen.

PFARRKIRCHE ST. SIGMUND – KIENS

Der älteste Flügelaltar Tirols

Man hatte sich wohl Wallfahrer in Strömen erwartet, als man den Baumeister Friedrich von Pfalzen um die Mitte des 15. Jahrhunderts mit dem Neubau von St. Sigmund betraute. Wie konnte in einer kleinen Ortschaft wie Kiens ein für ländliche Verhältnisse so großer Bau einem Adelsheiligen wie dem heiligen Sigmund errichtet und geweiht werden? Vielleicht hängt er mit der Reise Rudolfs von Habsburg zusammen, der im Jänner 1363 Hals über Kopf zu Margarethe Maultasch, Gräfin von Tirol, eilte, um sich das reiche Erbe der Grafschaft Tirol zu sichern. Hier machte er Halt und stiftete für den Ort eine tägliche Messe. Für die Finanzierung des Neubaus spendete nicht nur der lokale Adel fleißig, sondern auch der Landesherr Sigmund der Münzreiche, der für seinen Namenspatron tief in die landesfürstliche Schatulle griff und der Kirche zudem einen Kelch schenkte. Nachgewiesenermaßen hat der Herzog die Kirche besucht und seine Inschrift höchstpersönlich auf dem Altar hinterlassen (Karl Gruber).

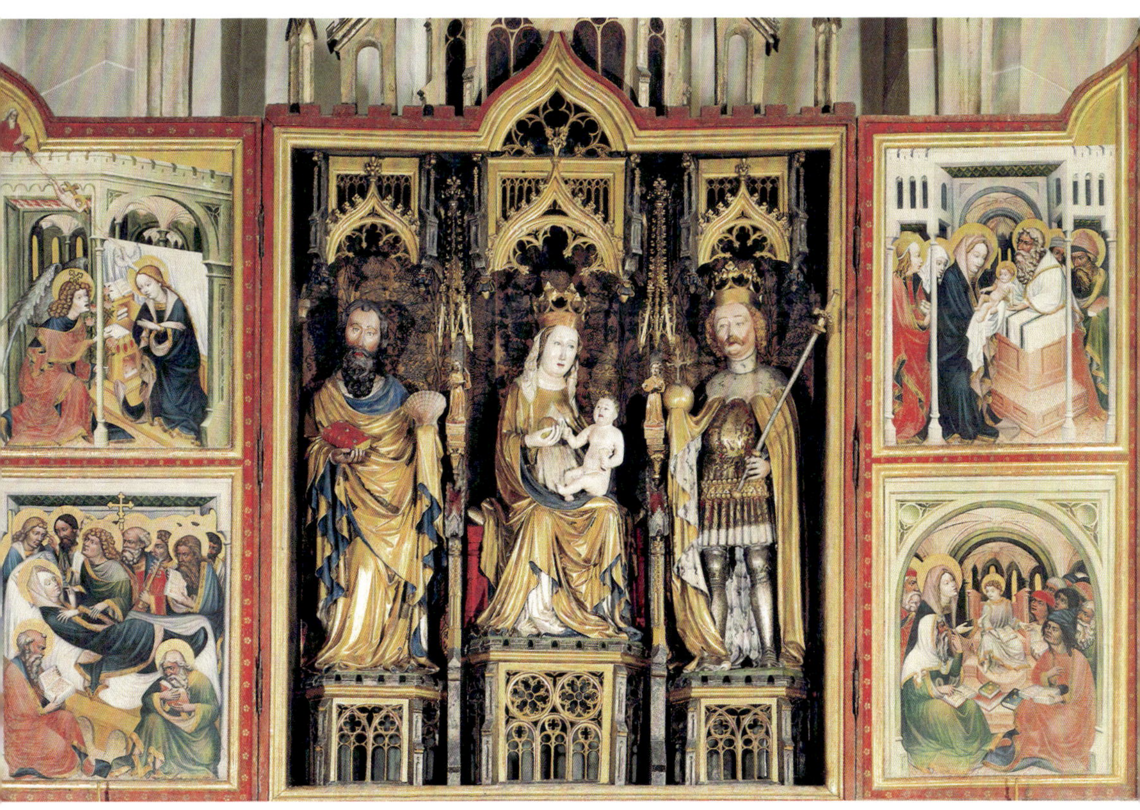

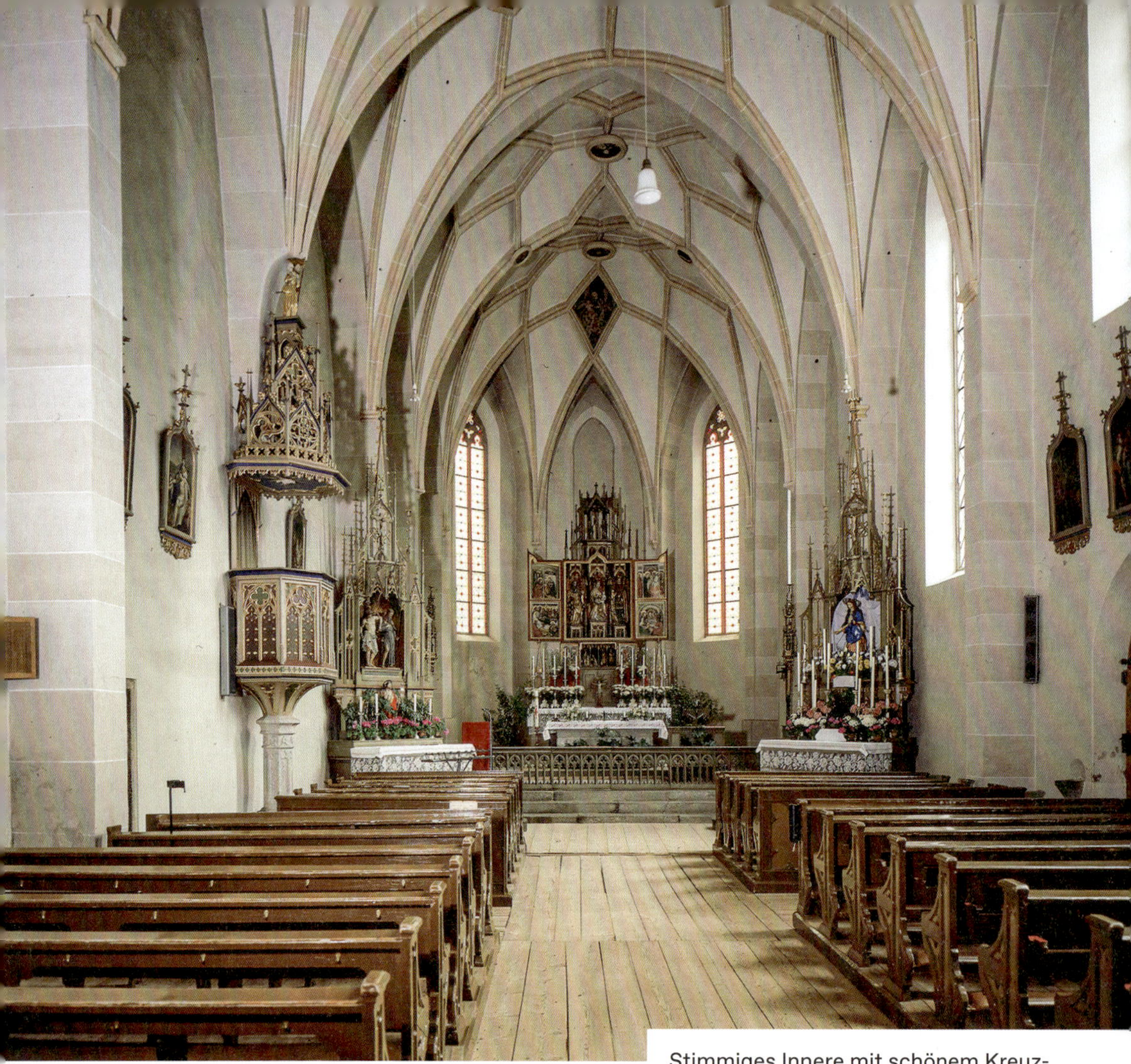

Stimmiges Innere mit schönem Kreuzgratgewölbe.

An der Außenseite fällt der Blick auf die Pietà neben dem Portal mit dem bewegten Landschaftshintergrund aus Gebirge, Brücke und Wolkenhimmel. Die riesige Christophorusdarstellung an der Südwand gehört zu den größten Fresken der lokalen Renaissance; die Heiligenfigur – in einen reich verzierten Rahmen mit Putten, Widderköpfen und Girlanden gestellt – durchschreitet das Wasser, in dem sich allerlei Fabelwesen tummeln. Unter ihnen treten ein Meerweibchen mit Dudelsack und ein weiteres mit einer Handorgel auf, dem ein männliches Wesen den Blasebalg betätigt. Im Hintergrund weitet sich eine schöne Landschaft mit Burg, Kapelle, Bauernhaus, Einsiedler, Felsen und Bach.

Das Kircheninnere wirkt mit zierlichem Netzgratgewölbe und bemalten Schlusssteinen leicht und hoch. Etwas verloren erhebt sich der Flügelaltar im Chorraum, der ursprünglich schon im Vorgängerbau gestanden hatte. Kunsthistorisch bedeutend ist der Flügelaltar auf zweierlei Weise. Wahrscheinlich entstand er um 1435 als landesherrschaftliche Stiftung zur Geburt Herzog Sigismunds im Jahr 1427, wie Franz-Heinz von Hye vermutete, zum anderen ist er der älteste vollständig erhaltene Flügelaltar Tirols – neben dem Altar von Schloss Tirol, der im 19. Jahrhundert ins Stift Wilten kam und sich heute im Ferdinandeum in Innsbruck befindet. Die Predella birgt hinter einer zierlichen Fassadenarchitektur die Anbetung der Könige; die geöffneten Flügel zeigen rechts den bethlehemitischen Kindermord und links das Martyrium des heiligen Sigmund. Im Schrein, dem ersten dreigeteilten in Tirol, stehen auf verziertem Sockel die Madonna mit Kind, rechts St. Sigmund und links St. Jakob, über die sich verzierte kielförmige Baldachine schwingen.

Die gemalten Flügelinnenseiten zeigen vier Szenen aus dem Marienleben

Über dem Schrein erhebt sich ein einfacher Aufsatz mit einer Kreuzigungsgruppe, der auf die frühe Entstehungszeit hinweist. Im Faltenwurf der Schreinfiguren klingt noch etwas vom „Weichen Stil" nach, während sich in der Beinstellung und in den porträthaften Zügen des heiligen Sigismund ein neuer Realismus anbahnt. In dessen Gesichtszügen glaubt die Forschung eine gewisse Ähnlichkeit mit einem anonymen Porträt des römisch-deutschen Königs Albrecht II. sehen zu können.

Die gemalten Flügelinnenseiten zeigen vier Szenen aus dem Marienleben, wo einerseits dicht gestaffelte, plastisch ausgestaltete Personengruppen in einem architektonischen Raum zwar lokalen Trecentoeinfluss erkennen lassen, andererseits aber Elemente böhmisch-mährischer Malerei der Donauschule durchklingen.

Auf den geschlossenen Flügeln sind im oberen Bereich ein Jakobus im Pilgerkleid und ein Christophorus dargestellt; im unteren haben elegante Heilige in feiner Damenrobe ihren Auftritt, wobei sie ihre Märtyrerinsignien wie ein modisches Accessoire vor sich hertragen.

Das Wappenprogramm auf der Schreinrückseite ist ein Lesebuch für Heraldiker mit den Wappen des deutschen Königs, dem Wappen von Tirol, dem von Brixen, von Braunschweig, von Österreich, von Görz, derer von Schlandersberg, von Künigl und anderen. Der gemalte Schmerzensmann erinnert daran, dass der Chorraum auch Beichtraum war.

Bis zum Jahr 1897 kniete ein in Holz gefertigter und mit Wachs überzogener Leonhard von Görz, der Letzte seiner Linie, in erstarrter „ewiger Anbetung" vor dem Altar, bis er für 1600 Gulden an das Ferdinandeum in Innsbruck verkauft wurde. Und dort kniet er immer noch, in „ewiger gedechtnuss" und in Lebendgewicht.

Und ja, von den drei „Päpstinnen" im Bogenfeld des Südportals haben wir bereits in der „Annäherung" gehört.

INFO

Die Kirche ist tagsüber geöffnet.

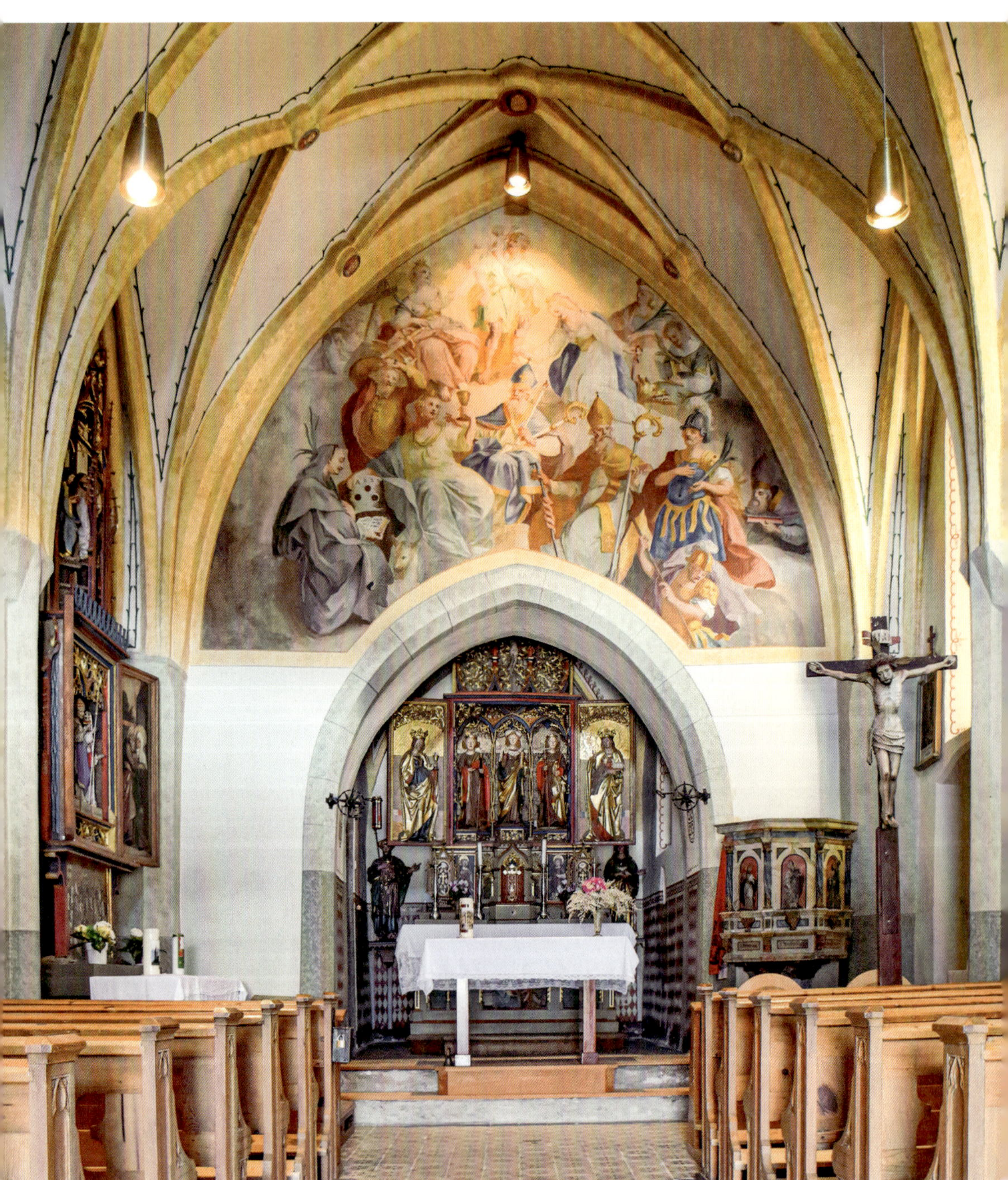

ST. MARGARETH IN MARGEN

Eine ausgesprochene, wenn auch heilige Frauengeschichte ist der gotische Flügelaltar von Margen. Der Ort selbst eine bäuerliche Idylle unweit von Terenten. Idylle auch das Innere, bildgewordene Volksfrömmigkeit im Dornröschenschlaf über Jahrhunderte. Im Zentrum steht die heilige Magdalena mit dem Salbgefäß, flankiert von Katharina und Margareth, zu der der Wurm zähnefletschend aufschaut. Auf den Flügelinnenseiten senken die heilige Barbara und die heilige Agnes züchtig ihren Blick. Alle fünf heiligen Frauen und Jungfrauen sind Schutzpatroninnen der Weiblichkeit, beginnend bei der Keuschheit über Jungfernschaft, Verlobung, bis hin zu Ehe, Schwangerschaft und Geburt. Sie hatten die Hände voll zu tun, die Frauenheiligen, wo auf den Höfen alljährlich ein Neues aus der Wiege schrie: Allein in den Sechzigerjahren drückten noch an die fünfzig Kinder die harten Bänke der Zwergschule in Margen.

Am Flügelaltar haben die Frauen das Sagen

Der Altar wird dem Bildschnitzer Michael Parth zugeschrieben, der aus Bayern zugewandert war und 1528 als *„ain auslender"* das Bürgerrecht in Bruneck bekam. Kennzeichnend für seine Kunst sind die eingeschlagenen und gedreht ausgeschwungenen Faltenzipfel, die eher statische Positur und, in Margen besonders schön ersichtlich, der träumerische Gesichtsausdruck. Die Flügelaußenseiten zeigen Bartholomäus und Christophorus, in der Predella sind in bescheidener Dimension zu den heiligen (Jung-)Frauen die heiligen Stephanus und Laurentius dargestellt. Beachtung verdienen am Seitenaltar die Flügelbilder zur Verkündigung an Joachim und Anna; sie stammen möglicherweise aus der Brixner Werkstatt des Nikolaus Stürhofer. Als ob die gesamte weibliche Fürsprache am Altar nicht ausreichend gewesen wäre, erscheinen in der Predella die 14 Nothelfer, welche über dem Triumphbogen durch den Barockmaler Joachim Mitterwurzer eine nochmalige, farbenfreudige Gestaltung erhielten. Das Kirchlein ist ein Juwel auf dem Lande und der heilige Christophorus auf der Südseite schenke ihm Glück und viele fromme Besucher/-innen in den Fährnissen unserer Zeit.

INFO

Den Schlüssel hat der benachbarte Bauer. Seine Telefonnummer, um sich anzumelden, erfahren Sie im Tourismusverein Terenten.

Tourismusverein Terenten
Tel. +39 0472 546140

Der Flügelaltar ist bildgewordene Volksfrömmigkeit aus der Werkstatt des Nikolaus Stürhofer.

ST. MARTIN IN HOFERN

Gehütetes Kleinod in Bauernhänden

Erst ist da der Weg durch den dunklen Wald, dann tut sich eine Lichtung auf. Das Bild von St. Martin ist wie eine kleine Offenbarung: ein Bauernhof mit Haus, Stadel und Backofen, überragt von der Kirche mit dem spitzen roten Ziegeldach. Das Innere birgt einen spätgotischen Flügelaltar von unerwartet hoher künstlerischer Qualität. Im Schrein wird Maria, der zwei Engel die Krone halten, von den heiligen Martin und Silvester flankiert, als Schreinwächter erscheinen Georg und Florian, im Gesprenge ist eine Kreuzigungsgruppe dargestellt. Der Schöpfer dieses Schnitzaltars steht im Einflussbereich des „Meister von Heiligenblut", er verleiht den Figuren Feierlichkeit und Ruhe; auffallend ist die Gestaltung der Falten, welche die Figur elliptisch umkreisen; der Gesichtsausdruck ist weich, die zurückhaltende Gestik ist aufs Wesentliche beschränkt. Die Schreinflügel sind verloren, die Predellenflügel innen tragen die Reliefs von Katharina und

Der spätgotische Schnitzaltar zeigt eine hohe künstlerische Qualität.

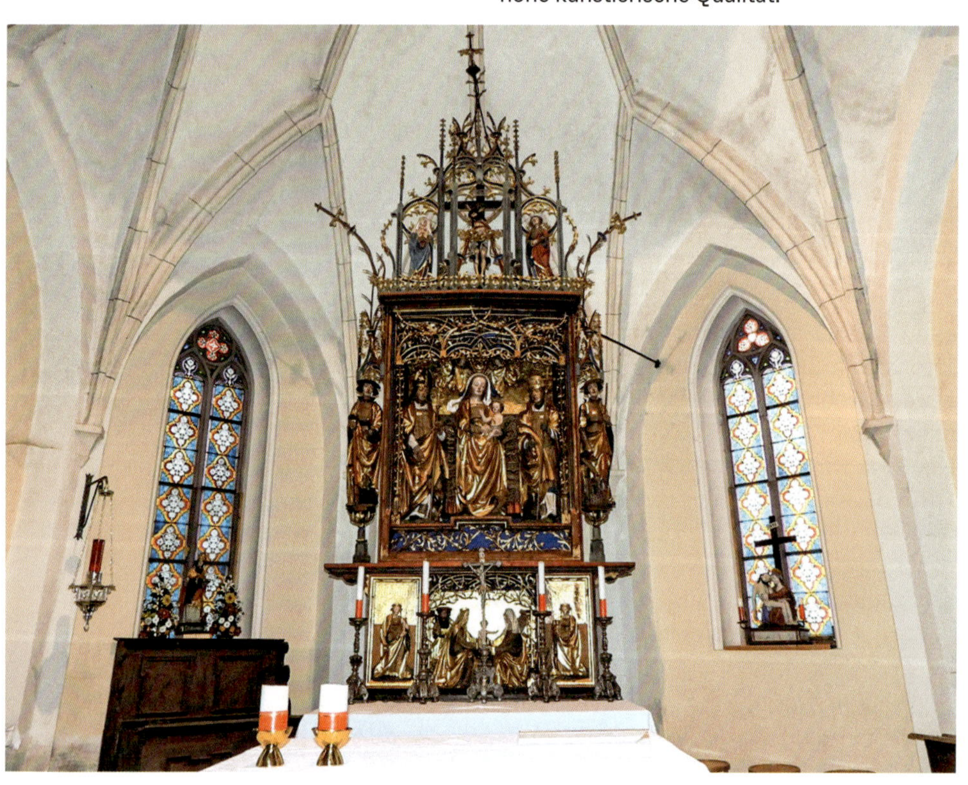

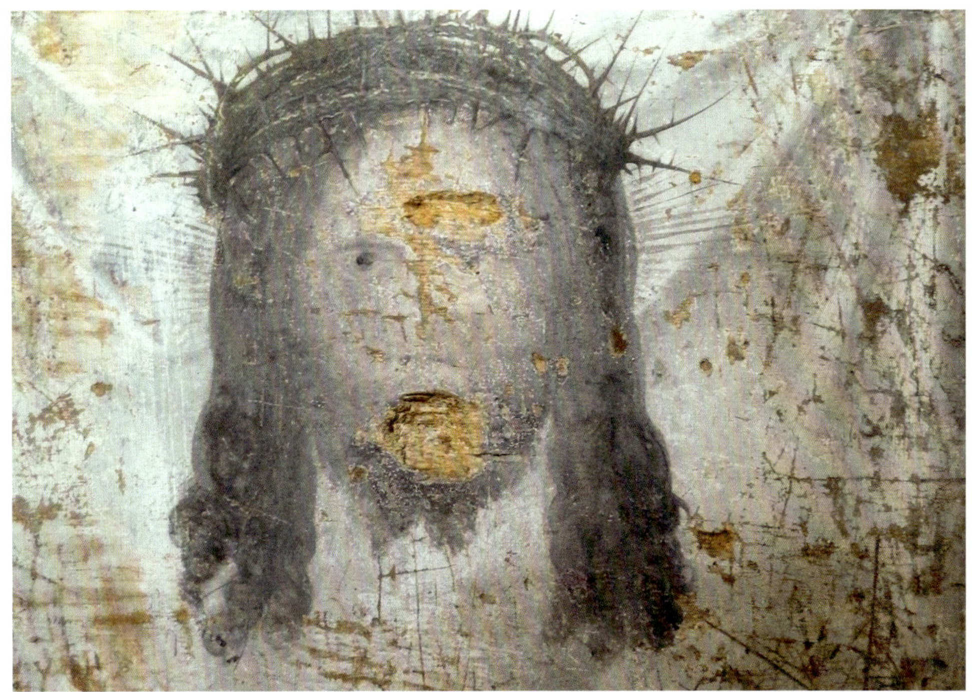

Das Antlitz Christi auf der Altarrückseite mit Schabspuren. Die winzigen Splitter wurden als Amulett unter der Kleidung getragen.

Barbara. Außen sind die heiligen Agnes und Dorothea, Petrus und Paulus dargestellt. Sie könnten ein Werk des jungen Nikolaus von Bruneck sein, der italienische Vorbilder zu kennen scheint, wie das Kind mit dem Blumenkörbchen vermuten lässt. Die Schreinrückwand trägt die Darstellung des Schweißtuches der Veronika, das im Mund- und Stirnbereich tiefe Kratzspuren aufweist: ein Holzsplitter davon als Amulett?

In der Sakristei hängt eine bärtige Kummernus – wieder eine Frauenheilige. Das Bild von Christus in der Kelter (Weinpresse) ist in dieser Berggegend der einstigen Milchschlürfer und Brennsuppenesser eine absolute Rarität. Beim Hinausgehen weitet sich der Blick auf eine ausgedehnte Wiesenlichtung: Der Viehpatron Silvester mit dem Ochsen am Altar als Patron der Haustiere scheint mächtige Fürsprache gehalten zu haben für eine gute Futterernte.

INFO

Im Tourismusbüro Terenten nach dem Bauern mit dem Schlüssel fragen.

Tourismusverein Terenten
Tel. +39 0472 546140

Ahrntal

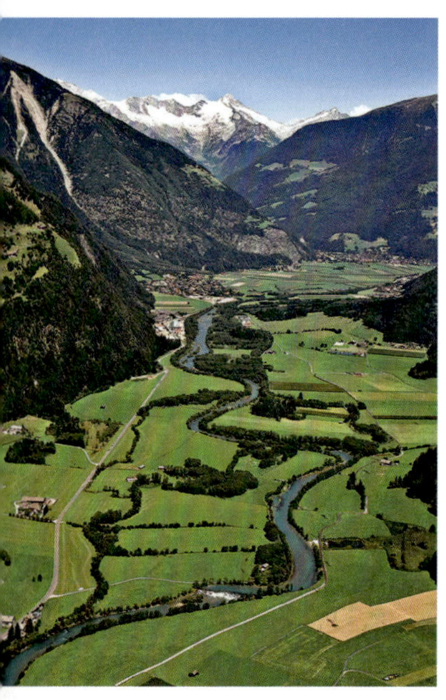

[...] *wo dereinst man, nach dem fälln & brennen der bäume, die erde aufbrach mit hacke, egge und pflug, wo der schweiß die landschaft noch in gesichter grub und schwer wie der schlaf auf die erde fiel, wo kartoffelfeuer brannten und ihr rauch, wie kains rauch, wolkig schwarz schräg zum himmel stieg.*
Josef Oberhollenzer, Windegge

Es muss in der Vergangenheit gesprochen werden: Das **Ahrntal** war einmal, bis vor einem halben Jahrhundert, Südtirols archaischstes Tal. Der Charakter und die Geschichte des Tales sind zweigesichtig. Da war einerseits die Abgeschiedenheit, ein Lebensrhythmus über Generationen gebunden an die Erde auf den Bauernhöfen, die nach wie vor wie Nester an den Hängen kleben. (Und da ist der „Teldra", der Mann aus dem Tal, der zum ersten Mal in seinem Leben außerhalb vom Klopf, dem Burgfelsen von Schloss Taufers, gekommen ist und voller Staunen gesagt haben soll: *„I hatt mio net gidenkt, dass die Welt söfl gröeß isch"* – Ich hätte mir nie gedacht, dass die Welt so groß ist!)

Dieser Abgeschiedenheit verdankt der Ahrntaler Dialekt nach wie vor seine urtümliche Eigenheit, wenngleich viele der alten Ausdrücke im Fluss der Zeit mit der Ahr hinaus sind. Trotzdem finden sich selbst im heutigen Sprachgebrauch Wörter und Ausdrücke aus dem Althochdeutschen. Zu diesem archaischen Randdasein ist es wie eine Watsche ins Gesicht, dass der Glockenkarkopf, eigentlich Klockerkarkopf, im hintersten Tal auf den italienischen Landkarten als „Vetta d'Italia", der angeblich (nördlichste) „Gipfel Italiens", aufscheint. 1904 bestieg der fanatische italienische Nationalist Ettore Tolomei, der „Übersetzer" der Südtiroler Ortsnamen, den Gipfel und maßte sich an, ihn umzutaufen. Mit einem Dekret der faschistischen Regierung 1923 wurden Tolomeis teilweise recht abstruse Übersetzungen der Südtiroler Ortsnamen allein gültige Toponyme, die *de jure* bis heute ihre Gültigkeit haben, und die ursprünglichen (deutschen, ladinischen) Ortsnamen nur „geduldet" sind. Es gibt da einen Punkt auf der Straße Richtung Talschluss, von dem aus der Klockerkarkopf zu sehen ist: obligatorischer Haltepunkt für italienische Touristen im Sommer, die ehrfürchtig im Angesicht der „Wätta“ an den „sacri confini della patria“ stehen. Kein Friede der Asche dem faschistischen „Senator auf Lebenszeit“ (und das bei aller Italophilie des Autors), denn willkürliche „Übersetzungen“ historisch gewachsener Ortsnamen ohne das Einverständnis der eingesessenen Bevölkerung sind eine Kulturschande.

Der Blick auf die Kette der vergletscherten Dreitausender hat etwas Magisches, heischt Respekt und vermittelt Abgeschiedenheit. Doch genauso wie es keine „natürlichen“ Grenzen gibt, bilden auch Bergketten in der Menschheitsgeschichte keine unüberwindbaren Hindernisse. So abweisend die Gletscherketten im Ahrntal auch scheinen mögen, so werden sie von Dutzenden hochalpiner Übergänge überwunden. Sie gehören zum Wesen des Ahrntales.
Ein weiterer Wesenszug bildet sonderbarerweise die Verknüpfung mit der großen weiten Welt (wenn man will, bis hin zu den Piraten der Karibik). In **Prettau** wurde Kupfererz geschürft. Die Ursprünge des Bergbaus liegen im Dunkeln. Im Spätmittelalter und in der beginnenden Neuzeit blühte das Bergwerkwesen im abgeschiedenen Talschluss auf. Das gebrochene Gestein war sehr erzhaltig, die ersten Erzadern lagen in 2000 Metern Höhe nahe unter der Oberfläche. Kupfer aus Prettau erlangte den besten Ruf in Europa, und die Habsburger gierten danach: Es ging um das Kupfer, vermischt mit Zink, zum Gießen der Bronzegeschütze, es ging um Kanonen für die expandierenden Weltmächte. Immer, wenn Kaiser Maximilian wieder einen bewaffneten Konflikt vom Zaune brach – oder einen verlor –, schürten die Heizer in den Schmelzöfen groß Holzkohle nach, sieben Mal wurde das Erz erhitzt, bis gutes Kupfer daraus wurde, um es dann in Platten talauswärts zu führen. Kaiser Maximilians Artillerie war die modernste ihrer Zeit und sein berühmter Geschützgießer Georg Löffler in Innsbruck verfügte weltweit über das allerneueste und umfangreichste technische Wissen. Dieses technische Know-how kam auch den habsburgischen Vettern auf dem spanischen Königsthron zugute, welche ihre Silbertransporte aus Südamerika mit Galeonen eskortieren ließen, die mit den modernsten Kanonen bestückt waren. Also doch: Wann immer die Piraten frecher wurden, rauchten die Schmelzöfen im fernen Ahrntal stärker: Prettauer Kupfer wurde (auch) in Genua verschifft, nicht weniges sicher nach

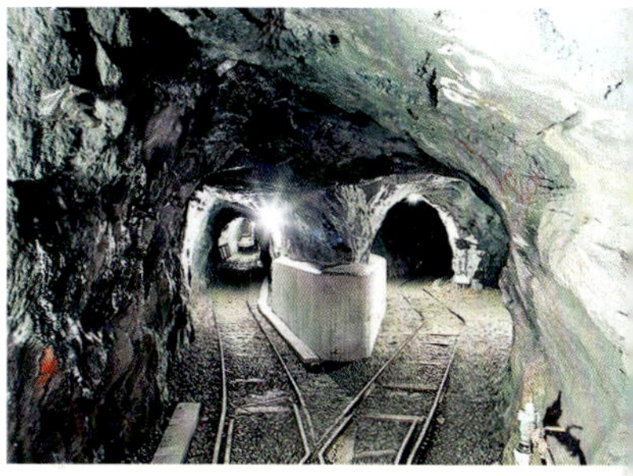

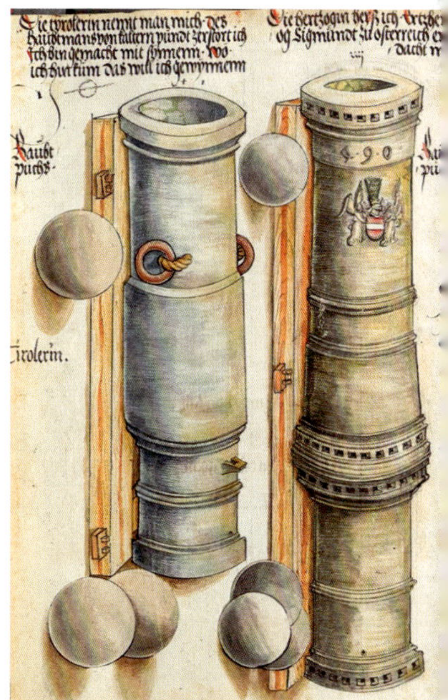

Spanien. Maximilian hatte ein Faible für schweres Geschütz. Einige Innsbrucker „Hauptstücke" hatten nahezu gigantische Dimensionen: Der „Leu" wog an die 10 Tonnen und musste von 30 Pferden gezogen werden. Nichts sagen diese Zahlen über die schwere Arbeit der Knappen: Bei gutem Vorankommen trieben zwei Knappen einen engen Stollen von ca. 160 Zentimetern Höhe mit Schlägel und Eisen am Tag einen Zentimeter in den Berg. Der unterste St.-Ignaz-Stollen beginnt auf 1600 Metern Meereshöhe: 44 (!) Jahre brauchten vier bis sechs Knappen, bis sie nach ungefähr 1000 Metern auf eine Erzader stießen. Die Knappen standen im Vertrag mit den „Gewerken", den Bergwerksunternehmern, die sie zum Teil mit Naturalien entlohnten, daher auch der „Kornkasten" in Steinhaus, wo das Getreide für die Knappen gelagert wurde. Zu den Gewerken zählten der Bischof von Brixen, die Freiherren von Welsberg, Tiroler Handelshäuser und die Finanziers des Kaisers, die Fugger, die sich mit einem „Würgeabkommen" bei den Knappen besonders verhasst machten.

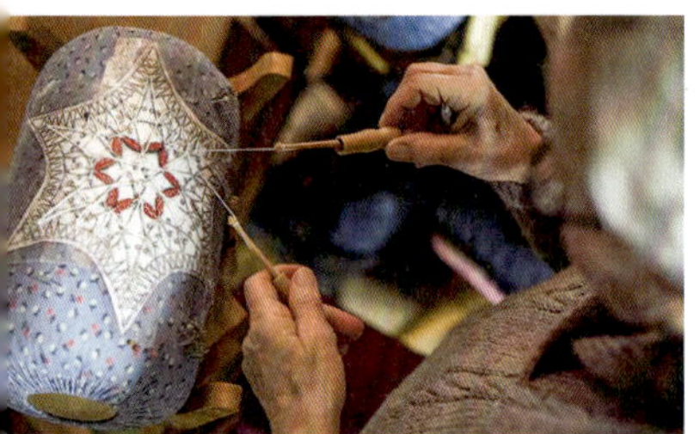

Danach kam der „Ahrner Handel" vollkommen in Südtiroler Hand; auch als die Adern immer unergiebiger wurden, lohnte sich der Abbau einigermaßen, weil das Prettauer Kupfer wegen seiner Geschmeidigkeit sich leicht zu Kupferdraht verarbeiten ließ, den man mit Gold, Silber oder Messing für Prachtstoffe oder Schulterstücke, alles der barocken Eitelkeit zum Spaß, überzog. Mit der Zeit wuchs die Konkurrenz auf dem Weltmarkt, die Adern wurden unergiebiger, bis Graf Hugo von Enzensberg 1893 den Betrieb schließen musste. Das Tal verarmte. Um Familien vor dem Hunger zu bewahren, besannen sich die Frauen der **Spitzenklöppeltradition**, die früher schon in mageren Zeiten bestanden hatte. Das Klöppeln sicherte vielen ehemaligen Bergarbeiterfamilien trotz schlechter Entlohnung und langer Arbeitszeiten das Existenzminimum. Was ist geblieben? Erinnerungen, Stollen, halbverfallene Anlagen, die Häuser im Dorfzentrum von Steinhaus, dem Zentrum des „Ahrner Handels". Und ein großes ökologisches Problem, der fehlende Wald in Prettau. Zur Herstellung von Holzkohle wurde dort der Wald radikal gerodet, der Ort wurde von Lawinen heimgesucht und das Klima hatte sich verschlechtert, weil kein Wald mehr die kalten Winde von den Gletschern und Jöchern herab auffing. Kein Ackerbau war mehr möglich.

Trotzdem unternehmen die Männer von Prettau jedes Jahr die Wallfahrt zur „Kornmutter“ (Madonnenbild in blauem Ährenkleid) nach Ehrenburg draußen im Pustertal. Die gesamte Strecke hin und zurück umfasst 108 Kilometer. Mitgetragen wird das **durchschossene Kreuz** aus der Heilig-Geist-Kirche in Kasern bei Prettau. Das Kreuztragen ist Ehrenaufgabe einer Prettauer Familie seit Generationen. Der Ablauf des Bittgangs ist genau festgeschrieben, die Gebete werden mehrstimmig als archaische Rhapsodie in einem rhythmischen Singsang rezitiert; jede Kirche entlang der Strecke wird besucht, um 4 Uhr morgens wird in St. Johann eine Messe gelesen. Talauswärts schließen sich in jedem Ort Pilger an, „mit die Kraize ze giahn“. Seit jeher werden die Pilger verpflegt, sowohl von Gastwirten, welche die Tradition von ihren Vätern geerbt haben und die sie weitervererben werden, als auch von Privatpersonen. Mitgehen ist Ehrensache und für einige der Höhepunkt im Jahr. Da kommt es schon vor, dass der älteste Pilger acht Jahrzehnte auf dem Buckel hat und der Jüngste gerade mal etwas mehr als zehn Lenze zählt. Nun flüstert Mephisto: Warum keine Frauen? Nun ja, es soll in Ehrenburg (über Nacht) zu „Zwischenfällen“ (1679 aus dem bischöflichen Dekret: *scandala et peccatorum pericula*) gekommen sein. Mephisto grinst. Weiß er doch: Da gab es den einen Brauch: Die Männer ritzten mit dem Daumennagel das Kleid der **Ährenmutter** an – und das sollte Glück und Fruchtbarkeit und gute Ernte bringen. Also wären die „Zwischenfälle“ nur eine etwas konsistentere Fortsetzung gewesen, mit Verlaub.

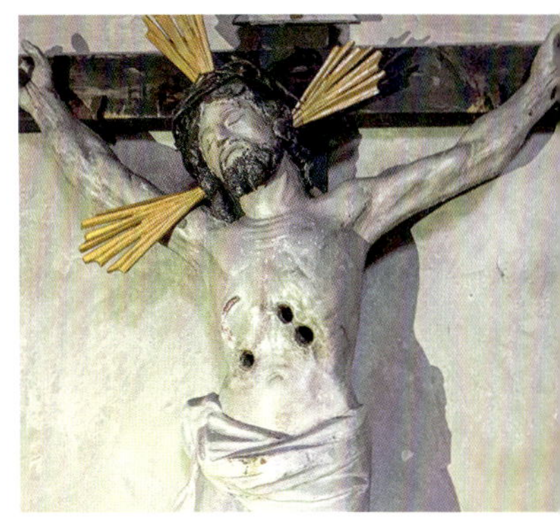

Die „Teldra“ sind besondere Leut: Sie haben sogar ihren Mephisto und ihren „Faust“. Das Thema ist vielleicht mit den Bergknappen aus Mitteldeutschland ins Tal gekommen. Das in Prettau entstandene Volksschauspiel hat seit dem 15. Jahrhundert Tradition und bildet eine der ältesten Theaterkulturen im Alpenraum. Und vielleicht waren es die Bergknappen, die etwas Freizeit besaßen, die dieses Schauspiel begründeten. Das „Theaterbuch vom Stega“ hat ein Bauerndichter in Prettau verfasst, Gregor Steger sammelte und bearbeitete im 19. Jahrhundert die darin enthaltenen Stücke. Erhalten sind ebenso zerlesene Schulhefte mit ungelenken Rollenhandschriften zum Auswendiglernen. Die Aufführungen spielten sich in einer Stube ab, die Nachbarn fanden sich an Winterabenden dort ein, ließen sich auf den umlaufenden Bänken nieder und hatten ihre Gaudi an

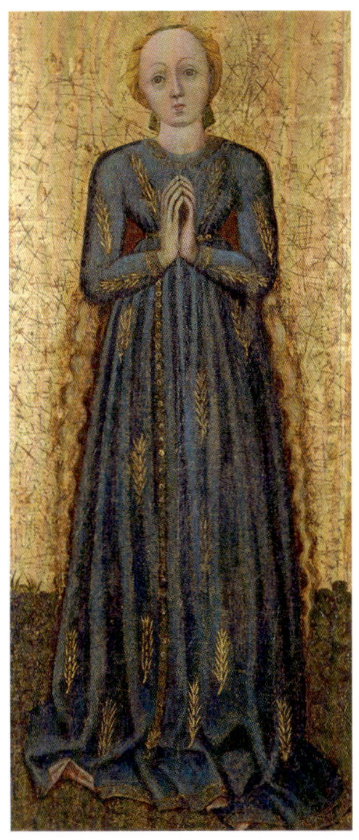

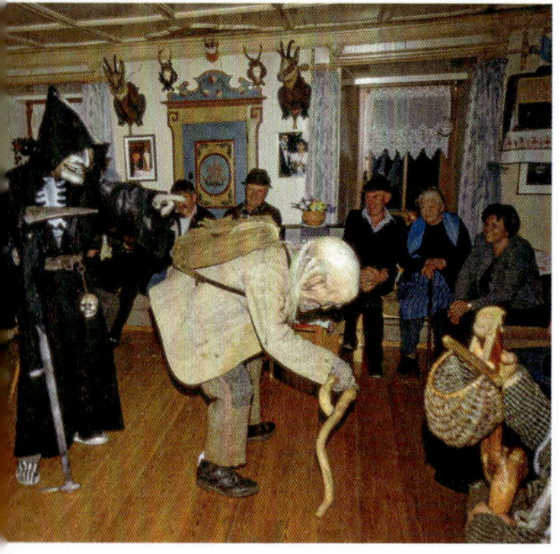

volkstümlicher Spielkunst mit wirkungsvollster Dramatik. Auf engstem Raum in der Mitte entfaltete sich das Stubentheater in Monologen und Dialogen; Kulissen gab es keine und Kostüme waren nur angedeutet. Der Bajazz begleitete mit frechem Schabernack das Geschehen und spielte verschmitzt das Hohelied des Hausverstandes. Bert Brecht wäre im siebten Theaterhimmel. Zum „Faust“: Er wäre zur Umkehr bereit, doch dann schickt Mephisto die Verführerin Helena, und schon ist's um ihn gescheh'n. Es existiert sogar eine Nachbildung von Schillers „Kabale und Liebe“ als „Krawall und Liebe“ – das Wort Kabale hat der Schreiber wohl nicht verstanden. Lassen wir es „teldrisch“ ausklingen mit dem unvermeidlichen Bajazz:

I hatt gröt giang mit do Milla (Miller) Loise
Gihaugaschtit dou a Poisl.
Sie wescht obo ban Feschtl (Ferdinand) steckn
Dou wiangse anondo 's Schnabile ouleck'n.
Die Weibo san a gschpassigis Kunto
Sie san as wie do schwoschze Zunto.
Kimmp a kluas Foikenntl dozüi,
Donna güita Nocht, helf do Gött, liebo Püi!

FINIS

PS. Die Übersetzung lassen Sie sich von einer/m Einheimischen bei einem Glas Wein liefern. Zum Wohl!

BURG TAUFERS

Und die Schlossherrin weint ...

Die imposante Anlage baut sich mächtig über dem strategischen Felsrücken auf, unter dem die Straße ins Ahrntal vorbeiführte. Die Edlen von Taufers errichteten um 1130 auf dem Felsvorsprung, der das Tauferer vom Ahrntal trennt, die erste Burg mit Bergfried und Palas. Die Burg erlebte in ihrer wechselvollen Geschichte verschiedene Besitzer und wurde wichtiger Gerichtssitz mit wechselnden Gerichtsherren. Nach der Aufhebung der Patrimonialgerichtsbarkeit 1829 begann ein schleichender Verfall, der erst 1903 aufgehalten wurde, als der österreichische Husarenrittmeister Ludwig Lobmeyer die heruntergekommene Anlage erwarb. Er restaurierte sie mit beträchtlichen Geldmitteln und bestückte sie mit zahlreichen Einrichtungsgegenständen. Seit 1977 ist die Burg Taufers im Besitz des Südtiroler Burgeninstituts.

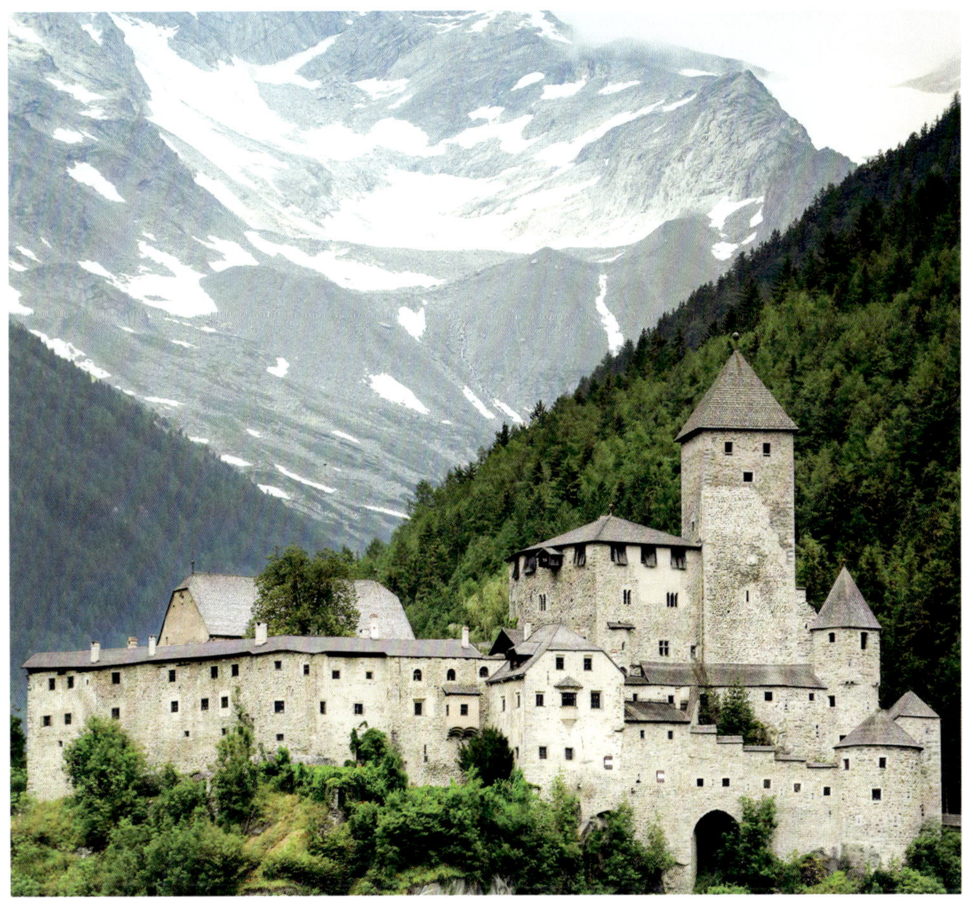

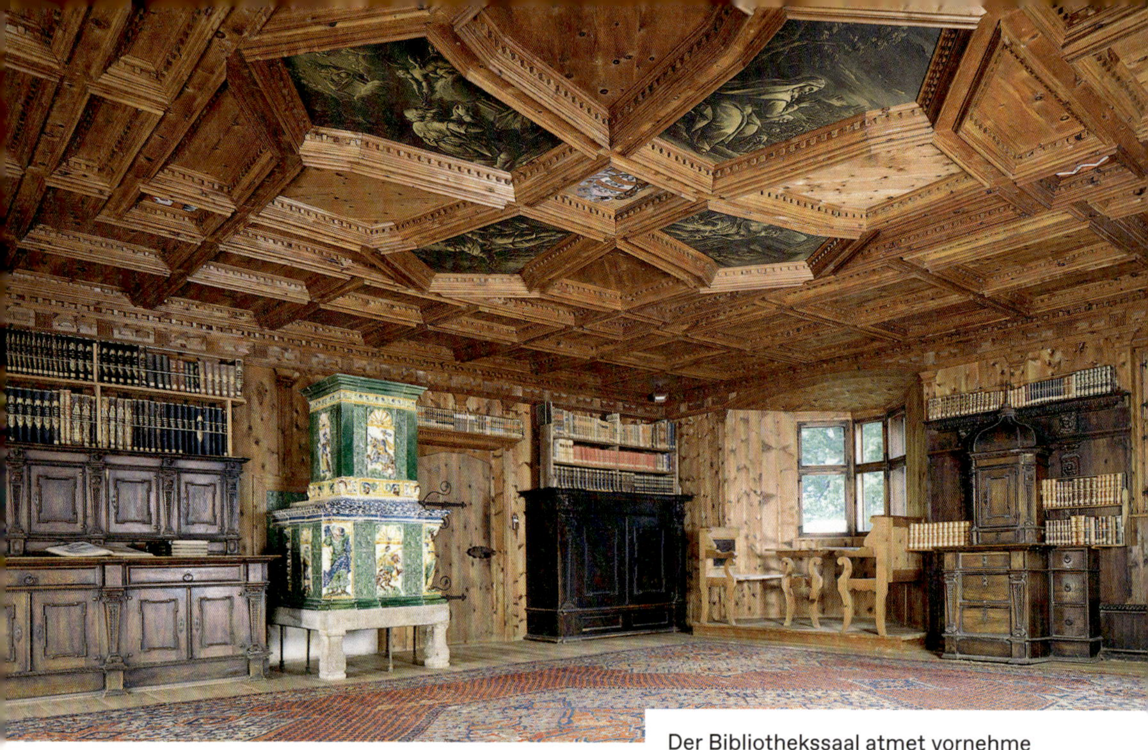

Der Bibliothekssaal atmet vornehme Wohnkultur. Prunkstück ist der Kachelofen von 1680 aus dem Nonsberg.

Die Burg empfängt ihre Besucher/-innen mit einem ausgedehnten System von Toren und Zwingeranlagen, die der Brixner Bischof Georg Golser 1485 hatte errichten lassen. Im Innenhof steht die alte Brunnenhalle, deren Zisterne in den gewachsenen Felsen gehauen worden war.
Die Burg hütet über sechzig Räume, von denen über zwanzig mit Führung zugänglich sind, darunter der Gerichtssaal, die Kapelle, der Rittersaal, das Krankenzimmer, die spätgotische Amtsstube, das „Geisterzimmer", die Rüstkammer, das Kardinalszimmer und Gästezimmer. Alle legen sie ein beredtes Zeugnis davon ab, dass der Adel auch auf dem Lande sehr wohl die Annehmlichkeiten gehobener Wohnkultur zu schätzen wusste. Die Räume tragen kunstvolle Felderdecken und Kassettenvertäfelungen, sind gefüllt mit wertvoller Innenausstattung, Gemälden, Truhen, venezianischen Kronleuchtern, Waffen und anderem mehr; Wohn- und Schlafzimmer sind mit einem Mobiliar ausgestattet, das von der späten Gotik bis in den Biedermeier reicht. Der vornehmste Raum ist zweifelsohne der Bibliothekssaal mit einem herrschaftlichen Kachelofen, der Motive aus den Türkenkriegen trägt.
Was wäre eine Burg ohne veritablen Schlossgeist; hier spukt, natürlich im „Geisterzimmer", die weinende Schlossherrin, deren Gatte just an beider Hochzeitstag gemeuchelt worden war.
Von historischer Bedeutung ist der Gerichtssaal mit der Mittelsäule: Wie vielen armen Teufeln wurde hier das Urteil verkündet? Unter dem Wohnturm liegen das Verlies und die „Folterkammer", wo Bein-

spangen an unzimperliche Verhöre erinnern. Auf dem Schloss wurde im 16. Jahrhundert für Kinder aus benachbarten Adelsfamilien Schule gehalten, die kleinen Adepten aus den Jahrgängen 1564 bis 1567 sind auf kleinen Porträts festgehalten, Kleinode in der facettenreichen Schulgeschichte Südtirols.

Die Apsis der ursprünglich romanischen Kapelle im Obergeschoss ist mit Fresken ausgeschmückt, deren zentrales Thema die würdevolle Deesis mit Christus, dem Weltenrichter darstellt, und Friedrich Pacher zugeschrieben werden. Das romanische Kruzifix am Altar stammt aus dem späten 13. Jahrhundert und ist eines der ältesten Stücke im Schloss.

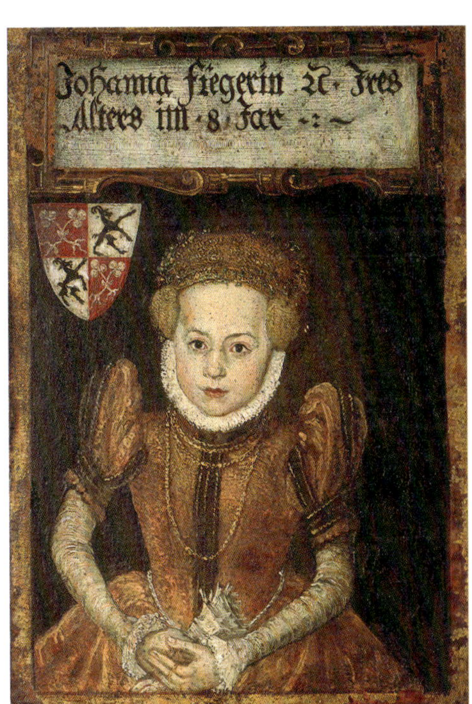

Ein Schlaglicht auf Gerichtliches. Im Meraner Stadtarchiv befindet sich ein Schreiben an das fürstliche Gubernium in Innsbruck, in dem die Gerichtsfrau Fiegerin auf Schloss Taufers ihre Auslagen für eine Exekution penibel verrechnet. Der Meraner Henker Hans Schwingsmesser hatte 1562 die Hinrichtung zweier Personen durch Erhängen durchgeführt. In seiner Spesenaufstellung scheinen auf: Wegegeld für den Henker und seinen Knecht; Verpflegung für die Männer und Futter für das Ross für 8 Tage, zweifache Exekutionsgebühr, Entschädigung für Strick und Handschuhe. Macht 30 Gulden und 58 Kreuzer. Leicht verärgert fügt die Fiegerin hinzu, der Meraner Henker habe eine hohe Gebühr für das Hängen verlangt, in ihrem Gericht sei das Hängen billiger.

LITERATUR

Alexander von Hohenbühel: Taufers. Eine Dynastenburg (= *Burgen*. Band 1); Schnell & Steiner, Regensburg 2006

Erika Kustatscher, Magdalena Hörmann-Weingartner: Taufers. In: Magdalena Hörmann-Weingartner (Hrsg.), Tiroler Burgenbuch, IX. Band: Pustertal; Athesia, Bozen 2003

Leo Andergassen (Hrsg.): Der Traum vom späteren Leben; Ausstellungskatalog des Landesmuseums Schloss Tirol 2015

INFO

Gruppenführungen auf Anfrage jederzeit möglich, Tel. +39 0474 678053
www.burgeninstitut.com

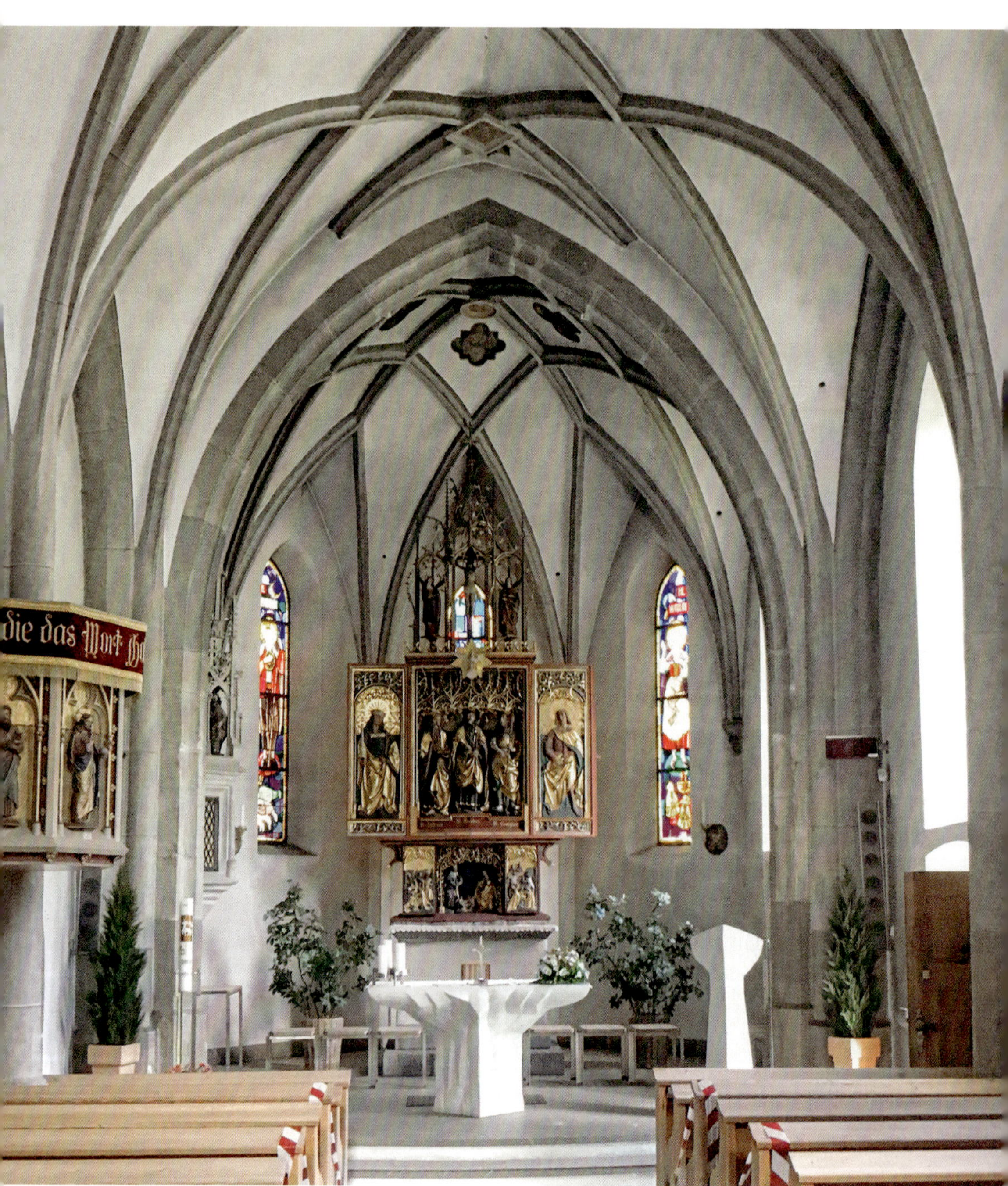
die das Wort

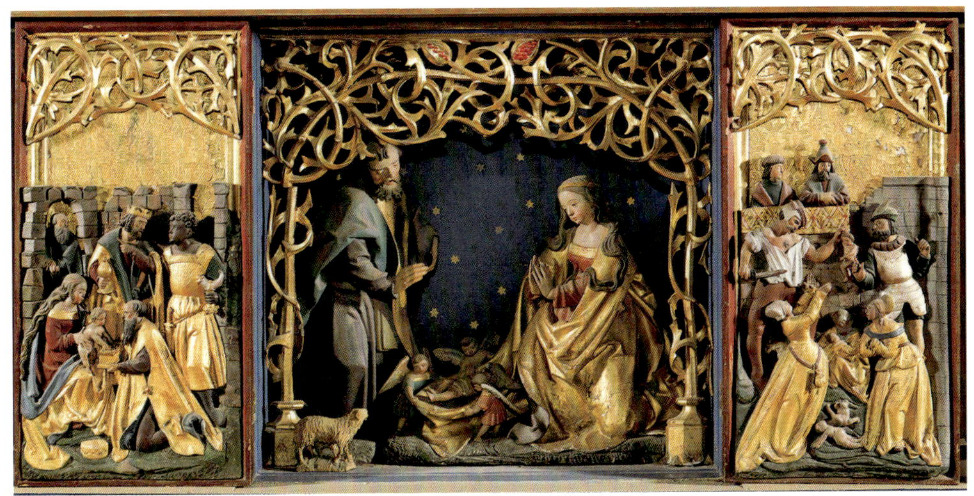

ST. JAKOB IN WEISSENBACH

Von der Würde auf dem Lande

Es waren wohl die Abgeschiedenheit des Ortes und die harten Lebensbedingungen, die verhinderten, dass der gotische Flügelaltar in der Pfarrkirche St. Jakob in Weißenbach einer barocken Neuerung weichen musste (anderenorts im Pustertal war man da weniger zimperlich mit dem „alten Zeug"). Die Kirche mit dem steingepflasterten Platz davor strahlt Würde und Ruhe aus. Der Altar im Inneren zeigt im Schrein die heiligen Jakobus, Andreas und Georg unter einem rundbogigen Baldachin, hinter ihnen halten vier Engel einen Teppich. Auf den Flügelinnenseiten erscheinen der heilige Sebastian (?), Oswald (?) und rechts der heilige Hippolyth mit der Gespanndeichsel, außen als Malerei Christoph und Florian, Anna selbdritt und Magdalena.
Auf den Predellaflügeln sind Barbara und Katharina dargestellt. Die Predella selbst verdient genaueres Hinsehen, denn die Reliefs mit der Geburt Christi, der Anbetung der Könige und dem bethlehemitischen Kindermord sind ein Meisterwerk erzählerischer Schnitzkunst. Gebogene Filialen im Gesprenge umschließen eine Kreuzigungsgruppe. Die Gemälde, insbesondere die Christophorusfigur sind eine vorzügliche Arbeit; der Altar weist augenfällige Gemeinsamkeiten mit dem in Corvara auf und ist wohl vom jungen Michael Parth 1516 geschaffen worden.
Die Fresken im Gewölbe stammen aus der Werkstatt von Friedrich Pacher.

Links: Würde und Vornehmheit der Landkirche.

Oben: Lebendige Schilderung der Weihnachtsgeschichte. Geburt, Anbetung der Könige, Kindermord.

DI TELDRA KÖSCHT

Zu Beginn der 1990er Jahre fand der Senner Josef Außerhofer in einem Hochmoor auf der Göge-Alm (2400 m ü. M.) in Weißenbach mehrere Holzschaufeln. Irgendwie rätselhaft müssen sie ihm vorgekommen sein, denn er bewahrte sie in seiner Almhütte auf. 2004 kam es zu einem ersten Kontakt mit Wissenschaftlern, der von 2008 bis 2009 zu Grabungen führte. An die 150 Holzschaufeln konnten geborgen werden, am Fundort fanden sich sogar noch Holzspäne, die darauf schließen ließen, dass die Schaufeln vor Ort zurechtgehackt worden waren. Auf ihrer konkaven Innenseite trugen sie alle Brandspuren. Dendrochronologische Untersuchungen ergaben eine Entstehungszeit zwischen 1000 und 500 v. Chr. Die Artefakte sind absolut einmalig in Europa und weisen auf einen Brandopferplatz hin. Die Schaufeln wurden offensichtlich nur ein einziges Mal während der religiösen Handlung verwendet und anschließend, weil Teil eines heiligen Ritus', neben dem Opferplatz für die Götter deponiert. In Steinhaus, Richtung Talschluss, sind diese Schaufeln in der Dauerausstellung „Schaufeln für die Götter" in ihrem kulturhistorischen Kontext in Szene gesetzt. Kafkaeske Ironie der Geschichte: Hart neben dem Depotplatz der göttlichen Schaufeln durften daraufhin neuzeitliche Baggerschaufeln eine Almzufahrt planieren.
Dann ist da noch der fromme Wunsch des Autors, dass dieses „liturgische" Gerät der Ur-Teldra (Ahrntaler) noch genug Schutzaura ausstrahle auf die alte Ahrntaler und Pustertaler „Kescht" (Kost), auf Kiachlan, auf Nigilan und Frigilan, auf Maislan, Ti(r)schtlan und all die anderen Gerichte, moura Plattlan, Housnealan, Prässkneidlan aus Graukas, Kråpfn aus Schöttina, Krautina und Mougina mit Pöxamääl und das Öfnmüis.
Und nein, wir machen keine Übersetzung. Allein der archaische Klang soll diesen entschwindenden Gerichten noch Heimat sein, sie, die als „Teldra Kescht" vor lauter „neu interpretiert" im Allerweltsgeschmack aufzugehen drohen.

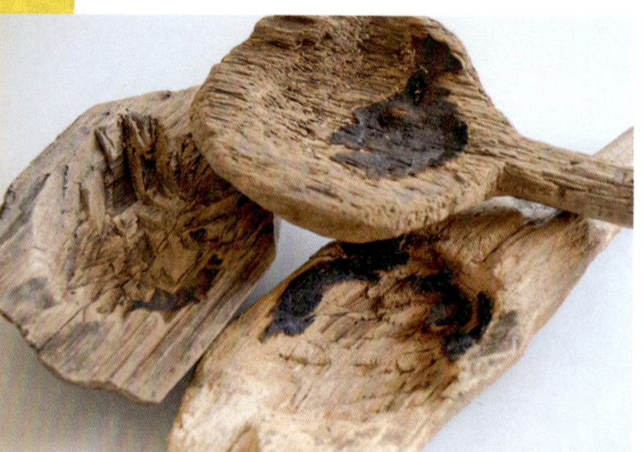

Ein Schmuckkästchen im wahrsten Sinne des Wortes ist das nebenstehende gotische Sakramentshäuschen mit reicher Verzierung, Schmerzensmann und vier Heiligen. Es fällt auf, dass wir es in der Auswahl der Heiligen sowohl mit Schutzheiligen der Bergleute als auch der bäuerlichen Welt zu tun haben. Im 16. Jahrhundert wurde in Weißenbach Bergbau betrieben, sogar eine Schmelzhütte war in Betrieb.
Ein schöner überlebensgroßer Christophorus an der Außenseite sekundiert den Wanderheiligen Jakobus am Altar. Schutzheilige für Wege, Stege und Übergänge wie nach Lappach waren gefragt.

INFO

Die Kirche ist untertags geöffnet.

Bruneck

PRAGMATISMUS UND SCHIEFE POESIE

endlich ist mein heimat-liebends herz verblutet & bitternis & galle ausverkauft
(N. C. Kaser)

Zwar hatten hier bedeutende Künstler im späten Mittelalter ihre Werkstätten und die Burg diente den Brixner Bischöfen als Sommerresidenz, trotzdem sucht man in Bruneck nach künstlerisch überragenden Werken vergebens. Der Reiz der Rienzstadt liegt in seiner Atmosphäre, die insbesondere in der herausgeputzten Stadtgasse mit schönen Häuserfronten, mit Portalen, Erkern, Wappensteinen und Zinnengiebeln und kunstvollen Wirtshausschildern lebendig ist. An den eleganten Geschäften ist abzulesen, dass hier betuchte Kundschaft kursiert.

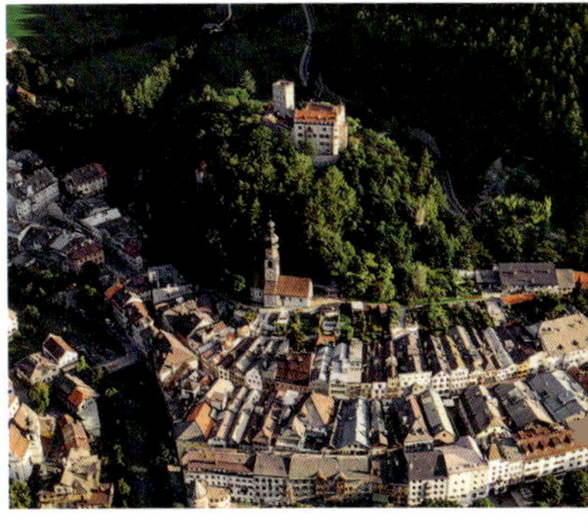

Am Anfang waren es mehr strategische als wirtschaftliche Überlegungen, die den Brixner Bischof Kuno im Jahr 1251 zur Gründung Brunecks veranlassten. Hier hatte in der Folgezeit der bischöfliche Amtmann seinen Sitz; im Warenverkehr zwischen Venedig und Süddeutschland verdiente Bruneck mit und vor allem profitierte es am Prettauer Bergwerksegen. Nachdem dieser im Laufe der Zeit weniger abwarf, schlug man sich mit Pragmatismus wacker durch. Als 1771 die Gulden im Stadtsäckel knapper wurden, verkauften die Brunecker ein Gehänge mit dem Goldenen Vlies, ein Geschenk Kaiser Maximilians, und schafften mit dem Erlös eine Feuerspritze an. Gar nicht ins Bild des pragmatischen Pusterers jedoch passt die Geschichte Jakob Hutters aus Moos bei St. Lorenzen, der um 1520 eine glühende Wiedertäufergemeinde gründete, die sich dem reinen Evangelium und dem radikalen Gemeinschaftsbesitz verschwor und dafür Tod, Verfolgung und Vertreibung erleiden musste. Auf einem Irrweg durch halb Mittel- und Osteuropa strandeten die Hutterer im 19. Jahrhundert in Nordamerika. In den Weiten des Graslandes leben sie heute als erfolgreiche Großfarmer immer noch ihre Ideale und sprechen ein urtümliches Deutsch mit Alttiroler Einfärbung. Jakob Hutter selbst wurde 1536 am 25. Februar auf dem Scheiterhaufen hingerichtet.

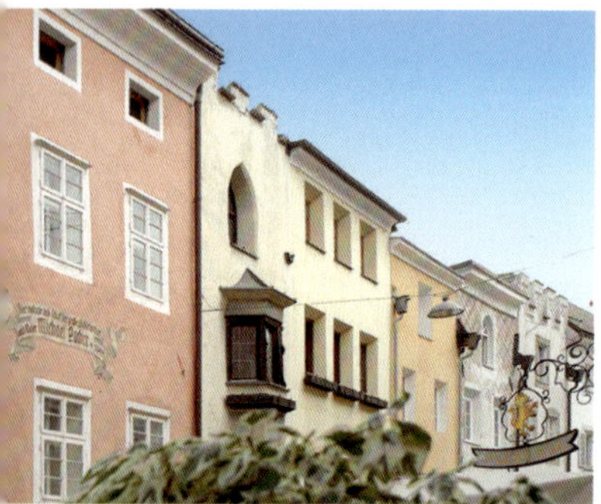

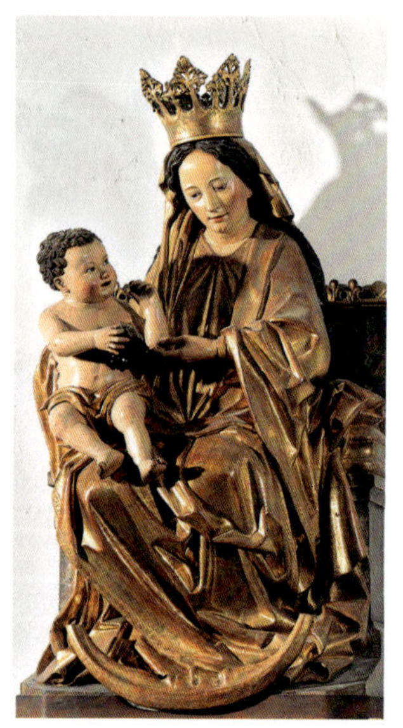

Aus einem ganz anderen Holz geschnitzt war der Maler und Bildschnitzer Michael Pacher, der in der **Stadtgasse** (heute Nr. 29) sein Haus besaß. Sein Leben ist recht dürftig dokumentiert, seine Lehrjahre führten Pacher als einen der ersten deutschsprechenden Künstler nach Oberitalien, wahrscheinlich nach Padua, einem der bedeutendsten Kunstzentren der Zeit. Dort lernte er die Form beherrschenden Gesetze der Perspektive und der atmosphärischen Raumtiefe kennen und schulte sein Auge an den bahnbrechenden Werken von Donatello, Masaccio und Filippo Lippi. Michael Pacher war als Maler und Bildhauer ein ausgesprochenes Doppeltalent, der seine Begabung auch an Werken süddeutscher und niederländischer Meister auf einer späteren Reise nach Schwaben vervollkommnete. Gesehenes und Gelerntes verbindet Pacher ganz eigenständig zu einer neuen Konzeption des Flügelschreins, dem er szenische Raumtiefe gibt, in dem die Figuren bühnenwirksam den Raum besetzen. Das in Südtirol bedeutendste Werk Michael Pachers ist der leider nicht mehr vollständig erhaltene Flügelaltar in der Grieser Pfarrkirche, ein Meisterwerk perspektivischer Illusion und figuraler Plastik. *In loco* hat sich vom großen Meister nur die thronende Madonna, die dem Kind eine Traube reicht, in der Pfarrkirche von **St. Lorenzen** erhalten (*mutter der trauben*, dichtete dazu der Brunecker N. C. Kaser im *lied der einfallosigkeit*). Wie es sich gehört, besitzt Bruneck ein Stadtmuseum mit einer Dauerausstellung, die herausragende spätgotische Werke lokaler Künstler und eben auch von Michael Pacher und seinem Mitarbeiter Friedrich Pacher zeigt. Mobiles Standbein bilden wechselnde Ausstellungen moderner und zeitgenössischer Kunst.

Ansonsten wie gehabt, große Kunstwerke sucht man in Bruneck vergebens, das Ursulinentor trägt an der Außenseite eine Kreuzigungsgruppe und neben Heiligenfiguren auch das Wappen der Jöchl, betuchter Bergbauunternehmer, die auch in Sterzing tätig waren. Ihrem Wappen begegnen Sie noch einmal in der **spätgotischen Trinkstube in der Stadtgasse Nummer 43**, dessen ebenerdiger, tonnengewölbter Raum mit Wappen und Trinksprüchen ausgemalt ist. Nicht nur: Da reitet eine Dame mit offenherzigem Dekolleté und wehendem Haar auf einem Esel, auf einem Wappenbild sitzt eine nackte Dame auf einem Stachelschwein, eine andere trägt nichts außer einem federgeschmückten Hut. Das

Ganze (und wir nennen es bewusst so) ist ambivalent, es geht um weibliche Schönheit, Amor, Lüsternheit, ein wenig Moral und um frivoles Standesbewusstsein. Hier trafen sich der lokale Adel und das gut betuchte Bürgertum, um abgeschieden vom gemeinen „Pofel“, unter ihresgleichen zu zechen. Der „Pofel“ hatte 1526 (Inschrift) im niedergeschlagenen Bauernaufstand wesentlich andere Probleme, der Bauernführer Michael Gaismair (siehe Sterzing) war auf der Flucht nach Venedig und auf Befehl des Landesfürsten waren die aufständischen Bauern „ohne Erbarmen zu erstechen und zu erwürgen, ihre Häuser zu verbrennen, den Flüchtigen aber Weib und Kind nachzujagen.“ Bleibt einem nur der Spruch über der Wappendarstellung des Jakob Jöchl: *Ich hab kain Raim.*

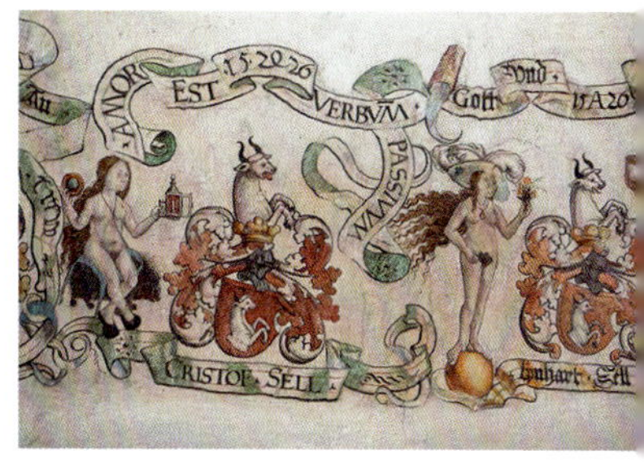

In der Ursulinenkirche befindet sich noch ein Rest eines frühen Flügelaltars im „Weichen Stil“, wobei die Reliefs in einen neugotischen Flügelaltar eingebaut worden sind. Edelste Südtiroler Wirtshauskultur lebt im Gasthof „Weißes Lamm“ mit den schönen Stuben; im Künstlerstübele hängen/hingen unter anderem Bilder (unter uns, meist Kopien) von Defregger und Egger Lienz, die angeblich ihre Zeche mit Bildern bezahlten: eine Geschichte, zu schön, um wahr zu sein.

Die Wirtschaft blüht in Bruneck, mehr als anderswo, und das größte Skikarussell im Land dreht sich auf dem Kronplatz. Die Burg beherbergt die Ausstellung „Ripa“ von Reinhold Messner zu Bergvölkern. Den ehemaligen Tschumpus, das alte charakteristische Gefängnisgebäude, hat man trotz intensiver Proteste abgerissen, um vor dem neuen **Rathaus** Platz zu schaffen. An der Stelle des guten alten Tschumpus stehen 27 rostige Metallstelen, die abblätternde Kurzzitate des Bruneckers N. C. Kaser tragen. N. C. Kaser, uneheliches Kind und aufgewachsen in einfachsten Verhältnissen, kurzzeitig Klosterinsasse, galt/gilt als *enfant terrible* der Südtiroler 68er Generation und deren dichterisches Sprachrohr, literarisch gesehen ist er der authentischste Autor dieser Bewegung im gesamten deutschen Sprachraum. Er schrieb an gegen kleinbürgerliche Borniertheit, die Sturheit und Geldgier der Großkopfeten, gegen politische Missstände, das instrumentalisierte Brauchtum, die konservative Presse und die verstaubten Ansichten der lokalen katholischen Kirche, die er verließ: *„da ich ein religioeser mensch bin trete ich aus der katholischen kirche aus.“* Sein Stil ist heute noch

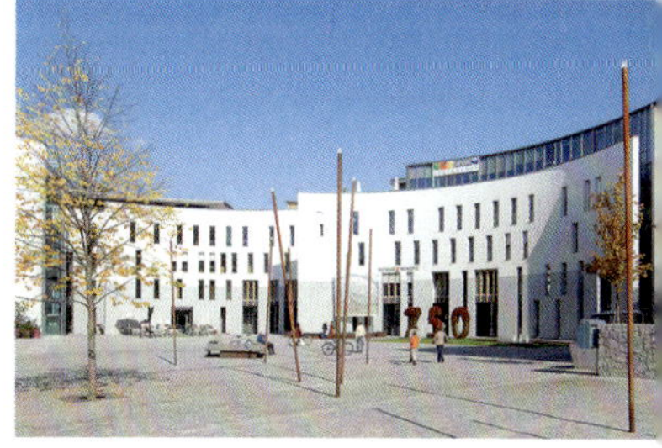

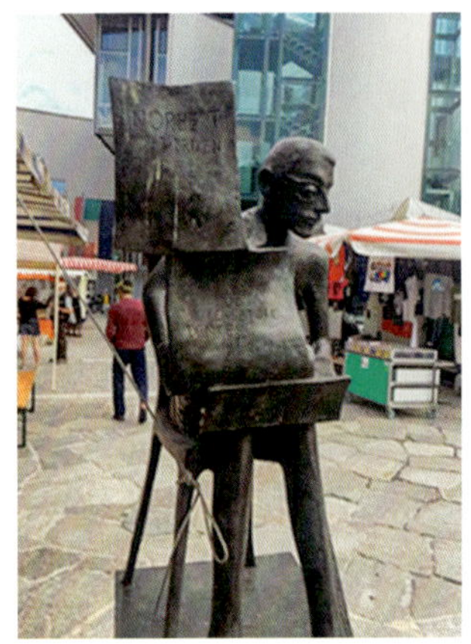

von überraschender Frische und seine verletzte Menschlichkeit nach wie vor berührend – und die bissig bösen Pointen sprachlich einmalig. Sein Leben war unstet, am glücklichsten war er als Aushilfelehrer an Zwergschulen, wo er für „seine Kinder" gern die Lesebuchgeschichten selber schrieb. Sein Hang zum Alkohol wurde ihm zum Verhängnis und er verstarb 31-jährig an Leberzirrhose. Seinerzeit schlecht angesehen und schlecht behandelt, aus Gasthäusern hinausgeschmissen (er konnte schon ein Ungustel sein), ist er heute hochgeehrt in seiner Stadt, sogar mit einem Denkmal. Da sitzt er nun in Bronze auf dem Rathausplatz mit seiner Schreibmaschine inmitten der Bratwurstschwaden mit einem leeren Stuhl vor sich, an dem die Betreiber des Würstlstandes nebenan am Wochenmarkt ihre Standüberdachung mit Seilen befestigen: *plaerren kannt'i!*

INFO

Museumsverein Bruneck
Bruder-Willram-Straße 1
39031 Bruneck
Tel. +39 0474 553292
www.stadtmuseum-bruneck.it

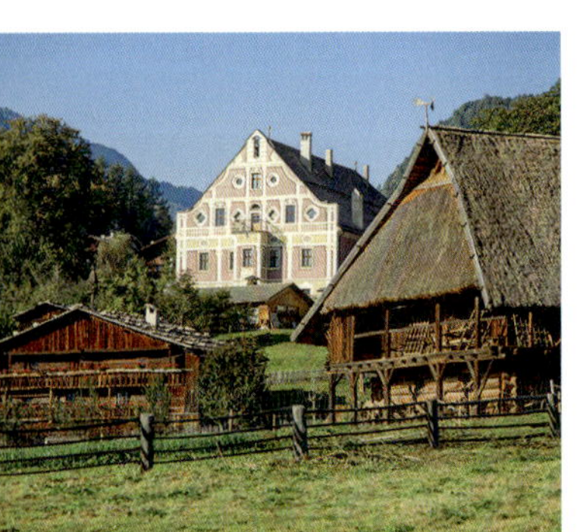

Vom Verschwinden der Glühwürmchen

Kaser erlebte die Zeit des gewaltigen Umbruchs der Südtiroler Gesellschaft und seine Texte tragen mitunter durchaus einen nostalgischen Unterton. Als schmerzlich erfuhr er das Verschwinden der alten bäuerlichen Welt (*„Stegener Markt"*). Kaser las Pasolini und kannte dessen Text „Vom Verschwinden der Glühwürmchen" (Pasolini: *Es ist diese grenzenlose, vornationale und vorindustrielle bäuerliche Welt, die bis vor wenigen Jahren überlebt hat, der ich nachtrauere*). Diese Alte Welt entfaltet sich noch einmal im **Volkskundemuseum** im nahen **Dietenheim**. Es zeigt die Lebenswelt der bäuerlichen Bevölkerung vergangener Tage. Eine Welt, die davon lebte, was die Erde und das Land rundum hergaben, autarkisch, spartanisch einfach und nicht ohne Kunstsinn. Eine Welt, deren Menschen alles verwerteten, sogar noch die Schweinsborsten und die rein gar nichts wegwarfen. Angesichts der heutigen Verschwendungs- und Wegwerfunkultur kann einem der Anblick von Räumen und Gerätschaften die Kehle zuschnüren. Ein verdinglichtes Archiv universalen Wissens, das mit dem letzten Selbstversorger untergegangen ist. Absolut sehenswert!

INFO

Südtiroler Landesmuseum für Volkskunde
Herzog-Diet-Straße 24
39031 Dietenheim/Bruneck
Tel. +39 0474 552087
www.volkskundemuseum.it

Steigeisen
Unsere Reverenz wollen wir entrichten an die alte Tiroler Dreifaltigkeit von Kirche, Schule und Gasthaus in Mühlbach, einem kleinen Bergweiler oberhalb von Gais. Bis ins 19. Jahrhundert war der Ort auf 1500 Metern nur zu Fuß zu erreichen. Entsprechend abenteuerlich ist heute noch die Zufahrtsstraße. Die paar Bauten stemmen sich in den Steilhang, als trügen sie Steigeisen. Nicht umsonst ist die Kirche den 14 Nothelfern geweiht. Der Besuch zahlt sich aus: Bergidylle, Landluft und gutes Essen im Gasthof Gruber.

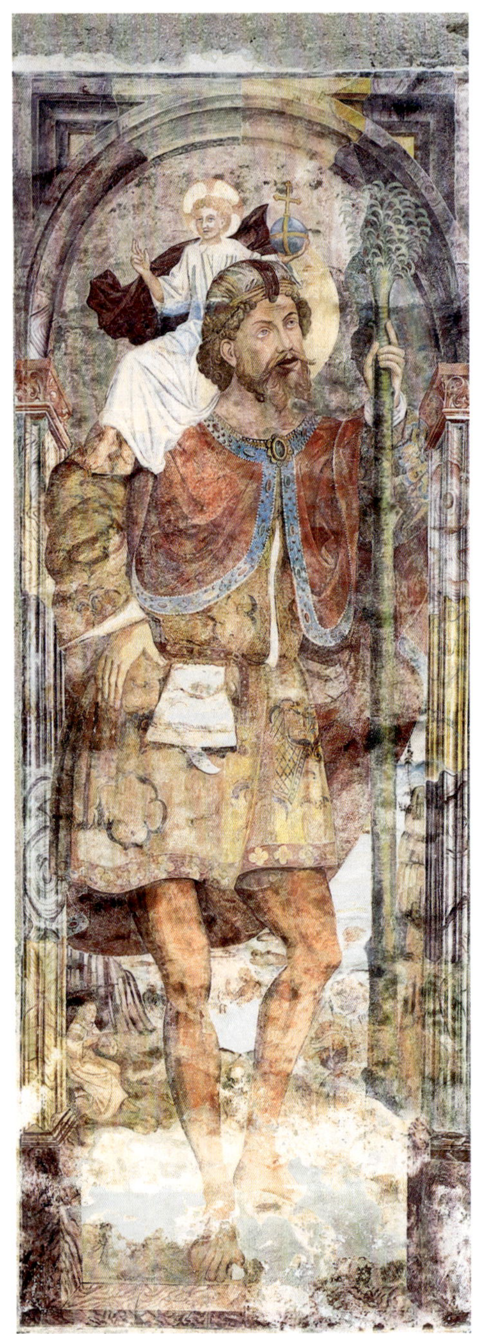

TAISTEN

Gotik, Barock und Bauerntum

St. Georg ist ein Augenschmaus. Als erstes grüßt ein herrlicher, überlebensgroßer Renaissance-Christophorus von der Langhauswand. Dem Bau merkt man sein großes Alter nicht an. Er dürfte aber einer der ältesten Bauten des Pustertales sein. Bei Aushubarbeiten fand sich unter der Türschwelle ein Grab, das auf einen langobardischen Bestattungsbrauch hinweist. Die Beziehungen der Langobardenkönige mit Bayernherzögen waren sehr eng, Herzog Tassilo III., der Stiftsgründer von Innichen, war mit der langobardischen Königstochter Liutbirc vermählt.

Der heutige Bau stammt aus dem 12. Jahrhundert, ist zweigeschossig und wurde 1498 eingewölbt (*„das gbelm ist gemacht 1498“*). Ein unbekannter Künstler malte um 1330 die Fresken im Bogen der Rundapsis, welche die Dreifaltigkeit in der Regenbogenmandorla, umgeben von den Evangelistensymbolen, zeigen. Im farbenfrohen Freskoband darunter tritt eine Reihe von Volksheiligen auf; sie beginnt mit der Schutzmantelmadonna, gefolgt von Martin, Florian, Georg, zentral die Engel mit Kreuz und Leidenswerkzeugen, weiter mit Sylvester, Erhard, Blasius, Nikolaus und Wolfgang. Alle tragen den typisch weichen Gesichtsausdruck, den Meister Leonhard von Brixen seinen Gestalten verlieh. Mithin gehört dieser Heiligenauftritt zum Besten aus der Hand des Brixner Künstlers.

Das Pustertal ist das Tal der schönen Christophorusse, im Bild der von St. Georg.

Köstlich ist die Erzählung der Verkündigung auf der Stirnseite der Konche. Da schickt Gottvater den Christusfötus mit Kreuz zu Maria; das Ganze wie in einer Prozession mit flatternden Fahnen tragenden, Weihrauch schwingenden und Weihwasser sprengenden Engelministranten hinter einem verschwindend kleinen Heiligen Geist hinterher, der gleich über Maria kommen wird.

Aus der Hand Simons von Taisten sind die fein gezeichneten Brustbilder in den Schlusssteinen. Dieser Künstler stammt vom Mareiglhof (Marenklhof) in naher Nachbarschaft, lernte bei Leonhard von Brixen und ließ sich von der Werkstatt Friedrich und Michael Pachers beeinflussen. Möglicherweise hielt er sich auch im Friaul auf und kam in Kontakt mit der Venezianischen Malerei. Er behielt aber immer einen gewissen volkstümlichen Stil und blieb dem spätgotischen Stilkanon verpflichtet, der ihm einträgliche Aufträge als Maler und Bildschnitzer einbrachte. Ebenfalls aus seiner Hand ist die Krönung Mariens an der Ostfassade mit den heiligen Erasmus und Sebastian, wobei bei letzterem das ungewöhnliche kahle Geäst des Marterbaums auffällt. Auch die Kreuzigungsgruppe wird dem gebürtigen Taistner zugeschrieben.

Taisten ist eine typische Siedlung im Pustertal mit einem kleinen Dorfkern und

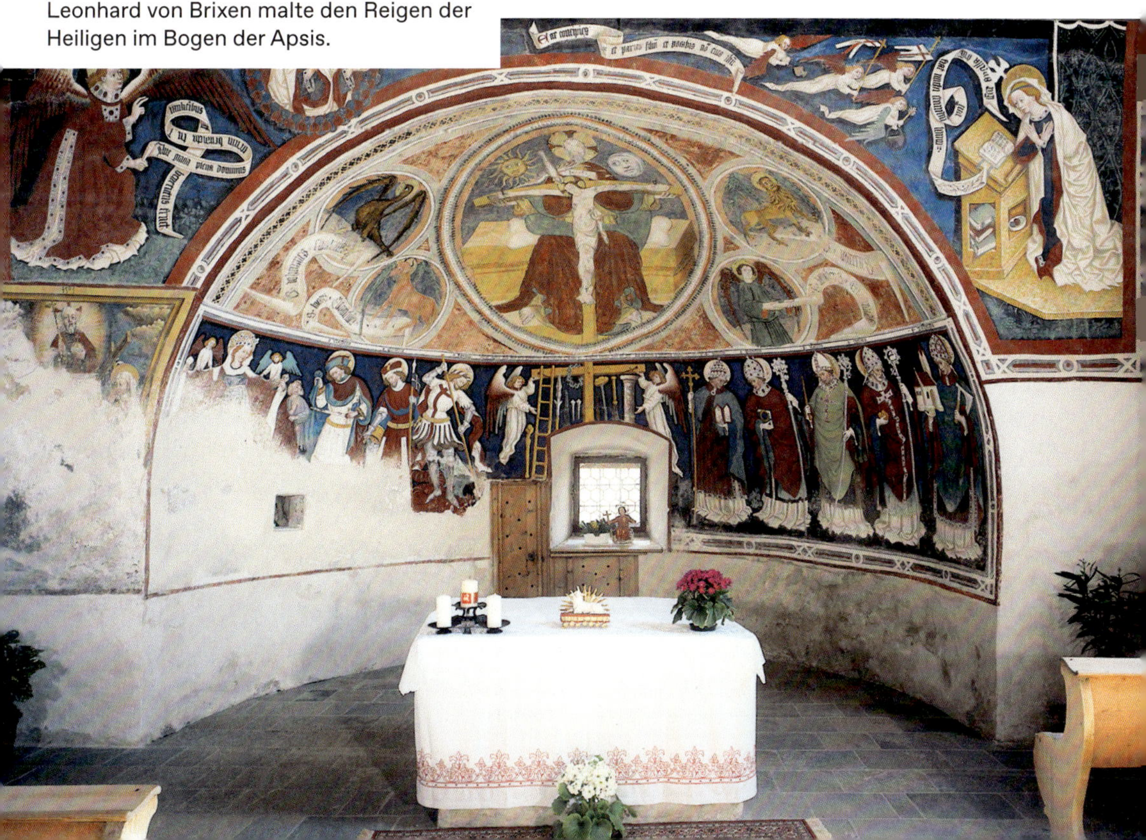

Leonhard von Brixen malte den Reigen der Heiligen im Bogen der Apsis.

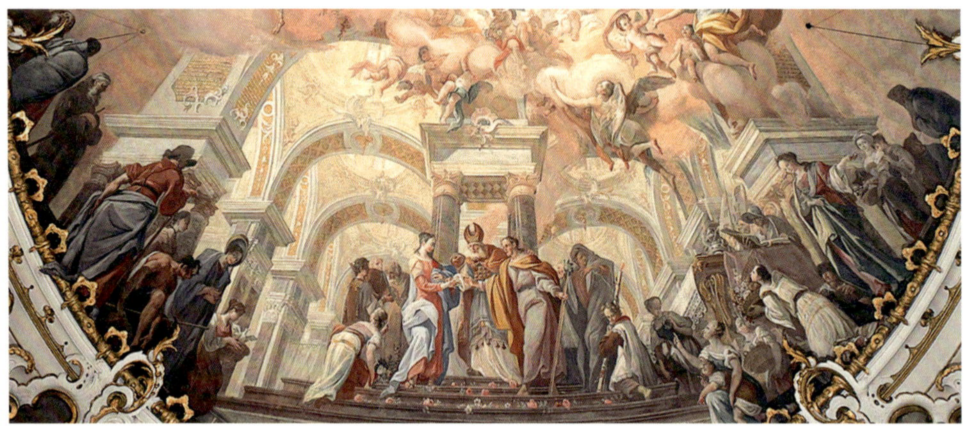

Die Vermählung Mariens von Anton Zeiller.

vielen Einzelgehöften rundum. Mächtig stehen sie da, diese Bauten im Pustertal, die Walmdächer wie eine Sturmhaube in die Stirn gezogen, als warteten sie als Gefolgsmänner ihres Bayernherzogs nur auf den Ruf zum Kampf. Hinter der imponierenden Fassade nistet vergessenes Leid. Der Erstgeborene erbte den Hof, die übrigen zahlreichen Geschwister heirateten im Glücksfall weg, in den meisten Fällen blieben sie als ehelose Dienstboten, gehalten wie Leibeigene am Hof oder bei einem anderen Bauern. Alt und gebrechlich geworden und ohne Gnadenbrot, schleppten sie sich von einem Bauern zum anderen, der sie für einen oder zwei Tage verpflegen und übernachten lassen musste. Diese „Anleger", wie sie hießen, verbrachten im Alter ein armseliges Dasein, ungern gesehen, verwahrlost und zum Schluss derart verzweifelt, dass sie nicht selten den Freitod wählten, obwohl laut Kirchenmeinung auf einen Selbstmörder die Hölle wartete: Lieber die Hölle im Jenseits als die Hölle auf Erden.

Nichts davon verraten Pracht und Prunk der Pfarrkirche. Franz Anton Zeiller aus Reutte hatte sein Können in Italien geformt und brachte es bis zum Brixner Hofmaler unter Fürstbischof Leopold von Spaur. Bevor er in Taisten tätig wurde, hatte er bereits in den großen Klosterkirchen von Ettal und Benediktbeuren sowie in Toblach gearbeitet. Also setzte er sich mit viel Selbstbewusstsein sein Kryptoporträt ins Bildgeschehen bei der Vermählung Marias und Josefs (als Mann im blauen Mantel) in der Flachkuppel der Taistner Pfarrkirche. Zeiler entwirft virtuos theatralische Szenen mit viel Scheinarchitektur und Unendlichkeitsperspektive, seine gedämpften Farbtöne und die Vorliebe für Pastellfarben weisen bereits in das Rokoko.

INFO

Beide Kirchen sind untertags geöffnet, sollte St. Georg geschlossen sein, im Haus nebenan läuten.

STIFTSKIRCHE INNICHEN

Feierliche Strenge

Innichen verdankt seine Entstehung einer Klostergründung. 769 schenkte der Bayernherzog Tassilo III. dem Abt Atto von Scharnitz einen ansehlichen Landstrich *„in campo gelao“* – zu Deutsch wenig schmeichelhaft im Eisfeld – für die Gründung einer Benediktinerabtei, welche die bis hierher vorgedrungenen Alpenslawen missionieren sollte. 783 wurde das Stift dem Bistum Freising angegliedert und erfuhr später durch Otto den Großen beträchtliche Schenkungen. Es entstand so etwas wie ein kleiner Pass-Staat, dessen Streubesitz weit hinunter ins Veneto bis nach Treviso und Vicenza reichte. Die Vögte dieser kleinen „Hofmark“ rissen in der Folgezeit Macht und Besitz an sich und überließen dem Kloster gerade noch die niedere Gerichtsbarkeit und den lokalen Grundbesitz.

Die dreischiffige Basilika mit dem markanten Querbau geht auf lombardische Vorbilder zurück. Der romanische Kirchturm wurde fünfzig Jahre später ausgeführt.

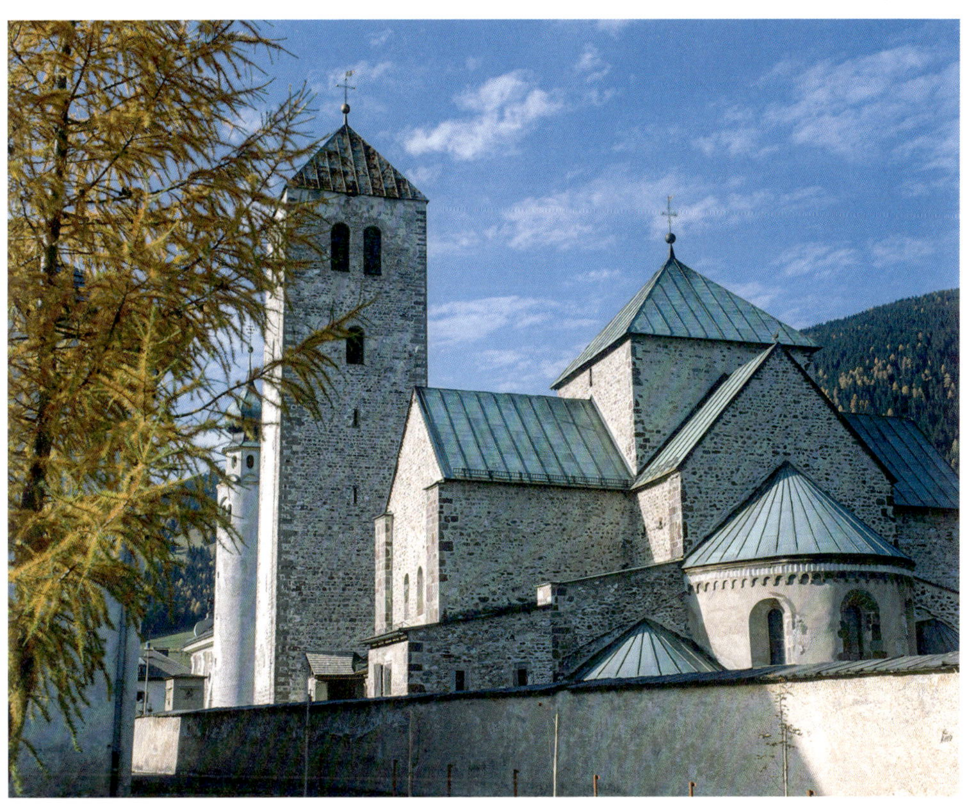

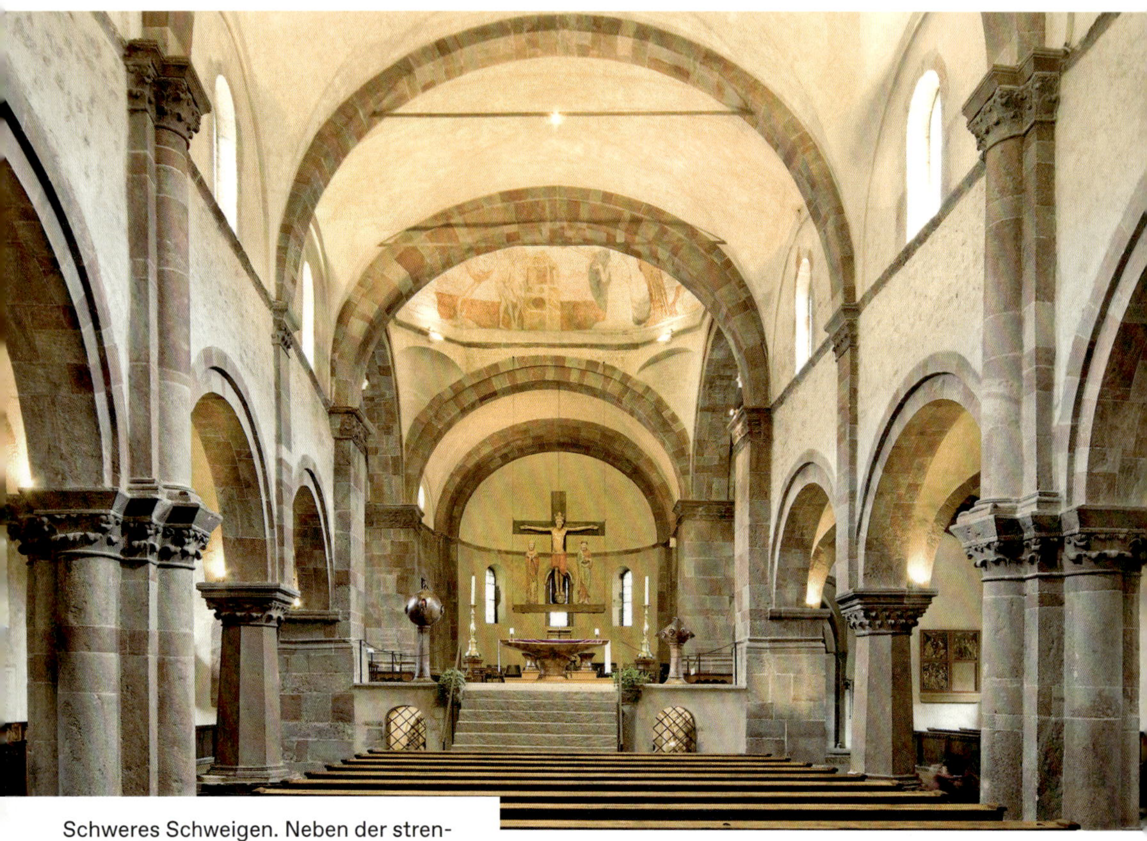

Schweres Schweigen. Neben der strengen Monumentalität des Innenraumes überraschen die fein gezeichneten Schöpfungsbilder in der Vierungskuppel.

Vom ursprünglichen Klosterbau hat sich nichts erhalten, nach einem Brand um 1200 erfolgte ein umfassender Um- und Neubau, der um 1284 abgeschlossen wurde. Die Baumeister folgten dabei mit der dreischiffigen Basilika und dem markanten Querbau lombardischen Vorbildern. Der Glockenturm wurde mehr als ein halbes Jahrhundert später errichtet, folgte aber noch romanischer Architekturtradition; ursprünglich war eine Doppelturmfassade geplant, der Bau des zweiten Turmes kam aber über die Fundamente nicht hinaus. Im 17. und 18. Jahrhundert erfolgte eine Barockisierung und im 19. Jahrhundert tat man mit neuromanischen und neobyzantinischen Ausstattungselementen am ehrwürdigen Bau des Guten zu viel. Zwischen 1967 und 1969 wurde damit mutig und energisch aufgeräumt, wodurch der „Innichner Dom" seine ursprüngliche romanische Würde und seine suggestive Krypta, im 19. Jahrhundert zerstört, mit den originalen Bauteilen wieder erhielt.

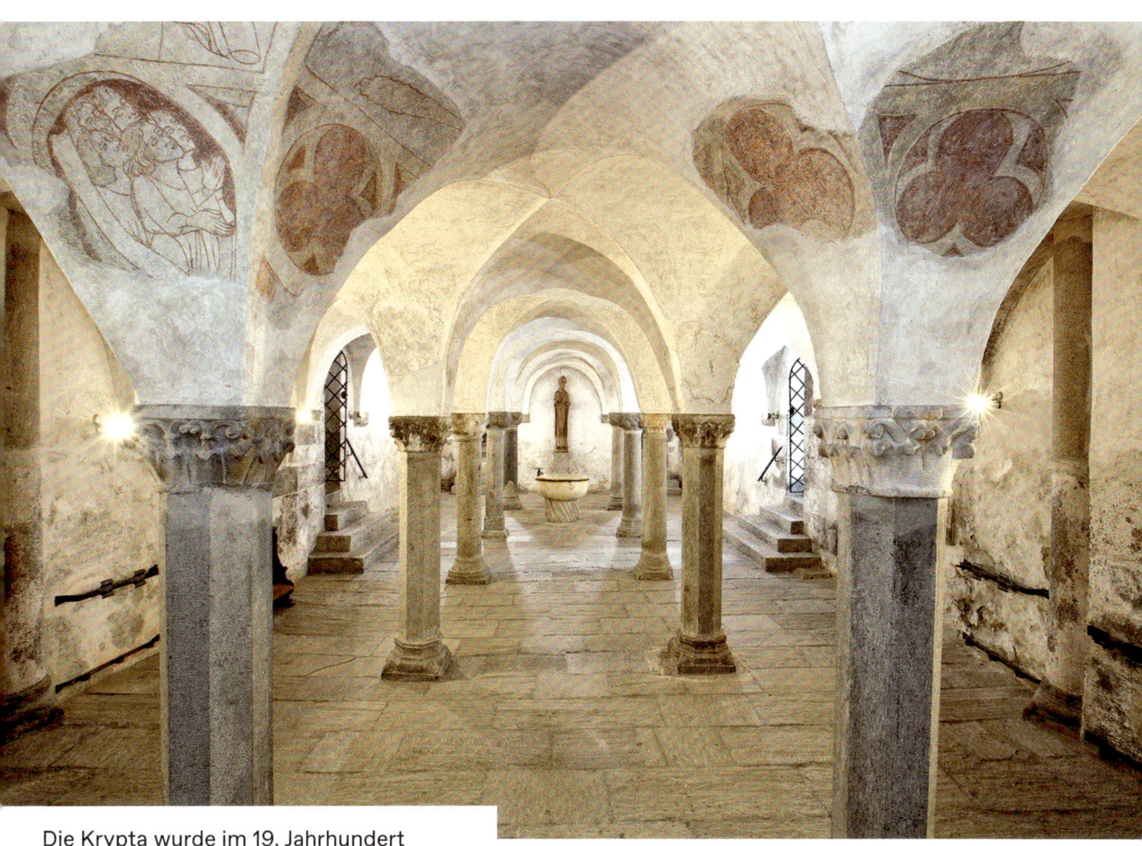

Die Krypta wurde im 19. Jahrhundert zugeschüttet und von 1967 bis 1969 mit originalen Bauteilen wiedererrichtet.

Vor dem Betreten der Kirche ist ein Rundgang um den Bau unerlässlich, im Tympanon des schlicht, aber edel gestuften Südportals thront Christus zwischen den Evangelistensymbolen, Werk eines gewissen Luduwicus, der sich in der rechten Kapitellzone verewigte und den Einfluss des norditalienischen Antelami-Kreises verrät. Darüber entfaltet sich ein Fresko von Friedrich Pacher, an dem vielleicht auch Michael Pacher beteiligt war, das Kaiser Otto I. zwischen den heiligen Candidus und Korbinian zeigt. Die Säulen tragenden Löwen am Nordportal stammen wohl vom ursprünglichen Südportal.

Kreuzeswunder und Schöpfungsgeschichte

Das Innere ist durch feierliche Strenge bestimmt, der ein rhythmischer Stützpfeilerwechsel etwas von der romanischen Schwere nimmt. Der ernste Innenraum wird beherrscht von der Ehrfurcht gebietenden Kreuzigungsgruppe im Altarraum.

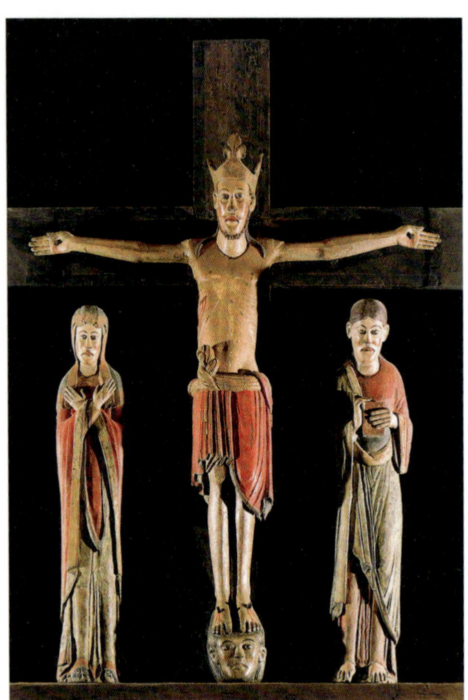

Die feierliche Kreuzigungsgruppe war über Jahrhunderte Ziel zahlreicher Wallfahrten. Der leicht gelockerte Faltenwurf bringt schon etwas Bewegung in die hieratische Strenge der Romanik.

Aus der Figurengruppe des gekrönten Christus am Kreuz mit Maria und Johannes spricht die majestätische Würde der romanischen Plastik. Der leicht bewegte Faltenwurf der Gewänder deutet aber schon auf ein neues Formempfinden der frühen Gotik hin. Dieses Kreuz war Ziel zahlreicher Wallfahrten; Josef Rampold berichtet von einem Kreuzeswunder bei einem Brand, als aus den Figuren *„frisch fließendes bluet herfirgeronnen“* sei. Dieses Wunder ließ eine mitgliedsstarke Heilig-Kreuz-Bruderschaft entstehen, die im 18. Jahrhundert über 10.000 Mitglieder in aller Welt zählte.

Bei der Restaurierung wurden in der Vierung Fresken freigelegt, die zu den bedeutendsten der späten Romanik im Lande gehören. Leider etwas verblasst erzählen sie in sieben Phasen die Schöpfungsgeschichte, interessant die Darstellung bei der Trennung von Licht und Finsternis als Personifikationen. Die „Erschaffung der Landtiere“, wo im bewegten Zug der Tiere auch ein Einhorn neben einem Elefanten einhergeht, kündet von der Freude des Künstlers an Gottes schöner Schöpfung. Eine menschliche Figur mit Kapuze reitet im Zug der Landtiere mit und gibt Rätsel auf: ein verstecktes Selbstbildnis des Künstlers? Sehr feinfühlig gestaltet er die Erschaffung Evas. Gottvater holt sie mit behutsamer Fürsorglichkeit aus Adams Seite. Ein Engel weist mit gezücktem Schwert Adam und Eva aus dem Paradies und schließt damit den formenreichen Zyklus ab. Der Künstler ist unbekannt, scheint aber schon den vom Norden kommenden frühgotischen Linearstil zu kennen und dürfte das Werk um 1282 geschaffen haben.

Unter dem Chor befindet sich die wiederhergestellte, dreiteilige Krypta mit den weitgehend originalen Säulen, die aus dem Bauschutt geborgen werden konnten. Sie tragen verschieden geformte Kapitelle und archaische Ritzornamente. Wie ein Bote ferner Zeit erscheint aus dem Dämmer des Raums die Bischofsfigur des heiligen Candidus mit ernstem Blick und strengen Zügen, eine vorzügliche Arbeit aus der zweiten Hälfte des 13. Jahrhunderts.

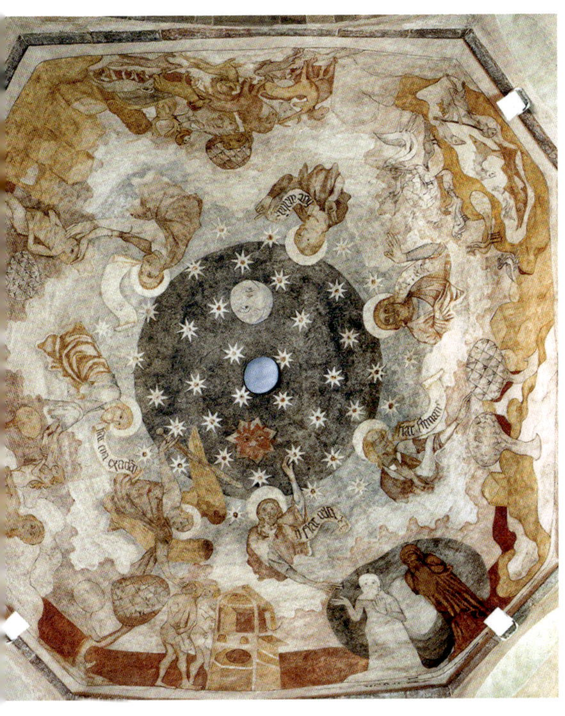

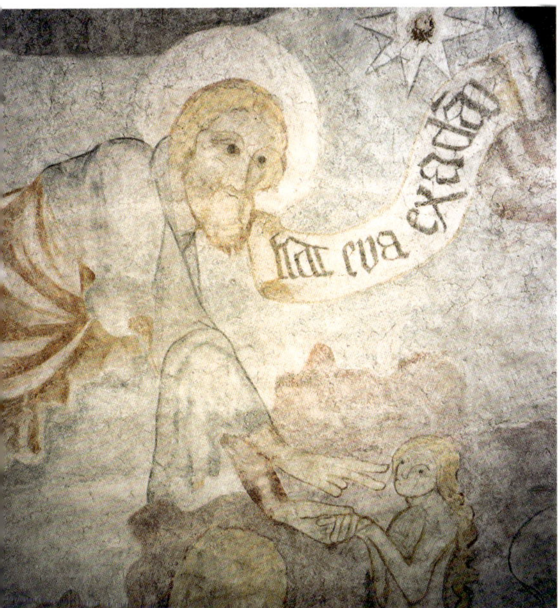

Die Schöpfungsgeschichte in der Vierungskuppel. Das Geschehen spielt sich auf drei Ebenen ab. Unter dem zentralen Himmel erscheint sechs Mal die Halbfigur des Schöpfers. Im äußeren Ring entfalten sich die Szenen des jeweiligen Schöpfungstages als geschlossene Bildfolge.

Ganz anderer Qualität ist das Kreuzigungsfresko des Leonhard von Brixen in der Dorotheenkapelle, die man von der Vorhalle aus erreicht. Der volksnahe Brixner Künstler hat hier eines seiner besten Werke überhaupt geschaffen.

LITERATUR

Egon Kühebacher: 1250 Jahre Innichen – eine Festschrift zum Jubiläumsjahr 2019. Beiträge zur Geschichte Innichens von 769 n. Chr. bis ins späte 19. Jahrhundert; Universitätsverlag Wagner, Innsbruck 2019

Waltraud Kofler-Engl: Frühgotische Wandmalerei in Tirol; Bozen 1995

INFO

Das Stiftsmuseum hat zwei Standorte und gibt Einblick in Innichens 1200-jährige Vergangenheit.

Stiftsmuseum 1 – Kapitelhaus „Kornkasten", Attostraße 2. Es zeigt sakrale Kunst, den Domschatz und eine beachtliche Handschriftensammlung aus zehn Jahrhunderten.

Stiftsmuseum 2 – Franziskanerkloster, P.-P.-Rainer-Straße 19. Es beherbergt archäologische Funde aus der Römerzeit und eine umfassende, volkskundliche Sammlung aus Leben und Alltag in der Hofmark Innichen im 18. und 19. Jahrhundert.

BAROCK IM TAL DER MACHER

Ab der Mitte des 18. Jahrhunderts schwappte eine Welle der Neuerung durchs Tal. Gestandene gotische Gotteshäuser waren plötzlich nicht mehr schön genug. Pfarrer und Dekane ließen kräftig den Klingelbeutel schwingen und sammelten Spenden. Und die Bevölkerung spendete fleißig. Manchmal waren es sogar Einzelne, die die Neugestaltung des Kircheninneren finanzierten wie in **Vintl**. Anton von Peintner, wohlhabend geworden durch das einträgliche Geschäft als Postmeister und vielleicht gedrückt aus Sorge um das Seelenheil, machte eine beträchtliche Summe locker. Die festlichen Deckenmalereien schuf der Trogerschüler Josef Anton Zoller (1730–1791), die Darstellung von der Übergabe des Rosenkranzes an alle Völker der Erde ist der Rosenkranzbruderschaft geschuldet, die sich an den Kosten beteiligte. Möglicherweise trägt der Bettler im untersten Rand des Freskos die Züge des spendablen Postmeisters. Andererseits aber ließ dieser über der Orgel, weniger demütig, sein Postmeisteranwesen mit seinem Namenspatron verewigen.

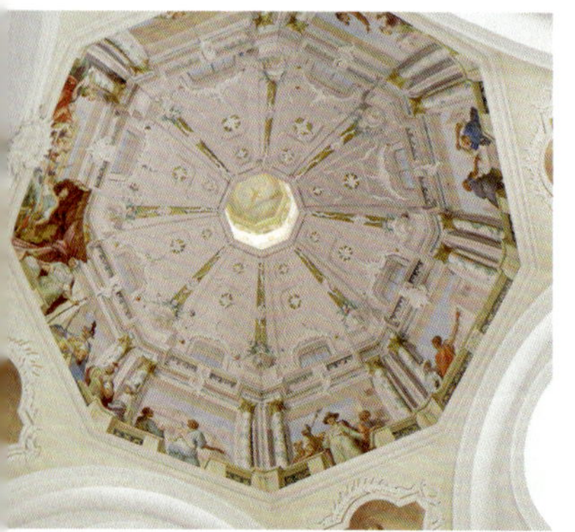

Drei Jahre später malt Josef Anton Zoller die **Stöcklkapelle in St. Sigmund** aus. Sie stellt ein wahres malerisches Schmuckkästchen dar und zeigt den Meister auf dem Höhepunkt seiner Schaffenskraft. Das Kuppelfresko mit frappierender Scheinarchitektur und einem staunenswerten Gespür für Licht- und Farbgestaltung gehört zum Besten, was der Barock im Pustertal zu bieten hat.

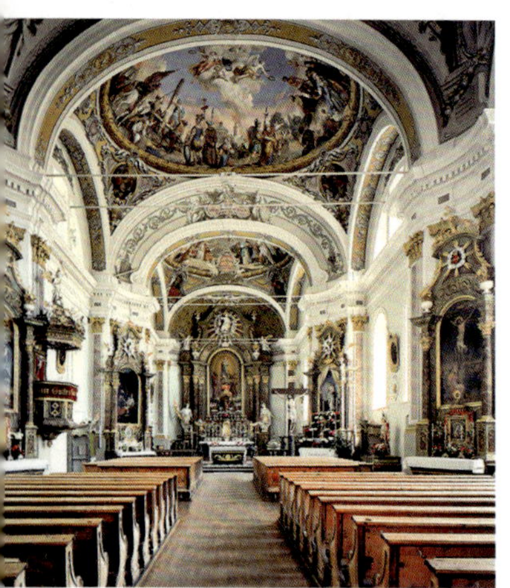

Die **Pfarrkirche zu den Aposteln Petrus und Paulus in Kiens** ist flächenmäßig ein Dom auf dem Lande und größer als der Brixner Dom; sie wurde von Isidor Prantl, einem ursprünglich gelernten Tischler entworfen. Die Deckenmalereien sind ein letztes Aufglühen des Barock aus der Hand von Josef Renzler (1770–1842), mit klassizistischem Einschlag. Kaum vorstellbar, dass in der Vorgängerkirche sich in der Zeit der Bauernunruhen die Pustertaler Wiedertäufer trafen.

Die Pfarrkirche Maria Himmelfahrt in Ehrenburg Kiens bildet einen der ersten Barockbauten im Pustertal. Als Baumeister war der Bozner Baumeister Simon Delai tätig, für die Freskierung wurde der Schnellmaler Josef Adam von Mölck verpflichtet. Treibende Kraft waren Fürstbischof Kaspar Ignaz von Künigl und sein Bruder Georg Sebastian, seines Zeichens

Landeshauptmann von Tirol. Kein Wunder, dass bei Mölcks Anbetung der Könige gerade Kaspar, der Namensgeber des Fürstbischofs, vor dem Jesuskinde kniet. Außerdem tragen die Heiligen an der Decke die Vornamen der wichtigsten Familienmitglieder: *noblesse oblige*.

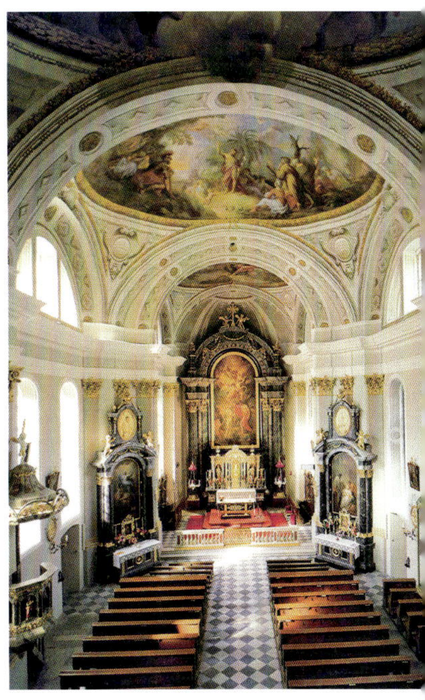

St. Johann in Ahrn ist von unerwarteter Vornehmheit und strahlt in stilreinstem Klassizismus. Die Fresken an der Decke stammen von Josef Schöpf (1745–1822) und erzählen von den Geschwisterheiligen Johannes; Johannes der Evangelist hat seine Visionen auf Patmos, während in der Mittelkuppel Johannes der Täufer dem lauschenden Volke predigt, über dem Altar verehren beide vereint das schwebende Kreuz. Für die Ahrner Bevölkerung, die in Loden, Wolle und Leinen daherkam, muss dieses vornehme Gotteshaus wie ein Vorgeschmack auf das Paradies vorgekommen sein.

Ein anderer hielt sich an irdische Genüsse. In der nahen, freistehenden St.-Martins-Kirche hat sich 1580 Pfarrer Schüssler in einem Steinretabel verewigt. Pfarrer Schüssler scherte sich überhaupt nicht um die neuen Vorschriften des Trientner Konzils und hielt eine Konkubine, mit der er 14 Kinder hatte. Um die hungrigen Mäuler zu stopfen, erhöhte er den Getreidezins und verlangte Stolgebühren, Taxen für geistliche Amtshandlungen. Das fromme Kirchenvolk nahm angeblich weniger Anstoß an seiner Lebensführung als an den hübschen Töchtern, die den Bauernburschen den Kopf verdrehten.

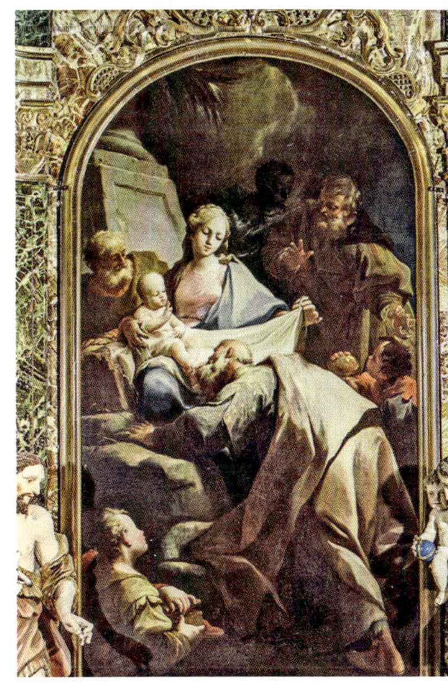

Welsberg ist der Geburtsort von Paul Troger. Eigentlich hätte Paul Troger in seinem Heimatort gern die Pfarrkirche mit seinen Fresken ausgeschmückt, doch blieb es letztlich bei der Ausführung von drei Altarbildern. Troger stammte aus einer einfachen Schneiderfamilie und zeigte schon als Kind großes Talent im Zeichnen. Adelskreise ermöglichten ihm eine Ausbildung und mit einem Stipendium ging er nach Venedig; seine Wanderschaft führte ihn weiter nach Rom, Neapel, Bologna und Padua. Seine Genialität entfaltete er in den Schaffensjahren in Wien, und er prägte maßgebend den Spätbarock in Österreich. Von den drei Altartafeln in der Welsberger Pfarrkirche verdient die Anbetung der Könige am linken Seitenaltar besondere Aufmerksamkeit. Das Bild ist virtuos komponiert und beherrscht meisterhaft die Chiaroscuro-Technik

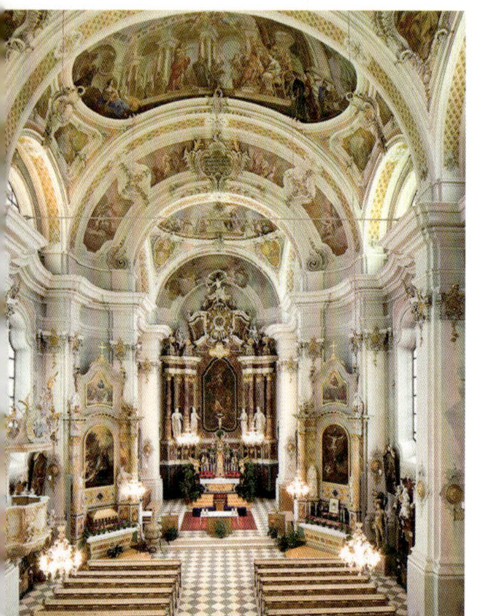

des Barock. Der greise Kaspar ist im Moment des Hinkniens vor dem Jesuskind festgehalten, während er ihm das Füßchen küsst. Man kann das Geschehen auch als rührende Parabel für die Lebensalter lesen, der Greis und das Kleinkind als Symbolfiguren für das Mysterium vom Verfließen der Zeit.

In der **Pfarrkirche von Toblach** begegnen wir nochmals dem Brixner Hofmaler Franz Anton Zeiller. Seine Deckenfresken sind ein Höhepunkt barocker Malkunst. Die Szenen aus dem Leben Johannes des Täufers bannt er in himmelstrebende Paläste und Landschaften, die sich im offenen Himmel verlieren. Dramatisch sprengen die monumental angelegten Szenen den Rahmen und lassen Füße und Hände, Engel und Wolken über den Bildrand quellen. Mehr noch als die bewegte Erzählweise der Gemälde fasziniert das einheitliche Gesamtbild des Kircheninneren.

Noch ein Detail sei hervorgehoben: die kunstvolle und verspielte Gestaltung der Beichtstühle. Bei so viel beschwingter Rocaille konnte man nicht anders, als leichtfüßig aller Sünden bar den Büßerstuhl verlassen.

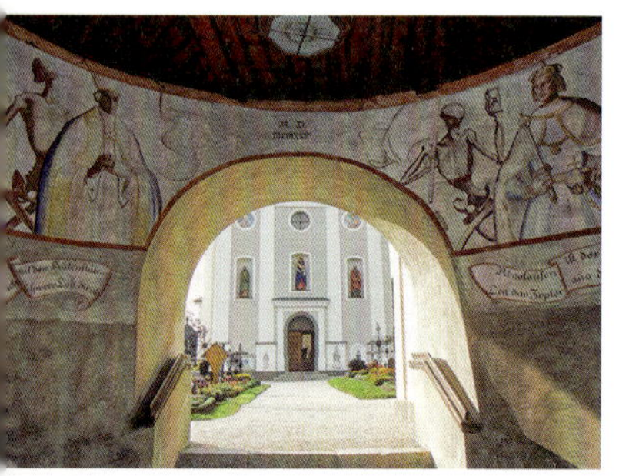

Nicht mehr barocke Vanitas, sondern bedrückende Erdschwere ist der **Totentanz von Rudolf Stolz** in der Einsegnungshalle am Friedhof in Toblach. Rudolf Stolz ist da stark beeinflusst von Albin Egger Lienz in Licht- und Schattenmodellierung der Figuren und im Erdton der Farbgestaltung. Das Todesthema mag verstörend wirken in dieser friedlichen Gebirgslandschaft, doch sei nicht vergessen, dass im Ersten Weltkrieg auf den „malerischen" Dolomitenbergen in der Nähe ein mörderischer Kampf ausgefochten wurde.

Nein, mit diesem Gedanken wollen wir uns nicht verabschieden. Wir bitten einen der schönen Christophorusse des Pustertales, dass er uns zu den **drei hübschen Damen** nach **Meransen** begleite. Und dann laden wir Aubet, Cubet und Quere ein, mit uns zu kommen und zu schauen, ob die Kirschen bei der „Jungfrauenrast" reif sind. Es wird ein genüssliches „Frühstück im Grünen" à la Paul Cezanne werden mitten im Grün des Grünen Tals.

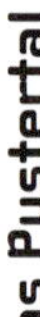

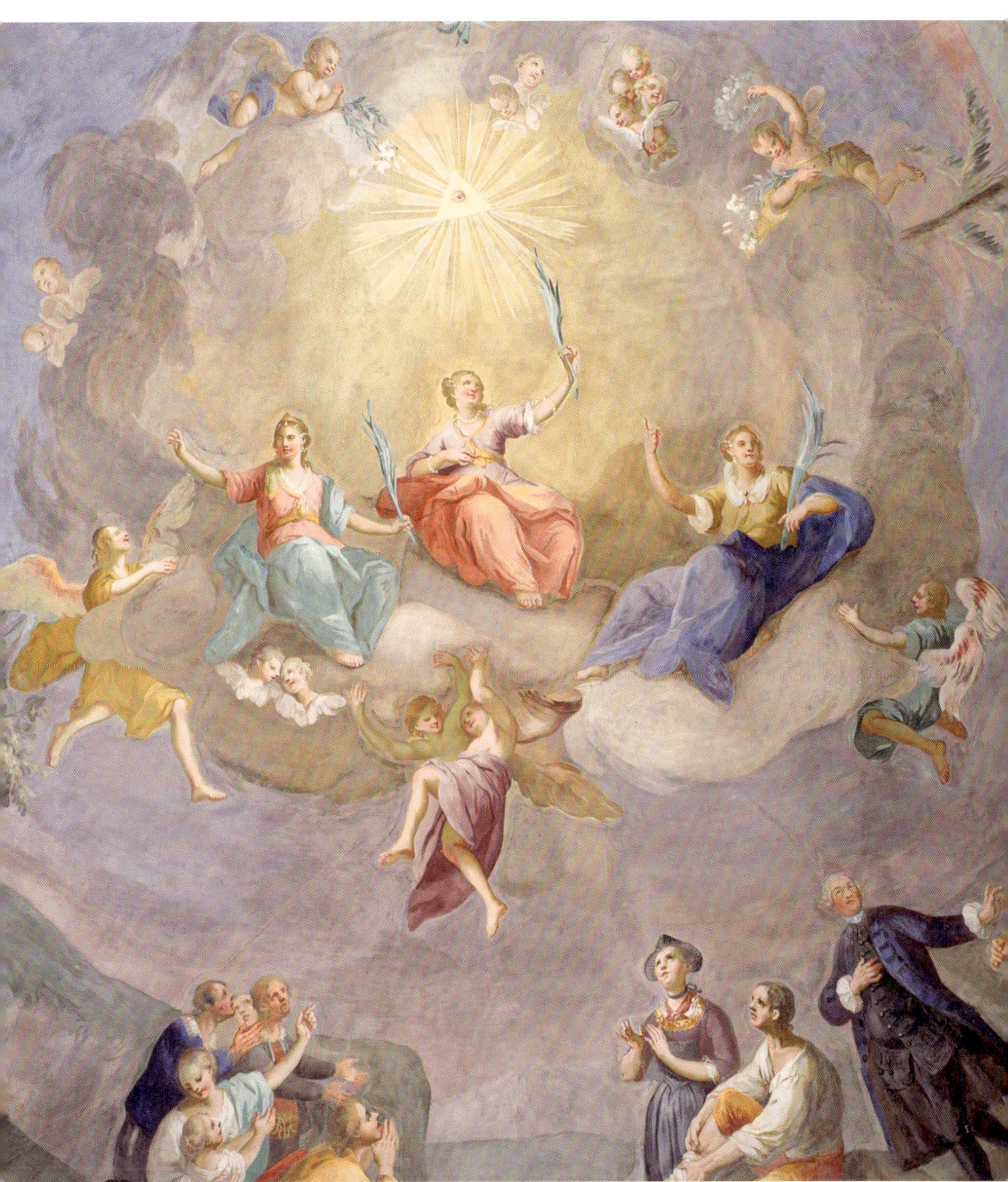

Bildnachweis

Archive

Adobe Stock: S. 16, 19, 20 u., 21, 22, 31, 35, 39, 40, 51, 57, 82 u., 83 o., 85, 86 u., 89 u., 93, 117, 167, 175 u., 178 o., 185, 187, 202, 210, 211, 252, 260, 262, 263 u., 265 o., 267, 273, 278, 280, 298 o., 341, 342 o., 346 o., 353, 358, 377

Amt für Bodendenkmäler der Autonomen Provinz Bozen: S. 82 Mitte, 238, 279, 382

Autonome Provinz Bozen/Abteilung Wasserschutzbauten: S. 88 o.

Bayerische Staatsbibliothek: S. 373 u.

Centro di Documentazione Ebraica Contemporanea, Milano: S. 359 o.

Dolomitenarchiv: S. 26 (Foto Waldmüller), 301 u.

Gemeinde Schenna: S. 154 o.

IDM Südtirol/Tina Sturzenegger: S. 177; Frieder Blickle: 198; Angelika Schwarz: 229; Harald Wisthaler: 293 o.; Marion Lafogler: 374; Florian Wenter: 385 o.

Kellerei Tramin/Rickard Kust – Projektor Srl: S. 92

Kloster Marienberg/Erwin Reiter: S. 243; Michael Mall: 246; Maria Gapp: 247; Horst Eberhöfer: 248

Kloster Neustift: S. 334; Hannes Ochsenreiter: 331, 333, 339 l.; Richard Gröner: 338; Stiftsarchiv, Hauptregistratur, M 5: 339 r.

Landesmuseum Schloss Tirol: S. 142, 147, 193–195, 258 o., 346 u.

Meraner Musikwochenverein/Damian Pertoll: S. 116 o.

Museum Gherdëina: S. 289 o., 291 u.

Palais Mamming Museum: S. 125

Pharmaziemuseum Brixen: S. 300 Mitte und u.

Stadtmuseum Bozen: S. 275

Stiftung Pro Kloster St. Johann: S. 223, 225, 227

Stiftung Walther Amonn – spherea 3D: S. 84

Südtiroler Archäologiemuseum/Augustin Ochsenreiter (Rekonstruktion by Kennis): S. 18 u.

The Cleveland Museum of Art: S. 162

TV Kaltern/Helmuth Rier: S. 86 o.

TV Kiens/Michael Hinteregger: S. 370

TV Naturns/ Peter Santer: S. 179

TV Schenna/Dietmar Denger: S. 149, 152

TV Schenna/Klaus Peterlin: S. 154 u.

TV Schnals/Hubert Grüner: S. 173 u.

TV Schnals/Mauro Cambicorti: S. 175 o.

Tourismusgenossenschaft Sterzing-Pfitsch-Freienfeld: S. 342 u.

Privatpersonen

Bertin, Marco (Fotografie aus dem Buch „Carneval"): S. 18 o.

Bonell, Gotthard: S. 90 o.

Clara, Mario/Studio Madem: S. 294

Daldos, Peter: S. 46

De Carli, Paolo: 289 Mitte und u.

Engl, Michael Isidor: 376

Fenoglio, Andrea: S. 116 u.

Folie, Christine: S. 172 u.

Giacomozzi, Udo/Fasnachtsverein Salurn: S. 91 o.

Kobe/Alessandra Chemollo: S. 347 o.

Kompatscher, David: S. 263 o.

Lange Michael: S. 68

Larcher, Lukas: S. 176 o.

Lechner, Augustin: S. 368

Marseiler, Sebastian: S. 115, 132, 173 o. und Mitte, 221 o., 251, 290, 295 u., 359 u., 371, 380, 386 o.

Mitterer-Zublasing, Dietmar: S. 91 u.

Stricker, Christian: S. 375, 396 Mitte,

Tappeiner, Georg: S. 172 o., 209

Terza, Andrea: S. 347 u.

Walder, Hubert: S. 213, 258 u.

Publikationen

S. 85: Oberrauch Luis, Südtirol wie es war. Bilder aus einem unversehrten Land, 1985.

S. 87: Wieser Hans, Adami Roberto, Comune di Villagarina, Etschhafenverein: Adige, un fiumme di storia, 1999.

S. 165: Mann und Weib. Ihre Beziehungen zueinander und zum Kulturleben der Gegenwart, Union Deutsche Verlagsgesellschaft o. J., Band 2, S. 258.

S. 212: Marseiler Sebastian, Vinschgau. Versunkenes Rätien. Leben und Landschaft, 1987, S. 45.

S. 236: Mercedes Blaas, Dorfbuch Laatsch 1998, S. 45.

S. 351: Silvia Spada Pintarelli (Hrsg.), Per l'arte. Nicolò Rasmo (1909–1986). Für die Kunst, Atti del Convegno di Studi, Berichte der Studientagung, Bolzano/Bozen, 4. Maggio/Mai 2007, Frangart 2009, S. 206.

Internet

S. 90 u.: commons.wikimedia.org/wiki/File:Auer_-_St._Daniel_am_Kiechlberg.jpg

S. 131: de.wikipedia.org/wiki/Ferdinand_Karl_von_%C3%96sterreich_(1868%E2%80%931915)#/media/Datei:Ferdinand_Karl_Austria_1868_1915_BertaCzuber.jpg

S. 259 o.: commons.wikimedia.org/wiki/File:Albrecht_D%C3%BCrer_-_Nemesis_-_Google_Art_Project.jpg?uselang=de

S. 259 u.: henle.de/blog/de/files/2021/01/2.jpg

S. 261 u.: de.wikipedia.org/wiki/Krippenmuseum_Brixen

S. 262 u.: de.wikipedia.org/wiki/Alpen-Grasnelke#/media/Datei:Armeria_alpina_Zinken.jpg

S. 288 o.: wikidata.org/wiki/Q23928781

S. 288 u.: viaggiarenews.com/wp-content/uploads/2013/05/costume-gardenese.jpg

S. 300 o.: it.m.wikipedia.org/wiki/File:Brixen-Priesterseminar(1).jpg:

S. 301 o.: denullis.blogspot.com/2013/04/il-mistico-gioco-della-palla-di-cusano.html

Alle übrigen Aufnahmen sind aus dem Archiv des Athesia-Tappeiner Verlags.